●収録内容一覧

■2025年度中学受験用

早稲田大学高等学院中学部

9年間(＋3年間HP掲載)スーパー過去問

入試問題と解説・解答の収録内容

2024年度（令和６年度）	算数・社会・理科・国語　実物解答用紙DL
2023年度（令和５年度）	算数・社会・理科・国語
2022年度（令和４年度）	算数・社会・理科・国語
2021年度（令和３年度）	算数・社会・理科・国語
2020年度（令和２年度）	算数・社会・理科・国語
2019年度（平成31年度）	算数・社会・理科・国語
2018年度（平成30年度）	算数・社会・理科・国語
平成29年度	算数・社会・理科・国語
平成28年度	算数・社会・理科・国語
平成27～25年度（HP掲載） 「カコ過去問」 （ユーザー名）koe （パスワード）w8ga5a1o	問題・解答用紙・解説解答DL ◇著作権の都合により国語と一部の問題を削除しております。 ◇一部解答のみ（解説なし）となります。 ◇９月下旬までに全校アップロード予定です。 ◇掲載期限以降は予告なく削除される場合があります。

～本書ご利用上の注意～　以下の点について，あらかじめご了承ください。

★別冊解答用紙は巻末にございます。実物解答用紙は，弊社サイトの各校商品情報ページより，一部または全部をダウンロードできます。

★編集の都合上，学校実施のすべての試験を掲載していない場合がございます。

★当問題集のバックナンバーは，弊社には在庫がございません（ネット書店などに一部在庫あり）。

合格を勝ち取るための『スーパー過去問』の使い方

本書に掲載されている過去問をご覧になって，「難しそう」と感じたかもしれません。でも，多くの受験生が同じように感じているはずです。なぜなら，中学入試で出題される問題は，小学校で習う内容よりも高度なものが多く，たくさんの知識や解き方のコツを身につけることも必要だからです。ですから，初めて本書に取り組むさいには，点数を気にしすぎないようにしましょう。本番でしっかり点数を取れることが大事なのです。

過去問で重要なのは「まちがえること」です。自分の弱点を知るために，過去問に取り組むのです。当然，まちがえた問題をそのままにしておいては意味がありません。

本書には，長年にわたって中学入試にたずさわっているスタッフによるていねいな解説がついています。まちがえた問題はしっかりと解説を読み，できるようになるまで何度も解き直しをしてください。理解できていないと感じた分野については，参考書や資料集などを活用し，改めて整理しておきましょう。

このページも参考にしてみましょう！

◆どの年度から解こうかな　「入試問題と解説・解答の収録内容一覧」

本書のはじめには収録内容が掲載されていますので，収録年度や収録されている入試回などを確認できます。

※著作権上の都合によって掲載できない問題が収録されている場合は，最新年度の問題の前に，ピンク色の紙を差しこんでご案内しています。

◆学校の情報を知ろう‼「学校紹介ページ」

このページのあとに，各学校の基本情報などを掲載しています。問題を解くのに疲れたら息ぬきに読んで，志望校合格への気持ちを新たにし，再び過去問に挑戦してみるのもよいでしょう。なお，最新の情報につきましては，学校のホームページなどでご確認ください。

◆入試に向けてどんな対策をしよう？「出題傾向＆対策」

「学校紹介ページ」に続いて，「出題傾向＆対策」ページがあります。過去にどのような分野の問題が出題され，どのように対策すればよいかをアドバイスしていますので，参考にしてください。

◇別冊「入試問題解答用紙編」

本書の巻末には，ぬき取って使える別冊の解答用紙が収録してあります。解答用紙が非公表の場合などを除き，（注）が記載されたページの指定倍率にしたがって拡大コピーをとれば，実際の入試問題とほぼ同じ解答欄の大きさで，何度でも過去問に取り組むことができます。このように，入試本番に近い条件で練習できるのも，本書の強みです。また，データが公表されている学校は別冊の１ページ目に過去の「入試結果表」を掲載しています。合格に必要な得点の目安として活用してください。

本書がみなさんの志望校合格の助けとなることを，心より願っています。

株式会社　声の教育社　編集部

早稲田大学高等学院中学部

所在地	〒177-0044 東京都練馬区上石神井3-31-1
電　話	03-5991-4210（入試専用）
ホームページ	https://www.waseda.jp/school/jhs/
交通案内	西武新宿線「上石神井駅」北口より徒歩7分，西武池袋線「大泉学園駅」/ JR中央線「西荻窪駅」などよりバス「早稲田高等学院」下車

くわしい情報は
ホームページへ

トピックス

★早稲田大学で唯一の附属中学校である（他に系属中学校が4校ある）。
★見学可能日時には，学校（校舎・施設の外観のみ）見学ができる。

創立年
平成22年

男子校

高校募集
あり

応募状況

年度	募集数	応募数	受験数	合格数	倍率
2024	120名	416名	380名	129名	2.9倍
2023	120名	465名	433名	131名	3.3倍
2022	120名	470名	438名	133名	3.3倍
2021	120名	448名	407名	134名	3.0倍

入試情報（参考：昨年度）

出願期間：2024年1月17日～19日
〔郵送のみ・締切日消印有効〕
※WEB出願サイトにて，事前登録
試験日：2024年2月1日
試験科目：筆記試験（国語・算数・社会・理科），
面接（受験生本人のみ・グループ面接）
合格発表日：2024年2月3日9時
〔受験ポータルサイト〕
入学手続：2024年2月5日15時～16時30分

学校説明会日程（参考：昨年度）

2023年6月18日　10:00~11:20
2023年9月17日　10:00~11:20
2023年10月29日　10:00~11:20

特色ある授業

・総合的な学習の時間・選択教科：早稲田大学にかかわる事柄をはじめ，教科の枠をこえた課題について，調査・研究し，成果をまとめて発表できるよう指導します。また，英語を中心として，高校の第２外国語で授業が行われている諸外国語圏の文化・歴史・言語などについて学ぶ機会をつくります。

・アウトリーチプログラム：早稲田大学の留学生による出身国についての文化や言語などの授業を受け，世界各国の事情を知るとともに，国際意識を高めていきます。

併設高校・大学への進学

所定の基準を満たせば，全員が高校（高等学院）に進学できます。高校では１年次より，中学部からの内部進学者と高校からの入学者が混成のクラスで学んでいきます。

また，高校で所定基準を満たす卒業生全員が早稲田大学の各学部に進学できます。進学先は，本人の志望と３年間の学業成績を基にして決定します。さらに，成績には表れない活動および学部・学科への志望動機や適性を総合的に評価して学部を決定する総合選抜制度（学部ごとに異なりますが，各学部推薦枠の１～５割）を設けています。この制度では，提出書類および面接による選考を経て，推薦を決定します。

編集部注一本書の内容は2024年4月現在のものであり，変更されている場合があります。正確な情報は，学校のホームページ等で必ずご確認ください。

算数　出題傾向＆対策

◆基本データ（2024年度）

試験時間／満点	50分／100点
問　題　構　成	・大問数…４題 計算・応用小問１題（３問） ／応用問題３題 ・小問数…11問
解　答　形　式	解答のみ記入するもののほかに，式や考え方も書くよう求められるものもある。作図問題は見られない。
実際の問題用紙	Ａ４サイズ，小冊子形式
実際の解答用紙	Ａ３サイズ

◆過去９年間の出題率トップ５

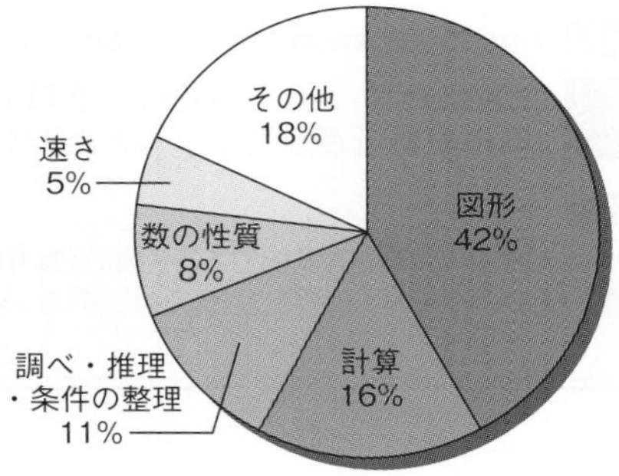

※配点（推定ふくむ）をもとに算出

◆近年の出題内容

		【 2024年度 】			【 2023年度 】
大問	1	四則計算，計算のくふう，逆算，条件の整理，図形の移動，面積	大問	1	四則計算，約束記号，調べ，角度，条件の整理
	2	数列		2	立体図形―図形の移動，構成，面積
	3	平面図形―点の移動，面積，旅人算		3	グラフ―水の深さと体積
	4	立体図形―相似，図形の移動，体積		4	条件の整理

◆出題傾向と内容

問題数は決して多くなく，一見してとてもシンプルな構成になってはいますが，一問一問が非常によく練られた，考えさせる問題となっています。そのため，試験時間をうまく活用しないと，あっという間に終わってしまうということにもなりかねません。

●計算・応用小問…大問１は，計算問題が１，２問と各分野の基礎的な小問という構成になっています。どの問題も基本的な知識さえあれば解けるものなので，可能な限りスピーディーに，なおかつ正確にこなす必要があるでしょう。確実に得点したいところです。

●応用問題…大問２以降は応用問題となり，難易度がぐっと上がります。図形の移動，回転体，立体の切断をからめた求積問題，グラフを利用して考えさせる速さや水面の高さの変化，条件を整理して調べる数の性質と規則性，場合の数などが見られますが，どれも一筋縄ではいきません。

◆対策～合格点を取るには？～

基礎的な問題から難しい問題まではば広く対応できる力をつけていく必要があります。

まずは基礎力の養成について考えてみましょう。基礎力というのは，全分野に通じる土台となる力のことであり，算数についていえば，**計算力，それにくわえて各分野の典型的な問題をひと通り解ける力**であると考えてください。重要なのは，ただ解けるというだけでなく，**すばやく正確に処理できるようになるまで練習をくり返すこと**です。日々の計算練習，問題集にのっている基本問題の反復というのは地道な作業ですが，この段階を経ずして先に進むことはできません。

じゅうぶんな基礎力を確立できたら，応用力をみがく段階に入ります。**各分野の発展レベルの問題**にいどむのが第一。また，いろいろな分野を融合した問題のための対策としては，本校のみならず，**さまざまな学校の過去問題にもチャレンジ**してみることをおすすめします。

最後につけくわえておきたいのは，応用問題を解くさい，**すぐにあきらめて解答を見てはいけない！**ということです。**ぎりぎりのところまで自力で考えぬくという経験**を積み重ねてください。

算数

出題分野分析表

分野		2024	2023	2022	2021	2020	2019	2018	2017	2016
計算	四則計算・逆算	○	○	○		○	◎	○	◎	◎
	計算のくふう	○		○	○					
	単位の計算									
和と差	和差算・分配算									
	消去算									
	つるかめ算						○		○	
	平均とのべ									
	過不足算・差集め算									
	集まり									
	年齢算									
割合と比	割合と比				○				○	
	正比例と反比例									
	還元算・相当算				○					
	比の性質				○					
	倍数算									
	売買損益									
	濃度									
	仕事算									
	ニュートン算									
速さ	速さ									
	旅人算	○		○				○		
	通過算									
	流水算									
	時計算									
	速さと比									○
図形	角度・面積・長さ	◎	◎	○	○	○	●	○	◎	◎
	辺の比と面積の比・相似	○			○	○		○		
	体積・表面積	○		○	○					○
	水の深さと体積		○		○					
	展開図									
	構成・分割		○	○	○	○				○
	図形・点の移動	●	○	○		○				
表とグラフ			○		◎					
数の性質	約数と倍数									
	N進数							○		
	約束記号・文字式		○		○	○			○	
	整数・小数・分数の性質					○				○
規則性	植木算									
	周期算				○					
	数列	○								
	方陣算									
	図形と規則						○			
場合の数						○		○	○	
調べ・推理・条件の整理		○	●	○	○	○		○		○
その他										

※ ○印はその分野の問題が１題，◎印は２題，●印は３題以上出題されたことをしめします。

社会　出題傾向＆対策

◆基本データ（2024年度）

試験時間／満点	40分／80点
問題構成	・大問数…５題 ・小問数…37問
解答形式	用語の記入が大半をしめており，漢字指定のものが多く出されている。そのほかは記号選択と記述問題で，記述問題は１～２行で書かせるものとなっている。
実際の問題用紙	Ａ４サイズ，小冊子形式
実際の解答用紙	Ａ３サイズ

◆過去９年間の分野別出題率

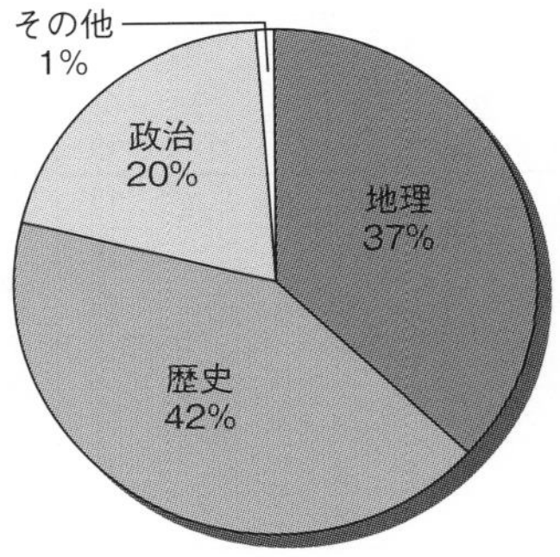

※配点（推定ふくむ）をもとに算出

◆近年の出題内容

【 2024年度 】			【 2023年度 】		
大問	1	**〔地理〕** 桜の開花を題材にした問題	大問	1	**〔地理〕** 白書を題材にした問題
	2	**〔地理〕** 海岸線を題材にした問題		2	**〔地理〕** 節電を題材にした問題
	3	**〔歴史〕** 古代～近世の歴史的なことがら		3	**〔歴史〕** 各時代の歴史的なことがら
	4	**〔歴史〕** 近世～現代の歴史的なことがら		4	**〔歴史〕** 各時代の歴史的なことがら
	5	**〔政治〕** 子ども手当を題材にした問題		5	**〔政治〕** 参議院を題材にした問題
				6	**〔政治〕** 囚人のジレンマ

◆出題傾向と内容

●**地理**…地図と統計資料を用いた問題がよく見られます。気候や産業から都道府県を特定させるものも多く出題されています。

●**歴史**…歴史上の人物，場所，できごとについて，各時代からまんべんなく取り上げられています。用語の記入は漢字で書くよう指定されるものがほとんどです。史料をもとに自分の考えを記述させるものも出されています。

●**政治**…憲法や国の政治の仕組みに関するものが多く出題されています。時事に関する問題も見られます。現代社会の問題について記述させるものも出されています。

●**時事問題**…国際情勢から政治，経済に関するものまで，はば広く取り上げられています。

◆対策～合格点を取るには？～

本校の社会の大きな特ちょうは，時事問題と長い記述問題です。例年，**大問ひとつが時事問題**にあてられています。日ごろからニュースなどで用語をチェックしておくとともに，その用語の意味や背景になったできごとなども調べたうえで，自分の持っている知識と結びつけておくことも重要です。記述問題も，全ジャンルにわたって出題されます。単純な暗記だけではなく，**「なぜ」あるいは「その結果どうなるのか」という視点で勉強**し，それをのべられるようにしておきましょう。

地理分野では，**地図と統計資料を活用**し，地形と産業の関係などをおさえておくことが大切です。

歴史分野では，**資料集や教科書**を横において，史料や絵画などは目で見て確認しておくとよいでしょう。知識をただの文字として処理してしまわず，**歴史的意義や背景**も考えておくことです。

政治分野の出題は少ないのですが、近年行われた国政選挙や改正された法律など，時事的な内容と関連づけて出題されることもあります。現代の社会がかかえる問題に注意しておきましょう。

全体として，基本的な知識をはば広く正確に覚え，それについての意見や考えをきちんとのべられるように**記述力をつけておくこと**が，本校合格には欠かせません。

社会 出題分野分析表

分野			2024	2023	2022	2021	2020	2019	2018	2017	2016
日本の地理	地図の見方		○		○					★	
	国土・自然・気候		○	○	○		○		★	○	★
	資源			○							
	農林水産業		○	○	○		○	○			○
	工業					○					
	交通・通信・貿易		○	○	○	★		○	○		
	人口・生活・文化			○		○			○	○	○
	各地方の特色		★					★		★	
	地理総合		★	★	★	★	★		★		★
世界の地理											
日本の歴史	時代	原始～古代	○	○	○	○	○	○	○		★
		中世～近世	○	○	○	○	○	○	○	○	
		近代～現代	○	○	★	○	○	○	○	○	
	テーマ	政治・法律史									
		産業・経済史									
		文化・宗教史							★	★	
		外交・戦争史								★	
		歴史総合	★	★	★	★	★	★	★		★
世界の歴史											○
政治	憲法		○		○			○			○
	国会・内閣・裁判所			★			○	○	○	★	○
	地方自治								○		
	経済				○		○				
	生活と福祉		○			★	★		○		
	国際関係・国際政治			★	○		○	○		○	
	政治総合		★		★	★		★	★		★
環境問題					○						
時事問題			○				★	★	★	★	★
世界遺産					○		★	○			
複数分野総合								★			

※ 原始～古代…平安時代以前，中世～近世…鎌倉時代～江戸時代，近代～現代…明治時代以降
※ ★印は大問の中心となる分野をしめします。

理科 出題傾向＆対策

◆基本データ（2024年度）

試験時間／満点	40分／80点
問題構成	・大問数…４題 ・小問数…30問
解答形式	記号選択が多く，その中にはあてはまるものを複数選択する問題も見られる。ほかに，計算して数値を答えるもの，用語記入，作図も出題されている。
実際の問題用紙	Ａ４サイズ，小冊子形式
実際の解答用紙	Ａ３サイズ

◆過去９年間の分野別出題率

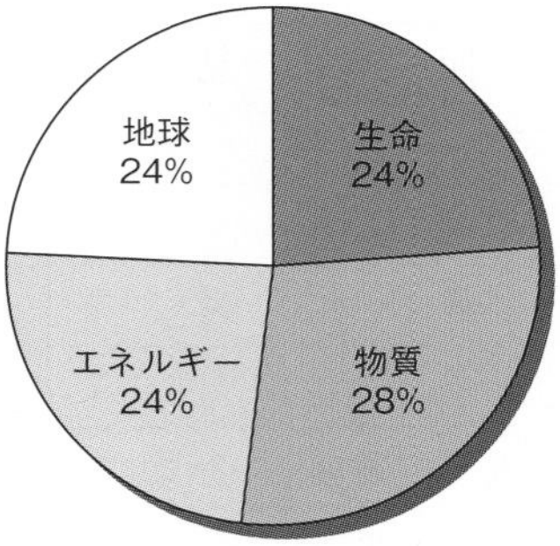

※配点（推定ふくむ）をもとに算出

◆近年の出題内容

【 2024年度 】			【 2023年度 】		
大問	1	〔**地球**〕乾湿計，流水のはたらき	大問	1	〔**地球**〕太陽の動き，地層
	2	〔**エネルギー**〕ふりこ		2	〔**生命**〕動物の分類と特ちょう
	3	〔**物質**〕金属の酸化		3	〔**物質**〕水溶液の性質
	4	〔**生命**〕夏の生き物		4	〔**エネルギー**〕熱量計算

◆出題傾向と内容

以下の４分野からほぼ均等に出題され，各分野で様々な題材が取り上げられています。

●**生命**…光合成や呼吸など，植物のはたらきについての出題がめだちます。そのほか，食物連鎖，身近な生物，セキツイ動物の分類などについても出題されています。

●**物質**…気体や水溶液，金属の性質の基本的な知識や，中和や燃焼，気体の発生量などの計算がためされます。実験器具の使い方や実験の方法なども問われているので注意が必要です。

●**エネルギー**…浮力，ふりこの運動，電気回路など計算を必要とする問題が多く出されます。また，物体の動きや変化がとらえられているかもためされます。

●**地球**…太陽と月の動き・南中高度，地層と火山，天気のほか，近年に起きたことがらを題材にした地震や日食の問題も出されています。

◆対策～合格点を取るには？～

各分野について複数の題材が取り上げられるので，はば広い知識を持っている必要があります。また，めだった難問が出題されていない分平均点は高くなることが予想され，ちょっとした不注意が致命的な失点につながる可能性があります。そのため，**全分野にわたってかたよりのない勉強**をして，**苦手分野を残さない**ことが大切です。

「**生命**」は，動物・植物・人体の基本的な知識を身につけておくこと。**植物のはたらきについて調べる実験**も問題演習を通して理解を深めておきましょう。

「**物質**」は，気体や水溶液の基本的な知識や計算に加えて，**実験の方法**，**実験器具の使い方・しくみ**についてもしっかりと覚えておく必要があります。

「**エネルギー**」は，ただ計算練習をくり返すのではなく，物体が**どのように動き，変化しているのかを頭の中でえがいたうえで**問題にいどんでください。

「**地球**」は，天体や地層・火山などに力を注ぎましょう。また，**理科に関する時事**に注意して，関連する題材についても知識のはばを広げてください。

理科　出題分野分析表

分野＼年度		2024	2023	2022	2021	2020	2019	2018	2017	2016
生命	植物			○	★		★		★	
	動物		★	★		★				★
	人体		○	○				★		★
	生物と環境									
	季節と生物	★								
	生命総合									
物質	物質のすがた				★					
	気体の性質			★		○		○	○	○
	水溶液の性質		★		○		○		○	
	ものの溶け方						★		○	
	金属の性質	○				○				○
	ものの燃え方	★		○		★				
	物質総合							★	★	★
エネルギー	てこ・滑車・輪軸									
	ばねののび方			★				★		
	ふりこ・物体の運動	★							★	
	浮力と密度・圧力			○			★			
	光の進み方					★		★		
	ものの温まり方		★							★
	音の伝わり方								★	
	電気回路				○				○	★
	磁石・電磁石				★					
	エネルギー総合									
地球	地球・月・太陽系		★			★				★
	星と星座								★	
	風・雲と天候			★						★
	気温・地温・湿度	○						★		
	流水のはたらき・地層と岩石	○					★	★		
	火山・地震		★		★				★	
	地球総合	★								
実験器具							○		○	○
観察										
環境問題										
時事問題										
複数分野総合										

※ ★印は大問の中心となる分野をしめします。

国語 出題傾向＆対策

◆基本データ（2024年度）

試験時間／満点	50分／100点
問　題　構　成	・大問数…２題 　文章読解題２題 ・小問数…20問
解　答　形　式	漢字の書き取りや，記号選択，本文中のことばの書きぬきのほかに，45～60字程度で書かせる記述問題が数問出題されている。
実際の問題用紙	Ａ４サイズ，小冊子形式
実際の解答用紙	Ａ３サイズ

◆過去９年間の分野別出題率

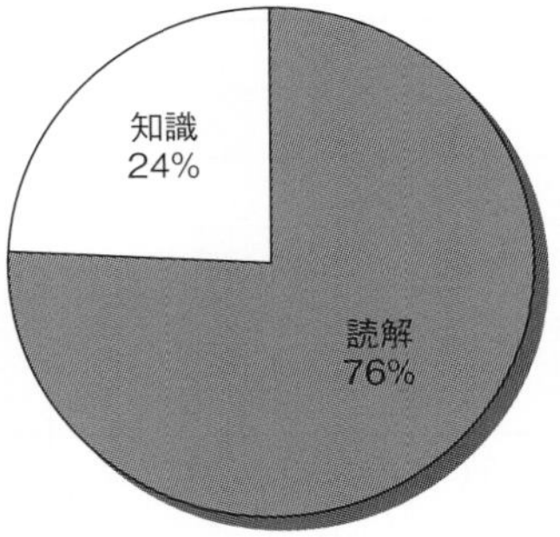

※配点(推定ふくむ)をもとに算出

◆近年の出題内容

【 2024年度 】			【 2023年度 】		
大問	一	〔説明文〕市橋伯一『増えるものたちの進化生物学』（約4300字）	大問	一	〔説明文〕倉下忠憲『すべてはノートからはじまる―あなたの人生をひらく記録術』（約3100字）
	二	〔小説〕ヘルマン=ヘッセ／高橋健二訳「中断された授業時間」（約5000字）		二	〔小説〕柏原兵三「蜂の挿話」（約4100字）

◆出題傾向と内容

●読解問題…引用文は，説明文・論説文が１題と小説が１題という構成が多く見られますが，内容は標準的なものなので，比較的取り組みやすいといえるでしょう。

設問を見ると，筆者の考えの読み取りや理由を説明するものを中心に，接続詞の補充，指示語の内容，空らんの補充，段落吟味，大意を問うものなどが出されています。

解答方法では，記述させるものが多い点に注目しましょう。書きぬきだけではなく，自分のことばで説明させる問題も出されています。重要な語句をとらえつつ，的確かつスピーディーにまとめられるよう，記述の練習を積んでおきましょう。

全体としては，試験時間内で十分解ける量ですが，時間配分には注意が必要です。

●知識問題…知識問題は読解問題の小設問として出題され，漢字の書き取りと読みのほか，慣用句，四字熟語などが問われています。

◆対策～合格点を取るには？～

基本的な国語力をためすことにウェートが置かれています。説明文・論説文であれば，筆者がその文全体で主張していることはどういうことなのかをしっかり読み取る，小説・物語文であれば，登場人物の心情をていねいに読み取っていく，そういった基本的なことが重要です。**「なぜですか」と，理由を問う設問が多い**のも特ちょうといえます。

個々の設問に関しては，①接続詞のはたらきによる分類をきちんと頭に入れて，前後関係からどの種類の接続詞かを考え，文脈にそったものを探すという手順を身につける，②心情と行動の因果関係に注目しつつ，心情の変化や行動・状況の変化を一つひとつていねいに追いながら読む，③全体の文脈を正しく理解するため，段落間のつながりに注意しながら読む，④くり返し出てくる大事な部分を見逃さない，というようなことを意識しておきましょう。

漢字や熟語については，読み書きはもちろん，同音(訓)異義語，その意味についても辞書で調べておきましょう。慣用句やことわざといったことばの知識も，積極的に増やしていくような勉強が効果的です。

国語 出題分野分析表

分野 ＼ 年度			2024	2023	2022	2021	2020	2019	2018	2017	2016
読	文章の種類	説明文・論説文	★	★	★	★	★	★	★	★	★
		小説・物語・伝記	★	★	★	★	★	★	★	★	★
		随筆・紀行・日記									
		会話・戯曲									
		詩									
		短歌・俳句									
解	内容の分類	主題・要旨	○	○	○	○	○	○	○		○
		内容理解	○	○	○	○	○	○	○	○	○
		文脈・段落構成								○	○
		指示語・接続語	○	○		○	○			○	○
		その他	○	○	○	○	○	○			
知	漢字	漢字の読み			○			○			○
		漢字の書き取り	○	○	○	○	○	○	○	○	○
		部首・画数・筆順									
	語句	語句の意味	○		○	○	○	○	○	○	○
		かなづかい									
		熟語	○	○	○	○	○	○	○	○	
		慣用句・ことわざ		○		○			○		○
	文法	文の組み立て									
		品詞・用法									
		敬語									
識	形式・技法										
	文学作品の知識										
	その他										
	総合										
表現	作文										
	短文記述										
	その他										
放送問題											

※ ★印は大問の中心となる分野をしめします。

2024 年度 早稲田大学高等学院中学部

【算　数】（50分）〈満点：100点〉

注意　1．式や考え方を書いて求める問題は，解答用紙の指定された場所に式や考え方がわかるように書いてください。

2．分数は，それ以上約分できない形で表してください。

1　次の問いに答えなさい。

(1)　次の式の□にあてはまる数を求めなさい。

①　$\dfrac{1}{2\times3}-\dfrac{2}{3\times5}+\dfrac{3}{5\times7}-\dfrac{8}{7\times11}+\dfrac{14}{11\times15}=\square$

②　$\dfrac{2+\dfrac{8}{7\times\square}}{8-\dfrac{2}{7\div6}}=\dfrac{1}{3}$

(2)　あるお店で，ボールペンが

1本：90円　　5本セット：380円　　12本セット：880円

で売られています。このボールペン100本を最も安い金額で買いました。いくらで買ったかを求めなさい。

(3)　図のように，AE＝7 cmの正七角形ABCDEFGを，頂点Eを中心に矢印の方向に辺EFが直線 l と重なるまで回転させます。このとき，三角形ABEが通過した部分の面積を求めなさい。ただし，円周率は3.14とします。

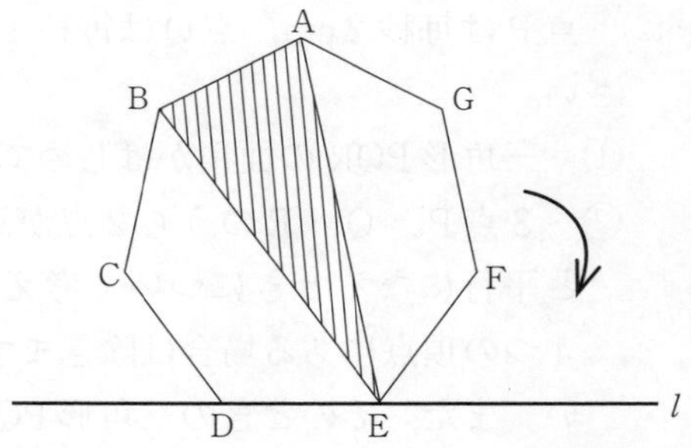

2　次のような特徴《とくちょう》をもつ数の列があります。

① | ② | ③ | ④ | ⑤ | …

$\dfrac{1}{3}$ | $\dfrac{1}{3}$, $\dfrac{3}{6}$ | $\dfrac{1}{3}$, $\dfrac{3}{6}$, $\dfrac{5}{9}$ | $\dfrac{1}{3}$, $\dfrac{3}{6}$, $\dfrac{5}{9}$, $\dfrac{7}{12}$ | $\dfrac{1}{3}$, $\dfrac{3}{6}$, $\dfrac{5}{9}$, $\dfrac{7}{12}$, $\dfrac{9}{15}$ | $\dfrac{1}{3}$, …

①，②，③，…は並べられている分数の個数を表し，それぞれ第1グループ，第2グループ，第3グループ，…とします。各グループの中の分数について，分子は奇《き》数を小さい順に並べ，分母は3の倍数を小さい順に並べています。ただし，各分数は約分しないものとします。

この分数の列において，例えば最初から数えて10番目の数は，第4グループの $\dfrac{7}{12}$ です。このとき，次の問いに答えなさい。

(1)　最初から数えて100番目の数を求めなさい。

(2)　第30グループの $\dfrac{11}{18}$ は最初から数えて何番目か，**式や考え方を書いて**求めなさい。

(3)　分母が54となる分数が10回目にあらわれるのは，最初から数えて何番目か求めなさい。

3　右の図のような AB＝CD＝10cm，AD＝BC＝20cm の長方形 ABCD があります。

３点Ｐ，Ｑ，Ｒがこの長方形の周上を，次のように移動します。

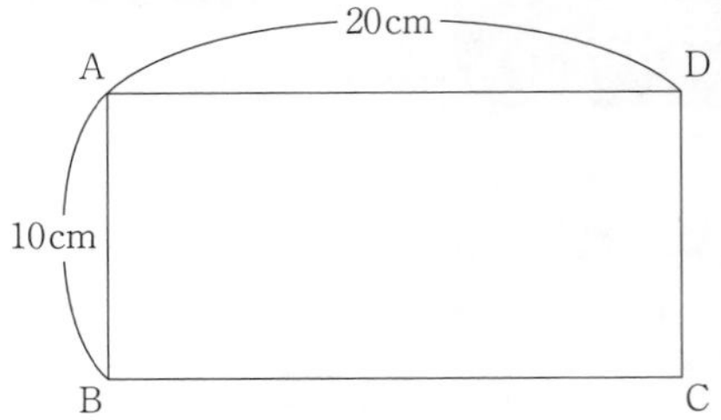

【点Ｐ】　点Ｂを出発してＢ→Ｃ→Ｄ→Ａ→Ｂ→Ｃ→…の順に移動する。

【点Ｑ】　点Ｃを出発してＣ→Ｄ→Ａ→Ｂ→Ｃ→Ｄ→…の順に移動する。

【点Ｒ】　点Ｄを出発してＤ→Ａ→Ｂ→Ｃ→Ｄ→Ａ→…の順に移動する。

ただし，３点Ｐ，Ｑ，Ｒは同時に出発することとします。

(1)　点Ｐは毎秒２cm，点Ｑは毎秒１cm，点Ｒは毎秒２cm で移動するとき，次の問いに答えなさい。

①　出発してから37秒後の三角形 PQR の面積を求めなさい。

②　点Ｐが辺 BC 上または辺 DA 上にあり，AB と PQ が並行になるときがあります。ただし，点Ｐが長方形の４つの頂点にある場合は除きます。AB と PQ が３回目に平行になるのは出発してから何秒後か，**式や考え方を書いて**求めなさい。

(2)　点Ｐは毎秒２cm，点Ｑは毎秒１cm，点Ｒは毎秒４cm で移動するとき，次の問いに答えなさい。

①　三角形 PQR の面積がはじめて最大になるのは出発してから何秒後か求めなさい。

②　３点Ｐ，Ｑ，Ｒのうち２点が辺 AB 上または辺 CD 上にあり，その２点を通る直線が AD と平行になるときについて考えます。ただし，点Ｐ，Ｑ，Ｒがいずれか１つでも長方形の４つの頂点にある場合は除きます。４回目に平行となるのは出発してから何秒後か求めなさい。また，そのときの三角形 PQR の面積を求めなさい。

4　底面が正方形で，側面がすべて合同な二等辺三角形となる立体は**正四角すい**と呼ばれています。正四角すいの体積は，

$$(\text{底面積}) \times (\text{高さ}) \times \frac{1}{3}$$

で求められます。

いま，図１のような４つの正四角すいがあり，それぞれの大きさは次の通りです。

・正四角すい V-ABCD は底面の正方形の１辺の長さが２ｍで高さが６ｍ
・正四角すい W-EFGH は底面の正方形の１辺の長さが４ｍで高さが12m
・正四角すい X-IJKL は底面の正方形の１辺の長さが４ｍで高さが12m
・正四角すい Y-MNOP は底面の正方形の１辺の長さが８ｍで高さが24m

３つの正四角すい V-ABCD，W-EFGH，X-IJKL を地面に置きました。図２は，それを真上から見たものです。地面は平らなものとして，次の問いに答えなさい。

(1) 三角形VWXを含《ふく》む平面上の点で，点Jの真上にあるものを点Qとします。このとき，点Qの地面からの高さを求めなさい。

(2) 正四角すいY-MNOPを地面に置きました。図3は，それを真上から見たものです。三角形VWXを含む平面が正四角すいY-MNOPの辺YMと交わる点をZとするとき，点Zの地面からの高さを求めなさい。

(3) 正四角すいY-MNOPを地面に置き，次の条件(i)，(ii)，(iii)のすべてを満たす位置にある場合について考えます。

(i) 辺MNはEFより東側にあり，辺MPはILより南側にある。さらに，辺MNはEFと，辺MPはILと平行である

(ii) 4つの正四角すいの頂点V，W，X，Yが1つの平面上にある

(iii) 辺MNは西側の壁と4m以上離《はな》れていて，辺MPは北側の壁と4m以上離れている

このとき，次の①，②に答えなさい。

① 辺MNと西側の壁，辺MPと北側の壁が同じだけ離れている位置に正四角すいY-MNOPがあります。このとき，辺MNと西側の壁は何m離れているか求めなさい。

② 正四角すいY-MNOPを，条件(i)，(ii)，(iii)のすべてを満たしながら動かしたとき，正四角すいY-MNOPが通過する部分からなる立体の体積を求めなさい。

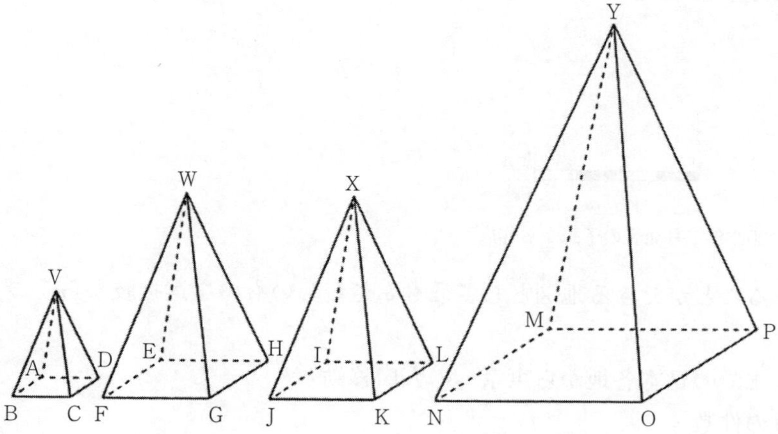

図1

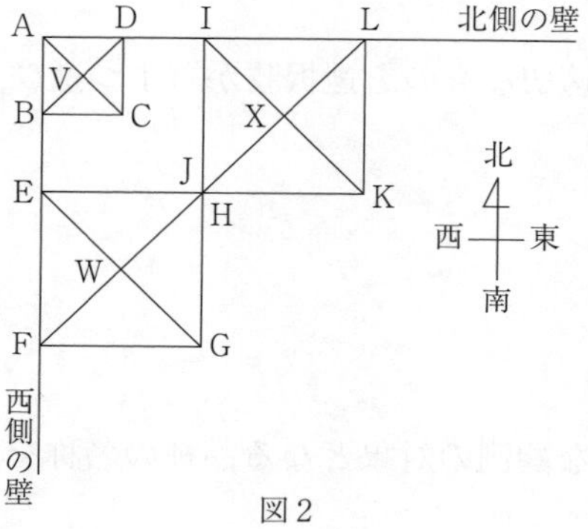

図2

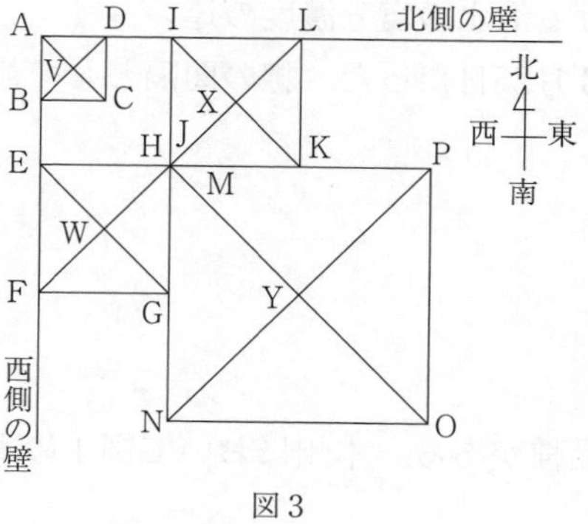

図3

【社　会】（40分）〈満点：80点〉

1　図1は2022年1月に発表された，沖縄・奄美など一部の島々を除いた桜の開花予想で，同じ日に開花が予想される場所を線で結んだものです。この図を見て，あとの問に答えなさい。

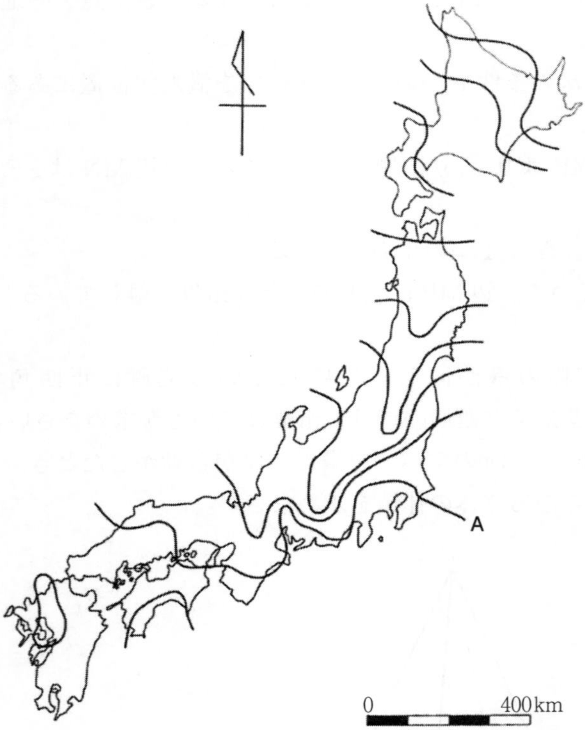

図1
ウェザーマップ社の2022年1月発表の予想から作成

問1　図1と同じ表現をすることができる地図として最もふさわしいものを選択肢から1つ選び，記号で答えなさい。

ア　2010年から2020年までの日本各地から東京への人口移動
イ　国ごとの交通事故の件数
ウ　全国における道の駅の分布
エ　太平洋における海水の塩分濃度の違い

問2　図1の線**A**は3月25日だった。線の間隔として最も適切なものを選択肢から1つ選び，記号で答えなさい。

ア　5日ごと
イ　10日ごと
ウ　15日ごと
エ　20日ごと

問3　桜にも様々な品種がある。本州において図1のような観測の対象となる品種の名称を答えなさい。

2 次の文章を読んで，あとの問に答えなさい。

国土交通省の「海岸統計」によると，①日本の海岸線の長さは約35,000kmであり，世界第6位の長さです。島国の日本は周囲を海に囲まれており，海岸線には半島や入り江，湾などの複雑な地形をみることができます。こうした地形から水の出入りが不活発な湾や半島などに囲まれた海域を「閉鎖性海域（または閉鎖性水域）」と呼んでいます。全国各地では環境保全の観点から②閉鎖性海域の水質に関するデータが収集され，その環境変化が注目されています。また，こうした海域は波が穏やかなことから③人々の生活と密接な関わりをもっています。次に全国の湾や水域に着目してその様子をみてみましょう。

A：この海域に流れ出る河川は多く，水深が浅いため古くから干拓により耕地を拡大してきた。また，（ **X** ）の養殖が盛んであり，国内有数の干潟があるため干潟生物が多く生息している。

B：谷が沈んで海水が入り込むことでできた複雑な地形は日本三景の１つとなっている。湾内には多数の島々が点在しており，（ **Y** ）の養殖などが盛んである。

C：この湾岸は古くから寿司が有名であり，現在でも湾内では様々な魚介類の水揚げがある。沿岸には人口が集中し，湾内には国内有数の国際コンテナ埠頭が複数あり，この湾と外洋の出入り口にあたる（ **1** ）水道は船舶交通の要所である。

D：火山活動の結果できた巨大な湾で，④周囲には活火山も多い。湾内では（ **Z** ）などの養殖が盛んに行われ，湾の出口には製鉄が盛んな都市がある。

E：別名を不知火海ともいい，穏やかな海は景色がよく観光地としても人気がある。この水域に流れ出る（ **2** ）川は日本三大急流の１つであり，⑤大雨によりはん濫することでよく報道されている。

F：２つの半島に挟まれたこの湾の周辺ではある工業が盛んであり，この工業製品を⑥輸出するために専用の埠頭が建設された。２つの半島には用水が建設され園芸農業が盛んである。

G：大きな半島の西側に位置するこの湾には森林地帯を通って流れる（ **3** ）川が流れ出ており，その下流では製紙工業が盛んである。一時期はこの製紙工業が原因でヘドロ公害が問題となった。

H：この湾の東側の半島の付け根には原子燃料の再処理施設がある。湾の奥には県庁所在地の港があり，その近くには大規模な縄文時代の（ **4** ）遺跡がある。

I：日本で最も大きな閉鎖性海域であり，太平洋とは大きな島により隔てられており，その島の西側の（ **5** ）水道ではアジやサバの漁業が有名である。水域内には大小約700の島々がある。

J：大陸に近いことから古くから⑦国際港として栄え，湾の出口付近の島は金印が発見されたことでも知られている。湾岸には政令指定都市である（ **6** ）市があり，この地方の中心都市である。

問１　文中の空欄（ **1** ）～（ **6** ）に当てはまる語句を答えなさい。

問２　Ａ～Ｊの各文は図１中の**あ**～**す**のいずれかである。Ａ～Ｃの文は図１中のどこになるか，それぞれ記号で答えなさい。

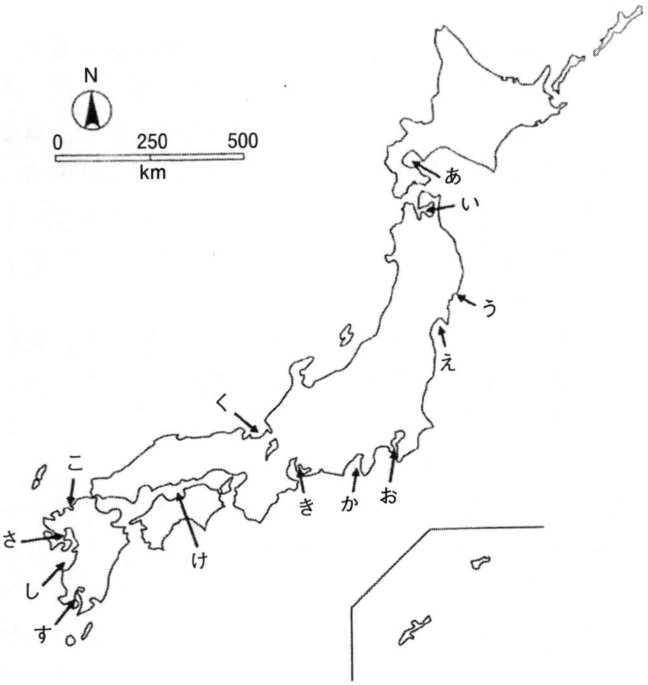

図1

問3　DとHの各文が示す湾の名称をそれぞれ答えなさい。

問4　文章中の（**X**）～（**Z**）に当てはまる海産物として適当な組み合わせを以下の選択肢から1つ選び，記号で答えなさい。

	ア	**イ**	**ウ**	**エ**	**オ**	**カ**
（**X**）	かき	かき	ほたて	ほたて	のり	のり
（**Y**）	ほたて	のり	かき	のり	かき	ほたて
（**Z**）	のり	ほたて	のり	かき	ほたて	かき

問5　下線部①に関連して，以下から最も海岸線の短い都府県を1つ選び，記号で答えなさい。

ア　京都府　　**イ**　東京都　　**ウ**　長崎県　　**エ**　三重県

問6　下線部②に関連して，このデータ収集の目的の1つは海域の富栄養化を防ぐことである。海域の富栄養化のことを何というか，**漢字2字で**答えなさい。

問7　下線部③に関連して，人間が積極的に関与することで水質改善と水産資源利用を両立している海域があります。同様に人間が山林に積極的に関与して自然環境維持と森林資源利用を両立している場所のことを何と呼ぶか，**漢字2字で**答えなさい。

問8　下線部④に関連して，以下からDの水域に最も近い活火山を1つ選び，記号で答えなさい。

ア　阿蘇山　　**イ**　有珠山　　**ウ**　蔵王山　　**エ**　磐梯山

問9　下線部⑤に関連して，気象庁は次々と発達した雨雲が列をなして同じ場所に停滞して大量の雨を降らす現象に警告を発しています。こうした現象のことを何と呼ぶか，**漢字で**答えなさい。

問10　下線部⑥に関して，この専用埠頭のある港はある工業製品の輸出だけでなく，輸入も国内最大となっている。なぜ輸入が最大なのか，その理由を全国的な位置に着目して述べなさい。

問11　下線部⑦に関連して，日本における現在の国際港の条件として必要な施設を１つあげなさい。

3　次の文章を読んで，あとの問に答えなさい。

現代のような発達した情報通信網のない時代に，人びとはどのようにして情報を伝達していたのでしょうか。時代を追ってながめてみましょう。

663年，百済救援のため朝鮮半島に渡った倭国の軍は，（ **あ** ）の戦で唐・新羅の連合軍と戦って敗れました。その翌年，防衛の必要に迫られた①中大兄皇子は，対馬や壱岐などに防人《さきもり》とともに烽《とぶひ》を置き，外敵の侵入を速やかに煙や火の合図で知らせる通信手段を整備しました。その後，律令国家は，都と地方の国府とを結ぶ道路を整備し，役人の行き来のために馬を用意した駅を設置しました。

鎌倉幕府はおもに御家人の負担によって，鎌倉から京都の（ **い** ）までの飛脚の仕組みを作ります。文永の役の後には，博多から京都までの情報伝達手段も整えました。②弘安の役のとき，九州北部で暴風雨が起こりモンゴル軍が大損害を受けたという情報は，約10日で京都まで伝わっています。

③室町幕府の支配領域は限られていたので全国的な道路の整備はできず，そのため飛脚のような仕組みはありませんでした。その代わりこの時代には，「うわさ」による情報伝達が大きな比重をしめ，重要な役割を果たしました。例えば，京都で1428年に起きた（ **う** ）の土一揆の情報はうわさとして広まり，翌年にかけて，畿内各地で民衆が酒屋や土倉を襲って徳政を要求する一揆を起こしました。有名な柳生の徳政碑文に「（ **う** ）元年以降は，自分たちの村々に借金は一切あってはならない」と刻んだのも，徳政一揆のうわさを聞きつけた人びとでした。うわさによる情報伝達というと頼りなく感じるかもしれませんが，中世の人びとは，信頼できそうな「風聞」から，やや不確実な「巷説《こうせつ》」や「雑説」まで，うわさの呼び名を使い分けながら貴重な情報源として，様々に活用していたのです。

江戸時代には，全国政権となった幕府が，江戸の（ **え** ）を起点とする五街道など幹線道路を定め，宿駅を置いて伝馬役を負担させ，飛脚による通信制度が整備されました。また，北前船などの水上交通も発達し，④民衆も含めて情報伝達手段が確実に増えたので，情報はより早く，より正確に伝えられるようになったといえるでしょう。

問１　空欄（**あ**）に入る適切な語を**漢字で**答えなさい。

問２　下線部①の説明として**誤っているもの**を１つ選び，記号で答えなさい。

ア　中臣鎌足とともに蘇我馬子と蝦夷を滅ぼし，政治の実権を握った。

イ　唐から帰国した留学生の力をかりて，政治改革をおこなった。

ウ　即位して天智天皇となったが，その死後，跡つぎをめぐって戦乱が起きた。

エ　都を近江の大津宮に移し，初めて全国の戸籍を作った。

問３　空欄（**い**）に入る，承久の乱後に京都におかれた鎌倉幕府の職名を**漢字で**答えなさい。

問４　下線部②が起こったときの鎌倉幕府の執権の名前を**漢字で**答えなさい。

問５　下線部③についての説明として**誤っているもの**を１つ選び，記号で答えなさい。

ア　足利尊氏は，鎌倉幕府の制度にならって，京都に幕府を開いた。

イ　足利義政は，南北朝の合一を果たし，幕府は全盛期をむかえた。

ウ　京都で起こった応仁の乱の後，室町幕府の力は衰えることになった。

エ　織田信長が足利義昭を京都から追放したことにより，室町幕府は滅亡した。

問6　空欄(**う**)に入る適切な語を**漢字で**答えなさい。

問7　空欄(**え**)に入る適切な語を**漢字で**答えなさい。

問8　下線部④について，その背景として民衆にどのような変化があったと考えられるか，またその結果，どのような情報伝達手段が増えたと考えられるか，説明しなさい。

4　次の会話文は，鉄道研究部の部員が夏休みの活動報告を先生に話しているものです。会話文を読んで，あとの問に答えなさい。

先　生　みなさんはどのような夏休みを過ごしたでしょうか。みんなで報告しましょう。

生徒A　私は北海道に行きました。小樽では①北海道で最初に開通した鉄道の跡地を見ました。網走では，北海道の主な道路や鉄道をつくった囚人たちの歴史にも触れました。囚人たちが労働力の担い手だったことに驚きました。

先　生　北海道の開拓は，(②)が有名ですが，囚人たちも大きな役割を果たしていました。

生徒B　僕も北海道に行きました。僕は③函館や松前を中心に，観光しました。函館では昔活躍した青函連絡船が見学できるようになっていて，興味深かったです。

生徒C　僕は鶴岡へ行ってきました。特急いなほ号に一度乗ってみたかったんです。日本海沿いを走るので，景色がとてもきれいでした。

先　生　江戸時代は庄内藩が治めていたところですね。庄内藩といえば，④三方領知替えを命じられた藩の1つですね。

生徒D　僕は九州に行ってきました。九州は観光列車をたくさん走らせているので，何度も行きたくなります。今回印象に残っているのは，門司港の歴史ある駅舎と関門海峡を歩いて⑤下関に渡ったことです。

生徒E　僕も九州に行きました。新しく開業した西九州新幹線に乗って⑥長崎を目指して観光してきました。

先　生　ふたりは九州へ行ったのですね。私も九州の観光列車に乗って，九州をまわってみたいです。

生徒F　僕は北陸新幹線に乗って金沢に行ってきました。金沢では美味しいものをたくさん食べてきました。北陸新幹線は2024年の3月に延伸されて東京から(⑦)までの営業となるので，また乗りに行きたいと思っています。

生徒G　僕は京都の鉄道博物館に行ってきました。車両がたくさん並んでいて，圧巻でした。⑧大阪にも行って，大阪城を見学しました。

生徒H　僕は沖縄に行きました。沖縄だと鉄道のイメージはないかもしれませんが，⑨戦争でなくなるまでは軽便鉄道という小さめの鉄道が走っていて，沖縄の物流を支えていたそうです。

先　生　よく知っていましたね。沖縄の鉄道についてはあまり知られていませんが，実はいたる所に鉄道の記念碑や跡が残されています。

　みなさん，充実した夏休みを過ごしたようですね。日本の近代化と鉄道は切っても切れない関係にあります。鉄道の早期開設を訴えたのは⑩大隈重信と伊藤博文といわれています。他に予算をあてるべきという意見も多い中，鉄道が日本の近代化には必要であるとの信念のもと，鉄道の敷設に努めました。

生徒Ａ　それは知りませんでした。先生の話を聴いて，もっと鉄道の歴史を知りたいと思うようになりました。

先　生　これを機に，いろいろと調べてみて，学んだことをまたみんなに伝えてください。

問１　下線部①について，北海道に最初に鉄道が開通したのは1880年のことである。日本で最初に鉄道が開通した1872年から1880年までの明治政府の政策について述べた次の各文の中から**誤っているもの**を１つ選び，記号で答えなさい。

ア　学制を公布して国民皆学を目指したが，明治時代のはじめは就学率も低かった。

イ　地租改正を行って，地価の３％を税として納めることになったため，江戸時代の年貢よりも農民の負担はだいぶ減った。

ウ　徴兵令を定めて士族・平民に関わらず兵役の義務を課したが，はじめは免除規定が多かった。

エ　欧米からの技術や文化を導入するために，欧米の学者や芸術家たちを高い給料で雇った。

問２　空欄（②）について，北海道の開拓を担った，平時は農民で非常時には兵士となる人たちを何と呼んでいるか，**漢字で**答えなさい。

問３　下線部③について，この地は日米和親条約で開港した２つの港のうちの１つである。もう１つの港を**漢字で**答えなさい。

問４　下線部④について，これは天保の改革の政策の１つであるが，天保の改革について述べた文として正しいものを次から１つ選び，記号で答えなさい。

ア　上米の制を出して，大名から米を献上させた。

イ　株仲間を公認して特権とひきかえに税を徴収した。

ウ　棄捐令を出して借金に苦しむ武士を救済しようとした。

エ　江戸と大坂周辺の土地を幕府の直轄地にしようとした。

問５　下線部⑤について，この地は日清戦争の講和会議が開かれた地である。日清戦争とその講和会議について述べた次の文のうち，**誤っているもの**を１つ選び，記号で答えなさい。

ア　朝鮮半島をめぐる清と日本の対立が主な原因である。

イ　講和会議には，日本からは伊藤博文や陸奥宗光，清からは李鴻章が出席した。

ウ　講和条約によって，清は遼東半島や台湾などを日本に譲ったが，賠償金は支払わなかった。

エ　講和条約内容の一部についてロシア，フランス，ドイツによる三国干渉を受けた。

問６　下線部⑥について，この地では江戸時代に中国やオランダとの貿易が行われたが，貿易による金銀の流出を防ぐために貿易を制限した人物は誰か。次から選び，記号で答えなさい。

ア　保科正之　　**イ**　柳沢吉保　　**ウ**　新井白石　　**エ**　田沼意次

問７　空欄（⑦）に当てはまる地名を**漢字で**答えなさい。

問８　下線部⑧について，この地は江戸時代には京都，江戸とともに三都と称され，非常に栄えた地である。この地を中心に栄えた元禄文化について述べた次の文のうち，正しいものを１つ選び，記号で答えなさい。

ア　松尾芭蕉は曽根崎心中や国性爺合戦などの作品を残した。

イ　菱川師宣の見返り美人図はこの時代の浮世絵の代表作である。

ウ　十返舎一九は南総里見八犬伝を書いた。

エ　葛飾北斎は東海道五十三次を描いた。

問9　下線部⑨について，沖縄は戦後，連合国との講和条約が結ばれた後もアメリカの統治を受けることになったが，この講和条約が結ばれた都市を答えなさい。

問10　下線部⑩について，このふたりは後に対立し，大隈重信は政府を去ることになるが，この政変を何というか，答えなさい。

5　次の文章を読んで，あとの問に答えなさい。

近年の日本では，児童手当(子ども向け給付)をめぐる議論が活発になっています。その背景には，日本が抱える２つの問題に対する危機感があります。１つは少子化の進行，もう１つは子どもの A です。特に，就労しているひとり親世帯(その多くは母子家庭)の A 率は50%を超えていて，OECD の中でも最低レベルです。

結婚するかどうか，子どもを持つかどうかは個人の自由であり，国は様々な生き方や考え方に対して中立でなければなりません。例えば，国が特定の宗教やその信者を優遇することは中立性に反するので，憲法には B 原則が定められています。もし児童手当の目的が C ならば，その目的は中立性を欠くことになるでしょう。それでは，児童手当の目的が D ならばどうでしょう。基本的に日本の年金制度は積立方式(将来自分が受け取る年金を，自分で積み立てておく方式)ではないので，この目的は正しいように見えます。しかし，裕福な家の子どもも将来の税や保険の担い手になる以上，児童手当に(少なくとも現在のところは)①所得制限が存在することと，つじつまが合いません。あるいは，児童手当の目的が E ならばどうでしょう。この目的ならば，児童手当に所得制限が存在することと，つじつまが合うように見えます。しかし， E の目指すものが結局のところ C ならば，やはり中立性を欠くことになるでしょう。

②男女共同参画(英語で gender《ジェンダー》 equality《イコーリティ》，そのまま訳すと③ジェンダーの平等という意味です)を実現していくためには，多様なライフスタイルに対応した子育てや介護の支援が必要なので，児童手当に関する議論も，いま以上に深まることが期待されます。

問1　空欄 A B に入る語句を，**Aは漢字2字**，**Bは漢字4字で**答えなさい。

問2　空欄 C D E には，X「子育て世帯の生活支援」，Y「子どもを持つ生き方の推奨《すいしょう》」，Z「次世代の育成」のいずれかが入ります。適切な組合せを１つ選び，記号で答えなさい。

ア　C＝X　D＝Y　E＝Z　　**イ**　C＝X　D＝Z　E＝Y

ウ　C＝Y　D＝X　E＝Z　　**エ**　C＝Y　D＝Z　E＝X

オ　C＝Z　D＝X　E＝Y　　**カ**　C＝Z　D＝Y　E＝X

問3　下線部①が存在することの根拠となる記述を１つ選び，記号で答えなさい。

ア　一般的に年齢が高いほど所得も増えるから，高齢出産の世帯が不利となる。

イ　高学歴・高所得の女性への支援を手厚くすると，出生率が改善するという研究がある。

ウ　財源が限られている以上，給付対象者を絞ってメリハリをつけたほうがよい。

エ　同じ所得ならば子を育てないほうが経済的に有利となる。

問４　下線部②に関連して，縦軸に女性の労働力率(労働人口を人口で割ったもの)，横軸にある指標をとってグラフを描くと，谷(へこみ)がある山のような形となり，アルファベットのＭに似ていることから，Ｍ字カーブと呼ばれています。

⑴　横軸は何か１つ選び，記号で答えなさい。

ア　年齢　　**イ**　年収
ウ　地域の保育園数　　**エ**　健康状態(年間医療費)

⑵　近年，Ｍ字カーブの谷の部分が浅くなって(へこみが無くなって)きているといわれますが，それは子育てをしながら働く女性が増えたからではなく，□の増加が原因だと指摘されています。空欄に入る言葉を答えなさい。

問５　下線部③に関連して，経済産業省のトランスジェンダー職員(ａさん)が，勤務している階とその上下の階の女性用トイレの使用を禁じられたこと(使用制限)などを不当として国を訴えた裁判で，2023年７月，最高裁は国の対応を違法とする判決を出しました。ａさんの戸籍上の性別は男性，性自認は女性。専門医から性同一性障害の診断を受けていますが，健康上の理由から性別適合手術は受けていません(2023年10月に最高裁は新たな判断を示しましたが，従来は手術を受けないと戸籍上の性別変更は認められていませんでした)。

⑴　関連する条文を確認しましょう。憲法14条１項は，「すべて国民は，法の下に平等であつて，□，□，性別，社会的身分又は□により，政治的，経済的又は社会的関係において，差別されない」と規定しています。３つの空欄のいずれかに入る語句に**使われていない**漢字を１つ選びなさい。

種　　障　　条　　地　　門

⑵　裁判ではａさんの上司の発言も違法とされました。それを１つ選び，記号で答えなさい。

ア　トランスジェンダーが危険だというのは，黒人が危険だというのと同じだ。
イ　なかなか手術を受けないんだったら，もう男に戻ってはどうか。
ウ　使用制限は，急な変化を緩和《かんわ》する措置としては，一定の合理性がある。
エ　自認する性別のトイレを利用することについて，広く国民の理解があるとはいえない。

⑶　経産省はさらに，ａさんが部署を異動する際，戸籍上の性別変更をしないまま女性用トイレを使用するためには，そのトイレを利用している他の女性職員などに理解してもらう必要がある，という条件をつけていました。ａさんの立場からは，この条件にはどのような問題(不都合)があったでしょうか。

【理　科】（40分）〈満点：80点〉

1　Ⅰ　図1はある部屋の乾湿計《かんしつけい》の様子です。表1は乾湿計から湿度《しつど》を求めるために必要な表です。

表2はそれぞれの気温における空気1 m^3 にふくむことのできる水蒸気の最大の量(飽和《ほうわ》水蒸気量)を表しています。以下の問いに答えなさい。

表1　乾湿計用湿度表

乾球の温度〔℃〕	乾球と湿球の差〔℃〕																				
	0	0.5	1	1.5	2	2.5	3	3.5	4	4.5	5	5.5	6	6.5	7	7.5	8	8.5	9	9.5	10
30	100	96	92	89	85	82	78	75	72	68	65	62	59	56	53	50	47	44	41	39	36
29	100	96	92	89	85	81	78	74	71	68	64	61	58	55	52	49	46	43	40	37	35
28	100	96	92	88	85	81	77	74	70	67	64	60	57	54	51	48	45	42	39	36	33
27	100	96	92	88	84	81	77	73	70	66	63	59	56	53	50	47	43	40	37	35	32
26	100	96	92	88	84	80	76	73	69	65	62	58	55	52	48	45	42	39	36	33	30
25	100	96	92	88	84	80	76	72	68	65	61	57	54	51	47	44	41	38	34	31	28
24	100	96	91	87	83	79	75	71	68	64	60	56	53	49	46	43	39	36	33	30	26
23	100	96	91	87	83	79	75	71	67	63	59	55	52	48	45	41	38	34	31	28	24

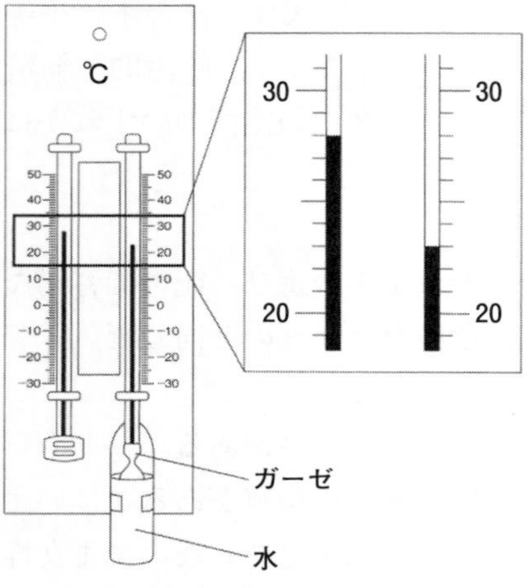

図1　乾湿計

表2　気温と飽和水蒸気量の関係

気温〔℃〕	水蒸気量〔g〕	気温〔℃〕	水蒸気量〔g〕	気温〔℃〕	水蒸気量〔g〕	気温〔℃〕	水蒸気量〔g〕
8	8.3	**15**	12.8	**22**	19.4	**29**	28.8
9	8.8	**16**	13.6	**23**	20.6	**30**	30.4
10	9.4	**17**	14.5	**24**	21.8	**31**	32.1
11	10.0	**18**	15.4	**25**	23.1	**32**	33.8
12	10.7	**19**	16.3	**26**	24.4	**33**	35.7
13	11.4	**20**	17.3	**27**	25.8	**34**	37.6
14	12.1	**21**	18.3	**28**	27.2	**35**	39.6

問1　この部屋の湿度は何％ですか。表1から求めなさい。

問2　この部屋の空気の露点《ろてん》は何℃ですか。次の**ア**～**カ**から最も適当なものを1つ選びなさい。

ア　4℃　　**イ**　8℃　　**ウ**　12℃　　**エ**　16℃　　**オ**　20℃　　**カ**　22℃

問3　この部屋の空気1 m^3 が10℃まで冷やされると，何gの水滴《すいてき》ができますか。小数第1位を四捨五入して整数で答えなさい。

問4　地上の気温を横軸《よこじく》に，地上の湿度を縦軸にとったグラフで，ある地点が雨になるか，雪になるか，みぞれ(雨と雪が混ざったもの)になるのかを判定するための次の図を雨雪判別図といいます。

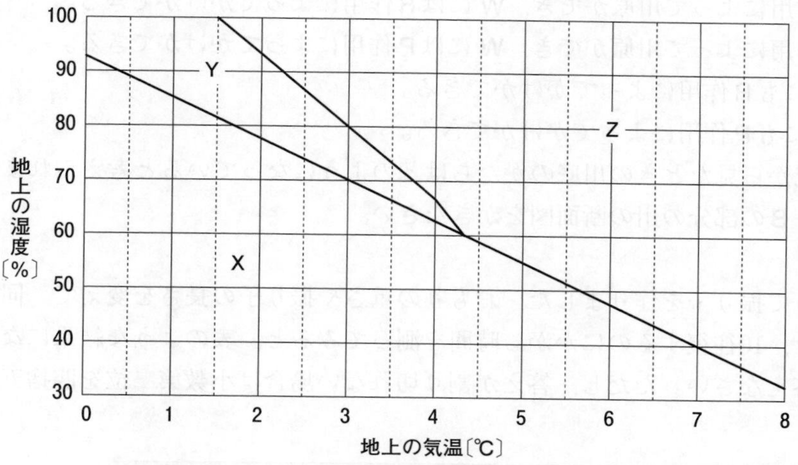

図中の**X**，**Y**，**Z**の領域にはそれぞれ雨，雪，みぞれのいずれかが入ります。乾湿計の仕組みを参考にして，最も適当なものを次の**ア**～**カ**から１つ選びなさい。

	X	Y	Z
ア	雨	雪	みぞれ
イ	雨	みぞれ	雪
ウ	みぞれ	雨	雪
エ	みぞれ	雪	雨
オ	雪	雨	みぞれ
カ	雪	みぞれ	雨

Ⅱ　川には，流れる水により地面や川岸をけずる**P**作用，れき，砂，泥《どろ》などの粒子《りゅうし》を押《お》し流す**Q**作用，流れる水が運んだ粒子を積もらせる**R**作用の三つのはたらきがあります。

問５　文中の**P**，**Q**，**R**にあてはまる語句の組み合わせとして最も適当なものを次の**ア**～**カ**から１つ選びなさい。

	P	Q	R
ア	たい積	運ぱん	しん食
イ	たい積	しん食	運ぱん
ウ	運ぱん	たい積	しん食
エ	運ぱん	しん食	たい積
オ	しん食	たい積	運ぱん
カ	しん食	運ぱん	たい積

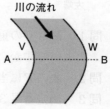

問６　右の図は，ある川の一部を真上から見た図です。

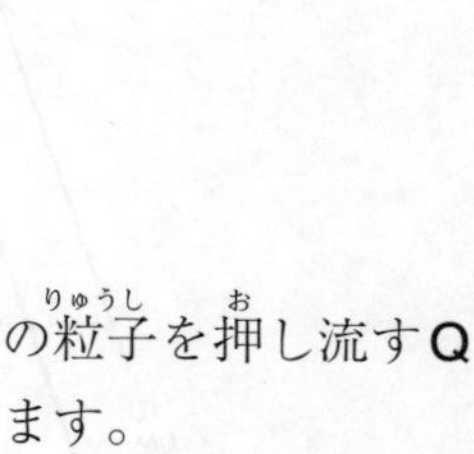

(1)　**V**，**W**にはどんな地形ができますか，最も適当なものを次の**ア**～**カ**から１つ選びなさい。

ア　**V**には**P**作用によってがけができ，**W**には**R**作用によって川原ができる。

イ　**V**には**R**作用によってがけができ，**W**には**P**作用によって川原ができる。

ウ　**V**には**P**作用によって川原ができ，**W**には**R**作用によってがけができる。

エ　**V**には**R**作用によって川原ができ，**W**には**P**作用によってがけができる。

オ　**V**にも**W**にも**R**作用によってがけができる。

カ　**V**にも**W**にも**P**作用によってがけができる。

(2)　この川の下流から見たときの川底のかたちはどのようになっていると考えられますか，解答用紙に**A**—**B**の部分の川の断面図をかきなさい。

2　糸とおもりを使って振《ふ》り子を作りました。おもりの重さや振り子の長さを変えて，同じ振れ角で振り子を振らせ，10往復するのにかかる時間を測ってみると，表のような結果になりました。以下の問いに答えなさい。ただし，答えが割り切れない場合は小数第二位を四捨五入して答えなさい。

測定番号	1	2	3	4	5	6	7	8	9	10	11	12
おもりの重さ〔g〕	300	300	300	300	300	600	600	600	600	600	600	600
振り子の長さ〔cm〕	20	40	80	120	160	15	30	45	60	120	180	200
10往復の時間〔秒〕	9.0	12.7	18.0	22.0	25.4	7.8	11.0	13.5	**ア**	22.0	27.0	28.4

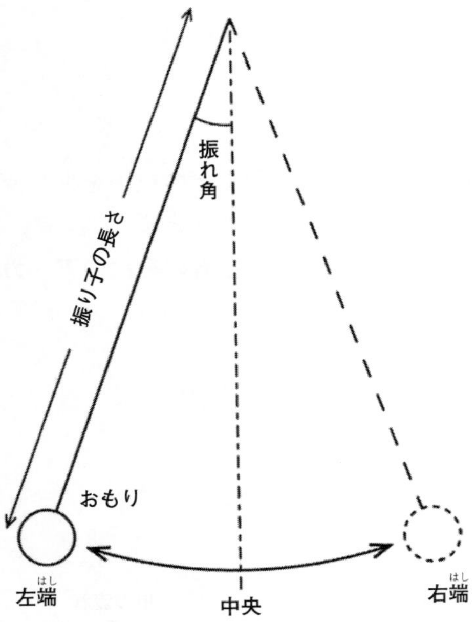

問1　おもりの重さと10往復にかかる時間の関係を調べるためには，どの２つの測定を比べればよいですか。比べる２つの測定番号を答えなさい。

問2　表の**ア**に当てはまる数値を答えなさい。

問3　測定番号３の振り子は，１分間に何往復しますか。

問4　振り子が１往復する時間を周期といいます。周期1.0秒の振り子と，周期2.0秒の振り子を作るには，振り子の長さをそれぞれ何cmにすればよいですか。最も適当なものを次の**ア**～

ツからそれぞれ１つずつ選びなさい。

ア	25cm	イ	30cm	ウ	35cm
エ	40cm	オ	45cm	カ	50cm
キ	60cm	ク	70cm	ケ	80cm
コ	90cm	サ	100cm	シ	110cm
ス	120cm	セ	130cm	ソ	140cm
タ	150cm	チ	160cm	ツ	170cm

問５　測定番号３，11の振り子を同時に左端《はし》から振らせました。

⑴　測定番号３，11の振り子が初めて左端でそろうのは，測定番号11の振り子が何往復したときですか。

⑵　測定番号３，11の振り子が初めて左端と右端に分かれるのは，何秒後ですか。

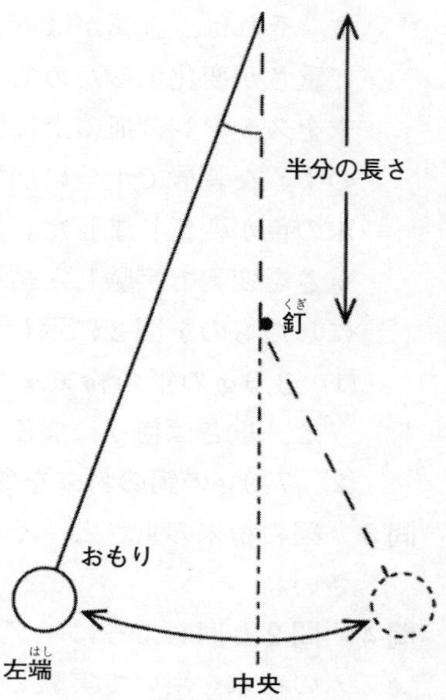

問６　右の図のように，測定番号３の振り子の中央の線上に釘《くぎ》を打ち，糸が釘にかかると振り子の長さが半分になるようにしました。振り子が10往復するのにかかる時間は何秒ですか。

問７　振り子の振れ角を変えても振り子の周期は変わらないことが知られています。これは，ガリレオ・ガリレイが16世紀に発見したといわれています。では，振れ角を小さくしたとき，おもりが中央を通過するときの速さはどうなりますか。次のア～ウから最も適当なものを１つ選びなさい。

ア　速くなる　　**イ**　おそくなる　　**ウ**　変わらない

３　わたしたちの身の回りにある空気には酸素がふくまれていて，いろいろな物質と結びつくことがわかっています。物質が酸素と結びつくことは酸化とよばれ，物質が酸化されると，もとの物質とは異なるものに変化します。スチールウール，銅，マグネシウムを加熱して変化を調べました。以下の問いに答えなさい。ただし，答えが割り切れない場合は小数第三位を四捨五入して答えなさい。

問１　スチールウールを酸化させてできたものが，もとの物質と異なるものに変化したことを確かめるためには，どんな実験をしたらよいですか。適切なものを次の**ア**～**オ**から２つ選びなさい。

ア　石灰水《せっかいすい》とよく混ぜてみる

イ　電流を流してみる

ウ　磁石を近づけてみる

エ　水に浮《う》かべてみる

オ　フェノールフタレイン溶液《ようえき》とよく混ぜてみる

問2　金属が酸化されたことを確かめるためには，重さを量る方法もあります。それは，金属が酸素と結びついて重さが変化するためです。銅の粉末をステンレス皿の上に置き，図1のような装置で十分に加熱すると粉末の色が変化しました。銅の粉末の重さを変えて実験した結果をグラフにしたものを図2に示します。

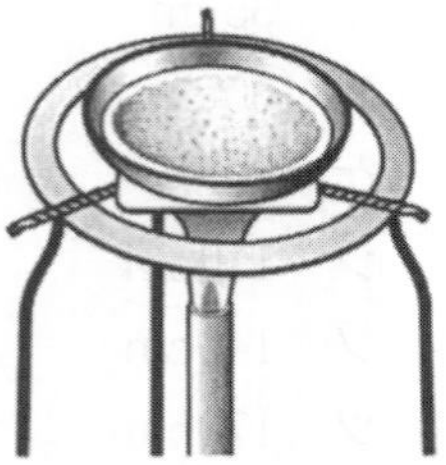

図1　実験装置

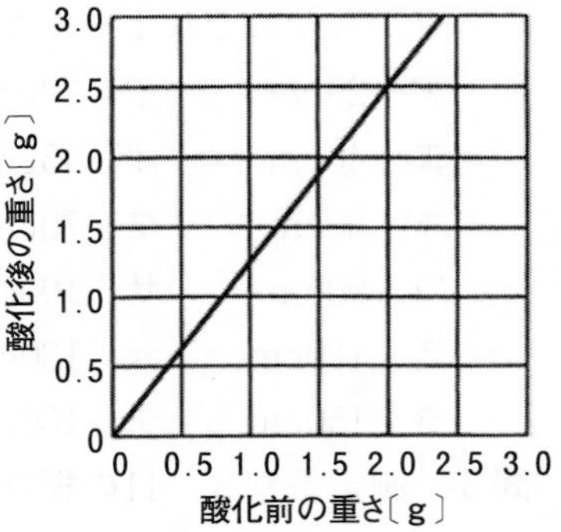

図2　酸化前と酸化後の重さの関係

(1)　3.0gの銅の粉末を酸化させると，重さは何gになるか答えなさい。

(2)　7.0gの銅の粉末を酸化させると，何gの酸素と結びつくか答えなさい。

問3　銅の粉末の重さと，その銅の粉末と結びついた酸素の重さの比を最も簡単な整数で答えなさい。

問4　**問2**と同じようにマグネシウムの粉末を用いて実験しました。マグネシウムの粉末と酸化によって結びついた酸素の重さについて，得られた結果を表1に示します。この結果を用いて，マグネシウムの酸化前と酸化後の重さの関係のグラフを図2にかき加えなさい。

表1　マグネシウムの粉末と結びついた酸素の重さの関係

マグネシウムの粉末の重さ〔g〕	0.6	1.2	1.8	2.4	3.0
結びついた酸素の重さ〔g〕	0.4	0.8	1.2	1.6	2.0

問5　4.5gのマグネシウムの粉末を酸化させると何gになるか答えなさい。

問6　同じ重さの酸素と結びつく，銅とマグネシウムの重さの比を最も簡単な整数で答えなさい。

問7　重さがわからないマグネシウムの粉末と，10.0gの銅の粉末が混ざったものを酸化させたら18.5gになりました。酸化前にふくまれていたマグネシウムの粉末は何gか答えなさい。

問8　銅の粉末とマグネシウムの粉末が混ざって10.0gになったものを酸化させたら15.0gになりました。酸化前にふくまれていた銅の粉末は何gか答えなさい。

問9　この実験に関連して導かれることとして，次の**ア**～**オ**から適切なものを2つ選びなさい。

ア　金属の重さを変えると，酸化前と酸化後の重さの比が異なる。

イ　金属の重さを変えても，金属の重さと結びついた酸素の重さの比は同じである。

ウ　金属の重さを2倍にしても，酸化後の重さは2倍にならない。

エ　銅の粉末を加熱すると，黒色に変化する。

オ　マグネシウムの粉末を加熱すると，黒色に変化する。

4

文を読み，登場する生き物について，問いに答えなさい。

夏になると，雑木林や公園で生き物の自然観察が簡単にできます。木では，アブラゼミが鳴き，コガネムシやカブトムシがミツをなめ，木々の間にジョロウグモが巣を張っています。地面には，アリが歩き，それをねらってアリジゴクが砂地に落とし穴を掘《ほ》っています。スズメバチやカやアブに注意して，網《あみ》をふると，チョウやトンボ，バッタ，ウスバカゲロウが採れます。

池には，ヤゴやハイイロゲンゴロウがいて，オタマジャクシやメダカを狙っています。オタマジャクシやメダカは，ボウフラやイトミミズなどを食べています。目では見えにくいのですが，小さなプランクトンがたくさんいます。

池の水を理科室に持っていき，顕微鏡《けんびきょう》でのぞくといろいろな種類のプランクトンを発見できます。アメーバ，イカダモ，ゾウリムシ，ツボワムシ，ラッパムシ，ハネケイソウ，ボルボックス，ミカヅキモ，ミドリムシなどを観察できます。

問1　近年，東京では，じりじりじりと鳴くアブラゼミに交じって，しゃんしゃんしゃんと鳴く大型のセミが増えてきました。西日本ではもともとこのセミが多く生息していましたが，温暖化のため，東京でも増えているようです。このセミの名前を答えなさい。

問2　アリジゴクとボウフラはそれぞれ，何という生き物の幼虫でしょうか。

問3　バッタの腹部には小さな穴が開いています。ここから空気を吸って，中にある管で呼吸をしています。この小さな穴を何といいますか。

問4　次のアリの図を参考にして，解答らんの図に，カブトムシ，ジョロウグモのアシをかき加えなさい。体は上から見たもので，触角《しょっかく》や触肢《しょくし》を細長い△でかいてあります。同じように，アシも細長い△でかくこと。

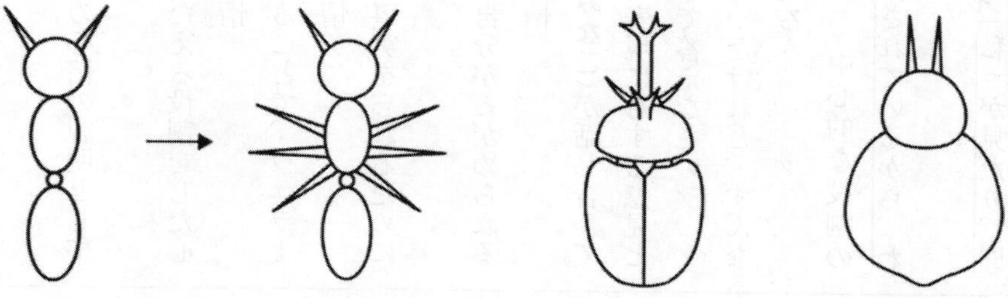

アリ　　解答例　　カブトムシ　　ジョロウグモ

問5　トンボの目を観察したら，次のことが分かりました。[1]と[2]に入る漢字をそれぞれ1字で答えなさい。

「頭の左右に2つの大きな[1]眼《がん》があり，その間に小さな[2]眼《がん》が3つありました。」

問6　カブトムシとスズメバチのハネはそれぞれ何枚ありますか。

問7　文に登場する生き物の中で，葉緑体を持ち，光合成ができるプランクトンは何種類いますか。

問8　顕微鏡で観察したプランクトンを2つスケッチしました。それぞれの名前を文中から選び，答えなさい。

(1)

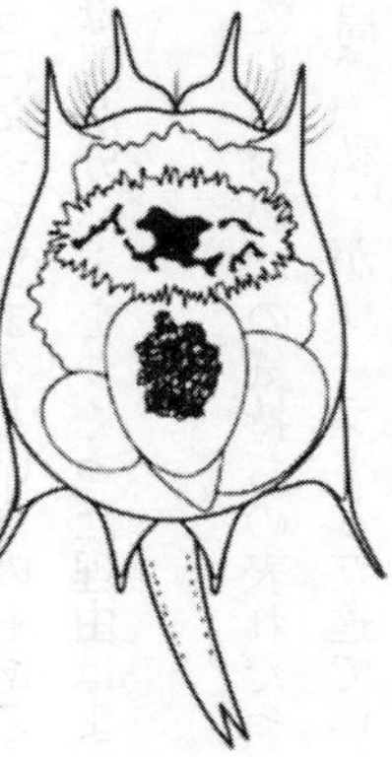

(2)

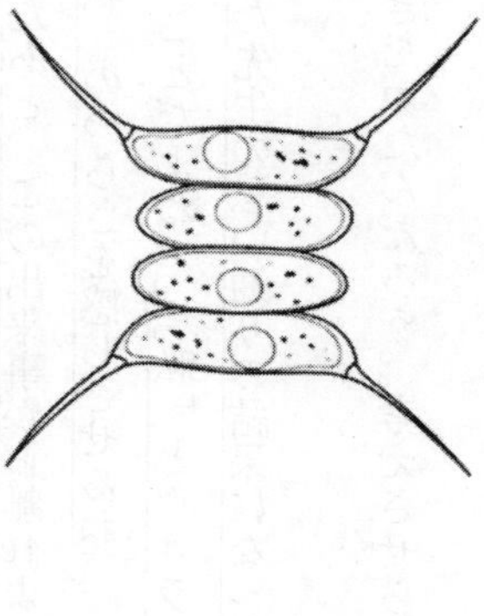

問八 ――④「私はもう帳面を上着のポケットに入れることをせず、ていねいに手で持って行った」とありますが、なぜですか。四十六字以上六十字以内で説明しなさい。

問九 ――⑤「一種のなぐさめ」における「私」の心情の説明として最も適切なものを選び、記号で答えなさい。

ア 自分が苦しむことで、他者に苦しみをあたえる役割をした心の重みからわずかにでも逃《のが》れたいという心情。

イ 自分だけしかられるわけではないと感じることで、ヴェラー夫人に対する罪悪感を軽くしようという心情。

ウ 友人の母親を問いつめて苦しめたという事実を忘れるために、どのような罰をも受け入れたいという心情。

エ もどるまでの時間がかかりすぎたことを自分がとがめられるかわりに、友人をゆるしてほしいという心情。

問十 この文章について〈**ひろし**〉と〈**みきお**〉と〈**みなこ**〉が話し合っています。――**ア**～**カ**から、この文章の内容や表現に対する意見として適切とはいえないものを二つ選び、記号で答えなさい。

〈**ひろし**〉 この作品、すこし難しい表現もあったけれど、すんなり読むことができたな。どうしてだろう。

〈**みきお**〉 登場人物がそれほど多くないし、中心的な役割の**ア**「私」とヴェラーの関係性が説明されているから、わかりやすかったな。

〈**みなこ**〉 表現上の工夫《くふう》も感じられたね。**イ**「私」が見たり、聞いたりしていることが書かれていて、情景が浮かびやすかったな。

〈**ひろし**〉 なるほど。ヴェラーの母親に帳面を渡す場面を読んでいて、こっちまではらはらしてくるのは、そういう工夫があるからこそなんだろうね。

〈**みきお**〉 そうそう。**ウ**「私」がかたずを飲んで母親の様子をうかがっているのがつたわってきたよね。

〈**みなこ**〉 **エ**母親の心情がていねいにえがかれているから、読んでいる人が母親の気持ちになってしまうというのもあるだろうね。それでも、母親がカバーをつくった理由はよくわからなかったな。

〈**ひろし**〉 先生に対してのせめてものおわびの気持ちの表れだったかもしれないね。結局、「私」がヴェラーと友達でいられなくなったということははっきりしているけれど……。

〈**みきお**〉 **オ**帳面を持って帰ったあと、この出来事から離れようとしていることが、「私」のつらさを感じさせるね。

〈**みなこ**〉 ほんとうにかなしいことだよね。**カ**「私」とヴェラーを仲たがいさせたかった先生の思い通りの結果になってしまったね。

〈**ひろし**〉 「私」はどうするべきだったんだろう。考えさせられてしまうな。

くども頭を振《ふ》った。私は立ちあがった。彼女も起きあがった。私が手をさしのべると、彼女はそれをとって、力強いあたたかい両手の中にしばしはさんでいた。それから彼女は不吉《ふきつ》な青い帳面をとって、数滴《すうてき》の涙をぬぐい去り、戸だなの方に行って、新聞紙を一枚引っぱり出し、二つに裂《さ》いて半分を戸だなにしまい、あとの半分で小ぎれいに帳面のカバーを作った。④私はもう帳面を上着のポケットに入れることをせず、ていねいに手で持って行った。

私はもどった。そして報告をしたが、実際は、長いあいだ外にいたことを責められなかったのに、失望した。責められるのは、当然のことであり、それで自分もBいささか共に罰《ばっ》せられたような⑤一種のなぐさめを私にとって意味しただろうから。——そのあと私は、このできごとを忘れるように極力つとめた。

私の同級生が罰せられたかどうか、どんなふうに罰せられたか、私はついに聞かなかった。私たちふたりはこの件について一度も一言も話し合わなかった。私は往来で遠くから彼のおかあさんを認めるようなことがあると、どんなまわり道もいとわず、彼女に会うことを避《さ》けるようにした。

（ヘルマン＝ヘッセ「中断された授業時間」（高橋健二《たかはしけんじ》・訳）より・一部改）

※ルイレキ…首のあたりにできるはれもの。
※絞首台…首をしめて殺す刑に用いる台。
※心像…イメージのこと。

問一 ——a「こてん」・——b「こま」・——c「ふたた」・——d「したが」のひらがなを、漢字に直しなさい。

問二 X・Y に入る語をそれぞれ選び、記号で答えなさい。
ア 目　**イ** 指　**ウ** 口　**エ** 足　**オ** 耳　**カ** 手

問三 ——A「おしげもなく」・——B「いささか」の意味として適切なものをそれぞれ選び、記号で答えなさい。
A **ア** むだにせず　**イ** ふんだんに　**ウ** あきらめて　**エ** 心にもなく
B **ア** 何だか　**イ** まるで　**ウ** 少しは　**エ** 意外と

問四 ——①「目に見えてそわそわと返事をした」とありますが、ヴェラーがそのようなふるまいをしたのはなぜですか。その理由を次のように説明するとして、（　）にあてはまる二十一字の部分を本文中から抜《ぬ》き出して、そのはじめと終わりの五字を答えなさい。
先生が（　）を、疑っていると感じたため。

問五 ——②「私をひどく不安にした」のは、なぜですか。その理由を次のように説明するとして、（　）にあてはまる五字の部分を本文中から抜き出して答えなさい。
「私」の報告は、オットー・ヴェラーの不正の（　）かもしれないと気づいたから。

問六 Z に入る語を選び、記号で答えなさい。
ア 特待生　**イ** 受刑者《じゅけいしゃ》　**ウ** 幸運児　**エ** 苦労人

問七 ——③「それほど罪のない逃げ道」とありますが、なぜそう言えるのですか。最も適切なものを選び、記号で答えなさい。
ア 友人の母親を悲しませることの重大性に比べれば、自分が人にうそをつくことなどはまったく問題ではないから。
イ にせの署名をしたことをかばうのではなく、先生の用事を果たさなかったという自分一人だけの罪にできるから。
ウ 自分はただ先生から用事を頼《たの》まれただけであって、署名が本物なのかにせものなのかについては関係がないから。
エ 仲間の不正をかばうための言葉ならば、うそであることが明らかになったとしてもやがてゆるされるはずだから。

またすっかり歩みをゆるめながら、私はもう、鉄道の人たちだけの住んでいる建物に近づいた。その時、ひょっとしたらオットーのためを計ってやることはできないだろうか、という考えが起こった。あの家に全然はいらずに、教室に帰って、署名はまちがっていない、と教授に報告したらどうだろう、と私は考えた。そう思いつくと、たちまち私は重い胸苦《むなぐる》しさを感じた。つまり、私自身この悪いできごとに巻きこまれてしまうのだった。この思いつきにdしたがったとすると、私はもう偶然《ぐうぜん》えらばれた使いでも、わき役でもなくなって、協力者、共犯者になるだろう。私はいよいよゆっくり歩き、とうとうその家を通り過ぎ、ゆっくり歩きつづけた。時をかせいで、なおよく考えてみる必要があった。人助けの気高いうそを言う決心をもう半ばつけてしまって、ほんとに口に出し、その結果に巻きこまれてみると、それは自分の力に余ることだ、と悟《さと》った。賢明《けんめい》さからではなく、結果に対する恐れから、私は救い手の役割を断念した。第二の、③それほど罪のない逃《に》げ道《みち》がさらに心に浮かんだ。つまり、引き返して、ヴェラーのうちにはだれもいなかった、と報告することもできたのだ。だが、そういううそをつく勇気も、私には十分なかった。教授は私の言うことを信じるだろうが、それでは私はなぜこんなに長いあいだ帰ってこなかったのか、と尋ねるだろう。悲しくなって、心にやましく感じながら、その家に入り、ヴェラーさん、と呼んだ。

　すると、女の人が、二階にあがりなさい、ヴェラーさんは二階に住んでいるけど、勤めに出ているから、奥《おく》さんにしか会えないよ、と教えてくれた。私は階段をあがって行った。殺風景な、むしろ感じの悪い家で、台所と、強いアルカリ水あるいはシャボンのにおいがした。二階で私は、言われたとおり、ヴェラー夫人に会えた。彼女《かのじょ》は台所から出て来たが、急いでいて、何の用か、と手短かにきいた。受け持ちの先生の使いで来たので、オットーの成績のことだ、と告げると、彼女は両手を前かけでふいて、私をへやに通し、いすをすすめて、バターパンかりんごでも出しましょうかと、ききさえした。私はもう成績表をポケットから出して、彼女の前にさし出し、この署名はほんとうにお父さんのものかどうか、教授がお尋ねです、と言った。彼女はすぐにはのみこめなかった。私は繰《く》り返《かえ》さなければならなかった。彼女は緊張して聞いていたが、開かれた帳面を目の前に持って行った。私は暇《ひま》をかけて彼女をしげしげと見ることができた。彼女は非常に長いあいだじっと腰かけたまま、帳面をのぞきこんで、一言も言わなかったからだ。そうやって観察していると、息子が彼女にたいそう似ていることを知った。ルイレキがないだけだった。彼女は生き生きと赤い顔をしていたが、そうやって腰かけたまま何も言わず、帳面を両手で持っているうちに、その顔がごく緩慢《かんまん》にたるみ、疲《つか》れ、しおれ、年とって行くのがわかった。数分たった。ついに彼女は帳面をひざに落とし、また私の顔を見た。あるいは見ようとした。とたんに、大きく開いた二つの目から、静かにとめどなく大きな涙《なみだ》が流れ落ちた。彼女が帳面を両手に持ちつづけ、それをよく調べるような様子をしているあいだに、さっき私の心にもわいたあの※心像が、彼女の前にも現れ、悲しい恐ろしい列をなして彼女の心の前を通り過ぎたことが、推察されるように思われた。それは、悪へ、法廷《ほうてい》へ、牢屋へ、絞首台へと通じる罪人の道の心像だった。

　子どもの目にはおばあさんであった彼女と向かい合って、私は深く胸をしめつけられる思いで腰かけていた。彼女の赤いほおの上を涙が流れるのを見、何か言うのを、待っていた。長い沈黙《ちんもく》は実に耐《た》えがたかった。しかし彼女は何も言わなかった。彼女は腰かけたまま泣いていた。私がもう耐えられなくなって、とうとうこちらから沈黙を破り、かさねて、ヴェラーさんは自分で名まえを成績表に書きこんだかどうか、と尋ねると、彼女はなおいっそう憂《うれ》わしげな悲しい顔をして、い時間を驚くほど長く引きのばす味気なさも目に見えぬ緊張《きんちょう》も、まったく感じられなかった。

（中　略）

この日初めて私は、短いあいだであったが、時間というものを忘れるあの恵《めぐ》み深い永遠の中にひたった。

教会の時計の打つ音が私をさまさせた。私ははっとして、長い時間をすごしてしまったかと心配し、自分の用事を思い出した。そのとき初めて、この用事と、それに関連のあることが、私の注意と関心とをとらえた。それ以上ぐずぐずしていないで、駅の地区に急いで行くうちに、教授とささやきをかわしていた時のヴェラーの情けない顔が、それから、白目をむいてゆっくりと、打ちのめされたように自分の席にもどって行った時の背中と歩きぶりの表情が、また私の心に浮かんだ。

ある人がいつでも同一人ではありえないこと、いくつもの顔、いろいろな表情と態度を持ちうること、それは新しいことではなかった。そんなことはとっくの昔から心得ており、他人についても自分自身についてもよく知っていることだった。しかし、※ルイレキの顔を持ち、ズボンのポケットにいっぱい食べ物を入れているお人よしのヴェラーにも、こういう区別、勇気と不安、喜びと嘆《なげ》きとの間のこの奇妙《きみょう》な危険な変化があるというのは、新しいことだった。いちばんうしろの二つのベンチに腰かけていて、学校のことなんか全然心配しておらず、学校で恐《おそ》ろしいものと言えば退屈ぐらいだと思われていた連中のひとり、勉強にはいたって無関心で、書物になんかさっぱり親しんでいないが、その代わり、くだものやパンや取り引きや金やその他おとなのこととなると、私たち他のものをはるかにしのぎ、もうほとんどおとなであった仲間のひとりの場合も、そうだということは、それを思いめぐらしているうちに、②私をひどく不安にした。

（中　略）

さて、世間のことをそんなによく心得ていて、学校のことなんかさっぱり気にしなかったこのヴェラーが、明らかにひどく心配していた。最近の成績表の下の父の署名が本物でないという疑いがあったのだ。ヴェラーはひどく b こまったように見え、教室を通って席に帰る時、打ちのめされたような表情をしたので、その疑いは正しいと考えることができた。そうだとすると、それは単に疑いではなく、つまりオットー・ヴェラーは自分で父の署名をまねしようと試みたという容疑、あるいは告発になるのだった。しばし喜びと自由に陶酔《とうすい》した後、c ふたたびわれにかえり、これはたいへんないまわしいできごとだと、ほのかに感づき始めた。私はむしろ、授業時間中に選び出され散歩に送り出された Z でなかったらよかった、と願い始めた。風が吹《ふ》き、雲の影《かげ》が走るほがらかな午前と、私の散歩している美しい世界とが変化して、私の喜びは影をひそめてしまい、その代わりに、ヴェラーと彼の事件とで頭がいっぱいになった。不愉快な、悲しくなる考えばかりだった。私はまだ世間知らずで、ヴェラーの実際的な経験に比べれば、ほんの子どもだったが、それでもやはり、年ごろの青年のために書かれたまじめな道徳的な物語を読んで、署名の偽造《ぎぞう》は、まったく悪いこと、刑事《けいじ》上のこと、罪人を牢屋《ろうや》から※絞首台《こうしゅだい》へ導く途上《とじょう》の一段階であることを知っていた。しかし、私たちの級友オットーは、私の好きな人間だった。極悪《ごくあく》者、絞首台にかけられるべき者と思うことはできないような、おとなしい、いい男だった。署名が本物で、容疑が誤りだということが明らかになったら、私はいろんな物を A おじげもなく投げ出しただろう。だが、心配そうにおびえた彼の顔を私は見なかっただろうか。彼は不安を持っていること、したがってやましい良心をいだいていることを、まったくはっきり気づかせはしなかったか。

る人間の特性がある。

二 **次の文章は、「私」が通っていた学校の退屈《たいくつ》な授業中に起こった出来事をえがいている。これを読んで、後の問いに答えなさい。**

先生が顔をあげて、学級を見わたしたので、私はびっくりして、悪いところをつかまりでもしたように、先生の頭のてっぺんに注いでいたまなざしを沈《しず》めた。

「ヴェラー」と先生が呼ぶのが聞こえた。うしろのほうで最後のベンチの一つから、オットー・ヴェラーがおとなしく立ちあがった。彼《かれ》の大きな赤い顔が他の生徒たちの頭の上に仮面のように浮《う》かんだ。

教授は彼を教壇《きょうだん》のそばへさしまねき、青い小さい帳面を彼の顔の前につきつけ、小声でふたことみこと尋《たず》ねた。ヴェラーも同様にささやきながら、①目に見えてそわそわと返事をした。どうやら彼は少し白目をむいて、心配しおびえた様子をしているらしかった。そんなことは彼には珍《めずら》しいことだった。彼はおちついた性質で、ほかの人ならきっと苦痛に感じるいろいろなことでも、彼は平気ですごせるたちだった。

（中　略）

なまりが多くて、気立てのよい彼に、私は好感を持っていたが、彼とたびたびいっしょになりはしなかった。私たちは別なはん囲で暮らしていた。学校で私はaこてん語学生に属しており、教壇の近くに席を持っていた。それに反し、ヴェラーは、ずっとうしろに腰《こし》かけている愉快《ゆかい》ななまけ者の仲間に属していた。彼らは、先生の問いに答えられることはまれで、くるみや乾燥《かんそう》なしなどをよくズボンのポケットから出して食べていた。張り合いのない点でも、臆面《おくめん》もなくおしゃべりし、くすくす笑う点でも、しばしば先生のお荷物になった。学校の外でもオットー・ヴェラーは、私とは別な世界に属していた。彼は、私の地区からは遠く離《はな》れ、町はずれの駅の近くに住んでいた。彼の父は鉄道に勤めていた。私は一度も会ったことがなかった。

オットー・ヴェラーはささやき声で少し問答した後、自分の席へ帰されたが、不満で苦しんでいるらしかった。教授はしかし立ちあがって、例の小さい紺《こん》いろの帳面を手に持ち、教室全体をじろじろ見まわした。彼のまなざしは私にくぎづけになった。彼は私の方に歩いて来て、私の筆記帳を取り、調べてから尋ねた。「作文はできたね？」私が、はいと答えると、先生は自分についてくるように、私に X くばせし、戸ぐちへ行った。驚《おどろ》いたことに、先生はその戸を開いて、私を外に連れ出し、また戸をしめた。

「一つ用事をたのまれてもらいたい」と先生は言い、青い帳面を私に渡《わた》した。「これはヴェラーの成績帳だ。これを持って、彼の両親のところへ行くのだ。そこで、ヴェラーの成績の下の署名はほんとに父親の Y であるかどうか、先生がきいてこいと言った、と言うのだ」

私は先生のあとからまた教室にそっともどり、木の帽子《ぼうし》かけから帽子をとり、帳面をポケットに入れて、出かけた。

こうして奇跡《きせき》が起こった。退屈この上ない授業の最中に、先生は、私をうるわしい明るい午前の世界に散歩に出すことを思いついたのだ。意外な思いと幸福のあまり、私はぼおっとしていた。これより願わしいことは考えられなかったろう。松の板の段々が踏《ふ》みへらされて深くくぼんでいる階段を二つ、私はぴょんぴょんとはねおりた。ほかの教室の一つから、書き取りをする先生の単調な声のひびくのが聞こえた。私ははねながら門を通りぬけ、平らな砂岩の段をおりて、ありがたい幸福な気持ちで私は美しい朝の中にぶらぶらと歩いて行った。今しがたまでは飽《あ》き飽《あ》きするほど長くうつろに思われた朝だったのに。――この外はそうではなかった。外では、教室の中で時間から命を吸いとり、

問三 [C]・[D]・[E] に入る語の組み合わせを選び、記号で答えなさい。

ア C つまり　D しかし　E さらに
イ C つまり　D さらに　E しかし
ウ C しかし　D さらに　E つまり
エ C しかし　D つまり　E さらに
オ C さらに　D つまり　E しかし
カ C さらに　D しかし　E つまり

問四 ――①「狩猟採集社会のこころ」とありますが、その説明として適切でないものを二つ選び、記号で答えなさい。

ア 自分の成果を自慢しない控えめな人が、集団の中では重んじられる。
イ 大きな獲物をしとめた人が、集団の中でリーダーとして評価される。
ウ 集団において嫌われる行いをする人は、生き残る可能性が低くなる。
エ 病気の人にも食物を与《あた》えることにより、集団の平等性がたもたれる。

問五 ――②「時代遅れの悩み」の具体例として、適切でないものを一つ選び、記号で答えなさい。

ア 地震《じしん》で倒《たお》れるのが恐《おそ》ろしいので大きくかたむいたふるい住宅に住めない。
イ ライオンがこわくて仕方ないので鋼鉄《こうてつ》でつくられたオリの前に行けない。
ウ 重たい物体が飛ぶわけがないと感じるので飛行機にどうしても乗れない。
エ 火傷《やけど》してしまうかもしれないと思うのでガスコンロで火をつけられない。

問六 [③] に入る語句を選び、記号で答えなさい。

ア 気持ちがおさえきれない　イ 社会が人を大切にしない
ウ 現実が本能にそぐわない　エ 答えが一つに定まらない

問七 ――④「人間はどんどんやさしくなってきています」とありますが、それによって引き起こされた人間の考え方の変化について述べられている部分を本文中から十八字で抜《ぬ》き出して、そのはじめと終わりの三字を答えなさい。

問八 ――⑤「喜怒哀楽」とありますが、同じ組み立ての四字熟語を二つ選び、記号で答えなさい。

ア 我田引水　イ 大器晩成　ウ 起承転結
エ 花鳥風月　オ 日進月歩　カ 電光石火

問九 ――⑥「やさしさの由来を考えると少し不思議ではあります」とありますが、なぜ不思議なのですか。三十六字以上四十五字以内で説明しなさい。

問十 本文の内容と合うものを二つ選び、記号で答えなさい。

ア 現代においても競いあう状態を維持することで、人間の社会は発展し続けている。
イ 人間は他者に共感する性質をすでに失ったので、動物が食べられなくなり始めた。
ウ 現代でも人間が平等性を重んじるのは、大昔からの性質が残っているためである。
エ 平等意識を持った人間が社会を形成して、共感能力をしだいに身につけていった。
オ 狩猟採集生活で育んできた協調性は、人々の関係性を悪化させる面も持っている。
カ 人間の社会が拡大した要因として、他者の心を考えて行動すようなシステムができ上がっているからのように思います。

たとえば、スーパーの肉売り場ではウシやブタの肉の切り身がきれいにパックされて並んでいます。そこに生物としての姿はもうありません。骨や血液、皮膚《ひふ》、毛、臓器など元の生物の特徴《とくちょう》はきれいに取り除かれています。どこかで生身の動物から肉を切り離《はな》す作業が行われています。マグロの解体ショーはよく見世物になっていますが、あれは魚だからまだ許されているように思います。私たちは、自分と同じほ乳類を殺すこと、さらには解体することに少なからぬ抵抗感《ていこうかん》を持っていることを示しています。

これは人間という生物の特性からすれば当然のことです。私たちは少産少死の戦略を極《きわ》めた生物ですので命を大切にします。それも自分だけではなく、他の人の命も大切です。それは人間が大きな協力関係の中で生きているからです。私が生きて増えるためには、他の人の協力が必要です。したがって、人を殺すということには大きな抵抗感を持つようになるのは当然です。そしてこの抵抗感は、人間以外の人間とよく似た生物、たとえばほ乳類などであれば（人間ほどではないにせよ）適用されてしまうようです。

これは仕方のないことのように思います。ほ乳類の体のつくりは人間とよく似ています。ネズミでも、体温、皮膚、骨、血管があり、切ると血が出ます。内臓もほとんど人間と同じセットがそろっています。ふるまいも人間と似ています。イヌやネコを飼っている人であれば、そのしぐさやふるまいに人間らしさを感じることも多いでしょう。人間の家族と同じように扱っている人も多いのではないでしょうか。彼《かれ》らは人間ではありませんが、やはり⑤喜怒哀楽《きどあいらく》があり、好き嫌いもあり、可愛《かわい》くて時にやさしさも見せます。そのような動物を殺して食べることをできるだけ避けようとするのは当然のことでしょう。

ウシやブタも変わりありません。家でペットとして飼うことはあまりないのでよく知られていないだけで、牧場に行けば人懐《ひとなつ》っこいウシがいますし、ブタをペットとして飼っている人もいます。彼らにもきっと人間と同じような喜怒哀楽があることでしょう。むしろそうしたウシやブタの人間らしさを知らないおかげで、平気で食べることができているのかもしれません。もし小型のウシやブタがペットとして広く飼われるようになったら、もう人間はウシもブタも食べられなくなるのではないでしょうか。そこまでいかなくても、自分が家族のように大事にしているイヌやネコと、今晩のおかずのウシやブタは同じ生物だと一度でも意識してしまうと、どんどん食べにくくなっていくように思います。実際に近年、動物食を控《ひか》える選択《せんたく》をする人が増えているという統計結果もあります。私たちは少しずつ、他の動物へも共感のはん囲を広げているように思います。この人間のやさしさの拡張傾向は、⑥やさしさの由来を考えると少し不思議ではありません。

（中　略）

私たち人間は、人間からは遠く離れた生物の命についても、ある程度は大事だと思っています。それは少産少死の戦略を極めて命が大事になり、かつやさしくなって自分以外の生物の命も大事になってしまった人間の宿命でしょう。私としては、この傾向が良いかどうかをとやかく言うつもりはありません。これは増えるために少産少死の戦略を極めた生物にとって必然だと思うからです。

（市橋伯一《いちはしのりかず》『増えるものたちの進化生物学』より・一部改）

※殉教者…自ら信じるもののために死ぬ者。

問一 ――a「せんでん」・――b「えん」・――c「とうと」・――d「ほしょう」のひらがなを、漢字に直しなさい。

問二 A・B に入る語をそれぞれ選び、記号で答えなさい。

ア 安定的　**イ** 科学的　**ウ** 打算的

エ 合理的　**オ** 人間的

に有していることを示しているのかもしれません。

　私たちが協調性を重んじて、隣人《りんじん》と仲が良くないと悩《なや》むのはこの考え方の名残《なごり》だとみなすことができます。いわば時代遅《おく》れの本能が残っているのです。たしかに、狩猟採集社会では仲間外れにされることは死活問題です。 C 、今やそうではありません。協力性は社会制度の中に組《く》み込《こ》まれています。現代社会では、たとえ世界中の人から嫌われていたとしても生きていく権利が d ほしょうされています。人間関係にまつわる悩みのほとんどは、生死には関係なく、いわば気持ちの問題です。

　このような②時代遅れの悩みを解決するには、学ぶことより他はないかと思います。生物としての進化のスピードは社会の進化に比べて圧倒的《あっとうてき》に遅《おそ》いので、進化に任せていては社会変化についていけません。一方で、人間の考え方は学ぶことで変えることができます。本能が求めることの理由を学べば、理性によって本能に逆らうことができます。

　たとえばバンジージャンプがあります。あれは誰《だれ》がどう見ても命を危険にさらす行為《こうい》です。人間の本能は恐怖《きょうふ》を感じて忌避《きひ》するでしょう。ところが人間は(全員ではないでしょうが)、ひもがついていれば安全だと確信して、飛び降りることができます。もっと極端《きょくたん》な例では、※殉教者《じゅんきょうしゃ》など、自分の命ですら信念のために投げ出すことができる場合もあります。人間以外の生物では、決して真似《まね》できないことでしょう。

　人間は学習によって本能を超《こ》えた行動ができる今のところ唯一《ゆいいつ》の生物です。論理的に考えて役に立たない、意味のない悩みは捨ててしまうことが可能です。悩みというのは ③ 状況《じょうきょう》で生じるものです。悩みの解決にはまずその悩みをもたらした生物的な由来を理解することです。そして本当に悩む価値のあることなのかどうかを吟《ぎん》味《み》することです。その結果、現代社会を生きる上で悩む必要のない問題だと理性が判断するのであれば、そんな悩みは無視して、もっと自分が大事だと思うことに時間を使う方がいいですし、人間にはそれが可能です。

　生物としての人間全体の話に戻《もど》ります。生物としての人間は他の個体と協力することによって大きな社会を作り出しました。さて今後、人間はどうなっていくのでしょうか。

　人間の協力性を可能にしたのは、人間のもつ「共感能力」だと言われています。 D 、他の人の気持ちになって考えられるということです。これによって他者の望むことを察知し、協力関係を築くことができます。この共感能力は人間が増えることに大きく貢献《こうけん》しましたが、最近の傾向《けいこう》として、この共感能力は人間のなかでますます強化されてきているように思います。つまり④人間はどんどんやさしくなってきています。

　近年、ウシやブタなど動物の肉を食べることについてしばしば問題視されるようになってきています。食肉の問題のひとつは温暖化などの環境負荷《かんきょうふか》が大きいことだと言われています。たとえば１００ｇのタンパク質を生産するのに、大豆であれば２・２m^2で済むところを、ウシを放牧した場合は１６４m^2と７０倍以上の広い土地が必要になります。また冗談《じょうだん》のような話ですが、ウシのゲップはメタンを含《ふく》んでおり、このメタンが大きな温室効果をもたらしているとされています。

　 E 、食肉には倫理的な問題があると指摘《してき》されています。私たちと同じほ乳類であり、ある程度の知能をもったウシやブタを殺して食べることが許されるのかという問題です。私自身は肉が大好きですので、普段から何の疑問も抱《いだ》かずにウシもブタも食べています。ただ、それはよくよく考えてみると、そういった疑問などを抱かなくて済む

2024年度
早稲田大学高等学院中学部

【国　語】〈五〇分〉〈満点：一〇〇点〉

注意　解答の際は、「、」や「。」も一字と数えます。

一　**次の文章を読んで、後の問いに答えなさい。**

私たち人類が今のように農耕を行い定住し始めたのは1万年ほど前だと言われています。それまでの100万年ほどは、少人数のグループで移動しながら狩《か》りや採集で食べ物を集める狩猟《しゅりょう》採集生活を送っていたと考えられています。1万年という時間は、長いようですが生物の体のつくりを変えるには短すぎます。したがって、私たちの身体や脳は未《いま》だ約100万年続いた狩猟採集生活に適応していると言われています。これが「私たちのからだには①狩猟採集社会のこころが詰《つ》まっている」と言われる理由です。

狩猟採集生活がどんなものだったかは、近年まで狩猟採集生活をおくっていたナミビアのクン族などの研究からおおまかな様子がわかっています。狩りや採集や調理、育児を集団で協力して行っていたと想像されています。

多くの狩猟採集社会で共通しているのは「平等性」です。群れのメンバーは公平に扱《あつか》われます。獲物《えもの》を多くしとめたからといって、分け前が多くなるわけではありません。この平等性は群れのメンバーが安定して生き残るために［ A ］なしくみです。もし、獲物をしとめた人だけが食べ物にありつけるようにしたらどうなるでしょうか。元気なときにはそれでいいでしょうが、ひとたび怪我《けが》や病気をしてしまえば、その時点で食べ物が手に入らなくなって餓《う》えてしまいます。怪我や病気はどんなに気を付けていても避《さ》けがたいことです。そんな社会ではとても［ B ］に子孫を残していくことはできないでしょう。狩猟採集社会の平等性は、集団のメンバーが子孫を残す（つまり増えていく）ための重要なしくみです。

この平等性を維持《いじ》するために、クン族は並々ならぬ努力をしています。なによりも大事なことは協力的で偉《えら》ぶらないことです。クン族の逸話《いつわ》でこんな話があります。もし狩りに行って大きな獲物をしとめることができた場合、その人は決して大喜びで帰ってきたり、自ら手柄《てがら》をaせんでんするようなことはしません。普段《ふだん》と同じように帰ってきて、仲間のところに加わります。自分からは言い出さず、仲間が狩りの成果を聞いてくれるまで待ちます。聞いてくれたとしても、「なんにも見つけられなかったよ……まあほんのちっぽけなものならあったかな」と、できるだけ、大したことではないふうをbえんじながら、自慢《じまん》にならないように気を付けて成果を報告するそうです。

私たちの目から見ると、そこまで気を使わなくても……と思わなくはないですが、そうしてしまう気持ちはわかるのではないでしょうか。もし、偉ぶってしまって嫌《きら》われてしまったら、次に自分が獲物を捕《と》れなかったときには助けてもらえないかもしれません。そうなれば、自分も自分の家族もみんな餓えてしまいます。狩猟採集生活者にとって、仲間から嫌われないこと、仲間外れにされないことは生きていくうえで何よりも大切なことだったのでしょう。

人間はこのような社会で100万年を過ごしてきました。したがって、人間の考え方も倫理観《りんりかん》も未だこの狩猟採集生活に適応していると考えられています。みんなに協力的で、偉ぶらず、自慢しないのがcとうとばれます。これは現代社会でも同じではないでしょうか。たとえ本当に偉かったり自慢するだけの成果を残していたとしても、それを偉そうに自慢をする人は嫌われ、偉ぶらず謙遜《けんそん》している人の方が人格者として評価されます。それも私たちが狩猟採集生活の心を未だ

2024年度

早稲田大学高等学院中学部　▶解説と解答

算　数　(50分)　＜満点：100点＞

解　答

1 (1) ① $\frac{1}{10}$　② 12　(2) 7390円　(3) 32.97cm²　2 (1) $\frac{17}{27}$　(2) 441番目　(3) 369番目　3 (1) ① 58cm²　② 170秒後　(2) ① 30秒後　② 66秒後，60cm²　4 (1) 12m　(2) 18m　(3) ① 6 m　② 1280m³

解　説

1 四則計算，計算のくふう，逆算，条件の整理，図形の移動，面積

(1) ①　$\frac{1}{2\times3}-\frac{2}{3\times5}=\frac{5-4}{2\times3\times5}=\frac{1}{2\times3\times5}$，$\frac{1}{2\times3\times5}+\frac{3}{5\times7}=\frac{7+18}{2\times3\times5\times7}=\frac{25}{2\times3\times5\times7}=\frac{5}{2\times3\times7}$，$\frac{5}{2\times3\times7}-\frac{8}{7\times11}=\frac{55-48}{2\times3\times7\times11}=\frac{7}{2\times3\times7\times11}=\frac{1}{2\times3\times11}$，$\frac{1}{2\times3\times11}+\frac{14}{11\times15}=\frac{15+84}{2\times3\times11\times15}=\frac{99}{2\times3\times11\times15}=\frac{9}{2\times3\times15}=\frac{1}{10}$　②　$8-\frac{2}{7\div6}=8-2\div(7\div6)=8-2\div\frac{7}{6}=8-2\times\frac{6}{7}=\frac{56}{7}-\frac{12}{7}=\frac{44}{7}$より，$2+\frac{8}{7\times\square}=\frac{1}{3}\times\frac{44}{7}=\frac{44}{21}$となるから，$\frac{8}{7\times\square}=\frac{44}{21}-2=\frac{44}{21}-\frac{42}{21}=\frac{2}{21}=\frac{8}{84}$，$7\times\square=84$　よって，$\square=84\div7=12$

(2)　5本セットの1本あたりの値段は，380÷5＝76(円)，12本セットの1本あたりの値段は，880÷12＝73.3…(円)なので，12本セット→5本セット→1本ずつの順に多く買えばよい。100÷12＝8余り4より，12本セットを8セット買うと4本不足する。このとき代金は，880×8＋90×4＝7400(円)になる。また，12本セットを7セット買うと，100－12×7＝16(本)不足し，さらに5本セットを3セット買うと1本不足するから，代金は，880×7＋380×3＋90×1＝7390(円)となる。よって，最も安い金額は7390円である。なお，12本セットを5セットと，5本セットを8セット買う場合も考えられるが，この場合の代金は，880×5＋380×8＝7440(円)となる。

(3)　右の図1で，三角形FGEは二等辺三角形だから，等しい角の大きさを●とすると，角GFHの大きさは●2個分になる。すると，これは正七角形の外角にあたるので，角FEIの大きさも●2個分になる。また，GFとAEは平行だから，角GFHと角AEFの大きさは等しくなり，角AEGの大きさは●1個分とわかる。さらに，正七角形は線対称《せんたいしょう》な図形なので，角BEDの大きさも●2個分になる。次に，正多角形の外角の和は360度だから，●2個分の大きさは，360÷7＝$\frac{360}{7}$(度)となり，●1個分の大きさは，$\frac{360}{7}\div2=\frac{180}{7}$(度)とわかる。よって，角AEBの大きさは，$180-\frac{180}{7}\times6=\frac{180}{7}$(度)なので，角AEBの大きさも●1個分になる。したがって，三角形ABEを●2個分回転させると，EAはEFと，EBはEGとそれぞれ重なるから，

図1
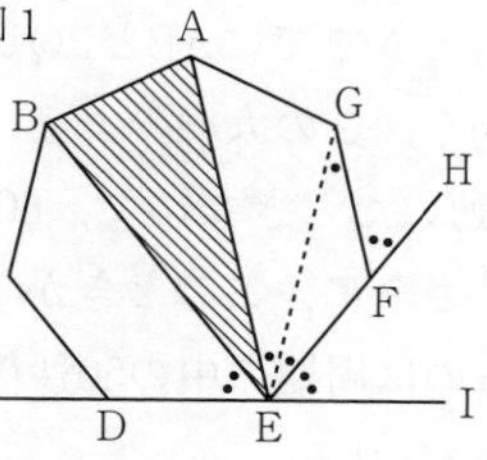

図2
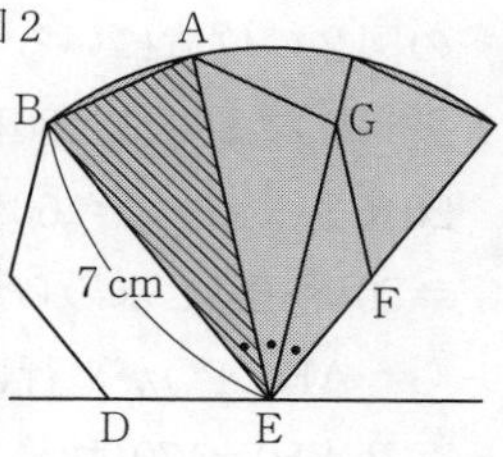

三角形ABEが通過するのは上の図２のかげの部分になる。このとき，かげの部分の中心角は，$\frac{180}{7}\times3=\frac{540}{7}$(度)なので，かげをつけたおうぎ形の面積は半径７cmの円の面積の，$\frac{540}{7}\div360=\frac{3}{14}$(倍)とわかり，$7\times7\times3.14\times\frac{3}{14}=10.5\times3.14=32.97$(cm^2)と求められる。

2 数列

(1)　１から13までの整数の和は，$1+2+\cdots+13=(1+13)\times13\div2=91$だから，第13グループまでの個数の合計は91個である。よって，最初から数えて100番目の数は，第14グループの中の，$100-91=9$(番目)の数とわかる。したがって，分母は，$3\times9=27$，分子は，$2\times9-1=17$なので，$\frac{17}{27}$となる。

(2)　第29グループまでの個数の合計は，$1+2+\cdots+29=(1+29)\times29\div2=435$(個)である。また，$\frac{11}{18}$はグループの中の，$18\div3=6$(番目)の数だから，第30グループの$\frac{11}{18}$は最初から数えて，$435+6=441$(番目)の数とわかる。

(3)　分母が54となる分数は，グループの中の，$54\div3=18$(番目)にあらわれる。よって，１回目にあらわれるのは第18グループなので，10回目にあらわれるのは，$18+10-1=27$より，第27グループの中の18番目とわかる。また，第26グループまでの個数の合計は，$1+2+\cdots+26=(1+26)\times26\div2=351$(個)だから，第27グループの中の18番目の数は，最初から数えて，$351+18=369$(番目)の数と求められる。

3 平面図形―図形上の点の移動，面積，旅人算

図１

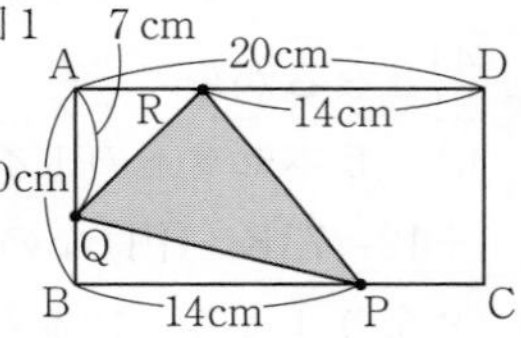

(1)　①　37秒間で動く長さは，点Ｐと点Ｒが，$2\times37=74$(cm)，点Ｑが，$1\times37=37$(cm)である。また，１周の長さは，$(10+20)\times2=60$(cm)だから，$74-60=14$(cm)，$37-10-20=7$(cm)より，37秒後には右の図１のようになる。図１で，台形ABPRの面積は，$\{(20-14)+14\}\times10\div2=100$(cm^2)であり，三角形AQRの面積は，$(20-14)\times7\div2=21$(cm^2)，三角形QBPの面積は，$14\times(10-7)\div2=21$(cm^2)なので，三角形PQRの面積は，$100-(21+21)=58$(cm^2)と求められる。　②　点Ｐは，$60\div2=30$(秒)ごと，点Ｑは，$60\div1=60$(秒)ごとに最初の位置にもどるから，30と60の最小公倍数である60秒を１周期と考える。また，点Ｐと点Ｑの速さの比は２：１なので，点Ｐが１周する間に点Ｑは半周して，30秒後には下の図２の位置にいる。このときまでにABとPQが平行になることはないから，ABとPQがはじめて平行になるのは，30秒後から図２の太線のように動いたときである。これは点Ｐと点Ｑが合わせて，$20\times2+10\times2=60$(cm)動いたときなので，$60\div(2+1)=20$(秒)より，出発してから，$30+20=50$(秒後)と求められる。さらに，このときから60秒後までにABとPQが平行になることはないから，ABとPQが平行になるのは周期の中の50秒後だけである。よって，３回目は出発してから，$60\times2+50=170$(秒後)と求められる。

図２

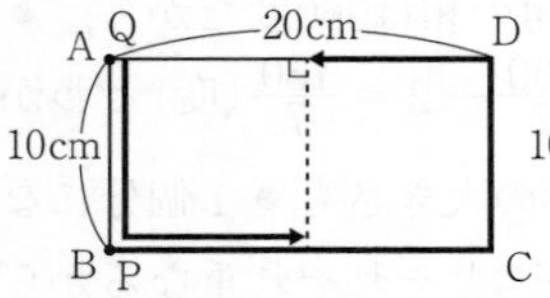

図３

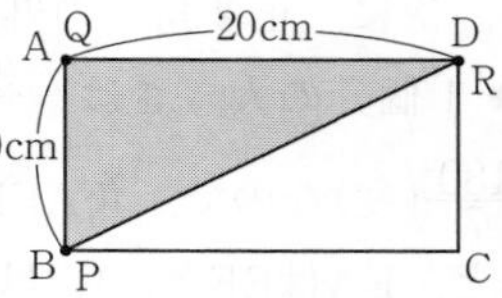

図４

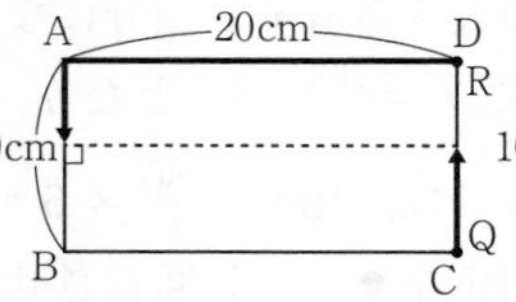

図５

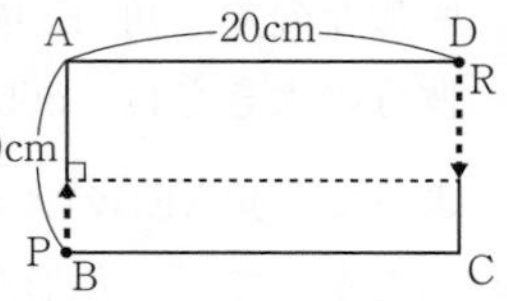

(2) ① 三角形PQRの面積が最大になるのは，３点の中の少なくとも２点が長方形の頂点にいるときである。３点P，Q，Rの速さの比が２：１：４であることをもとにして調べていくと，上の図３のように点Rが２周してDにいるとき，点Pは１周してB，点Qは半周してAにいることがわかる。このとき三角形PQRの面積がはじめて最大になるので，このようになるのは出発してから，60÷２＝30(秒後)と求められる。　② 点Pは，60÷２＝30(秒)ごと，点Qは，60÷１＝60(秒)ごと，点Rは，60÷４＝15(秒)ごとに最初の位置にもどるから，30と60と15の最小公倍数である60秒を１周期と考えて，１周期の中のPとQ，QとR，PとRの動きを調べる。PとQの場合は，ADとPQが平行になることはない。また，QとRの場合は，出発してから上の図４の太線のように動くと，ADとQRが平行になる。これは点Qと点Rが合わせて，10＋20＝30(cm)動いたときなので，出発してから，30÷(１＋４)＝６(秒後)である。この後60秒後まではないから，ADとQRが平行になるのは周期の中の６秒後だけである。次に，PとRの場合は，Pが１周，Rが２周を終える30秒後から，上の図５の太点線のようにさかのぼったときに，ADとPRが平行になる。これは点Pと点Rが合わせて10cmさかのぼったときなので，10÷(２＋４)＝$1\frac{2}{3}$(秒)より，出発してから，$30-1\frac{2}{3}=28\frac{1}{3}$(秒後)とわかる。同様に，Pが２周，Rが４周を終える60秒後から$1\frac{2}{3}$秒さかのぼったとき，つまり出発してから，$60-1\frac{2}{3}=58\frac{1}{3}$(秒後)にも平行になるから，１周期の中に全部で｛６秒後，$28\frac{1}{3}$秒後，$58\frac{1}{3}$秒後｝の３回あることがわかる。よって，４回目は，60＋６＝66(秒後)である。また，点Pが６秒で動く長さは，２×６＝12(cm)なので，66秒後に点Pは辺BC上にいる。さらに，66秒後のCQの長さは，１×６＝６(cm)だから，66秒後の三角形PQRの面積は，20×６÷２＝60(cm^2)と求められる。

4 立体図形—相似，図形の移動，体積

(1) 問題文中の図２の南西方向から見ると，下の図Ⅰのようになる。よって，Qは三角形VWXの辺WX上にあるから，Qの高さはW，Xの高さと等しく12mである。

(2) ４つの正四角すいはすべて相似であり，相似比は，２：４：４：８＝１：２：２：４なので，正四角すいY－MNOPを置くと，下の図Ⅱのようになる。ここで，図Ⅱのかげをつけた２つの三角形は合同である。また，Vの高さは６m，Qの高さは12mだから，アの長さは，12－６＝６(m)になる。これはVの高さと同じなので，斜線《しゃせん》をつけた２つの三角形も合同とわかる。よって，QとZの高さの差も６mになるから，Zの高さは，12＋６＝18(m)と求められる。

図Ⅰ

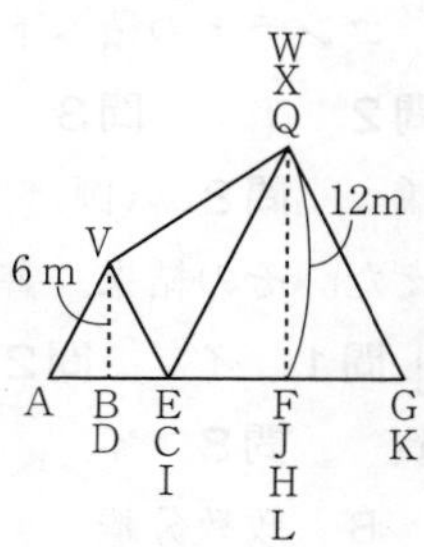

図Ⅱ

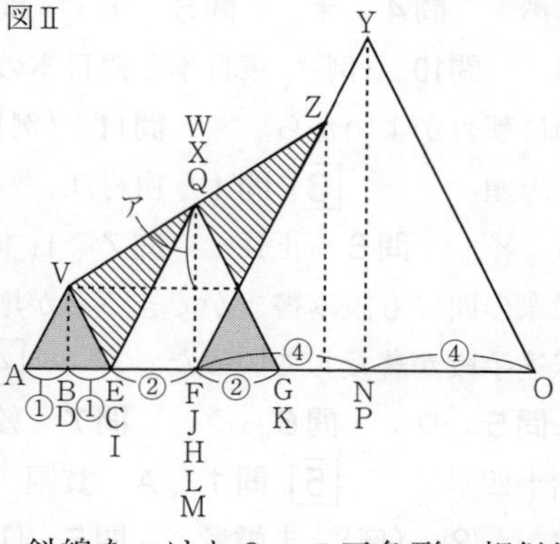

図Ⅲ

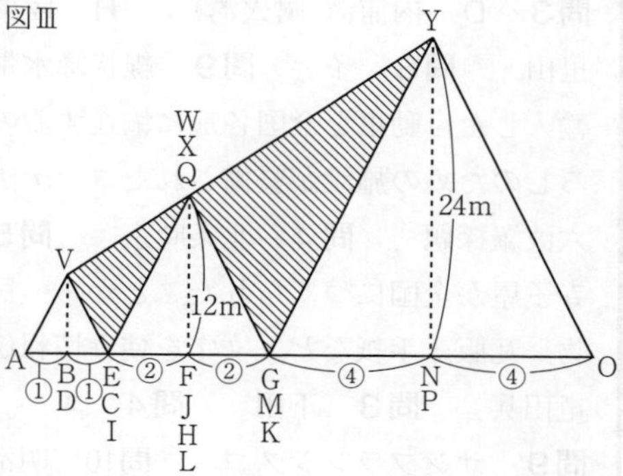

(3) ① 上の図Ⅲで，斜線をつけた２つの三角形の相似比は，(１＋２)：(２＋４)＝１：２であり，

QとYの高さの比も，12：24＝1：2なので，図Ⅲのように置くと条件に合うことがわかる。つまり，条件に合うのはG，M，Kが一直線上に並ぶように置く場合だから，真上から見ると下の図Ⅳのようになる。よって，MNと西側の壁《かべ》は6m離《はな》れている。　② 正四角すいY－MNOPを直線WXと平行に動かしても，頂点Yは三角形VWXを含《ふく》む平面上にある。よって，正四角すいY－MNOPは下の図Ⅴのかげをつけた部分を動くことができ，これを見取図で表すと下の図Ⅵのようになる。図Ⅴ，図Ⅵで，濃《こ》いかげの部分は三角柱であり，うすいかげの部分を2つ合わせると正四角すいY－MNOPになる。ここで，三角柱の高さを□mとすると，□は1辺の長さが4mの正方形の対角線の長さにあたるので，□×□÷2＝4×4＝16より，□×□＝16×2＝32とわかる。よって，三角柱の体積は，(□×2)×24÷2×□＝□×□×24＝32×24＝768(m^3)と求められる。また，正四角すいY－MNOPの体積は，8×8×24×$\frac{1}{3}$＝512(m^3)だから，正四角すいY－MNOPが通過する部分の体積は，768＋512＝1280(m^3)となる。

図Ⅳ

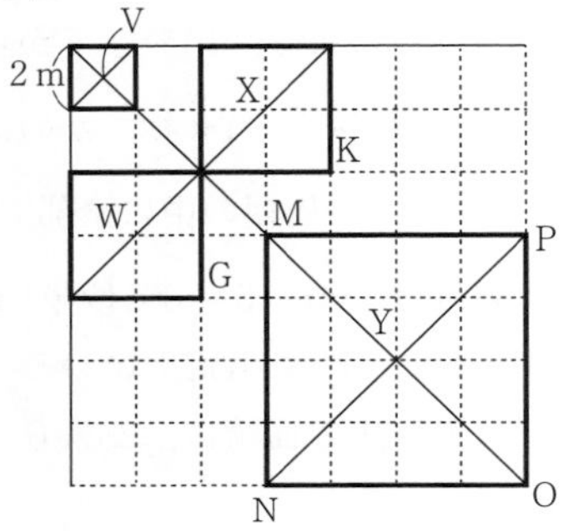

図Ⅴ

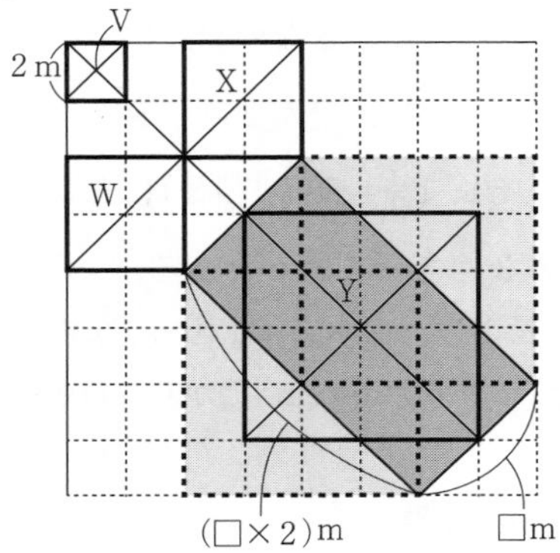

図Ⅵ

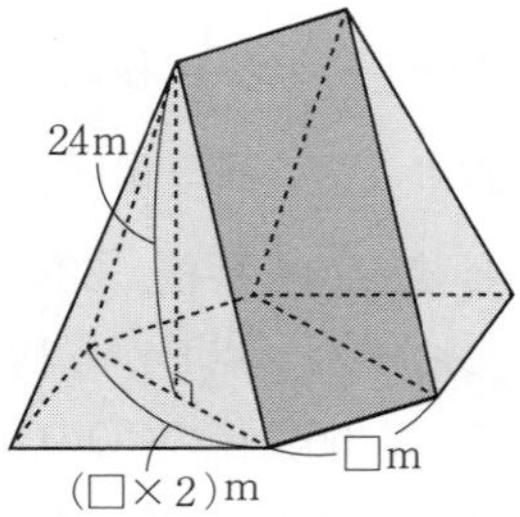

社　会　(40分) ＜満点：80点＞

解　答

1 **問1** エ　**問2** ア　**問3** ソメイヨシノ　2 **問1** **1** 浦賀　**2** 球磨　**3** 富士　**4** 三内丸山　**5** 豊後　**6** 福岡　**問2** **A** さ　**B** え　**C** お　**問3** **D** 内浦湾(噴火湾)　**H** 陸奥湾　**問4** オ　**問5** ア　**問6** 赤潮　**問7** 里山　**問8** イ　**問9** 線状降水帯　**問10** (例) 東日本と西日本の中間に位置しており，輸入した自動車を全国各地に輸送するのに都合がよいから。　**問11** (例) コンテナの積み下ろしのための施設が整備されたコンテナ埠頭。　3 **問1** 白村江　**問2** ア　**問3** 六波羅探題　**問4** 北条時宗　**問5** イ　**問6** 正長　**問7** 日本橋　**問8** (例) 寺子屋が全国につくられたことから，民衆の間にも読み書きができる者が増えた。その結果，書物，瓦版，手紙など，文字を使う情報伝達手段が普及していった。　4 **問1** イ　**問2** 屯田兵　**問3** 下田　**問4** エ　**問5** ウ　**問6** ウ　**問7** 敦賀　**問8** イ　**問9** サンフランシスコ　**問10** 明治十四年　5 **問1** **A** 貧困　**B** 政教分離　**問2** エ　**問3** ウ　**問4** (1) ア　(2) (例) 未婚者　**問5** (1) 障　(2) イ

(3) (例) 自分がトランスジェンダーであることを公表しなければならないこと。

解　説

1 桜前線を題材とした問題

問1　図１は同じ日に桜の開花が予想される地域を線で結んだものである。桜開花予想と同じように，時期や数値などが同じである範囲を地図上の線で示すことができるのは，ここではエの海水の塩分濃度の違いである。

問2　桜前線は例年３月下旬から５月上旬にかけて１か月半ほどの期間で日本列島をおよそ北上していく。図１には線が11本あることから，線の間隔は５日ごとと判断できる。

問3　桜には多くの品種があるが，それらのうち，開花日や満開日が観測され，図１のような桜前線の作成の対象となるのはソメイヨシノである。ソメイヨシノは江戸時代末期から明治時代初期にかけてつくり出された品種とされる。接《つ》ぎ木などの人工的な栽培《さいばい》方法で増やされたことから，同じ遺伝子情報を持ったいわゆる「クローン」であり，気候条件などが同じような環境の下では同時期に一斉に咲くので，開花日を示す桜前線を作成することができる。

2 湾や水域を題材とした問題

問1　**1**　Cの湾《わん》は，湾岸で江戸前寿司が有名であることや湾内に国内有数の国際コンテナ埠頭《ふとう》が複数あることから，「お」の東京湾である。東京湾と外洋の出入り口には，浦賀水道がある。
2　Eの水域の別名が不知火《しらぬい》海であることから，「し」の八代《やつしろ》海である。八代海には，人吉盆地《ぼんち》や八代平野を流れる日本三大急流の１つである球磨《くま》川が注いでいる。　**3**　Gの湾は，伊豆半島の西側に位置し，かつて田子《たご》の浦港へドロ公害があったことから，「か」の駿河《するが》湾である。駿河湾には長野県，山梨県，静岡県の山間部を流れてきた富士川が注いでいる。　**4**　Hの湾は，東側の下北半島に原子燃料の再処理施設のある六ケ所村があることから，「い」の陸奥《むつ》湾である。陸奥湾には青森市に位置する青森港があり，青森市には縄文時代の遺跡である三内丸山遺跡がある。
5　日本で最も大きな閉鎖《へいさ》性海域であるⅠは，四国と本州にはさまれた「け」の瀬戸内海である。四国と九州の間には，アジやサバの漁業やマダイなどの養殖《ようしょく》業がさかんな豊後《ぶんご》水道がある。
6　Jの湾は，古くから国際港として栄え，近くにある志賀《しかの》島で「漢委奴《かんのわのなの》国王」と刻まれた金印が見つかったことから，「こ」の博多湾である。博多湾の沿岸には政令指定都市の福岡市がある。

問2　**A**　古くから干拓《かんたく》が行われてきた国内有数の干潟《ひがた》のある海域は，「さ」の有明海である。有明海は多くの河川が流れこむことや，干満の差が大きいことから，のりの養殖がさかんである。
B　山地が沈《しず》んで谷に海水が入りこむことでできた出入りの複雑な湾の地形をリアス海岸といい，日本三景の１つにあたる松島があるリアス海岸が見られるのは，「え」の松島湾である。リアス海岸は波がおだやかであることなどから養殖業がさかんで，松島湾ではかきの養殖が行われている。
C　問１の１の解説を参照のこと。

問3　**D**　湾の周囲に活火山が多くあり，湾の出口に製鉄業がさかんな室蘭《むろらん》市があることから，「あ」の内浦湾（噴火《ふんか》湾）である。内浦湾ではほたての養殖がさかんである。　**H**　問１の４の解説を参照のこと。

問4　X，Y　問２のAとBの解説を参照のこと。　　Z　問３のDの解説を参照のこと。

問5　都道府県別の海岸線の長さで，長崎県は北海道に次ぐ２位となっている。出入りの多い複雑な海岸地形や，五島列島をはじめ多くの島々があるためである。志摩半島などにリアス海岸が広がる三重県は７位，伊豆諸島や小笠原《おがさわら》諸島などの島々が属する東京都は15位となっている。京都府は北部が日本海に面しているが，海岸線の長さは比較的短いため，順位は32位である。

問６　生活排水などにふくまれる窒素《ちっそ》やリンなどが流入することで海水が富栄養化し，プランクトンが大量発生して海が赤褐色《せきかっしょく》になる現象は，赤潮と呼ばれる。水中の酸素が不足することなどから養殖で被害が生じることがある。

問７　集落や人里の周辺に広がる雑木林や草原などは，里山と呼ばれる。里山は，過疎《かそ》化や住民の高齢化が進んで樹林の手入れが行き届かなくなったことや，宅地化が進められたことなどから，面積を減らしてきた。しかし，里山には，土砂災害を防ぐことや，多くの生物のすみかであり生物多様性を守るうえでも重要な地域であることなどから，近年，その価値が見直されるようになり，これを保護しようとする動きが広まっている。

問８　内浦湾の北岸近くにある活火山はイの有珠《うす》山である。活発な火山活動をしている火山であり，最近では2000年に大きな噴火が起き，道路や鉄道が通行・運行不能になるなどの被害が生じたが，あらかじめ住民が避難していたことで，人的な被害は発生しなかった。なお，アの阿蘇《あそ》山は熊本県，ウの蔵王《ざおう》山は宮城県と山形県，エの磐梯《ばんだい》山は福島県に位置する。

問９　次々と発生する積乱雲が列をなして同じ場所に雨を降らす現象は，線状降水帯と呼ばれる。集中豪雨をもたらすことから，水害や土砂災害の原因となりやすい。近年，各地でしばしば発生するようになり，地球温暖化との関連が指摘されている。

問10　Ｆの湾は，愛知県の知多半島と渥美《あつみ》半島にはさまれた三河湾である。三河湾にある三河港は，自動車の貿易がさかんで，輸入台数は国内最大となっている(2023年)。輸出台数が多いのは，周辺地域で自動車の生産がさかんであるためであるが，輸入台数も多いのは，東日本と西日本の中間に位置しており，輸入された自動車を全国各地に輸送するのに都合がよいためと考えられる。

問11　島国である日本では，海上輸送によってさまざまなものを大量に貿易している。中でも国際定期航路ではコンテナ船による輸送が主力となっている。コンテナ船では，コンテナと呼ばれる貨物を輸送するための入れ物に，食品や工業製品などが入れられ，運搬《うんぱん》される。そのため，貿易の拠《きょ》点《てん》となる国際港には，コンテナの積み下ろしや一時的な保管などに必要な設備を備えたコンテナ埠頭(コンテナ・ターミナル)と呼ばれる施設が必要であると考えられる。

3　情報の伝達を題材とした古代～近世の歴史についての問題

問１　663年，朝廷は友好関係にあった百済《くだら》を救援するため，朝鮮に大軍を送ったが，白村江《はくすきのえ》の戦いで唐(中国)と新羅《しらぎ》の連合軍に大敗した。

問２　645年に中大兄《なかのおおえの》皇子らが滅《ほろ》ぼしたのは蘇我馬子ではなく蘇我蝦夷《えみし》・入鹿《いるか》父子である(ア…×)。なお，蘇我馬子は蝦夷の父である。

問３　1221年に起きた承久の乱の後，朝廷の監視と西国の御家人の統率を目的として京都に置かれた幕府の出先機関は六波羅探題である。北条泰時と北条時房が初代の長官に就任した。その後も執権と同様に，北条氏がその地位を独占した。

問４　２度にわたる元軍の襲来のうち，1274年の戦いを文永の役，1281年の戦いを弘安の役という。いずれも第８代執権の北条時宗の時代の出来事である。

問５　1392年に南北朝の統一を果たしたのは足利義政ではなく，室町幕府第３代将軍の足利義満である(イ…×)。なお，足利義政は室町幕府第８代将軍である。

問６　1428年(正長元年)，近江《おうみ》(滋賀県)の坂本で馬借らが徳政(借金の帳消し)を求めて起こした一《いっ》揆《き》は，近畿地方の各地に広がった。これを正長の土一揆という。土一揆とは，農民らが起こした一揆という意味で，多くの土倉や酒屋などの金融業者が襲われ，各地に広がっていった。

問７　五街道は江戸幕府が整備した東海道・中山道・甲州道中(甲州街道)・日光道中(日光街道)・奥州道中(奥州街道)の５つの街道のことで，起点はいずれも江戸の日本橋である。

問８　江戸時代には幹線道路沿いに設けられた宿駅に，荷物を運ぶための人や馬を置く伝馬役《てんまやく》が制度化されたほか，飛脚による通信制度が整備され，さらに水上交通も発達したことから，「もの」の移動が容易になった。さらに，百姓や町人の子どもに「読み・書き・そろばん」などを教える寺子屋が全国に広まったことから，民衆の中にも読み書きのできる者が増えた。こうしたことを背景に，書物や瓦版《かわらばん》がさかんに出版・発行されるとともに，遠隔地との間でも手紙のやりとりができるようになった。その結果，うわさによる情報伝達が中心であった室町時代とは異なり，書物・瓦版・手紙など，文字を使った媒体《ばいたい》が情報伝達手段として広まっていったのである。

4　各地の鉄道を題材とした近世～近・現代の歴史についての問題

問１　1873年に明治政府が行った地租改正により，それまでの年貢に代わり，地価の３％にあたる税(地租)を現金で納めるようになった。このとき，政府はこれまでよりも歳入が減らないように税率を設定したため，農民の負担は江戸時代とほとんど変わらなかった(イ…×)。

問２　明治時代に募集され，北海道各地に送られて開拓と防衛にあたった農民と兵士を兼《か》ねる人たちは，屯田兵と呼ばれた。

問３　1854年に調印された日米和親条約により，江戸幕府は，下田と箱館(函館《はこだて》)を開港し，アメリカ船に水や食料，燃料などを提供することや，下田に領事館を置くことなどを認めた。

問４　天保の改革を行った老中の水野忠邦は，上知令を出して江戸・大坂(大阪)周辺の領地を幕府の直轄《ちょっかつ》地にしようとしたが，大名や旗本などの反対にあい失敗した。これがきっかけとなり，忠邦は老中を罷免《ひめん》された(エ…○)。なお，アは徳川吉宗，イは田沼意次，ウは松平定信が，それぞれ行った政策である。

問５　日清戦争の講和条約である下関条約においては，清は日本に賠償《ばいしょう》金２億両(テール)を支払うことを認めている(ウ…×)。

問６　新井白石は18世紀初め，第６・７代将軍の時代に幕政を担当し，「正徳の治」と呼ばれる政治を行った人物である。当時，長崎での貿易においては輸入品の支払いに金貨・銀貨が用いられていたため，大量の金銀が海外に流出した。白石はこれを改めるため海舶互市新例《かいはくごししんれい》を出し，来航する外国船の数や貿易額に制限を加えた(ウ…○)。なお，アの保科正之《ほしなまさゆき》は第４代将軍家綱を補佐した人物，イの柳沢吉保《やなぎさわよしやす》は第５代将軍綱吉の側用人を務めた人物，エの田沼意次は18世紀後半に老中を務めた人物である。

問７　北陸新幹線はこれまで東京―金沢(石川県)間で営業していたが，2024年３月に金沢―敦賀《つるが》(福井県)の区間が開通し，東京―敦賀間が最短で３時間８分で結ばれることとなった。

問８　菱川師宣《ひしかわもろのぶ》は元禄文化が栄えた時代に活躍《かつやく》した浮世絵の創始者の１人ともされる絵師で，『見返り美人図』はその代表作として知られる作品である(イ…○)。なお，アの『曾根崎《そねざき》心中』や『国《こく》性爺《せんや》合戦』などの作者は近松門左衛門，ウの『南総里見八犬伝』の作者は滝沢馬琴《ばきん》，エの『東海道五十三次』の作者は歌川広重である。

問９　1951年，アメリカのサンフランシスコで開かれた講和会議で，日本は連合国48か国と平和条約を結び，主権を回復することになったが，沖縄，奄美《あまみ》諸島，小笠原諸島は引き続きアメリカの統治下に置かれることとなった。沖縄返還が実現するのは1972年のことである。

問10　自由民権運動が高まっていた1881年(明治14年)，北海道の開拓使が官有物を薩摩《さつま》出身の商人に安く払い下げようとしていることが新聞などで報じられ，政府を批判する声がいっそう高まった。政府はこうした世論の動きに大隈重信が関係していると考え，大隈を罷免し，欽定《きんてい》憲法制定の基本方針を決めて，1890年の国会開設を約束する国会開設の勅諭《ちょくゆ》を出した。これを明治十四年の政変という。

5 **児童手当や子育て支援を題材とした問題**

問１　**A**　日本における児童手当をめぐる議論の背景になっている問題の１つに，子どもの貧困《ひんこん》がある。経済的に困窮《こんきゅう》した世帯で育つ子どもは，医療や食事，学習，進学などの面で不利な状況に置かれ，将来も貧困から抜け出せない傾向があると指摘されているため，子どもの貧困への対応が急がれている。　**B**　日本国憲法第20条に「いかなる宗教団体も，国から特権を受け，又《また》は政治上の権力を行使してはならない」とあり，国家(政府)が特定の宗教団体を優遇することを禁止している。この原則を政教分離の原則という。

問２　文章の第２段落に「子どもを持つかどうかは個人の自由であり，国は様々な生き方や考え方に対して中立でなければなりません」とあるから，児童手当の目的として中立性を欠くことになるのは，「子どもを持つ生き方の推奨」ということになる(C…Y)。「基本的に日本の年金制度は積立方式(…)ではない」という指摘から，年金制度は年金として支給される財源が現役世代の納めた保険料でまかなわれていることがわかる。このような制度を支えるためには「次世代の育成」が児童手当の目的になり得ると考えられる(D…Z)。「児童手当に所得制限が存在することと，つじつまが合う」こととしては「子育て世帯の生活支援」が当てはまる(E…X)。

問３　政策として児童手当の給付には，限りある予算から支出されることになる。そのため，所得が低く必要性の高い給付対象者のもとに児童手当が給付されるように所得制限が設けられていると考えられる(ウ…○)。

問４　(1)　M字カーブとは，日本における年齢別に見た女性の労働力率(人口に占《し》める働く人の割合)を示したグラフに現れる線の形のこと。縦軸に女性の労働力率，横軸に年齢別階級をとったグラフを描いた場合，1970年代ごろまでは，20代前半では高かった労働力率が20代後半から30代にかけていったん落ちこみ，40代後半～50代になると再び上昇するため，線がアルファベットのMのような形になることから，そう呼ばれた。これは，20代後半から30代にかけて結婚や出産を機に退職し，子育てが一段落する40代後半～50代に再び働き始める女性が多かったことを示している。

(2)　近年，M字カーブの谷の部分が浅くなる，つまり，これまで労働力率の下がっていた20代後半から40代前半の女性の労働力率が上昇する傾向が見られるようになっている。そうした変化の背景として，結婚・出産を経ても働き続ける女性が増えてきたことのほかに，晩婚化や未婚者の増加があるという指摘もされている。

問５　(1)　日本国憲法第14条１項は，「すべて国民は，法の下に平等であつて，人種，信条，性別，社会的身分又は門地により，政治的，経済的又は社会的関係において，差別されない」と定めている。したがって，ここでは「障」だけが使われていないことになる。　(2)　設問文に「ａさんの戸籍上の性別は男性，性自認は女性。専門医から性同一性障害の診断を受けていますが，健康上の理由から性別適合手術は受けていません」とある。このようなａさんに対して，上司がした違法な発言として，イの「なかなか手術を受けないんだったら，もう男に戻ってはどうか」が考えられる。この発言には，性自認は個人が自由に変えられるものであるという誤った認識があり，ａさんが健康上の理由から手術を受けないことを非難する意図が読み取れる。したがって，この発言がａさんの人格を傷つけたとして違法と認められたのだと考えられる。　(3)　全ての人に性自認などの個人的なことを他人に知られないプライバシーの権利がある。トランスジェンダーの人にもプライバシーの権利があるにもかかわらず，他の女性職員などに理解してもらうために，自分がトランスジェンダーであることを公表することを強要されたことは問題であると考えられる。

理　科　(40分)　＜満点：80点＞

解　答

1　**問1**　64％　**問2**　オ　**問3**　8ｇ　**問4**　カ　**問5**　カ　**問6**　(1)　エ　(2)　(例)　下の図1　2　**問1**　4，10　**問2**　15.6　**問3**　33.3往復　**問4**　**周期1.0秒**…ア　**周期2.0秒**…サ　**問5**　(1)　2往復　(2)　2.7秒後　**問6**　15.35秒　**問7**　イ
3　**問1**　イ，ウ　**問2**　(1)　3.75ｇ　(2)　1.75ｇ　**問3**　4：1　**問4**　下の図2　**問5**　7.5ｇ　**問6**　8：3　**問7**　3.6ｇ　**問8**　4.0ｇ　**問9**　イ，エ　4　**問1**　クマゼミ　**問2**　**アリジゴク**…ウスバカゲロウ　**ボウフラ**…カ　**問3**　気門　**問4**　(例)　下の図3　**問5**　**1**　複　**2**　単　**問6**　**カブトムシ**…4枚　**スズメバチ**…4枚　**問7**　5種類　**問8**　(1)　ツボワムシ　(2)　イカダモ

図1

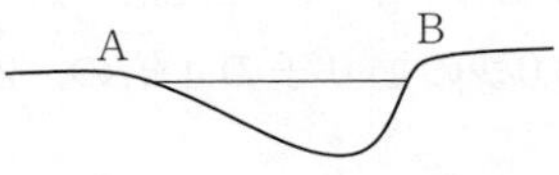

図2

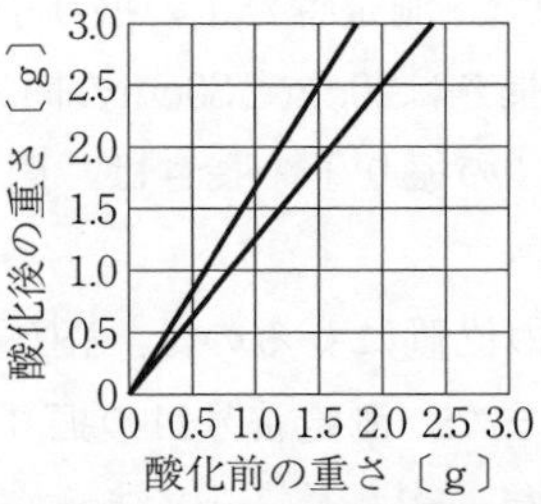

図3

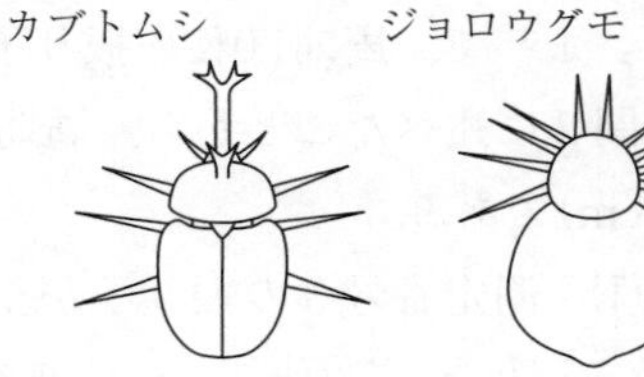

解　説

1　**乾湿《かんしつ》計，流れる水のはたらきについての問題**

問1　図1で，乾球の示度(気温)は28℃，湿球の示度は23℃で，その差は，28－23＝5(℃)なので，表1から，この部屋の湿度は64％と読み取れる。

問2　露点《ろてん》とは，空気中にふくまれる水蒸気量が飽和《ほうわ》水蒸気量と等しくなるときの温度である。表2より，28℃のこの部屋の空気1 m^3の飽和水蒸気量は27.2ｇで，湿度は64％なので，部屋の空気1 m^3にふくまれる水蒸気量は，27.2×0.64＝17.408(ｇ)とわかる。よって，この部屋の空気の露点は，表2で飽和水蒸気量がこの値に最も近い20℃が選べる。

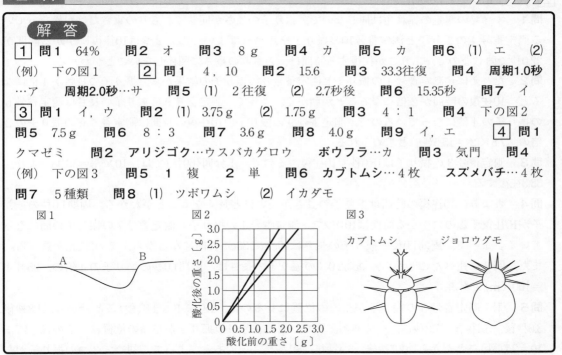

問３　表２より，10℃の空気１ m^3 の飽和水蒸気量は9.4ｇなので，この部屋の空気が10℃まで冷やされると，17.408－9.4＝8.008(ｇ)より，８ｇの水蒸気が水滴《すいてき》に変わる。

問４　乾湿計では，ガーゼから水が蒸発するときにまわりの熱をうばうので，乾球より湿球の示度が低くなる。同様に考えると，湿度が低く，水が蒸発しやすいときほど，落ちてきた水滴の温度が下がりやすく，雪になりやすいと考えることができる。よって，雪はＸの領域，雨はＺの領域だとわかる。なお，みぞれは雪と雨の間のＹの領域になる。

問５　川などの流れる水が地面や川岸をけずるはたらきをしん食作用，れきや砂，泥《どろ》などを押《お》し流して運ぶはたらきを運ぱん作用，運んだ粒《つぶ》を積もらせるはたらきをたい積作用という。

問６　⑴　川が曲がって流れる場所では，曲がりの内側(Ｖ側)では流れがおそくなることが多く，土砂がたい積して川原になっている場合が多い。一方，曲がりの外側(Ｗ側)では流れが速く，川岸がけずられてがけになっている場合が多い。　⑵　⑴で述べたように，Ａ側は流れがおそいため土砂がたい積して浅くなる。一方，Ｂ側は流れが速いためしん食されて川底が深くなる。

2　振《ふ》り子についての問題

問１　すべての測定の振れ角は同じなので，振り子の長さが同じでおもりの重さだけが異なっている測定番号４の振り子と測定番号10の振り子を比べればよい。この２つは10往復にかかる時間が22.0秒で同じなので，ふりこが往復する時間は，おもりの重さに関係しないことがわかる。

問２　たとえば，測定番号１の振り子と測定番号３の振り子の結果から，振り子の長さが４倍になると，10往復の時間が２倍になることがわかる。よって，測定番号９の振り子の長さは測定番号６の振り子の４倍になっているので，測定番号９の振り子の10往復の時間は測定番号６の振り子の２倍の，7.8×２＝15.6(秒)と求められる。

問３　測定番号３の振り子は18.0秒で10往復するので，１分間(60秒)では，$10\times\frac{60}{18}=33.33\cdots$より，33.3往復する。

問４　表より，10往復の時間は振り子の長さが長いほど長くなることがわかる。周期1.0秒の振り子が10往復するのにかかる時間は10.0秒で，測定番号１の振り子と測定番号７の振り子の間になっている。よって，周期1.0秒の振り子の長さは20cmと30cmの間になるから，アの25cmが選べる。また，問２に述べたことから，周期2.0秒の振り子の長さは，周期1.0秒の振り子の４倍の，25×４＝100(cm)である。

問５　⑴　測定番号３の振り子が左端《はし》の位置にくるのは，18.0÷10＝1.8(秒)ごとだから，1.8秒後，3.6秒後，5.4秒後，7.2秒後，…である。また，測定番号11の振り子が左端の位置にくるのは，27÷10＝2.7(秒)ごとだから，2.7秒後，5.4秒後，8.1秒後，…である。よって，初めて２つの振り子が左端でそろうのは振り始めてから5.4秒後で，このとき測定番号11の振り子は，5.4÷2.7＝２(往復)している。　⑵　測定番号３の振り子がいずれかの端にくるのは，1.8÷２＝0.9(秒)ごとで，この振り子が，2.7÷0.9＝３(回)端にくるごとに，測定番号11の振り子が左端にきている。すると，振り始めから，0.9×３＝2.7(秒後)に，測定番号３の振り子が右端，測定番号11の振り子が左端にくるので，条件に合う。

問６　釘の左側では80cmの振り子，右側では40cmの振り子として振れる。よって，この振り子が10往復する時間は，18÷２＋12.7÷２＝15.35(秒)と求められる。

問７　振れ角が小さくなると，おもりが往復する道のりは短くなるが，周期は，振れ角が大きく，おもりが往復する道のりが長い振り子と同じになる。そのため，振れ角を小さくしたときのおもりが中央を通過するときの速さ(最大の速さ)は，振れ角が大きいときよりおそくなる。

3 金属の酸化についての問題

問1　スチールウールは細い繊維《せんい》状になった鉄なので，電流がよく流れ，磁石にくっつく。しかし，スチールウールが酸化されて酸化鉄になると，鉄がもっていた性質は失われてしまうため，電流が流れにくくなり，磁石にくっつかなくなる。

問2　(1)　図2のグラフより，酸化前の銅と酸化後の銅(酸化銅)の重さは比例していることがわかる。銅と酸化銅の重さの比は，2.0：2.5＝4：5だから，3.0gの銅を酸化させると，$3.0\times\frac{5}{4}=3.75$(g)になる。　(2)　7.0gの銅を酸化させると，$7.0\times\frac{5}{4}=8.75$(g)の酸化銅になる。このとき，増えた重さが銅に結びついた酸素の重さなので，その重さは，8.75－7.0＝1.75(g)とわかる。

問3　問2の(2)より，(銅の重さ)：(結びついた酸素の重さ)＝7.0：1.75＝4：1である。なお，グラフの値から，結びついた酸素の重さを考えてもよい。

問4　表1より，マグネシウムの重さと結びついた酸素の重さは比例していることがわかり，(マグネシウムの重さ)：(酸化マグネシウムの重さ)＝3.0：(3.0＋2.0)＝3：5である。よって，グラフは，重さがこの比に等しくなる点(たとえば酸化前のマグネシウムの重さが1.5g，酸化後のマグネシウムの重さが2.5gの点)と0の点を直線で結んだ線になる。

問5　問4より，4.5gのマグネシウムを酸化させたときの重さは，$4.5\times\frac{5}{3}=7.5$(g)と求められる。

問6　たとえば，2.0gの酸素と結びつく銅の重さは，$2.0\times\frac{4}{1}=8.0$(g)，マグネシウムの重さは3.0gだから，同じ重さの酸素に結びつく銅とマグネシウムの重さの比は8：3となる。

問7　10.0gの銅を酸化させると，$10.0\times\frac{5}{4}=12.5$(g)の酸化銅になるから，このときできた酸化マグネシウムの重さは，18.5－12.5＝6.0(g)である。したがって，酸化前のマグネシウムの重さは，$6.0\times\frac{3}{5}=3.6$(g)とわかる。

問8　10.0gがすべてマグネシウムだとすると，酸化後の重さは，$10.0\times\frac{5}{3}=\frac{50}{3}$(g)になる。これは，実際よりも，$\frac{50}{3}-15=\frac{5}{3}$(g)重い。マグネシウム1.0gを銅1.0gに変えると，酸化後の重さは，$1.0\times\frac{5}{3}-1.0\times\frac{5}{4}=\frac{5}{12}$(g)軽くなるので，混合粉末にふくまれていた銅の重さは，$\frac{5}{3}\div\frac{5}{12}=4.0$(g)と求められる。

問9　ア　図2や表1から，金属の重さが変わっても，酸化の前後の重さの比は変わっていない。　イ　金属の重さと結びついた酸素の重さの比は，銅は4：1，マグネシウムは3：2で一定である。　ウ　図2より，酸化前の重さと酸化後の重さは比例している。　エ，オ　酸化銅は黒色，酸化マグネシウムは白色である。

4 夏の生き物についての問題

問1　しゃんしゃん(シャーシャー)と鳴くセミはクマゼミである。もともとは主に西日本にすむセミであったが，温暖化の影響《えいきょう》で関東地方にも増えてきているといわれる。

問2　アリジゴクはウスバカゲロウという，トンボに似た，細いからだとうすく透《す》き通ったはねをもつ昆虫《こんちゅう》の幼虫である。すり鉢《ばち》状の巣をつくり，落ちたアリを捕食《ほしょく》する。ボウフラはカの幼虫で，水面に浮《う》いて生活する。

問3　バッタなどの昆虫は，体内に血管のように張りめぐらされた気管という管で呼吸する。腹部にはこの気管に空気を取り入れる気門とよばれる小さな穴が開いている。

問4　昆虫のアシは胸についている。カブトムシを背中側(はねのある側)から見ると，胸についている3対(6本)のアシが，頭，ハネのつけ根，腹の部分から出ているように見える。また，クモのなかまのからだは頭胸部と腹部に分かれていて，4対(8本)のアシはすべて頭胸部についている。

問5　トンボなど昆虫の多くは，小さな眼(個眼)がたくさん集まったつくりの複眼を1対(2個)と，数個の小さな単眼をもっている。複眼ではものの形や色，動きなど，単眼では光などを感じ取っている。

問6　カブトムシやハチ，チョウ，セミ，トンボなど，多くの昆虫は2対(4枚)のハネをもっている。ハネはすべて胸についている。

問7　イカダモ，ハネケイソウ，ボルボックス，ミカヅキモは植物プランクトンで葉緑体をもち，日光を利用して二酸化炭素と水からデンプンと酸素をつくる光合成を行う。また，ミドリムシは動物，植物両方の特ちょうをもつプランクトンで，葉緑体をもち光合成を行う。

問8　⑴はツボワムシである。ツボワムシは動物プランクトンで，図の上部にある毛(せん毛)を使って水中を動き回る。また，⑵は植物プランクトンのイカダモである。

国　語　(50分)　＜満点：100点＞

解　答

一　**問1**　下記を参照のこと。　**問2**　A　エ　B　ア　**問3**　エ　**問4**　イ　**問5**　ア　**問6**　ウ　**問7**　他の動～ている　**問8**　ウ，エ　**問9**　(例)　集団内で生き延びるために仲間に向けられたやさしさを，動物に発揮しても生存に役立たないから。　**問10**　ウ，カ

二　**問1**　下記を参照のこと。　**問2**　X　ア　Y　カ　**問3**　A　イ　B　ウ　**問4**　この署名は～のかどうか　**問5**　告発になる　**問6**　ウ　**問7**　イ　**問8**　(例)　むすこの不始末を申し訳なく思い，悲しみをこらえながらカバーをかけたオットーの母の行いが，切なく尊いものに感じられたから。　**問9**　ア　**問10**　エ，カ

●漢字の書き取り

一　**問1**　a　宣伝　b　演　c　尊　d　保障　二　**問1**　a　古典　b　困　c　再　d　従

解　説

一　**出典：市橋伯一《いちはしのりかず》『増えるものたちの進化生物学』**。筆者は狩猟《しゅりょう》採集社会の時代から続く人間の協調性について考察し，現在ではそれを支える共感能力の対象範囲《はんい》が広がっていると説明している。

問1　a　ここでは，大げさに言いふらすことを意味する。　b　この「演じる」は，“何らかの印象を見る人に与《あた》えるような行動をとる”という意味。　c　音読みは「ソン」で，「尊敬」などの熟語がある。　d　安全を請《う》け合い，立場や権利などを保護すること。

問2　A　狩猟採集社会において，しとめた獲物《えもの》を皆《みな》で平等に分け合う「しくみ」が，メンバーの「安定」した生存に役立つのだから，理にかなうようすの「合理的」が入る。　B　「獲物をしと

めた人だけが食べ物にありつけるよう」な社会では，持続的に「子孫を残す」ことなど見こめないというのである。よって，激しい変化がないさまを表す「安定的」が合う。

問3　C　狩猟採集社会で「仲間外れにされることは死活問題」だが，「今やそうでは」ないという文脈である。よって，前のことがらを受けて，それに反する内容を述べるときに用いる「しかし」が合う。　D 「人間のもつ『共感能力』」を，続く部分で「他の人の気持ちになって考えられるということ」と言いかえているので，“要するに”という意味の「つまり」が入る。　E 「ウシやブタなど」の食肉にともなう問題として，筆者は「環境《かんきょう》負荷」の大きさや「倫理《りんり》的な問題」を指摘《してき》している。よって，前のことがらに別のことをつけ加えるときに使う「さらに」があてはまる。

問4　続く部分で，狩猟採集社会において重視された「平等性」を維持《いじ》するため，集団のメンバーは「協力的で偉《えら》ぶらないこと」，もっといえば「仲間から嫌《きら》われないこと，仲間外れにされないこと」を「生きていくうえで何よりも大切」にしていた，と述べられている。そうした人が集団では「尊ばれ」たのだから，イが誤り。

問5　傍線《ぼうせん》②をふくむ文の最初に「このような」とあるので，前の部分に注目する。現代における「人間関係にまつわる悩《なや》み」は，狩猟採集生活を送っていた時代のように死に直結するものではなく「気持ちの問題」であるにもかかわらず，人々がかつての「本能」を引きずり，「協調性を重んじて，隣人《りんじん》と仲が良くないと悩」んでいるのを，筆者は「時代遅《おく》れ」だと指摘している。また，こうした悩みは，「学ぶこと」によって「理性」で解決できる(学ぶことでそもそも「悩む必要」のある問題かどうかの「理性」的な判断ができる)と述べている。「大きくかたむいたふるい住宅」は，「地震《じしん》で倒《たお》れる」可能性が高く，「理性」で考えればむしろ恐《こわ》くて住めないので，アが「時代遅れの悩み」の例としてふさわしくない。なお，イ～エは，「理性」で考えればまったく問題ないもの(「気持ちの問題」)の例にあたる。

問6　「社会変化」に比べて「生物としての進化のスピード」が「圧倒《あっとう》的に遅《おそ》い」人間は，「学ぶこと」で考え方を変えることができ，「理性によって本能に逆らうことができ」ると述べられている。つまり，現代における「悩み」は，「社会の進化」に人間としての進化が追いついていない状況《じょうきょう》で生じるもの(たとえば，今や「気持ちの問題」となった「人間関係にまつわる悩み」を，狩猟採集していた時代のように重大な問題だと「本能」がとらえること)だから，「現実が本能にそぐわない」としたウがふさわしい。

問7　「他の人の気持ちになって考えられる」，いわば「共感能力」がますます強化されてきている状況を受け，筆者は「人間」が「どんどんやさしくなってきて」いると述べている。狩猟採集社会で生き延びるため，「仲間から嫌われない」ように発揮してきた「共感能力」(やさしさ)が，現代では仲間うちどころか人間のはんちゅうもこえはじめてきたのだから，最後から二つ目の段落にある「他の動物へも共感のはん囲を広げている」という部分がぬき出せる。

問8　「喜怒哀楽《きどあいらく》」は，人間の抱《いだ》くさまざまな感情を表し，それぞれの漢字が対等の関係にある。よって，テーマを起こし，それを承《う》け，話題を転じて発展させ，全体を結ぶという漢詩の構成を表す，ウの「起承転結」と，自然の美しい風物を表す，エの「花鳥風月」が同じ組み立てである。なお，アの「我田引水」は，自分の田に水を引き入れることから，他人のことを考えず，自分に都合がいいように言ったり，行動したりすることを表し，前の二字熟語が後の二字熟語を修飾している関係である。イの「大器晩成」は，“大人物は遅く大成する”という意味で，前の二字熟語と後の二字熟語が主語と述語の関係になっている。オの「日進月歩」は，日々進歩していくことを表し，前の二字熟語と後の二字熟語が対等の関係である。カの「電光石火」は，電光(稲光《いなびかり》)と石火(火打ち石の火花)のように，非常に速いようすを表し，前の二字熟語と後の二字熟語が対等の関係となっている。

問９　問７で検討したとおり，もともとは狩猟採集社会で生き延びるため，「仲間から嫌われない」ように「共感能力」を発達させてきた人間が，その「やさしさ」を今や「動物」へも向けていることを，筆者は「少し不思議」だと言っている。つまり，集団内で生き延びるための能力を，自分の生存にかかわらないはずの動物へと拡大していることに疑問を抱いているのだから，「やさしさの由来は集団内での共感で，人以外に共感を広げても生き延びることにつながらないから」のような趣旨《しゅし》でまとめる。

問10　ア　人間の社会の「発展」をうながすのは，「競《きそ》いあう状態」ではなく協力なので，合わない。　イ　現代において，人間が「他者に共感する性質」は拡大しているので，正しくない。　ウ　「時代遅れの本能が残っている」ために，人間はいまだに「協調性」(「平等性」)を重んじているのだから，正しい。　エ　「共感能力」は「平等意識」に先立つものなので，ふさわしくない。　オ　「協調性」が「人々の関係性を悪化させる」ことについては述べられていない。　カ　三つ目の大段落の最初の形式段落で，「生物としての人間は他の個体と協力することによって大きな社会を作り出し」てきたと述べられているので，合う。

二　**出典：ヘルマン＝ヘッセ／高橋健二《たかはしけんじ》訳「中断された授業時間」**。級友のオットー・ヴェラーの不正を確認《かくにん》するため，ヴェラーの家へ行くように先生が「私」に命じたできごとが描《えが》かれている。

問１　**a**　「古典語」は，その国や周辺国の文化に大きな影響《えいきょう》を与えた古い言語。ヨーロッパにおける古代ギリシア語やラテン語，インドにおけるサンスクリット語など。　**b**　音読みは「コン」で，「困難」などの熟語がある。　**c**　音読みは「サイ」「サ」で，「再会」「再来週」などの熟語がある。　**d**　音読みは「ジュウ」で，「従事」などの熟語がある。

問２　**X**　「目くばせ」とするのがよい。自分の後についてくるように，先生は「私」に目で合図を送ったのである。　**Y**　「ヴェラーの成績の下の署名」が，本当に彼《かれ》の父親によって書かれたものかどうか家まで行って確かめてくるよう，「私」は先生に言われたのである。よって，「手」があてはまる。

問３　**A**　ヴェラーの「署名が本物で，容疑が誤りだということが明らかになったら」，「私」はありったけの所有物をほうり出してもいいほど喜ばしい気分になるだろうと考えているので，イが合う。　**B**　長いあいだヴェラーの家から帰ってこなかった自分を先生が責めてさえくれれば，「私」はわずかでも彼と「共に罰《ばっ》せられたような」気分になったのだろうと思っている。よって，ウが選べる。

問４　この後「私」は，先生から「ヴェラーの成績帳」の「下の署名」が本当に父親が書いたものかどうか，彼の両親のもとへ出向き確かめてくるよう命じられている。つまり，教壇《きょうだん》のそばに呼ばれた後でヴェラーがおびえ，落ち着きを失ったのは，先生に“署名は父がしたのか”と尋《たず》ねられたからだと考えられる。よって，「私」がヴェラーの母親のもとを訪《おとず》れた場面にある，「この署名はほんとうにお父さんのものかどうか」という部分がぬき出せる。

問５　「勉強にはいたって無関心で，書物になんかさっぱり親しんでいない(その状態を恐《おそ》ろしいとも思っていない)が」，ひとたび「くだものやパンや取り引きや金」などのことになれば自分たちのような「他のものをはるかにしのぎ，もうほとんどおとな」といってもよいほどのヴェラーでさえ，おびえ，落ち着きを失うような「表情と態度を」持ち合わせているのだなと思いめぐらせていた「私」は，ふいに強い「不安」におそわれている。そうしたヴェラーのようすが，「署名」に対する先生の「疑い」の正確性を裏づけていることに感づきはじめた「私」は，もし彼の両親に確かめたことを先生へと報告すれば，自分がヴェラーの不正を「告発」する当事者になってしまうと思ったため，「不安」になったのである。

問６　問５でみたように，「私」は，自分がヴェラーの不正を「告発」する当事者になるのだと気づき，「不安」と悲しみをつのらせている。つい今しがた，「退屈《たいくつ》この上ない授業」をのがれて「美しい朝」の散歩に出かけ，「幸福」感を味わっていたことを後悔《こうかい》したのだから，ウの「幸運児」が入る。

問７　ヴェラーを助けてやる方法を探《さぐ》りはじめた「私」はまず，先生に「署名はまちがっていない」と報告することを考えたが，それはつまり真実を覆《おお》い隠《かく》し，ヴェラーの「協力者，共犯者になる」ことを意味するため「断念」している。しかし続いて思いついた，「ヴェラーのうちにはだれもいなかった」という報告の形をとれば，彼の不正の「共犯者」にはならず，先生の命令に背《そむ》くだけになるので，イがよい。なお，母親のことは考えていないので，アは合わない。また，署名がにせものだろうと思ってなやんでいるのだから，「関係がない」としたウは正しくない。さらに，「不正をかばうため」の「うそ」はヴェラーの「協力者，共犯者になる」ことへと結びつき，「自分の力に余る」と「私」は思っているので，「ゆるされる」としたエも誤り。

問８　その「帳面」とは，むすこのうそを知って弁解したりごまかしたりすることなく，悲しむ母親によって「小ぎれい」に「カバー」がかけられたものである。一方「私」は，好感を抱いていた級友であるヴェラーをかばう勇気がなかったことで，母親を悲しませた後ろめたさを感じている。そんな「私」が帳面を「ていねいに」扱《あつか》っているのだから，むすこの不始末を正直に認め，申し訳なく思ってカバーをかけたヴェラーの母親の心が切なく，また尊く，ぞんざいに扱えないと感じたことがうかがえる。これをもとに，「オットーをかばえなかった『私』は，むすこのうそを悲しむ母親が心をこめてつくったカバーを，ぞんざいに扱えないと感じたから」のような趣旨でまとめる。

問９　続く部分に，「同級生が罰せられたかどうか，どんなふうに罰せられたか，私はついに聞かなかった」とあることから，「私」はヴェラーの両親のもとからもどった後，先生に真実を「報告」したものとわかる。好感を抱いていたはずのヴェラーの不正を，はからずも「告発」する形になってしまった「私」は，「長いあいだ帰ってこなかった」ことに対する叱責《しっせき》を受けることで，彼を差し出してしまった罪悪感を少しでもやわらげようとしていたが，先生からは何もとがめられなかったために落胆《らくたん》したのである。よって，アがふさわしい。

問10　「私」が成績表を差し出し，事情を説明してからのヴェラーの母親は「何も言わなかった」し，「心情」そのものについても描かれていない。ていねいに描かれたしぐさや表情から，「心情」をおしはかることができるようになっているので，エはふさわしくない。また，先生が「私」とヴェラーを「仲たがい」させようとしていたようすは描かれていないので，カも正しくない。

Dr.福井の
入試に勝つ！脳とからだのウルトラ科学

復習のタイミングに秘密あり！

算数の公式や漢字，歴史の年号や星座の名前……。勉強は覚えることだらけだが，脳は一発ですべてを記憶することができないので，一度がんばって覚えても，しばらく放っておくとすっかり忘れてしまう。したがって，覚えたことをしっかり頭の中に焼きつけるには，ときどき復習をしなければならない。

ここで問題なのは，復習をするタイミング。これは早すぎても遅すぎてもダメだ。たとえば，ほとんど忘れてしまってから復習しても，最初に勉強したときと同じくらい時間がかかってしまう。これはとっても時間のムダだ。かといって，よく覚えている時期に復習しても何の意味もない。

そもそも復習とは，忘れそうになっていることを見直し，記憶の定着をはかる作業であるから，忘れかかったころに復習するのがベストだ。そうすれば，復習にかかる時間が一番少なくてすむし，記憶の続く時間も最長になる。

では，どのタイミングがよいか？　さまざまな研究・発表を総合して考えると，１回目の復習は最初に覚えてから１週間後，２回目の復習は１か月後，３回目の復習は３か月後――これが医学的に正しい復習時期だ。復習をくり返すたびに知識が海馬《かいば》(脳の，知識をためる倉庫みたいな部分)にだんだん強くくっついていくので，復習する間かくものびていく。

この計画どおりに勉強するには，テキストに初めて勉強した日付と，その１週間後・１か月後・３か月後の日付を書いておくとよい。あるいは，復習用のスケジュール帳をつくってもよいだろう。もちろん，計画を立てたら，それをきちんと実行することが大切だ。

ちなみに，記憶量と時間の関係を初めて発表したのがドイツのエビングハウスという学者で，「エビングハウスの忘《ぼう》却《きゃく》曲線」として知られている。

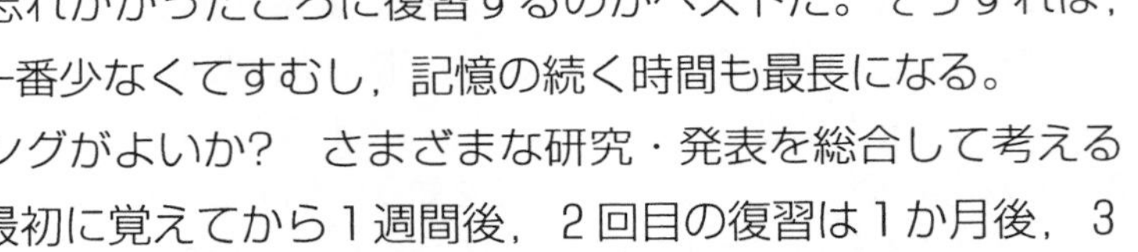

Dr.福井(福井一成《ふくいかずしげ》)…医学博士。開成中・高から東大・文Ⅱに入学後，再受験して翌年東大・理Ⅲに合格。同大医学部卒。さまざまな勉強法や脳科学に関する著書多数。

Memo

Memo

2023年度 早稲田大学高等学院中学部

【算　数】（50分）〈満点：100点〉

注意　1．式や考え方を書いて求める問題は，解答用紙の指定された場所に式や考え方がわかるように書いてください。

2．分数は，それ以上約分できない形で表してください。

1　次の問いに答えなさい。

(1)　次の式の [あ] と [い] にあてはまる0より大きな整数を求めなさい。ただし，2つの [あ] にあてはまる数は等しく，2つの [い] にあてはまる数も等しいとします。また，[あ] にあてはまる数は [い] にあてはまる数より大きな整数とします。

$$2023=\frac{9\times17\times119\times1117}{100\times100+\boxed{\text{あ}}\times\boxed{\text{あ}}+\boxed{\text{い}}\times\boxed{\text{い}}}$$

(2)　$\langle x\rangle$でx番目の素数を表します。例えば，

$\langle 4\rangle=7$，$\langle\langle 4\rangle\rangle=\langle 7\rangle=17$

です。このとき，

$\langle\langle a\rangle\rangle+\langle a\rangle-a+2$

が素数となるaのうち最小のものを求めなさい。

30番目までの素数

2	3	5	7	11	13	17	19	23	29
31	37	41	43	47	53	59	61	67	71
73	79	83	89	97	101	103	107	109	113

(3)　右の図において，三角形ABCと三角形DEFは合同です。辺ABと辺DEとの交点を点G，辺CAと辺DEとの交点を点H，辺CAと辺FEの延長線との交点を点Iとします。角BCAの大きさが32°，角BGDの大きさが72°のとき，角HIEの大きさを求めなさい。

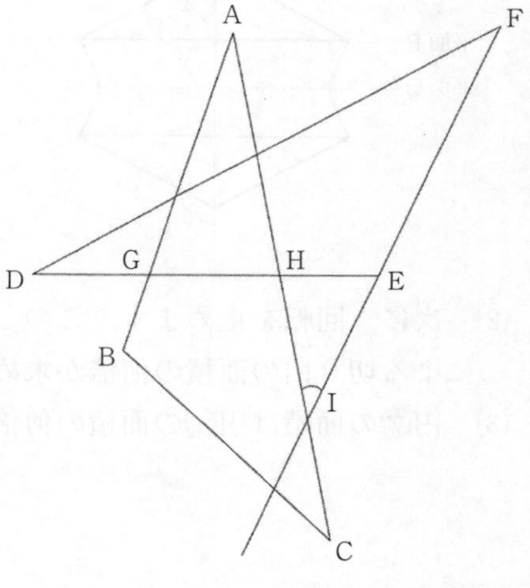

(4)　10，11，12の数が1つずつ書かれたカードがそれぞれたくさんあります。同じ数の書かれたカードを何枚選んでもよいものとして，選んだカードに書かれた数をすべて足して整数を作ります。例えば，31は10と書かれたカード2枚と11と書かれたカード1枚を足して作ることができますが，25は3種類のカードに書かれた数をどのように足しても作ることができません。このとき，作ることのできない整数のうち最大のものを求めなさい。

2　立方体 ABCD−EFGH を，直線 AG を回転の軸《じく》として1回転させて立体を作ります。このときにできた立体を，頂点Bが回転して作られる円㋐をふくむ平面Pで切断します。この切断してできた立体のうち，頂点Aをふくむ立体を(あ)，頂点Gをふくむ立体を(い)とします。さらに立体(い)を，辺 BC の真ん中の点Mが回転して作られる円㋑をふくむ平面Qで切断します。このとき，次の問いに答えなさい。

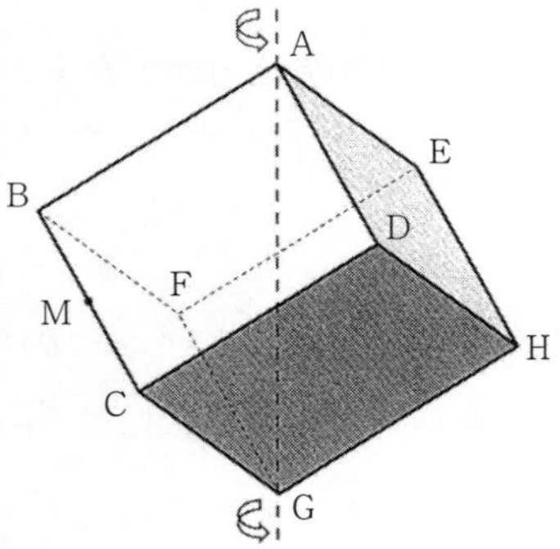

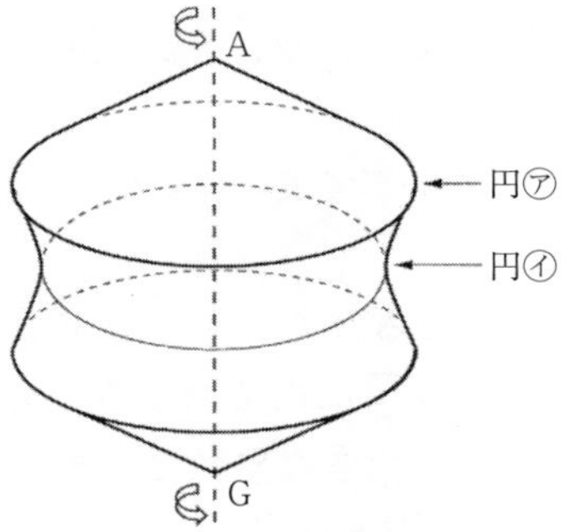

(1)　下の図は，切断する前の立体を真横から見た図です。x は y の何倍か求めなさい。

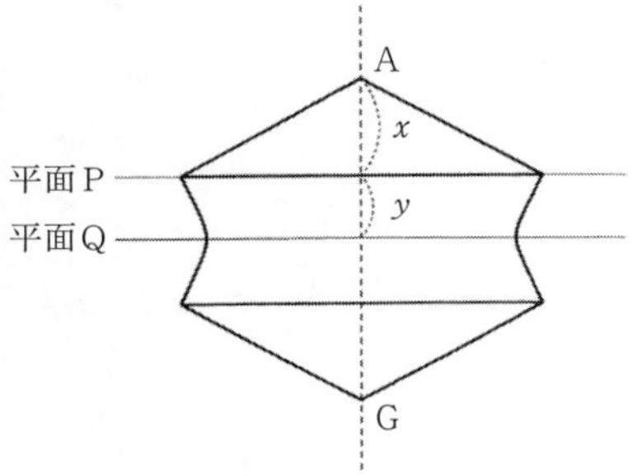

(2)　次に，回転を止めます。このとき，立方体の平面Pによる切り口の面積は，立方体の平面Qによる切り口の面積の何倍か求めなさい。

(3)　円㋐の面積は円㋑の面積の何倍か求めなさい。

3　下の図のような上の面がない容器が，直方体の形をした水そうの中にはり合わされ，蛇口《じゃぐち》の下に水平に置かれています。水そうの底面は１辺20cm の正方形で，水そうの容積は容器の容積の５倍です。

容器

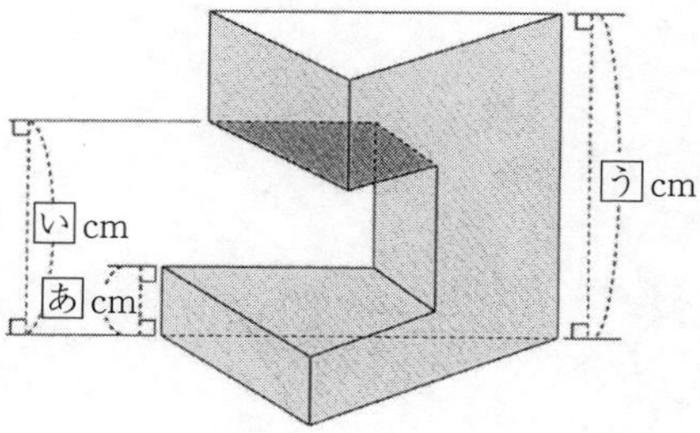

横から見た容器

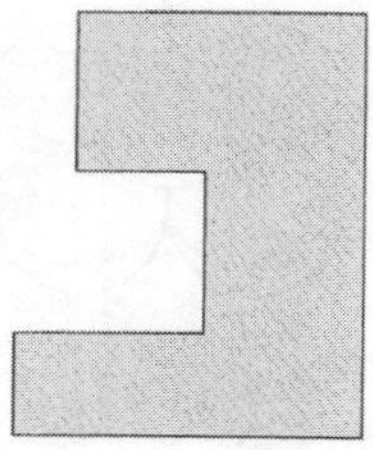

上から見た容器

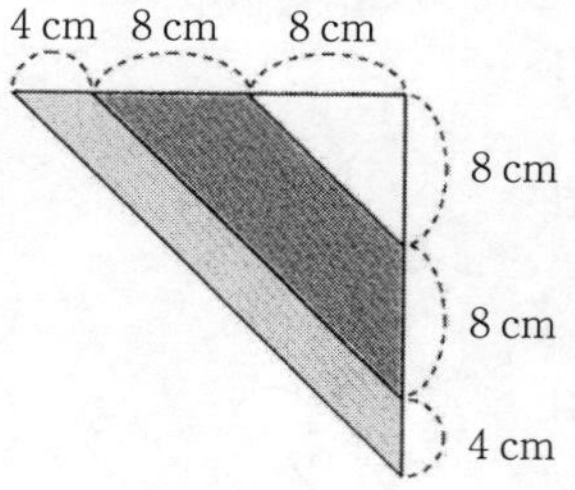

水そうと容器

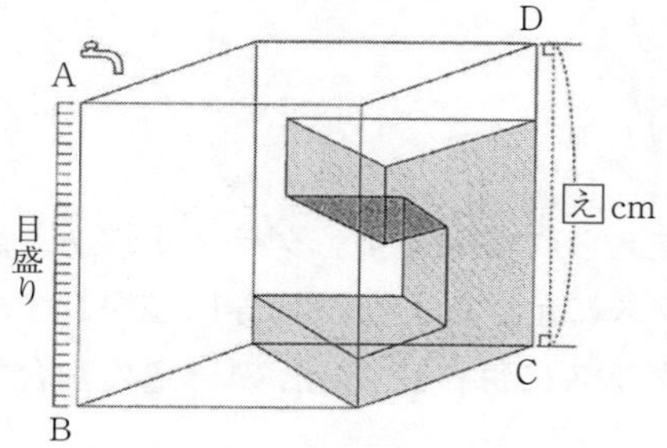

対角線での断面図

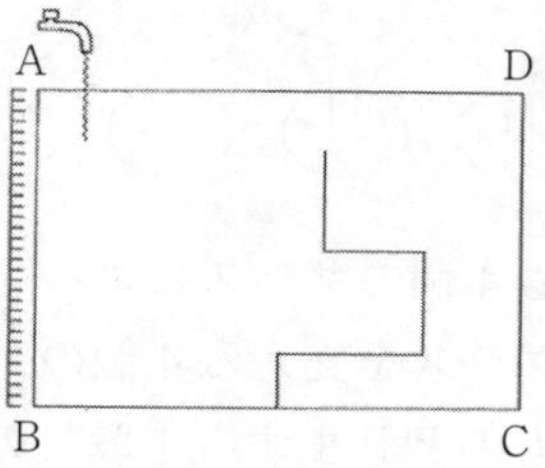

上から見た水そうと容器

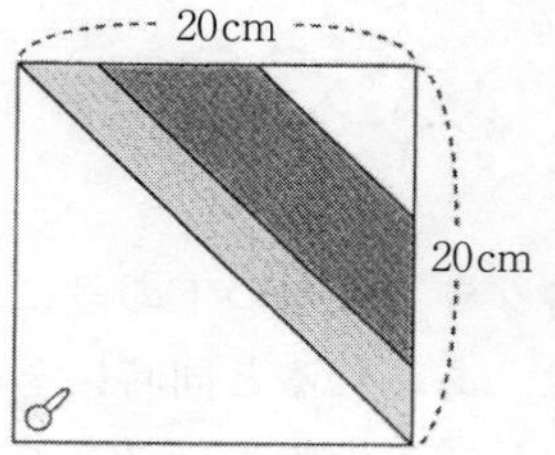

容器がはり合わされた水そうに，図の位置にある蛇口から毎分400mL の一定の割合で水を入れます。時間がたつにつれて，水面の高さがどのように変化するかを蛇口の下にある目盛りで調べました。このとき，水を入れ始めてからの時間 x 分と目盛りで調べた水面の高さ y cm の関係を表すグラフは，下のような折れ線になります。

水を入れ始めてからの時間と目盛りで調べた水面の高さ

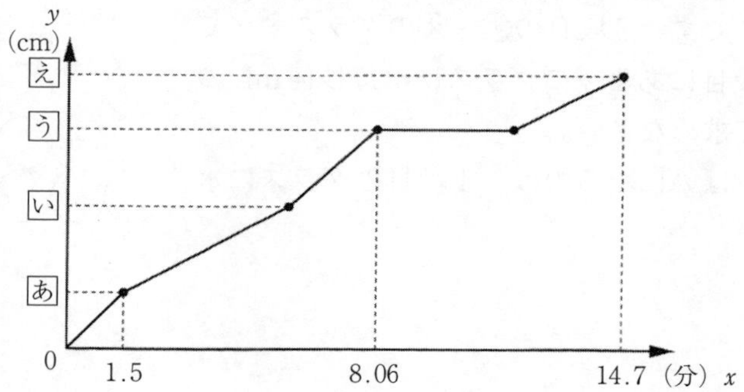

容器は水そうにぴったりはり合わされていて，容器の厚みは考えないものとします。このとき，次の問いに答えなさい。

(1)　[あ] にあてはまる数を求めなさい。

(2)　[え] にあてはまる数を求めなさい。

(3)　[う] にあてはまる数を，**式や考え方を書いて**求めなさい。

(4)　[い] にあてはまる数を求めなさい。

4 下の図のように，同じ形状の容積128mLのグラスが，上から数えて１段目に１個，２段目に４個，３段目に９個，４段目に16個，…という積み方でテーブルの上に水平に置かれています。

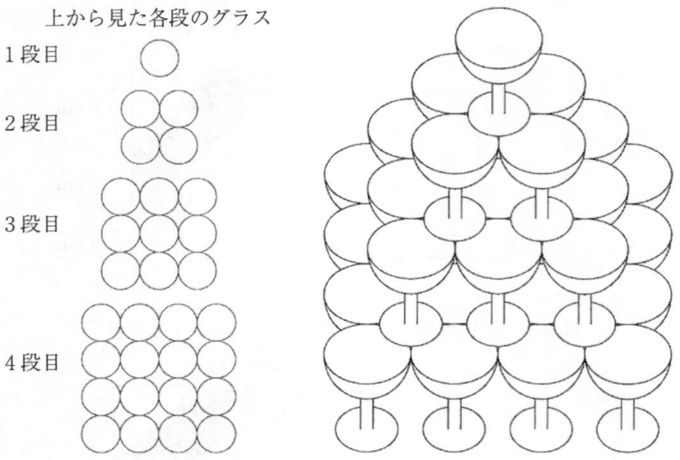

各グラスは１つ下の段にある４個のグラスによって支えられています。グラスからあふれた水は，あふれると同時にそのグラスを支える４個のグラスに余すことなく均等に注がれます。ただし，表面張力は考えないものとします。１段目のグラスに毎秒12.8mLの一定の割合で水を注ぐとき，次の問いに答えなさい。

(1) ２段目にあるグラスが４個とも水でいっぱいになるのは，１段目のグラスに水を注ぎ始めてから何秒後か求めなさい。

(2) 右の図は上から見た３段目のグラスです。右の図の㋐～㋔のグラスすべてが水でいっぱいになるのは，１段目のグラスに水を注ぎ始めてから何秒後か求めなさい。

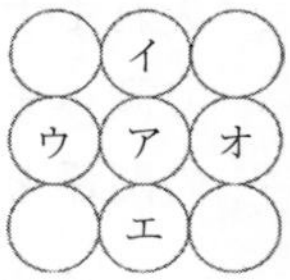

(3) 右の図は上から見た４段目のグラスです。３段目の㋐～㋔のグラスすべてが水でいっぱいになった直後に，４段目にある㋕のグラスには毎秒何mLの水が注がれるか，**式や考え方を書いて**求めなさい。

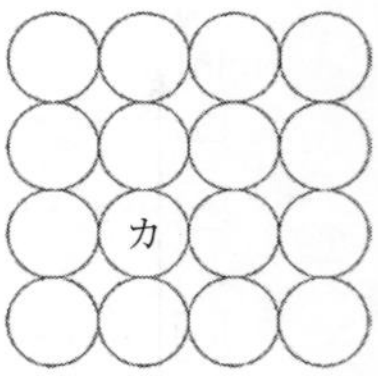

(4) ４段目にある㋕のグラスが水でいっぱいになるのは，１段目のグラスに水を注ぎ始めてから何秒後か求めなさい。

【社　会】（40分）〈満点：80点〉

1　次の文章を読み，あとの問に答えなさい。

社会や地域のようすや変化について調べるときには，さまざまな資料を調べます。統計や新聞記事はそのときに大変参考になります。また，各省庁が発刊している白書も参考になります。白書とは各省庁が社会の状況と政策について，国民に周知するためにほぼ毎年，刊行しています。あとの図表**A**～**D**は各白書に掲載されていたものであり，表中の**ア**～**エ**は図表**A**～**D**について整理したものです。なお，一部単位を示していない図表があります。

	図表題名	発行省庁	掲載されていた白書
ア	情報通信機器の世帯保有率の推移	総務省	令和３年版情報通信白書
イ	共働き等世帯数の推移	内閣府	令和３年版男女共同参画白書
ウ	訪日外国人旅行者数の推移	国土交通省	令和３年版観光白書
エ	日本の輸入品目	（ **1** ）省	2021年版通商白書

問1　表中の空欄（**1**）に入る最も適した語句を**漢字**で答えなさい。

問2　図表**A**と**D**は**ア**～**エ**のどれにあたるか，それぞれ選び答えなさい。

問3　図表**C**の縦軸の単位として最も適するものを次から一つ選び答えなさい。

あ　百　　**い**　千　　**う**　万　　**え**　億

図表A

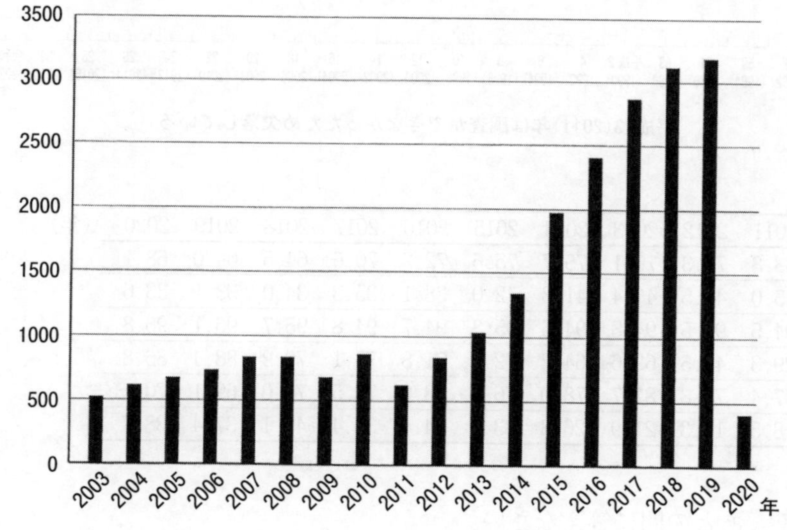

図表B

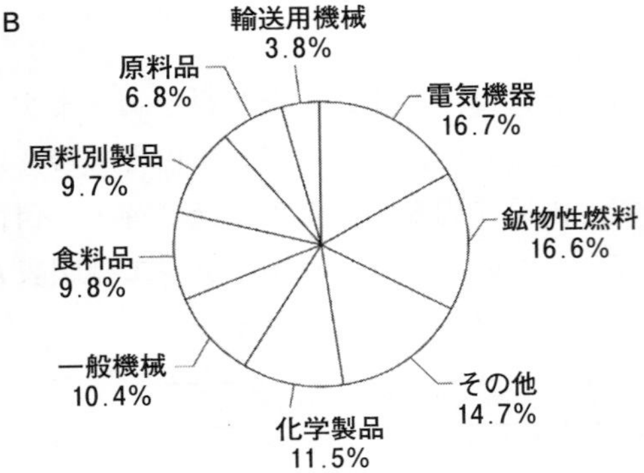

図表C

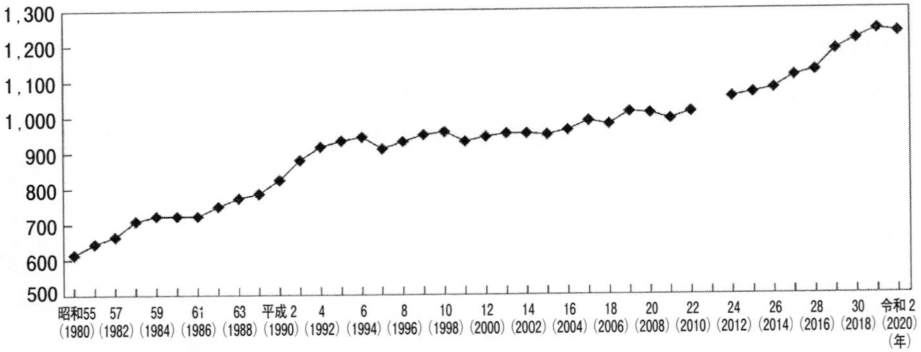

(平成23(2011)年は調査ができなかったため欠落している)

図表D

	2010	2011	2012	2013	2014	2015	2016	2017	2018	2019	2020	(年)
A	85.8	83.8	79.3	79.1	75.7	75.6	72.2	70.6	64.5	69.0	68.1	
B	43.8	45.0	41.5	46.4	41.8	42.0	38.1	35.3	34.0	33.1	33.6	
C	93.2	94.5	94.5	94.8	94.6	95.8	94.7	94.8	95.7	96.1	96.8	
D	9.7	29.3	49.5	62.6	64.2	72.0	71.8	75.1	79.2	83.4	86.8	
E	83.4	77.4	75.8	81.7	78.0	76.8	73.0	72.5	74.0	69.1	70.1	
F	7.2	8.5	15.3	21.9	26.3	33.3	34.4	36.4	40.1	37.4	38.7	

2 次の文章を読み，あとの問に答えなさい。

2022年はじめ，日本各地で低温傾向となり，降雪量も多くなりました。1月から2月は，①北海道でたびたび大雪となり，飛行機や②鉄道などの交通機関が数日の間止まることもありました。また，2月後半には③北陸地方で積雪が多くなり，④新潟県津南町では積雪が4ｍを超え，⑤石川県南部には，気象庁から「顕著な大雪に関する気象情報」が出されました。3月の下旬には，東日本で暖房の使用などで電力の使用量が供給量を上回ることが心配され，政府から「節電要請」が出されました。低温の予想に加え，3月16日に起きた⑥福島県沖を震源とする地震の影響によって一部の⑦発電所が使えなくなったことも要因となりました。

東日本における「節電要請」は6月にも出されました。⑧東京を含む関東地方では，この時期としては記録的な高温が続いたことが要因です。結果的に2022年は，電力の使用量が供給量を上回ることを避けるために行われる X はありませんでしたが，日本の電力供給は他国の情勢にも強く左右されることがあるため，今後も節電の意識を高めることは重要と言えます。

問1　文章中の空欄 X にあてはまる語句を**漢字4字で**答えなさい。

問2　下線部①に関して，図1を見ながら，北海道に関するあとの問に答えなさい。

⑴　図1中のAの島の名称を**漢字で**答えなさい。

⑵　図1中の斜線で示した地域は，北方領土を含まない北海道における，2020年の地域ごとのある統計の上位5位までを示している。この統計として正しいものを以下から1つ選び，記号で答えなさい。

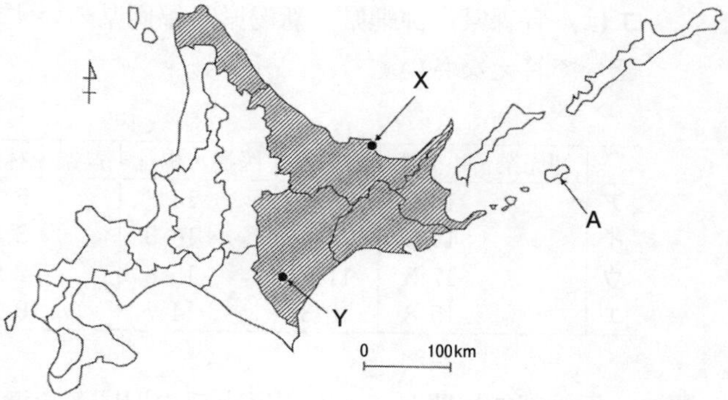

図1
（解答に直接かかわるため，出典は示さない）

ア　稲作が農業収入の8割以上を占める経営体の数

イ　人口

ウ　森林面積の割合

エ　乳用牛の飼養頭数

⑶　次の図2は，図1中のX，Yの「道の駅」までの自動車による経路がインターネット検索された数の変化を示している。検索数を訪問した人と捉えると，XとYには，訪問する人が多い時期に違いが見られる。解答用紙に沿ってその違いを述べ，Xを例にして違いが起きる理由を具体的に述べなさい。

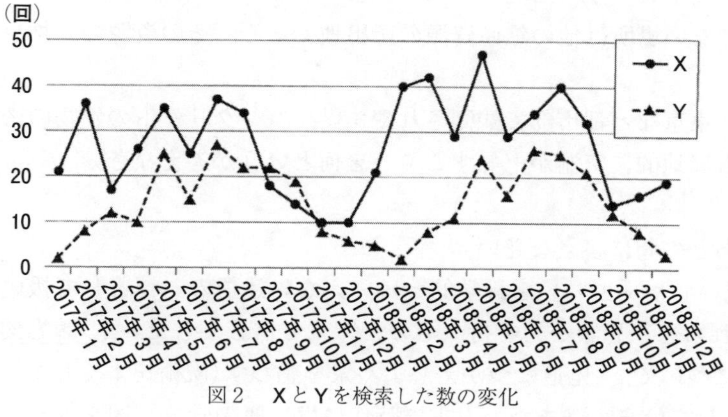

図2　XとYを検索した数の変化

（RESASより作成）

問3　下線部②に関して，2022年9月，九州で新しい新幹線が開業した。その新幹線のルートに**あてはまらない**駅を次から1つ選び，記号で答えなさい。

ア　嬉野温泉駅　　**イ**　佐賀駅　　**ウ**　武雄温泉駅　　**エ**　長崎駅

問4　下線部③に関して，北陸地方4県の県庁所在地の人口を比較したとき，人口が**最も少ない**都市名を**漢字で**答えなさい。

問5　下線部④に関して，表1は，主な産業の15歳以上就業者の割合（%）を示したもので，**ア**～**エ**は，青森県，沖縄県，新潟県，福岡県のいずれかである。新潟県にあたるものを1つ選び，記号で答えなさい。

表1

	卸売業・小売業	製造業	医療・福祉	農業・林業	宿泊業・飲食サービス業
ア	16.2	18.6	13.8	5.0	5.1
イ	14.8	4.9	16.3	3.5	8.5
ウ	17.5	11.7	15.8	2.2	5.8
エ	15.8	10.3	14.7	10.2	4.9

（『令和2年国勢調査』より）

問6　下線部⑤に関して，石川県南部の旧国名を**漢字で**答えなさい。

問7　下線部⑥に関して，以下の文章は福島県について説明したものである。文章中の空欄（**1**）～（**3**）にあてはまる語句を全て**漢字で**答えなさい。

東西に広い福島県は，東から浜通り，中通り，（　**1**　）と3つの地域に区分される。中通りには福島県を代表する都市である郡山市があり，周辺では稲作をはじめ農業が盛んに行われている。この地域の農業は，明治時代に（　**2**　）湖からの水路である（　**3**　）疎水を開通することによって大きく発展した。

問8　下線部⑦に関して，日本の発電や鉱産資源に関する以下の問に答えなさい。

(1)　日本は鉱産資源が乏しいため，火力発電の原料の多くを輸入している。日本が天然ガスを最も多く輸入している国を以下から1つ選び，記号で答えなさい。

ア　アメリカ　　**イ**　オーストラリア　　**ウ**　カナダ　　**エ**　中国

(2)　かつては日本でも石炭が多く産出されていた。次から石炭の産出地として**関係のない**場所を1つ選び，記号で答えなさい。

ア　いわき　　**イ**　別子　　**ウ**　三池　　**エ**　夕張

(3)　(2)で選んだ関係のない場所は他の鉱産資源の産出地である。その資源の名称を**漢字で**答えなさい。

問9　下線部⑧に関して，東京など都市部で観測されやすい，コンクリートの建物の密集などによって周辺地域よりも局地的に気温が上昇することを何というか答えなさい。

3　次の文章を読んで，あとの問に答えなさい。

現代の私たちは，「呪い」や「占い」を科学的とはいえない迷信の一つとして扱いますが，中世以前の人びとはそれらを不思議な力を持つものと考えて信じました。①『魏志倭人伝』は，邪馬台国の女王卑弥呼について，「鬼道につかえ，よく衆を惑わす（呪術をよくして，人びとの心をとらえていた）」としています。また，②古墳時代には，鹿の骨で吉凶を占う太占《ふとまに》や，対立する主張をする者どうしが熱湯に手を入れ，その火傷の具合によって神の意思を占い，その真偽を決する盟神探湯《くかたち》という呪術的な風習もありました。平安時代の貴族には（　**あ**　）の占いで凶とされた方角への直接の移動は避けて，別の方角にいったん移動してから翌日改めて目的地へ向かう方違《かたたがえ》という習慣があり，彼らが占いからさまざまな生活上の制約を受けていたことが知られています。また，怨霊の祟《たた》りから逃れようとする御霊《ごりょう》信仰も生まれました。例えば，③醍醐天皇の時，陰謀により中央政界を追放されたある人物は，死後に怨霊として恐れられるようになり，御所の清涼殿への落雷や多くの人の死がその祟りによるものとされ，その御霊をなぐさめようと天満宮にまつられました。

中世には，荘園領主であった④興福寺などの大寺院が，荘園を侵略する武士や領主に反抗する領民を，呪いの力で脅しました。呪いをかける相手の名を小さな紙片に書き記し，寺院の堂に納めます。「名を籠《こ》める」と呼ばれるこのやり方で，呪った相手に災いが降りかかることを祈ると，仏罰が下ってその人物が死ぬことがあると考えられていました。実際にその力を恐れて，寺院に許しを求めた例も残っています。

次の将軍を誰にするか，占いで決めたこともあります。足利義持は子の義量が亡くなったあと，後継者を決められなかったので，重臣たちが義持の弟たちの中からくじ引きで決めることにしたのです。将軍を補佐する役職である（**い**）の畠山満家が，石清水八幡宮でくじを引きました。今のくじ引きとは違って，結果は神の意思だと考えられていました。このように占いは大きな力を持っていたのです。

また，法螺貝という大きな貝を吹いて出す大音量には，邪気を払う力があると信じられていました。⑤法螺を吹く行為には，敵を追い払う不思議な力を発揮するという意味が込められていました。しかし，戦国時代ごろになると「法螺を吹く」という言葉が今と同じ意味で使われはじめます。法螺貝が呪術的な意味を失い，単に大きな音を出す道具として扱われる社会になるのです。

戦国時代の終わりごろ，聖なるものに対する人びとの信仰心が薄れるとともに，占いや呪いは次第に力を失い，⑥江戸時代の人びとの神仏への考え方は，現代の私たちに近づいていきました。それでも合格祈願とか，星占いなどが今でも残っているように，中世以前の人びとの考え方がすべて失われたわけではなさそうですね。

問１　下線部①に記された内容として**誤っているもの**を１つ選び，記号で答えなさい。

ア　以前，倭には100余りの国があったが，今では30ほどの国にまとまっている。

イ　１世紀の中ごろ，倭の奴国の使いが貢物を持ってやってきたので，皇帝が金印を授けた。

ウ　人びとは，稲や麻を植え，かいこを飼って織物を作っている。

エ　身分の違いがはっきりしていて，身分の低い者が高い者に出会うと，道ばたの草むらに避け，話をする際にはひざまずく。

問２　下線部②について述べた文として適切なものを１つ選び，記号で答えなさい。

ア　３世紀半ばから４世紀にかけて，九州地方を中心に前方後円墳が作られ始めた。

イ　５世紀につくられた稲荷山古墳は，大王の墓の一つと考えられている。

ウ　古墳のまわりや頂上には土偶とよばれる素焼きの土器が置かれることが多かった。

エ　古墳の副葬品は，初めの頃は鏡や玉などが多く，後には武器や馬具や農具が納められた。

問３　空欄（**あ**）に入る適切な語を１つ選び，記号で答えなさい。

ア　国司　　**イ**　鋳物師　　**ウ**　陰陽師　　**エ**　仏師

問４　下線部③中の「ある人物」とは誰か，その姓名を**漢字**で答えなさい。

問５　下線部④は，延暦寺とともに，武器を持って院や朝廷に押しかけ，寺の要求を突きつけたことで知られる。そのような武装した僧侶を何というか，**漢字**で答えなさい。

問6　空欄(**い**)に入る適切な語を**漢字で**答えなさい。

問7　下線部⑤の漢字の読みを答えなさい。

問8　下線部⑥の内容を具体的に示す，江戸時代の人びとと寺院との関係について説明しなさい。

4　次の会話文を読んで，あとの問に答えなさい。

先生　2022年の2月にロシアと①ウクライナとの間で戦争が始まり，毎日のようにテレビなどで報道されていますね。日本との関係についてもよく触れられていますが，みなさんはロシアと日本との歴史的な関係について，何か知っていることはありますか？

生徒Ａ　はじめに日本にやってきた使節は(**あ**)です。根室に来航して，通商関係を結びたいと要求してきました。

先生　そうですね。このとき②幕府は長崎以外では交渉できないからと，長崎港への入港許可証を渡してなんとか帰ってもらったのです。

生徒Ｂ　その許可証を持って長崎に来航したのが(**い**)ですね。

先生　よく知っていますね。幕府は再び要求を拒否しました。この対応に怒ったロシアは樺太や択捉などを砲撃したのです。

生徒Ｃ　それは知りませんでした。

先生　慌てた幕府は，海岸を防備したり，蝦夷地を直轄地として(**う**)を樺太の探査に派遣したりしました。このときの探査で樺太が島だということがわかり，海峡の名前として今でも残っていますね。この後もゴローウニン事件が起こるなど，ロシアとの緊張関係は続きました。

生徒Ａ　③ペリーの後にやってきた使節との交渉で日露和親条約を結んだのですよね。

先生　④このときにはじめて国境も決めました。

生徒Ｂ　この後，ロシアとの関係が注目されるのは，やはり日露戦争でしょうか。

先生　そうですね。戦争の原因は朝鮮半島をめぐる対立でした。日本は1902年に(**え**)と同盟を結んで，ロシアをけん制するなどしましたが，対立は深まり，ついに1904年に日露戦争が始まったのです。

生徒Ｃ　この戦争はアメリカ大統領の(**お**)の仲介で講和条約が結ばれたのですよね。

生徒Ａ　日本が勝利したといっても，賠償金が得られなかったなど，条約内容に不満を持つ人が多く，焼き打ち事件も起こったと聞きました。

先生　日露戦争に勝利した日本は大陸への進出を本格化させていきました。とくに満州と呼ばれる中国東北部への進出を進めていきますが，これは同時に，欧米列強の日本への警戒心を強めることにもなりました。ロシアはロシア革命によってソビエト連邦(ソ連)となり，日本はソ連と新たな関係を築いていくことになります。

生徒Ｂ　日本は満州進出をめぐって様々な国との対立が深まっていき，⑤太平洋戦争の一因にもなったのですよね。

先生　満州事変からはじまる15年間におよぶ戦争ですね。ソ連とは日ソ中立条約を結んでいましたが，戦争の終盤に宣戦を布告され，満州や樺太，千島列島に攻め込まれました。この時に降伏した日本軍は(**か**)に抑留され，多くの日本人が犠牲となりました。

生徒Ｃ　ソ連との国交が回復したのは1956年に(**き**)の調印によってですね。

先生　ソ連との国交が回復した結果，日本の(**く**)への加盟が実現しました。その後，冷戦と呼ばれる対立も終わり，ソ連も崩壊して，ロシアとの新しい関係が築いていけると期待していますが，平和条約はまだ締結できていませんし，北方領土の問題も解決していません。さらに今回のウクライナとロシアとの戦争によって，日本がウクライナを支持したことで，ロシアとの関係が冷えてしまっています。ロシアとの外交をどのようにしていくのか，今後の日本にとって大きな課題になってくるかもしれませんね。

問１　文中の空欄(**あ**)～(**く**)にあてはまる語句をそれぞれ答えなさい。ただし，(**う**)は**漢字で**答えなさい。

問２　下線部①について，戦争開始時のウクライナの場所として正しいものを下の略図中から選び，記号で答えなさい。

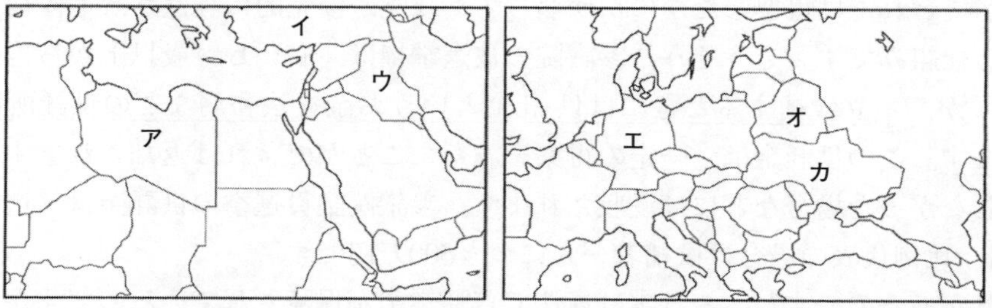

問３　下線部②について，このときの幕府は老中松平定信の時代でした。松平定信の政治について述べた次の文のうち，正しいものを１つ選び，記号で答えなさい。

ア　ききんに備えて米を蓄えさせる囲米を行ったり，借金を帳消しにする棄捐令を出したりした。

イ　裁判や刑の基準を定めた公事方御定書を制定した。

ウ　株仲間を積極的に認めたり，新たな通貨を作って取引をしやすくしたりするなど，商業の活性化によって収入を増やそうとした。

エ　株仲間を解散させたり，江戸に出かせぎに来ている農民を農村に帰させたりした。

問４　下線部③について，日米和親条約で開港することになった港の組み合わせとして正しいものを１つ選び，記号で答えなさい。

ア　長崎と下田　**イ**　下田と箱館(函館)　**ウ**　長崎と箱館(函館)

エ　神戸と長崎　**オ**　横浜と神戸　**カ**　横浜と長崎

問５　下線部④について，このときに決めた国境線は1875年にある条約を結ぶことで変わったが，その条約の名前を答えなさい。

問６　下線部⑤について，次の出来事について，時代の古い順に並べなさい。

ア　広島に原爆が投下される　**イ**　真珠湾を攻撃する

ウ　沖縄で地上戦が行われる　**エ**　サイパン島が占領される

5　次の会話文を読み，あとの問に答えなさい。

先生　さて，今度は最近の日本のことについて話していきましょう。日本では2022年に参議院議員選挙が行われましたね。現在の参議院の議員定数は何人か知っていますか。

生徒　(**a**)人です。

先生　そのとおりですね。参議院は３年ごとに半数が改選されますから，(a)人のうちの半数と，欠員だった１名が今回の選挙で選ばれました。2018年の(あ)法の改正によって，2019年の選挙で選ばれる議員数が３名増え，今回の選挙でさらに３名増えました。ところで，現在の参議院議員選挙の投票制度を知っていますか。

生徒　有権者１人あたり，１票を入れるのですよね。

先生　そうですね。でも実は参院選では投票所に行くと，有権者１人あたりに２枚の投票用紙が渡されます。そのうち１枚は選挙区選挙の投票用紙で，もう１枚は比例代表選挙の投票用紙です。

生徒　２種類の投票用紙が渡されるのは知らなかったです。

先生　そして前回の参院選から，比例代表には(い)制度という新たな制度が導入されました。これは，個人名でどれだけ得票したかにかかわらず，政党が優先的に当選させる候補を決めることができる仕組みです。そうそう，参議院の被選挙権は，満(b)歳以上から得ることができるのですが，①立候補するときには供託金《きょうたくきん》というお金を法務局などの供託所に納める必要があります。この供託金は，一定の得票を満たすことができれば返却されますが，規定の得票に達しなかった場合などには没収されます。参議院議員選挙の供託金は，選挙区の場合は300万円，比例代表の場合は候補者一人につき600万円です。

生徒　色々な決まりがあるのですね。②日本は憲法で普通選挙が保障されているのですから，投票する側はしっかりと制度を理解しないといけませんね。

先生　そうですね。③参議院は「良識の府」と呼ばれています。選挙に対して有権者はもっと関心を持つ必要がありますね。

問１　空欄(a)(b)にあてはまる数字をそれぞれ答えなさい。

問２　空欄(あ)にあてはまる語句を**漢字４字**で答えなさい。

問３　空欄(い)にあてはまる語句を１つ選び，記号で答えなさい。

ア　特別枠　　**イ**　特殊枠　　**ウ**　特定枠　　**エ**　特例枠

問４　下線部①に関連して，「供託金」を納めさせる目的は何か，述べなさい。

問５　下線部②に関連して，日本における普通選挙に関する説明として正しいものを１つ選び，記号で答えなさい。

ア　女性は，第二次世界大戦後まで国政選挙に立候補できないだけではなく，投票することもできなかった。

イ　「普通選挙」に対する言葉は「特別選挙」である。

ウ　明治時代に男子普通選挙が実現され，一定年齢以上の男性は誰でも投票ができた。

エ　選挙権を得る年齢が18歳に引き下げられてから初めて行われた国政選挙は，2022年の参議院議員選挙である。

問６　下線部③に関連して，参議院はなぜ「良識の府」と呼ばれていると考えられるか。参議院と衆議院の任期が異なることをふまえて説明しなさい。

6　次の文章を読み，あとの問に答えなさい。

人間や国家の行動や意思決定，社会のあり方を研究する学問として，「ゲーム理論」があります。

例えば，**A**と**B**という，一緒に同じ犯罪に関わった２人が逮捕されたとします。２人の行動と，その結果**A**と**B**がそれぞれ受ける刑罰についてまとめたものが右の表です。

		Bの行動	
		黙秘	自白
Aの行動	黙秘	A：懲役４年	A：懲役15年
		B：懲役４年	B：懲役１年
	自白	A：懲役１年	A：懲役８年
		B：懲役15年	B：懲役８年

なお，双方に同じ条件が提示されていることは互いに知っているものとします。また，２人はお互いに相談ができないこととし，２人は同時に１回だけ自白か黙秘《もくひ》かを選択することとします。

※自白とは，犯した罪などを包み隠さずに言うこと。黙秘とは，何も言わないで黙っていること。

問１　２人は，自分の刑期をできる限り短くしたいと考えている。このとき，２人はともに「自白」という選択をすると考えられる。なぜそうなると考えられるか，その理由を表から読み取って説明しなさい。

問２　**問１**のような状況を，ゲーム理論では「囚人の□」という。空欄にあてはまる言葉を１つ選び，記号で答えなさい。

ア　シナジー(共同)　　**イ**　ロジック(論理)

ウ　リベンジ(報復)　　**エ**　ジレンマ(板挟み)

【理　科】（40分）〈満点：80点〉

1　以下の文を読み，問いに答えなさい。

Ⅰ　平らな地面に透明《とうめい》半球をおいて，図１のように，ペンで印をつけて太陽の位置を記録しました。「印」は，ペン先の影《かげ》が中心に位置するように打ちました。さらに，同じ日のいろいろな時刻に記録をして，すべての印をつなげたところ，昼間における太陽の動きを曲線で表すことができました。その透明半球をななめから見たのが図２です。なお，図の白点は，北～天頂～南への円周を８等分するように打った目印です。

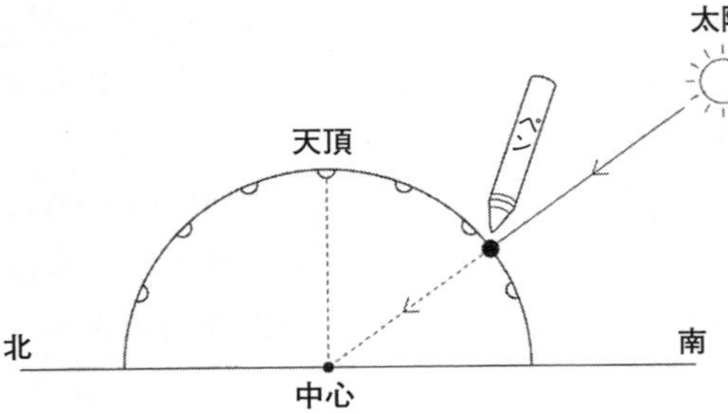

図１

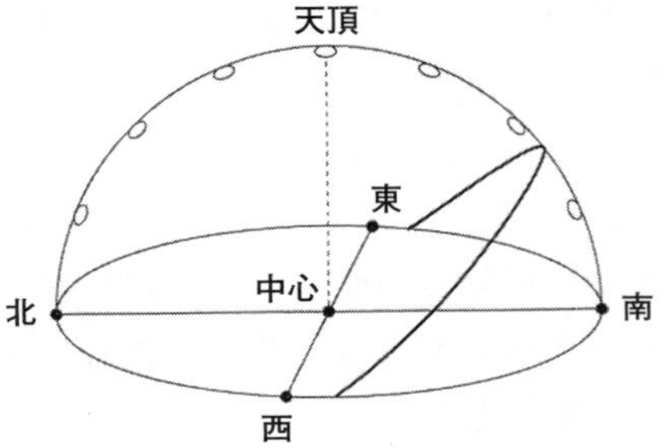

図２

問１　次の(1)～(3)の条件でこの観測を行いました。図２を参考にして，解答用紙の図に，地平線より上の太陽の動きをかき入れなさい。

(1)　春分の日，北緯《ほくい》45度の地点

(2)　秋分の日，赤道上の地点

(3)　夏至《げし》の日，北極

注意：北極では東西南北はありません。

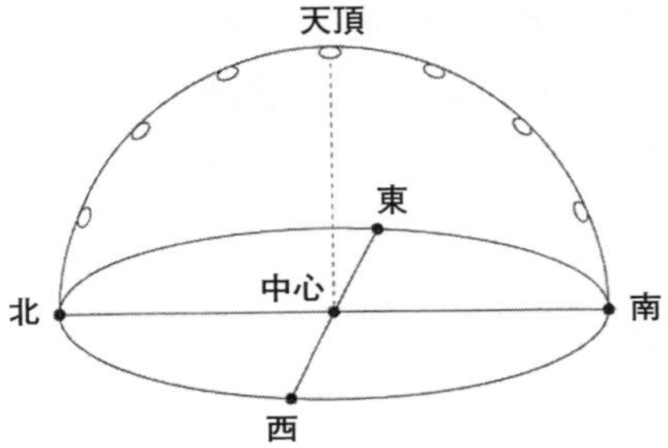

問２　北緯35度の地点において，夏至の日と冬至の日を比べると，太陽の南中高度は何度差がありますか。

Ⅱ　図は，直角に折れ曲がる道路沿いのがけに見えている地層（**A**～**F**）や断層（**Y**），マグマが固まった岩石（**Z**）を示しています。**B**層からはキョウリュウの化石が，**X**の境界面のすぐ上からはシジミ貝の化石が見つかりました。この地域では地層の逆転はおきていないものとして問いに答えなさい。

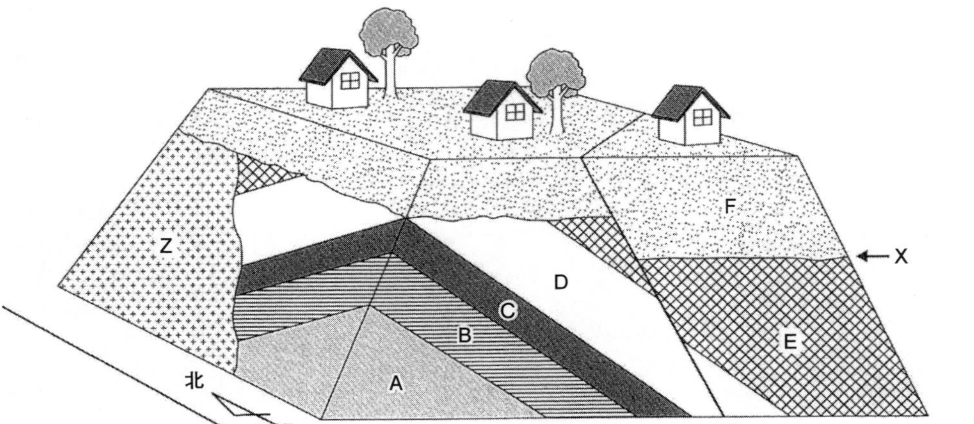

問3　地層**A**と地層**C**から見つかる化石の組み合わせとして可能性のあるものを**ア～カ**からすべて選びなさい。

	地層**A**	地層**C**
ア	フズリナ	サンヨウチュウ
イ	サンヨウチュウ	フズリナ
ウ	アンモナイト	フズリナ
エ	フズリナ	アンモナイト
オ	アンモナイト	サンヨウチュウ
カ	サンヨウチュウ	アンモナイト

問4　**X**の境界面を作るような地層の重なり方を何といいますか。漢字3文字で答えなさい。

問5　岩石**Z**に関しては，以下の情報が得られています。当てはまる適切な岩石名を答えなさい。

◎鉱物として，セキエイ，チョウセキ，クロウンモがふくまれていた。

◎ひとつひとつの鉱物は目に見えるほど大きく，どれもほぼ同じ大きさだった。

問6　地層**F**はどのような環境《かんきょう》でたい積しましたか，説明しなさい。

問7　**D**，**E**，**F**，**X**，**Y**，**Z**をできた順番にならべなさい。

2　背骨をもつ動物は，５つのグループに大きく分けることができます。以下の問いに答えなさい。

問1　ほ乳類とは，どんなグループですか。次の文中の(**ア**)と(**イ**)に漢字１字をそれぞれ入れ，説明を完成させなさい。

「体が(**ア**)でおおわれていて，子に(**イ**)をあたえて育てる動物。」

問2　イモリとヤモリを比べました。次の文中の(**ア**)～(**エ**)に言葉を４字以内でそれぞれ入れ，説明を完成させなさい。同じ言葉を２回入れてはいけません。

「ヤモリの体は(**ア**)でおおわれていて，子も親も(**イ**)で呼吸するが，イモリの体は(**ウ**)でおおわれていて，子も親も(**エ**)で呼吸できる。」

問3　は虫類のグループには，ヘビやカメ，ワニなどがいます。同じように考えると，両生類にはどんな生き物がいるでしょうか。前問に登場した動物以外で，２つ挙げなさい。

問4　魚類，両生類，は虫類はへんおん動物です。これに対して，鳥類，ほ乳類は何と呼ばれるでしょうか。〇〇〇〇動物という言葉で，〇に入るひらがな４字を答えなさい。

問5　ほ乳類には，ほかのグループがもたない特徴として，肺呼吸を補助するための強い筋肉があります。この筋肉の名前を答えなさい。

問6　次の動物の中に，鳥類はいくついるでしょうか。その数を答えなさい。

スズメ	メダカ	カラス	イルカ	コウモリ	トキ
クジラ	ウニ	クラゲ	キリン	ハト	カモ
ライオン	ウサギ	アリ	ワシ	イワシ	キジ
コウノトリ	ペンギン	ワニ	ゾウ	ネズミ	クジャク
ゾウリムシ	マムシ	クマ	セミ	カワセミ	ダチョウ

問7　図は腹側から見た両生類の心臓の模式図です。これと比べると，ほ乳類・は虫類の心臓の内部や血管はどうなっているでしょうか。心室や動脈に線を加え，適切なつくりにかきかえなさい。

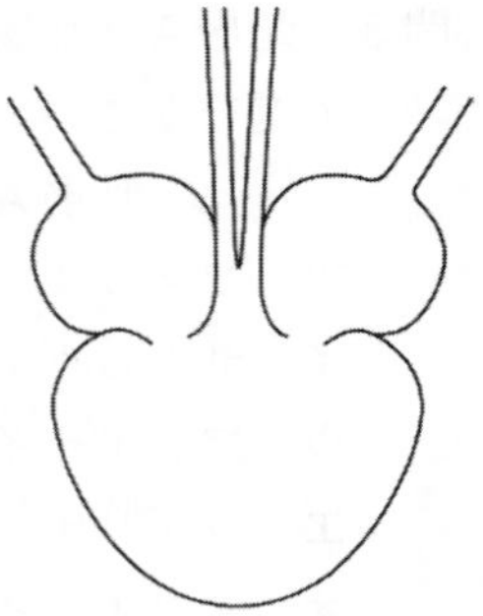

問8　図は人を腹側から見たものです。胃と消化管の一部が破線《はせん》でかいてあります。胃の位置を基準にすると，肝臓《かんぞう》，すい臓，じん臓はそれぞれどこにいくつあるでしょうか。図にすべてかき入れなさい。ただし，それぞれの臓器の形は，次の図形を使いなさい。

肝臓 　　すい臓 

じん臓 

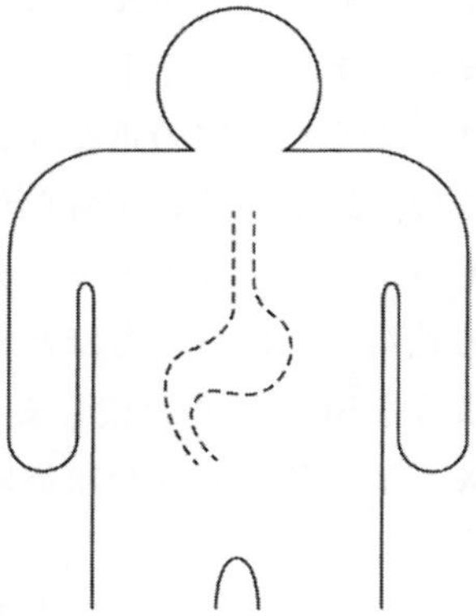

3

以下の文を読み，問いに答えなさい。

Ⅰ　水溶液《すいようえき》にはいろいろな性質があり，酸性や中性，アルカリ性として分類することができます。以下の水溶液についてその性質を調べてみました。

A	砂糖水	**B**	お酢	**C**	石灰水	**D**	アルコール水
E	アンモニア水	**F**	ホウ酸水	**G**	食塩水		

問1　青色リトマス紙につけると，リトマス紙の色が赤くなるものがありました。色が変化したものを**A**～**G**からすべて選びなさい。

問2　フェノールフタレイン溶液を加えると，色が赤くなるものがありました。色が変化したものを**A**～**G**からすべて選びなさい。

問3　**A**～**G**の水溶液について書かれた，次の**ア**～**エ**の文章から適切なものをすべて選びなさい。

ア　固体が溶《と》けてできている水溶液のうち，酸性を示すものは**B**のみである。

イ　気体が溶けてできている水溶液のうち，アルカリ性を示すものは**E**のみである。

ウ　すべての中性の水溶液は電流を通さない。

エ　酸性の水溶液とアルカリ性の水溶液を混ぜると，必ず熱が生じる。

Ⅱ　濃《こ》さが異なる3種類のうすい塩酸**A**，**B**，**C**があります。それぞれ$50cm^3$とり，BTB溶液を加えてビーカー**A**，**B**，**C**としました。次に，水酸化ナトリウム水溶液をそれぞれのビーカーに$10cm^3$ずつ加え，色の変化を観察しました。この操作を1つのビーカーにつき，それぞれ10回ずつ行い，合計$100cm^3$の水酸化ナトリウム水溶液を加えました。この結果をまとめたものが表1です。

表1　加えた水酸化ナトリウム水溶液の体積と色の関係

加えた水酸化ナトリウム水溶液の体積〔cm^3〕	10	20	30	40	50	60	70	80	90	100
ビーカーA	黄	黄	黄	緑	青	青	青	青	青	青
ビーカーB	黄	黄	黄	黄	黄	緑	青	青	青	青
ビーカーC	黄	黄	黄	青	青	青	青	青	青	青

問4　中和が生じた操作の回数は，すべてのビーカーで合計すると30回中で何回ですか。その回数を答えなさい。

問5　うすい塩酸**B**はうすい塩酸**A**の濃さの何倍ですか。

問6　ビーカー**A**に水酸化ナトリウム水溶液を100cm^3加えました。その水溶液の色を緑色にするには，うすい塩酸**A**を何cm^3加えれば良いですか。

問7　125cm^3のうすい塩酸**A**に水酸化ナトリウム水溶液を130cm^3加えました。その水溶液を緑色にするには，うすい塩酸**B**を何cm^3加えれば良いですか。

問8　次の操作をした後に残っている塩酸の濃さを比べました。濃さが小さい順に並べたものとして適切なものを**ア**～**カ**から１つ選びなさい。

操作①　ビーカー**A**に水酸化ナトリウム水溶液を30cm^3加えたとき
操作②　ビーカー**B**に水酸化ナトリウム水溶液を40cm^3加えたとき
操作③　ビーカー**C**に水酸化ナトリウム水溶液を30cm^3加えたとき

ア　①＜②＜③　　**イ**　①＜③＜②　　**ウ**　②＜①＜③
エ　②＜③＜①　　**オ**　③＜①＜②　　**カ**　③＜②＜①

4

以下の文を読み，問いに答えなさい。

Ⅰ　80℃に温めた200ｇの金属球を，容器に入った20℃の水の中に入れてすばやくかき混ぜ，水の温度が何℃になるかを測りました。室温は20℃でした。A容器は発泡《はっぽう》スチロールでできており，実験中の水は冷めません。水の重さを80ｇ，180ｇ，280ｇに変えて測った結果が次の表です。

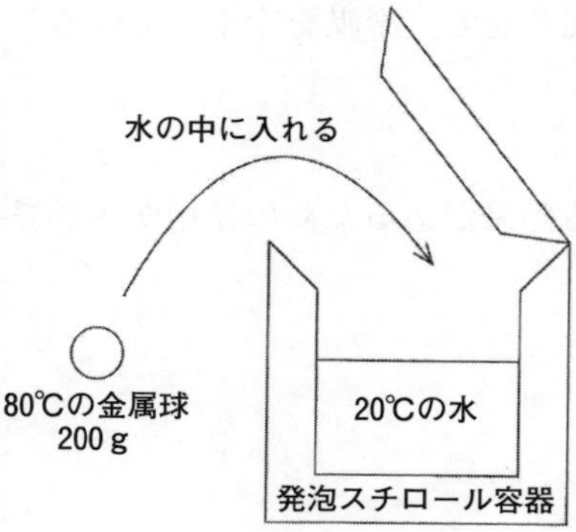

	水の重さ〔ｇ〕	かき混ぜた後の水の温度〔℃〕
実験１	80	32
実験２	180	26
実験３	280	24

問１　発泡スチロールは，ポリスチレンというプラスチックに気泡《きほう》をふくませて作られています。下線部**A**のように，容器が発泡スチロールでできていると，なぜ水が冷めないのですか。その理由を15字以内で書きなさい。

問２　金属球の温度変化の大きさは，水の温度変化の大きさの何倍になっているでしょうか。実験１について計算して答えなさい。

問3　水の重さによって，**問2**の計算結果がどのように変わるかを考えましょう。実験１～実験３の結果をもとに，横軸《よこじく》に水の重さ，縦軸《たてじく》に**問2**の計算結果(金属球の温度変化の大きさを水の温度変化の大きさで割った値)をとったグラフをかきなさい。

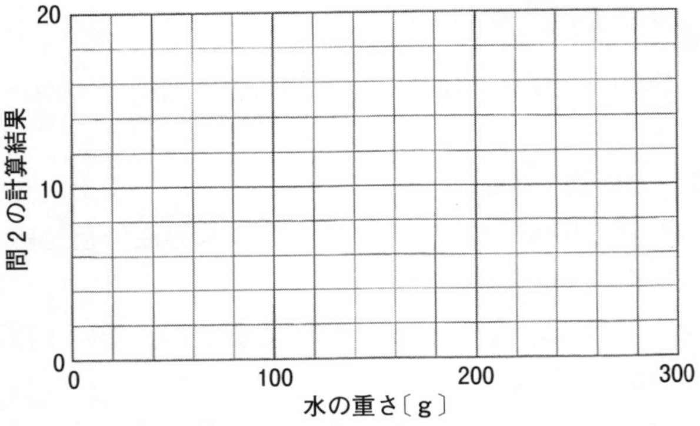

問4　かき混ぜた後の水の温度が25℃になるようにするには，水の重さを何gにすれば良いですか。

問5　かき混ぜた後の水の温度が22℃になるようにするには，水の重さを何gにすれば良いですか。

Ⅱ　気体の温度を上げ下げするには，気体を圧縮したり膨張《ぼうちょう》させたりする方法があります。冷《れい》房《ぼう》は，室内機と室外機を循環《じゅんかん》させている「冷媒《れいばい》」と呼ばれる気体の温度を，これらの方法で変化させています。(圧縮する：体積を小さくすること　　膨張させる：体積を大きくすること)

問6　次の**ア**～**カ**の文章のうち，冷房の仕組みの説明として適当なものを２つ選びなさい。

ア　圧縮して温度の下がった冷媒に室内の空気をふれさせて，空気を冷やしている

イ　膨張させて温度の下がった冷媒に室内の空気をふれさせて，空気を冷やしている

ウ　圧縮して温度の上がった冷媒に屋外の空気をふれさせて，冷媒を冷やしている

エ　膨張させて温度の上がった冷媒に屋外の空気をふれさせて，冷媒を冷やしている

オ　冷やされた屋外の空気を室内に入れている

カ　温まった室内の空気を屋外に出している

問7　冷媒として使われてきた気体で，オゾン層を破壊《はかい》する効果があるために使用が規制されている気体の名前を答えなさい。

はどういうことを意味しているのかな。その前後で――X「偏執観念」や――Z「強迫観念」という表現が使われているけれど、ちがいはあるのかな。

〈さなえ〉「強迫観念」は「ある種の」とあるから「私」もまだ具体的にわかっていないんだね。「私」が苦しめられたり、恐れたりしている「偏執観念」と――Y「固定観念」のちがいを考えてみようよ。……あっ、よく読んでみて。[1]。

〈あずさ〉ほんとうだ。気づかなかったよ。「幼年時代のあの恐怖に似た」とあることからも、それがわかるね。

〈さなえ〉そうそう。ところで「偏執観念」は、この作品ではどのようなことを意味していると思う?

〈あずさ〉ええっと……簡単に言えば、食べるためであっても他の生き物の生命をうばってはいけない、ということになるかな。それで「私」は苦しんでいたんだよね。

〈さなえ〉うん。でも結局「私」は生きることを選択《せんたく》したんだ。しばらくは他の生き物の生命をうばう罪悪感をかかえつづけていただろうね。

〈あずさ〉結構重い話だね……。

〈さなえ〉そうだね。そしておそらく「私」は、そういった「偏執観念」をなんとか乗りこえたからこそ、いま、こうして生きているんだ。けれど、このバスでの出来事を通じて、――Yで示される「固定観念」が新たに生まれそうになっているんだね。女が蜂の生命をうばった理由を「私」はどう考えているかな?

〈あずさ〉なるほど。ここで「私」は「偏執観念」から一歩すすんだ「固定観念」による苦しみ、つまり、[2]という苦しみを恐れているんだね。

〈さなえ〉そういうこと。細かい表現や前後の展開《てんかい》に注意することで、面白く小説が読めるね。

(1) [1]にあてはまるものとして、最も適切なものを選び、記号で答えなさい。

ア 「偏執観念」と「固定観念」とでは辞書的な意味がちがっているし、異なった文脈で使われているから、全く別のものとして考えるべきなんだ

イ 「固定観念」という表現が何度か使われているのに、「偏執観念」は一度だけだから、「偏執観念」は「固定観念」をまとめているんだろうね

ウ 「偏執観念」は「私」の過去に関わることだけれど、「固定観念」はこれからのことを指しているから、同じ「観念」でもちがいがあるんだね

エ 「固定観念」というのは多くの人が抱いている考えのかたよりを表しているから、「私」個人の「偏執観念」とはちがった意味になってくるね

(2) 〈あずさ〉と〈さなえ〉の会話文全体をふまえ、[2]にあてはまる内容を四十六字以上六十字以内で書きなさい。

を願っている。

エ ――④の直後には、二人とも蜂を見ているが、男は結局何もしていない蜂に同情し、「私」は過去に刺された体験から蜂をにくんでいる。

問五 ――⑤「人間の魂の操作はひどく勝手なものである」とありますが、「ひどく勝手」とされる「魂の操作」の例として最も適切なものを選び、記号で答えなさい。

ア 夏休みは多くの時間があるが、細かく計画を立てないと効率的に勉強ができない。

イ 短距離走《たんきょりそう》とマラソンであれば、距離の長いマラソンのほうが心理的負担が大きい。

ウ メールやメッセージアプリを使うと、面と向かって言えないようなことが言える。

エ 直接ふれると危険な薬品でも、手袋やピンセットを用いれば問題なくあつかえる。

問六 ――⑥「天国で花の精と遊ぼう、草の精と遊ぼう」とありますが、なぜ動物の精はここに加われないのですか。二十字以内で説明しなさい。

問七 ――⑦「青白い」とありますが、「青」や「白」という語を用いた次の(1)から(3)の言葉の意味をそれぞれ選び、記号で答えなさい。

(1) 青写真　(2) 白眼視　(3) 青天白日

ア 美しい景色。

イ 未来の計画。

ウ 若者の様子。

エ 心あたたまる思い出。

オ 無実だとわかること。

カ 人に冷たく接すること。

キ 新しい観点で見ること。

ク 物事の本質を見失うこと。

ケ 広々としてさびしいさま。

問八 ――⑧「変わりばえのしない古バスの床の単なる一点でしかない」とありますが、その説明として最も適切なものを選び、記号で答えなさい。

ア 「私」にとっては蜂が殺された「一点」として重要であったが、蜂を殺した女をふくめて、誰《だれ》にとっても特別な「一点」として認識《にんしき》されない。

イ 人間に比べると蜂は「一点」として表現されるほど小さな存在であり、たとえ殺されたとしても「私」たちに対して何の影《えい》響《きょう》ももたらさない。

ウ 木でできた古バスの床は蜂が殺されたことでよごれが付着したものの、それは「一点」と表現されるほど小さいので乗客は見過ごしてしまう。

エ 蜂が殺されたのは古バスの「一点」だが、このような「一点」は無数に存在し、すべての人間はそのあとをふみつけ苦しみながら生きている。

問九 ――X「偏執観念」・――Y「固定観念」・――Z「強迫観念」とありますが、本文中のこれらの言葉について〈**あずさ**〉と〈**さなえ**〉が話し合っています。以下の会話文をよく読んで、後の問いに答えなさい。

〈**あずさ**〉 固定観念という言葉を辞書で調べてみたら、「いつも頭から離れないで、その人の思考を拘束《こうそく》する考え」という意味だったのだけれど……。この作品で私はＹ固定観念を惧《おそ》れていた、幼年時代のあの恐怖に似た――。さっきの殺された蜂がよもや私に固定観念の影《かげ》を落とそうとは思われなかったが、しかし決してもたらさないとは断定出来なかった。私は己《おのれ》の精神の生理を※知悉《ちしつ》していた。そして漁師に嵐《あらし》の襲来が分かると同じ程度に、ある種のＺ強迫《きょうはく》観念の襲来が私には予感出来るのだった。固定観念のもたらす不思議な業苦を私は恐怖していた。それは私にある奇怪《きかい》な霊感《れいかん》の生理を付加するが、同時に容赦《ようしゃ》なく私の幸福を、やわらぎをうばい去って行くのが常である。

――思いついたようにふっと私は腕時計を見た。発車の時刻だった。長針が十分過ぎを指していた。

（柏原兵三《かしわばらひょうぞう》「蜂の挿話《そうわ》」より・一部改）

※拇指…親指のこと。
※挺身…身を投げ出し、人に先んじて事にあたること。
※僭越…自分の身分や資格をこえて、出過ぎたことをするさま。
※躊躇…あれこれ迷って決心できないこと。ためらうこと。
※痙攣…筋肉が自然にひきつること。また、それにともなうふるえ。
※ポパイ…アメリカの漫画《まんが》映画のキャラクター。
※知悉…細かい点まで知りつくしていること。

問一 ――a「ほご」・――b「ぶき」・――c「ゆだ」・――d「お」を、それぞれ漢字に直しなさい。

問二 ――①「私は待ちに待った味方を得たような安堵の気持ちを味わった」とありますが、なぜですか。その理由として最も適切なものを選び、記号で答えなさい。

ア　二人連れのどちらかが蜂を殺して、刺される恐怖から解放してくれるかもしれないから。
イ　二人連れが蜂を追い出すことにより、車内の危険を取り除いてくれるかもしれないから。
ウ　二人連れのほうに蜂の標的が移動して、自分は蜂の攻撃を避《さ》けられるかもしれないから。
エ　一人では困難であっても三人で協力することにより、蜂を撃退できるかもしれないから。

問三 ――②「人のよい当惑」とありますが、どういうことですか。最も適切なものを選び、記号で答えなさい。

ア　男はこれまで蜂に刺されたことがないので恐ろしいと思っていないということ。
イ　男は蜂が自分たちを攻撃してくることはないと楽観的に考えているということ。
ウ　男は女が蜂を怖《こわ》がらなくて済むようにおだやかな表情を作っているということ。
エ　男は蜂を危険だと思っているが自分から何かしようという気はないということ。

問四 ――③「男は両手で顔をおおった」・――④「私は目をつむった」とありますが、女が蜂を殺したとき、二人は似たような行動をしているものの、その意味するところは異なっています。そのちがいについて説明したものとして、適切でないものを一つ選び、記号で答えなさい。

ア　――③の瞬間では、男は女が蜂を殺すことを予感し、おびえているが、「私」は女が蜂を殺すこと自体にはそれほど恐怖を感じていない。
イ　――③から――④まで、男は女が蜂を殺すさまを見ないようにしているが、「私」は女の行動を観察し、その心理について考察している。
ウ　――④の瞬間では、「私」は過去の記憶がよみがえることを恐れているが、男はすぐ目の前の残酷な出来事が終わったことて見ていることにたえられなくなったのか意を決したように腰《こし》をうかして、ズボンのポケットから鼻紙を取り出し、二、三枚を抜《ぬ》きとると、ふるえる手つきで紙を操《あやつ》りうまく蜂の残骸を紙の中に収めた。それが終わると彼はすばやい動作で紙をまるめ窓の外へぽんと投げた。

もう床には何の痕跡《こんせき》も認められなかった。男の所作事は男にとってそれが終わるまでの間ずい分つらい仕事のようだったが、その仕事が終えられて男の視界に彼の心を刺激《しげき》する存在がなくなった時、蜂はもはや彼にとっての関心事ではなくなったのだった。

男の瞳は再びくりくりと動き出してすでに何のかげりもその中にうかがわれなかった。女は日傘の柄をすでに離《はな》し再び男と何かを語らい始める。二人は至極《しごく》楽しそうに見えた。彼らにとって時間は現在しかないのかも知れなかった。蜂を殺したという出来事も、今の彼らにとっては、もしかすると何事も起こらなかったということと同一事なのかも知れないのだった。

――⑤人間の魂《たましい》の操作はひどく勝手なものである。銃剣《じゅうけん》で人を突《つ》き刺すことと大砲《たいほう》を発射して人を殺すことと、殺すことに変わりはないはずなのに、人間の心はそれぞれ異なった反応を示す。前者に比して後者の殺人という実感のいかに稀薄《きはく》なことか。しかも後者だけに例を限ると、殺人という実感の心にもたらされる度合いが大砲の射程距《きょ》離《り》に反比例するといった法則が成り立つ始末なのである。

幼稚園《ようちえん》に通っていた小さなころ、私は動物だけではなく草にも木にも生命があることを教えられた。大人たちはそれを草花を大事にさせる比喩《ひゆ》として子供の夢にうったえて教えたつもりなのであった。ところがその教えが意外に重大な結果をもたらした。そう教えられるちょっと前から一切《いっさい》私は動物性の食事に手をつけなくなっていた。どうして人間に人間以外の生命をうばう権利があるのか理解出来なくなっていたからである。

私に許された動物性の食事といえば牛乳だけだった。これだけは動物を殺すことによって購《あがな》われるものではないということが、子供である私にも了解《りょうかい》出来たからである。それなのに草にも木にも生命があるというのだ。そういえばうっかり私は植物を考慮《こうりょ》に入れなかったのだった。だとすると、私の食べ得るものは牛乳以外にほとんどないのだった。

栄養の豊富なほうれん草(※ポパイの映画によればこれさえ食べれば大人位の大きさになるのはいとも簡単なはずだった)に箸《はし》をつける時、私はほうれん草の抜かれた時の命の苦しみを連想した。トマトもリンゴも例外ではなかった。キャベツも例外ではなかった。小麦粉さえもが、お米さえもが。花をむしろうとする時私は花の命のさけびを耳にした。生きることが私にとって業苦《ごうく》に変わったのだった。私には分からなかった。なぜ外の人々がただ易々としてあらゆる生命をうばい去ることが出来るのか。

父も母もただごとではない私の X 偏執《へんしゅう》観念に気がつき、頭を悩《なや》ましたようだった。あらゆる試みが、あらゆる方法が、あらゆる説得が、私に向かってなされた。私はやせ衰《おとろ》え、挙げ句の果て骨と皮だけの姿に変わって死んでゆくはずだった。だがそれでもよかった。他の命をうばうことによって生き永らえることは私には出来なかった。⑥天国で花の精と遊ぼう、草の精と遊ぼう。そこでは何も食べなくて生きて行くことが出来るのだ。死の影像《えいぞう》が夜しばしば私を訪《おとず》れるのだった。⑦青白い暗い死の影像が……

私は床の一点をじっと見つめていた。そこでついいま蜂が殺されたのだった。だがきれいに取り片づけられた現在、その一点にはもはや何の痕跡も残っていなかった。油が切れてほこりで白い、一時の打水で暫時《ざんじ》の間うるおった、⑧変わりばえのしない古バスの床の単なる一点でしかないのだった。

額と、心もち上向きの鼻の造作が、いかにも彼《かれ》を人のよさそうな男に見せていた。女の方は、いくらか反歯《そっぱ》の口を開けて時々笑いもするが、男とは正反対の芯《しん》の強さをその落ち着いた目元にうかがわせていた。余り美しいとはいえないが、ほおにはほお紅を、くちびるには口紅をほんのりとぬっていて、男に対する愛情のあふれた心の張りが生む一種の魅力《みりょく》をどことなく持っていた。

蜂は旋回の高度をなお一層低空に変えた。——それに気がついた男の瞳《ひとみ》は恐怖をうかべているが、まるで蜂の襲来《しゅうらい》を運命と観じているような受身の態度で、何らかの行動にうったえて蜂を退散させようとする意志のきざしは露《つゆ》程もその瞳からはうかがわれなかった。②人のよい当惑《とうわく》がそのほおを少しゆがませてさえいるようだった。それとは正反対に、女は積極的な防御《ぼうぎょ》の態勢をいつの間にかとっていた。ほとんど母性的な本能で女は男の a ほご者の位置に※挺身《ていしん》しようとしている健気《けなげ》な風だった。 b ぶきとしてその手にいつの間にか日傘《ひがさ》の柄《え》がしっかりとにぎられている。

二人は互《たが》いに体を一層にじらせ、いつの間にか話し合うのを止《や》めていた。

ついに蜂がその襲撃《しゅうげき》の前触《まえぶ》れを行った。男の肩《かた》先に降り立ったのだ。男はとび上がるようにシートから立って、無我夢中《むがむちゅう》でその蜂を手で払《はら》いのけた。蜂はしたたかに参ったようだった。復讐《ふくしゅう》の機会を後に c ゆだねるつもりだろうか、二人の頭上を旋回するのを止め後部の窓ガラスの方へと飛び立った。だが退散したわけではなかった。再度の襲撃の可能性が依然として残されているわけだった。

男は復讐を恐れていた。平気を装《よそお》って二言三言女にささやくその態度の中に、おどおどとした落ち着きのなさが隠《かく》され切れずに示されていた。それに引きかえ女の瞳は平静と危急の場合の自信の程を物語っていた。男のおびえが彼女《かのじょ》の目には子供の恐怖のように他愛《たわい》なく可愛《かわい》らしいものに映るのかも知れなかった。もし許されるものなら、いざという場合、男を守るために男をしっかりと彼女の胸にかき抱《いだ》くことさえも、彼女ならするかも知れなかった。

蜂はやっぱり復讐を忘れなかった。さっきまでの二倍にもあたるうなりをあげて二人を目指して飛んで来た。腹部の黄褐色が暗い紫《むらさき》を d おびている。二人の頭上に達すると蜂は二人の恐怖の時間を少しでも長びかせようとするかのようにゆっくりと旋回し始めた。まるで絶対者のようなふるまいだった。

迂闊《うかつ》なことに、蜂は彼を殺す瞬間《しゅんかん》をひそかに待ち構えている女の瞳に気がつかなかったのである。あわせてゆっくりと旋回していたことが蜂にとってどうにもこうにも致命的《ちめいてき》だった。四回目の旋回の位置が丁度女の真向かいに来た時、女の日傘が正確に蜂に向かって打ち下ろされたのだった。女の腕《うで》に狂《くる》いはなかった。逃《のが》れる術もなく蜂は墜《つい》落《らく》し床《ゆか》の上にのたうった。

③男は両手で顔をおおった。のたうつ蜂に最後のとどめを刺そうとして床に向かってさし出された女の日傘を目にしたからである。女にとって蜂を殺すことは残酷《ざんこく》さを意味しなかった。彼女にとってそれは人間に向かって※僭越極《せんえつきわ》まる行動に出た蜂の当然受けなければならない仕置きだったし、そうすることが人間の権利であると考えることに、疑念をさしはさむ余地が彼女にとって全くなかったからでもある。彼女は何の※躊躇《ちゅうちょ》もなしに日傘のとがった先端《せんたん》を、その蜂の腹部にあてることが出来た。もう蜂は羽をばたばたさせることをしなかった。ただかすかに腹を※痙攣《けいれん》させるだけだった……

④私は目をつむった。目を開いた時すでに蜂は痙攣に終止《しゅうし》符《ふ》を打たれた一個の死骸《しがい》と化していた後だった。それは無惨《むざん》な残骸だった。羽はむしれ腹部と胸部とが別々になっていた。男も、顔をおおっていたが、やが

・虫の[A]
特に理由はないが、何か悪いことが起きそうだと予感すること。
・虫の[B]
弱り果てて、今にも死にそうな状態。

問八 ——⑦「読者のことを考える姿勢は欠かせません」とありますが、なぜですか。理由として適切でないものを一つ選び、記号で答えなさい。
ア 相手に伝わるように書こうとすることで、自分の考えがより深まるから。
イ 書き手が一生懸命《いっしょうけんめい》であればあるほど、その熱意が読者の心に伝わるから。
ウ 読者のことを何も考えずに書くと、自分でも理解不能なものになるから。
エ そもそも読者が全く理解できなければ、予想外な結果も生まれないから。

問九 ——⑧「それを可能にするのがノートです」とありますが、「それ」とはどのようなことを指していますか。本文全体をふまえて四十六字以上六十字以内で説明しなさい。

問十 本文の書かれ方についての説明として適切でないものを二つ選び、記号で答えなさい。
ア 他者の考えを用いることで説得力を持たせている。
イ ノートの書き方について具体的に説明されている。
ウ 現代的な問題点をふまえたうえで論を進めている。
エ 読者に対する問いかけがくり返し用いられている。
オ 筆者の体験を示すことで理解しやすくなっている。

二 次の文章を読んで、後の問いに答えなさい。

蜂《はち》が一匹《いっぴき》舞《ま》いこんだ。黄褐色《おうかっしょく》の腹部のふくれ上がった※拇指程《ぼしほど》もある大きさの蜂で、これに刺《さ》されたら大人でも涙《なみだ》をこぼさなければならない程痛いだろうと思われる。

発車を二十分後にひかえたバスの中だった。まだ早過ぎるのか、バスの中に席をしめているのは、私が一人だった。

足の前にずい分軽くなったリュックを置いて私は蜂の飛翔《ひしょう》をじっと見つめていた。その時私の心に恐怖《きょうふ》の感情が動いていたことを否定出《で》来《き》ない。幼いころ大きな蜂に首筋を刺された恐《おそ》ろしい記憶《きおく》が今に至るまで私の心に残っていた。蜂はそんな私の心の動きとはお構いなしに、ぶんぶんと異様なうなりを立てて車内を飛び回っていた。私は恐怖のまなざしをその飛翔の成り行きに固定させたままなす術《すべ》をも知らない。やがて蜂は旋回《せんかい》の中心を私の頭上に持って来た。幾重《いくえ》にも輪をえがいて飛び回る。まるで私の幼児的な恐怖を見透《みす》かし私をもてあそぶような飛び方だった。

男女の二人連れが乗車口に現れ車内に加わった時、①私は待ちに待った味方を得たような安堵《あんど》の気持ちを味わった。私の喜びは少しおもむきを変えて実際に報《むく》いられた。というのは退散はせずに蜂が旋回の的を私からその男女の二人連れに移したからである。危険は私から去った。だが依然《いぜん》と存在はしたのである。

二人連れは乗車口のすぐ脇《わき》の丁度私の真向かいにあたる場所に位置をしめた。二人共おそろいのボストン・バッグを持っていて、座席に着くや否《いな》やすぐに親しげに話し出した。私には聞きとれないような小声で、ほおをすり寄せての話しぶりだった。男の片手が女の片手をとらえている。ごく自然な親密さが二人の周囲にただよっていた。

もしかすると、男はこの女に首ったけなのかも知れなかった。——くりくりと絶えず動いて回るまるで邪気《じゃき》のない大きな目と、おでこのノートというツールはそのために活躍《かつやく》します。ただ「思う」だけでなく、思ったことについて「考える」ためのツールなのですから。ノートに「書き留める」と、「書きかえ」られるようになります。それは「上書き」、つまりかつての事象をすべて「なかったこと」にするのではなく、一つの変化として、あるいは一つのプロセスとして「書き直す」ことを意味します。過去からの矢印を引き受けた上で、新しく矢印を設定する。そのような行いなのです。

書いたものは、何度でも書き直せばいいのです。考え直していけばいいのです。一度そう「思った」のだから、後はその通りにやり続ける、という頑固《がんこ》なアプローチではなく、たびたび足を止めて考え直すことをしていけばいいのです。⑧それを可能にするのがノートです。

（倉下忠憲《くらしたただのり》『すべてはノートからはじまる』より・一部改）

※リコメンド…視聴者などの好みに応じて提供される情報。
※コンテンツ…動画などの情報。
※思惟…心に深く考え思うこと。
※トレンド…流行。
※ジャック・デリダ…フランスの哲学者。
※推敲…文章を作る際にその字句や表現をよく練り直すこと。
※バイアス…かたよった見方。

問一 ――a「けいろ」・――b「きず」・――c「まく」・――d「ふくざつ」を、それぞれ漢字に直しなさい。

問二 ――①「総体としての『自分』はそこにはない」とありますが、筆者はどのように考えていますか。最も適切なものを選び、記号で答えなさい。

ア 「自分」を形作るのは過程であり結果は無意味だ。
イ 「自分」とは客観的な記録を集めたものではない。
ウ 現代における「自分」のあり方は変化しつつある。
エ 過去の考え方を書き残せば「自分」を理解できる。

問三 ――②「そうした状況」とありますが、人々がどのような状況におちいっていると筆者は考えていますか。「という状況。」につながるように本文中から十五字で抜《ぬ》き出して答えなさい。

問四 [3] にあてはまる語として最も適切なものを選び、記号で答えなさい。

ア 虚構《きょこう》性　イ 万能《ばんのう》性　ウ 硬直《こうちょく》性　エ 越境《えっきょう》性

問五 ――④「文章を書くことがテレパシーである」とありますが、ここで言われている「テレパシー」とは文章のどのような特性を表していますか。最も適切なものを選び、記号で答えなさい。

ア 言葉にこめられた書き手の意図を読み手が想像する必要がある。
イ 注意深く文章を読むことによって書き手の考えが正確にわかる。
ウ 書き手が工夫をこらすことで意図が過不足なく読み手に伝わる。
エ 空間的に離《はな》れた者同士がお互いの考えを理解することができる。

問六 ――⑤「アルゴリズム」とありますが、どのような意味で使われていますか。最も適切なものを選び、記号で答えなさい。

ア 感覚を共有するための工夫。
イ 現代的かつ機能的な思考法。
ウ 一定の規則に基づいた手順。
エ 高速で思考を伝達する方法。

問七 ――⑥「虫がよすぎます」とありますが、次にあげるのは「虫」という語を用いた慣用句です。それぞれ示した意味に合うように、[A]・[B] に入る語を、すべてひらがなで答えなさい。

〜のために」と書き残したものが、ぜんぜん別のことに役立つことがある——書き留められた情報が持つ可能性とはそのようなものです。今の自分がもやもやしていることを整理するために書いた文章が、三年後の自分が将来の指針を決める際のヒントになる。そんなことがいくらでも起こり得ます。

「それを書いた時点では、思いも寄らなかった結果を引き寄せること」。哲学者《てつがくしゃ》の東《あずま》 浩紀《ひろき》さんは※ジャック・デリダの哲学を引きつぎながらそれを「誤配」と呼んでいます。誤配には良い結果も悪い結果もありますが、どちらにせよ「自分」には思いもつかなかった結果を呼び寄せます。自分の思いをこえていくのです。その意味で、ノートを書くことは自分の人生に誤配を生じさせることだと言えるでしょう。

④文章を書くことがテレパシーであるからこそ、コミュニケーションで誤配が起こります。「意外な読まれ方」「予想外の使われ方」が生じるのです。もしそれが以心伝心であり、「思ったこと」がそのまま相手の心に書きこまれるなら、誤配など起こりようがありません。「思ったこと」がそのまま伝わって、それ以上の出来事《できごと》は生じないままcまくが閉じます。まるで⑤アルゴリズムのようです。

書き手が読み手のことを考えて文章を書き、読み手が書き手のことを考えてその文章を読む、というdふくざつなステップをふむとき、そこに誤配が生じる余地が生まれます。情報の新しい価値は、そうした余地がないところには生じません。直接的な支配が可能な場所では、逸脱は生じないのです。

文章を書くことがテレパシーだからこそ、つまりそれが直接ではなく間接だからこそ、書かれた情報は「自分の思い」の外に出られるようになります。「こういう意味である」「こういう風に利用される」「こういう風に受け取られる」という自分の想定を、たやすくこえていくのです。

それが間接的なものの力です。直接的なものでは、絶対に起こり得ない魔法《まほう》が、ここには宿ります。

では、そうした誤配を呼びこむために大切なことは何でしょうか。それは「未来のことを考える」姿勢です。

一見すると、未来は予測できないのだから、何かを考えてもむだであるという結論が出てくるように思います。しかし、考えてみてください。いくら文章が読む人に依存《いそん》しているからといって、何も考えずに文章を書けばよい、という結論になるでしょうか。自分が読んでも支離滅裂《しりめつれつ》な文章を書いて、「適当に解釈《かいしゃく》してください」と放置しておけば、それだけで予想外の結果が訪《おとず》れると期待するのはさすがに⑥虫がよすぎます。たとえ理解できなくても、支配できなくても、⑦読者のことを考える姿勢は欠かせません。

未来についても同じことが言えます。未来が完全に自分でコントロールできないからこそ、未来について「考える」行為《こうい》が大切になります。単に「思う」のではなく、さまざまに「考える」のです。そして、どれだけ考えても未来を完全に理解できるわけではないとさとることもまた、未来について考える行為の重要な点です。

自分が思いえがくビジョンをノートに書き出し、それがあくまでビジョン(理想・幻想《げんそう》)でしかないと割り切った上で、さまざまな角度から検討してみましょう。あるいは時間を置いて読み返してみましょう。「夢を語る」ことの重要性はよく説かれますが、「夢を※推敲《すいこう》する」ことの重要さは説かれません。まるで初志貫徹《しょしかんてつ》がこの上ない美徳だと言わんばかりの態度です。しかし、ビジョンもまた人が抱《いだ》くものである以上、誤解や無知や※バイアスがひそんでいます。自分のやりたいことと、それを表すための表現がマッチしていないこともあります。だから、自分がえがき出したビジョンについても何度も読み返し、書き直すのです。

2023年度

早稲田大学高等学院中学部

【国語】（五〇分）〈満点：一〇〇点〉

※編集部注…学校より、㈡の問一――b「ぶき」、――d「お」の漢字の書き取りについて、試験教室内の掲示《けいじ》物に該当《がいとう》する漢字が含《ふく》まれていたため、解答の有無・内容にかかわらず受験生全員を正解としたとの発表がありました。

注意　解答の際は、「、」や「。」も一字と数えます。

一　次の文章を読んで、後の問いに答えなさい。

近年のITが推進するのは、自分のことなどわからなくてよいという方向です。動画サービスなどで、※リコメンドが自動的に表示されるのもその一環《いっかん》でしょう。何かを選ぶ際に、自分の好みを考慮《こうりょ》する必要はありません。ただリコメンドに従えばよいのです。それで好みにあった※コンテンツが提案されます。

ITがもたらすあらゆる「スマート」なものが、同種の傾向《けいこう》を持ちます。それらは大きな手間を削減《さくげん》すると共に、そうした手間をかけることでしか得られなかった自分自身についての知見を隠蔽《いんぺい》し、過去の行動からの逸脱《いつだつ》や冒険《ぼうけん》を抑制《よくせい》します。なにしろビッグデータは、「行動したこと」の結果は記録しますが、そこに立ち現れなかったさまざまな※思惟《しい》の a けいろや感情、そしてそこにこめられた意志は一つ残らず見落とすのです。「そうであろうとしたこと」や「そうであったかもしれないもの」は、何一つ記録に残りません。しかし、考えてみてください。何度もやろうとして、何度も失敗し、しかしそれでもやろうとする行動があるとするならば、それは自分について何かを明らかにするのではないでしょうか。貪欲《どんよく》なビッグデータは、しかしそうしたものに興味を持ちません。彼《かれ》らが視線を向け、必死にむさぼり続けるのは立ち現れた行動という結果だけであり、どれだけ情報が集まっても、ビッグデータが「あなたはだれなのか」を知ることはありません。①総体としての「自分」はそこにはないのです。

ITのリコメンドだけが問題なのではありません。消費をうながす広告と、アクセスかせぎのために過剰《かじょう》に味つけされたさまざまなコンテンツも問題です。そうしたコンテンツに囲まれ、まるで呼吸をするかのようにその情報を摂取《せっしゅ》していると、「自分」という存在に注意を向けることはなくなります。何かを思うにしても、常に「今」の自分が中心であり、総体としての「自分」は蚊帳《かや》の外に置き去りにされます。過去がどうであったのか、あるいはこれからの未来をどう設計していくかには注意は向けられず、注目のトピックや※トレンドの話題ばかりが頭をしめるのです。むろん、それで自分の理解が深まるわけはありません。

ノートを書くことは、②そうした状況《じょうきょう》を変えます。自分の注意の矛先《ほこさき》を、変化させられるのです。

では、ノートをコツコツ書いていけば、いつかは自己実現がかなうのかというと、そういうわけでもありません。総体としての「自分」を確認《かくにん》し、防波堤《ぼうはてい》を b きずいたとしても、未来を直接「つくれない」ことには変わりありません。だとしたら、ノートを書くことにはどんな意味があるのでしょうか。

それはわかりません。

別にふざけているわけではないのです。「今」書いているノートの価値は、「今」はわからないのです。もう少し言えば、わからないというよりも不確定と言った方が正確でしょうか。ノートを書くことが役立つのは「今」だけでなく、時間がたった後で思いも寄らぬ形で役立つこともあります。すなわち、記録の［ 3 ］があるのです。「～

2023年度

早稲田大学高等学院中学部 ▶解説と解答

算 数 （50分）＜満点：100点＞

解 答

[1] (1) あ 7 い 2 (2) 7 (3) 40度 (4) 49 [2] (1) 2倍 (2) $\frac{2}{3}$倍 (3) $1\frac{1}{3}$倍 [3] (1) 3 (2) 14.7 (3) 11 (4) $7\frac{2}{3}$ [4] (1) 50秒後 (2) 130秒後 (3) 毎秒1.6mL (4) 190秒後

解 説

[1] 四則計算，約束記号，調べ，角度，条件の整理

(1) 17×119＝2023より，等号の両側を2023で割ると，$1=\frac{9\times1117}{100\times100+\boxed{\text{あ}}\times\boxed{\text{あ}}+\boxed{\text{い}}\times\boxed{\text{い}}}$となる。さらに，9×1117＝10053，100×100＝10000より，$1=\frac{10053}{10000+\boxed{\text{あ}}\times\boxed{\text{あ}}+\boxed{\text{い}}\times\boxed{\text{い}}}$となるから，10000＋$\boxed{\text{あ}}\times\boxed{\text{あ}}+\boxed{\text{い}}\times\boxed{\text{い}}$＝10053，$\boxed{\text{あ}}\times\boxed{\text{あ}}+\boxed{\text{い}}\times\boxed{\text{い}}$＝10053－10000＝53とわかる。よって，7×7＋2×2＝53より，$\boxed{\text{あ}}$＝7，$\boxed{\text{い}}$＝2と求められる。

(2) a＝1のとき，《1》＝〈2〉＝3，〈1〉＝2となるので，《1》＋〈1〉－1＋2＝3＋2＋2－1＝6とわかる。6は素数ではないから，条件に合わない。同様にして調べると下の図1のようになるので，素数になる最小のaの値は7である。

図1

a	1	2	3	4	5	6	7
《a》	〈2〉 ‖ 3	〈3〉 ‖ 5	〈5〉 ‖ 11	〈7〉 ‖ 17	〈11〉 ‖ 31	〈13〉 ‖ 41	〈17〉 ‖ 59
〈a〉	2	3	5	7	11	13	17
《a》＋〈a〉－a＋2	6	8	15	22	39	50	71

図2

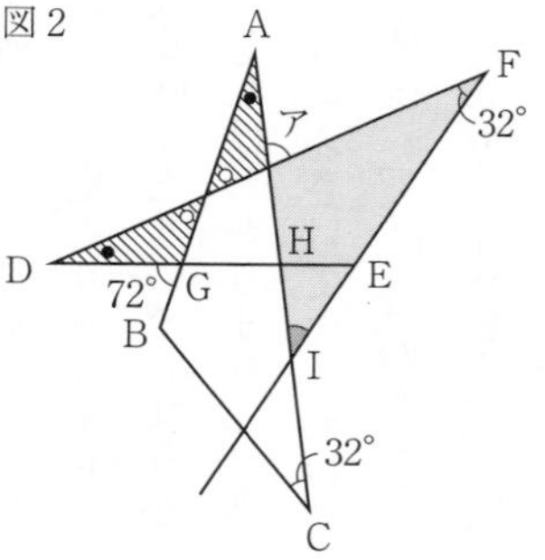

(3) 「三角形ABCと三角形DEFは合同」という条件から，辺ABと辺DEが対応していることがわかり，上の図2の●印と○印をつけた角の大きさはそれぞれ等しくなる。また，斜線《しゃせん》をつけた2つの三角形に注目すると，角アの大きさは，●＋○＝72(度)になることがわかる。さらに，かげをつけた三角形に注目すると，角HIEの大きさは，ア－32＝72－32＝40(度)と求められる。

(4) たとえば3枚のカードを使うとき，作ることができる最小の整数は，10＋10＋10＝30，最大の整数は，12＋12＋12＝36である。このとき，3枚とも10の状態から，10→11→12と1枚ずつ交換《こうかん》することによって，30と36の間にある整数はすべて作れることがわかる。同様に考えると右の

図3

1枚…10～12
2枚…20～24 ＜ 13～19
3枚…30～36 ＜ 25～29
4枚…40～48 ＜ 37～39
5枚…50～60 ＜ 49
6枚…60～72

図3のようになり，＿＿の整数が作れないことがわかる。よって，作ることができない最大の整数は49である。

2 立体図形―図形の移動，構成，面積

(1) はじめに，下の図1のように，立方体の1辺の長さを1，立方体の1つの面の対角線の長さを□とすると，□×□÷2＝1×1＝1より，□×□＝1×2＝2とわかる。また，図1の長方形ABGHを直線AGで1回転させるとき，xとyの位置は下の図2のようになる(OはAGの真ん中の点)。図2で，三角形ABIと三角形BGIは相似であり，相似比は，AB：BG＝1：□だから，面積の比は，(1×1)：(□×□)＝1：2となる。ここで，これらの三角形の高さは共通なので，底辺の比は，AI：IG＝1：2とわかる。そこで，AI＝1，IG＝2とすると，OはAGの真ん中の点だから，AO＝(1＋2)÷2＝1.5となる。よって，x：y＝1：(1.5－1)＝2：1なので，xはyの，2÷1＝2(倍)と求められる。

図1
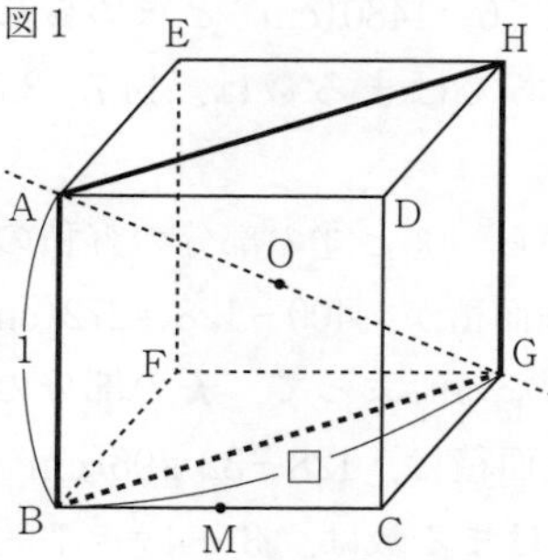

図2
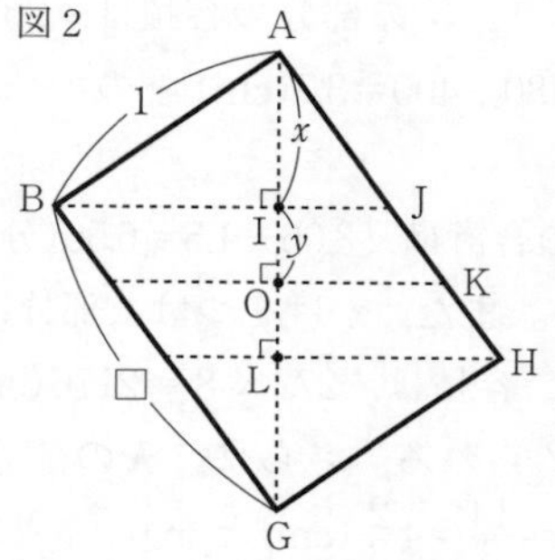

図3
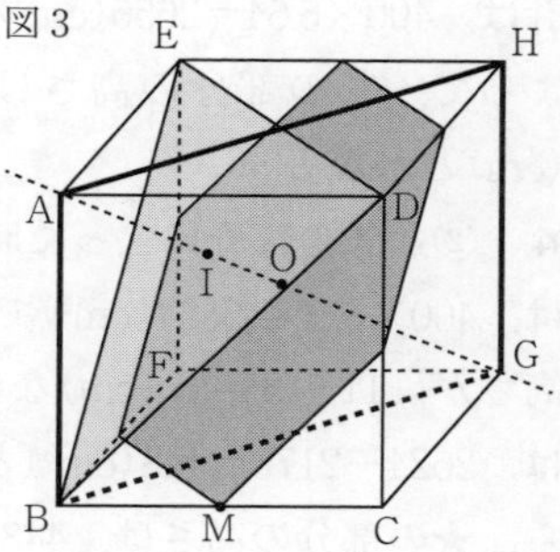

(2) (1)より，図2のGL：LOも2：1であり，AI：IO：OL＝2：1：1となる。また，IJ，OK，LHは平行なので，AJ：JK：KHも2：1：1になり，平面PはAHの真ん中の点を通ることがわかる。すると，平面Pによる切り口は，上の図3の正三角形BDEになる。また，平面Qによる切り口は，図3のMを1つの頂点とする正六角形である。この正三角形と正六角形の1辺の長さの比は2：1だから，それぞれ上の図4，図5のように同じ大きさの正三角形に分けることができる。よって，平面Pによる切り口の面積は平面Qによる切り口の面積の，4÷6＝$\frac{2}{3}$(倍)とわかる。

図4
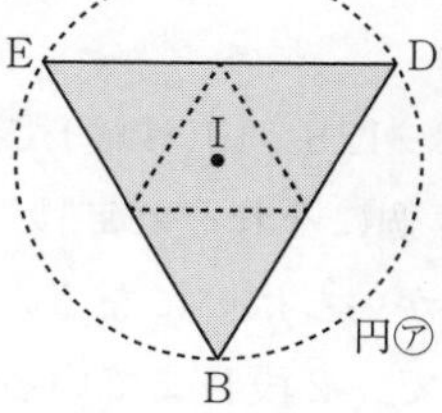

図5
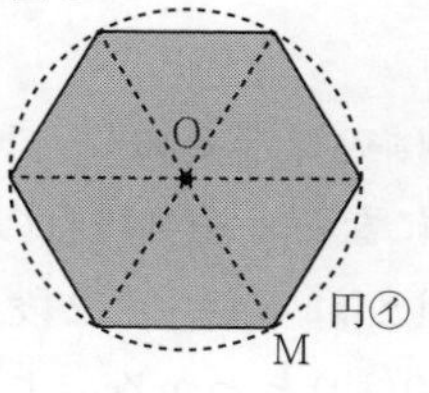

図6
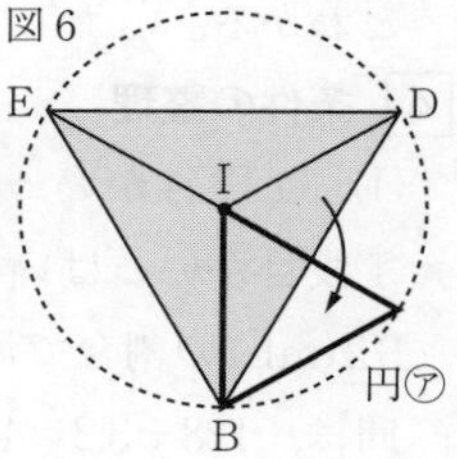

(3) 円㋐は図4のIBを半径とする円であり，円㋑は図5のOMを半径とする円である。図4の三角形BDEの面積を4とすると，右上の図6の三角形IBDの面積は，4÷3＝$\frac{4}{3}$になるので，太線で囲んだ正三角形の面積も$\frac{4}{3}$とわかる。一方，図5のOMを1辺とする正三角形の面積は1だから，IBを1辺とする正三角形とOMを1辺とする正三角形の面積の比は，$\frac{4}{3}$：1＝4：3となる。よって，IBを半径とする円㋐とOMを半径とする円㋑の面積の比も4：3なので，円㋐の面積は円㋑の面積の，4÷3＝$1\frac{1}{3}$(倍)である。

3 グラフ―水の深さと体積

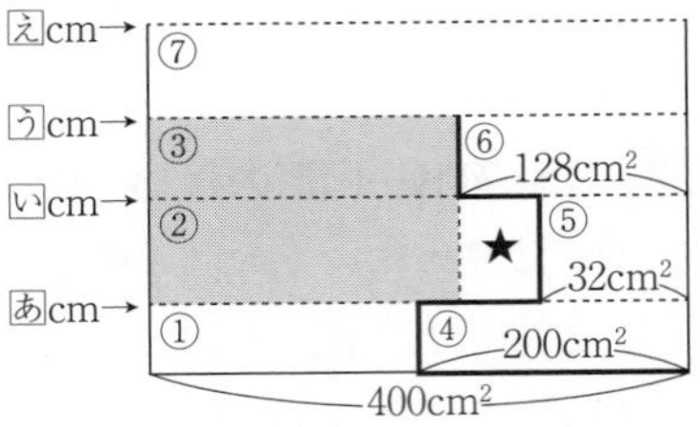

(1)　水そうの底面積は，$20\times20=400(\mathrm{cm}^2)$である。また，容器の底面積は下の段から順に，$20\times20\div2=200(\mathrm{cm}^2)$，$8\times8\div2=32(\mathrm{cm}^2)$，$(8+8)\times(8+8)\div2=128(\mathrm{cm}^2)$だから，正面から見ると右の図のようになる。また，この図で①～⑦の順に水が入る。①の部分に入った時間が1.5分なので，①の部分の容積は，$400\times1.5=600(\mathrm{cm}^3)$であり，あにあてはまる数は，$600\div(400-200)=3(\mathrm{cm})$とわかる。

(2)　水そうが満水になった時間が14.7分だから，水そうの容積は，$400\times14.7=5880(\mathrm{cm}^3)$である。よって，えにあてはまる数は，$5880\div400=14.7(\mathrm{cm})$と求められる。

(3)　水そうの容積は容器の容積の5倍なので，容器の容積は，$5880\div5=1176(\mathrm{cm}^3)$とわかる。また，④～⑦の部分に入った時間の合計は，$14.7-8.06=6.64$(分)だから，④～⑦の部分の容積の合計は，$400\times6.64=2656(\mathrm{cm}^3)$となり，⑦の部分の容積は，$2656-1176=1480(\mathrm{cm}^3)$と求められる。よって，⑦の部分の高さは，$1480\div400=3.7(\mathrm{cm})$なので，うにあてはまる数は，$14.7-3.7=11(\mathrm{cm})$とわかる。

(4)　②と③の部分に入った時間の合計は，$8.06-1.5=6.56$(分)だから，②と③の部分の容積の合計は，$400\times6.56=2624(\mathrm{cm}^3)$である。また，かげをつけた部分は，底面積が，$400-128=272(\mathrm{cm}^2)$，高さが，$11-3=8(\mathrm{cm})$なので，容積は，$272\times8=2176(\mathrm{cm}^3)$となる。よって，★の部分の容積は，$2624-2176=448(\mathrm{cm}^3)$と求められる。さらに，★の部分の底面積は，$128-32=96(\mathrm{cm}^2)$だから，★の部分の高さは，$448\div96=\frac{14}{3}=4\frac{2}{3}(\mathrm{cm})$となり，いにあてはまる数は，$3+4\frac{2}{3}=7\frac{2}{3}(\mathrm{cm})$とわかる。

4　条件の整理

図1（注がれる割合）

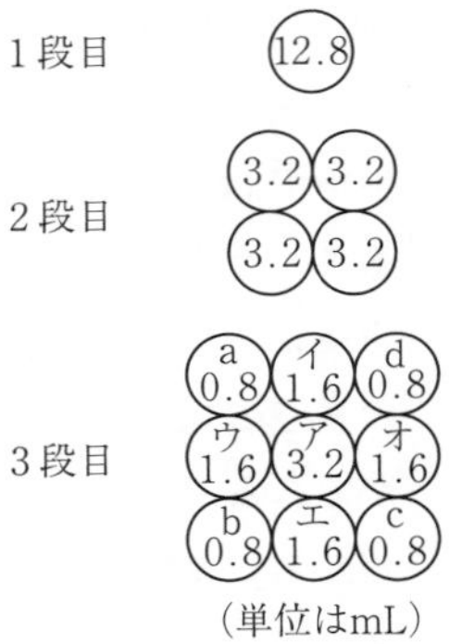

（単位はmL）

(1)　1段目がいっぱいになるのは，$128\div12.8=10$(秒後)である。また，1段目がいっぱいになると，2段目の4個にそれぞれ毎秒，$12.8\div4=3.2(\mathrm{mL})$の割合で注がれるから，2段目がいっぱいになるのにかかる時間は，$128\div3.2=40$(秒)とわかる。よって，2段目までいっぱいになるのは1段目に注ぎ始めてから，$10+40=50$(秒後)と求められる。

(2)　2段目がいっぱいになると，2段目の4個のそれぞれから毎秒，$3.2\div4=0.8(\mathrm{mL})$の割合であふれるので，右の図1のように，㋐には毎秒，$0.8\times4=3.2(\mathrm{mL})$，㋑～㋔にはそれぞれ毎秒，$0.8\times2=1.6(\mathrm{mL})$，ⓐ～ⓓにはそれぞれ毎秒0.8mLの割合で注がれる。よって，㋐がいっぱいになるのにかかる時間は40秒，㋑～㋔がいっぱいになるのにかかる時間は，$128\div1.6=80$(秒)だから，㋐～㋔がいっぱいになるのは1段目に注ぎ始めてから，$50+80=130$(秒後)である。

(3)　㋕には3段目の㋐，㋒，㋓，ⓑから注がれるが，㋐～㋔がいっぱいになった直後にはⓑはいっぱいになっていないので，㋐，㋒，㋓から注がれる量の合計を求めればよい。㋐からは毎秒，$3.2\div4=0.8(\mathrm{mL})$，㋒，㋓からはそれぞれ毎秒，$1.6\div4=0.4(\mathrm{mL})$の割合で注がれるから，㋕には毎秒，$0.8+0.4\times2=1.6(\mathrm{mL})$の割合で注がれることがわかる。

(4)　㋐がいっぱいになるのにかかる時間は40秒であり，その間に㋑～㋔に注がれる量はそれぞれ，

1.6×40＝64(mL)，ⓐ〜ⓓに注がれる量はそれぞれ，0.8×40＝32(mL)である。よって，１段目に注ぎ始めてから，50＋40＝90(秒後)に注がれている量は右の図２のようになり，このときから㋕に注がれ始める。図２の状態から㋑〜㋔がいっぱいになるまでの時間は，(128−64)÷1.6＝40(秒)であり，その間に㋐から㋕に注がれる量は，0.8×40＝32(mL)である。また，(3)で求めたように，㋑〜㋔がいっぱいになると㋐，㋒，㋓から㋕に毎秒1.6mLの割合で注がれるので，㋕がいっぱいになるまでにあと，(128−32)÷1.6＝60(秒)かかる。つまり，図２の状態から㋕がいっぱいになるまでの時間は，40＋60＝100(秒)だから，㋕がいっぱいになるのは１段目に注ぎ始めてから，90＋100＝190(秒後)と求められる。

図２
(90秒後に注がれている量)

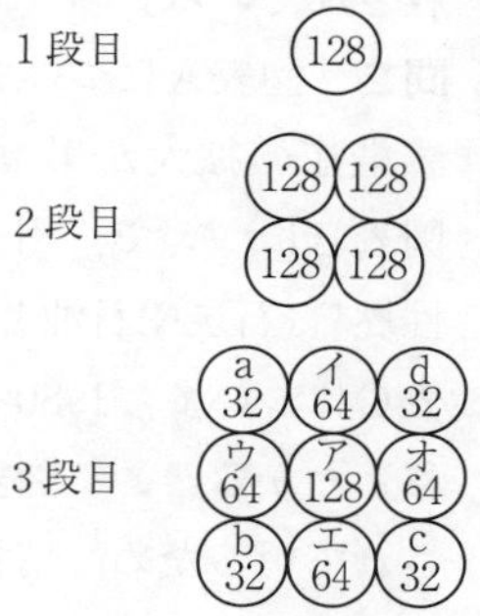

(単位はmL)

なお，図２の状態からⓐ〜ⓓがいっぱいになるまでの時間は，(128−32)÷0.8＝120(秒)なので，㋕がいっぱいになる前にⓑから㋕に注がれることはない。

社　会　(40分)＜満点：80点＞

解　答

[1] **問１** 経済産業　**問２** A　ウ　D　ア　**問３** う　[2] **問１** 計画停電　**問２** (1) 色丹島　(2) エ　(3) **特徴**…(例)　(ＸはＹと比べ，)冬の間に訪れる人が多くなっている。　**理由**…(例)　オホーツク海沿岸に位置するＸには，冬の間，流氷を見に多くの観光客が訪れるから。　**問３** イ　**問４** 福井市　**問５** ア　**問６** 加賀国　**問７** 1 会津　2 猪苗代　3 安積　**問８** (1) イ　(2) イ　(3) 銅(銅鉱)　**問９** ヒートアイランド現象　[3] **問１** イ　**問２** エ　**問３** ウ　**問４** 菅原道真　**問５** 僧兵　**問６** 管領　**問７** ほら　**問８** (例)　江戸時代後半の化政文化のころには，伊勢神宮や善光寺などへのお参りが行われ，多くの人が寺院を行き先とした旅行に出るようになった。

[4] **問１** あ　ラクスマン　い　レザノフ　う　間宮林蔵　え　イギリス　お　セオドア＝ルーズベルト　か　シベリア　き　日ソ共同宣言　く　国際連合　**問２** カ　**問３** ア　**問４** イ　**問５** 樺太・千島交換(条約)　**問６** イ→エ→ウ→ア　[5] **問１** a　248　b　30　**問２** 公職選挙(法)　**問３** ウ　**問４** (例)　売名などの理由で無責任に立候補することを防ぐため。　**問５** ア　**問６** (例)　参議院は衆議院とくらべて任期が６年と長く，解散もないため，一時の世論や内閣の動向に左右されずに審議することで，衆議院の行きすぎをおさえるはたらきが期待されているから。　[6] **問１** (例)　黙秘すると刑期が最も長い懲役15年になる可能性があるが，自白すると刑期は懲役１年か懲役８年になるので，刑期を最も短くできる可能性があるから。　**問２** エ

解　説

[1] 『白書』の統計を題材とした総合問題

問１ 『通商白書』は，日本の産業・経済の発展と鉱物資源・エネルギー資源に関する行政を担当する経済産業省が毎年発行している貿易の動向に関する刊行物である。日本の輸出入品目などにつ

いての統計のほか，日本の貿易の現状や課題，将来の展望などについて幅広い観点からの分析《ぶんせき》が掲《けい》載《さい》されている。

問2　図表Aについて，2020年の数値が急落しているのは2019年に見つかった新型コロナウイルス感染症の拡大が影響《えいきょう》していると考えられるため，ウの訪日外国人旅行者数の推移に当たる。図表Bについて，円グラフで品目ごとの割合が100%になるように示されていて，電気機器や鉱物性燃料(石炭や石油といった化石燃料)の割合が高いので，エの日本の輸入品目と判断する。　図表Cについて，1980年以降，数値がおおむね上昇を続けていることから，イの共働き等世帯数の推移とわかる。　図表Dについて，A～Fの項目における2010年から2020年までの数値の変化が示されているため，情報通信機器ごとの保有率を表すと考えられるので，アの情報通信機器の世帯保有率の推移が選べる。なお，図表D中の項目は，Aが固定電話，BがFAX，Cがモバイル端末全体，Dがスマートフォン，Eがパソコン，Fがタブレット型端末の世帯保有率。

問3　2020年10月1日現在の日本の人口は約1億2600万人で，総世帯数は5583万世帯である。また，15歳以上の就業者数は2020年の平均で6676万人であるため，図表Cの縦軸の単位は「万」と見当がつく。統計資料は『日本国勢図会』2022／23年版，『数字でみる県勢』2023年版などによる(以下同じ)。

2　2022年の気象と電力需給を題材とした問題

問1　電気の消費量が供給量を上回ることが予想される場合や，自然災害や事故などにより電気の十分な供給が見込めない場合などに，地域と時間を限って送電を停止することが行われる。これを計画停電という。2011年3月の東日本大震災のときには，福島第一原子力発電所が事故により停止し，その後，他の原子力発電所も点検のため操業停止となったことで，電気の供給不足が予測されたことから，東京電力が管轄《かんかつ》する1都8県で計画停電が実施された。

問2　(1)　色丹《しこたん》島は周辺の国後《くなしり》島・択捉《えとろふ》島・歯舞《はぼまい》群島とともに日本固有の領土であるが，ロシアによって占拠《せんきょ》されており北方領土とよばれている。　(2)　図1中の地域区分は「振興局」とよばれる北海道の行政区分である。そのうち斜線で示されているのは，宗谷《そうや》総合，オホーツク総合，根室，釧路《くしろ》，十勝の5つであり，酪農がさかんな十勝平野や根釧《こんせん》台地などの地域が含まれることから，エと判断できる。　(3)　図2より，XとYで検索数が大きく異なる時期はおもに11月ごろから3月ごろまでの冬の期間である。図1から，Xの網走《あばしり》はオホーツク海に面しているので，冬の時期に検索数が増えるのは，沿岸に現れる流氷を見に多くの観光客が訪れるためだと考えられる。

問3　2022年9月，武雄《たけお》温泉駅から長崎駅の間を結ぶ西九州新幹線が開通した。途中駅は嬉野《うれしの》温泉，新大村，諫早《いさはや》の3つである。なお，九州新幹線の新鳥栖《とす》駅から佐賀駅を経て武雄温泉駅に至る区間は在来線の佐世保線を利用することになる。

問4　北陸地方4県の2022年1月1日現在の県庁所在地の人口は，新潟市が約78万人，金沢市(石川県)が約44.9万人，富山市が約41.1万人，福井市が約26万人となっている。

問5　製造業の割合が4県の中で最も低く，宿泊業・飲食サービス業の割合が4県の中で最も高いイは観光業がさかんな沖縄県，卸売業・小売業の割合が4県の中で最も高く，農業・林業の割合が4県の中で最も低いウは北九州・福岡大都市圏ともよばれる福岡県，農業・林業の割合が4県の中で最も高いエはりんご栽培《さいばい》をはじめとした第一次産業がさかんな青森県，製造業の割合が4県の中で最も高いアは伝統工業や地場産業が発達している新潟県となる。

問6　かつて石川県の南部は加賀国，北部は能登国であった。現在の石川県の県庁所在地である金沢市は江戸時代の加賀藩の城下町であった。

問7　**1**　福島県は，阿武隈《あぶくま》高地の東側の太平洋沿岸部である「浜通り」，奥羽山脈に連なる吾妻《あづま》連峰《れんぽう》などの山々と阿武隈高地にはさまれた「中通り」，奥羽山脈より西側の「会津」の３つの地域に区分され，気候も３つの地域で異なる。　**2，3**　降水量が少なく，中小河川しかない郡山《こおりやま》盆地西部は原野が広がっていたが，明治時代初期，オランダから技師を招き，猪苗代《いなわしろ》湖の水を引く安積疏水《あさかそすい》を建設した。これにより，付近は穀倉地帯として発展し，現在は工業用水や生活用水にも利用されるほか，水力発電も行われている。

問8　(1)　2020年における日本の液化天然ガス(LNG)輸入先の国別割合(金額)は，オーストラリア40.2%，マレーシア13.2%，カタール11.3%の順となっている。　(2)，(3)　福島県いわき市など福島県と茨城県にまたがる太平洋沿岸地域には常磐《じょうばん》炭田があり，常磐炭鉱などの鉱山が開かれていた。また，福岡県南部の大牟田《おおむた》市にはかつて日本を代表する炭鉱である三池炭鉱があった。さらに，北海道夕張市やその周辺には石狩炭田が広がり，夕張炭鉱など多くの炭鉱が操業していた。なお，愛媛県の別子には，かつて銅鉱を産出する鉱山(別子銅山)があった。

問9　東京などの大都市中心部は，地表がコンクリートやアスファルトでおおわれ太陽熱を吸収しやすくなっていることや，ビルの冷暖房や自動車などからの排熱が多いことなどが原因となり，気温が高くなりやすい。都市部に等温線を引くと，高温の地域が島のように見えることからヒートアイランド現象とよばれている。

3　占いや呪いを題材とした問題

問1　57年，倭(日本)の奴《な》国の王が後漢(中国)に使いを送り，皇帝から金印を授かったことなどが記されているのは『後漢書』東夷伝である。

問2　ア　前方後円墳は３世紀末頃，近畿地方でつくられるようになり，やがて各地に広まった。イ　埼玉県の稲荷山古墳で出土した「ワカタケル」と読むことができる漢字が刻《きざ》まれた鉄剣には，これをつくらせた人物が大王に仕えていたことが書かれている。　ウ　古墳の周囲や頂上などに置かれた素焼きの土器を埴輪《はにわ》という。土偶は縄文時代につくられた土製品である。　エ　古墳の副葬品について述べた文として適切である。

問3　陰陽師《おんみょうじ》は律令制度の下で設けられた官職の１つで，天体観測や暦の作成などを担当し，やがて呪術や占《うらな》いなども行うようになった。

問4　宇多天皇や醍醐天皇に重用され，右大臣などを務めた菅原道真は，左大臣の藤原時平により大宰府に追放され，そこで亡《な》くなった。その後，宮廷では貴族などが急死したり，落雷により内裏《だいり》の一部が焼けたりするできごとが続いたため，これを道真の怨霊《おんりょう》の仕業と考えた朝廷は，道真の霊《れい》をしずめるため京都に道真をまつる北野天満宮を建てるなどした。

問5　平安時代後期に広まった武装した僧は僧兵とよばれた。特に延暦寺と興福寺の僧兵は，しばしば集団で院(上皇が政治を行う場所)や朝廷に押しかけ，寺の要求を実現しようとしたことで知られる。

問6　室町幕府における将軍の補佐役は管領である。足利氏一族である細川・斯波《しば》・畠山の３氏が交代でその職を務めた。

問7　法螺《ほら》は，元々法螺貝のことであり，本文にもあるように「法螺を吹《ふ》く」という言葉が時代を経るとともに意味が変わって「つくり話をおおげさに言う」ことを指すようなった。

問８　江戸時代後半の化政文化のころには，有名な寺社では境内《けいだい》で縁日《えんにち》や富くじ(宝くじ)などを行って人を集め，建物などの修理費や運営費などを得ていた。また，このころになると，庶民《しょみん》の間でも伊勢神宮や善光寺などへお参りに行く旅行がさかんに行われるようになり，十返舎一九《じっぺんしゃいっく》の『東海道中膝栗毛《ひざくりげ》』などの文学も著された。

4　日本とロシア・ソ連との関係を題材とした問題

問１　**あ**　1792年，根室に来航して幕府に通商を求めたロシア人はラクスマンである。このとき漂流民としてロシア船に救助され，ロシアに滞在していた大黒屋光太夫が帰国した。　**い**　1804年，長崎に来航して通商を求めたのはレザノフである。長崎での交渉の帰りに，樺太にあった松前藩の番所や択捉島の港などを攻撃する事件が起きた。　**う**　ロシアとの関係が緊張する中，北方の防衛の必要性を感じた幕府は，1808年に間宮林蔵に命じて樺太を探検させた。間宮はそれまで大陸と陸続きであると考えられていた樺太が島であることを発見し，のちにその地域が間宮海峡とよばれることとなった。　**え**　朝鮮半島をめぐってロシアとの対立が深まる中，日本は1902年にイギリスとの間で日英同盟を結んだ。　**お**　日露戦争では，日本は多額の軍事費の負担，ロシアは国内の革命運動の広がりにより，ともに戦争の継続が困難になった。こうした状況のなか，アメリカのセオドア＝ルーズベルトの仲介によりアメリカの軍港であるポーツマスで講和会議が開かれることとなった。　**か**　1945年８月に日ソ中立条約を一方的に破って参戦したソ連軍との戦いで，満州や朝鮮半島北部，樺太などで多くの日本の兵士や民間人が捕虜《ほりょ》となり，シベリアなどに抑留され，強制労働に従事させられた。　**き**，**く**　1956年10月，鳩山一郎首相がモスクワを訪れ日ソ共同宣言に調印し，ソ連との国交が回復した。これを受け，同年12月，それまでソ連の反対でかなわなかった日本の国際連合への加盟が実現した。

問２　ウクライナは南側で黒海に面した国であり，地図中のカがあてはまる。なお，アはリビア，イはトルコ，ウはイラク，エはドイツ，オはベラルーシである。

問３　囲米や棄捐《きえん》令は松平定信が行った寛政の改革の政策であるから，アが正しい。なお，イは第８代将軍徳川吉宗の享保の改革，ウは田沼意次の政策，エは水野忠邦の天保の改革にあてはまる。

問４　1854年に調印された日米和親条約により，幕府は下田(静岡県)と箱館(函館)(北海道)を開港し，アメリカ船に水や食料，燃料などを供給することや，下田に領事を置くことなどを認めた。

問５　1854年に結ばれた日露和親条約では国境の設定が行われ，千島列島については択捉島以南が日本領，ウルップ島以北がロシア領とされ，樺太は両国民雑居の地とされた。その後，1875年に明治政府がロシアと結んだ樺太・千島交換条約により，千島列島全部が日本領，樺太がロシア領となった。

問６　アは1945年８月６日，イは1941年12月８日，ウは1945年の３～６月，エは1944年７月のできごとなので，時代の古い順にイ→エ→ウ→アとなる。

5　日本の政治についての問題

問１　**a**　現在の参議院の議員定数は，選挙区選出148名，比例代表選出100名の計248名である。2022年７月の選挙では，その半数の124名と欠員であった１名が選出された。　**b**　参議院議員と都道府県知事の被選挙権は満30歳以上，衆議院議員と都道府県・市区町村議会議員の被選挙権は満25歳以上である。

問２　選挙に関する規定を定めているのは公職選挙法である。公職選挙法では，議員定数のほかに選挙権年齢などが定められている。

問３　参議院の比例代表選挙では，有権者は投票用紙に政党名か候補者名のどちらかを記入して投票する。そして，両方の得票数の合計で各政党の当選者数がまず決定し，個人名での得票数の多い候補者から順に当選とする非拘束名簿《こうそくめいぼ》式というしくみがとられてきた。しかし，2019年の選挙から特定枠制度が導入され，各政党が比例代表選挙で「優先的に当選人とすべき候補者」を名簿の上位の特定枠に置くことができるようになった。特定枠の候補者は個人名での得票数に関係なく，優先的に当選人となる権利を得られ，それについで個人名での得票が多い候補者が当選となっていく。特定枠を使用するかどうかや，特定枠の人数は，各政党がそれぞれ決められる。

問４　供託金制度は，売名のためなど，無責任な立候補を防ぐための制度である。なお，供託金の返還に必要とされる得票数である「供託金没収点」は選挙の種類によって異なるが，参議院の選挙区選挙の場合は「有効得票総数をその選挙区の議員定数で割った商の８分の１」とされている。

問５　ア　女性の選挙権と被選挙権は，第二次世界大戦直後の1945年12月の普通選挙法改正によって認められた。よって，正しい。　イ　普通選挙とは，財産による制限がなく，一定年齢以上の国民に選挙権があたえられる選挙のことで，反意語は「制限選挙」である。　ウ　普通選挙法が成立し，男子普通選挙が認められたのは大正時代の1925年である。　エ　公職選挙法が改正され，選挙権の年齢がそれまでの20歳以上から18歳以上に引き下げられたのは2015年のことで，国政選挙で初めて適用されたのは2016年の参議院議員通常選挙である。

問６　参議院には，衆議院の行きすぎをチェックする機能が期待されており，そのため被選挙権の年齢も高く，議員の任期も長く設定されており，任期途中での解散もない。つまり，任期が短く，解散があるため，その時々の民意が反映されやすい衆議院に対して，長期的な視野にもとづいて国政について考え，時間をかけて多様な視点から審議することが求められている。参議院が「良識の府」とよばれるのは，そうした特質によるものである。

6　ゲーム理論についての問題

問１　問題文より，ＡとＢは互いに相談ができず，２人が同時に自白か黙秘かを選択するため，表にあるような可能性からそれぞれ自分の行動を選択すると考えられる。例えば，Ａが黙秘を選択した場合，Ｂが黙秘したときには懲役《ちょうえき》４年，Ｂが自白したときには懲役15年となる。また，Ａが自白を選択した場合，Ｂが黙秘したときには懲役１年，Ｂが自白したときには懲役８年となる。このとき，Ａが選択できる行動から，最も刑期が長くなる可能性があるのは黙秘を選択した場合の懲役15年で，最も刑期が短くなる可能性があるのは自白を選択した場合の懲役１年である。さらに，Ａが自白を選択したときには，刑期は長くても懲役８年になるので，黙秘を選択して懲役15年になるより短い刑期を選択することができる。したがって，自分の刑期をできる限り短くしたいと考えたときに，ＡとＢはともに自白を選択すると考えられる。

問２　ＡとＢが互いにとっての利益を考えるのであれば，協力をして２人とも黙秘を選択することで互いの刑期を懲役４年にできるが，一方が協力しなければ協力しなかったその人が利益を得る場合，２人とも協力しなくなり，結果的に互いに懲役８年となって利益を失うような状況を囚人《しゅうじん》のジレンマという。

理 科 （40分）<満点：80点>

解 答

1 **問1** ⑴ 解説の図①を参照のこと。 ⑵ 解説の図②を参照のこと。 ⑶ 解説の図③を参照のこと。 **問2** 46.8度 **問3** エ，カ **問4** 不整合 **問5** 花こう岩 **問6** （例） 海水と淡水が混じる河口や湖 **問7** D，E，Z，X，F，Y

2 **問1** ア 毛 イ 乳 **問2** ア うろこ イ 肺 ウ 粘膜 エ 皮ふ **問3** （例） カエル，サンショウウオ **問4** こうおん **問5** 横かく膜 **問6** 12 **問7** **ほ乳類**…下の図A **は虫類**…下の図B **問8** 下の図C

3 **問1** B，F **問2** C，E **問3** イ，エ **問4** 14回 **問5** 1.5倍 **問6** 75cm³ **問7** 25cm³ **問8** オ

4 **問1** （例） 気泡が熱を伝えにくいから。 **問2** 4倍 **問3** 下の図D **問4** 220g **問5** 580g **問6** イ，ウ **問7** フロン

図A

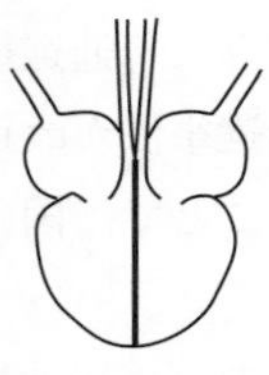

図B

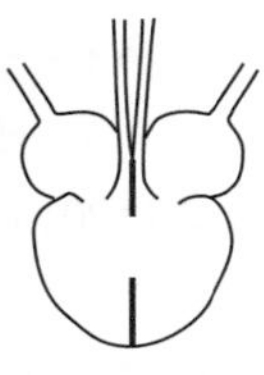

図C

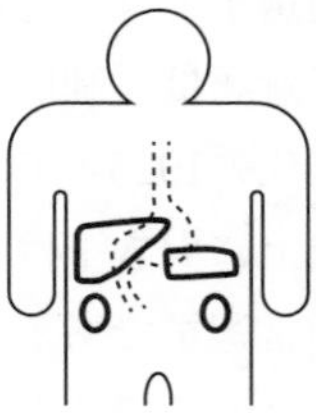

図D

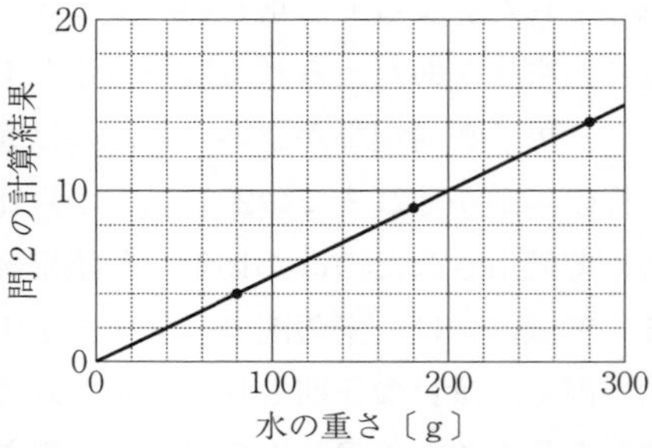

解 説

1 **太陽の動き，地層についての問題**

問1 ⑴ 北半球で春分の日や秋分の日には，太陽は真東からのぼり，真西に沈《しず》む。北緯《い》45度の地点では，太陽の南中高度が，90－45＝45(度)となるため，下の図①のように，天頂と南を結ぶ円周上のちょうど真ん中を通る道すじをえがく。 ⑵ 下の図②のように，赤道上では，秋分の日に真東からのぼった太陽は，頭の真上(天頂)を通って真西に沈む。 ⑶ 夏至の日には，北極では太陽が同じ高度のところで地平線に平行に周回する。このときの太陽の高度は，公転面に立てた垂直な線と地軸《じく》とがなす角度(23.4度)に等しい。よって，90÷4＝22.5(度)より，下の図③のように，地平線から1つ目の白点よりやや上の位置で地平線に平行に円をえがく。

図①

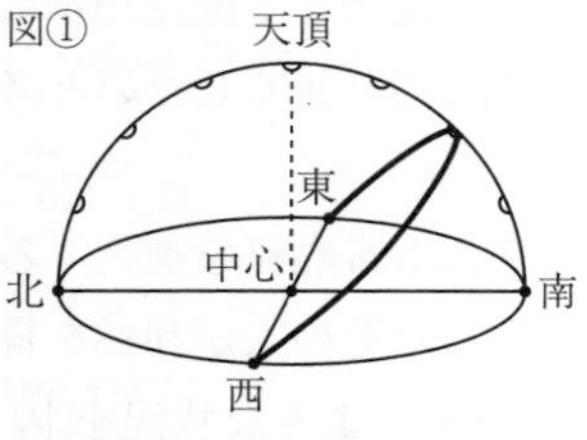

図②

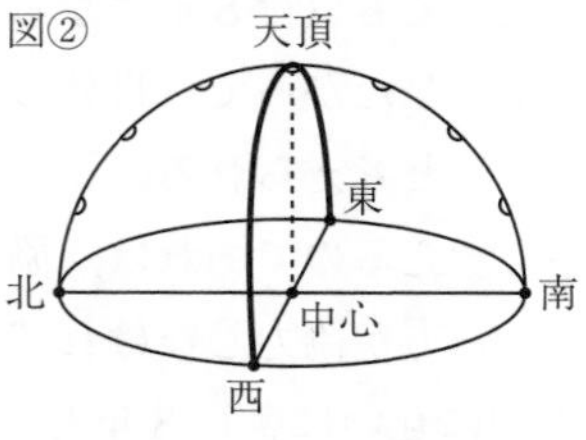

図③

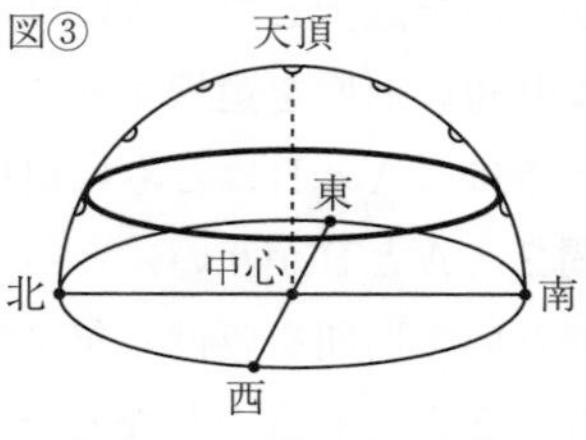

問2 北緯35度の地点での，夏至の日の太陽の南中高度は，春分の日・秋分の日の太陽の南中高度より23.4度高く，冬至の日の太陽の南中高度は，春分の日・秋分の日より23.4度低い。したがって，

その差は，23.4×２＝46.8(度)となる。

問３　地層Ｂから見つかったキョウリュウの化石は，中生代の示準化石(地層ができた年代を知る手がかりとなる化石)である。したがって，地層Ｂより下の地層Ａから見つかる化石には中生代の示準化石であるアンモナイトか，中生代より前の古生代の示準化石で，フズリナ，サンヨウチュウが当てはまる。また，地層Ｂより上の地層Ｃから見つかる化石は，中生代か新生代の化石であり，ここではアンモナイトが当てはまる。よって，エとカが適する。

問４　地層のある地域が陸になると，地表面が雨や風などでけずられ，その後，再び海に沈んだときに地層の重なりが不連続になる。このような，長い時間をはさんだ地層の積み重なり方を不整合という。

問５　鉱物としてセキエイ，チョウセキ，クロウンモをふくむ火成岩(マグマが冷えてできた岩石)のうち，鉱物の粒《つぶ》が大きく成長しているのは，地下の深いところでマグマがゆっくりと冷えてできた花こう岩である。

問６　シジミは，淡《たん》水と海水が混じっているところに生息している。よって，地層下は，シジミの化石が見つかっていることから，河口付近や湖などでたい積してできた地層であると考えられる。

問７　この場所では地層の逆転は起こっていないので，地層Ｄと地層Ｅでは下にある地層Ｄの方が古い。地層Ｄと地層Ｅを貫《つらぬ》いているＺがそのあとに続き，その上部がけずられてＸができ，その上にＦの層がたい積した。Ｙの断層は地層Ｅ，地層Ｆを通っているので，最後に生じている。

2　動物の分類と特徴《とくちょう》についての問題

問１　一般《いっぱん》に，ほ乳類とは，体が毛(体毛)でおおわれていて，子どもを卵ではなく子のすがたで産み(胎《たい》生)，親が子に乳をあたえて育てる動物である。ほ乳類にはイヌやネコ，サル，ヒトなどが属する。

問２　ヤモリはは虫類とよばれるグループ，イモリは両生類とよばれるグループに属する。は虫類のヤモリの体はうろこでおおわれ，子も親も肺で呼吸する。両生類のイモリの体は粘膜《ねんまく》でおおわれ，子はおもにえらと皮ふで，親は肺と皮ふで呼吸する。

問３　イモリと同じ両生類のグループには，カエルやサンショウウオがいる。

問４　ほ乳類と鳥類は，まわりの温度に関係なく体温がほぼ一定に保たれている動物で，恒温《こうおん》動物とよばれる。

問５　ほ乳類の肺には筋肉がなく，ろっ骨についた筋肉と，肺の下で胸部と腹部を上下に分けるように横断する横かく膜という筋肉の膜を動かすことで呼吸をしている。

問６　鳥類のなかまに属するのは，スズメ，カラス，トキ，ハト，カモ，ワシ，キジ，コウノトリ，ペンギン，クジャク，カワセミ，ダチョウの12である。

問７　ほ乳類の心臓は２心房《ぼう》２心室のつくりをしているため，左右の心室の間に境界線を引く。は虫類の心臓も２心房２心室だが，心室を分ける壁《かべ》が不完全で完全に分かれていない。そのため，静脈血と動脈血が混ざってしまう。

問８　肝《かん》臓はろっ骨のすぐ下くらいの高さにある最大の臓器である。すい臓は胃のうしろ(背中側)あたりにある。じん臓は背中側でへそと同じくらいの高さに左右に１つずつある。

3　水溶液《すいようえき》の性質，中和についての問題

問１　青色リトマス紙につけたときに，リトマス紙の色が赤く変わるのは酸性の水溶液である。こ

こでは，Bのお酢《す》，Fのホウ酸水が当てはまる。

問２　フェノールフタレイン溶液を加えると赤色を示すのは，アルカリ性の水溶液である。ここでは，Cの石灰水，Eのアンモニア水が選べる。

問３　アについて，酸性の水溶液のうち固体が溶《と》けているのはFのホウ酸水である。なお，お酢に溶けている酢酸《さくさん》は常温(20℃くらい)では液体だが，冷やすと固体になる。イについて，アルカリ性の水溶液のうち，Cの石灰水は固体の消石灰(水酸化カルシウム)が溶けた水溶液，Eのアンモニア水は気体のアンモニアが水に溶けた水溶液である。ウについて，Gの食塩水は中性の水溶液だが電気を通す。エについて，酸性の水溶液とアルカリ性の水溶液を混ぜると中和という反応が起こり，必ず熱が発生する。

問４　BTB溶液は酸性のときに黄色，中性のときに緑色，アルカリ性のときに青色になる。混合液中の塩酸がなくなるとそれ以上中和は起こらない。よって，BTB溶液が中性の緑色を示すまでは中和が生じているので，表１より，中和が生じた操作の回数は，ビーカーAでは４回，ビーカーBでは６回である。また，ビーカーCでは，加えた水酸化ナトリウム水溶液の体積が$30cm^3$と$40cm^3$の間でちょうど中和しているので，４回目まで中和が起こっている。以上より，中和が生じた操作の回数は，$4+6+4=14$(回)となる。

問５　塩酸の体積が一定のとき，ちょうど中和するのに必要な水酸化ナトリウム水溶液の体積は塩酸の濃《こ》さに比例する。表１より，塩酸A$50cm^3$をちょうど中和するのに必要な水酸化ナトリウム水溶液は$40cm^3$，塩酸B$50cm^3$のときは$60cm^3$なので，塩酸Bの濃さは塩酸Aの，$60 \div 40 = 1.5$(倍)とわかる。

問６　塩酸Aと水酸化ナトリウム水溶液がちょうど中和するときの体積比は，$50:40=5:4$である。したがって，水酸化ナトリウム水溶液$100cm^3$をちょうど中和するには，$100 \times \frac{5}{4} = 125(cm^3)$の塩酸Aが必要である。よって，塩酸Aを，さらに，$125-50=75(cm^3)$加える必要がある。

問７　問６より，塩酸A$125cm^3$と水酸化ナトリウム水溶液$100cm^3$がちょうど中和するので，塩酸A$125cm^3$と水酸化ナトリウム水溶液$130cm^3$を入れた後のビーカーには，水酸化ナトリウム水溶液が，$130-100=30(cm^3)$余っている。この水酸化ナトリウム水溶液とちょうど中和する塩酸Bの体積は，$50 \times \frac{30}{60} = 25(cm^3)$と求められる。

問８　塩酸A$50cm^3$に溶けている塩化水素の重さを１とする。すると，問４より，塩酸Bに溶けている塩化水素の重さは1.5となる。操作①を行ったとき，ビーカーAには，塩化水素，$1-1 \times \frac{30}{40} = \frac{1}{4}$が余り，操作②を行ったとき，ビーカーBには，塩化水素，$1.5-1.5 \times \frac{40}{60} = \frac{1}{2}$が余っている。よって，それぞれに残った塩酸の濃さは，ビーカーAが，$\frac{1}{4} \div (50+30) = \frac{1}{320}$，ビーカーBが，$\frac{1}{2} \div (50+40) = \frac{1}{180}$となるので，ビーカーAの方がビーカーCより濃さが小さいことがわかる。また，表１より，塩酸Cの濃さは塩酸Aより小さいので，操作③を行ったあとのビーカーCに残った塩酸の濃さは，操作①を行ったあとのビーカーAよりも小さくなる。よって，塩酸の濃さが小さい順に，操作③，操作①，操作②とわかる。

４　熱の量と温度，熱の移動についての問題

問１　空気は熱を伝えにくいので，プラスチックに気泡《きほう》(空気)をふくませた発泡スチロールは熱を伝えにくくなっている。

問2　表より，実験1では，水の温度は20℃から32℃まで，32－20＝12(℃)上がって，金属球の温度は80℃から32℃まで，80－32＝48(℃)下がっている。よって，金属球の温度変化は水の，48÷12＝4(倍)になっている。

問3　(金属球の温度変化)÷(水の温度変化)の値は，実験2では，(80－26)÷(26－20)＝9(倍)，実験3では，(80－24)÷(24－20)＝14(倍)になっている。これらの値と問2で答えた値を用いてグラフをかくと，グラフは直線になる。

問4　かき混ぜた後の温度が25℃になったとき，水の温度変化は，25－20＝5(℃)，金属球の温度変化は，80－25＝55(℃)であるから，(金属球の温度変化)÷(水の温度変化)の値は，55÷5＝11(倍)である。問3でかいたグラフから，水の重さと，(金属球の温度変化)÷(水の温度変化)の値は比例しているとわかるので，このときの水の重さは，$80\times\frac{11}{4}=220$(g)と求められる。なお，問3でかいたグラフから縦軸《じく》の値が11のときの横軸の値を読み取ってもよい。

問5　問4と同様に考えると，温度変化は金属球が，80－22＝58(℃)，水が，22－20＝2(℃)だから，(金属球の温度変化)÷(水の温度変化)の値は，58÷2＝29(倍)である。よって，$80\times\frac{29}{4}=580$(g)とわかる。

問6　気体は圧縮すると温度が上がり，膨張《ぼうちょう》させると温度が下がる。冷房では，室内機の中で，膨張させて温度が下がった冷媒《れいばい》を室内の空気にふれさせることで，空気を冷やす。室内の空気から熱を吸収した冷媒は，その後，室外機に送られて圧縮される。この圧縮された冷媒を室外の空気にふれさせることで，冷媒を冷やしている。このとき，冷媒を圧縮するのは，冷媒の熱を外に逃がすために，外の気温より冷媒の温度を上げるからである。

問7　過去に冷媒として使用されてきたフロンは，上空にあるオゾン層を破壊《はかい》することがわかり，現在では使用が禁止されている。オゾン層は太陽から届く紫外《しがい》線を吸収するはたらきをしているため，オゾン層が破壊されると地表に届く紫外線の量が増え，生物に悪い影響《えいきょう》をあたえる。

国語　(50分)　＜満点：100点＞

解答

一　**問1**　下記を参照のこと。　**問2**　イ　**問3**　自分のことなどわからなくてよい(という状況。)　**問4**　エ　**問5**　ア　**問6**　ウ　**問7**　A　しらせ　B　いき　**問8**　イ　**問9**　(例)　一度描いたビジョンにこだわらず，何度でも考えてかたよった見方などを正し，当初の考えをふまえて新たな方向へ設定し直すこと。　**問10**　イ，オ　二　**問1**　下記を参照のこと。　**問2**　イ　**問3**　エ　**問4**　エ　**問5**　ウ　**問6**　(例)　動物は他の生き物を食べて生きているから。　**問7**　(1)　イ　(2)　カ　(3)　オ　**問8**　ア　**問9**　(1)　ウ　(2)　(例)　相手が自分に害を加える危険があり，自分の身を守るには殺すしかないという事態になったとしても，それは許されないのではないか(という苦しみ……)

●漢字の書き取り

一　問1　a　**経路**　b　**築**　c　**幕**　d　**複雑**　二　問1　a　**保護**　b　**武器**　c　**委**　d　**帯**

解　説

一　**出典は倉下忠憲《くらしたただのり》の『すべてはノートからはじまる―あなたの人生をひらく記録術』による。**総体として自分の理解を深めるためには「ノート」を書くことがよいと勧《すす》め，ノートを書くことの効用，書き方などを説明している。

問1　**a**　ものごとがたどってきた過程。プロセス。　**b**　音読みは「チク」で，「建築」などの熟語がある。　**c**　「幕が閉じる」で，“ものごとが終わる”という意味。　**d**　こみいっているようす。

問2　筆者は，実際に「立ち現れた行動という結果」ではなく，そこに至るまでの当人の思惟《しい》の経路や感情，意志にこそ「自分」を解き明かす(「自分」についての知見を得られる)要素があると述べている。しかし，近年におけるIT化の根幹をなす「ビッグデータ」は，人々の取った行動の「結果」にしか興味を示さないというのである。直前で，どれだけ情報が集まっても，「あなたはだれなのか」を知ることはないと説明されているとおり，表面的なものだけを情報として集めた「ビッグデータ」の中からは，自らの全体像を見出《みいだ》すことなどできないのだから，イがふさわしい。

問3　「そうした状況《じょうきょう》」とは，ITのリコメンドや消費をさそう広告，アクセスかせぎのコンテンツなどの情報にとらわれ，人々が「自分」という存在に注意を向けなくなることを指している。これについて筆者は，本文の最初で「自分のことなどわからなくてよい」という状況だと表現している。

問4　続く部分で筆者は，「〜〜のために」とノートに書き残したものが，ぜんぜん別のことに役立つこともあると述べている。よって，境界を越《こ》える性質を表すエの「越境《えっきょう》性」が合う。

問5　自分の思いをこえて想定外の結果を招くことを，筆者は「誤配」と表現している。続く部分に「書き手が読み手のことを考えて文章を書き，読み手が書き手のことを考えてその文章を読む」とあるとおり，「直接」伝えられるものとは違《ちが》い，「文章」は著者と読者の間に距離《きょり》があるために「誤配」が起きるのだから，アが合う。

問6　「アルゴリズム」は，計算や問題解決の手続きをいい，決まった手順をふめば正しい答えにたどり着くことが保証されている。「思ったこと」がそのまま相手に伝わって「それ以上の出来事」が生じないのならば，必ず正解が得られる計算方法と同じようなものだと筆者は言っているのだから，ウがふさわしい。

問7　「虫がいい」は，自分の都合ばかりで身勝手なさま。ほかに，「虫の居所が悪い」「飛んで火に入る夏の虫」「獅子身中《しししんちゅう》の虫」など，「虫」を使った成句は多い。　**A**　「虫の知らせ」は，何となくよくないことが起こりそうだと感じること。　**B**　「虫の息」は，弱々しく，今にも息絶えそうなようす。

問8　筆者は，「未来のことを考え」て書かれたものと読み手との間に生まれる「誤配」を通じ，「自分」をこえることができると述べている。ただし，「未来のこと」を考え，書きつけるとしても「支離滅裂《しりめつれつ》な文章」を，「適当に解釈《かいしゃく》してください」という姿勢では「誤配」など生まれないとも指摘している。よって，ア，ウ，エは正しい。一生懸命《けんめい》に書けば「熱意」が相手に伝わるということは述べられていないので，イがふさわしくない。

問9　「それ」は，直接には同じ段落の前の内容を指す。自らが「一度」思った内容にとらわれず「たびたび足を止めて考え直すこと」を可能にするのが，ノートなのである。筆者は，ノートに未来のビジョンを書くときにはさまざまに考え，「何度も読み返し，書き直す」ことを勧めている。つまり，書いたものにひそむ「誤解や無知やバイアス」，「自分のやりたいことと，それを表すための表現」のミスマッチなどを修正するわけだが，そのさいには，前のものをすべて「なかったこと」にするのではなく，「一つの変化として，あるいは一つのプロセスとして」書き直し，「過去からの矢印」を引き受けたうえで「新しく矢印を設定する」必要があるというのである。これらをもとに，「一度思い描いたとしても，誤解や無知やバイアスがひそむビジョンをそのままにせず，何度でも考えて新しく方向を設定し直すこと」のようにまとめる。

問10　本文では「ノートの書き方」については説明されておらず，「筆者の体験」も示されていないので，イとオが誤り。

二　**出典は柏原兵三《かしわばらひょうぞう》の「蜂《はち》の挿話《そうわ》」による。**バスに蜂が舞《ま》いこみ，幼いころ蜂に刺《さ》された「私」が恐怖《きょうふ》にとらわれていたとき，男女の二人連れが乗車してきて女が蜂を退治する。

問1　**a**　危険などから弱いものを助け守ること。　**b**　敵を攻撃《こうげき》したり自分を守ったりするための道具。　**c**　音読みは「イ」で，「委任」などの熟語がある。　**d**　音読みは「タイ」で，「熱帯」などの熟語がある。訓読みには他に「おび」がある。

問2　幼年時代，大きな蜂に首筋を刺されたことのある「私」は，いま，バスの中に舞いこんだ蜂にたいへんな恐怖を覚えているほか，本文の後半からもうかがえるとおり，同じころにした経験から，人間が他の生き物の「生命」をうばう傲慢《ごうまん》さにも嫌気《いやけ》がさしている。つまり，今の「私」は蜂に対して身動きが取れない状態にある。そのような中で現れた男女の二人連れに「味方を得たような安堵《あんど》の気持ち」を抱《いだ》いたのだから，イが選べる。なお，「私」は人間が生き物の「生命」を奪《うば》うことに嫌悪《けんお》感を覚えているので，「殺して」とあるアは誤り。また，男女の二人連れは，「私」にとって「味方」なので，「二人連れのほうに蜂の標的が移動」するのを期待したウも正しくない。続く部分に「おもむきを変えて」（違った形で＝この時点で抱いていた思いとは異なり）とあることもウが合わない理由として参考になる。さらに，恐怖から「私」は蜂に対し身動きが取れずにいるのだから，「三人で協力する」つもりもないはずである。よって，エもふさわしくない。

問3　頭上を旋回《せんかい》する蜂に対し，男は恐怖を覚えているものの，一向に何らかの手段を講じるそぶりも見せずにいる。攻撃性に転じるとまどいではなく，ただ自らに危険が降りかかってこないようにと願いつつ動揺《どうよう》しているさまを，「人のよい当惑《とうわく》」と表現しているので，エが合う。なお，「当惑」は，どうしてよいかわからず戸惑《とまど》うこと。

問4　「のたうつ蜂に最後のとどめを刺そうと」日傘《ひがさ》を床《ゆか》に向けた女のようすを見て，男は「両手で顔をおおっ」ているので，蜂の生命が失われる瞬間《しゅんかん》におびえ，それを見まいとしていることがうかがえる。また，蜂が死んでから「顔をおおっていた両手を払《はら》って」いるので，残酷《ざんこく》なできごとが早く済んだことを願っていたのだろうとも読み取れる。一方，女の動作と蜂の死ぬところを観察していた「私」が「目をつむった」のは，「生命」へと偏執《へんしゅう》していた幼年時代のころにさいなまれた「業苦《ごうく》」が再び襲《おそ》ってくるのではないかと恐怖したからである。よって，エがあてはまらない。

問5　直後に，直《じか》に手を下して殺すより，大砲《たいほう》で遠方の相手を殺す方が，「殺人という実感」が希《き》薄《はく》になると書かれている。このことは，同じ殺人であることには変わりがないのに，異なった反応を示す「人間の心」の身勝手さを表している。よって，対面よりメールやメッセージアプリの方が，言いづらいことも伝えやすいとしたウが，同じ心の動きだといえる。ア，イ，エは，身勝手な心の動きにあてはまらない。

問6　続いて「そこでは何も食べなくて生きて行くことが出来る」とある。つまり，動物は他の生き物を食べて生きているので，「私」の考える「天国」にはふさわしくないのである。これをもとに「他の生き物を食べて生きている存在だから」のような趣旨《しゅし》でまとめる。

問7　「白砂青松《はくしゃせいしょう》」「青天井《てんじょう》」など，「青」や「白」を用いた言葉は多く存在する。　(1)「青写真」は，将来への構想。　(2)「白眼視」は，冷ややかな態度を取ること。　(3)「青天白日」は，疑いがはれ，無実となること。

問8　蜂の死骸がなくなって，二人連れは「何事も起こらなかった」ように楽しげに語らっている。一方，「私」は「ついいま蜂が殺された」場所を見て，幼年時代に「他の命」を奪いたくないという考えにとらわれていた「業苦」の「襲来《しゅうらい》」を恐《おそ》れているのだから，アがよい。

問9　(1)「偏執観念」と「固定観念」のちがいについて，本文を「よく読んでみて」と〈さなえ〉に言われた〈あずさ〉が，「幼年時代のあの恐怖に似た」とあることからも「それがわかるね」と，〈さなえ〉の意見に同意している。幼年時代の「偏執観念」は，生き物を食べて生き永らえることを「業苦」と感じるものだった。今，同乗の女に蜂が殺されたのを見て，昔と似た「固定観念」にとらわれるようになるのではと恐れている。それは，自分の身が危《あや》うくなったとき危害を加える相手を殺していいのかという考えに，とらわれることへの恐れである。つまり，偏執観念は幼年時代のこと，固定観念はこれから起きるかもしれないことだから，ウが合う。　(2)　固定観念は，(1)でもみたが，自分の身が危うくなったとき危害を加える相手を殺していいのかという考えにとらわれることである。これをもとに，「自分の生命を守るために，我が身に危害を加えるものを殺す権利など人間にないのではないか，少なくとも自分には受け入れられない」(という苦しみ……)のような趣旨でまとめる。

※編集部注…学校より，二の問１―ｂ「ぶき」，―ｄ「お」の漢字の書き取りについて，試験教室内の掲示《けいじ》物等に該当《がいとう》する漢字が含《ふく》まれていたため，解答の有無・内容にかかわらず受験生全員を正解としたとの発表がありました。

Memo

Memo

2022年度　早稲田大学高等学院中学部

〔電　話〕　(03) 5991－4151
〔所在地〕　〒177-0044　東京都練馬区上石神井3－31－1
〔交　通〕　西武新宿線－「上石神井駅」より徒歩7分

【算　数】（50分）〈満点：100点〉

注意　1．式や考え方を書いて求める問題は，解答用紙の指定された場所に式や考え方がわかるように書いてください。

2．分数は，それ以上約分できない形で表してください。また，帯分数は使わず，仮分数で表してください。

1　次の問いに答えなさい。

(1)　$2.71-\left(2+\frac{1}{2}+\frac{1}{6}+\frac{1}{24}\right)$を計算しなさい。

(2)　次の式において，5つの□には同じ1けたの自然数が入ります。□に入る数を求めなさい。

$$\frac{335\times336\times337}{\square\times(\square+1)\times(\square+2)}=2010\div(\square\times\square)\times2022$$

(3)　1から6までの数字が1つずつ書かれたカードがそれぞれ1枚ずつ，合わせて6枚あります。このカードをすべて使い，2けたの数を3つ作り，それぞれをA，B，Cとします。AをBで割ったときの商は2で，あまりはCになりました。このとき，A，B，Cを求めなさい。

(4)　次の[あ]～[え]に＋，－，×，÷のどれかを1つずつ入れて，正しい式をつくりなさい。ただし，同じひらがなのところには同じものが入り，[あ]～[え]にはそれぞれ違うものが入ります。

2 [あ] 3 [あ] 4 [い] 5 = 6 [あ] 7 [う] 8 [え] 9 [い] 10

(5)　右の図のように，正三角形ABCの辺AB上に点Eがあり，正三角形ABCから角Dの大きさが90°の直角三角形BDEを切り取ります。点Bを固定したまま点Eが辺CBの延長線上に来るまで直角三角形BDEを時計の針の回転と反対の向きに移動させました。点Dが動いてできる線の長さが25.12cm，点Eが動いてできる線の長さが31.4cmでした。このとき，辺DEが通過する部分の面積を求めなさい。ただし，円周率を3.14とします。

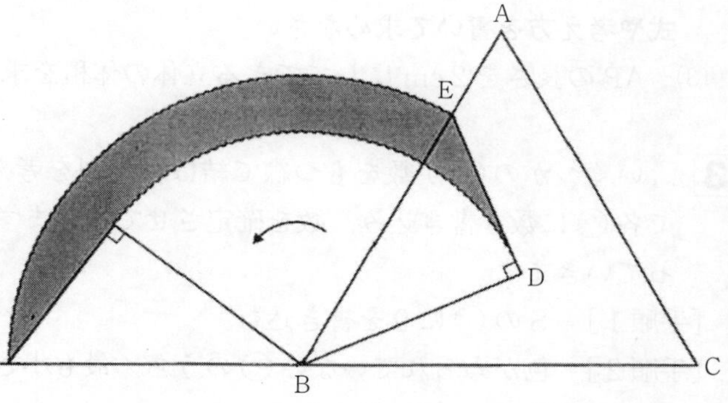

2　1辺の長さが6cmの立方体について，次の操作を行います。

［操作1］　立方体のある頂点Aを通る3辺上に，頂点Aから等しい距離《きょり》にある3点P，Q，Rをとる。それら3点を通る平面で，頂点Aを含む三角すいを切り取る。ただし，APの長さは3cm以下にする。

［操作2］　8つのすべての面が，［操作1］でできた断面の正三角形PQRと合同である立体を用

意する。この立体の１つの面と正三角形 PQR がちょうど重なるようにはり合わせる。

［操作３］　頂点Ａだけでなく，他の７つの頂点にも，上の［操作１］，［操作２］と同じ操作を行う。

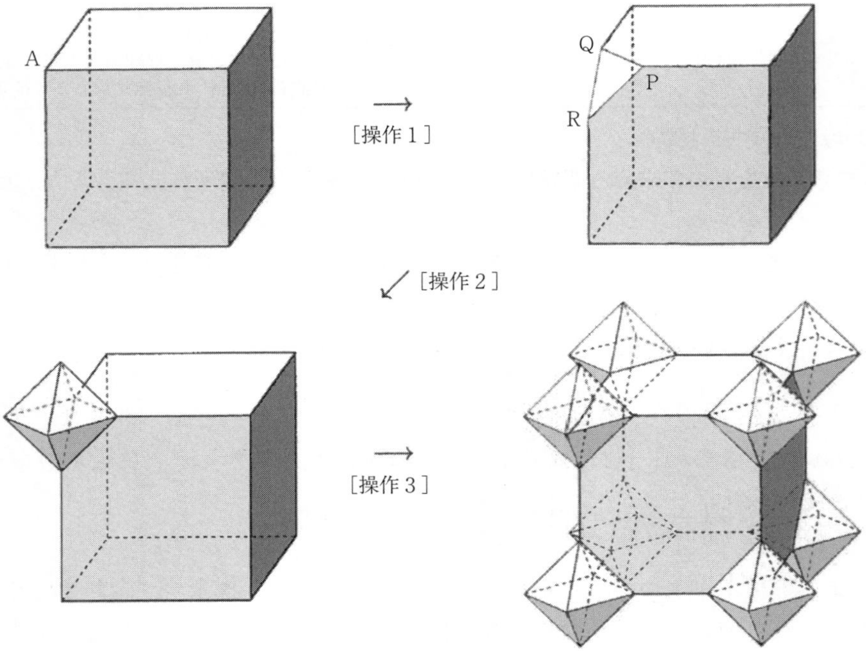

すべての操作を終えてできる立体について，次の問いに答えなさい。

(1)　①　AP の長さを2.5cm にしてできる立体の辺の本数を求めなさい。

②　AP の長さを３cm にしてできる立体の辺の本数を求めなさい。

(2)　AP の長さを３cm にしてできる立体の体積は，最初の立方体の体積の何倍になりますか。**式や考え方を書いて**求めなさい。

(3)　AP の長さを２cm にしてできる立体の体積を求めなさい。

3　いくつかの◯が数をもつ線で結ばれた図を考えます。次の手順で，Ｓの◯からＧの◯まで各◯に数を書き込み，数を確定させていきます。数が確定した◯には，目印として色をぬっていきます。

［手順１］　Ｓの◯に０を書き込む。

［手順２］　色がぬられていない◯のうち，最も小さい数が書かれた◯を１つ選び，数を確定させてその◯に色をぬる。

［手順３］　［手順２］で色をぬった●と直接結ばれた◯について，「●に書かれた数」と「●と◯を結ぶ線がもつ数」の合計を◯に書き込む。直接結ばれた◯が複数ある場合，すべての◯に同様に合計を書き込む。ただし，すでに◯に数が書かれている場合，書き込もうとする数がすでに書かれた数より小さいときは書きかえ，小さくないときは書き込まない。

［手順４］　Ｇの◯に色がぬられていれば終了し，そうでなければ［手順２］に戻る。

例えば，下の図1が与えられた場合，次のように数を確定していきます。

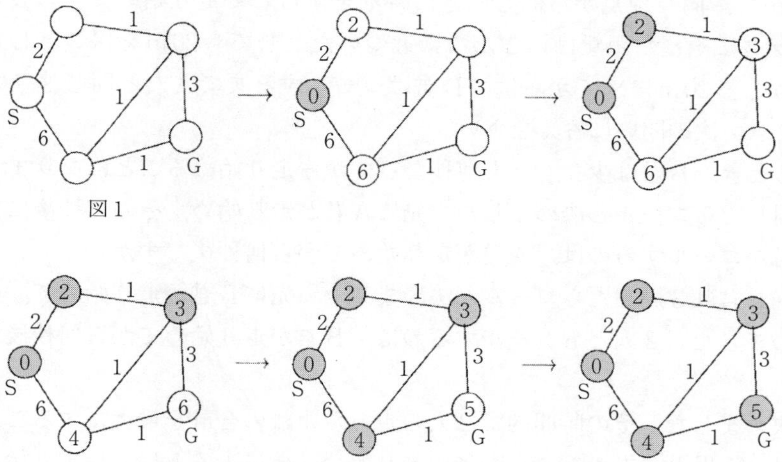

図1

このとき，次の問いに答えなさい。

(1) 下の図2において，上の手順を終えたあとにGの ◯ に確定される数を求めなさい。

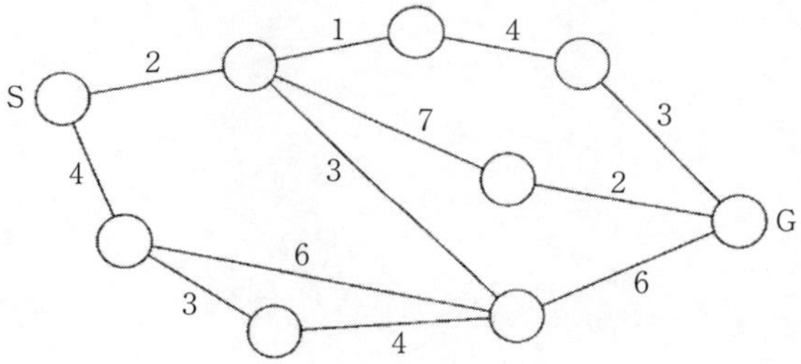

図2

(2) 下の図3において，上の手順を終えたあとにGの ◯ に確定される数を求めなさい。

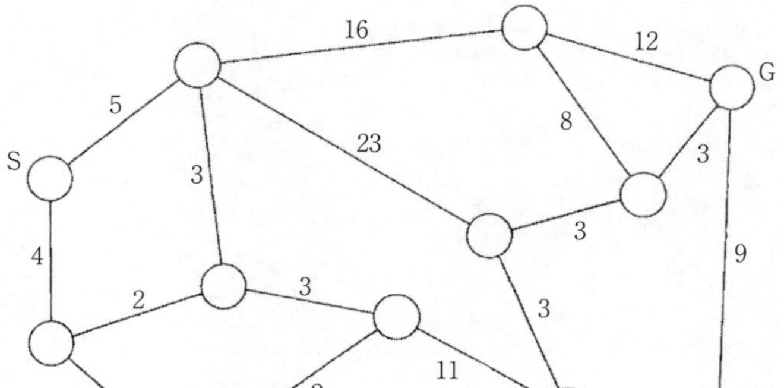

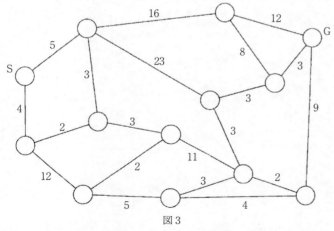

図3

(3) 上の図3において，線を1つ取り除くことを考えます。

① Gの ◯ に確定される数が線を取り除く前と変わらないような線の取り除き方は何通りありますか。**式や考え方を書いて**求めなさい。

② Gの ◯ に確定される数が最も大きくなるように線を取り除きます。取り除く線がもつ数と，Gの ◯ に確定される数を求めなさい。

4　１周400mの競技場のトラックで，Ａ君とＢ君の２人が走る練習をします。Ａ君は分速160m，Ｂ君は分速200mで，同じ地点から同じ向きに時刻をずらして走り始めます。２人が走っているときのトラックにそった距離《きょり》は，どんなに近づいたとしても20mを保つとします。ただし，Ｂ君がＡ君のうしろ20mに来てからは，Ｂ君はゴールするまでＡ君と同じ速さで走るものとします。このとき，次の問いに答えなさい。

(1)　Ａ君が先に走り始めるとき，Ｂ君は少なくとも何秒たってから走り始めることになりますか。

(2)　２人は，２人とも１周したらゴールと決めました。先にＡ君が走り始め，その15秒後にＢ君が走り始めました。Ｂ君がゴールするのは，Ａ君が走り始めてから何秒後ですか。

(3)　２人は，Ａ君は２周，Ｂ君は３周したらゴールと決めました。先にＢ君が走り始めて，その60秒後にＡ君が走り始めました。２人ともゴールするのは，Ｂ君が走り始めてから何秒後ですか。

(4)　練習時間を10分間と決めました。その時間内で２人の走った距離の合計を最大にすることを考えます。そのためには，Ａ君とＢ君のどちらが先に走り始め，後に走る人は先に走り始めた人の何秒後に走り始めればよいですか。また，このときの２人が走った距離の合計も求めなさい。

【社　会】（40分）〈満点：80点〉

1　日本の自然災害に関するあとの問に答えなさい。

問1　国土地理院では，過去の自然災害を記録した「自然災害伝承碑」を2019年から地図記号として使っている。その記号として正しいものを次から1つ選び，記号で答えなさい。

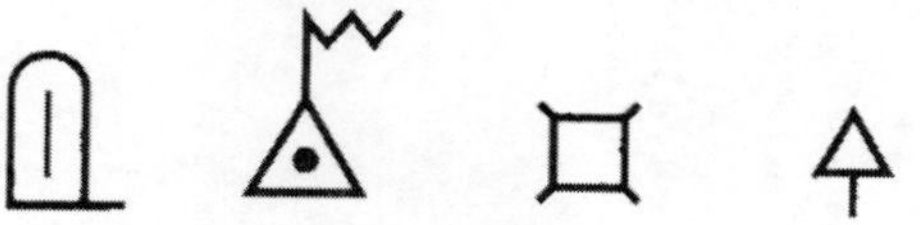

ア　　イ　　ウ　　エ

問2　次の**A**～**D**は，日本の一部の地域における，「自然災害伝承碑」を自然災害(1900年以降の主なもの)ごとに示したもので，選択肢**ア**～**エ**のいずれかである。**A**と**B**が示す自然災害として正しいものをあとの選択肢からそれぞれ1つずつ選び，記号で答えなさい。

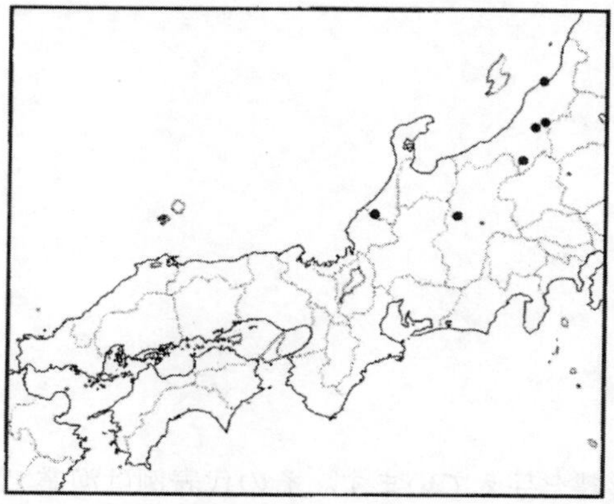

A

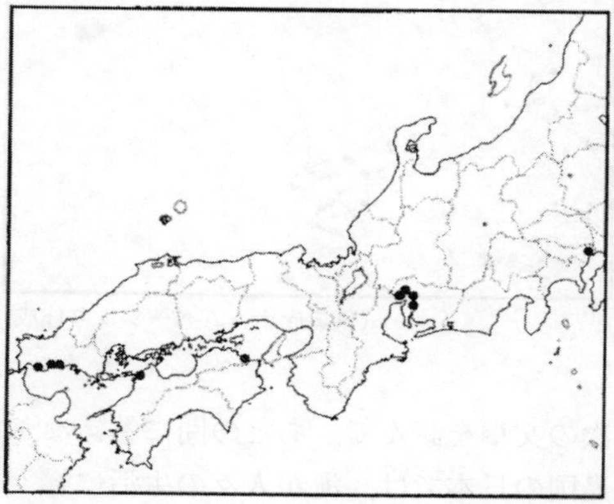

B

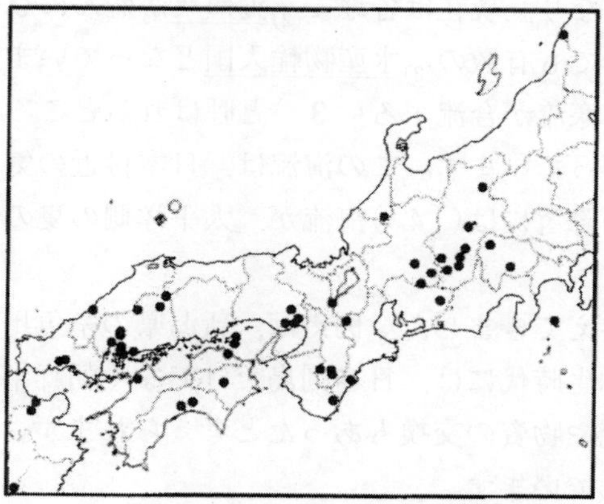

C

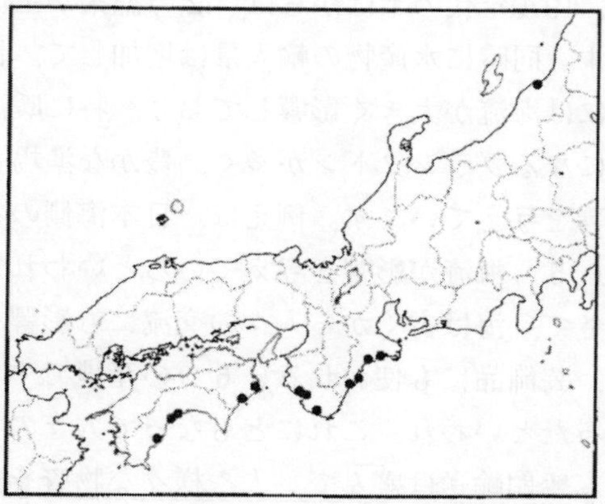

D

ア　高潮　　**イ**　津波　　**ウ**　土石流　　**エ**　雪崩

問3　次の図は，日本の一部の地域における，1961年から2019年までに起きた竜巻のうち，風力の強かったものを示している。図から，風力の強い竜巻がどのようなところで起きる傾向があるか述べなさい。

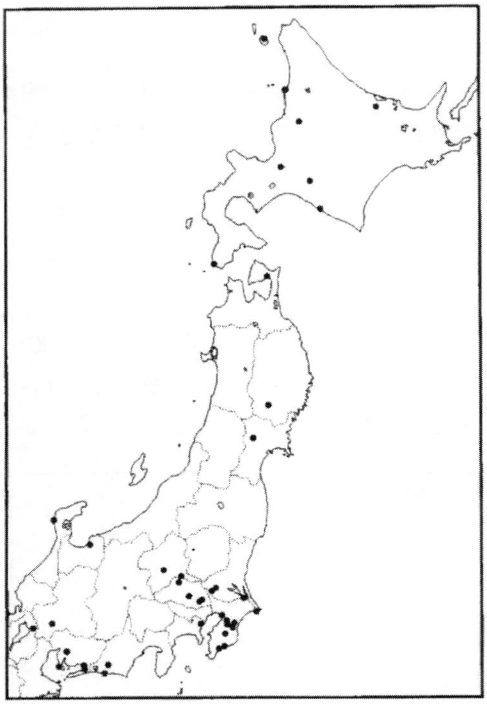

（気象庁ホームページより作成）

2　次の文章を読んで，あとの問に答えなさい。

島国の日本では，海が人々の生活に様々な影響を与えています。その代表例は漁業で，各地に①大きな漁港があります。日本では，かつて（　1　）漁業による漁獲量が最も大きかったですが，1970年代の半ばからは（　2　）漁業が主流となり，現在は各地で②養殖業が盛んになっています。同時に水産物の輸入量は増加して，世界でも有数の③水産物輸入国となっています。漁業には海流が大きく影響しており，特に暖流と寒流が合流する（　3　）と呼ばれるところは，えさになるプランクトンが多く，豊かな漁場となっています。この海流は，日本付近の気候にも影響を与えています。例えば，日本海側の冬の降雪には（　4　）海流が，太平洋側の夏の低温には（　5　）海流が影響を与えているといわれます。

さて，海は古くから人々の交流にも影響を与えてきました。例えば，新潟県の糸魚川市周辺は，装飾品にも使われる（　6　）の産地です。弥生時代には，日本列島だけでなく朝鮮半島にも渡ったといわれ，これにともなって人々の交流や物資の交換もあったと考えられます。現在でも④船舶輸送は盛んで，人や様々な物資を運んでいます。

ところで，最近では海の環境について心配なニュースも聞くようになりました。その１つは海水温の上昇です。例えば，2021年に⑤沖縄本島北部を含む地域が世界自然遺産に登録されることが決定しましたが，この地域の沿岸部は（　7　）に囲まれており，それらは豊かな生態系を生み出しています。しかし，海水温の上昇でそれらが死んでしまう現象が報告されています。そして，海を浮遊するプラスチックの問題もあります。プラスチックは海流によって，⑥海外からも運ばれてきます。これらは分解されにくく，長期間海に残るので，海洋生物が飲み込み死んでしまうこともあります。このことは漁業にも影響を与えますし，生態系の破壊にもつながります。日本近海には⑦貴重な動物もいますが，こうした動物を絶滅の危機にさらすことにもなりかねません。こうした事態を防ぐために，⑧プラスチックの利用に対して様々な取り組みがとられています。

問１　文章中の空欄（１）～（７）に当てはまる最も適切な語句を答えなさい。

問２　下線部①に関連して，次の図中の(あ)～(お)は，2019年の国内水揚量５位までの港の位置を示している。この中から，水揚量の最も多い港を１つ選び，記号で答えなさい。

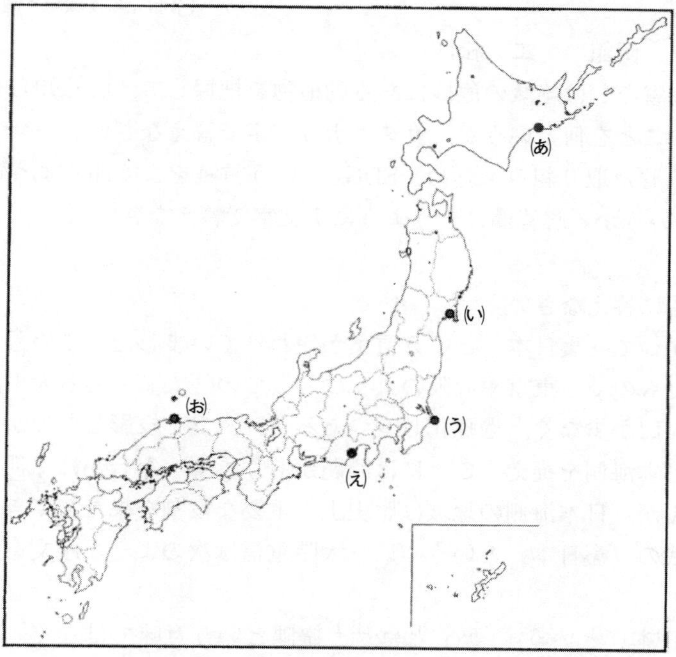

図

問３　下線部①に関連して，上の図中の(い)の港の名称を答えなさい。

問４　下線部②に関連して，右の表１は，2019年の養殖業における，ある水産物の収穫量の多い県を示したものである。この水産物として正しいものを選択肢から１つ選び，記号で答えなさい。

ア　のり類　　**イ**　ほたてがい

ウ　まだい　　**エ**　ます類

表１

主産地	割合（％）
長野県	20
静岡県	16
山梨県	12

（『日本国勢図会 2020/21』より作成）

問５　下線部③に関連して，次から日本がえびを最も多く輸入している国を１つ選び，記号で答えなさい。

ア　チリ　　**イ**　ノルウェー　　**ウ**　ベトナム　　**エ**　ロシア

問６　下線部④に関連して，日本国内の旅客船・鉄道・自動車・航空それぞれの旅客１人あたりの輸送距離を長い順に並べると，旅客船は何番目になるか。数字で答えなさい。

問７　下線部⑤に関連して，登録された地域の中で最も西に位置する島の名称を**漢字で**答えなさい。

問８　下線部⑥に関連して，次の表２は，４つの地域**Ａ～Ｄ**に漂着したペットボトルにどの国の言語が書かれているかを調べたもので，**Ａ～Ｄ**は，選択肢**ア～エ**のいずれかである。地域**Ｂ**

として正しいものを１つ選び，記号で答えなさい。

表２

A	割合（%）
日本	42
中国	8
不明	50

B	割合（%）
中国	41
その他の地域	14
日本	10
韓国	2
不明	33

C	割合（%）
中国	28
日本	23
韓国	9
不明	40

D	割合（%）
日本	93
中国	1
不明	6

（令和元年度環境省調査より）

ア　淡路　　**イ**　奄美　　**ウ**　函館　　**エ**　松江

問９　下線部⑦に関連して，環境省などは絶滅の危機にある動植物を把握して，広く知らせるため一覧を作成している。このことを何というか，カタカナ６文字で答えなさい。

問10　下線部⑧に関連して，こうした取り組みも含め，SDGsという言葉をよく聞くようになった。SDGsは日本語では何というか。解答欄に合うように７文字で答えなさい。

3　次の文章を読んで，あとの問に答えなさい。

日本海側の地域を指して，かつて「裏日本」という言葉が使われていました。この言葉は主に近代になってから用いられたもので，東京や大阪の人々にとっての「表」である太平洋側や①瀬戸内海沿岸と比較して，人口が少なく，過疎化しつつあるイメージを投影したのかもしれません。しかし，このように日本海側を捉えることには問題があります。たしかに②都や③幕府が置かれたことはありませんが，日本海側の地域は歴史上，重要な役割を果たしてきました。

1912年に刊行された久米邦武の『裏日本』という本に，大隈重信は次のような序文を寄せています。

この書は，名付けて『裏日本』という。「裏」とは注１僻隅《へきぐう》という意味ではなく，日本の「裏」は世界に対する「表」である。④日本の歴史は山陰の出雲から大和に発展した。国が外に向かって発展していた古代には「裏」が振るっていたが，⑤その後，国家による対外交流が衰退すると，「裏日本」の語は僻隅を意味するようになった。

（中略）

山陰は決して僻隅ではない。出雲，伯耆，（ **あ** ），但馬，丹後などの日本海に面した諸港は，現在の太平洋に面した横浜や神戸の港よりも大陸に近く，古来，⑥文明注２東漸《とうぜん》の通路であった。

（文章は易しく書き改めた）

注１　僻隅…都会から離れたへき地。

注２　東漸…東の方へ次第に伝わり，広まること。

大隈が述べているように，朝鮮半島やロシアの沿海州と日本海を隔《へだ》てて向かい合っている日本海側の諸地域では，大陸との間で活発な交流が行われていました。古代の朝鮮半島に所在した高句麗や渤海からの外交使節は，出羽や北陸・山陰の各地に来着しました。

日本海側は，中央との関係においても重要な地域でした。764年，政権を担っていた藤原仲《なか》麻《ま》呂《ろ》は，（ **い** ）天皇と光明皇后の娘である⑦孝謙太上《だいじょう》天皇と対立して反乱を起こしました。追討軍に追われた仲麻呂は都を脱出し，琵琶湖の北岸から峠を越えて，越前に逃れようとしました。越前は仲麻呂が強い影響力を有していた地域であり，そこからさらに海を越えて渤海に渡ろうとしていたと考える研究者もいます。結局，仲麻呂は途中で捕えられて殺されましたが，⑧仲麻呂がたどろうとした琵琶湖から越前への道は，後の時代になっても畿内と日本海側を結ぶ重要なルートでした。

こうした出来事を思い浮かべると，大隈が述べた「日本の『裏』は世界に対する『表』」という言葉の意味も理解できるでしょう。国家の側からだけでなく，地域の視点から考えてみることで，より豊かで多面的な歴史像が浮かび上がってくるのです。

問１　下線部①の沿岸地域における出来事として適切なものを１つ選び，記号で答えなさい。

ア　平氏によって厳島神社に平家納経がおさめられた。
イ　奥州藤原氏によって中尊寺金色堂がたてられた。
ウ　蒙古襲来に備えて石塁が築かれた。
エ　織田信長によって安土城が築かれた。

問２　下線部②について述べた文として適切なものを１つ選び，記号で答えなさい。

ア　天智天皇は，都を藤原京にうつした。
イ　桓武天皇は，都を平安京にうつした。
ウ　平城京は，平城宮を中心に放射状に道路がのびている。
エ　平清盛によって都とされた福原は，琵琶湖の湖畔におかれた。

問３　下線部③について述べた文として**誤っているもの**を１つ選び，記号で答えなさい。

ア　鎌倉幕府に従い，将軍と「御恩と奉公」の関係を結んだ武士のことを御家人という。
イ　鎌倉幕府は承久の乱の後，京都に六波羅探題をおいた。
ウ　足利義満は，京都の室町に「花の御所」を整備した。
エ　室町幕府は，永仁の徳政令を出した。

問４　下線部④は，古代にヤマト政権が出雲の勢力を服属させることで発展したことについて述べたものである。このことについて神話の形で漢文を用いて描《えが》いている古代国家の最初の公式な歴史書の名を，**漢字で**答えなさい。

問５　下線部⑤は，具体的には歴史上のどのようなことを述べているか，考えられる例を１つ挙げなさい。

問６　空欄(**あ**)にあてはまる国名として適切なものを１つ選び，記号で答えなさい。

ア　加賀　　**イ**　遠江　　**ウ**　日向　　**エ**　因幡

問７　下線部⑥について，日本の歴史上の事例を１つ挙げなさい。なお，日本海側を経由したものでなくても構わない。

問８　空欄(**い**)にあてはまる天皇の名を，**漢字で**答えなさい。

問９　下線部⑦に関連して，太上天皇とは退位した天皇の尊称だが，院政をめぐって保元の乱で兄の崇徳上皇と対立した天皇の名を，**漢字で**答えなさい。

問10　下線部⑧に関連して，敦賀などの若狭湾沿岸の港や琵琶湖北岸の港は，日本海側の産物を畿内に運ぶ際に利用されたことから，大いに栄えた。しかし，江戸時代の初頭にこのルートは衰退に向かうことになる。次の表は，越後から米100石を運ぶ際の経費について，敦賀・琵琶湖経由の場合と，大坂に直送した場合を比較した1667年の史料をまとめたものである。これを参考にしつつ，敦賀・琵琶湖経由のルートが衰退した理由について，流通網の整備にも触れながら説明しなさい。

敦賀・琵琶湖経由	経費(石)
越後～敦賀　運賃	6
敦賀～[注1]山中　[注2]駄賃	2.5
山中～[注3]海津　駄賃	2.5
海津～大津　運賃	1.8
諸経費	4.78
[注4]欠米	4.8
合計	22.38

大坂直送	経費(石)
越後～大坂　運賃	19
合計	19

(『福井県史　通史編３』より作成)

注１　山中…敦賀と海津を結ぶ道の途中の地名。

注２　駄賃…馬の背に荷物を載《の》せて輸送する際の費用。

注３　海津…琵琶湖北岸の港。

注４　欠米…積め替えの際の欠損分。

4　次の文章を読んで，あとの問に答えなさい。

2021年は東京で夏季オリンピック・パラリンピックが開催されました。新型コロナウイルスの影響で１年延期されての開催という，異例の大会でした。近代オリンピックは①1896年に古代オリンピックの故郷ギリシアの(**あ**)で第１回が開催されました。古代オリンピックと同じように男子のみが参加する大会でした。日本人が初めてオリンピックに参加したのは1912年のストックホルム大会です。続く1916年のベルリン大会は②第一次世界大戦の影響で中止となりました。1940年と1944年のオリンピックも戦争の影響で中止となりました。とくに1940年は東京での開催が予定されていましたが，1937年には(**い**)との戦争が始まっており，開催地を返上しました。③太平洋戦争の敗戦を経て日本がオリンピックに復帰したのは1952年のことでした。そして1964年の日本で初めてのオリンピック開催となる東京大会を迎えたのです。オリンピック開催にあたって交通網の整備や競技場をはじめとした多くの建築工事が行われ，④高度経済成長を後押ししました。日本では1972年に⑤札幌で，1998年に⑥長野でそれぞれ冬季オリンピックを開催しています。今回開催されたオリンピックが東京で開催された２回目の夏季オリンピックということになります。

オリンピックは「平和の祭典」と言われてもいますが，時には政治情勢や国際情勢，国家間の対立などの影響を受けることもありました。例えば1980年のモスクワ大会では，ソ連の(**う**)侵攻に対する制裁措置として，⑦冷戦でソ連と対立していたアメリカ合衆国がボイコットを表明し，日本をはじめとした多くの西側諸国も不参加となりました。続く1984年のロサンゼルス大会では，モスクワ大会の報復として，ソ連をはじめとした多くの東側諸国が参加しませんでした。近代オリンピックを提唱したクーベルタンはスポーツを通じて平和な世界の実現に寄与することをオリンピックの目的に掲げています。今後のオリンピックが「平和の祭典」にふさわしい大会になるよう平和というものを私たちも大事にしたいものです。

問１　文中の(あ)～(う)に当てはまる都市名や国名を次から選び，それぞれ記号で答えなさい。

ア　中国　　**イ**　イラン　　**ウ**　アテネ　　**エ**　ウクライナ

オ　ローマ　　**カ**　アフガニスタン　　**キ**　アメリカ　　**ク**　韓国

問2　下線部①について，この前年に日本は日清戦争の講和条約である下関条約を清との間に結び，遼東半島の割譲が認められたが，三国干渉により返還することになった。三国に**含まれない国**を次から選び，記号で答えなさい。

ア　ロシア　**イ**　イギリス　**ウ**　フランス　**エ**　ドイツ

問3　下線部②について，第一次世界大戦について述べた次の文のうち，**誤っているもの**を１つ選び，記号で答えなさい。

ア　ヨーロッパの火薬庫と呼ばれていたバルカン半島をめぐる対立が戦争の原因であった。

イ　サラエボでオーストリアの皇位継承者が暗殺された事件が戦争の引き金となった。

ウ　日本は日英同盟を理由にロシアに宣戦布告し，満州と呼ばれる中国東北部を占領した。

エ　ヨーロッパの交戦国が輸出できなくなったアジアや中国の市場を日本が独占したことによって，日本の輸出が増え，日本は好景気を迎えた。

問4　下線部③について，戦後日本は連合国軍最高司令官総司令部(GHQ)の指令によって民主化が進められた。次の文のうち正しいものを１つ選び，記号で答えなさい。

ア　企業間の自由競争が戦争を進める力になったと考えられたため，財閥を増やそうとした。

イ　農民の多数を占める地主が軍部の活動を支えていたと考えられたため，農地改革で小作人を増やそうとした。

ウ　治安維持法は禁止され，政党の自由な政治活動や20歳以上の男子の普通選挙が認められた。

エ　労働基準法などの労働三法が定められ，労働者の権利も認められた。

問5　下線部④について，経済成長と共に，国民の生活も豊かになり，「三種の神器」，続いて「３C」と呼ばれる製品が国民の間でもてはやされた。「３C」とは，カラーテレビ，カー(自動車)ともう１つは何か，答えなさい。

問6　下線部⑤について，札幌の歴史を述べた次の文章を読み，空欄に当てはまる人名をそれぞれ答えなさい。(Ⅰ)は**漢字で**答えなさい。

2021年は札幌に開拓使の本庁が置かれてちょうど150年の年であった。後に開拓使の長官となり，第２代内閣総理大臣にもなる(　Ⅰ　)がアメリカ合衆国をモデルに開拓することと決め，多くのお雇い外国人を招いて開拓が進められた。札幌農学校で教え，「少年よ大志を抱け」という名言で知られる(　Ⅱ　)博士はとくに有名である。

問7　下線部⑥について，長野の歴史を述べた次の文章を読み，空欄に当てはまる語句をそれぞれ**漢字で**答えなさい。

長野は「牛にひかれて(　Ⅰ　)参り」で知られるように，(　Ⅰ　)の門前町として栄えた。近くには，戦国時代に，甲斐の戦国大名であった(　Ⅱ　)と越後の戦国大名上杉謙信とが数度にわたって戦った川中島の戦いの戦場があることでも知られている。

問8　下線部⑦について，冷戦について述べた次の文のうち，**明らかに誤っているもの**を１つ選び，記号で答えなさい。

ア　アメリカを中心とする資本主義諸国と，ソ連を中心とする社会主義諸国とに分かれて，直接には戦火を交えないものの，厳しく対立したことから冷戦と呼ばれた。

イ　アメリカは社会主義諸国を封じ込めようとして欧州共同体を結成し，ソ連は社会主義諸国の団結を強めるためにベルリンの壁を作った。

ウ　冷戦の対立は世界各地で緊張をもたらし，ベトナム戦争などの代理戦争と呼ばれる戦争も起こった。

エ　核兵器をはじめとする軍事兵器の開発競争を生み，核戦争が起こる危険性を秘めていた。

問9　次回の夏季オリンピックは2024年に開催される予定だが，その開催都市を次から選び，記号で答えなさい。

ア　北京　　**イ**　パリ　　**ウ**　ロンドン　　**エ**　ドバイ　　**オ**　バルセロナ

5　次の条文を読んで，あとの問に答えなさい。

A　日本国憲法9条2項

……陸海空軍その他の戦力は，これを保持しない。国の[①]は，これを認めない。

B　刑法77条(内乱罪) 2項

謀議《ぼうぎ》に参与《さんよ》し，又は群衆を指揮した者は無期又は3年以上の禁錮《きんこ》に処し，その他諸般の職務に従事した者は1年以上10年以下の禁錮に処する。

C　刑法199条

人を殺した者は，死刑又は無期若《も》しくは5年以上の懲役《ちょうえき》に処する。

D　消費者教育推進法1条

この法律は，②消費者教育が，消費者と事業者との間の情報の質及び量並びに交渉力の格差等に起因する消費者被害を防止するとともに……。

E　民法753条

未成年者が③婚姻をしたときは，これによって成年に達したものとみなす。

F　郵便法52条

郵便物を交付する際外部に破損の跡がなく，かつ，重量に変わりがないときは，その郵便物に損害が生じていないものと推定する。

問1　法令用語の使い方に関する説明として**不適切なもの**を1つ選び，記号で答えなさい。

ア　前の語句が後の語句の例示となっている場合には両者を「その他の」で接続し，前の語句と後の語句とが並列の関係にある場合には両者を「その他」で接続する。

イ　複数の語句を選択的に接続する場合には「又は」を用いるが，選択のレベルに大小があるときには，大きなレベルの選択を「又は」で示し，小さなレベルの選択を「若しくは」で示す。

ウ　複数の語句を併合的に接続する場合には「及び」を用いるが，併合のレベルに大小があるときには，大きなレベルの併合を「及び」で示し，小さなレベルの併合を「並びに」で示す。

エ　後から証拠などが発見されればその判断をくつがえすことができる場合には「推定する」を用い，くつがえすことができない場合には「みなす」を用いる。

問2　空欄①に当てはまる語句を答えなさい。

問3　下線部②に関連する記述として**不適切なもの**を1つ選び，記号で答えなさい。

ア　計画的な消費活動とともに，ごみを減らす3Rを意識することも重要である。3Rとは，Reduce《リデュース》，Reuse《リユース》，Recycle《リサイクル》のことである。

イ　賞味期限とは，食品をおいしく食べることができる期限であり，これを過ぎても，すぐに食べることができなくなるわけではない。

ウ　JASマークは日本農林規格に合っている製品につけられるマークであり，JISマークは日本工業規格に合っている製品につけられるマークである。

エ　コンビニでお菓子を買う程度の簡単な買物は，そのつど契約書を交わしているわけではないので，法的な売買契約には当たらない。

問4　下線部③に関連して，日本において，同性婚(男性同士・女性同士の結婚)やいわゆる動物婚(例えば人間と犬や猫との結婚)を認めるかについて，次の３つの立場があるとします。

X　同性婚も動物婚も認めるべきでない。現在の制度のままでよい。

Y　同性婚を認めるべきであるが，動物婚まで認めるのは行き過ぎである。

Z　動物に性愛の感情を抱く人もいるから，同性婚だけでなく動物婚も認めるべきである。

(1)　**X**の理由として，「同性婚や動物婚を認めると，少子化が進んでしまうから」と主張されることがあります。この主張に対しては，「そのように主張するならば，現在認められている[　　]の結婚も否定しなければ，筋が通らない」と批判が加えられています。空欄に当てはまるのは，具体的にどのようなカップルでしょうか。

(2)　**Y**の理由として，「結婚には税制上の優遇などの様々なメリットがある。その制度にアクセスできる機会は平等であるべきだ」と主張されているとします。このとき，**Z**の立場から**Y**に対してなされる批判として適切なものを１つ選び，記号で答えなさい。

ア　憲法24条１項は，「婚姻は，両性の合意のみに基いて成立し……」と規定しているから，同性婚を認めることは，憲法の素直な解釈に反する。

イ　結婚によるメリットを受けることができる特権階級に，同性愛者のみを追加しろと要求していることになるから，その主張は自己中心的である。

ウ　どの人種に生まれるかを選択できないように，異性愛者に生まれるか同性愛者に生まれるかは本人が選択できることではないから，両者を同様に扱わないのは憲法14条１項に反する。

エ　異性愛規範性(異性愛だけを認める立場)を否定しておきながら，性愛規範性(性愛だけを認める立場)を維持しようとするのは，おかしいのではないか。

(3)　**XYZ**いずれの立場も，結婚という制度(法律婚)を前提としていますが，結婚という制度それ自体に反対する人もいます。結婚制度の廃止に関する記述として**不適切なもの**を１つ選び，記号で答えなさい。

ア　非嫡出子《ひちゃくしゅつし》(婚外子)に対する差別を強めることとなる。

イ　国家の中立性や性の多様化と親和性のある考えである。

ウ　伝統的な家族制度を重視する人からは，反対されるだろう。

エ　人それぞれの好みに応じた，多様な家族形成が可能となる。

問5　条文**A**～**F**の中には，間もなく削除されることが決まっているものがあります(削除されることが決まったのは，2018年６月です)。

(1)　それはどれか１つ選び，アルファベットで答えなさい。

(2)　削除される理由を説明しなさい。

【理　科】（40分）〈満点：80点〉

1　自然界では，水中においても，陸上においても，生物どうしのA「食べる・食べられる」という関係のつながりが成り立っています。動物である私たち人間も他《ほか》の生物と深い関《かか》わりをもって生活しています。人間は，B野菜，果物，穀物，C肉や魚，卵，牛乳などを食べることで栄養を取っています。この他にも，Dタコやイカなどの軟体《なんたい》動物や，カニやエビなどの甲殻類《こうかくるい》も食べます。

池の中では，Eプランクトン，F小型の魚，大型の魚の順に生物どうしの「食べる・食べられる」という関係のつながりがあります。

問1　文中の下線部**A**について，そのつながりのことを何といいますか。

問2　文中の下線部**B**について，種子のはい乳部分を主な食物としている植物を，次の**ア**～**オ**からすべて選びなさい。

ア　クリ　　**イ**　トウモロコシ　　**ウ**　エンドウ
エ　イネ　　**オ**　ダイズ

問3　文中の下線部**C**について，成分として多く含《ふく》まれているたんぱく質の消化と吸収に関する次の文の（**あ**）～（**う**）に入る言葉を答えなさい。

> たんぱく質は胃液の中の（ **あ** ）という消化酵素《こうそ》により，ペプチドに分解され，さらに，すい液や腸内の消化酵素により，（ **い** ）にまで分解され，小腸の柔毛《じゅうもう》内の毛細血管に吸収される。その後，ぶどう糖と同じように（ **う** ）という太い静脈を通って，肝臓に送られる。

問4　文中の下線部**D**について，次の**ア**～**オ**のうち，すべてが軟体動物であるものを１つ選びなさい。

ア　カタツムリ，タニシ，カキ
イ　ナマコ，アサリ，ヒトデ
ウ　ハマグリ，ウナギ，ナメクジ
エ　ウニ，サザエ，ホタテガイ
オ　シジミ，ミミズ，アワビ

問5　文中の下線部**E**について，次の**ア**～**キ**のうち，光合成するプランクトンをすべて選びなさい。

ア　ゾウリムシ　　**イ**　ウミホタル　　**ウ**　アオミドロ
エ　ツノモ　　**オ**　ミドリムシ　　**キ**　ツリガネムシ

問6　文中の下線部**F**の小型の魚の例として，メダカがあげられます。メダカには，むなびれ，はらびれ，せびれ，しりびれ，おびれがついています。オスとメスのメダカの絵に，むなびれ以外のそれぞれのひれをかき入れなさい。とくに，オスとメスの違《ちが》いが分かるようにかき入れなさい。

オス

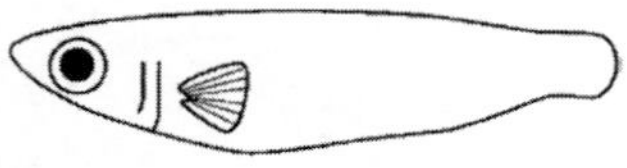

メス

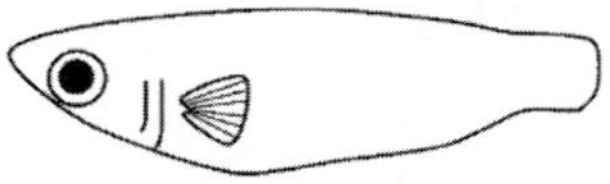

2 次の**ア**～**カ**は，２月，４月，６月，８月，10月，12月のいずれかの月のある日の午前９時の天気図です。表では，それらの日の０時～24時の天気の状況《じょうきょう》を説明しています。図のＨは高気圧，Ｌは低気圧を表し，数値はその中心の気圧を示しています。

ア
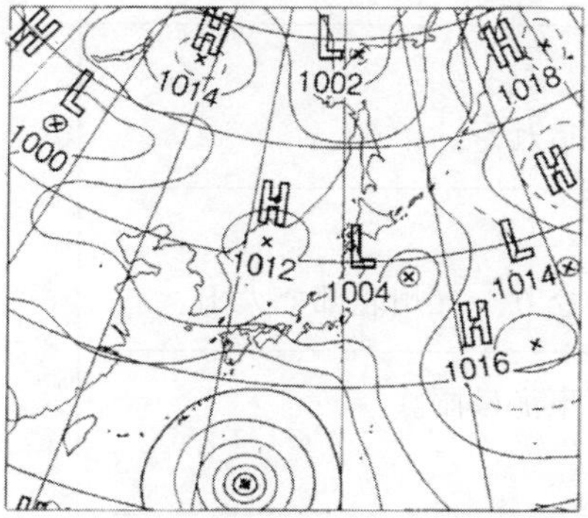

イ
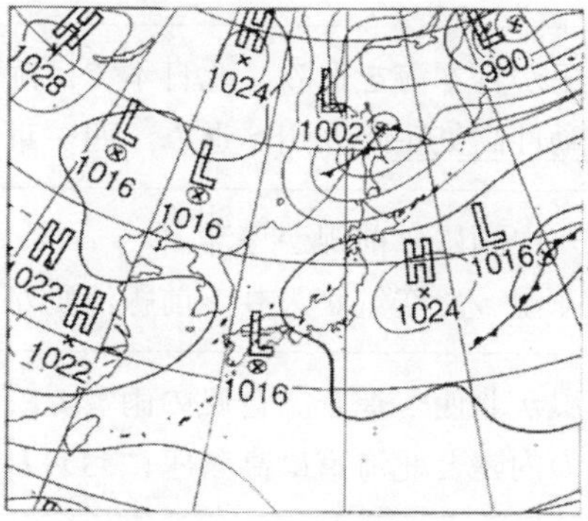

ウ
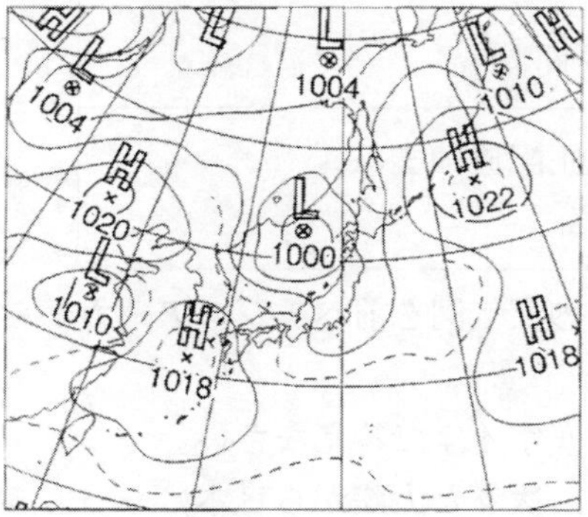

エ
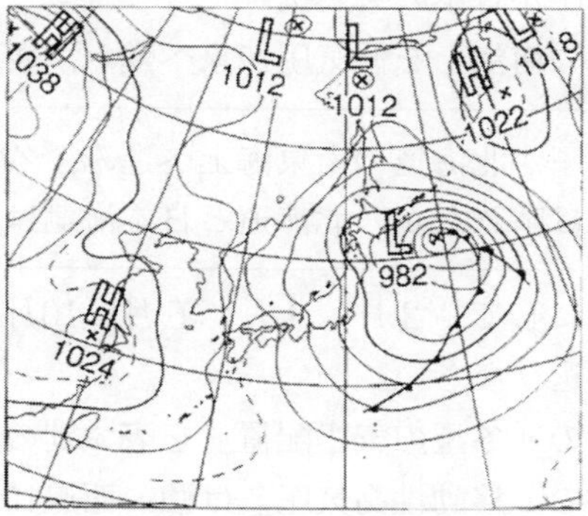

オ
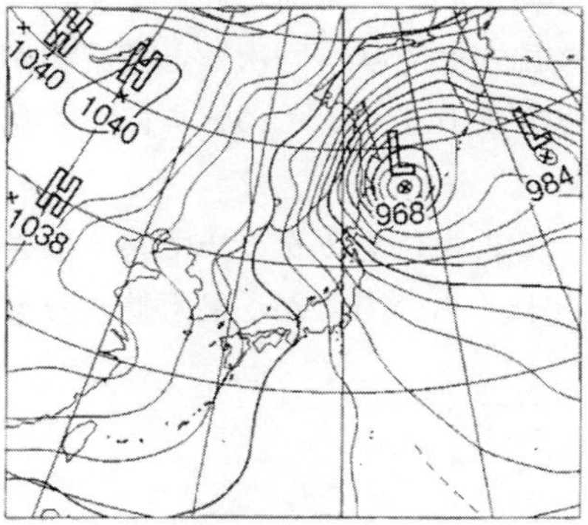

カ
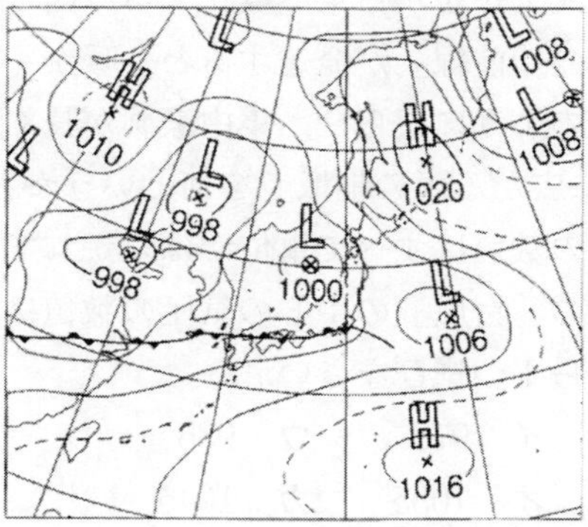

表　ある日の0時～24時の天気の状況

2月	①冬型の気圧配置。千島列島近海の低気圧が発達し，北日本は大荒《おおあ》れ。 日本海側は雪。関東では空気が乾燥《かんそう》。
4月	低気圧が日本海を進み，北日本では雨。 ②移動性高気圧が九州へ進み，西～東日本は晴れた。
6月	九州～中国に③前線が停滞《ていたい》。 暖かく湿《しめ》った空気が入り，前線活動が活発になり，九州北部で大雨。
8月	④台風が北西へ進む。台風の雨雲で，九州～東海は雨。 本州の内陸と北海道は高気圧におおわれ晴れ。
10月	高気圧が日本の東へ抜《ぬ》けた。 本州の南海上を低気圧が東へ進み，西～東日本は雨。
12月	低気圧が北海道の南東海上へ進み，冬型の気圧配置強まる。 関東は晴れたが，北海道と日本海側は雪や雨。

問1　表を参考にして，2月，4月，6月，10月，12月の天気図を前ページの**ア**～**カ**からそれぞれ1つずつ選びなさい。

問2　下線部①の「冬型の気圧配置」を表す別の言葉を漢字4字で答えなさい。

問3　下線部②の「移動性高気圧」は強い西風にのって，次々と大陸から日本にやってきます。日本付近の天気が西から東へ変化する原因となるこの西風のことを何といいますか。

問4　下線部③の「前線」が発達すると，暖かく湿った南風が強く吹《ふ》き，次々と積乱雲ができて発達して線のようにならび，集中豪雨《ごうう》が長く続くことがあります。このときによく見られる「帯のように広がる雨の地域」を何というか答えなさい。

問5　図の気圧の数値はすべて単位がはぶかれています。その単位をカタカナで答えなさい。

問6　下線部④の「台風」の中心の気圧の数値はおよそどれくらいですか。最も適当なものを次の**ア**～**カ**から1つ選びなさい。

ア　965　　**イ**　975　　**ウ**　985

エ　1025　　**オ**　1035　　**カ**　1045

3　Ⅰ　炭酸カルシウムに塩酸を加えて気体を発生させる実験を行いました。重さを変えた炭酸カルシウムにある濃度《のうど》の塩酸100mLを加えたところ，表のような結果が得られました。

炭酸カルシウムの重さ(g)	0.50	0.75	1.00	1.25	1.50
発生した気体の重さ(g)	0.22	X	Y	0.44	0.44

問1　このとき発生した気体の性質として，次の**ア**～**オ**から適当なものをすべて選びなさい。

ア　この気体は上方置換《ちかん》法で集めることができる。

イ　この気体を石灰《せっかい》水にふきこむと，白い沈澱《ちんでん》ができる。

ウ　この気体を緑色のBTB溶液《ようえき》にふきこむと，黄色に変化する。

エ　この気体を試験管に集めて，マッチの火を近づけると音を立てて燃える。

オ　この気体は空気中に約4％含《ふく》まれている。

問2　X，Yに入る数字はいくつですか。

問3　(1)　塩酸の濃度をはじめの濃度の2倍にして実験を行いました。炭酸カルシウムの重さが0.50 gのときと1.25 gのときに発生した気体の重さはそれぞれ何 gですか。

(2)　塩酸の濃度をはじめの濃度の半分にして実験を行いました。炭酸カルシウムの重さが0.50 gのときと1.25 gのときに発生した気体の重さはそれぞれ何 gですか。

次に，別のある濃度の塩酸100mL に炭酸水素ナトリウムを加えたところ，0.84 gのときに同じ気体が0.44 g発生し，2.52 gのときに気体が0.88 g発生しました。

問4　この結果をもとに，炭酸水素ナトリウムの重さと発生した気体の重さの関係を示すグラフをかきなさい。

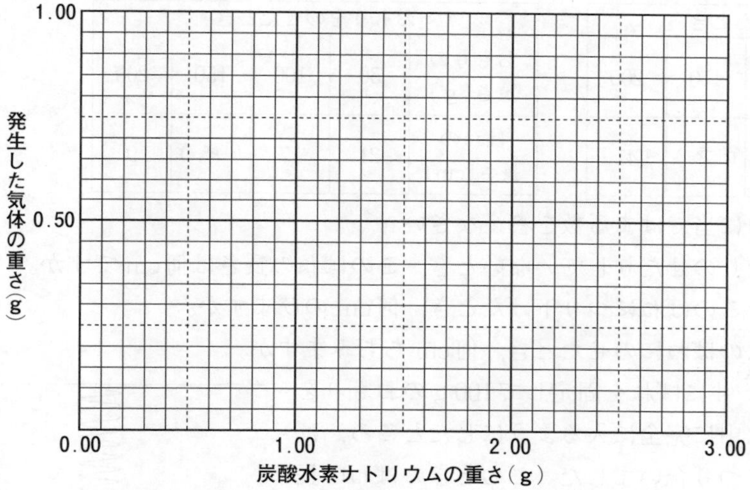

問5　ベーキングパウダーには炭酸水素ナトリウムが含まれています。あるベーキングパウダー1.50 gに気体が発生しなくなるまで十分な量の塩酸を加えたところ，0.55 gの気体が発生しました。このベーキングパウダーには炭酸水素ナトリウムが何％含まれていますか。ただし，ベーキングパウダーには炭酸水素ナトリウム以外に塩酸と反応する物質は含まれていないものとします。また，解答が割り切れない場合は小数第1位を四捨五入して整数で求めなさい。

Ⅱ　都市ガスであるメタンを燃やすと，メタン10cm^3あたり酸素が20cm^3使われて，二酸化炭素10cm^3と水ができます。プロパンを燃やすと，プロパン10cm^3あたり酸素が50cm^3使われて，二酸化炭素30cm^3と水ができます。できた水の体積は無視できるものとして，次の問いに答えなさい。

問6　10cm^3のメタンと30cm^3の酸素を入れた40cm^3の袋《ふくろ》があります。袋の中の気体に火をつけて燃やした後，もとの温度になったときの袋の体積は何cm^3ですか。

問7　10cm^3のプロパンと30cm^3の酸素を入れた40cm^3の袋があります。袋の中の気体に火をつけて燃やした後，もとの温度になったときの袋の体積は何cm^3ですか。

問8　30cm^3のメタン，20cm^3のプロパン，200cm^3の酸素を入れた250cm^3の袋があります。袋の中の気体に火をつけて燃やした後，もとの温度になったときの袋の体積は何cm^3ですか。

4 球形の密閉容器に鉄粉を入れ，さまざまな重さのおもりを作りました。このおもりにばねを取り付け，おもりをつり下げたりのせたりしたときのばねの長さの変化を調べました。この問題で出てくるばねは，すべて同じばねです。問題を解くときに，ばねの体積や重さを考える必要はありません。

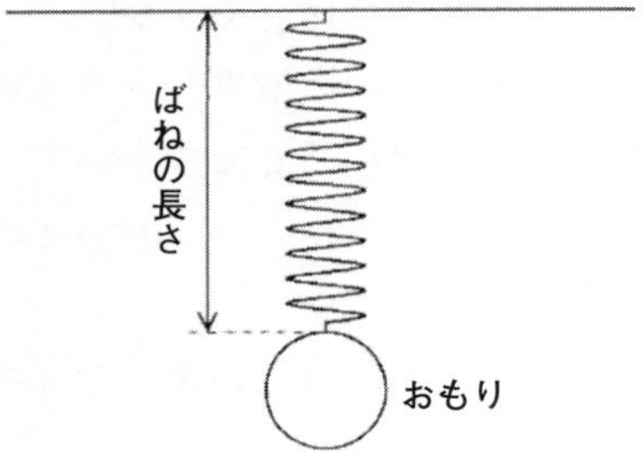

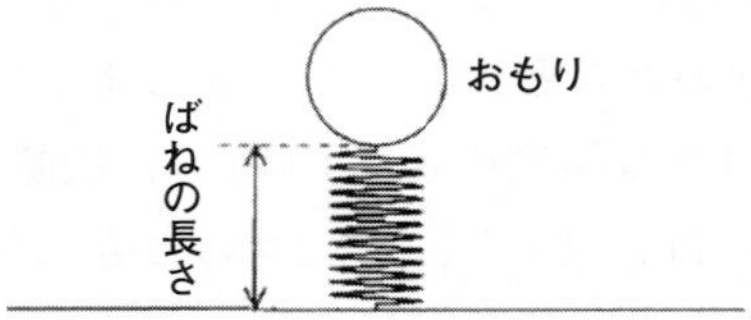

おもりをつり下げたとき				
おもりの重さ〔g〕	50	100	150	200
ばねの長さ〔cm〕	29	33	(ア)	41

おもりをのせたとき				
おもりの重さ〔g〕	50	100	150	200
ばねの長さ〔cm〕	21	17	(イ)	9

問1 上の表の(**ア**)，(**イ**)に当てはまる数を答えなさい。

問2 おもりをつり下げたりのせたりしていないとき，このばねの長さは何cmですか。

問3 (1) 25gのおもりをこのばねにつり下げたとき，何cmのびますか。

(2) 25gのおもりをこのばねにのせたとき，何cmちぢみますか。

問4 右の図のように，天井《てんじょう》にばねを固定して100gのおもりをつり下げ，おもりが水中に完全に入るようにしたところ，ばねがある長さになってつり合いました。このときのばねの長さは何cmですか。ただし，このおもりの体積は25cm^{3}です。水1cm^{3}の重さを1gとして考えなさい。

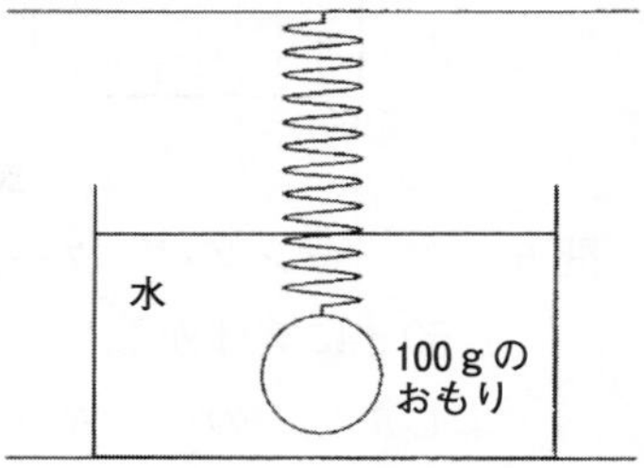

次の図のように斜面《しゃめん》の上にばねを固定して，100gのおもりをのせました。ばねは水平面に対して垂直になっています。斜面の高さと底辺の長さの比は1：5です。ただし，各問いの図の縮尺は同じではありません。

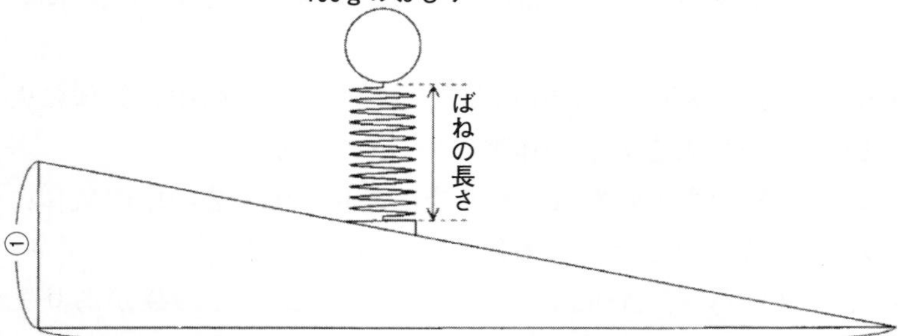

問5　100gのおもりをのせたばねの10cm右の位置に，もうひとつばねを固定し，おもり**A**をのせます。２つのおもりの高さが同じになるためには，おもり**A**を何gにすれば良いですか。

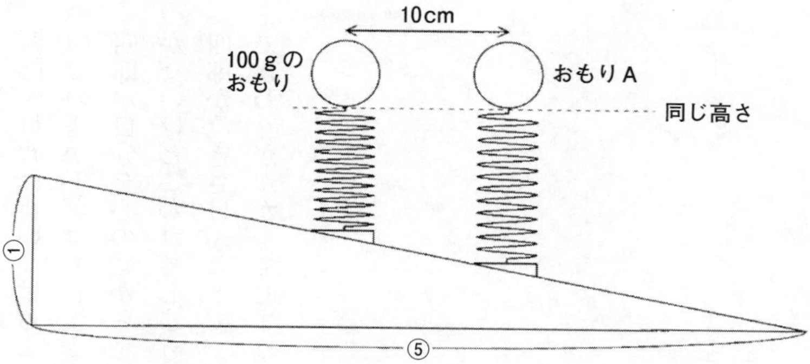

問6　次に，100gのおもりをのせたばねよりも右の位置に，ばねを２つ連結して固定し，その上に100gのおもりをのせました。２つのおもりの高さが同じになるとき，２つのおもりの間隔《かんかく》は何cmですか。

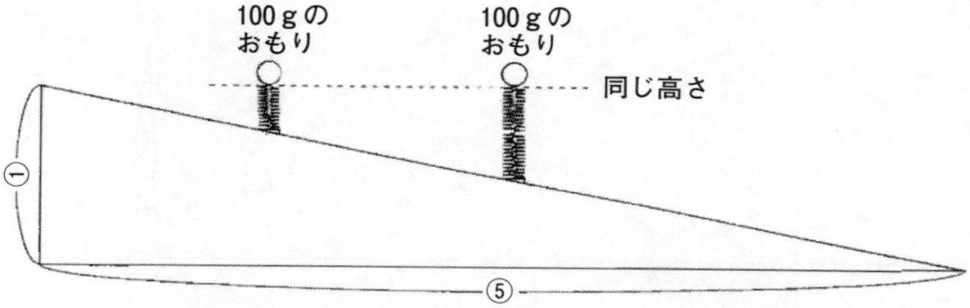

問7　右の図のように，天井にばねを固定して，おもり**B**をつり下げ，下からもう１つのばねで支えました。すると，上のばねの長さが33cm，下のばねの長さが17cmになりました。２つのばねは水平面に対して垂直になっています。おもり**B**の重さは何gですか。

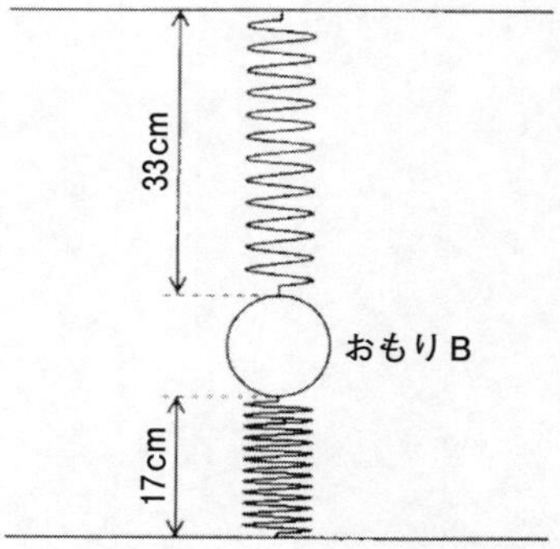

ア　四郎が自分を狸だと信じこむことで、家族の居場所をさがそうとどこかに行ってしまう

イ　四郎が母親に言いつけることで自分は強くおこられ、兄弟の中での格が下がってしまう

ウ　四郎が自分を心の底から恐れて、兄弟の関係が取り返しのつかないほどこわれてしまう

エ　四郎が泣きさけぶことで、父親や母親だけではなく三郎にまで迷わくがかかってしまう

の問いに答えなさい。

〈しげる〉ここまでの展開からすると、次郎は、[1]ために「夕凪橋の狸」のふりをしておどかしてやろうと考えたんだろうね。

〈まこと〉それはわかるのだけれど、「その後思い出すたびごとに私はいつも自分ながら恐怖に打たれる」のはどうしてなのだろう？　だって最初は「おどけた心」で「夕凪橋の狸」のふりをしたんだよね？「おどけた心」という表現からは「恐怖に打たれる」ことがうまく説明できない気がして。

〈しげる〉[2]という表現がそのヒントになるんじゃないかな？　確かに最初は「おどけた心」をもっていた。しかし四郎に「嘘いってるよ」と言われても、「いやだよう」と顔をたたかれても、狸のふりをやめないんだ。「おどけた心」だったのが、[2]に変わってしまったんだ。

〈まこと〉なるほどね。「自分ながらに恐怖に打たれる」のは[3]からなんだね。僕にもそういう経験があるよ。

〈しげる〉ところで最後の部分、「あんなことがうまくいったら大変だった」というのは、どういうことだろう？「あんなこと」がどんなことなのか明確に書いていないからちょっとむずかしいね。

〈まこと〉こう考えてみたらどうかな。次郎が精いっぱい演技をつづけていると、四郎もそれを信じはじめてしまった。「おびえていた」という表現や、母親に言いつけようとすることからそのことがわかる。けれど、まだ完全には信じていないんだ。もし完全に信じていたら、自分を家に帰すようたのんだり、おびえきって何もできなくなったりしてしまうだろうからね。だから「あんなことがうまくいったら大変だった」というのは、[4]ようなことにならなくてよかった、ということだろうね。

〈しげる〉そういうことか。これですっきりしたよ。奇妙《きみょう》な終わり方だけれど、一件落着だね。

(1) [1]にあてはまる内容を「三郎」「四郎」という語を用い、三十六字以上四十五字以内で会話文の空らんにあてはまる形で答えなさい。

(2) [2]にあてはまる言葉を本文中から五字で抜き出して答えなさい。

(3) [3]にあてはまる内容として最も適切なものを選び、記号で答えなさい。

ア　はじめてやったことなのに、驚《おどろ》くほどうまくいき、自分の非凡《ひぼん》さに気付いてしまった

イ　冗談《じょうだん》のつもりではじめたことなのに、引きぎわを見失い、本気になりすぎてしまった

ウ　自分からはじめたことなのに、何者かにとりつかれたように、のめりこんでしまった

エ　人から聞いた話なのに、あたかも自分が体験したことのように、再現できてしまった

(4) [4]にあてはまる内容として最も適切なものを選び、記号で答えなさい。

エ　事情がはっきりわかった

Y　かたみに

ア　かわるがわるに　イ　両方あわさって

ウ　身を乗り出して　エ　非常にはげしく

問三　――①「誰が食ってやるものかと思った」とありますが、次郎がこのように思ったのはなぜですか。最も適切なものを選び、記号で答えなさい。

ア　弟たちがまだ外にいるのに自分だけで夕食をとるのだと考えると申し訳なくなり、いままであった食欲がうせたから。

イ　母親の意に反するような行動をすることによって、無益な捜索に対する不満な気持ちを母親に見せつけたかったから。

ウ　用意された夕食はどれも冷え切っていて、これから捜索に行く自分に対する母親の思いやりのなさに腹が立ったから。

エ　夕食が用意してあると言ったわりには御飯やおかずが食器に盛られておらず、母親の手ぎわの悪さにいら立ったから。

問四　――②「自分ながら言い切ったなと思った」とありますが、次郎がこのように思ったのはなぜですか。最も適切なものを選び、記号で答えなさい。

ア　父親の怒《いか》りを恐《おそ》れる気持ちに圧倒《あっとう》されることなく、父親の非を指摘《してき》することができたから。

イ　父親に対する積もり積もった不平不満を、ありのままに父親にぶつけることができたから。

ウ　人の気持ちを度外視して自分の考えをおし通してくる父親に、思い通りに抵抗《ていこう》できたから。

エ　口論を上手に切り抜《ぬ》けたことで、討論する上で父親に対する優位を築くことができたから。

問五　――③「正当な処置」とありますが、なぜ次郎は「正当」と感じたのですか。その理由として適切でないものを一つ選び、記号で答えなさい。

ア　四郎はまだまだ幼いところがあり、母親は精神的な成長を期待していたから。

イ　四郎は自分の幼さを利用しており、母親は四郎のあまえを見抜いていたから。

ウ　三郎だけが責任を負うのではなく、四郎も同じように反省をするべきだから。

エ　父親が三郎に対して厳しくしかり、母親は四郎に対して冷たくしていたから。

問六　――④「私の同情はむしろ三郎にあった」とありますが、次郎が「同情」したのはなぜですか。その理由として適切でないものを一つ選び、記号で答えなさい。

ア　後先を考えずに遠出をしたことで味わった三郎の心配や苦痛が、自分にもよくわかったから。

イ　年長であることから責任を問われるという点において、三郎も自分と似た立場にあったから。

ウ　両親の心配性により三郎は今まで希望を実現できておらず、自分も同じ経験をしていたから。

エ　両親相手にむじゃきにふるまえないという性格については、三郎も自分も共通していたから。

問七　――⑤「大きな声で泣いた」とありますが、このときの三郎の心情を表した部分を本文中から十五字で抜き出して答えなさい。

問八　――⑥「そのおどしをその後思い出すたびごとに私はいつも自分ながら恐怖に打たれるのが常である」・――⑦「あんなことがうまくいったら大変だった。大変だった」について、〈しげる〉と〈まこと〉が話し合いをしました。以下の会話文をよく読んで、後

「やーい、嘘《うそ》いってるよ。」
　と大きな声で四郎は言った。
「確かにどきっとしたな、その恐怖を大きな声で追っ払《ぱら》おうとしているのだな。」
　そう思った瞬間私はその仕事にほとんど病的な興味を覚えてしまった。
「何が嘘なものか。ハッハッハ。」
　私はまた眼玉をぎょろつかせて、思い切って不自然に笑って見せた。
「いやだよう。」と言いながら四郎は右手で私の顔をたたいた。
「この顔がこわいのだな。」
　私は私の中に、この芝居《しばい》がいかにうまくやれるか、何とかしてうまく狸に化けたいものだという欲望とそれにともなって様々な計画がますます成長して来るのを感じた。
「へへへ。お前はお家《うち》へ帰ったと思って安心してるんだな、へへへ。化かされてるんだよう。」
　私は四郎の顔が少し異様な輝《かがや》きを帯びて来たのを見たと思った。そして私の部屋はしめ切られていて、家の者の気配からは少し離《はな》れていた。
「へへへへへへ。」私はまた眼をちょっとぎょろつかせた。そして口は滑稽《こっけい》にならない限りなるべく怪異《かいい》なかっこうになってくれと、ぎゃっと開いた。
「本当にお家へ帰ったような気がするだろう。ハハハハッ。」
　私がよく見た時には、四郎の顔はまるでおびえていた。
「お母さんに言いつけてやるよ。」と大きな声をあげて四郎はきびすを返しかけた。
　白々しい気持ちにまでつっかえされた私のおどけた気持ちは「あ、ひょっとしたら。」と思うとたん、大きな不安の方へ馳《は》せて行った。
「わっ。」変にゆがんだ顔がくずれたと思うと、弟は泣きわめきながら、両手で私の顔をかきむしりはじめた。まるで狂気《きょうき》のように、目も鼻もどこがどうの差別なしに、引っかいたのだ。
　私はその小さい手と薄い爪《つめ》がdじゅうおうにはしりまわる下で考えていた。「⑦あんなことがうまくいったら大変だった。大変だった。」
　そして私は早く弟をなだめなければいけないと真面目に思った。
「俺は本当に兄さんだぞ、狸じゃないぞ。」「勘弁《かんべん》、勘弁、嘘だよ、嘘だよ。」をかたみに火のついたように言いはじめたのだった。

（梶井基次郎《かじいもとじろう》「夕凪橋の狸」より・一部改）

※築港…船がとまるために築かれた港。
※折檻…たたくなどして、厳しくしかること。
※讒訴…他人をおとしめるために言いつけること。
※志賀直哉…作家。「真鶴」は志賀直哉の作品。
※芥川龍之介…作家。「トロッコ」は芥川龍之介の作品。
※叱責…あやまちをしかること。
※里…長さの単位。一里は約三・九キロメートル。
※ガントリー・クレーン…貨物などの移動に使われる大型のクレーン。
※六甲山…兵庫県南東部の山の名。
※隷属…つき従うこと。

問一　――a「れっきょ」・――b「こうつごう」・――c「さば」・――d「じゅうおう」のひらがなを漢字に直しなさい。

問二　――X「合点が行った」・――Y「かたみに」の語句の意味として最も適切なものをそれぞれ選び、記号で答えなさい。

X　合点が行った
ア　古くからの疑問が解けた
イ　過去と現在が結びついた
ウ　他人のことを理解できた

わされた。

三郎が頭を下げているかたわらでは、四郎はまだ時々思い出したように大声をあげては泣きじゃくっていた。

三郎はまた、母におしえられて、私に心配させ、さがさせたのを詫びに来た。彼もそろそろたえ切れずに泣きはじめた。

「寒かっただろう。」

とか言ってなぐさめてやればやるほど、⑤大きな声で泣いた。

父も一通りしかれば、やはり当然すぎる同情をあらわして、泣きやんで飯を食えと言った。母も心配から解き放たれて、満足そうであった。茶碗がかちゃかちゃなってにぎやかな夕げになった。

築港もこのごろはずいぶん家も立っているがそのころの築港はずっとさびしいものだった。電車は通じていたが一里ほどの間は停留所の付近に少々人家があるだけで、あとは埋立地《うめたてち》だとか、水たまりだとか、葦《あし》が一面に生えていた。そこへ鴨《かも》が来るので鴨猟《かもりょう》が出来た。それほどさびしかった。それからそんな葦原をへだてて、港の方に高い※ガントリー・クレーンが見えていたり、※六甲山《ろっこうさん》がずっと見わたされたりした。そんな所の暮れ方が十や七つの子供にはどれほどおそろしかっただろう。

私は飯を食いながらその沿道のさびしさを心の中に浮かべていた。そしてそんなことを思うと二人ともなぜもっと先ほどのように大きな声で泣いて、戻《もど》って来た喜びの興奮を端的《たんてき》に表さないのだろうか不思議なような気もした。

しかし二人はかたみに問う、父母の質問に平和に返事をしていた。軍艦の話。道での話。きいていると、三郎はそれを前日から計画していたらしく、二枚もっていた電車の切符《きっぷ》と昨日からのおやつのためたのを糧《かて》としてそれを見にゆくつもりをしていたのだ、それを何か下手なことで四郎にかぎつけられて、つれてゆかねば四郎がそれを母に言いつけるので、仕方なく、往路は電車に二人が乗って帰り道を歩いたと言うのだ。さっき、泣きわめく合間合間に四郎が三郎の讒訴をしていたのは、その三郎のためといたおやつの分配だとか、早く歩けと言って突《つ》いたとか言うことなのであった。

しかし三郎にしても、内証《ないしょ》にぬけ出したおかげで大空に帰った小鳥のような喜びや、末っ子でのさばっている四郎を※隷属《れいぞく》させて得々と自分の力を意識しながら、軍艦見物をした気持ちは、帰途《きと》のあまりにむごすぎる恐怖はあったにしろ、悪い気持ちではなかっただろうなど私は思った。

とにかく夕げはほっとした親子の安堵《あんど》の中に楽しく終わって、私は自分の部屋へ帰って来た。

その時私は「夕凪《ゆうなぎ》橋の狸《たぬき》」ということを思い出した。それは父の知っている船の船長が一度私達の前で話した狸の話で、夕凪橋というのは築港へゆく路の最もさびしい場所にかかっている橋なのであった。夕凪橋に狸が出て何とか何とかするというその話を弟達はよもや忘れていはしまい。夕凪橋を通るとき二人はどんな気がしただろう、と私は思った。

「おい、四郎。」

私は四郎を呼んでその話をきこうと思った。

「なに。」と言って四郎は私のいる部屋へ入って来た。夕げの後の満足したおどけた心から、私は四郎の顔を見たとき、「こいつめ、一つおどしてやろう。」と思った。一つにはそれは三郎に与《あた》えられた不公平なと思われる叱責などに対するバランスとしてであった。⑥そのおどしをその後思い出すたびごとに私はいつも自分ながら恐怖に打たれるのが常である。

「おい。四郎。俺《おれ》はな、夕凪橋の狸だぞ。」

そして私は眼をぎょろっとさせて四郎をにらんだ。

下駄《げた》をぬいでいる小さい足音をきいた時、私達はおやと思った、帰って来たのかな。そう思った瞬間、彼らは一体どこに今までいたのだろうという疑問やその時まで私の心の底にあった心配が自由によみがえって来た。

電灯の光の下へ、ぱたぱたと姿を現した時彼らは二人とも、しょげて、真面目《まじめ》であった。それで父や母に対するこじれた気持ちもその瞬間すっと薄《うす》れてしまったように思えた。

「帰って来た。」

十になる三郎はものにおびえた表情をしていたし、七つの四郎は泣いていた。

「どこへ行ってた。」

父はまず厳しくきいた。三郎は、※築港《ちっこう》へ軍艦《ぐんかん》を見に行ったのだと低い神妙《しんみょう》な声で答えた。この間さかんに母にゆかせてくれるようにと三郎がねだっていたのを私は思い出して私は X 合点《がてん》が行った。母はいつもの心配性《しんぱいしょう》でその時肯《がえん》じなかったのだった。

「築港へ。」

父も母も少しあきれていた。もちろんそれは無鉄砲《むてっぽう》な遠足に相違《そうい》なかった。

「馬鹿、ここまでおいで。」

私は父が三郎を※折檻《せっかん》しやしないだろうかと思った。

すでに入る時泣いていた四郎は、だんだん泣き声を大きくしてわめき出した。声を大きくすればするほど、そして涙《なみだ》を流せば流すほど、彼がこの家へ帰りつくまでになめつくした、恐怖《きょうふ》や、空腹や、たよりなさや苦痛の痛手がそれだけ早くいえるかのように。またその泣き声は家へようやく帰りついた、重荷を下ろした喜びのあまりの泣き声だったのだ。その泣き声の合間合間に四郎は「……でさんちゃんが……したんだよう」と言ってわけのわからない※讒訴《ざんそ》をはじめた。

永い間の心配からの解放の気持ちも私にはよくわかった。それは※志賀直哉《しがなおや》の「真鶴《まなづる》」や※芥川龍之介《あくたがわりゅうのすけ》の「トロッコ」にかかれている子供の気持ちそっくりの気持ちであったにちがいないのだ。「しかし四郎あまえてやがるな。」と私は思わざるを得なかった。それゆえ、彼をただ泣かしておくだけで何ともかまってやらない母の③正当な処置が私には快く思われた。

年も小さく末っ子ではあり、みなにかわいがられているゆえか、四郎の、大きな泣き声ですぐ父母のふところの中に飛び込んでゆくという風の※叱責《しっせき》を予期していない、そしていじけていない、無邪気なやり方はたいていの時は気持ちのいいものであったが、今の場合はそうではなかった。常から四郎に比べてはあまやかされていない三郎が、たとえ、その脱出《だっしゅつ》について責任があるとはいえ涙一粒《つぶ》出さずに父の前で神妙に C さばかれているのを見ると④私の同情はむしろ三郎にあった。

父はまだ折檻しなかった。折檻したら、私にも言うことがあると思った。

「三郎がこの間もあんなにねだっていたのに、なぜか父や母はやってやらなかった。やってやらないから、行きたさの募《つの》ってこのようなことになるのだ。お弁当をつくってやり、電車の小遣《こづか》いをやれば、三郎にだって独りゆけないことはないのに。築港までの往復は五※里以上あるぞ。それをあの子達は往復歩いたのだ。」

私は彼らの罰《ばつ》以上の罰である、往復の苦しみをいとおしく思う気持ちと、いつも友達との山登りだとかなんだとかに誇大《こだい》な心配をするばかりで賛成してくれたことのない父母に対するいきどおりが Y かたみに燃えた。

「馬鹿」を幾度《いくど》浴びせられた事だろう。三郎は母におしえられて父に詫《わ》び、そしてもう二度と黙《だま》って遠い所へゆくようなことをしないと誓《ちか》何の手がかりもえられなかったので、不平でぶーぶーふくれ面《つら》をしながら暗い路《みち》を○○神社の方へあるき出した。私の心の中の不平はいきどおりとなって、その道々弟達の上に燃えた。

「つかまえたら、なぐりつけてやる。」

　しかしその報《むく》いられない捜索が別に確かなあてのあるものでもなく、そして何というつまらなく腹立たしいことを強《し》いられているのだろうと思いながら、そのにぎやかな通りをあるいていると、小料理屋の格《こう》子《し》から冷たい夜気の中へ白く湧《わ》き出て来る湯気や、醤油《しょうゆ》のたきつまるにおいはたまらなく私の空腹をさびしがらせはじめたのだった。するとまた、こんな考えも浮《う》かんで来る。――（もう彼《かれ》らは家へ帰っているかも知れない）そんな気持ちが湧いて来ると、一人で空腹を抑《おさ》えながら不熱心にその辺りをほっつき歩いている私には、その b こうつごうな想像がやがて本当の事実として映るようになり、無責任にいい加減歩きまわったのを機会に私はまた急いで家へ帰りはじめた。

「帰っていたら、いきなりぶってやる。」

　私はまだ不平を街上に鳴らしながら家まで帰った。

　しかし私のその急《せ》き込《こ》んだ予想も、家のしきいをまたいだ瞬間にそれが裏切られていたことがわかった。弟達はまだ帰っていなかった。

　しかし会社からは父が帰っていた。

「どうだった。」

　父は尋《たず》ねた。

「○○神社へ行ったのですがいませんでした。」

「××町は。あの△△は。」

「行きませんでした。」

「あそこをさがしておいで。」

　空腹の私に飯も食わさないでもう一度近くもない××町までやろうとする父の気持ちが乱暴にも、残酷《ざんこく》にも言語道断に思えた。（飯も食わずに○○神社まで行ったんだぞ）と心の中ではぷんぷんいきどおっていた。父の前には温かな湯気を立てている鍋《なべ》があった。私はそのにおいに力強くひきつけられた。

　さっき食わずに出たものを、母がなぜ、飯を食ってからゆけと言わないのだろう、私にはそれがまた腹立たしかった。私はまたこじれた考えを抱《いだ》いた。ここで飯を食おうと言いはろう。父は私がもう飯をすませた事だと思っていただろうから私がすぐにゆけるつもりでいたのだろう。それだから、飯を食おうと言うともどかしがって、飯は後にしてと言うだろう。そこで口答えをしてやろう。別にそのように意地悪い論理を働かした訳ではなかったにせよ、飯を食わせろと言った私の心は不平のあまりたしかにその辺を大きくねらっていたに違《ちが》いなかった。

「先に御飯を食べさせてもらいます。」

「なんだ、御飯はあとにしてすぐ行っておいで。」

「お腹《なか》がへってるんです。」

「それじゃ、三郎や四郎《しろう》はどうなんだ。あれらも腹を空《す》かせてるじゃないか。」

「それは勝手です。」

　②自分ながら言い切ったなと思った。

　父が見る見る目に角をたてるのを母は制しながら、さっき食ってゆけと言ったのを食わずに行ったのだからと言って飯の用意をしてくれた。

　私は意地わるくそれを見ながら、うんとこさ食ってやれ、と思っていた。しかし意地もなにもない真正の空腹にその飯は意地でも張りでもなく本当にうまかった。しかし私が飯を食いかけるが早いか、私はもうさがしにゆかなくてもいいようになった。弟達が帰って来たのだった。

いて助けるのですか。「という考え。」につながるように、三十六字以上四十五字以内で考えて答えなさい。

問十一　この文章の書かれ方の説明として<u>適切でないもの</u>を一つ選び、記号で答えなさい。

ア　歴史的なことがらをふまえ、その場しのぎの方法を批判している。

イ　現代的な問題に対して、「共生」にいたるための解決策を明示している。

ウ　一般的《いっぱんてき》な考えに対して、筆者が猟師としての立場から意見を述べている。

エ　筆者の実体験をふまえ、野生動物についてのよく知られていない事実を示している。

二　次の文章を読んで、後の問いに答えなさい。

親というものは、子供が危ない目にあうのではないかといつもやたらと心配していて、子供が家を出発した瞬間《しゅんかん》から後悔《こうかい》しはじめる。「私」（次郎《じろう》）が十代の半ばだったころ、やはりそのようなことがあった。二人の弟が昼飯時から姿を消したまま、夜になっても帰らず、父の会社に電話をした母によると、父が次郎にさがさせろと命じたという。

とうとうさがして来いと言うのだな！　と思うと私はまた腹が立って来た。「次郎にさがさせろ！」と父が言ったというのもどうかわかるものか。

「ね、さがして来ておくれ。」

「さがしに行ったたって無駄《むだ》ですよ。一体どこにいるかというあてもないのに。いつもの事ですよ。すぐ心配するんだ。この間だって。——」

と言いながら私は母のおろかなる心配なるものの例を a <u>れっきょし</u>出して、毎度の心配のまきぞえになって、いつもの馬鹿げた捜索《そうさく》にやられるのを徹頭徹尾《てっとうてつび》回避《かいひ》しようとした。

「帰って来ますよ。三郎《さぶろう》だって十にもなっているんだから迷子《まいご》になっても心配なんかありません。」

しかし母も負けていずに、迷子を出した不幸な家の考証をはじめた。そして最後には父の命令もあるのだし、

「強情《ごうじょう》はってゆかないのならお父さんに言いつけるよ」と厳しい眼《め》をした。

「だって、腹も空いてるし。」と私は言った。本当にそうでもあったし、また一つにはこうなれば飯に難癖《なんくせ》をつけてすねてやれ、そのうちに帰って来るかも知れないというのが私の腹であった。

「だから御飯《ごはん》も用意してあるから。」

と言うので立って行って見ると、電灯の光の下の卓袱台《ちゃぶだい》の上には私一人分だけの茶碗《ちゃわん》やその他の陶器《とうき》がその冷たい肌《はだ》の上におのおの一つずつの電灯の小さい影像《えいぞう》を写し出している。落ち着いて飯でも食ってやれという意固地な計画も気が乗らなくなってしまい、こんな時には意地にでも空腹を抱《かか》えて飛び出すというあてつけの方が私の腹立ちには快かったので、私は第一、そんなさびしい食卓《しょくたく》では食欲が起らなかったし、ちゃんと用意までしてあるんだなと思うと、①<u>誰《だれ》が食ってやるものかと思った</u>。

「お前食べないのかい。」

私は腹が立っていたので返事もせず、足音であたり散らかして、どんどん家を飛び出した。

まず私は近所の○○さんや××堂へ行って、弟達を見なかったかとか、どこかへ行くと言っていなかったかとか言ってききただしたが、

要な経費が集まらないため。

問四 ――②「野生動物と人間」とありますが、その間に起こっている問題として適切でないものを一つ選び、記号で答えなさい。

ア　野生動物と車や鉄道とが衝突してしまう交通事故が増えている。

イ　苦労して育てた農作物が野生動物に食い荒らされてしまっている。

ウ　野生動物の増加を引き起こしたため、林業自体が非難されている。

エ　野生動物に寄生する虫が増えたことにより、感染症が広がっている。

問五 ――③「動物たちが里に降りてくる」とありますが、その原因として適切なものをすべて選び、記号で答えなさい。

ア　シカなどの草食動物が、本来の生息地である平野部に戻《もど》ってくるようになったから。

イ　奥山が野生動物にとって食べ物を見つけることの困難な住みづらい森となったから。

ウ　人口増加にともない、人間が野生動物の生息地から食料を調達するようになったから。

エ　里山の広葉樹林がエネルギー源の変化に伴《ともな》い放棄され、野生動物のエサ場になったから。

問六 ――④「昔の里山では、人間と動物が住み分けしていて共存していた」とありますが、これに対する筆者の意見として適切でないものを一つ選び、記号で答えなさい。

ア　高度経済成長の時期は、野生動物の数が減っていたために、住み分けはできていたが、共存していたとはいえない。

イ　戦後復興の時期は、人間の側で野生動物に対する特別な対策が必要なかった時期であり、住み分けも共存もできていた。

ウ　江戸時代以前、人間が山に依存する一方、動物も里の食料に依存していたが、共存関係にはなく、住み分けもできていなかった。

エ　森林と農地のあいだに里山を設けていた時代も、動物はエサをもとめて人里に降りてきたので、住み分けも共存もできていなかった。

問七 ――⑤「この時代にどのように野生動物と向き合っていくのか」とありますが、筆者は猟師としてどのような仕事をせざるをえなくなっているのですか。「仕事。」につながるように、二十字以内でまとめて答えなさい。

問八 ――⑥「野生動物と共生」とありますが、これが成り立つ場所は何と表現されてきましたか。本文中から三字で抜《ぬ》き出して答えなさい。

問九 ――⑦「社会全体での合意形成」とありますが、なぜ今「合意形成」が必要なのですか。その理由として最も適切なものを選び、記号で答えなさい。

ア　人間が野生動物との関係を真剣《しんけん》に議論せず、無計画に有害獣を殺し続けているから。

イ　野生動物を食用として有効活用することができれば、食料問題の解決につながるから。

ウ　野生動物が殺されることで、ここまで豊かになった自然が失われる危険性があるから。

エ　人間が受けてきた被害のみが話題となり、動物に与えてきた悪影響《あくえいきょう》が無視されているから。

問十 ――⑧「僕は今後もけがをした子どものイノシシがいたらきっと助けるだろう」とありますが、筆者はどのような考えにもとづだ。それが人間と動物との軋轢の強まっているこの時代には通用しない。

僕が猟を始めた二〇年前はシカ・イノシシの有害捕獲《ほかく》数は一〇万頭程度で、狩猟《しゅりょう》による捕獲数のほうがずっと多かった。狩猟によってとられた獲物《えもの》は多くは食用とされる。それが二〇一〇年ごろに逆転し、二〇一六年度のデータでは、シカとイノシシだけで八〇万頭以上が有害獣として捕殺され、その多くが埋設《まいせつ》・焼却《しょうきゃく》処分されている。野生動物が廃棄物《はいきぶつ》として捨てられているのだ。本当にこの二〇年だけ見ても状況《じょうきょう》は様変わりした。

このようにして守られた農作物を食べながら、僕たちの今の暮らしは成り立っている。野生動物たちの無数の屍《しかばね》の上に存在しているのがこの現代社会なのである。これで⑥野生動物と共生していると言えるのだろうか。

人類が農耕を開始して以来続いてきた獣害との戦いの歴史が再開されたと考えればいいのかもしれないが、ここまで人間が勢力圏を拡大した中での野生動物とのトラブルは、これまでよりも圧倒的《あっとうてき》に大規模なものだ。現状は、防獣柵《さく》などを整備しつつ、有害捕獲をひたすら拡大するという、ある意味場当たり的な対応で乗り切ろうとしている。だが、野生動物とどう向き合うべきか、⑦社会全体での合意形成がそろそろ必要な時期なのではないだろうか。

有害捕獲を担《にな》うのは、多くが猟師である。ただ、本来、猟師は野生動物を「邪魔《じゃま》だから減らそう」などと思ってとったりはしない。豊かな自然があるからこそ、獲物となる野生動物たちが暮らすことができ、猟を続けることもできる。これは自然界の動物たちがやっていることと同じで、食う食われるの関係を持ちながら、同じ森で暮らしている。これが自然界での共生である。

「そこにいてくれてありがとう。」

そう思いながらその命を奪《うば》いたい。彼《かれ》らを「害獣」などと呼びたくない。これが多くの猟師の思いである。僕はこの感覚の中に、現代社会での野生動物と人間の共生のヒントがあるのではないかと思う。

⑧僕は今後もけがをした子どものイノシシがいたらきっと助けるだろう。でも、その同じ山でそいつの親をとって食らうかもしれない。

（千松信也《せんまつしんや》「猟師が考える野生動物との共生」より・一部改）

※誘引…さそい入れること。

※緩衝地帯…不和や対立をやわらげる中間の場所。

問一　——a「えいよう」・——b「せんもん」・——c「樹皮」・——d「ゆにゅう」を、漢字はひらがなに、ひらがなは漢字に、それぞれ直しなさい。

問二　——X「美辞麗句」とありますが、この四字熟語は「美辞」と「麗句」という似た意味の二字熟語を組み合わせてできています（「美辞」も「麗句」も、「うつくしくかざった言葉」という意味）。これと同じ成り立ちの四字熟語となるように、次の［1］・［2］に当てはまる漢字二字をそれぞれ答えなさい。

牛飲［1］　金科［2］

問三　——①「最近は野生鳥獣救護センターではイノシシは保護していない」とありますが、それはなぜですか。その理由として最も適切なものを選び、記号で答えなさい。

ア　保護という形での人間の介入《かいにゅう》により、野生の生態系が破壊《はかい》されるのを防ぐため。

イ　保護するのではなく死なせることにより、人間に害を与える野生動物を減らすため。

ウ　生息数の多いイノシシなどの保護を減らし、希少なキツネなどの保護に集中するため。

エ　獣害の多発により住民の理解が得られず、野生動物保護に必れ、日本の林業が停滞《ていたい》する中、その森の多くは、間伐《かんばつ》なども十分に行われないまま放置されている。そこは野生動物の食べ物も少ない暗い森だ。確かに山は荒れている。

一方、里山林と呼ばれる落葉広葉樹の森も放置されている。この半世紀ほどの間で、里山からの重要な産物であった薪《たきぎ》や炭などを、主要なエネルギーとして使うことを人間は放棄《ほうき》した。その結果、薪炭《しんたん》林の主要な樹種であったコナラやクヌギ、カシなどの木々が巨木《きょぼく》化し、どんぐりをたくさん実らせるようになり、クマやイノシシなどのどんぐりを食べる野生動物にとっては楽園のような場所になった。また、小さな果実をつけるヤマザクラやエノキなどには野鳥や小動物たちが集まってくる。

つまり、「山が荒れている」ことは間違《まちが》いないが、それは「山にエサがない」「住みづらい」ということを意味するわけではない。奥山《おくやま》にまで大規模に針葉樹を植林して放置する一方で、人里近くの広葉樹林をエサ場として提供しているという構図が出来上がってしまっており、意図せず野生動物をわざわざ人里周辺に※誘引《ゆういん》しているのである。その野生動物たちが山ぎわの農地の作物に目を付けるのは当然だ。また、シカなどの草食動物はそもそも山の中で暮らすというよりは、山ぎわの日当たりのよい草がよく生える平野部が本来の生息環境《かんきょう》なので、「里に降りてくる」のがむしろ当たり前なのである。

「④昔の里山では、人間と動物が住み分けしていて共存していた。」

これもよく耳にする言葉だ。「昭和の里山」がまるで理想郷であったかのように語られることもある。野生動物との※緩衝《かんしょう》地帯としての里山を復活させようという取り組みも各地で行われている。確かに、人間が頻繁《ひんぱん》に山に入るようになると、ある程度は動物たちもいやがるようにはなる。ただ、そこにエサがある限り、人の気配のない夜には野生動物はおどろくほど堂々とやってくる。油断すれば、人間の生活圏《けん》内にある農地にまで入りこむのだから、ある意味当たり前の話だ。

そもそも江戸《えど》時代以前、人間の暮らしは「昭和の里山」時代などとは比べ物にならないくらい山に依存《いぞん》していた。人々は頻繁に山に入り、食料や毛皮、薪、建材、染料《せんりょう》、薬など、様々なものを山から調達していたが、それでも獣害は発生していた。シシ垣《がき》と呼ばれる獣よけの大規模な石垣を作り、収穫《しゅうかく》期には寝《ね》ずの番をした。青森の八戸では、猪《いのしし》飢渇《けがじ》と呼ばれる飢饉《ききん》が起きたとの記録がある。冷害にイノシシの害が重なり、三〇〇〇人が餓死《がし》している。獣害対策で江戸時代の農民は武士よりも多く鉄砲《てっぽう》を所持していたということも知られている。

日本では、江戸末期から明治以降の急速な近代化や人口の激増などで、人間の森林利用が進み、野生動物の生息域は激減していた。また、食料調達や戦時期の毛皮需要《じゅよう》などの乱獲《らんかく》でその生息数も減少。戦後復興から高度経済成長へと突《つ》き進む中で、大規模植林や山林の宅地開発も進み、生き延びた野生動物たちは山奥へと追いやられていった。

つまり、山間部の農地で獣害対策もせずに農業を行うことができたこの百年ほどの期間は、人間と野生動物の関係史の中で特殊《とくしゅ》な時代だったと考えるべきだろう。野生動物が激減していたからこそ成り立っていた平穏《へいおん》な時代だったのだ。ただ、放置された森の中で、いったん数を減らしていた野生動物たちは着々と生息数を回復させてきた。そして、二一世紀に入り、再び人間の生活圏へとあふれ出てきたのである。

⑤この時代にどのように野生動物と向き合っていくのか。

野生動物たちが総じて数を減らしていた時代は、「自然を守れ」と訴《うった》え、動物たちを「保護」してさえいれば、それが「共生」だと思っていられたかもしれない。X美辞麗句《びじれいく》を並べ立てていればそれで済ん

高 二〇二二年度 早稲田大学高等学院中学部

【国語】(五〇分)〈満点:一〇〇点〉

注意 解答の際は、「、」や「。」も一字と数えます。

一 次の文章を読んで、後の問いに答えなさい。

一五年以上前のことだが、けがをしたイノシシの幼獣《ようじゅう》を猟《りょう》仲間が保護してきたことがあった。前足を骨折しているようで、晩秋の山の中で、そいつは這《は》うように歩いていたそうだ。猟期中に出会うイノシシの子どもにしてはちょっと小さめで a えいよう状態もよくなさそうだった。

「さばいて食べるには痩《や》せてて小さすぎるし、ほっといたら冬はこせへんやろうしなあ……。」

とりあえず前足にそえ木をして、元気になるまで飼ってみることにした。

そいつはあっという間に僕《ぼく》たちになついた。手からエサを食べるようになり、そばで丸くなってスヤスヤと眠《ねむ》るようにもなった。

飼い始めて一週間ほどしたころに、京都市動物園にある野生鳥獣救護センターの存在を知った。そこではけがをした野生動物を引き取ってくれるそうだ。b せんもん的な知識を持った人たちが世話をしてくれるならそれにこしたことはないと思い、さっそく連れて行った。

別れぎわ、そいつはビービーと悲しそうな声で鳴きわめいた。

「めちゃくちゃなついてますねえ。野生のイノシシではこんなの考えられへんなあ。」

センターの職員さんもびっくりしていたのが印象に残っている。

……と、こんな思い出を知人に話したところ、①最近は野生鳥獣救護センターではイノシシは保護していないということを教えてもらった。イノシシだけでなくシカやタヌキ、スズメ、ヒヨドリなどの「農作物等に被害《ひがい》を与《あた》えている野生動物」の一部については、二〇一三年から救護の対象外となったという。

「へえ、そうなんや。まあ確かに獣害は深刻やからなあ。ただ、けがしたキツネは助けてあげるけど、弱ったタヌキは見殺しにしとけってわけか……。それもどうなんやろ。」

近年、②野生動物と人間との間の軋轢《あつれき》が強まっている。

二〇二〇年秋も全国各地でのクマによる人身事故のニュースは、聞かない日のほうが珍《めずら》しいくらいだった。全国の鳥獣による農作物被害額は、二〇一九年度のデータで一五八億《おく》円。これは、ピークだった二〇一〇年度の二三九億円からは漸減《ぜんげん》していっているが、まだまだ高止まりしていると言っていい水準だろう。僕の暮らす京都でも、苦労して育てた水田にイノシシが入りこみ、大半のお米がダメになってしまったという話や、サルに散々やられて野菜を育てるのを諦《あきら》めたというような話をよく聞く。幼木の食害や c 樹皮はぎなど林業への被害も深刻だ。

道路に飛び出したシカと車の衝突《しょうとつ》事故や鉄道事故も頻発《ひんぱつ》している。また、野生動物が人里周辺に出没《しゅつぼつ》する機会が増えたことにより、動物たちに寄生するヤマビルやマダニも増加している。ヤマビルによる吸血被害やマダニによる感染症《かんせんしょう》被害も、山林だけでなく、公園やキャンプ場、河川敷《かせんしき》、民家の庭先でまで発生している。

「山が荒《あ》れているから、③動物たちが里に降りてくるんだ。」

よく言われる物言いだが、実際にそうなのだろうか。

日本の山では、戦後の拡大造林政策のもと、スギやヒノキなどの針葉樹が大量に植林された。しかし、近年は安価な d ゆにゅう材におさ

2022年度

早稲田大学高等学院中学部 ▶解説と解答

算　数　（50分）＜満点：100点＞

解　答

1 (1) $\frac{1}{600}$　(2) 6　(3) *A* 63　*B* 24　*C* 15　(4) **あ** ＋　**い** ÷　**う** －　**え** ×　(5) 84.78cm²　**2** (1) ① 108本　② 96本　(2) $\frac{13}{6}$倍　(3) $\frac{872}{3}$cm³　**3** (1) 10　(2) 28　(3) ① 11通り　② **取り除く線がもつ数**…3，**Gの○に確定される数**…32　**4** (1) 7.5秒　(2) 157.5秒後　(3) 367.5秒後　(4) **先に走り始める人**…B君／6秒後／**距離の合計**…3548m

解　説

1 **四則計算，計算のくふう，図形の移動，面積**

(1) $2.71-\left(2+\frac{1}{2}+\frac{1}{6}+\frac{1}{24}\right)=2.71-\left(\frac{48}{24}+\frac{12}{24}+\frac{4}{24}+\frac{1}{24}\right)=2.71-\frac{65}{24}=\frac{271}{100}-\frac{65}{24}=\frac{1626}{600}-\frac{1625}{600}=\frac{1}{600}$

(2) 2010＝6×335，2022＝6×337である。また，336＝6×7×8だから，あたえられた式は下の図1の㋐のように表すことができる。また，㋐の等号の両側を335と337で割ると，㋑のようになる。㋑で□＝6とすると，等号の両側がどちらも1となり等しくなるので，□＝6とわかる。

図1

㋐ $\frac{335\times6\times7\times8\times337}{\square\times(\square+1)\times(\square+2)}=\frac{6\times335\times6\times337}{\square\times\square}$

㋑ $\frac{6\times7\times8}{\square\times(\square+1)\times(\square+2)}=\frac{6\times6}{\square\times\square}$

図2

A　　*B*　　　*C*
アイ÷ウエ＝2余りオカ…①
アイ÷2エ＝2余り1カ…②
63÷24＝2余り15…③

(3) 上の図2の①のように表す。*A*は*B*の2倍以上3倍以下であり，*C*は*B*よりも小さいから，②のように，オが1，ウが2の場合を考える。このとき，残りの数字は{3，4，5，6}なので，③のようにすると条件に合う。よって，*A*は63，*B*は24，*C*は15である。

(4) あに＋，いに÷，うに－，えに×を入れると，等号の左側は，2＋3＋4÷5＝5.8，等号の右側は，6＋7－8×9÷10＝5.8となり，条件にあてはまる。

(5) 右の図3で，三角形BDEが回転した角の大きさは，角ABE′の大きさに等しいので，180－60＝120(度)となる。よって，角DBD′の大きさも120度だから，(BDの長さ)×2×3.14×$\frac{120}{360}$＝25.12(cm)より，BDの長さは，25.12÷$\frac{1}{3}$÷2÷3.14＝12(cm)と求められる。同様に，(BEの長さ)×2×3.14×$\frac{120}{360}$＝31.4(cm)より，BEの長さは，31.4÷$\frac{1}{3}$÷2÷3.14＝15(cm)とわかる。次に，辺DEが通過する部分(図のかげの部分)の面積は，{(三角形BDEの面積)＋(おうぎ形BEE′の面積)}－{(おうぎ形BDD′の面積)＋(三角形BD′E′の面積)}＝(おうぎ形

図3

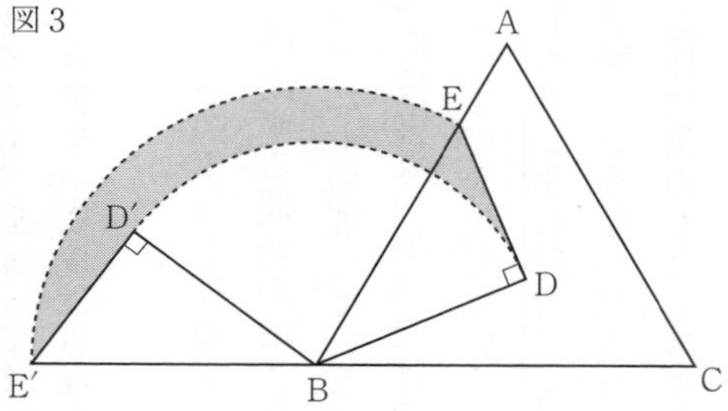

BEE′の面積）−（おうぎ形BDD′の面積）で求めることができるので，$15\times15\times3.14\times\frac{120}{360}-12\times12\times3.14\times\frac{120}{360}=(225-144)\times3.14\times\frac{1}{3}=27\times3.14=84.78(\text{cm}^2)$となる。

2 立体図形—構成，体積

(1) ① 操作2ではり合わせる立体（正八面体）1個の辺の数は12本である。また，立方体の1つの頂点に正八面体をはり合わせると下の図1のようになるから，12本の辺はすべて新しい立体の辺になる（太線部分も辺になる）。さらに，最初の立方体の辺の数は12本であり，これが減ることはないので，新しくできる立体の辺の数は，$12+12\times8=108$（本）である。 ② APの長さを3cmにすると，下の図2のように，となり合う正八面体の頂点がぴったりと重なる。すると，正八面体の12本の辺はすべて新しい立体の辺になるが，最初の立方体の辺はすべてなくなる。よって，新しくできる立体の辺の数は，$12\times8=96$（本）である。

図1

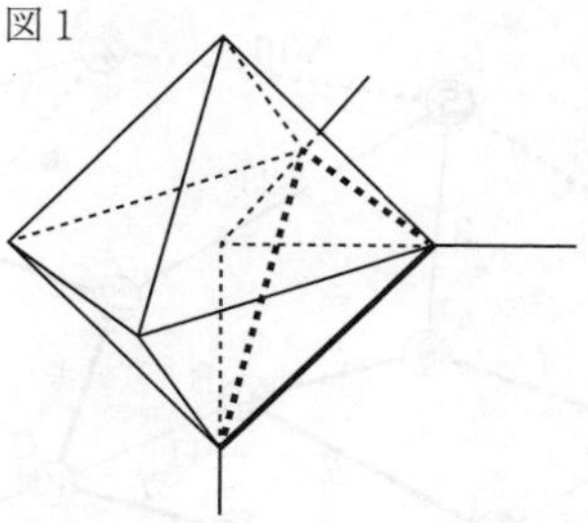

図2

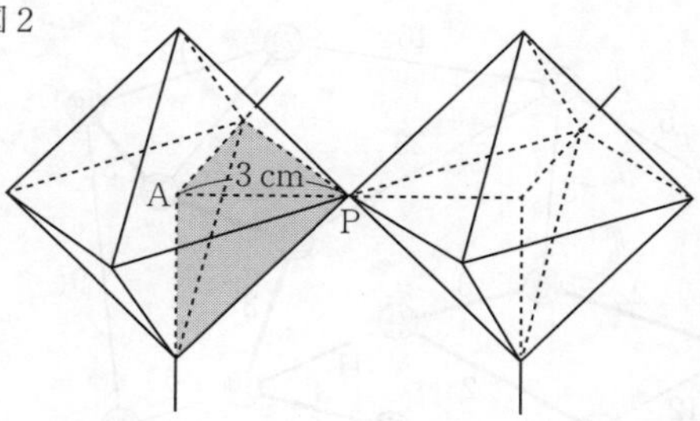

(2) 最初の立方体の体積は，$6\times6\times6=216(\text{cm}^3)$であり，図2のかげをつけた三角すいの体積は，$3\times3\div2\times3\div3=4.5(\text{cm}^3)$である。また，1つの頂点にはり合わせる正八面体1個の体積は，かげをつけた三角すいの体積の8倍だから，$4.5\times8=36(\text{cm}^3)$となる。よって，1つの頂点に正八面体をはり合わせると体積は，$36-4.5=31.5(\text{cm}^3)$増えるので，新しくできる立体の体積は，$216+31.5\times8=468(\text{cm}^3)$と求められる。これは最初の立方体の体積の，$468\div216=\frac{13}{6}$（倍）である。

(3) APの長さが2cmのときも，(2)と同様に考えることができる。図2で，APの長さが2cmのとき，かげをつけた三角すいの体積は，$2\times2\div2\times2\div3=\frac{4}{3}(\text{cm}^3)$になるから，1つの頂点にはり合わせる正八面体1個の体積は，$\frac{4}{3}\times8=\frac{32}{3}(\text{cm}^3)$とわかる。よって，1つの頂点に正八面体をはり合わせると体積は，$\frac{32}{3}-\frac{4}{3}=\frac{28}{3}(\text{cm}^3)$増えるので，新しくできる立体の体積は，$216+\frac{28}{3}\times8=\frac{872}{3}(\text{cm}^3)$と求められる。

3 条件の整理

(1) 線に書かれた数を○と○の間を進むときの所要時間（分）と考えると，○に書き込《こ》む数は，Sから各○へ行くときの最短の時間と同じになる。たとえば，右の図ⅠでSからPまで行くとき，太実線を通って行くと，$2+3=5$（分）かかり，太点線を通って行くと，$4+6=10$（分）かかるから，SからPへ行くときの最短の時間は5分であり，Pの○には5と書き込むことになる。同様に考えると図のようになるので，Gの○に確定される数は10とわかる。

図Ⅰ

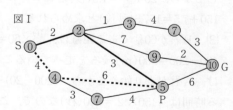

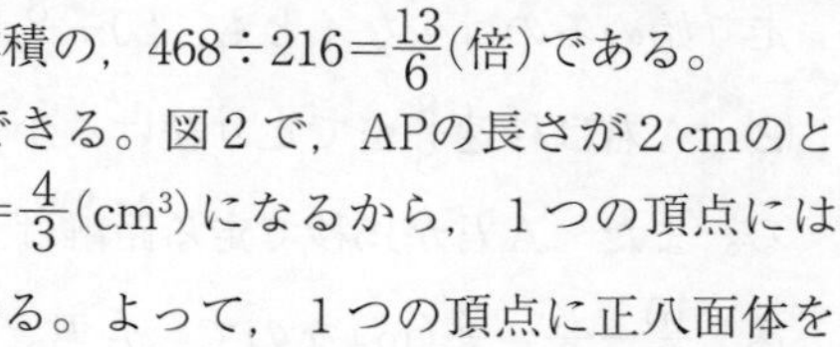

(2) (1)と同様に考えると下の図Ⅱのようになるから，Gの○に確定される数は28である。

(3) ① Gの○に確定される数が28となるのは，図Ⅱの太実線を通って行く場合である。これ以外の線は全部で11本あり，その中の何本かを取り除いても，ＳからＧへ行く最短の時間は変わらない。よって，１本だけ取り除く方法は11通りある。　②　図Ⅱの太実線の中の１本を取り除く場合を考える。下の図Ⅲで，ア，イのどちらかを取り除くと，ＳからＡまでの最短の時間が，５＋３＝８(分)となり，８－６＝２(分)長くなる。また，ウを取り除くと，太点線を通る方が最短になるから，ＳからＧまでの最短の時間が，５＋16＋８＋３＝32(分)となり，32－28＝４(分)長くなる。さらに，エ，オ，カのどれかを取り除いたときはＢからＣまで直接行くことになるから，ＳからＣまでの最短の時間が，９＋11＝20(分)となり，20－19＝１(分)長くなる。また，キ，ク，ケのどれかを取り除いたときはＣからＤを通ってＧまで行くことになるので，ＳからＧまでの最短の時間が，19＋２＋９＝30(分)となり，30－28＝２(分)長くなる。よって，Ｇの○に確定される数が最も大きくなるのはウを取り除く場合だから，線がもつ数は３で，このときＧの○に確定される数は32となる。

図Ⅱ

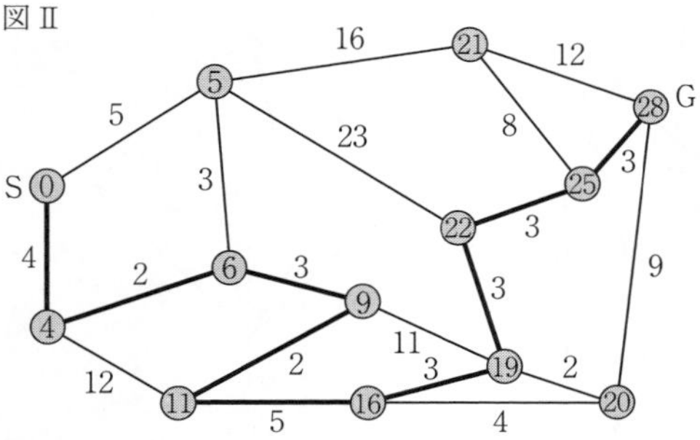

図Ⅲ

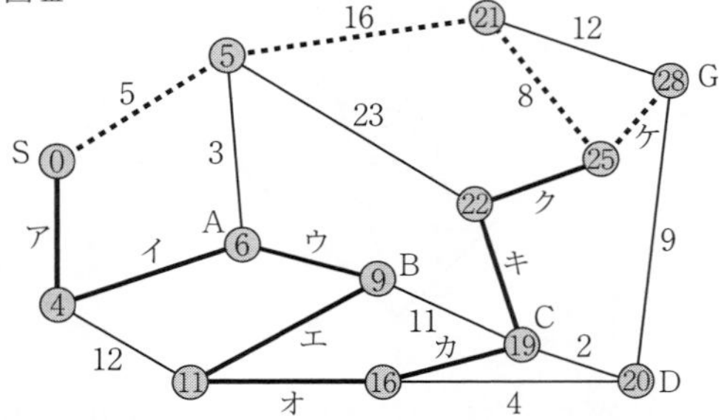

4　旅人算

⑴　Ａ君の速さは秒速，160÷60＝$\frac{8}{3}$(m)，Ｂ君の通常の速さは秒速，200÷60＝$\frac{10}{3}$(m)である。Ａ君が先に走り始めるとき，Ａ君が20m走るまでＢ君は走り始めることができない。よって，Ｂ君が走り始めるのは少なくとも，20÷$\frac{8}{3}$＝7.5(秒)たってからである。

⑵　Ａ君は秒速$\frac{8}{3}$mで走り続けるから，Ａ君が１周するのにかかる時間は，400÷$\frac{8}{3}$＝150(秒)である。また，Ａ君が15秒で走る距離《きょり》は，$\frac{8}{3}$×15＝40(m)であり，さらに，Ａ君とＢ君の速さの差は秒速，$\frac{10}{3}$－$\frac{8}{3}$＝$\frac{2}{3}$(m)なので，Ａ君とＢ君の間の距離が20mになるのは，Ｂ君が走り始めてから，(40－20)÷$\frac{2}{3}$＝30(秒後)とわかる。このとき，Ａ君はまだ１周を終えていないから，この後はＢ君がゴールするまで，Ｂ君はＡ君と同じ速さで走り続けることになる。よって，Ｂ君はＡ君がゴールしてから，20÷$\frac{8}{3}$＝7.5(秒後)にゴールするので，Ｂ君がゴールするのはＡ君が走り始めてから，150＋7.5＝157.5(秒後)と求められる。

⑶　Ｂ君が60秒で走る距離は，$\frac{10}{3}$×60＝200(m)だから，Ａ君が走り始めるとき，Ｂ君はＡ君の，400－200＝200(m)後ろを走っていることになる。よって，Ａ君とＢ君の間の距離が20mになるのは，Ａ君が走り始めてから，(200－20)÷$\frac{2}{3}$＝270(秒後)とわかる。一方，Ａ君が２周するのにかかる時間は，150×２＝300(秒)なので，このときＡ君はまだ２周目を終えていない。すると，⑵と同様に，この後はＢ君がゴールするまで，Ｂ君はＡ君と同じ速さで走り続けることになる。したがって，Ａ君が２周目を終えた7.5秒後にＢ君は３周目を終えるから，２人ともゴールするのはＡ君が走り始めてから，300＋7.5＝307.5(秒後)と求められる。これはＢ君が走り始めてから，60＋307.5＝367.5(秒後)である。

(4)　2人が走った距離の合計を最大にするには，A君とB君がともに走っていて，しかもB君の速さが秒速$\frac{10}{3}$mである時間ができるだけ長くなるようにすればよい。そのためには，先にB君が20m走ってからA君が走り始めればよい。つまり，B君が先に走り始め，その，$20\div\frac{10}{3}=$6（秒後）にA君が走り始めればよい。すると，A君が走る時間は，10分－6秒＝9分54秒＝594秒になるので，A君が走る距離は，$\frac{8}{3}\times594=1584$(m)と求められる。一方，B君は途《と》中《ちゅう》からA君の20m後ろを走り続けるから，B君が走る距離は，A君よりも，400－20＝380(m)だけ長くなり，1584＋380＝1964(m)になる。よって，2人が走る距離の合計は，1584＋1964＝3548(m)と考えられる。

社会　(40分)　＜満点：80点＞

解答

[1] **問1**　ア　**問2**　**A**　エ　**B**　ア　**問3**　(例)　平地が広がり，風が吹きぬけやすいところ。　[2] **問1**　**1**　遠洋　**2**　沖合　**3**　潮目(潮境)　**4**　対馬　**5**　千島　**6**　ヒスイ　**7**　サンゴ　**問2**　(う)　**問3**　石巻　**問4**　エ　**問5**　ウ　**問6**　2　**問7**　西表島　**問8**　イ　**問9**　レッドリスト　**問10**　持続可能な開発(のための目標)　[3] **問1**　ア　**問2**　イ　**問3**　エ　**問4**　日本書紀　**問5**　(例)　江戸幕府による鎖国　**問6**　エ　**問7**　(例)　稲作　**問8**　聖武　**問9**　後白河(天皇)　**問10**　(例)　西廻り航路が整備され，陸路と水路の間で行われていた荷物の積み替えの手間や費用が削減されたから。　[4] **問1**　**あ**　ウ　**い**　ア　**う**　カ　**問2**　イ　**問3**　ウ　**問4**　エ　**問5**　クーラー　**問6**　Ⅰ　黒田清隆　Ⅱ　クラーク　**問7**　Ⅰ　善光寺　Ⅱ　武田信玄　**問8**　イ　**問9**　イ　[5] **問1**　ウ　**問2**　交戦権　**問3**　エ　**問4**　(1)　高齢者　(2)　イ　(3)　ア　**問5**　(1)　E　(2)　(例)　成人年齢が20歳以上から18歳以上に引き下げられ，結婚できる年齢も男女ともに18歳以上に統一されたから。

解説

[1] 日本の自然災害についての問題

問1　自然災害伝承碑《でんしょうひ》は，過去に発生した地震や津波，洪水，土石流，火山災害といった自然災害の情報を後世に伝えるために設けられた石碑やモニュメントなどのことである。2019年，記念碑の地図記号(∩)に碑文を表す縦棒を加え，これを表す地図記号(⋔)が国土地理院によって定められた。なお，イは電子基準点，ウは高塔《こうとう》，エは裁判所の地図記号である。

問2　積雪量が多い新潟・石川・長野の各県に分布しているAは雪崩《なだれ》，内陸部もふくめ各地に広く分布しているCは土石流と判断できる。残る2つのうち，東京湾・伊勢湾・瀬戸内海の沿岸部に分布しているBは高潮で，特に5000人以上の死者・行方不明者を出した1959年の伊勢湾台風による被害はよく知られる。近畿地方と四国地方の太平洋沿岸部に多く見られるDは津波で，特に三重・和歌山・徳島・高知の各県は，1946年の昭和南海地震を始め，過去に何度も大きな地震と津波による被害を受けてきた。

問3　竜巻《たつまき》が発生するメカニズムについては解明されていない点も多いが，地表付近と上空の気温差が大きく，積乱雲が発生していて上昇《じょうしょう》気流が生じやすいという条件が重なった場合に多く起きている。地図によると，関東平野などの平野部のほか，沿岸部，盆地などに多く分布していることから，強い竜巻は平地が広がり，風が吹《ふ》きぬけやすいところで発生しやすいと考えられる。

2　海と人々の生活の関わりを題材とした問題

問1　**1，2**　日本の漁業種類別の水揚《みずあげ》量は，1960年代から70年代初めまでは遠洋漁業が最も多かったが，２度にわたる石油危機で船の燃料である石油が大きく値上がりしたことや，各国が水産資源を保護するため，沿岸から200海里以内の水域を漁業専管水域(現在は排他的経済水域)とし，外国漁船の操業を制限するようになったことから，遠洋漁業の水揚量は大きく減少していった。代わって1970年代半ば以降は，沖合漁業の水揚量が最も多くなっている。　**3**　暖流と寒流がぶつかるところは潮目(潮境)とよばれ，魚のえさとなるプランクトンが多く，暖流系と寒流系の魚が集まることから，好漁場となる。日本の近海では，三陸沖が黒潮(日本海流)と親潮(千島海流)がぶつかる潮目となっている。　**4**　冬に大陸方面から吹く冷たく乾いた北西の季節風は，日本海を流れる暖流の対馬《つしま》海流の上を通過する間に多くの水蒸気をふくみ，日本海側の山地・山脈にあたって大量の雨雲や雪雲を発生させる。　**5**　６～８月ごろ，寒流の千島海流(親潮)の上を通って吹いてくる冷たく湿った北東風は「やませ」とよばれる。「やませ」は北海道と東北地方の太平洋側の地域に低温をもたらし，これが長く続くと冷害の原因となる。　**6**　新潟県糸魚川《いといがわ》市の姫川流域は，古代から宝石の一種であるヒスイの産地として知られてきた。姫川産のヒスイを使った装飾品は，各地で発見された縄文時代の遺跡からも出土しており，交易を通して広まったものと考えられている。　**7**　南西諸島はサンゴの生息地として知られ，サンゴ礁《しょう》から形成された島も多い。近年は海水温の上昇などが原因でサンゴが死んでしまう白化現象が各地で起きており，地球温暖化の影響が指摘《してき》されている。

問2，問3　2019年における国内の漁港別水揚量は，第１位が(う)の千葉県銚子《ちょうし》港の28.0万ｔ，第２位が(あ)の北海道釧路《くしろ》港の17.3万ｔ，第３位が(え)の静岡県焼津《やいづ》港の17.1万ｔ，第４位が(い)の宮城県石巻港の9.9万ｔ，第５位が(お)の鳥取県境港の9.2万ｔの順で，近年は銚子港が全国第１位の年が続いている。

問4　内陸県である長野県や山梨県が上位にあることから，内水面漁業でとられるます類(ニジマスやヒメマスなど)があてはまるとわかる。

問5　2020年におけるえびの輸入量の国別割合は，ベトナム21.4％，インド20.3％，インドネシア16.7％の順となっている。えびの輸入先は東南アジアと南アジアの国々が上位を占《し》めるが，近年は特にベトナムとインドからの輸入が多い。

問6　2019年における交通手段別の旅客１人あたりの輸送距離(国内)は，航空927.7km，旅客船38.4km，鉄道17.3km，自動車13.1kmの順となっている。長い距離の移動には航空や旅客船が，比《ひ》較《かく》的短い距離の移動には鉄道や自動車がよく利用されていることがわかる。旅客船は輸送量そのものはあまり多くないが，移動距離が長いことが多いので，１人あたりの輸送距離も長くなる。なお，旅客船のデータは2018年度のもの。

問7　2021年に世界自然遺産に登録されたのは鹿児島県と沖縄県にまたがる「奄美《あまみ》大島，徳之島《とくのしま》，沖縄島北部及《およ》び西表《いりおもて》島」で，それらの島々のうち最も西に位置しているのは西表島である。

問8　４つの地域の位置と近海を流れる海流などから，日本が大部分を占めるＤは，内海である瀬戸内海に面した淡路(兵庫県)と判断できる。中国と韓国が上位にあるBとCのうち，中国の割合がより多いBが東シナ海に面した奄美(鹿児島県)で，韓国の割合がより多いCが日本海に面した松江(島根県)と判断できる。残るAは函館(北海道)で，不明の割合がほかの３つの地域より高いのは，ペットボトルが漂流《ひょうりゅう》してきた距離や時間が長いためにラベルの文字が不鮮明になったことなどが原因と考えられる。

問９　絶滅《ぜつめつ》の危機にある動植物を一覧にしたものは，レッドリストとよばれる。国際的には国際自然保護連合(IUCN)が作成したものがあり，国内では環境省や地方公共団体，NGOなどが作成している。このうち環境省が作成したものは「絶滅のおそれのある野生生物の種のリスト」という。

問10　SDGsは「持続可能な開発目標」の略称である。1992年にリオデジャネイロ(ブラジル)で開かれた国連環境開発会議(地球サミット)を１つのきっかけとして主張されるようになった考え方で，2015年にニューヨークで開かれた国連持続可能な開発サミットで「2030年までに世界が達成すべき17の目標と169の達成基準」が採択《さいたく》されたことにより，広く世界に知られることとなった。

3　日本海沿岸を題材とした歴史の問題

問１　厳島《いつくしま》神社は瀬戸内海の厳島(広島県)にある神社で，平清盛が厚く信仰して平氏の守護神としたことから，アがあてはまる。イは平泉(岩手県)，ウは博多湾(福岡県)など九州北部沿岸，エは琵琶湖沿岸(滋賀県)である。

問２　ア　藤原京に都をうつしたのは持統天皇である。　イ　桓武天皇は寺院勢力の強い奈良を離れ，784年に長岡京に，794年には平安京に都をうつした。　ウ　平城京では，平城宮とそこから南にのびる朱雀大路《すざくおおじ》を中心として，碁盤《ごばん》の目状に道路がつくられていた。　エ　平氏によって一時都がうつされた福原は，現在の神戸市(兵庫県)に位置していた。

問３　永仁の徳政令は1297年に鎌倉幕府によって出された法令なので，エが誤っている。幕府は元《げん》寇《こう》(元軍の襲来《しゅうらい》)などによって生活の苦しくなった御家人を救うためこの法令を出し，御家人が売ったり質入れしたりした土地などをもとの持ち主に無償《むしょう》で返させたが，かえって経済を混乱させた。

問４　朝廷が国の正式な歴史書として編さんさせたのは『日本書紀』で，720年に完成した。『日本書紀』は中国の歴史書の形式にならい，漢文により編年体(起こったできごとを年代順に記述していくもの)で書かれている。

問５　「国家による対外交流が衰退《すいたい》する」できごととして，江戸時代の鎖国があげられる。なお，平安時代における遣唐使の停止については，その後も民間における交易などは続いていた。

問６　山陰地方に位置する国なので，因幡《いなば》(現在の鳥取県東部)があてはまる。アは現在の石川県南部，イは静岡県西部，ウは宮崎県と鹿児島県の一部の旧国名。

問７　文明東漸《とうぜん》(東のほうへ次第に伝わり，広まること)の例として，稲作が考えられる。稲作は縄文時代末期に朝鮮半島から九州地方北部に伝わり，西日本から東日本へと広まったと考えられている。

問８　孝謙《こうけん》天皇は聖武天皇と光明《こうみょう》皇后(藤原不比等《ふひと》の娘)の娘である。

問９　保元の乱(1156年)では，兄の崇徳《すとく》上皇と後白河天皇が対立し，平清盛や源義朝らを味方につけた天皇方が戦いに勝利した。後白河天皇は，その後も上皇として朝廷内で大きな力を持ち続けた。

問10　日本海側の産物を敦賀《つるが》(福井県)など若狭《わかさ》湾沿岸の港でおろし，陸路で琵琶湖北岸まで運び，再び船に乗せて琵琶湖南岸まで移動し，さらに大津(滋賀県)から陸路で京都や大坂(大阪)などに運ぶルートは，安土桃山時代までは大いに栄えたが，江戸時代に西廻《まわ》り航路が整備されると衰退した。その理由は資料からわかるように，陸路と水路を交互《こうご》に利用しなければならず，荷物の積み替《か》えに手間と多くの費用を必要としたためで，日本海沿岸から積み替えなしで大坂まで産物を運べる西廻り航路が整備されると，そちらにとって代わられた。

4 オリンピック・パラリンピックを題材とした問題

問1 **あ**　古代オリンピア(古代オリンピック)は，紀元前8世紀から紀元4世紀にかけて古代ギリシアのアテネで開かれていた競技会である。近代オリンピックは，フランスの教育家クーベルタンが古代オリンピックの復活を提唱したことにより，第1回大会が1896年にアテネで開かれた。

い　1940年のオリンピックは東京で開催されることが決まっていたが，1937年に日中戦争が始まったことから，日本政府は開催を返上した。代替《だいたい》地としてヘルシンキ(フィンランド)が選ばれたが，第二次世界大戦が始まったことにより，結局これも中止となった。　**う**　1979年，ソ連がアフガニスタンに侵攻《しんこう》を開始すると，これに反発したアメリカは1980年にモスクワで開催されたオリンピック夏季大会への参加をボイコットし，日本をふくむ多くの西側諸国もこれに同調した。

問2　1895年に結ばれた下関条約で日本は清(中国)から遼東《リャオトン》半島や台湾，澎湖《ポンフー》諸島を譲《ゆず》り受けたが，この直後，日本の大陸進出を警戒したロシアは，フランス・ドイツを誘《さそ》って遼東半島を清に返還するよう日本に勧告《かんこく》した。これらの国に対抗するだけの実力がなかった日本は，やむなく賠償《ばいしょう》金の上乗せを条件としてこれを受け入れた。これを三国干渉《かんしょう》という。なお，イギリスはこのとき中立の立場をとることを宣言していた。

問3　1914年にヨーロッパで第一次世界大戦が始まると，日本は日英同盟を理由として連合国側で参戦し，中国におけるドイツの根拠《こんきょ》地であった山東《シャントン》半島の青島《チンタオ》などを占領した。したがって，ウが誤りである。

問4　ア　経済における自由競争を保障することが社会の民主化にもつながると考えたGHQ(連合国軍最高司令官総司令部)は，戦前の日本経済を支配していた三井や三菱《みつびし》などの財閥《ざいばつ》を解体することを指示した。この方針にもとづき，独占禁止法などの法律が制定された。　イ　農村の民主化を進めるため農地改革が行われ，政府が地主の土地を一定面積残して強制的に買い上げ，小作人に安く払い下げたことから，多くの自作農が生まれた。これにより，農村を支配していた大地主の力は急激におとろえた。　ウ　1945年12月に衆議院議員選挙法が改正され，20歳以上のすべての男女に選挙権が認められた。　エ　1945年に労働組合法，1946年に労働関係調整法，1947年に労働基準法が制定された。労働三法とよばれるこれらの法律により，労働者の権利が基本的人権として保障されることとなった。

問5　1960年前後に全国の家庭に広く普及《ふきゅう》した白黒テレビ，電気冷蔵庫，電気洗濯機が「三種の神器《じんぎ》」とよばれたのに対して，1970年前後に広まったカラーテレビ，自動車(カー)，クーラー(エアコン)は，それらの頭文字をとって3Cとよばれた。

問6　Ⅰ　北海道の札幌に置かれた開拓使の初代長官は，薩摩藩(鹿児島県)出身の黒田清隆で，のちに第2代内閣総理大臣も務めた。1889年に大日本帝国憲法が発布されたさい，首相であったのは黒田である。　Ⅱ　アメリカのマサチューセッツ農科大学長を務めていたクラークはお雇《やと》い外国人として来日し，札幌農学校(現在の北海道大学の前身)の初代教頭を務めた。クラークは農学・植物学・英語を教えながらキリスト教精神にもとづく新たな教育を行い，学生たちに大きな影響を与えた。帰国のさい，見送りに集まった学生たちに彼がよびかけた言葉「少年よ大志を抱《いだ》け」がよく知られる。

問7　Ⅰ　長野は，善光寺の門前町として発展した。「牛にひかれて善光寺参り」は，信心のない老婆《ろうば》が，干していた布を角に引っかけて走り出した牛を追いかけていくうち善光寺にたどり着き，それがきっかけで厚く信仰するようになったという話から，他人の誘いや思わぬことがきっかけで，ものごとがよい方向に進むことのたとえ。　Ⅱ　武田信玄は戦国時代に甲斐《かい》(山梨県)を根拠地とした戦国大名で，越後(新潟県)の戦国大名であった上杉謙信と，現在の長野市にある川中島で数度にわたって戦ったことで知られる。

問8　アメリカがソ連などの社会主義国を封じこめるため，西ヨーロッパ諸国と1949年にNATO(北大西洋条約機構)を結成すると，これに対抗するため，ソ連などの東側陣営は1955年にワルシャワ条約機構を結成した。したがって，イが誤っている。なお，欧州共同体(EC)は西ヨーロッパ諸国が1967年に結成した，現在の欧州連合(EU)の前身にあたる組織。「ベルリンの壁」は，市民たちが東ベルリンから西ベルリンへ逃《のが》れるのを防ぐため，1961年に東ドイツ政府が築いたものである。

問9　2024年の夏季オリンピックはフランスのパリで開催される。

5 法律と法令用語を題材とした問題

問1　ア　Aでは「陸海空軍」が「戦力」の例としてあげられているが，Bでは「謀議《ぼうぎ》に参与《さんよ》し，又《また》は群衆を指揮した者」と「諸般の職務に従事した者」が並立の関係にある。　イ　Bでは「謀議に参与し」と「群衆を指揮した者」を選択する意味で「又は」が用いられている。これに対し，Cでは「死刑」と「無期若《も》しくは5年以上の懲役《ちょうえき》」が大きなレベルの選択として「又は」で示され，「無期」と「5年以上」が小さなレベルの選択として「若しくは」で示されている。　ウ　Dにおいて，「情報の質」と「(情報の)量」は小さなレベルの併合であることを「及び」で示しており，「情報の質及び量」と「交渉力の格差等」はより大きな併合であることを「並びに」で示しているから，この文は不適切である。　エ　Eの「未成年者が婚姻《こんいん》をしたときは，これによって成年に達したものとみなす」とあるのは，「今後，成年としてあつかわれる」という意味であるから，くつがえされることはない。これに対して，Fの「その郵便物に損害が生じていないものと推定する」とあるのは，あくまで現状から推測されるということであり，あとから新たな証拠が見つかった場合などにはその判断がくつがえされることがあり得るという意味に解釈《かいしゃく》するのが自然である。

問2　日本国憲法第9条2項には，「国の交戦権は，これを認めない」と規定されている。

問3　コンビニをふくめ，一般の商店で買い物をすることは，契約《けいやく》書に署名するわけではないが，法的には売買契約をしたことになるので，エが不適切である。

問4　⑴「同性婚や動物婚を認めると，少子化が進んでしまう」という主張の背景には，「結婚すれば子どもが生まれるのは当然」という考え方があり，さらには「子どもを産むことが結婚の目的の1つ」という考えに行きつく。もしそうであれば，現在は法的に何の制約もない高齢者どうしの結婚も認められないことになるはずである。　⑵　イでいう「特権階級」とは「男女による結婚をした者」を指すと考えられるので，この文はZの立場からYに対する批判として正しい。アはXの立場からYやZを批判したもの。ウはYの立場からXを批判したもの。性愛規範《きはん》性を否定している立場の人はここにはいないから，エは不適切である。　(3)　結婚制度があるから非嫡出子《ひちゃくしゅつし》(婚外子)が差別されるのであり，結婚制度がなければそうした差別は起こり得ないので，アが不適切である。なお，イの文中にある「国家の中立性」とは，個人の行為である結婚に国家が干渉しない」という意味である。

問5　(1)，(2)　かつては成人年齢が20歳以上であった。また，結婚できる年齢は男性が18歳以上で女性が16歳以上であった。しかし，2018年に民法が改正され，成人年齢が18歳以上に引き下げられ，また，結婚できる年齢が男女ともに18歳以上に統一された(施行は2022年４月から)。そのため，Ｅの規定は必要なくなり，削除《さくじょ》されることになった。

理科　(40分)＜満点：80点＞

解答

[1] **問１**　食物連鎖　**問２**　イ，エ　**問３**　**あ**　ペプシン　**い**　アミノ酸　**う**　門脈　**問４**　ア　**問５**　ウ，エ，オ　**問６**　右の図①　[2] **問１**　**２月**…オ　**４月**…ウ　**６月**…カ　**10月**…イ　**12月**…エ　**問２**　西高東低　**問３**　偏西風　**問４**　線状降水帯　**問５**　ヘクトパスカル　**問６**　イ　[3] **問１**　イ，ウ　**問２**　***X***　0.33　***Y***　0.44　**問３**　(1)　**0.50 g のとき**…0.22 g，**1.25 g のとき**…0.55 g　(2)　**0.50 g のとき**…0.22 g，**1.25 g のとき**…0.22 g　**問４**　右の図②　**問５**　70%　**問６**　20cm³　**問７**　22cm³　**問８**　130cm³　[4] **問１**　**ア**　37　**イ**　13　**問２**　25cm　**問３**　(1)　2 cm　(2)　2 cm　**問４**　31cm　**問５**　75 g　**問６**　85cm　**問７**　200 g

図①

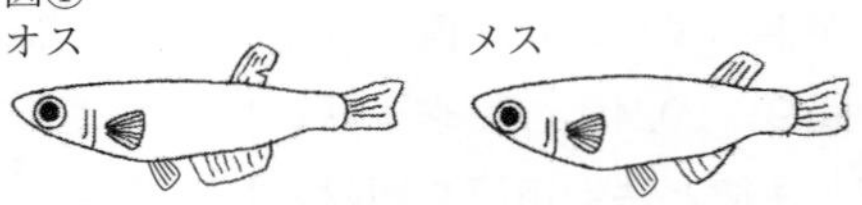

図②

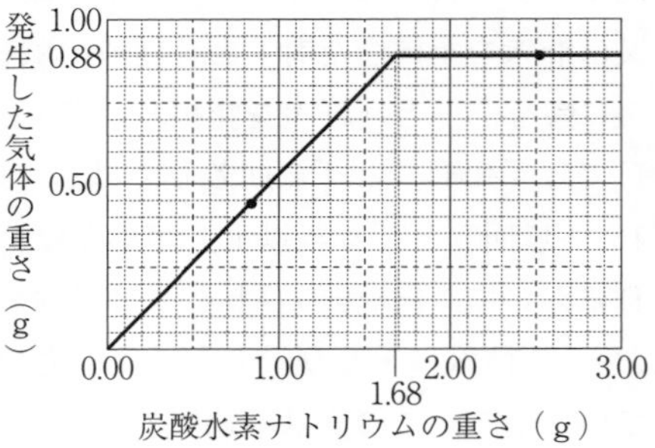

解説

[1] 生物の特色とつながりについての問題

問１　生物どうしの間に見られる「食べる・食べられる」という関係のつながりのことを食物連鎖《れんさ》という。

問２　種子のはい乳部分に栄養分をたくわえている(有はい乳種子をつくる)植物はトウモロコシとイネである。クリ，エンドウ，ダイズは種子の子葉部分に栄養分をたくわえている。

問３　肉や魚，卵，牛乳などに多く含《ふく》まれるたんぱく質は，まず胃液に含まれるペプシンという消化酵素《こうそ》によって細かくされ，その後すい液や小腸内の消化酵素によってさらに細かくされて，最終的にアミノ酸にまで分解される。そして，アミノ酸は小腸の柔毛《じゅうもう》から吸収されて，内側の毛細血管を流れる血液に取りこまれる。この血液は，小腸から門脈(肝《かん》門脈)を通って肝臓に運ばれる。

問４　選択肢《せんたくし》にあげられた動物のうち，ナマコ，ヒトデ，ウニは棘皮《きょくひ》動物，ミミズは環形《かんけい》動物，ウナギはセキツイ動物の魚類に属する。他は軟体《なんたい》動物である。

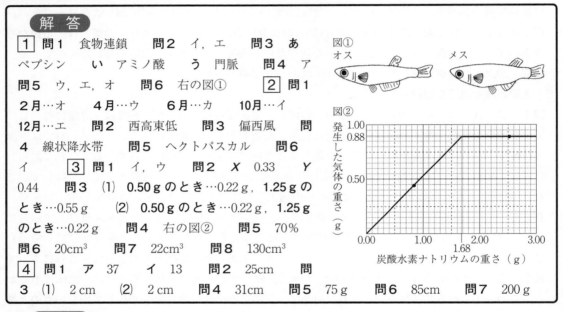

問５　光合成するプランクトンは，葉緑体をもつもので，ここではアオミドロ，ツノモ，ミドリムシの３つがあてはまる。

問６　メダカのはらびれは体の下部でむなびれの位置に近い方にあり，しりびれはおびれに近い方についている。せびれは体の上部でおびれに近い位置につく。オスのせびれには切れこみがあるが，メスのせびれに切れこみはない。また，オスのしりびれは平行四辺形に近い形をしていて大きいが，メスのしりびれは三角形に近い形をしていて小さい。

2 天気図と四季の天気，気象についての問題

問１　**２月，12月**…冬型の気圧配置が強まると，日本列島には南北方向に等圧線が何本も通る。これにあてはまるのはエとオであるが，低気圧の位置が２月は千島列島近海，12月は北海道の南東海上なので，２月はオ，12月はエとなる。　**４月**…日本海に低気圧があるのはウとカのうち，移動性高気圧が九州の近くにあるウがあてはまる。　**６月**…九州～中国に停滞《ていたい》前線(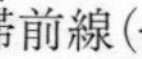)が見られるのはカである。　**10月**…日本の東に高気圧があり，本州の南海上に低気圧が見られるのは，イである。

問２　冬には，日本の西の大陸上に勢力の大きな高気圧があり，日本の東の海上で低気圧が発達することが多い。このようすを西高東低といい，典型的な冬の気圧配置を言い表す言葉として頻繁《ひんぱん》に用いられる。

問３　日本付近の上空には偏西《へんせい》風と呼ばれる強い西風がつねに吹《ふ》いており，この影響《えいきょう》を受けて移動性の高気圧や低気圧が西から東へ移動するため，日本付近の天気は西から東へ移り変わる。

問４　次々と積乱雲が発達して線のようにならび，強い雨がもたらされている帯状の範囲《はんい》を線状降水帯と呼ぶ。発生した積乱雲が一定の方向に進むため，特定の地域に次から次へと積乱雲がやってきて，長時間にわたって大雨をもたらす。その結果，河川のはんらんや洪水《こうずい》，土砂くずれなど，重大な自然災害が発生するおそれが高まる。

問５　気圧の単位は「ヘクトパスカル(hPa)」が用いられている。

問６　８月の天気図はアである。これを見ると，日本のはるか南に等圧線が同心円状になった形状(木の年輪のような模様)が見られるが，これが台風である。等圧線は1000hPaを基準にして４hPaおきに引かれていて，台風の周辺にある高気圧の中心の気圧から数えると，沖縄付近を通る太い等圧線が1000hPaとわかる。よって，台風の中心(×印)のすぐ外側の等圧線は，1000hPaの等圧線から５本目にあたるので，$1000-4\times5=980$(hPa)とわかる。したがって，台風の中心の気圧は，980hPaより少しだけ低いので，イの975hPaと考えられる。

3 物質の反応と気体の発生，ものの燃焼についての問題

問１　炭酸カルシウムに塩酸を加えて発生する気体は，二酸化炭素である。アについて，二酸化炭素は空気より重いので上方置換《ちかん》法では集められない。イについて，二酸化炭素を石灰水に通すと，炭酸カルシウムの白い沈殿《ちんでん》ができる。ウについて，二酸化炭素の水溶液《すいようえき》(炭酸水)は酸性を示すので，BTB溶液は黄色を示す。エは水素の性質である。オについて，ヒトのはく息には二酸化炭素が約４％含まれているが，空気中の二酸化炭素濃度《のうど》は約0.04％である。

問２　表で，炭酸カルシウムの重さを1.25ｇから1.50ｇに増やしても，発生する気体の重さは変わらないことから，塩酸100mLがすべて反応すると0.44ｇの気体が発生することがわかる。また，炭酸カルシウムの重さが0.50ｇのときには0.22ｇの気体が発生するが，この0.22ｇの２倍が0.44ｇなので，炭酸カルシウムの重さが，0.50×２＝1.00(ｇ)のときに塩酸100mLとちょうど反応すると考えられる。したがって，Xは，0.22×0.75÷0.50＝0.33，Yは0.44である。

問３　(1)　塩酸の濃度を２倍にすると，ちょうど反応する炭酸カルシウムの重さも２倍の2.00ｇになる。よって，炭酸カルシウムの重さが2.00ｇ以下では，発生する気体の重さが反応する炭酸カルシウムの重さに比例するので，炭酸カルシウムの重さが0.50ｇのときには0.22ｇの気体が発生し，1.25ｇのときには，0.22×1.25÷0.50＝0.55(ｇ)の気体が発生する。　(2)　塩酸の濃度を半分にすると，ちょうど反応する炭酸カルシウムの重さも半分の0.50ｇになり，このとき0.22ｇの気体が発生する。また，炭酸カルシウムの重さを0.50ｇ以上にしても気体は0.22ｇしか発生しないので，炭酸カルシウムの重さが1.25ｇのときには0.22ｇの気体が発生する。

問４　0.84ｇの炭酸水素ナトリウムを塩酸と反応させると，0.44ｇの気体が発生し，0.84ｇの３倍の2.52ｇを反応させても，発生する気体は２倍の0.88ｇにとどまるので，塩酸100mLとちょうど反応する炭酸水素ナトリウムの重さは，0.84×0.88÷0.44＝1.68(ｇ)とわかる。よって，炭酸水素ナトリウムの重さが1.68ｇまでは比例のグラフとなり，それをこえると発生した気体の重さが0.88ｇで一定となった横軸《じく》に平行なグラフとなる。

問５　0.55ｇの気体が発生したので，反応した炭酸水素ナトリウムの重さは，0.84×0.55÷0.44＝1.05(ｇ)である。これが1.50ｇのベーキングパウダーに含まれていたので，その割合は，1.05÷1.50×100＝70(％)である。

問６　10cm^{3}のメタンは20cm^{3}の酸素を使って燃え，このとき10cm^{3}の二酸化炭素が発生する。使われなかった酸素は，30－20＝10(cm^3)なので，袋《ふくろ》の体積は，10＋10＝20(cm^3)になる。

問７　30cm^{3}の酸素を使って燃えることのできるプロパンは，$10\times\frac{30}{50}=6$(cm^3)で，このとき二酸化炭素が，$30\times\frac{30}{50}=18$(cm^3)発生する。また，10－６＝４(cm^3)のプロパンが燃えずに残る。したがって，袋の体積は，18＋４＝22(cm^3)となる。

問８　30cm^{3}のメタンは，$20\times\frac{30}{10}=60$(cm^3)の酸素を使って燃え，このとき，$10\times\frac{30}{10}=30$(cm^3)の二酸化炭素が発生する。また，20cm^{3}のプロパンは，$50\times\frac{20}{10}=100$(cm^3)の酸素を使って燃え，このとき，$30\times\frac{20}{10}=60$(cm^3)の二酸化炭素が発生する。この結果，200－60－100＝40(cm^3)の酸素が使われずに残る。以上より，袋の体積は，30＋60＋40＝130(cm^3)になる。

４　ばねの長さの変化についての問題

問１　おもりをつり下げたときの表を見ると，おもりの重さが50ｇ増えるごとにばねの長さが４cmずつ増えている。よって，アは，33＋４＝37(cm)である。また，おもりをのせたときの表を見ると，おもりの重さが50ｇ増えるごとにばねの長さが４cmずつちぢんでいる。したがって，イは，17－４＝13(cm)となる。

問２　おもりをつり下げたときの表より，おもりをつり下げていないときのばねの長さは，29－４＝25(cm)である。また，おもりをのせたときの表からも，21＋４＝25(cm)と求められる。

問３　(1)　つり下げたおもりの重さが50ｇ増えるごとにばねは４cmずつのびているので，25ｇのおもりをつり下げたときは，$4\times\frac{25}{50}=2$(cm)のびる。　(2)　のせたおもりの重さが50ｇ増えるごとにばねは４cmちぢんでいるので，25ｇのおもりをのせると，$4\times\frac{25}{50}=2$(cm)ちぢむ。

問４　100ｇのおもりが受ける浮力《ふりょく》は，おもりと等しい体積の水の重さ，つまり水25cm^{3}の重さにあたる25gである。よって，水中にあるおもりがばねを引く力は，100－25＝75(g)なので，ばねの長さは，$25+4\times\frac{75}{50}=31$(cm)となる。

問5　2つのおもりの高さが同じとき，おもりAをのせたばねの長さは，100gのおもりをのせたばねの長さより，$10\times\frac{1}{5}=2$(cm)長い。よって，おもりAの重さは，100gのおもりの重さよりも25g軽いので，100－25＝75(g)とわかる。

問6　ばねを2つ連結した右側のばねでは，おもりの重さ100gがそれぞれのばねにかかるので，2つとも長さが17cmになっている。よって，左側の1本のばねとの長さの差は17cmとわかるので，2つのおもりの間隔《かんかく》は，$17\times\frac{5}{1}=85$(cm)である。

問7　長さが33cmになった上のばねは，おもりBを上向きに100gの力(この力をF1とする)で引いている。一方，長さが17cmになった下のばねは，おもりBを上向きに100gの力(この力をF2とする)でおし上げている。このF1とF2の力がおもりBの重さを支えているので，おもりBは，100＋100＝200(g)の重さである。

国語　(50分)＜満点：100点＞

解答

一　**問1**　a，b，d　下記を参照のこと。　c　じゅひ　**問2**　1　馬食　2　玉条　**問3**　イ　**問4**　ウ　**問5**　イ，エ　**問6**　イ　**問7**　(例)　害獣として野生動物の命を奪い廃棄する(仕事。)　**問8**　理想郷　**問9**　ア　**問10**　(例)　食う食われるの関係を意識しつつも，弱った野生動物を害獣だからといって見殺しにしたくない(という考え。)　**問11**　イ　二　**問1**　下記を参照のこと。　**問2**　X　エ　Y　ア　**問3**　イ　**問4**　ウ　**問5**　ア　**問6**　エ　**問7**　永い間の心配からの解放の気持ち　**問8**　(1)　(例)　三郎だけが厳しく叱責されて，末っ子の四郎が叱責されないのは不公平だと思い，バランスをとる　(2)　病的な興味　(3)　イ　(4)　ウ

●**漢字の書き取り**

一　**問1**　a　栄養　b　専門　d　輸入　二　**問1**　a　列挙　b　好都合　c　裁(かれて)　d　縦横

解説

一　**出典は千松信也《せんまつしんや》の「猟師《りょうし》が考える野生動物との共生」による。**人間と野生動物との共生について，猟師である筆者が自らの体験をふまえながら思いを伝えている。

問1　a　生物が生きていくために必要な養分。　b　ある特定の学問や仕事にもっぱらかかわること。　c　樹木の表皮。　d　外国から生産物や商品などを買い入れること。

問2　1　「牛飲馬食」は，たくさん飲んだり食べたりすること。　2　「金科玉条」は，とても大切な守るべき決まり。

問3　続く部分で，「農作物等に被害《ひがい》を与《あた》えている野生動物」の一部は，二〇一三年から救護の対象外になったと述べられていることに注目する。人間の生活に不利益を及《およ》ぼす野生動物を減らすため，「野生鳥獣《ちょうじゅう》救護センターではイノシシは保護していない」のだから，イが選べる。

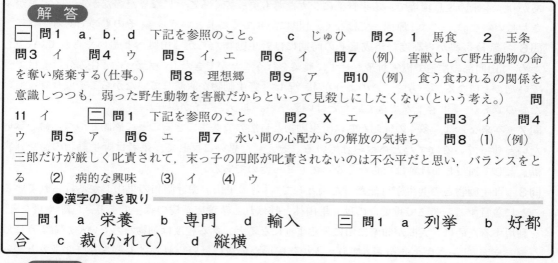

問４　続く部分で，「野生動物と人間」の間に起こっている問題について説明されている。道路に飛び出したシカと車の衝突《しょうとつ》事故や鉄道事故が頻発《ひんぱつ》していると述べられているので，アは正しい。また，苦労して育てた水田がイノシシによって荒《あ》らされたり，野菜もサルに「散々やられ」たりするなど，農作物に対する被害額は膨大《ぼうだい》だと示されてもいるので，イもよい。さらに，「動物たちに寄生するヤマビルやマダニ」が増加した結果，「吸血被害」や「感染症《かんせんしょう》被害」が山林以外の場所にも広がっていると指摘《してき》されているので，エもふさわしい。なお，筆者は「山が荒れているから，動物たちが里に降りてくる」とよく言われることに対し，林業によって「山が荒れ」たのは間違《まちが》いないが，それは「山にエサがな」く「住みづらい」ことを意味するわけではないほか，草食動物はもともと平野部を本来の生息環境《かんきょう》としているのだから，「里に降りてくる」のは林業だけが原因ではないと述べている。よって，「林業自体が非難されている」としたウは合わない。

問５　戦後，日本では拡大造林政策のもと針葉樹の植林を進めたものの，安価な輸入材におされ林業が停滞《ていたい》したことで森は放置され，結果，野生動物の食べ物も少なく暗い場所となってしまった。一方，薪《たきぎ》や炭などが主要なエネルギーでなくなったことで同様に放置された落葉広葉樹の森(里山林)は，野生動物にとってエサの豊富な場所となっている。こうして，「奥山《おくやま》にまで大規模に針葉樹を植林して放置する一方で，人里近くの広葉樹林をエサ場として提供しているという構図」ができあがり，本来の生息環境である平野部にシカたちも戻《もど》ってくることになったのだから，イ，エがふさわしい。なお，アは「原因」ではなく，「里に降りてくる」という現象《げんしょう》そのものである。

問６　「戦後復興から高度経済成長」の時期には野生動物たちが「山奥へと追いやられていった」ため，「山間部の農地で獣害対策もせずに農業を行うことができた」のだから，「住み分け」はできていたことになる。一方で，このような状況《じょうきょう》は「野生動物が激減していたからこそ成り立っていた」のであり，「共存」ができていたとはいえない。よって，イが誤り。

問７　本来ならば，多くの猟師たちは野生動物と自然界で共生できることに感謝しつつ，命を奪《うば》いたいと願っているはずだと述べられている。そうした思いに反して，筆者は野生動物の命を「害獣」として捕殺《ほさつ》しなければならなくなってしまったのである。

問８　野生動物との共生が可能だった例として，「昔の里山」や「昭和の里山」があげられていることに着目する。そこで重要なのは「里山林と呼ばれる落葉広葉樹の森」であり，「薪《たきぎ》や炭など」を利用するために「人間が頻繁《ひんぱん》に山に入るようになると，ある程度は動物たちもいやがるようにはなる」反面，「そこにエサがある限り，人の気配のない夜には野生動物はおどろくほど堂々とやってくる」のである。このように，「里山林」では，人間と動物の「共生」が可能だった。だからこそ「理想郷」として語られているのである。

問９　筆者は「野生動物が廃棄《はいき》物として捨てられている」現状を示し，「有害捕獲《ほかく》をひたすら拡大するという，ある意味場当たり的な対応で乗り切ろうとしている」社会の姿勢を批判している。このような現状を変えていくためにも真剣《しんけん》に議論をして，「社会全体での合意形成」を目指すべきなのではないかと考えているのである。よって，アが選べる。

問10　直後で筆者が，「でも，その同じ山でそいつの親をとって食らうかもしれない」と述べていることに着目する。猟師であるから野生動物をとることはあるが，そのときには自然界での共生と同じく「食う食われるの関係を持ちながら」野生動物をとりたいと考えているのである。一方で，けがをしたイノシシの幼獣を助けたときのエピソードの最後で，「ただ，けがしたキツネは助けてあげるけど，弱ったタヌキは見殺しにしとけってわけか……。それもどうなんやろ」と疑問を示していることもおさえる。つまり，「害獣」であるかどうかで命の選別がなされることに筆者は批判的な考えも持っているのだから，「食う食われるの関係を意識しながらも，弱った野生動物を害獣だからと見殺しにはしたくない(という考え)」のようにまとめる。

問11　筆者は「野生動物とどう向き合うべきか，社会全体での合意形成がそろそろ必要な時期なのではないだろうか」という問題提起をし，そのときには多くの猟師が持っている「感覚の中に，現代社会での野生動物と人間の共生のヒントがあるのではないかと思う」と述べてはいるが，具体的な解決策を明示しているわけではないので，イがふさわしくない。

二　**出典は梶井基次郎《かじいもとじろう》の『夕凪《ゆうなぎ》橋の狸《たぬき》』による。**三郎と四郎という二人の弟が行き先を家族に伝えないまま築港に出かけ，おそくなっても帰ってこなかったときの家族のようすが描《えが》かれている。

問1　**a**　一つひとつならべあげること。　**b**　条件などがととのっていて，具合がよいこと。　**c**　音読みは「サイ」で，「裁判」などの熟語がある。　**d**　思いのままにふるまうこと。

問2　**X**　「合点《がてん》」は，納得《なっとく》すること。ここでは，二人の弟が築港へ行った理由を「私」が理解したことを表している。　**Y**　「かたみに」は，“かわるがわる”という意味。ここでは，弟たちへのいとおしさと父母への怒《いか》りが交互《こうご》におとずれた「私」のようすを表している。

問3　「毎度の心配のまきぞえになって，いつもの馬鹿《ばか》げた捜索《そうさく》にやられるのを徹頭徹尾回避《てっとうてつびかいひ》しようとした」「私」は，「父の命令」をたてに三郎と四郎を探しに行くよう命じる母に反感を覚え，あえて「落ち着いて飯でも食ってやれ」と考えたものの，自分のために「ちゃんと用意」されていたご飯を見たことで，かえって食べずに捜索に向かうほうが，母に対するあてつけとして効果があるのではないかと考えたのである。よって，イがふさわしい。

問4　空腹にあえぐ自分にご飯を与えず，再度三郎と四郎の捜索へと遠くに向かわせようとした父に憤《いきどお》りを覚えた「私」は，あえて「ここで飯を食おうと言いはろう」と考え，父が何か言ってきたら「意地悪」く「そこで口答えをして」やろうと「ねらって」いる。結果として，「私」は父に対し思い通りの抵抗《ていこう》ができ，「自分ながら言い切った」と感じたのだから，ウが合う。

問5　泣きじゃくる四郎に対する，「ただ泣かしておくだけで何ともかまってやらない」母の態度が，「正当な処置」にあたる。黙《だま》って父に裁かれている三郎を見ていた「私」は，大声で泣くことで許されようとしている四郎のあまえを許さない，母の冷たい対応がごく「正当」なものに感じられたのだから，イ～エは正しい。なお，四郎に対する母の態度からは，「精神的な成長を期待して」いるようすはうかがえないので，アは誤り。

問6　「無鉄砲《てっぽう》な遠足」のなかで三郎たちが抱《いだ》いた苦痛や，家に帰りついたさいに感じたであろう「永い間の心配からの解放の気持ち」は，「私」にはよく理解できたのだから，アはふさわしい。また，「常から四郎に比べてはあまやかされていない三郎が，たとえ，その脱出《だっしゅつ》について責任があるとはいえ涙一粒《なみだひとつぶ》出さずに父の前で神妙《しんみょう》に裁かれている」姿を見て，「私」は「同情」しているので，イも合う。さらに，三郎が築港に行ったことについて，「この間もあんなにねだっていたのに，なぜか父や母はやってやらなかった。やってやらないから，行きたさの募《つの》ってこのようなことになるのだ」と思っていることや，「私」自身，「いつも友達との山登りだとかなんだとかに誇大《こだい》な心配をするばかりで賛成してくれたことのない父母に対するいきどおり」を感じていたので，ウも正しい。なお，三郎が「両親相手にむじゃきにふるまえない」性格かどうかは，本文には描かれていないので，エはふさわしくない。

問７　それまで感じていた恐怖《きょうふ》やたよりなさなどといった「重荷を下ろした喜びのあまり」，四郎は家に帰ってくるなり大声で泣き出したのだろうと，「私」は考えている。四郎と同様，三郎もまた「永い間の心配からの解放の気持ち」を感じていただろうが，年長者としてまずは父から「神妙に裁かれ」，そして「私」に詫《わ》びるという筋を通した後で，ようやくその思いを前面に出すことができたのである。

問８　⑴　三郎が父から「裁かれ」ているさなか，自らの幼さを利用し，大声で泣きじゃくることで叱責《しっせき》から逃《のが》れようとする四郎のようすを見た「私」は，その「罰《ばつ》」に対する「不公平な」バランスをとろうと，四郎を少しこらしめたくなったのである。　⑵　最初のうちは「夕げの後の満足したおどけた心」から四郎のことをおどしてやろうと考えたが，「恐怖を大きな声で追《お》っ払《ぱら》おうと」する彼《かれ》のようすを見た「私」は「病的な興味を覚え」，こわがらせることに真剣になってしまったのである。　⑶　⑵でみたように，最初は冗談《じょうだん》のつもりで始めたにもかかわらず，「病的な興味」から四郎が本当におびえるまで本気でこわがらせてしまった自分を振《ふ》り返り，「私」は我ながら恐怖を覚えたというのだから，イが選べる。　⑷　本気で恐怖する四郎から，「まるで狂気《きょうき》のように」顔をかきむしられた「私」が，「早く弟をなだめなければいけないと真面目《まじめ》に思った」ことをおさえる。すぐさま自分は「狸」ではないと謝罪しているように，「私」はこれ以上四郎を追いこむと，兄弟の関係がこわれてしまうと思ったのである。よって，ウがふさわしい。

2021年度　早稲田大学高等学院中学部

〔電　話〕 (03) 5991－4151
〔所在地〕 〒177-0044　東京都練馬区上石神井3－31－1
〔交　通〕 西武新宿線－「上石神井駅」より徒歩7分

【算　数】 （50分）〈満点：100点〉

（注意）　1．式や考え方を書いて求める問題は，解答用紙の指定された場所に式や考え方がわかるように書いてください。

2．分数は，それ以上約分できない形で表してください。また，帯分数は使わず，仮分数で表してください。

1　次の問いに答えなさい。

(1)　次の $\boxed{\text{あ}}$，$\boxed{\text{い}}$ にあてはまる0より大きい数を求めなさい。

①　$\boxed{\quad\text{あ}\quad} : 11 = 2\times\boxed{\quad\text{あ}\quad} : (3\times\boxed{\quad\text{あ}\quad}+1)$

②　$(33\times724-41\times362+61\times181)\div\left(3.14-1\frac{3}{4}-\frac{7}{25}\right)=\boxed{\quad\text{い}\quad}$

(2)　平行四辺形ABCDがあります。辺BC上の点EをBE：EC＝2：1となるようにとり，辺CD上の点FをCF：FD＝3：5となるようにとります。直線AEと直線DCの交点をG，点Eを通り直線ABと平行な直線と直線ADとの交点をH，直線FHと直線BCの交点をIとします。このとき，三角形CEGの面積と三角形EFIの面積の比をもっとも簡単な整数の比で表しなさい。ただし，図は正確であるとは限りません。

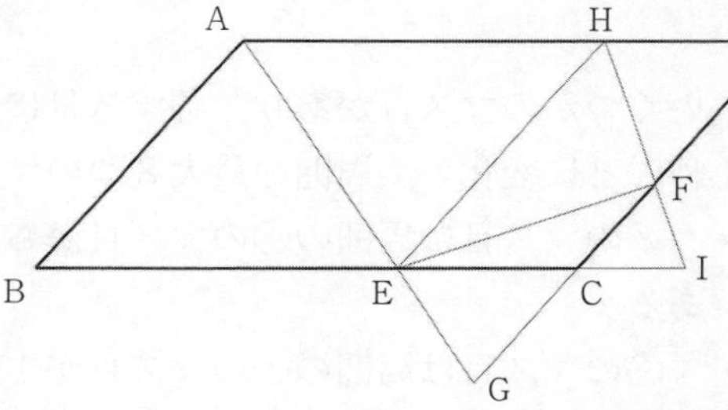

(3)　下のグラフは，ある学校の図書館にある本の分類とその冊数の割合を表した円グラフです。あとの問いに答えなさい。

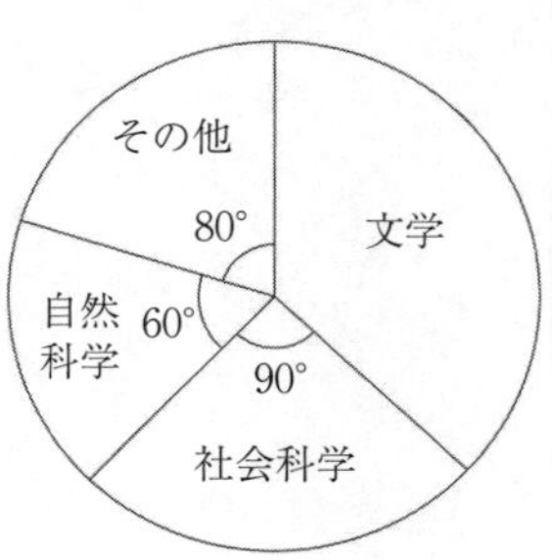

①　自然科学の本の冊数は，全体の何％か求めなさい。割り切れないときは，小数第2位を四捨五入して答えなさい。

②　自然科学の本の冊数のうち数学の本の冊数の割合は40％で，156冊でした。文学の本は何冊あるか求めなさい。

2 大きさと形状が等しい空の容器Aと容器Bがあります。それぞれの容器に，能力の異なるポンプで水を入れます。容器Aと容器Bに同時に水を入れはじめ，30秒後に容器Aのポンプを止めました。次に，入れはじめから50秒後に再び容器Aに水を入れはじめました。右のグラフは，容器Aと容器Bの水面から底面までのそれぞれの深さの違《ちが》いを表しています。容器がいっぱいになったときポンプを止めるものとします。このとき，次の問いに答えなさい。

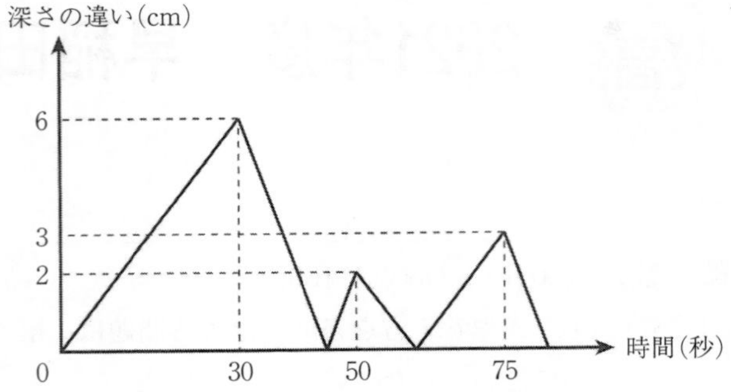

(1) 容器Bに水を入れるポンプの能力は，1秒間で何cm水面を上昇《じょうしょう》させるか求めなさい。

(2) 水を入れはじめてから，容器Aと容器Bの水面から底面までの深さが最初に等しくなるのは何秒後か求めなさい。

(3) 容器Aに水を入れるポンプの能力は，1秒間で何cm水面を上昇させるか求めなさい。

(4) 容器の深さは何cmか，**式や考え方を書いて**求めなさい。

3 いくつかのマス目があり，各マス目には○または×の記号が書かれています。記号○，×は1秒ごとに変化し，周囲の最大8つのマス目の記号によって次のルールで決定されます。

・ ×のマス目は周囲の○のマス目がちょうど3つならば○に変化し，それ以外は×のままである。

・ ○のマス目は周囲の○のマス目が1つ以下または4つ以上ならば×に変化し，それ以外は○のままである。

例えば，マス目の記号は次のように変化します。

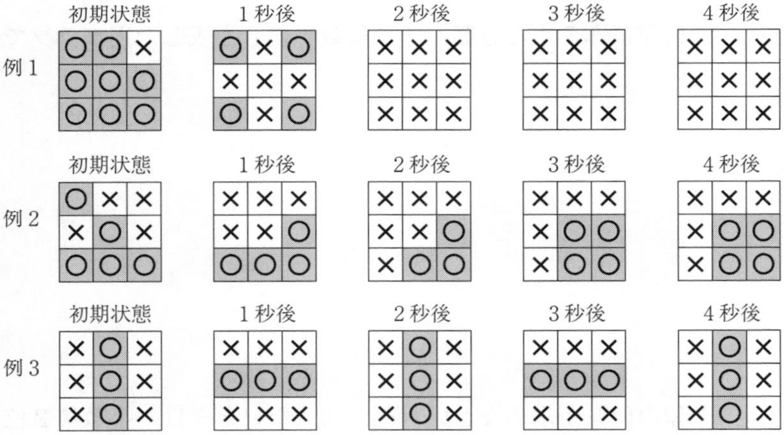

このとき，次の問いに答えなさい。

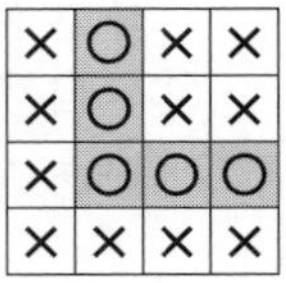

図1

(1) 図1を初期状態として5秒後の状態を解答用紙の図に記号○，×で示しなさい。ただし，解答用紙のマス目を塗《ぬ》りつぶす必要はありません。

必要であれば下の図を使って考えてもかまいません。

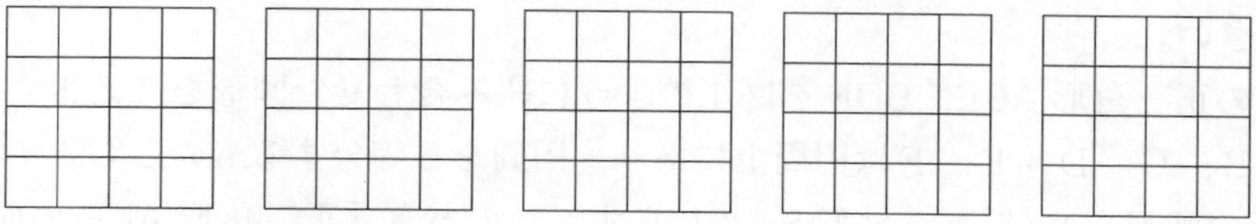

(2)　図2を初期状態として t 秒後の状態の○のマス目の個数を［t］で表すものとします。ただし，［0］は初期状態の○のマス目の個数を表すものとします。例えば，［0］＝16，［1］＝24です。

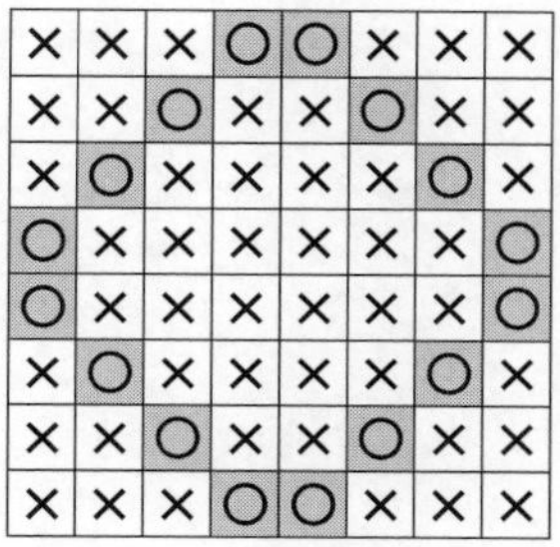

図2

①　［4］＋［5］の値を求めなさい。

②　［［［17］－［28］］＋［44］］の値を求めなさい。

必要であれば下の図を使って考えてもかまいません。

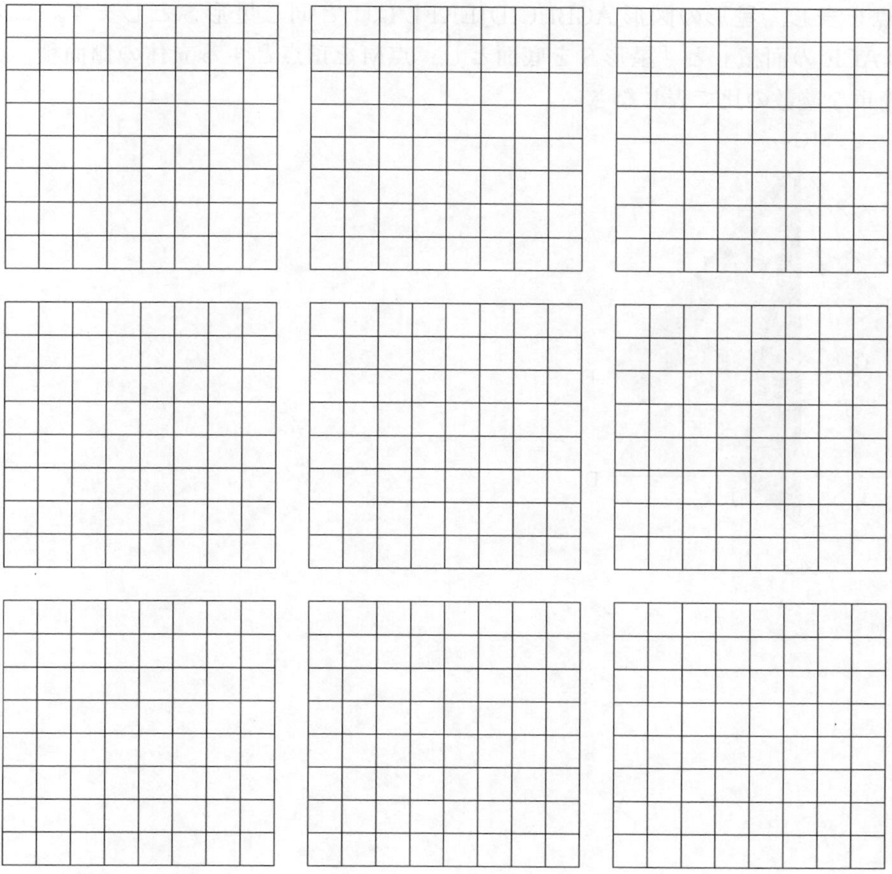

4　次の問いに答えなさい。

(1)　同じ大きさの２つの正三角形 ACE，BDF を図１のように組み合わせた図形を考えます。図１において，点A，B，C，D，E，Fは円周上にあり，円周を６等分するものとします。また，影《かげ》のついた星形の図形を S（以下，星形 S）とします。このとき「正三角形 ACE の面積」と「星形 S の面積」の比をもっとも簡単な整数の比で表しなさい。

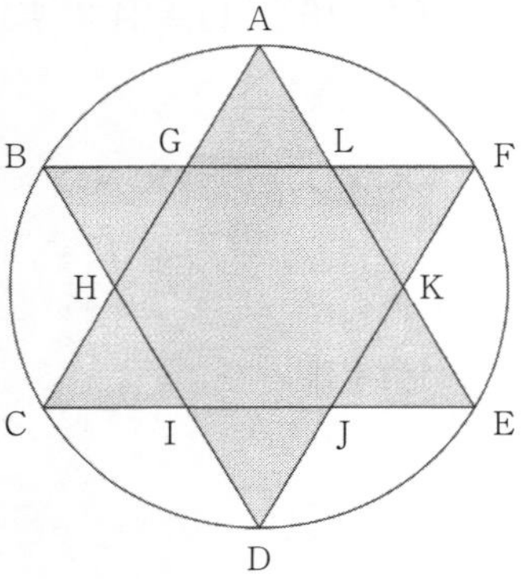

図１

(2)　同じ大きさの２つの正四面体 MACE，NBDF を組み合わせた立体図形を考えます。

①　２つの正四面体を図２のように組み合わせた立体図形を考えます。図２において，点M，Nは同じ点を表し，星形の図形 AGBHCIDJEKFL は(1)と同じ星形 S とします。このとき「正三角形 ACE の面積」と「星形 S を底面とし，点Mを頂点とする立体の側面積」の比をもっとも簡単な整数の比で表しなさい。

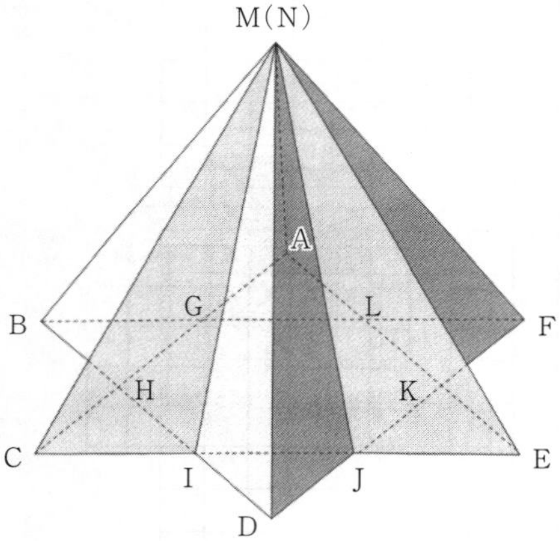

図２

② 2つの正四面体を図3のように組み合わせた立体図形を考えます。図3において，面ACEと面BDFは平行であり，点Mは面BDF上に，点Nは面ACE上にあるものとします。また，上から見た図において，点A，B，C，D，E，Fは円周上にあり，円周を6等分するものとします。このとき「正三角形ACEの面積」と「この立体の側面積」の比を，**式や考え方を書いて**もっとも簡単な整数の比で表しなさい。ただし，この立体の側面積は表面積から正三角形ACEの面積と正三角形BDFの面積を引いたものとします。

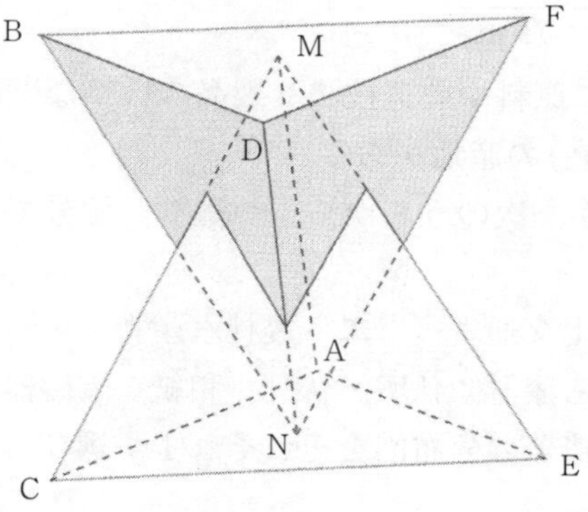

図3

正面から見た図(立面図)

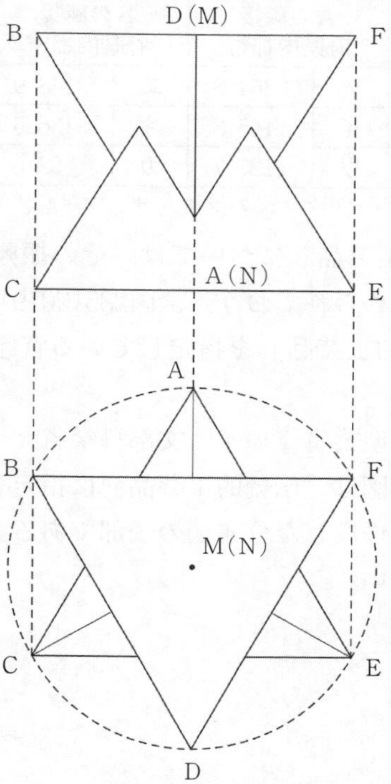

上から見た図(平面図)

【社　会】（40分）〈満点：80点〉

1　問に答えなさい。

問1　人口の集中のようすを調べるために，次の作業をしてみた。2019年の東京都，愛知県，大阪府とそれぞれ地続きで隣接する府県において，人口上位都市をそれぞれ多い順に並べ，上位3位までを表したのが下の表である。A～Cは東京都，愛知県，大阪府のいずれかである。このなかで，姫路市はどれか。表中の**ア～ケ**のうちから1つ選び，記号で答えなさい。

（単位：万人）

人口（2019年）	Aの隣接府県内都市		Bの隣接府県内都市		Cの隣接府県内都市	
1位	**ア**	364.8	**エ**	148.9	**キ**	78.0
2位	**イ**	145.8	**オ**	136.6	**ク**	69.2
3位	**ウ**	127.7	**カ**	52.6	**ケ**	40.0

（『データブック オブ・ザ・ワールド 2020年版』より作成）

問2　「伝統的工芸品」については，その振興のために原料や製造技法，製品の性格などが法律によって定められており，全国235（2019年11月現在）の産地がある。

①　「伝統的工芸品」を指定している官庁はどこか。次のうちから1つ選び，記号で答えなさい。

ア　経済産業省　　**イ**　文部科学省　　**ウ**　国土交通省　　**エ**　農林水産省

②　次の地図は「伝統的工芸品」に指定されている漆器，仏壇・仏具，和紙，陶磁器の産地を種別に作成した分布図の一部である。和紙と漆器の分布図をそれぞれ1つ選び，記号で答えなさい。

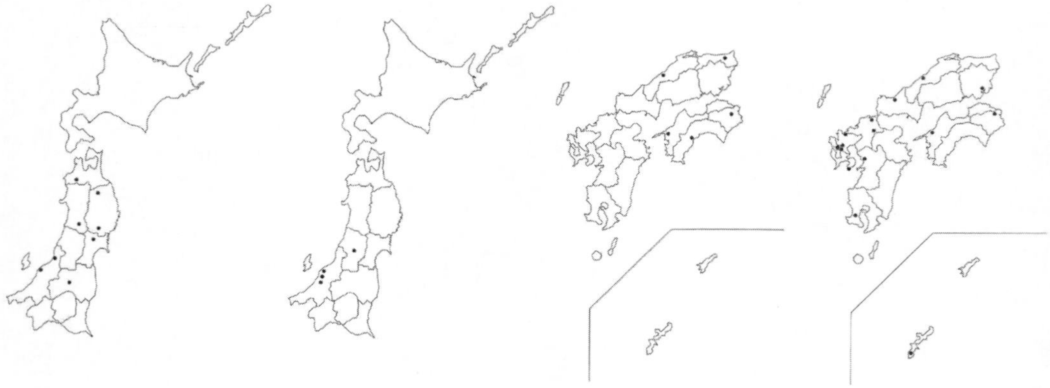

ア　　**イ**　　**ウ**　　**エ**

2　次の文を読んで，問に答えなさい。

2020年はコロナウィルスの影響で観光業は大打撃を受けていますが，近年，日本では観光がブームとなり日本から海外へ行く旅行者，さらに①海外から日本へ来る旅行者が共に増加してきました。特に海外からの観光客を増やすことは，観光地の経済発展にも貢献するため，政府は日本への観光客を増加させるために，②2030年の訪日外国人観光客数の数値目標をあげて様々な取り組みを行ってきました。例えば，標識をわかりやすく統一したり，インターネットの通信環境を整備したりしてきました。その他に観光客が急に増えると宿泊施設が不足するため，一般家庭でも許可が得られれば観光客が宿泊できるようにしました。これを(1)といいます。次にA～Eの各都道府県の観光地をみていきましょう。

Aには明治期に建造された日本の発展に貢献した施設があり，2014年に世界遺産に登録されました。この施設のある地域は世界遺産登録以降，観光客が増加しました。この施設は繊維工業にまつわるものであり，中心となる工場には周辺地域から原料となる(2)を集め，一年を通して工場は稼働していました。そのため原料を保管するための大きな建物が必要でした。この建物の建て方や生産技術は外国から技師を招いて学んだものです。

Bには2015年に世界遺産に登録された施設がいくつかあります。そのうちの一つは，小さな島であり，その島を入り口として地中深く坑道を掘り(3)を採掘していました。小さな島に採掘労働者とその家族が住んでいましたが，廃坑とともに島は閉鎖され，その後，その廃墟は観光地として人気となりました。この島はBの県庁所在地である都市から船で見学できますが，この都市は造船業が盛んです。Bにはこの都市の他にも造船業が盛んな(4)市があります。

Cでは近年，外国からの観光客が増加しており，③特にオーストラリアからの観光客が増加しています。Cでは大規模な農業が行われており，代表的な作物はじゃがいもや豆類です。稲作も盛んで「ゆめぴりか」などの品種が主に栽培されています。農家や農業地域に宿泊して，農業体験などを行うことを「(5)ツーリズム」といい，Cはこの行き先としても人気があります。

Dにある港には海外からもたくさんの観光船が寄港します。また臨海部には重工業の工場が並び，大規模な設備をもった工場が24時間操業をしているため，工場の明かりが灯す夜景が有名になりました。こうした工場の景色を楽しんだり，Dにある自動車工場の生産ラインの見学をするなど，様々な製造現場をみることを(6)観光と呼び，人気があります。

Eにはかつて都があったためたくさんの歴史的建造物があり，多くの観光客が訪れます。その一つに藤原氏が極楽浄土を夢みて建立した寺があります。また，この寺のある地域一帯は④茶の産地としても有名です。Eには「伝統的工芸品」もたくさんあり，織物の西陣織は有名ですが，染め物の(7)も有名です。

問1 文中の(1)～(7)に当てはまる最も適した語を答えなさい。

問2 下線部①に関連して，このような人の流れを表す言葉を**カタカナ**で答えなさい。

問3 下線部②に関連して，下の表は世界での海外からの観光客数上位４ヵ国(2017年)について，観光収入と世界遺産登録数を合わせて表したものである。表中のア～エは中国，アメリカ，フランス，スペインのいずれかである。中国に当たるものを１つ選び，記号で答えなさい。

国	客数(千人)	収入(百万ドル)	世界遺産登録数		
			文化遺産	自然遺産	複合遺産
ア	86,861	69,894	39	5	1
イ	81,786	68,437	42	4	2
ウ	76,941	251,361	11	12	1
エ	60,740	32,617	37	14	4

(『データブック オブ・ザ・ワールド 2020年版』・日本ユネスコ協会連盟HPより作成)

問4 下線部②に関連して，政府が2016年に掲げた2030年の訪日外国人観光客数の数値目標を１つ選び，記号で答えなさい。

ア　2000万人　　イ　4000万人　　ウ　6000万人

エ　8000万人　　オ　1億人

問5　下線部③について，その理由と観光目的を40字以内で述べなさい。（句読点を含む）

問6　下線部④の産地名を答えなさい。

問7　A～Eの都道府県に**当たらない**都道府県を次から1つ選び，記号で答えなさい。

ア　神奈川県　　イ　京都府　　ウ　群馬県

エ　長崎県　　オ　兵庫県　　カ　北海道

3　次のA・Bの文章を読んで，あとの問に答えなさい。

A　①条坊制をもつ日本の都城は，一般的に中国のそれを模範として造営されたとされますが，諸説あるものの，都の全体を囲む羅城（城壁）がないか（藤原京），あっても南側の羅城門の東西に限られている（平城京・平安京）と言われています。物理的な城壁がなくとも，妖怪や化け物の類いや，それによってもたらされると考えられた疫病の侵入を防ぐため，様々な祭りや儀式が行われ，その境界は象徴的に意識されていました。同時に，南側だけでも壁を構築したのは，都へと訪れる人々に，境界を目に見える形で示す意図があったのかもしれません。

一方，防衛のための境界として環濠が設けられた集落や都市もあります。たとえば，奈良県の今井町は，荘園であった今井庄の環濠集落を基盤に，16世紀には浄土真宗の称念寺（今井道場）を中心とする寺内町として発展したもので，防衛のための堀と土塁を備え，「海の②堺」「陸の今井」と並び称された自治都市として栄えました。

境界によって，人々の出入りが制限された場所もありました。17世紀後半，③いわゆる「鎖国」政策の一環として，清国人（中国人）の居住域を制限する目的で長崎に建設された（　④　）の周囲は，塀と堀で囲まれ，大門の脇には番所が設けられました。目に見える明確な境界によって，人々を隔離したのです。

B　現在，ハンセン病は，一般の皮膚科で入院することなく治療できる病気で，そもそも日本国内における新患者の発生は極めてまれです。しかし，とくに19世紀後半から20世紀前半にかけて，ハンセン病は恐ろしい感染症（伝染病）であるという認識が広まっていました。感染が知れると患者自身だけでなくその家族も偏見や差別の対象となることが多かったため，患者が自ら収容施設に行かざるを得ない社会的な状況が生み出されていったのです。このような状況下で，1931（昭和6）年には，感染拡大の予防という名目ですべてのハンセン病患者の収容を目指した法律が成立し，各地にハンセン病療養所が建設されるとともに，ハンセン病患者を一掃しようとする運動が各県で展開され，患者を積極的に見つけ出して療養所に送る施策が行われました。

ハンセン病の感染力が極めて弱く，発病もまれだということがしだいに明らかとなり，特効薬も登場し，1960年代には化学療法による外来治療へと世界の潮流が変化していたにもかかわらず，強制的な収容は続けられました。徐々に規制が緩められ，自主的に退所する人もでてきましたが，結局，ハンセン病患者の収容を根拠づける法律が廃止されたのは，1996（平成8）年になってからでした。

ところで，東京都にあるハンセン病患者の国立療養所は，その前身が1909（明治42）年に設立されて以来，長い歴史をもちます。その歴史の中で，⑤この施設のかつての患者居住域は，3ｍもの高さがあった柊《ひいらぎ》の垣根に囲まれていましたが，最初は土塁と堀がめぐらされていました。その堀は幅4m(底の部分は幅が1.8m)，深さ2mにおよぶ大規模なものだったことが，2016年から2017年にかけて行われた発掘調査で，あらためて確認されています。

問1　下線部①について，条坊制をもつ事例として適切なものを次から1つ選び，記号で答えなさい。

ア　江戸　　**イ**　首里　　**ウ**　大宰府　　**エ**　十三湊

問2　下線部②について，「堺」の名称は，3つの国(令制国)の境に位置していたことに由来するとされます。その3つの国の組み合わせとして適切なものはどれか，次から1つ選び，記号で答えなさい。

ア　甲斐・信濃・武蔵　　**イ**　摂津・和泉・河内

ウ　三河・遠江・駿河　　**エ**　若狭・山城・近江

問3　下線部③について，いわゆる「鎖国」政策に関して述べた以下の文のうち，**誤っているもの**を1つ選び，記号で答えなさい。

ア　蝦夷地のアイヌの人々は，幕府から分与された商場で松前氏と交易する独占的権利を保障され，また山丹交易をつうじて間接的に中国の物品を手に入れていた。

イ　対馬の宗氏は，釜山に倭館を設けて，朝鮮(王朝)との貿易を独占し，また幕府と朝鮮との外交使節のやりとりを仲介した。

ウ　出島におかれたオランダ東インド会社の商館の長は，幕府に対して「オランダ風説書」を提出することが求められ，また江戸参府を行った。

エ　琉球(王国)は，薩摩の島津氏の侵攻を受けてその支配を受ける一方で，中国の明朝・清朝と朝貢貿易を行った。

問4　空欄(④)に入る適切な語を**漢字四字**で答えなさい。

問5　下線部⑤について，「柊の垣根，土塁や堀」には，どのような意味や役割があったと考えられますか。**Aの文章も参考にして**記述しなさい。

4

次の会話文を読んで，あとの問に答えなさい。

先生　2020年9月に安倍晋三内閣総理大臣が辞めておよそ8年ぶりに新しい総理大臣が誕生したね。歴代の内閣総理大臣の中で，通算の在職期間が最も長い総理大臣でした。

A君　それまでは日本の総理大臣は短期間で替わるイメージが強かったよね。

先生　日本の内閣制度は1885年に始まっているけれど，例えば在職期間が1000日を超えた総理大臣として思い浮かぶ人はいるかな？

A君　僕はまず初代の総理大臣だった伊藤博文を思い浮かべます。

先生　よく知っていますね。①伊藤博文は明治維新から新政府内で重要な役割を担い，初代の内閣総理大臣となりました。2回目の内閣では②日清戦争が勃発し，その戦後処理も行いました。

B君　第4次伊藤博文内閣の後を継いだ桂太郎も長期政権だった気がします。

先生　そうだね。桂太郎は(**あ**)と交互に組閣したから，この時期は「桂園時代」と呼ばれましたね。第1次桂太郎内閣では③日露戦争が勃発しました。

A君　早稲田大学の創始者の大隈重信も2回の内閣であわせて1000日を超えていますね。

先生　第2次大隈重信内閣では④第一次世界大戦が勃発しています。講和条約が結ばれて第一次世界大戦が終わった時の総理大臣である原敬も1000日を超える長期政権でした。

B君　東京駅で暗殺された総理大臣ですよね。今では考えられないことだけど，昔は⑤暗殺されたり，襲われたりした政治家が何人もいて，命がけで政治にあたっていたのですね。

A君　太平洋戦争が始まったときの東条英機内閣も1000日を超えていますね。

先生　戦後は，まずは吉田茂ですね。５回組閣して混乱した戦後日本の政治にあたりました。

B君　⑥日本国憲法が公布されたのが第１次吉田茂内閣でした。僕たちにとって関係のある教育基本法や学校教育法もこの内閣で制定されたのですよね。

先生　第２次吉田茂内閣以降は，経済の立て直しを行いましたね。⑦朝鮮戦争が勃発して，特需景気となりました。(**い**)平和条約を結んで日本の主権が回復したのも吉田茂内閣の時代でした。

A君　佐藤栄作内閣総理大臣も印象に残っています。３回にわたって組閣して，８年弱の長期政権を築きました。

先生　よく知っていますね。小笠原諸島や沖縄の日本への返還を実現しました。韓国との間には(**う**)条約を結んで，両国の外交関係が再開されました。

B君　調べてみると，この佐藤栄作以降で，総理大臣在職期間が1000日を超えているのは，日本電信電話公社や日本専売公社，日本国有鉄道を民営化したことで知られる中曽根康弘と，「聖域なき構造改革」を唱えて日本郵政公社を民営化した(**え**)ですね。

先生　こうして見てみると，安定した長期政権を築いた内閣総理大臣はそんなに多くありませんね。これからの日本の政治がどうなるか，みんなで注目していきましょう。

問１　空欄(**あ**)～(**え**)に当てはまる語句をそれぞれ答えなさい。

問２　下線部①について，次の文のうち正しいものを１つ選び，記号で答えなさい。

ア　薩摩藩出身で内務省の初代長官に就任し，殖産興業を推進した。

イ　岩倉使節団の欧米視察の間の留守政府では各地で頻発した士族の反乱を鎮圧した。

ウ　自由民権運動に参加して早期の国会開設を訴えた。

エ　大日本帝国憲法草案をとりまとめた中心人物で，最後は枢密院議長として制定に尽力した。

問３　下線部②について，この戦争の講和条約の名前を**漢字で**答えなさい。

問４　下線部③について，次の文のうち**誤っているもの**を１つ選び，記号で答えなさい。

ア　日本は三国干渉後に遼東半島を領有したロシアに対して危機感を抱いていた。

イ　日本はロシアに対抗するために日英同盟を結んだ。

ウ　講和条約はポーツマスで結ばれ，ロシアは日本に賠償金を支払った。

エ　この戦争の後，日本は韓国への支配を強め，1910年に韓国を併合した。

問５　下線部④について，次の文のうち**誤っているもの**を１つ選び，記号で答えなさい。

ア　戦争のきっかけは「ヨーロッパの火薬庫」と呼ばれていたイベリア半島での対立であった。

イ　日本は中国における権益拡大のために二十一か条の要求を出した。

ウ　日本はドイツの拠点であった中国山東省の青島を占領した。

エ　大戦でヨーロッパの交戦国の輸出が減少したかわりに日本の輸出が伸び，大戦景気となった。

問６　下線部⑤について，犬養毅内閣総理大臣が暗殺され，これによって憲政の常道が終わったといわれている事件を答えなさい。

問７　下線部⑥について，近年，憲法改正の議論が起こっているが，次の日本国憲法第９章第96条１項の空欄に当てはまる語句をそれぞれ答えなさい。

この憲法の改正は，各議院の（　１　）の３分の２以上の賛成で，国会が，これを発議し，国民に提案してその承認を経なければならない。この承認には，特別の国民投票又は国会の定める選挙の際行はれる投票において，その（　２　）の賛成を必要とする。

問８　下線部⑦について，日本が好景気を迎えた要因を述べなさい。

5　以下の問に答えなさい。

問１　次の３つのグラフは，厚生労働省が取りまとめた「自立支援に関する意識調査」（平成30年２月実施）の結果から抜粋したものである。この調査は，地域・職場での支え合いなどに関する質問について，回答者を，障害や病気を有する者，身近に障害や病気を有する者がいる者，その他の者の３類型に分類し，それぞれの類型ごとに1000人から回答を得たものである（n＝回答者数）。

【設問】　あなたの居住地や職場に障害や病気を抱えていて困っている人がいたら助けたいと思いますか。

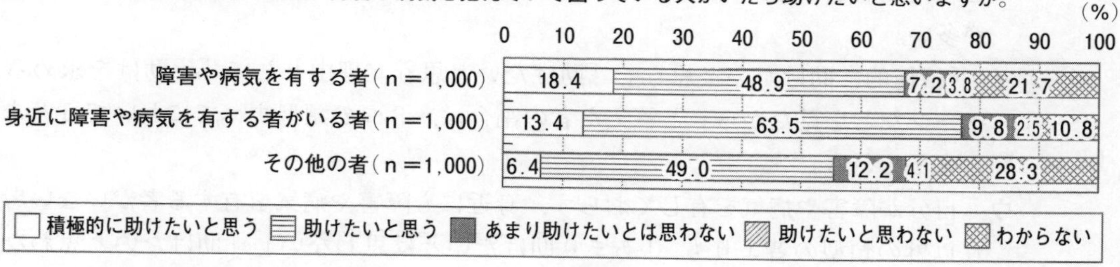

【設問】　「積極的に助けたいと思う」，「助けたいと思う」理由は何ですか。（２つまで）

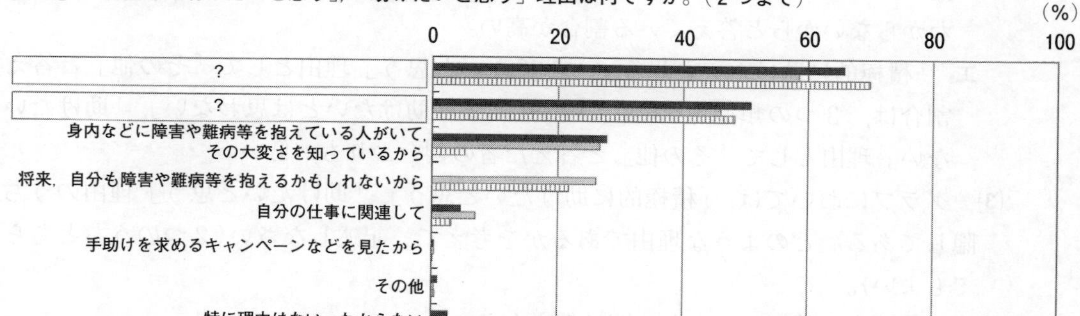

【設問】「あまり助けたいとは思わない」,「助けたいと思わない」理由は何ですか。(2つまで)

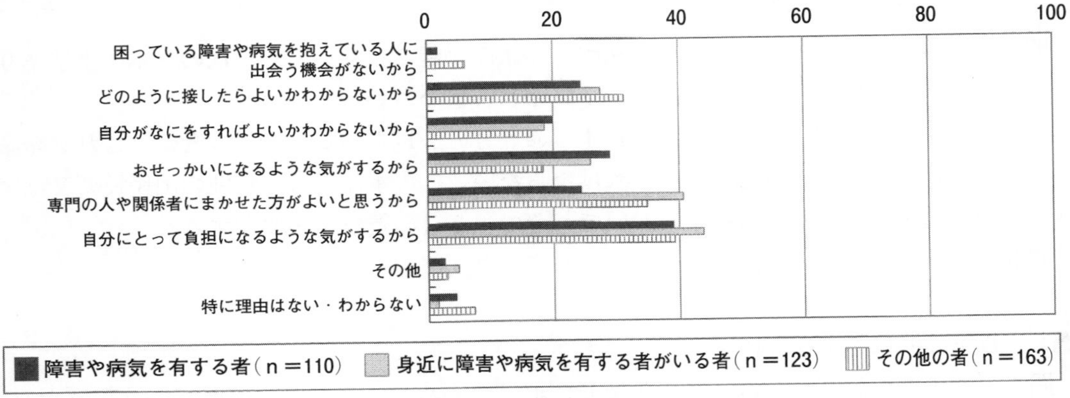

(1) 国としても,障害や病気を抱える者に対する支援は重要である。わが国の社会保障の4つの柱のうち,社会保障関係費に占める割合が**3番目**に高いものを答えなさい。

(2) グラフに関する説明として**不適切なもの**を1つ選び,記号で答えなさい。

ア 3つの類型すべてにおいて,「あまり助けたいとは思わない」,「助けたいと思わない」と答えた者よりも,「積極的に助けたいと思う」,「助けたいと思う」と答えた者のほうが多い。

イ 「積極的に助けたいと思う」,「助けたいと思う」理由として「手助けを求めるキャンペーンなどを見たから」と答えた者の割合は,3つの類型すべてにおいて5%未満にとどまっている。

ウ 自分が障害や病気を有しておらず,身近にも障害や病気を有する者がいない者は,それ以外の類型の者よりも,「あまり助けたいとは思わない」,「助けたいと思わない」理由として,障害や病気を有する者とどのように接して,かつ自分がなにをすればよいかわからないからと答えている割合が高い。

エ 「積極的に助けたいと思う」,「助けたいと思う」理由として「その他」と答えた者の割合は,3つの類型すべてにつき,「あまり助けたいとは思わない」,「助けたいと思わない」理由として「その他」と答えた者の割合よりも,低い。

(3) グラフにおいては,「積極的に助けたいと思う」,「助けたいと思う」理由のうち2つを隠してある。どのような理由であるかを考えて,記述しなさい(2つのうちどちらを答えてもよい)。

問2 次の会話文を読んで,あとの問に答えなさい。

先生　公園のベンチで寝る人をなくすには,どうしたらよいでしょうか。

太郎　法律をつくって,公園で寝た人には刑罰を科せばよいと思います。

次郎　道徳教育によって,人々のマナーを向上させれば済む話だよ。

三郎　公園の近くに,格安の簡易宿泊所を建てるという方法もあるね。

四郎　どの方法も面倒だ。ベンチの手すりを固定したり,座面を歪曲《わいきょく》させれば,物理的に,横になって寝ることができなくなるよ。

先生　さて今度は,飲酒運転をなくす方法を,以上と同じように考えてください。

太郎　法律を改正して,飲酒運転した人をより厳しく処罰すればよいと思います。

次郎　啓発活動を行って，運転する人の意識を向上させればいいんじゃないかな。

三郎　僕の考えだと，［　①　］ということになるね。

四郎　やっぱりどの方法も面倒だ。そもそも飲酒運転できないように，［　②　］。

(1)　空欄①に当てはまる短文を，「タクシー」という単語を含めて答えなさい。

(2)　空欄②において，四郎君が示したアイディアはどのようなものか。次の４つの物品のうち，適切であると思われるものを１つ選び，それを用いた防止策を答えなさい。

アルコール検知器　　運転免許証　　街頭の監視カメラ　　ドライブレコーダー

6　新しいクラスで親睦《ぼく》を深めるために行う遠足について，クラスの「みんなの意見」をよく反映した行き先に決めよう，ということになりました。行き先を決める前に，「みんなの意見」をどのように把握したら良いか，という議論になりました。

問１　「みんなの意見」を良く反映した行き先を決めるにあたって，**X**・**Y**・**Z**の主張をもとに，①〜③の方法を考えました。**X**・**Y**・**Z**の主張と①〜③の方法の適切な組み合わせを，**ア**〜**カ**から１つ選び，記号で答えなさい。

X　「あなたはどこに行きたいのか」と問われれば，それぞれ行きたいところを答えるに違いない。まずは一人ひとりの意見を聞くべきだと思う。

Y　多くの人はどこでも良いと思っている。元々「どこかに行きたい」という意見を強く持っている人の意見を，まずは聞くべきだと思う。

Z　「どこに行きたいか」とただ尋ねただけでは，その場で思いついた表面的な声で決まってしまうこともある。遠足の目的や意義まで踏まえて，意見をまとめていくべきだと思う。

①　目安箱を設置して意見を集めよう。

②　全員にアンケート調査をして意見を集めよう。

③　みんなが信頼できるという人を選び，その人たちが代表として考えていくことにしよう。

ア　**X**—①　**Y**—②　**Z**—③　　**イ**　**X**—①　**Y**—③　**Z**—②

ウ　**X**—②　**Y**—①　**Z**—③　　**エ**　**X**—②　**Y**—③　**Z**—①

オ　**X**—③　**Y**—①　**Z**—②　　**カ**　**X**—③　**Y**—②　**Z**—①

問２　クラスでは，①〜③の方法を**１回ずつ用いて**決めることにしました。あなたは，①〜③の方法を，どの順番で組み合わせるのが良いと思いますか。その順番を示し，その順番にした理由を解答欄に収まるように説明しなさい。

【理　科】（40分）〈満点：80点〉

1　コイルに磁石を近づけたり遠ざけたりすると，発電することができます。この現象を「電磁誘導《ゆうどう》」と呼びます。図1のように，棒磁石のN極をコイルの上端《たん》に近づけると，コイルに電流が流れます。コイルにつながれているのは，検流計と呼ばれる装置で，コイルを流れる電流の向きによって，プラスまたはマイナスに針が振《ふ》れます。図1のとき，検流計の針はマイナス側に振れます。このとき，コイルに流れる電流により，コイルは一時的に電磁石になります。

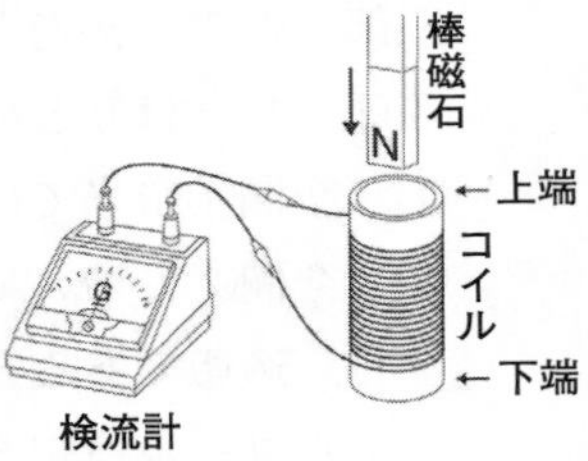

図1

問1　図1のとき，コイルは一時的にどのような電磁石になりますか。次の**ア〜オ**から最も適当なものを1つ選び，記号で答えなさい。

ア　コイルの上端がN極，下端がS極になる
イ　コイルの上端がS極，下端がN極になる
ウ　コイルの上端も下端もN極になる
エ　コイルの上端も下端もS極になる
オ　コイルの上端も下端もN極やS極にならない

問2　図1と同じ向きに電流が流れるのは，次の**ア〜エ**のどの場合ですか。**ア〜エ**からすべて選び，記号で答えなさい。

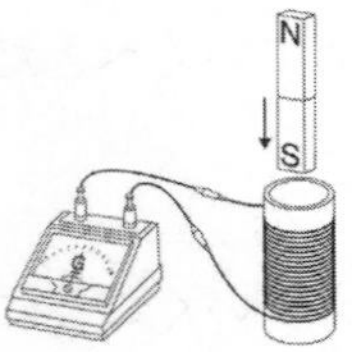

ア　棒磁石のS極をコイルの上端に近づける

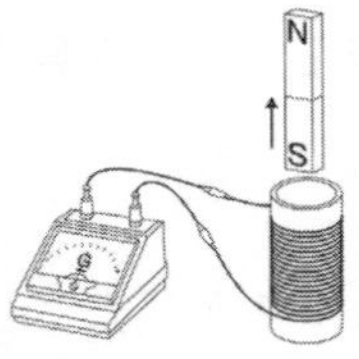

イ　棒磁石のS極をコイルの上端から遠ざける

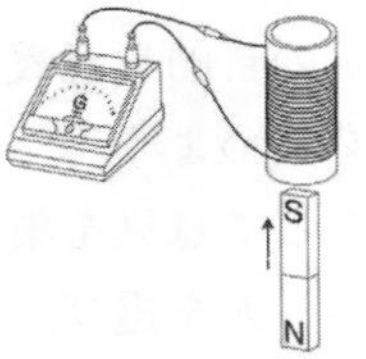

ウ　棒磁石のS極をコイルの下端に近づける

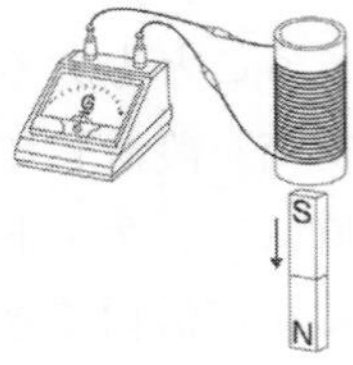

エ　棒磁石のS極をコイルの下端から遠ざける

図2の磁石の間にあるコイルを回転させると，「電磁誘導」現象により，電流を発生させることができます。この現象を利用して，コイルにハンドルをつけて回せるようにしたものが，図3の手回し発電機です。手回し発電機に豆電球をつなぐと，豆電球を光らせることができます。手回し発電機を速く回せば，豆電球は，より明るく光ります。

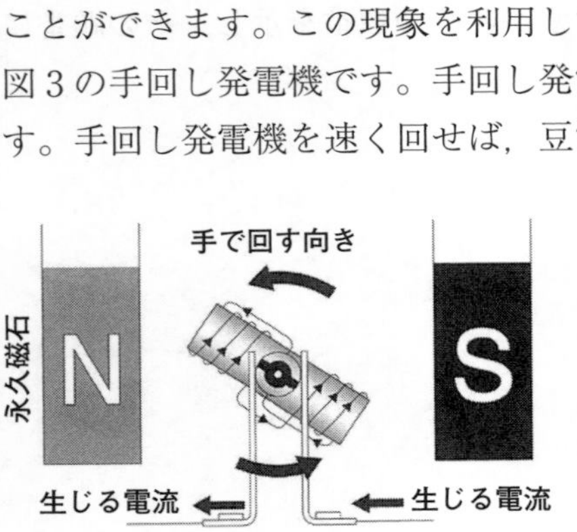

図2

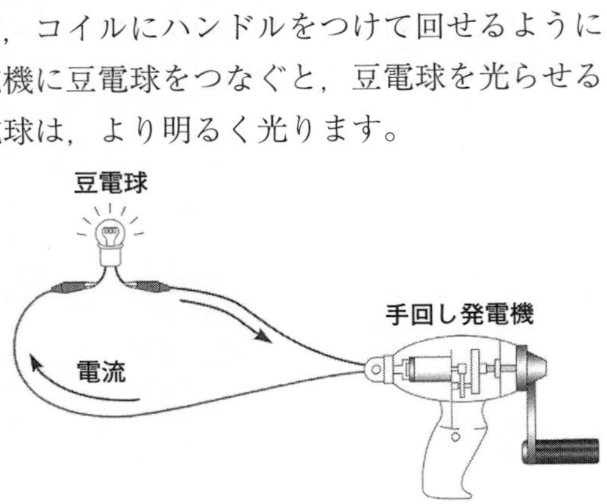

図3

問３　コイルを回転させて発電しているとき，発生する電流の大きさが最も小さいのは，次の①～③のどの状態のときですか。①～③から１つ選び，記号で答えなさい。

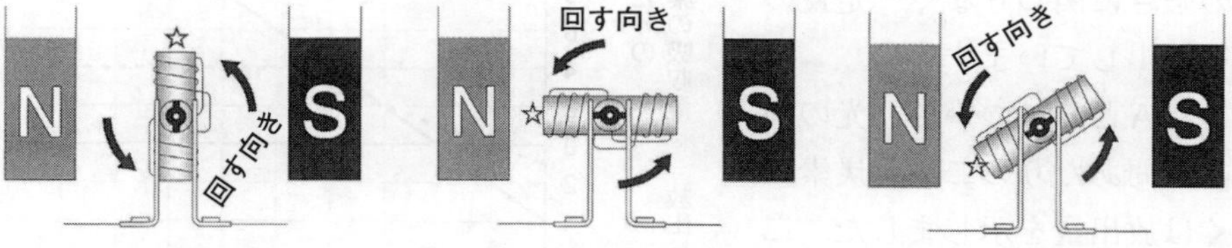

①　②　③

問４　コイルを回転させて発電しているとき，前問①～③のコイルの☆印の端《はし》は次の**ア**～**ウ**のどれになっていますか。**ア**～**ウ**からもっとも適当なものを，それぞれについて１つずつ選び，記号で答えなさい。同じ記号を何回答えてもかまいません。

ア　N極　　**イ**　S極　　**ウ**　どちらでもない

問５　水力発電は，水の流れで発電機を回転させており，手回し発電機と基本的な仕組みは同じです。次の**ア**～**エ**のうちで，手回し発電機と基本的な仕組みが異なる発電方式を１つ選び，記号で答えなさい。

ア　火力発電　　**イ**　太陽光発電　　**ウ**　原子力発電　　**エ**　風力発電

問６　次の図①～④のような回路を組みました。手回し発電機をしだいに速く回していき，豆電球**a**が光り始めたときについて考えます。それぞれの回路について，豆電球**a**，**b**，**c**の明るさの関係として，最も適当なものを，下の**ア**～**シ**からそれぞれ１つ選び，記号で答えなさい。例えば**a**と**b**が同じ明るさで**c**が暗い(または光らない)場合，答は**a＝b＞c**となります。ただし，豆電球**a**，**b**，**c**は同じ種類のものです。同じ記号を何度も答えてもかまいません。

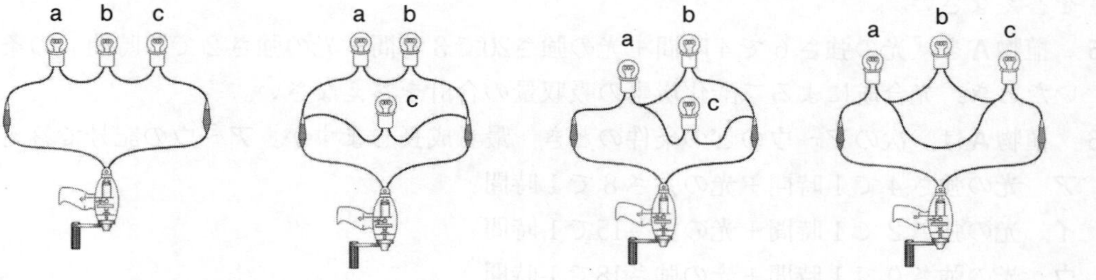

①　②　③　④

ア　a＞b＞c　　**イ**　a＞b＝c　　**ウ**　a＝b＞c　　**エ**　a＝b＝c
オ　a＝b＜c　　**カ**　a＜b＝c　　**キ**　a＜b＜c　　**ク**　a＞c＞b
ケ　a＜c＜b　　**コ**　a＝c＞b　　**サ**　a＝c＜b　　**シ**　c＜a＜b

2 明るい場所で，植物は二酸化炭素を吸収して光合成をします。また，常に呼吸をして，光の強さに関わりなく一定量の二酸化炭素を放出しています。

図では，植物**A**と**B**について，光の強さに対する1時間あたりの二酸化炭素の吸収量もしくは放出量を示しました。二酸化炭素の量は，光合成と呼吸をあわせた量です。光合成での二酸化炭素の吸収量が呼吸での二酸化炭素の放出量より大きいとき，植物は成長しますが，小さいときは植物は成長できず枯《か》れてしまいます。

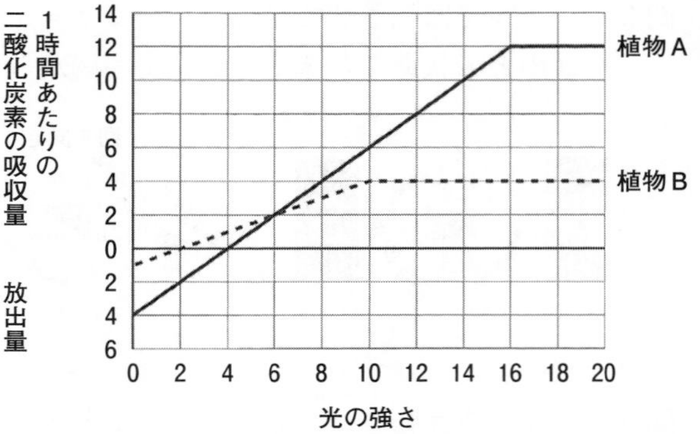

なお，実線(——)が植物**A**，破線《はせん》(------)が植物**B**を表し，軸《じく》の単位ははぶいてあります。

問1 植物は，気孔《きこう》で気体の出し入れをします。気孔は2つの細胞《さいぼう》がセットになってつくられます。気孔をつくる細胞の名前を答えなさい。また，気孔が大きく開いた状態で，気孔をつくる細胞を描《か》き，気孔を黒くぬりつぶしなさい。

問2 たとえば，植物**A**を「光の強さ12で1時間」の条件におくと，二酸化炭素の吸収量が8になります。では，植物**A**を「光の強さ6で3時間＋光の強さ18で5時間」の条件においたとき，二酸化炭素の吸収量の合計を答えなさい。

問3 植物**A**の呼吸量はどれくらいでしょうか。1時間あたりの二酸化炭素の放出量を答えなさい。

問4 植物**A**を「光の強さ8で4時間」の条件においたとき，光合成による二酸化炭素の吸収量を答えなさい。

問5 植物**A**を「光の強さ6で4時間＋光の強さ20で3時間＋光の強さ2で5時間」の条件においたとき，光合成による二酸化炭素の吸収量の合計を答えなさい。

問6 植物**A**は，次の**ア**～**ウ**のどの条件のとき，最も成長しますか。**ア**～**ウ**の記号で答えなさい。

ア 光の強さ4で1時間＋光の強さ8で1時間

イ 光の強さ2で1時間＋光の強さ15で1時間

ウ 光の強さ0で1時間＋光の強さ18で1時間

問7 植物**B**は，次の**ア**～**ウ**のどの条件のとき，最も成長しますか。**ア**～**ウ**の記号で答えなさい。

ア 光の強さ4で6時間＋光の強さ8で4時間

イ 光の強さ2で5時間＋光の強さ15で5時間

ウ 光の強さ0で5時間＋光の強さ18で5時間

問8 もし，同じ光の強さの条件下に長期間おいた場合，植物**B**が枯れずに，植物**A**よりも成長することができるのは，どんな光の強さのときですか。次の中から，すべて選びなさい。

1　　3　　5　　7　　9

3 地表面のある場所(図の**A**)で人工的に地震《じしん》を起こしました。発生した地震波を，**D**の測定器でとらえました。地下では，地震波を伝える速さが異なる2つの層が重なっています。**X**層では地震波は毎秒4kmで伝わり，**Y**層では毎秒5kmで伝わります。**X**層の厚さは3kmです。

地震波が**X**層を**A**から**D**へまっすぐ伝わる経路を経路1とします。経路1では毎秒4 kmで地震波が伝わります。**A**から，**B**と**C**を通って**D**へ伝わる経路を経路2とします。経路2を地震波が伝わる速さは，**AB**間では毎秒4 km，**BC**間では毎秒5 km，**CD**間では毎秒4 kmです。それぞれの間の距離《きょり》は**AB**，**CD**は5 km，**EB**，**CF**は4 kmです。

答が割り切れない場合は，小数第2位を四捨五入し，小数第1位まで求めなさい。

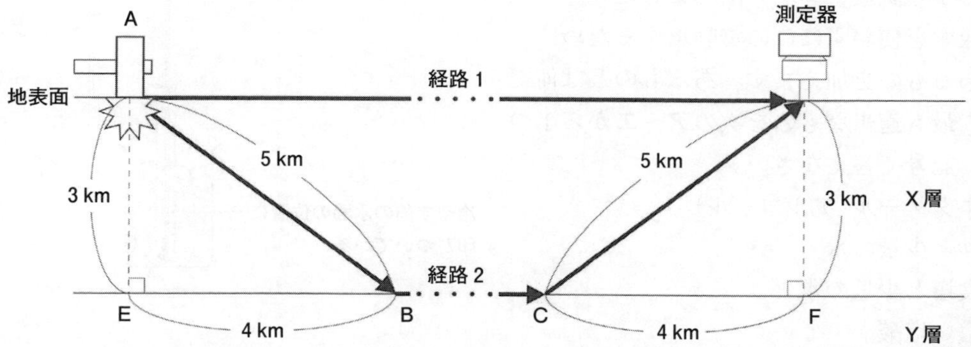

問1　(1)　**AD**が10kmのとき，経路1と経路2の地震波はそれぞれ何秒後に**D**に到着《とうちゃく》しますか。

(2)　**AD**が20kmのとき，経路1と経路2の地震波はそれぞれ何秒後に**D**に到着しますか。

問2　経路1と経路2を伝わった地震波が**D**に同時に到着するとき，**AD**は何kmですか。最も適当なものを**ア**～**ケ**から1つ選び，記号で答えなさい。

ア　11km　**イ**　12km　**ウ**　13km　**エ**　14km　**オ**　15km
カ　16km　**キ**　17km　**ク**　18km　**ケ**　19km

問3　「**AD**の距離」と「**D**に地震波が初めて到着するまでの時間」の関係を右のグラフで示しました。**問2**で求めた**AD**の距離を**S**kmとすると，それ以降はどのような形になりますか。**ア**～**オ**から最も適当なものを1つ選び，記号で答えなさい。ただし，グラフの実線をまっすぐのばしたものが**イ**です。

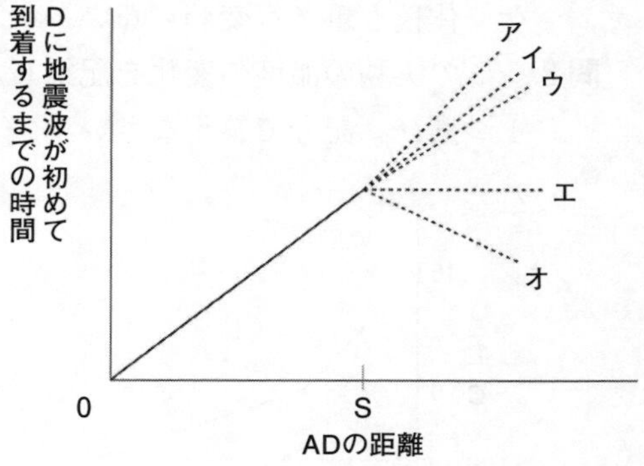

問4　もし，地震波が**Y**層を毎秒5 kmではなく，毎秒3 kmで伝わるとすると，**問3**のグラフはどのようになりますか。**問3**のグラフの**ア**～**オ**から最も適当なものを1つ選び，記号で答えなさい。

問5　自然災害や防災に関する次の**ア**～**カ**の文章のうち，最も適当なものを1つ選び，記号で答えなさい。

ア　緊急《きんきゅう》地震速報は，地震波が到着する前に必ず知らされる。
イ　液状化現象は，地盤《じばん》のかたいところで発生しやすい。
ウ　ハザードマップには，地震が発生する日時，場所が書いてある。
エ　地震が発生するときには，必ず岩石が破壊《はかい》される。
オ　地震が発生するときには，必ず火山が噴火《ふんか》をする。
カ　地震が発生するのは，必ず海のそばである。

4 次の文を読み，各問いに答えなさい。

Ⅰ 試験管の印《しるし》のところまで水を入れて，冷やして氷にする実験をしました。はじめは16℃を示していた温度計は，冷やしはじめてしばらくたつと０℃を示しました。その後，温度が０℃を下回ってから試験管を取り出しました。

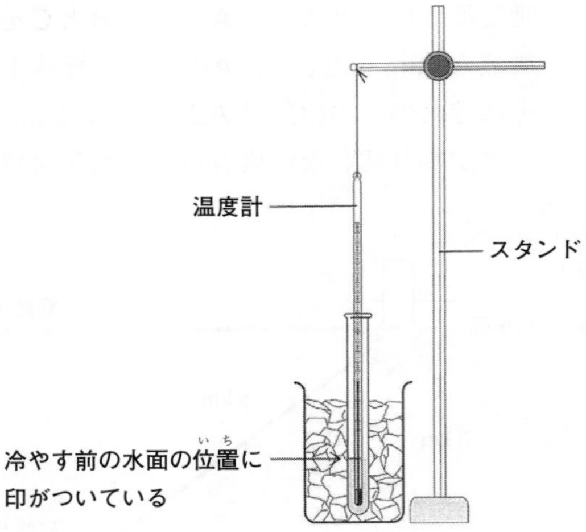

問１ 冷凍庫《れいとうこ》を使わずにこの実験をするために，氷にあるものを加えます。あるものとは何ですか，最も適当なものを次の**ア**〜**エ**から１つ選び，記号で答えなさい。

ア エタノール(アルコール)
イ 砂と少量の水
ウ 食塩と少量の水
エ 濃《こ》い塩酸

問２ 水が氷になったときの体積と重さの変化について，最も適当なものを次の**ア**〜**ケ**から１つ選び，記号で答えなさい。

ア 体積は増え，重さも増える　**イ** 体積は増え，重さは減る
ウ 体積は増え，重さは変わらない　**エ** 体積は減り，重さは増える
オ 体積は減り，重さも減る　**カ** 体積は減り，重さは変わらない
キ 体積は変わらず，重さは増える　**ク** 体積は変わらず，重さは減る
ケ 体積も重さも変わらない

問３ この実験の温度の変化を記録したときのグラフとして最も適当なものを，次の**ア**〜**エ**から１つ選び，記号で答えなさい。

ア

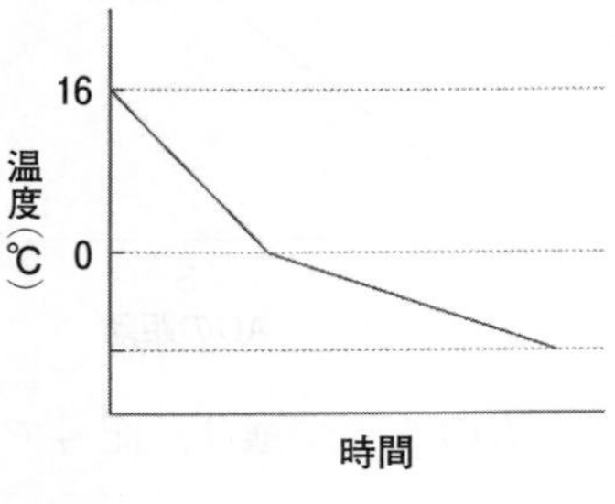

イ

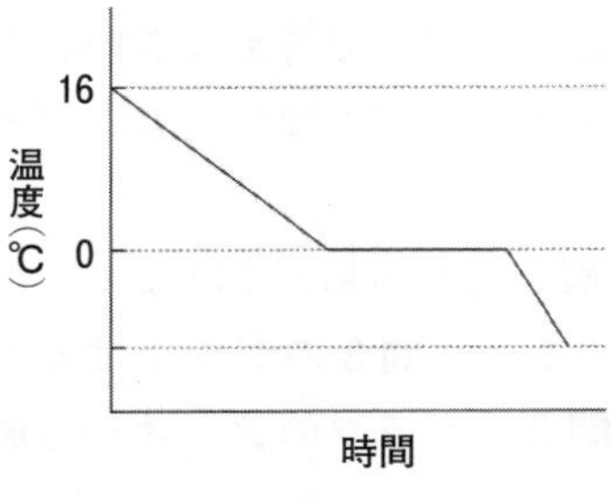

ウ

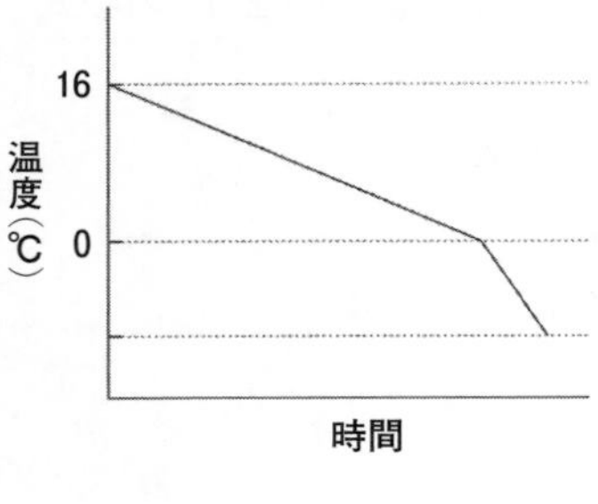

エ

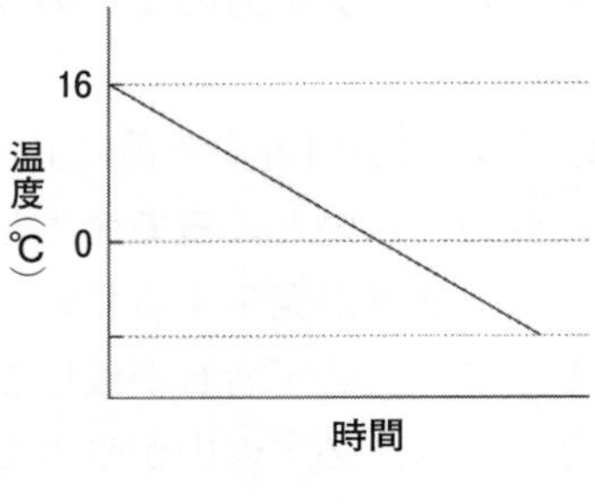

問4　氷は０℃になると融《と》けはじめます。この温度のことを融点《ゆうてん》といいます。また，水は100℃になると沸騰《ふっとう》します。この温度のことを沸点《ふってん》といいます。表にはいろいろな物質の融点と沸点が示してあります。この表を参考にして，⑴〜⑶について正しいものは○，間違《まちが》っているものは×を答えなさい。

表　様々な物質の融点と沸点

物質	融点(℃)	沸点(℃)
水	0	100
塩化ナトリウム	801	1485
鉄	1538	2862
アルミニウム	660	2519
金	1064	2856

⑴　二つの物質を比べたとき，融点が高いほうの物質は，もう一方の物質より沸点も必ず高い。

⑵　液体の鉄の温度は，液体の塩化ナトリウムよりも温度が高い。

⑶　固体の金を加熱して融かすことができるガスバーナーを使えば，固体のアルミニウムも同様に融かすことができる。

Ⅱ　４つのビーカー**A**〜**D**にそれぞれ100mL の水溶《よう》液が入っています。水溶液は次の①〜④のうちのどれかです。

①　塩酸

②　濃さが①の２倍の塩酸

③　水酸化ナトリウム水溶液

④　濃さが③の２倍の水酸化ナトリウム水溶液

ビーカーの水溶液が何かを調べるために，以下の操作を行いました。

操作１：**A**〜**D**に同じ重さの鉄くぎを入れたところ，**B**と**C**で気体が発生した。**B**は鉄がとけ残ったが，**C**は鉄がすべてとけた。

操作２：**D**に**C**の水溶液を全部入れてよく混ぜ，BTB 溶液を入れたところ緑になった。

操作３：**A**に**C**の水溶液を全部入れてよく混ぜ，BTB 溶液を入れたところ青になった。

問5　操作１で発生した気体は何ですか。

問6　**B**にBTB 溶液を入れると何色になりますか。次の**ア**〜**ウ**から１つ選び，記号で答えなさい。

ア　黄　**イ**　青　**ウ**　緑

問7　**B**に**D**の水溶液を全部入れてよく混ぜたものに，BTB 溶液を入れると何色になりますか。次の**ア**〜**ウ**から１つ選び，記号で答えなさい。

ア　黄　**イ**　青　**ウ**　緑

問8　**A**〜**D**のうち，**B**と**D**の水溶液はそれぞれ何ですか。①〜④の記号で答えなさい。

問五 ――④「彼の心の奥底」とありますが、そこにあるものは何ですか。本文中から八字で抜き出して答えなさい。

問六 ――⑤「両手とあごを彼のひざにのせた」とありますが、次の語句の□に〈手・あご・ひざ〉が入らないものを二つ選び、記号で答えなさい。

ア □が笑う　**イ** □を決める

ウ □がつけられない　**エ** □でつかう

オ □もくれない　**カ** □を染める

問七 ――⑥「歌いたい時に、歌わなくちゃならない時に、歌うものなんだ」とありますが、そういう「歌」から感じることができるものを、本文中から七字で抜き出して答えなさい。

問八 ――⑦「ああ、おれは、おれはつまらない人間さ」とありますが、ここにこめられたゴットフリートの気持ちとして最も適切なものを選び、記号で答えなさい。

ア クリストフが祖父や父の言いなりになってしまっていることを、危険だと感じている。

イ 親族の中で自分だけが貧しく生活していることを、あらためて恥《は》ずかしく思っている。

ウ 自分が、クリストフが思うようなえらい人間ではないことをさびしく受け入れている。

エ クリストフが耳をかたむけようとしない自然の音と、自分は同じ存在だと考えている。

問九 ――⑧「夜の声」とありますが、それを通してクリストフが学んだ、作曲する上で最も大切なことは何ですか。三十六字以上四十五字以内で説明しなさい。

問十 この物語を通して、クリストフのゴットフリートに対する「好き」という気持ちの中身はどう変化しましたか。その説明として最も適切なものを選び、記号で答えなさい。

ア はじめはプレゼントをくれる存在として好意をいだいていたが、初めて自分にきびしく接してくれた大人として敬う気持ちへと変わった。

イ はじめはふざけて馬鹿にするのが楽しい親族にすぎなかったが、音楽の上手な作り方を教えてくれる特別な人間として見るようになった。

ウ はじめはおもちゃとして自由になるところが気に入っていたが、人が歩む道をわかりやすく示してくれる知性に心ひかれるようになった。

エ はじめは甘《あま》えとあなどりが入りまじった親しみだったが、歌や人生の最も大切なものを教えてくれたという敬意に満ちた好意に変わった。

いっているのか、クリストフに向かっていっているのか、よくわからなかった。）――「お前がどんな歌をつくろうと、ああいうものの方が一そう立派に歌っているじゃないか。」

　クリストフはこれまで何度も、それらの⑧夜の声を聞いていた。しかしまだこんな風に聞いたことはなかった。本当だ、どんなものを歌う必要があるか？……彼はやさしさと悲しみで胸が一ぱいになるのを感じた。牧場を、河を、空を、なつかしい星を、胸に抱《だ》きしめたかった。そしておじのゴットフリートに対して、しみじみと愛情を覚えた。もう今は、すべての人のうちで、ゴットフリートがいちばんよく、いちばん賢《かしこ》く、いちばん立派に思われた。彼はおじをどんなに見違《みちが》えていたことかと考えた。自分から見違えられていたために、おじは悲しんでいるのだと考えた。彼は後悔《こうかい》の念にうたれた。こう叫《さけ》びたい気がした。「おじさん、もう悲しまないでね。もう意地悪はしないよ。許しておくれよ。僕《ぼく》はおじさんが大好きだ！」しかし彼はいえなかった。――そしていきなりおじの腕《うで》の中にとびこんだ。言葉は出なかった。彼はただくり返した。「僕はおじさんが好きだ！」そして心をこめて抱きついた。ゴットフリートはびっくりし、感動して、「何だ、何だ？」とくり返しながら、同じように彼を抱きしめた。――それから彼は立ち上がり、子供の手をとっていった。「もう家へかえろう。」クリストフは自分の気持ちがおじにはわからなかったのではないかしらと、また悲しい気持ちになった。しかし家のところまで来ると、おじはいった。「また晩に、お前さえよかったら、一しょに神様の音楽をききに行こう。もっとほかの歌も歌ってあげよう。」そしてクリストフは、感謝の気持ちで一ぱいになって、おやすみの挨拶《あいさつ》をしながら、抱きついた時、おじがよくわかってくれたのを見てとった。

（ロマン・ロラン「ジャン・クリストフ」〈豊島与志雄・訳〉より・一部改）

※コブレンツ…ドイツの都市名。

問一 ――a「けいそつ」・――b「ま」・――c「くめん」・――d「じぶん」のひらがなを漢字に直しなさい。

問二 ――①「知らず知らず」と最も意味の近い言葉を選び、記号で答えなさい。

ア そら知らず　**イ** つゆ知らず　**ウ** いざ知らず

エ 情け知らず　**オ** われ知らず

問三 ――②「だいたい同じ意味の言葉と思われる」とありますが、それはなぜですか。最も適切なものを選び、記号で答えなさい。

ア 他者への思いやりがある素直《すなお》な性格の人物は、人にあなどられても逆らうことをせず、言われるままにしているから。

イ 他者の喜びを自分の喜びとして感じられる人物は、人の悲しみも自分のことのように感じ、つかれ果ててしまうから。

ウ 他者への不満をためこみ人に知られないようにする人物は、人と交流しても、よい関係をつくることができないから。

エ 他者からののしられて本気で受け止める人物は、人にほめられても、それを本当のこととは感じられないはずだから。

問四 ――③「引きこまれていった」とありますが、それはなぜですか。最も適切なものを選び、記号で答えなさい。

ア あたり一面が暗くなっていく中で、おじの顔つきをはっきり見たいと思ったから。

イ おじの顔つきに、いつものおじとは異なる、奥ぶかいふんいきが感じられたから。

ウ しずみつつある夕日の光のなかで、おじがおじでなくなってしまう気がしたから。

エ 自分が大声で話しかけているのに何の反応も示さないおじに、怒《いか》りを覚えたから。

「でも、おじさん、一度は誰かがつくったにちがいないよ。」

ゴットフリートは頑《がん》として頭を振《ふ》った。

「いつでもあったんだ。」

子供はいい進んだ。

「だって、おじさん、ほかの歌を、新しい歌を、つくることは出来るんじゃないか。」

「なぜつくるんだ。もうどんなのでもあるんだ。悲しい時のもあれば、嬉《うれ》しい時のもある。疲《つか》れた時のもあれば、遠い家のことを思う時のもある。自分がいやしい罪人だったからといって、まるで虫けらみたいなものだったからといって、自分の身がつくづくいやになった時のもある。ほかの人が親切にしてくれなかったからといって、泣きたくなった時のもある。天気がよくて、いつも親切に笑いかけて下さる神様のような大空が見えるからといって、楽しくなった時のもある。……どんなのでも、どんなのでもあるんだよ。何でほかのをつくる必要があるものか。」

「偉《えら》い人になるためにさ……」と子供はいった。彼の頭は、祖父の教《おしえ》と子供らしい夢とで一ぱいになっていた。

ゴットフリートは穏《おだ》やかに笑った。クリストフは少しむっとして尋《たず》ねた。

「なぜ笑うんだい！」

ゴットフリートはいった。

「⑦ああ、おれは、おれはつまらない人間さ。」

そして子供の頭をやさしく撫《な》でながらきいた。

「お前は、偉い人になりたいんだね？」

「そうだよ。」とクリストフは得意げに答えた。

彼はゴットフリートがほめてくれるだろうと思っていた。しかしゴットフリートはきき返した。

「何のためにだい？」

クリストフはまごついた。そして、ちょっと考えてからいった。

「立派な歌をつくるためだよ。」

ゴットフリートはまた笑った。そしていった。

「偉い人になるために歌をつくりたいんだね。そして、歌をつくるために偉い人になりたいんだね。それじゃあ、尻尾《しっぽ》を追っかけてぐるぐるまわってる犬みたいだ。」

クリストフはひどく気にさわった。ほかの時だったら、いつもばかにしているおじからあべこべにばかにされるなんて、我慢が出来なかったかもしれない。それにまた理窟《りくつ》で自分をやりこめるほどゴットフリートが利口だなどとは、思いもよらないことだった。彼はやり返してやる議論か悪口を考えたが、思いあたらなかった。ゴットフリートは続けていった。

「もしお前が、ここから※コブレンツまであるほど大きな人物になったところで、たった一つの歌もつくれやすまい。」

クリストフはむっとした。

「つくろうと思っても……」

「思えば思うほど出来なくなるんだ。歌をつくるには、あの通りでなくちゃいけない。おききよ……」

月は野の向こうに昇《のぼ》って、まるく輝《かがや》いていた。銀色の靄が、地面とすれすれに、また鏡のような水面に漂《ただよ》っていた。蛙《かえる》が語りあっていた。牧場の中には、美しい調子の笛のような蟇《がま》のなく声が聞こえていた。蟋蟀の鋭い顫《ふる》え声は、星のきらめきに答えてるかのようだった。風は静かに榛《はん》の枝をそよがしていた。河の向こうの丘《おか》からは、鶯《うぐいす》のか弱い歌がひびいてきた。

「いったいどんなものを歌う必要があるのか？」ゴットフリートは長い間黙《だま》っていてから、ほっと息をしていった。——（自分に向かってと突然《とつぜん》、暗いなかで、ゴットフリートが歌いだした。胸の中で響《ひび》くようなおぼろな弱い声だった。少しはなれてたら、聞きとれなかったかも知れない。しかしその声には、人の心を打つ誠がこもっていた。声に出して考えているのかと思えるほどだった。ちょうど透《す》きとおった水を通して見るように、その音楽を通して④彼の心の奥底《おくそこ》までも読みとられそうだった。クリストフはこれまで、そんな風な歌い方をきいたことがなかった。またそんな歌を聞いたこともなかった。ゆるやかな単純な幼稚《ようち》な歌で、重々しい寂《さび》しげな、そして少し単調な足どりで、決して急がずに進んでゆく――時々長い間やすんで――それからまた行方《ゆくえ》もかまわず進み出し、夜のうちに消えていった。ごく遠いところからやって来るようでもあるし、どこへ行くのかわからなくもあった。朗《ほが》らかではあるが、なやましいものがこもっていた。表面《うわべ》は平和だったが、下には長い年月のなやみがひそんでいた。クリストフはもう息もつかず、身体を動かすことも出来ないで、感動のあまり冷たくなっていた。歌が終わると、彼はゴットフリートの方へはい寄った。そして喉をつまらした声でいいかけた。

「おじさん！……」

ゴットフリートは返事をしなかった。

「おじさん！」とクリストフはくりかえして、⑤両手とあごを彼のひざにのせた。

ゴットフリートはやさしい声でいった。

「何だい……」

「それ何なの、おじさん。教えてよ。おじさんが歌ったのなぁに？」

「知らないね。」

「何だか教えとくれよ。」

「知らないよ。歌だよ。」

「おじさんの歌かい。」

「おれのなもんか、ばかな……古い歌だよ。」

「誰がつくったの？」

「わからないね。」

「いつ出来たの？」

「わからないね。」

「おじさんの小さいdじぶんにかい？」

「おれが生まれる前だ。おれのお父さんが生まれる前、お父さんのお父さんが生まれる前、お父さんのお父さんのそのまたお父さんが生まれる前だ……。この歌はいつでもあったんだよ。」

「変だね！　誰にもそんなこと聞いたことがないよ。」

彼はちょっと考えた。

「おじさん、まだほかのを知ってる？」

「ああ」

「もう一つ歌って。」

「なぜもう一つ歌うんだい？　一つで沢山《たくさん》だよ。⑥歌いたい時に、歌わなくちゃならない時に、歌うものなんだ。面白半分に歌っちゃいけない。」

「でも、音楽をつくる時はどうなの？」

「これは音楽じゃないよ。」

子供は考えこんだ。よくわからなかった。けれど説明してもらわなくてもよかった。なるほど、それは音楽ではなかった。普通《ふつう》の歌みたいに音楽ではなかった。彼はいった。

「おじさん、おじさんはつくったことある？」

「何をさ。」

「歌を。」

「歌？　どうして歌をつくるのさ。歌はつくるものじゃないよ。」

子供はいつもの論法でいいはった。

二 **次の文章を読んで、後の問いに答えなさい。**

〈これまでのあらすじ〉

音楽家の家に生まれた少年クリストフは厳しい父と優しい母（ルイザ）に育てられ、音楽の才能をあらわしていく。祖父はクリストフの才能を認め、将来に望みをかけて愛した。そのクリストフには、親族からあまり重んじられていない行商人のおじ（母の弟）がいた。

クリストフは子供によく見られる思いやりのない a けいそつさで、父や祖父の真似《まね》をして、この小さい行商人をばかにしていた。おかしな玩具《おもちゃ》かなんかのように彼《かれ》を面白がったり、悪ふざけをしてからかったりした。それをおじ（小さい行商人）はおちつき払《はら》って我慢《がまん》していた。でもクリストフは、①知らず知らずに彼を好いてるのだった。第一に、思うままになるおとなしい玩具として、彼が好きだった。それからまた、いつも b まちがいのあるいいもの、菓子とか絵とか珍《めずら》しい玩具などを持って来てくれるから、好きだった。この小さい男が戻《もど》って来ると、思いがけなく何か貰《もら》えるので、子供たちはうれしがった。彼は貧乏《びんぼう》だったけれど、どうにか c くめんして一人一人に土産物《みやげもの》を持って来てくれた。また彼は家の人たちの祝い日を一度も忘れることがなかった。誰《だれ》かの祝い日になると、きっとやってきて、心をこめて選んだかわいい贈物《おくりもの》をポケットからとりだした。誰もお礼をいうのを忘れるほどそれに馴《な》れきっていた。彼の方では、贈物をすることがうれしくて、それだけでもう満足してるらしかった。けれど、クリストフはいつも夜よく眠《ねむ》れないで、夜の間に昼間の出来事を思いかえしてみる癖《くせ》があって、そんな時に、おじはたいへん親切な人だと考え、その憐《あわ》れな人に対する感謝の気持ちがこみ上げて来るのだった。しかし昼になると、また彼をばかにすることばかり考えて、感謝の様子などは少しも見せなかった。その上、クリストフはまだ小さかったので、善良であるということの価値が十分にわからなかった。子供の頭には、善良と馬鹿《ばか》とは、②だいたい同じ意味の言葉と思われるものである。おじのゴットフリートは、その生きた証拠《しょうこ》のようだった。

ある晩、クリストフの父が夕食をたべに町に出かけた時、ゴットフリートは下の広間に一人残っていたが、ルイザが二人の子供をねかしている間に、外に出てゆき、少し先の河岸にいって坐《すわ》った。クリストフはほかにすることもなかったので、あとからついていった。そしていつもの通り、子犬のようにじゃれついていじめた揚句《あげく》、とうとう息を切らして、おじの足もとの草の上にねころんだ。腹ばいになって芝《しば》生《ふ》に顔をうずめた。息切れがとまると、また何か悪口をいってやろうと考えた。そして悪口が見つかったので、やはり顔を地面に埋《うず》めたまま、笑いこけながら大声でそれをいってやった。けれど何の返事もなかった。それでびっくりして顔を上げ、もう一度そのおかしな冗談をいってやろうとした。すると、ゴットフリートの顔が目の前にあった。その顔は、金色の靄《もや》のなかに沈《しず》んでゆく夕日の残りの光に照らされていた。クリストフの言葉は喉《のど》もとにつかえた。ゴットフリートは目を半ばとじ、口を少しあけて、ぼんやり微笑《ほほえ》んでいた。そのなやましげな顔には、何ともいえぬ誠実さが見えていた。クリストフは頬杖《ほおづえ》をついて、彼を見守りはじめた。もう夜になりかかっていた。ゴットフリートの顔は少しずつ消えていった。あたりはひっそりとしていた。ゴットフリートの顔にうかんでる神秘的な感じに、クリストフも③引きこまれていった。地面は影《かげ》におおわれており、空はあかるかった。星がきらめきだしていた。河のさざ波が岸にひたひた音をたてていた。クリストフは気がぼうとして来た。目にも見ないで、草の小さな茎《くき》をかみきっていた。蟋蟀《こおろぎ》が一匹《ぴき》そばで鳴いていた。彼は眠りかけてるような気持ちだった。

いられている語句を次から二つ選び、漢字に直しなさい。

イシンデンシン	シンショウボウダイ
ヒンコウホウセイ	ジジツムコン
タイギメイブン	

問四 ——②「討論とか話し合いというものの本当のたのしさ」とありますが、その説明として適切でないものを一つ選び、記号で答えなさい。

ア みんなで知恵を出し合うことのたのしさ。
イ 自分の意見が正解だとわかったときのたのしさ。
ウ 話し合いをきっかけとして思考を深められるというたのしさ。
エ 正誤にかかわらず、自分の意見が注目を浴びたときのたのしさ。

問五 ——③「まちがったことを言っても、みんながかしこくなるのを助けられる」とありますが、それはなぜですか。その答えとなる内容がふくまれた一文の、はじめの五字を抜《ぬ》き出して答えなさい。

問六 ——④「これ」とありますが、その内容にあたる語句を、本文中から十七字で抜き出して、そのはじめとおわりの三字を答えなさい。

問七 ——⑤「たのしい問題」とありますが、その小学校低学年向けの例として最も適切なものを選び、記号で答えなさい。

ア 粘土《ねんど》をはかりの皿に置くとき、皿からはみ出していても重さは変わらないかどうか。
イ 1と自分自身以外では割り切れないという性質を持つ、2以上の整数はいくつあるか。
ウ 大西洋の水と太平洋の水とを比べたとき、それにふくまれる塩分の濃《こ》さが同じかどうか。
エ 走っている人間と走っている電車の速さをくらべた時、どちらのほうがより速く走るか。

問八 ——⑥「ふつうの授業」とありますが、それはどのようなことを目的にした授業ですか。三十六字以上四十五字以内で説明しなさい。

問九 ——⑦「新しい時代」とありますが、それに対して古い時代は、どのようなことが求められましたか。「こと」に続けられる七字の語句を、本文中から抜き出して答えなさい。

問十 本文の内容として適切でないものを二つ選び、記号で答えなさい。

ア 自由な意見交換《こうかん》は聞く人もふくめていい思い付きを生む。
イ 新しい学びのかたちは前の世代には理解しにくいものだ。
ウ 実験によって得られた結果は新しい世代の仮説を深める。
エ 問題がよければ意見を戦わせたり予想したりしたくなる。
オ すぐれた科学者はまわりの人々から常に助けられてきた。
カ 民主主義は考えの多様さを生み出し世の中を進歩させる。

で、しかもたいていの人がまちがって予想するような問題」を考えついて実験してたしかめた人なのです。そういう科学者はみな、aむかしの科学者の研究したことをくわしく勉強しています。そして「むずかしい問題を解くことよりも、たのしい問題を考えつくことの方がずっと大切だ」ということに気がついて、「自分でもおもしろい問題を見つけよう」と努力してきたのです。そこでそういう科学者は、むかしの科学者のまねをしているうちに、他の人たちの気がつかないようなたのしい問題を発見して、みんなを「あっ」と言わせることができたのです。

　仮説実験授業をうけたみなさんには、このことに気づいている人がたくさんいるようです。そして、自分でも⑤たのしい問題をみつけようとしている人も少なくありません。そして、おもしろい問題をみつけてみんなでやってみた人も少なくありません。その中には、仮説実験授業の授業書の中にとりあげられている問題もあります。

　仮説実験授業で私が一番たのしみにしていること、それはみなさんが自分でいい問題――みんなが考えたくなるような問題を考えつくようになることです。それはみなさんがおとなになってどんな仕事をするにせよ、大切なことです。いい問題を考えつくのはそう簡単なことではありませんが、そうむずかしいともいえません。ずっと心がけていれば、いつかはどこかで気づくようになるものです。そうしたら、もしかしたら、そこからあなたの一生の仕事がひろがってくるかもしれません。

「人間というものは、いい問題に出会ったらみんなたのしくなって頭を使い、話し合いたくなり、めんどうなことまでして実験してみたくなるものだ」――私はそう思っています。そして、みなさんもそれにbさんせいしてくださると思っています。みなさんがそのことを知って、自分でいい問題を見つけられるようになったらすばらしいことだと思います。たのしく頭を働かせる勉強をつづけていれば、きっとそういう問題にも気づくようになるでしょう。

　いつの世でも、おとなは子どもに大きな希望をもっているものです。しかし、時代が大きく変わろうとするとき、おとなはむかしの時代のことしか知らないものだから、子どもたちとうまく意見があわなくて、がみがみ叱《しか》ることしかできなくなったりします。

　むかしは「勉強というのはたのしくないもの」にきまっていて、「いやでもむりやりやるもの」とされていました。しかし、これからの時代はちがいます。⑥ふつうの授業ではあまり目立たなかった人も、仮説実験授業では、あるとき突然《とつぜん》にクラスのみんなの注目をあびることもあったと思います。新しい時代、みなさんの時代は、そのように一人ひとりが自分の持ち前のよさをcはっきりして助け合うことによってたのしくdきずくことができるにちがいありません。

　⑦新しい時代がもっとはっきりとした形をととのえるまで、みなさんの学校生活はたのしい授業ばかりとはいえませんが、めげずに、少しでもたのしく勉強する方法を考え出して、新しい社会をきずくようにしてくださるようにおねがいします。きっとみなさんがおとなになるころには、私たちおとなの時代よりも、もっとすばらしいたのしい社会ができることだろうと思うのです。

（板倉聖宣『なぜ学ぶのか　科学者からの手紙』より・一部改）

問一　――a「むかし」・――b「さんせい」・――c「はっき」・――d「きず」のひらがなを漢字に直しなさい。

問二　[A]・[B]・[C] に入る語句をそれぞれ選び、記号で答えなさい。

ア　しかも　**イ**　ところで　**ウ**　あるいは
エ　つまり　**オ**　だから　**カ**　しかし

問三　――①にある漢字（小・学・生・自・由・分・意・見・出）が用

かしこくなるのを助けられるのです。

小学校の2～3年ぐらいの子どもは、「自分の予想が当たるかどうか」ということばかりをとても気にすることが多いものです。

[A]、少し大きくなると、「いい意見を言いたい」と思うようになります。そしてクラスの友だちの一人でも「○○さんの意見をきいて予想を変えます」と言ってくれると、とてもうれしく思えます。ほかの人の意見をかえるのはとてもむずかしいことですが、それがとてもたのしいのです。

みなさんのクラスでは、先生がみんなの授業の感想をきいて、その結果を発表してくれたことはありませんか。そんなとき、友だちのだれかが「今日は○○さんがとてもいい意見を言った」などと書いてくれると、とてもうれしく思えるものです。私たちは知恵をだしあってはじめて、みんなで進歩していけるのです。

科学の歴史をしらべてみると、科学というのは民主主義の発達している国だけで進歩したことがわかります。みんながまちがった意見やおもしろい意見を自由に出しあってはじめていろいろな考えが出そろうようになり、それでやっと科学が進歩するようになったのです。だから、みなさんが討論をたのしむことができたとしたら、それはすばらしい進歩といってまちがいないと思います。民主主義というのは科学を産み育てるだけではありません。政治もあらゆる文化も、民主主義があってはじめてなりたつのです。外国をまねするだけの文化は民主主義がなくても育つかもしれませんが、これからのみなさんの時代は、そういうわけにはいきません。[B]、ことさら、みなさんが大きくなっても自由に意見を出しあえるようになってほしい、と思うのです。

仮説実験授業のたのしさは、予想と討論のほかに実験の結果をみるたのしさもあるということはいうまでもないでしょう。また、いろいろな問題をやったあと、むかしの科学者の研究の話や、教室では実験できないような話を読むのがたのしいという人もいることでしょう。

[C] 私は、仮説実験授業をうけた子どもたちが書いてくれた感想文を読んでいて、「とてもおもしろい問題が多いのでたのしい。こういう問題はどうやって思いつくのだろう」という感想に出会うことがあります。そんなとき「いまの子どもたちはなんて鋭《するど》いのだろう」と思います。考えてみれば、④これはあたりまえのことなのかもしれません。が、私もついうっかり忘れるところだったのです。そこで、そのことを書いて、この話をむすぶことにしたいと思います。

「どんな問題でもいいから予想をたてて討論して実験すればそれでたのしい授業になるか」というと、そういうわけにはいきません。問題がよくないと、予想をたてたり討論したりする気もしないし、実験をしてもたのしくないのです。そこで、仮説実験授業の授業書（テキスト、プリント）を作るには、いい問題を作るのがいちばん重要になるのです。

仮説実験授業のことをよく知らない人は、「そういう授業をやるのなら、子どもたちみんなに問題を作らせればいいではないか」などといいます。ところが、「自分たちでいい問題をいくつも作れるぐらいなら、もう学校なんかに行かなくてもいい」とも言えるくらい、問題をつくるのはむずかしいのです。その点、仮説実験授業をうけている子どもはさすがにちがいます。いい問題を考えつくことの大切なことを知っているからです。

じつは、科学の歴史の上でもっともすぐれた科学者というのは、「みんなが解けないむずかしい問題を解いてみせた人」ではありません。一番えらい科学者というのは、「やってみればだれでも実験できそうな問題だけれども、それまでだれも考えたことのないような問題

二〇二一年度 早稲田大学高等学院中学部

【国語】（五〇分）〈満点：一〇〇点〉

（注意）解答の際は、「、」や「。」も一字と数えます。

一 **次の文章を読んで、後の問いに答えなさい。**

みなさんは、「はじめに少し難しくておもしろそうな問題を出してもらって、一人ひとりがその実験の結果を予想して、話し合ってから実験する」という授業を、少しは気にいっていただけたでしょうか。みなさんがやったその授業は「仮説実験授業」といいますが、その授業でとりあげた問題は、みなさんの先生方と私とがいっしょに考え出した問題なのです。

　みなさんが上級学校に行っても、もうそういう授業をうけることはないかもしれません。仮説実験授業というのは、小中学校でも高等学校でもできるのですが、いい問題を作るのはなかなかむずかしいうえに、いい問題ができても、授業にそういう問題をとりあげる先生はまだまだ少ないからです。だから、「みなさんが仮説実験授業をうけるのはこれで最後」ということになるかもしれません。そこで最後に、みなさんといっしょに、「科学とはどういうものか」「科学を学ぶとはどういうことか」ということについて、もう一度考えてみたいと思います。

（中　略）

「仮説実験授業がすきだ」という人がその理由として一番よくあげるのは、討論・話し合いです。授業の時、ときにはケンカのようなはげしい言いあいになることがありますが、そういうことがあると、その授業のことはなかなか忘れられません。「ケンカはいけない」といったって、「ケンカになるくらい夢中で考える」というのはすばらしいことだ、といえますね。

（中　略）

①小学生はかなり自由に自分の意見を出しますが、中学生ともなるとなかなか意見を言わなくなります。そして高校生になると、ほんの一部の人以外はクラスのみんなの前で意見を言えなくなります。不思議なことです。小学生や中学生の時にたのしく討論した人たちにとっては、考えられないことです。討論は、自分の意見を言うことも他人の意見をきくこともとてもたのしいことなのに、年をとるにつれてどうしてそういうたのしいことができなくなるのでしょうか。

　それは、「多くの人びとが、②討論とか話し合いというものの本当のたのしさを知らずに年をとってしまうからだ」といってもいいでしょう。人間は年をとるにつれて、他の人のことがとても気になるようになります。そして、「まちがえたら恥《は》ずかしい」という気持ちが増すのです。それにまた、いい考えを出すと、「あの子はいいかっこうをしようと思っている」と言われるのをおそれるようにもなるのです。しかし、私たちが話し合いをするのは、いいかっこうをするためでも恥《はじ》をかくためでもありません。仮説実験授業をうけた人たちなら、そのことが十分にわかるでしょう。

　私たちは話し合うと、話し合わなかったときよりもずっとよく考えることができ、知恵《ちえ》の出し方もわかってかしこくなれるのです。意見を言った人がかしこくなれるだけではありません。いい思いつきを言ったときはもちろんのこと、③まちがったことを言っても、みんなが

2021年度

早稲田大学高等学院中学部 ▶解説と解答

算 数 (50分) ＜満点：100点＞

解 答

[1] (1) ① 7 ② 18100 (2) 5：6 (3) ① 16.7% ② 845冊 [2] (1) 0.4cm (2) 45秒後 (3) 0.6cm (4) 33cm [3] (1) 解説の図Ⅱを参照のこと。 (2) ① 40 ② 16 [4] (1) 3：4 (2) ① 1：4 ② 3：14

解 説

[1] 比の性質，計算のくふう，辺の比と面積の比，グラフ，割合と比，相当算

(1) ① $A:B=C:D$のとき，$A\times D=B\times C$となるから，[あ]：11＝(2×[あ])：(3×[あ]＋1)のとき，[あ]×(3×[あ]＋1)＝11×2×[あ]となる。等号の両側を[あ]で割ると，3×[あ]＋1＝22となるので，3×[あ]＝22－1＝21より，[あ]＝21÷3＝7とわかる。 ② 724＝4×181，362＝2×181より，33×724－41×362＋61×181＝33×4×181－41×2×181＋61×181＝132×181－82×181＋61×181＝(132－82＋61)×181＝111×181となる。また，$3.14-1\frac{3}{4}-\frac{7}{25}=3.14-1.75-0.28=1.11$となるので，111×181÷1.11＝111÷1.11×181＝100×181＝18100と求められる。

(2) 右の図で，ABとHEは平行だから，AH：HD＝BE：EC＝2：1である。また，三角形BEAと三角形CEGは相似であり，相似比は，BE：CE＝2：1なので，GC＝([3]＋[5])×$\frac{1}{2}$＝[4]とわかる。さらに，三角形FDHと三角形FCIも相似であり，相似比は，FD：FC＝5：3だから，CI＝①×$\frac{3}{5}$＝(0.6)となる。よって，三角形CEGと三角形EFIは，底辺の比が，EC：EI＝1：(1＋0.6)＝5：8であり，高さの比が，GC：FC＝4：3なので，面積の比は，(5×4)：(8×3)＝5：6と求められる。

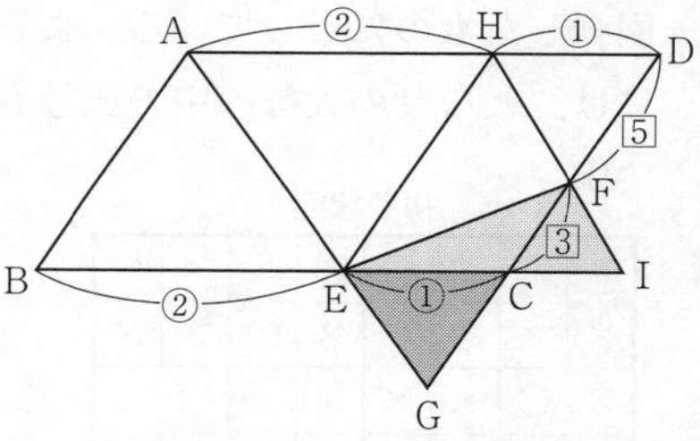

(3) ① 中心角の合計は360度だから，自然科学の割合は全体の，$\frac{60}{360}=\frac{1}{6}=1\div6=0.1666\cdots$である。これは百分率に直すと，0.1666…×100＝16.66…(%)なので，小数第2位を四捨五入すると約16.7%になる。 ② 数学の本の割合は全体の，$\frac{1}{6}\times0.4=\frac{1}{15}$である。これが156冊にあたるから，(全体の冊数)×$\frac{1}{15}$＝156(冊)より，全体の冊数は，156÷$\frac{1}{15}$＝2340(冊)と求められる。また，文学を表すおうぎ形の中心角は，360－(90＋60＋80)＝130(度)なので，文学の割合は全体の，$\frac{130}{360}=\frac{13}{36}$である。よって，文学の本の冊数は，2340×$\frac{13}{36}$＝845(冊)とわかる。

[2] グラフ―水の深さと体積

(1) 水を入れはじめてからの時間と，容器A，容器Bの水の深さの関係をグラフに表すと，下のようになる。Aを止めている，50－30＝20(秒間)で，Bの水面は，6＋2＝8(cm)上がっているから，Bのポンプは1秒間に，8÷20＝0.4(cm)上昇させることができる。

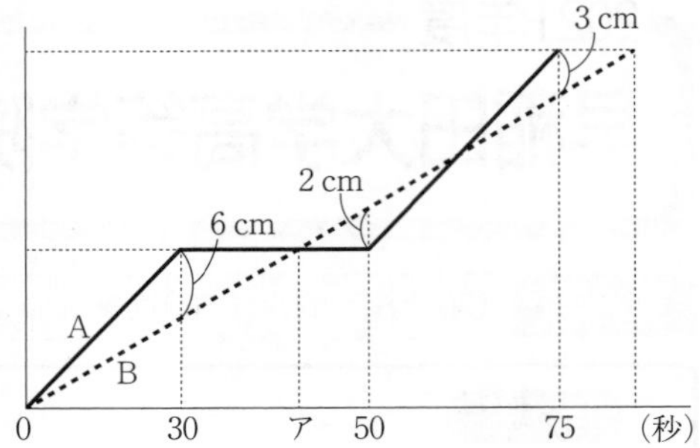

(2) グラフのアの時間を求めればよい。Bの水面が6 cm上昇するのにかかる時間は，6 ÷0.4＝15(秒)なので，ア＝30＋15＝45(秒後)とわかる。

(3) Aのポンプは Bのポンプよりも30秒間で 6 cm多く上昇させるから，1 秒間では，6 ÷30＝0.2(cm)多く上昇させる。よって，Aのポンプは 1 秒間に，0.4＋0.2＝0.6(cm)上昇させることができる。

(4) Aのポンプを使った時間の合計は，75－20＝55(秒間)なので，容器の深さは，0.6×55＝33(cm)とわかる。

3 調べ，周期算，約束記号

(1) 下の図Ⅰで，初期状態，1 秒後，2 秒後に変化させるのはかげをつけた記号である。すると 3 秒後には図のようになるが，3 秒後の図には変化させる記号はない。よって，その後は変化しないから，5 秒後には下の図Ⅱのようになる。

図Ⅰ 初期状態

×	○	×	×
×	○	×	×
×	○	○	○
×	×	×	×

1 秒後

×	×	×	×
○	○	×	×
×	○	○	×
×	×	○	×

2 秒後

×	×	×	×
○	○	○	×
○	×	○	×
×	○	○	×

3 秒後

×	○	×	×
○	×	○	×
○	×	×	○
×	○	○	×

図Ⅱ 5 秒後

×	○	×	×
○	×	○	×
○	×	×	○
×	○	○	×

(2) ① 下の図Ⅲで，初期状態の図を太線で 4 つの部分に分けると，これらは●を中心に90度ずつ回転したものになっている。よって，その中の 1 つだけを調べればよい(ただし，「周囲のマス目」には，となりの太線の中の記号も含《ふく》むことに注意する)。すると図Ⅲのようになり，5 秒後に初期

図Ⅲ

初期状態

×	×	×	○	○	×	×	×
×	×	○	×	×	○	×	×
×	○	×	×	×	×	○	×
○	×	×	×	×	×	×	○
○	×	×	×	×	×	×	○
×	○	×	×	×	×	○	×
×	×	○	×	×	○	×	×
×	×	×	○	○	×	×	×

1 秒後

×	×	×	○	○	×	×	×
×	×	○	○	○	○	×	×
×	○	×	×	×	×	○	×
○	○	×	×	×	×	○	○
○	○	×	×	×	×	○	○
×	○	×	×	×	×	○	×
×	×	○	○	○	○	×	×
×	×	×	○	○	×	×	×

2 秒後

×	×	○	×	×	○	×	×
×	×	○	×	×	○	×	×
○	○	×	○	○	×	○	○
×	×	○	×	×	○	×	×
×	×	○	×	×	○	×	×
○	○	×	○	○	×	○	○
×	×	○	×	×	○	×	×
×	×	○	×	×	○	×	×

3 秒後

×	×	×	×	×	×	×	×
×	×	○	×	×	○	×	×
×	○	×	○	○	×	○	×
×	×	○	×	×	○	×	×
×	×	○	×	×	○	×	×
×	○	×	○	○	×	○	×
×	×	○	×	×	○	×	×
×	×	×	×	×	×	×	×

4 秒後

×	×	×	×	×	×	×	×
×	×	○	○	○	○	×	×
×	○	×	○	○	×	○	×
×	○	○	×	×	○	○	×
×	○	○	×	×	○	○	×
×	○	×	○	○	×	○	×
×	×	○	○	○	○	×	×
×	×	×	×	×	×	×	×

5 秒後

×	×	×	○	○	×	×	×
×	×	○	×	×	○	×	×
×	○	×	×	×	×	○	×
○	×	×	×	×	×	×	○
○	×	×	×	×	×	×	○
×	○	×	×	×	×	○	×
×	×	○	×	×	○	×	×
×	×	×	○	○	×	×	×

状態に戻《もど》るから，この後は１秒後～５秒後と同じ状態がくり返されることがわかる。また，［１］＝６×４＝24，［２］＝６×４＝24，［３］＝４×４＝16，［４］＝６×４＝24，［５］＝４×４＝16なので，［４］＋［５］＝24＋16＝40とわかる。　② tを５で割ったときの余りをnとすると，［t］＝［n］となる(ただし，余りが０の場合のnは５と考える)。たとえば，17÷５＝３余り２だから，［17］＝［２］＝24と求められる。同様に考えると，［［［17］－［28］］＋［44］］＝［［［２］－［３］］＋［４］］＝［［24－16］＋24］＝［［８］＋24］＝［［３］＋24］＝［16＋24］＝［40］＝［５］＝16とわかる。

4 平面図形，立体図形―構成，面積，表面積

⑴　星形Sは，右の図Ⅰのように，６＋６＝12(個)の同じ大きさの正三角形に分けることができる。この正三角形１個の面積を１とすると，正三角形ACEの面積は，６＋３＝９，星形Sの面積は12となるから，正三角形ACEと星形Sの面積の比は，９：12＝３：４とわかる。

図Ⅰ

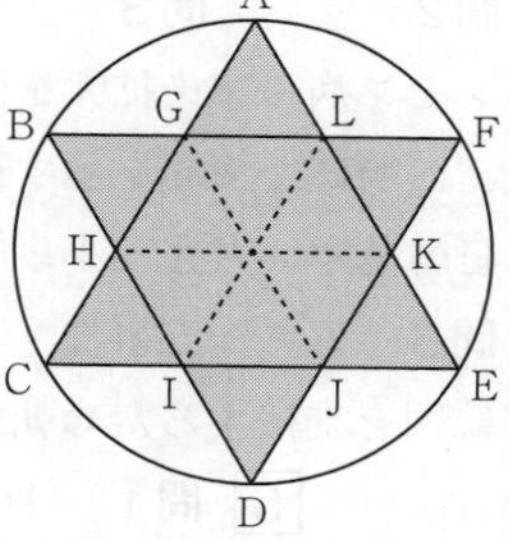

図Ⅱ

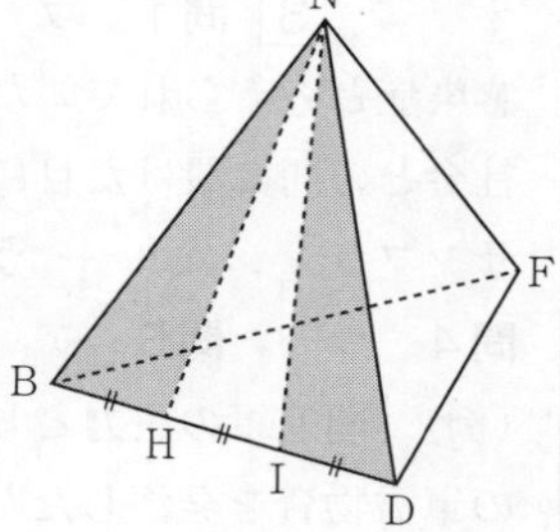

⑵　①　正四面体NBDFの面NBDだけを考えると，右上の図Ⅱのかげをつけた部分が表面に出る。また，図Ⅱの三角形NBDは図Ⅰの三角形BDFと同じ大きさの正三角形なので，面積は９である。さらに，３つの三角形NBH，NHI，NIDの面積は等しいから，かげをつけた三角形１個の面積は，$9\times\frac{1}{3}=3$とわかる。次に，「星形Sを底面とし，点Mを頂点とする立体の側面積」は，図Ⅱのかげをつけた三角形の面積の，２×６＝12(個分)にあたるので，３×12＝36となる。よって，求める面積の比は，９：36＝１：４である。
②　下の図Ⅲで，太線で囲んだ３つの図形は合同であり，「この立体の側面積」は，この図形の面積の，３×２＝６(個分)になる。図Ⅲのように，正四面体NBDFの辺BDの真ん中の点をＰとし，直線PNと正四面体MACEの辺MCとの交点をＱとする。同様に，正四面体NBDFの辺DFの真ん中の点をＲとし，直線RNと正四面体MACEの辺MEとの交点をＳとする。すると，正面から見た図は下の図Ⅳのようになる。図Ⅳで，三角形PQMと三角形NQCは相似であり，相似比は，PM：NC＝１：２なので，MQ：QC＝１：２とわかる。同様に，MS：SE＝１：２となるから，図Ⅳで，DU：UA＝１：２とわかる。さらに，図Ⅲの正四面体NBDFにおいても，NT：TD＝１：２となるので，図Ⅳで，DU＝UT＝TAとなることがわかる。したがって，正四面体MACEのかげをつけた部分は下の図Ⅴのかげをつけた部分と同じになる。この面積は，９－２＝７だから，求める面積の比は，９：(７×６)＝３：14とわかる。

図Ⅲ

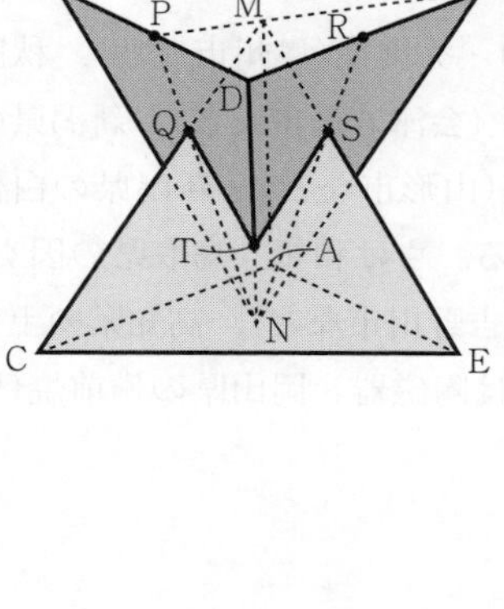

図Ⅳ

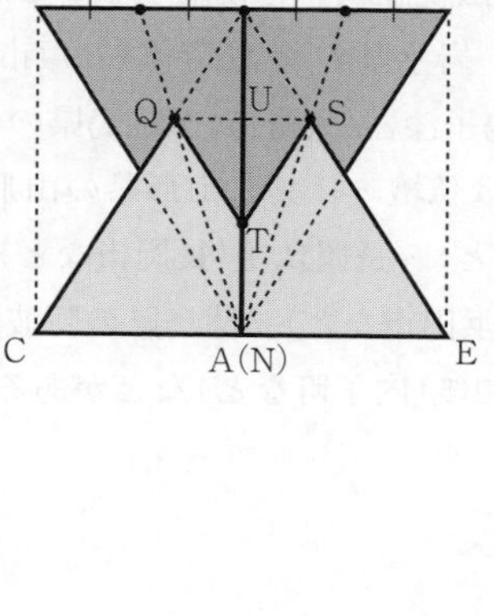

図Ⅴ

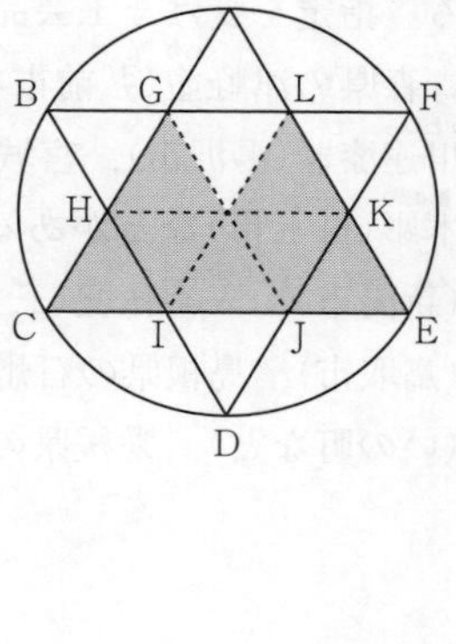

社　会　(40分)＜満点：80点＞

解　答

[1] **問1**　カ　**問2**　①　ア　②　**和紙**…ウ　**漆器**…ア　[2] **問1**　**1**　民泊　**2**　繭(まゆ)　**3**　石炭　**4**　佐世保　**5**　グリーン(アグリ)　**6**　産業　**7**　京友禅　**問2**　インバウンド　**問3**　エ　**問4**　ウ　**問5**　(例)　南半球のオーストラリアでは夏にあたる12～2月頃に，ウインタースポーツをするため日本を訪れる。　**問6**　宇治　**問7**　オ　[3] **問1**　ウ　**問2**　イ　**問3**　ア　**問4**　唐人屋敷　**問5**　(例)　恐ろしい感染症と考えられていたハンセン病の感染拡大を防ぐ名目で患者を収容・隔離した施設と，一般社会との間に設けた目に見える明確な境界を示す役割。　[4] **問1**　**あ**　西園寺公望　**い**　サンフランシスコ　**う**　日韓基本　**え**　小泉純一郎　**問2**　エ　**問3**　下関(条約)　**問4**　ウ　**問5**　ア　**問6**　五・一五事件　**問7**　**1**　総議員　**2**　過半数　**問8**　(例)　国連軍の主力として韓国を支援するため朝鮮半島に派遣されたアメリカ軍が，日本に大量の軍需物資を発注したため。　[5] **問1**　(1)　公的扶助　(2)　ウ　(3)　(例)　困っているときはお互い様という気持ちから(困っている人を手助けするのは当たり前のことだと思うから)　**問2**　(1)　(例)　飲酒をした場合には，格安のタクシーを利用できるようにすればよい　(2)　(例)　自動車にアルコール検知器を装備することを義務づけ，一定量以上のアルコールが検知された場合にはエンジンがかからないようにすればいいんだ　[6] **問1**　ウ　**問2**　(例)　**順番**…②→①→③／**理由**…まず「みんなの意見」を把握するためにアンケート調査をして全員の考えを聞き，その次に強い意見を持っている人に目安箱に投書してもらう。それらの意見をもとに，信頼できる代表者を選び，その人たちに目的や意義も踏まえた上で意見をまとめてもらえば，「みんなの意見」をよく反映した行き先が決定できると思われるから。

解　説

[1] 都市の人口や伝統的工芸品についての問題

問1　上位3位までの都市の人口から，Aが東京都，Bが大阪府，Cが愛知県と判断できる。東京都に隣接する県の都市のうち，人口が多いアは横浜市，イは川崎市，ウはさいたま市である。また，大阪府に隣接する府県の都市のうち，人口が多いエは神戸市，オは京都市，カは姫路市である。さらに，愛知県に隣接する県の都市のうち，人口が多いキは浜松市，クは静岡市，ケは岐阜市である。

問2　①「伝統的工芸品」は，「製造過程の主要部分が手工業的」であるもの，「伝統的技術または技法によって製造されるもの」といった要件を満たした工芸品について，経済産業大臣が指定する。指定を受けた工芸品は，「伝統証紙」を使用することが認められている。　②　アは漆器《しっき》。青森県の津軽塗《ぬり》(弘前市など)，岩手県の浄法寺《じょうぼうじ》塗(二戸市など)・秀衡《ひでひら》塗(奥州市など)，秋田県の川連《かわつら》漆器(湯沢市)，宮城県の鳴子漆器(大崎市)，福島県の会津塗(会津若松市など)，新潟県の村上木彫《きぼり》(村上市)などがある。イは仏壇・仏具。山形県の山形仏壇(山形市など)，新潟県の白根《しろね》仏壇(新潟市)・三条仏壇(三条市など)・長岡仏壇(長岡市など)がある。ウは和紙。鳥取県の因州《いんしゅう》和紙(鳥取市)，島根県の石州和紙(浜田市など)，徳島県の阿波和紙(吉野川市など)，高知県の土佐和紙(いの町など)，愛媛県の大洲《おおず》和紙(内子《うちこ》町など)などがある。エは陶磁器。岡山県の備前焼(備前市など)，島根県の石見焼(江津市など)，山口県の萩焼(萩市など)，愛媛県の砥部《とべ》焼(砥部町など)，福岡県の上野《あがの》焼(福智町など)，佐賀県の唐津焼(唐津市など)や伊万里焼・有田焼(伊万里市，有田町など)，熊本県の小代《しょうだい》焼(荒尾市など)などがある。

2 日本の観光地と観光業を題材とした地理の問題

問1 **1** 一般の住宅(民家)に観光客が宿泊することは，「民泊」とよばれる。旅館業法の改正や住宅宿泊事業法(民泊新法)の制定などにより可能となった制度である。 **2** 「中心となる工場」とは富岡製糸場のこと。周辺地域から原料の繭《まゆ》を集めて生糸を生産した。 **3** 「2015年に世界遺産に登録された施設」の一つは端島《はしま》炭坑(通称は軍艦島)のこと。明治時代から海底炭鉱によって栄えたが，1974年に閉山された。 **4** 県庁所在地の長崎市とともに造船業がさかんなのは，県北部の中心都市である佐世保市。 **5** 農村に宿泊し，農業体験などを行うことは，グリーンツーリズム，あるいはアグリツーリズムとよばれる。都市と農村の交流の活発化や地域の活性化につながることから，各地で推進されている。 **6** 工場の製造現場を見学したり，工業地帯の夜景を楽しんだりすることは「産業観光」とよばれ，各地でツアーが企画されるなど，人気が高まっている。 **7** 西陣織とともに京都を代表する伝統的工芸品となっているのは京友禅《ゆうぜん》。江戸時代前半に宮崎友禅斎によって始められた染め物の技法である。ほかに，京鹿《か》の子絞《こしぼり》や京小紋《こもん》も京都の染め物として伝統的工芸品に指定されている。

問2 「インバウンド」は，本来は「内向きの」という意味の英語であるが，日本では一般に「訪日外国人旅行」という意味で用いられ，その増加をめざすことが政府の政策ともなっている。

問3 中国には55件の世界遺産があり，その数はイタリアとともに世界で最も多い。したがって，エが中国と判断できる。なお，アはフランス，イはスペイン，ウはアメリカである。

問4 2016年，政府は「明日の日本を支える観光ビジョン」と題して，インバウンドに関連する目標を作成した。それによると，2020年の訪日外国人観光客数の数値目標は4000万人，2030年の数値目標は6000万人となっている。近年，日本を訪れる外国人の数は増加を続け，2019年には約3188万人に達したが，2020年は新型コロナウイルスの感染拡大による入国制限で大幅に減少し，今後の目標達成も厳しい状況となっている。

問5 オーストラリアからの観光客の多くは，スキーなどのウインタースポーツを楽しむために来日する。南半球にあるオーストラリアは日本とは季節が逆であるため，オーストラリアでは夏にあたる12～2月を中心に，北海道や東北・北陸地方などの雪質のよいスキー場を訪れる場合が多い。

問6 京都府にある有名な茶の産地は宇治市で，宇治茶は日本三大銘茶の1つとして知られる。藤原頼通《よりみち》が建てた平等院鳳凰《ほうおう》堂があることでも知られる。

問7 Aは群馬県，Bは長崎県，Cは北海道，Dは神奈川県，Eは京都府であるから，兵庫県だけがあてはまらない。

3 境界を設けた都市や施設を題材とした歴史の問題

問1 条坊制は，中央に朱雀大路《すざくおおじ》を配し，東西に走る大路(条)と南北に走る大路(坊)を碁盤《ごばん》の目状に組み合わせた都市の区画。日本では藤原京・平城京・長岡京・平安京で見られたほか，地方行政の拠点であった大宰府《だざいふ》(福岡県)と多賀城(宮城県)でも採用された。

問2 現在の大阪府は，その北西部から兵庫県南東部にかけての地域は摂津《せっつ》国，南東部は河内《かわち》国，南西部は和泉《いずみ》国であった。

問３　アは，「アイヌの人々」と「松前氏」が逆である。

問４　鎖国の完成後，幕府はキリスト教の布教に関係のないオランダ人と清国人(中国人)に限り，長崎で幕府と交易を行うことを認めた。このうち清の商人については，17世紀後半に建設された唐人屋敷《やしき》がその居住区とされた。

問５　Ａの文中に，「その境界は象徴的に意識されていました」「境界を目に見える形で示す意図があったのかもしれません」「目に見える明確な境界によって，人々を隔離《かくり》したのです」などの表現があることに着目する。つまり，かつては不治の病とされ，恐ろしい感染症《しょう》（伝染病）と認識されていたハンセン病の患者《かんじゃ》を，感染拡大を防止する名目で収容・隔離した施設であった療養《りょうよう》所は，周囲にめぐらした柊《ひいらぎ》の垣根や土塁《どるい》，堀《ほり》を一般社会との明確な境界としていたと考えられる。

4　**内閣の歴史を題材とした問題**

問１　**あ**　明治時代末期は，長州藩(山口県)出身の軍人である桂《かつら》太郎と公家出身の西園寺公望《さいおんじきんもち》が，交互に内閣総理大臣を務め，「桂園《けいえん》時代」とよばれた。西園寺は第一次世界大戦後のパリ講和会議に日本代表として出席した人物としても知られる。　**い**　1951年，サンフランシスコで開かれた講和会議で日本は資本主義陣営48か国と平和条約を結び，独立を回復した。講和会議に日本代表として出席したのは，首相の吉田茂《しげる》であった。　**う**　佐藤栄作内閣のときの1965年，日韓基本条約が結ばれ，日本と韓国との国交が正常化した。　**え**　2001年４月から2006年９月まで内閣総理大臣を務めたのは小泉純一郎。それまで国が行っていた郵政３事業(郵便・郵便貯金・簡易保険)の民営化をめざした小泉内閣は，まず2003年に日本郵政公社を発足させて公社事業に移管し，さらに2005年に郵政民営化関連法を成立させた。なお，日本郵政グループが発足し，郵政３事業が完全民営化されたのは，福田康夫《やすお》内閣のときの2007年10月のことである。

問２　1885年，伊藤博文は内閣制度を創設してみずから初代の内閣総理大臣に就任するとともに，憲法の草案作成を中心となって進めた。さらに，1888年には天皇の最高諮問《しもん》機関である枢密《すうみつ》院を設立し，その初代議長に就任。そこで憲法草案を審議し，翌89年２月11日，大日本帝国憲法発布にこぎつけた。したがって，エが正しい。なお，アは大久保利通《としみち》。内務省は1873年に設立された行政機関で，大久保は内務卿《きょう》に就任し，殖産《しょくさん》興業などの諸改革に力をふるった。岩倉使節団による欧米視察は1871～73年。士族の反乱が各地で頻発《ひんぱつ》するのは征韓論争が起こった1873年以降であるから，イは誤り。ウは板垣退助などにあてはまる。

問３　1895年に調印された日清戦争の講和条約は，下関条約とよばれる。下関で開かれた講和会議に日本代表として出席したのは，首相の伊藤博文と外務大臣の陸奥宗光《むつむねみつ》であった。

問４　日露戦争の講和会議はアメリカ大統領セオドア・ルーズベルトの仲立ちにより1905年に同国のポーツマスで開かれた。この会議で結ばれたポーツマス条約において，日本はロシアから賠償《ばいしょう》金を得ることができなかったから，ウが誤り。

問５　第一次世界大戦のきっかけとなったのは，1914年，バルカン半島のサラエボでオーストリアの皇太子夫妻がセルビア人の青年により暗殺されたサラエボ事件。多くの民族が居住し，そこに列強の利害がからんでいたことから，バルカン半島は「ヨーロッパの火薬庫」とよばれていた。したがって，アが誤り。イベリア半島はスペインやポルトガルがあるヨーロッパ西部に位置する半島である。

問６　1932年５月15日，犬養毅《いぬかいつよし》首相が海軍の青年将校らによって暗殺される五・一五事件が起きた。これにより，それまで８年間続き，「憲政の常道」とよばれた政党内閣が途絶えた。

問７　日本国憲法の改正は，各議院の総議員の３分の２以上の賛成により国会がこれを発議し，国民投票で過半数の賛成があった場合に成立する。

問８　1950年に起きた朝鮮戦争では，国連軍の主力として韓国を支援するために日本から朝鮮半島に派遣されたアメリカ軍が日本に大量の軍需《ぐんじゅ》物資を発注したことから，日本国内は「特需」とよばれる好景気となり，日本経済の復興が早まる結果となった。

5　社会保障と自立支援についての問題

問１　(1)　日本の社会保障は，社会保険，公的扶助《ふじょ》，社会福祉，公衆衛生・保健医療の４つを柱としている。2021年度における社会保障関係費の内訳は，社会保険，社会福祉，公的扶助，公衆衛生・保健医療の順に高い。よって，３番目に高いものは公的扶助となる。　(2)　自分が障害や病気を有しておらず，身近にも障害や病気を有する者がいない者が「あまり助けたいとは思わない」「助けたいと思わない」理由として「自分がなにをすればよいかわからないから」と答えている割合は，それ以外の類型の者よりも低いから，ウが不適切である。　(3)　「積極的に助けたいと思う」「助けたいと思う」理由として多いのは，「困っているときはお互い様という気持ちから」と「困っている人を手助けするのは当たり前のことだと思うから」の２つ。いずれも，障害や病気の有無にかかわらず，「困っている人を助けるのは当然のこと」という考えにもとづくものといえる。

問２　(1)　太郎君が法律による規制を，次郎君が教育や啓発活動による意識やマナーの向上をそれぞれ重んじているのに対し，三郎君は経済的な視点からより実効性の高い方法を主張している。したがって，ここでは「飲酒をした場合，格安のタクシーを利用できるようにすればよい」といった意見が考えられる。　(2)　四郎君は物理的に強制するような方法を主張しているから，ここではたとえば「自動車にアルコール検知器を装備させ，一定量以上のアルコールが検知された場合にはエンジンがかからないようにすればよい」といった意見が考えられる。

6　クラスの意見のまとめ方についての問題

問１　Xは「一人ひとりの意見を聞くべき」と主張しているわけであるから②が，Yは強い意見を持つ人の意見を重視すべきという考え方であるから①がそれぞれ適している。Zは「目的や意義まで踏まえて，意見をまとめていくべき」と主張しているから，③が適している。

問２　クラスの「みんなの意見」をよく反映した行き先に決めるという点と，「みんなの意見」をどのように把握したら良いかという点がポイントになる。したがって，まずアンケート調査をして全員の考えを聞き，その上で目安箱を設置して「ここに行きたい」という意見を強く持っている人の考えを調べ，それらをもとに，信頼できる代表者たちが目的や意義も踏まえた上で意見をまとめていくという方法が，最も合理的と思われる。

理科　(40分)＜満点：80点＞

解答

1　**問１**　ア　**問２**　イ，ウ　**問３**　②　**問４**　①　ア　②　ウ　③　イ　**問５**　イ　**問６**　①　エ　②　オ　③　イ　④　コ　2　**問１**　**細胞名**…孔辺細胞　**細**

胞の図…右の図　**問2**　66　**問3**　4　**問4**　32　**問5**　82　**問6**　イ
問7　イ　**問8**　3，5　[3] **問1**　(1)　**経路1**…2.5秒後　**経路2**…2.9秒後　(2)　**経路1**…5秒後　**経路2**…4.9秒後　**問2**　ク　**問3**　ウ
問4　イ　**問5**　エ　[4] **問1**　ウ　**問2**　ウ　**問3**　イ　**問4**　(1)　×　(2)　○　(3)　○　**問5**　水素　**問6**　ア　**問7**　イ　**問8**　**B**　①　**D**　③

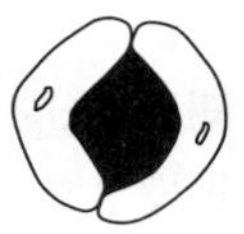

解説

[1] 電磁誘導《ゆうどう》についての問題

問1　検流計の端子《たんし》は，目もり板に向かって右側がプラス端子，左側がマイナス端子となっていて，電流がプラス端子から流れこめば針が右側に，マイナス端子から流れこめば針が左側に振《ふ》れるようになっている。図1のように棒磁石のN極をコイルの上端《じょうたん》に近づけたとき，検流計の針がマイナス側に振れたので，コイルを右手でにぎる方法により，コイルの上端にはN極ができていることがわかる。このように，コイルの端《はし》に磁石の極を近づけると，磁石の動きをさまたげようとするようにコイルの端に磁石の極ができる。この極はコイルに誘導される電流(誘導電流という)によってつくられる。図1の場合は，棒磁石のN極が近づくと，コイルの上端にN極，コイルの下端にS極をつくる向きの電流が生じて，コイルは一時的に電磁石となる。

問2　誘導電流は，棒磁石の動きをさまたげようとするようにコイルを一時的に電磁石にする。図1と同じ向きに電流が流れるのは，コイルの上端にN極をつくる場合である。イでは，棒磁石のS極がコイルの上端から遠ざかるので，コイルの上端がN極となってこの動きをさまたげようとする。ウでは，コイルの下端にS極を近づけているので，コイルの下端がS極，上端がN極となるように誘導電流が流れる。なお，ア，エではコイルの上端がS極となる。

問3　②では整流子の上側も下側もブラシと接していないため，ブラシからのびる導線へ電流が流れない。

問4　①　☆印の端が永久磁石のN極に近づいていくので，☆印の端がN極になるように誘導電流が生じている。　②　電流が流れなくなっているので，コイルに極はできていない。　③　☆印の端が永久磁石のN極から遠ざかっていくので，☆印の端がS極になるように誘導電流が生じている。

問5　水力，火力，原子力，風力の各発電方式は，発電機を回転させて発電するのは共通しているが，回転させるためのエネルギー源が異なる。太陽光発電は発電機を回転させる仕組みは持たず，光電池の仕組みを使って太陽の光エネルギーを直接電気に変えている。

問6　①　a，b，cは直列つなぎになっているので，明るさはすべて同じである。　②　a，bは直列つなぎで，その部分とcが並列つなぎになっている。よって，aとbは同じ明るさで，cはそれらより明るくなる。　③　aを流れた電流が並列につながれたb，cに等しく分かれて流れるから，aが最も明るく，bとcは同じ明るさでaより暗い。　④　bはショートしているので光らない。aとcが直列につながって同じ明るさで光る。

[2] 植物の光合成と呼吸についての問題

問1　気孔《きこう》は，三日月形をした孔辺細胞《さいぼう》が2個で対になってつくるすき間である。一般《いっぱん》に明るい昼間に開き，夜には閉じる。

問2　グラフより，植物Aの1時間あたりの二酸化炭素の吸収量は，光の強さが6のときは2，光の強さが18のときは12であるから，2×3＋12×5＝66と求められる。

問3　光の強さが0のときには光合成を行っていないので，そのときの二酸化炭素の放出量が呼吸量に相当する。植物Aの場合は4となっている。

問4　植物は，光合成によってつくった栄養分の一部を呼吸によって消費している。グラフで示された二酸化炭素の吸収量は，光合成による二酸化炭素の吸収量(以下，光合成量)から呼吸による二酸化炭素の放出量(以下，呼吸量)を差し引いた量である。よって，光の強さが8のときの1時間あたりの光合成量は，4＋4＝8であり，4時間では，8×4＝32となる。

問5　1時間あたりの光合成量は，光の強さが6のときは，2＋4＝6，光の強さが20のときは，12＋4＝16であり，光の強さが2のときは，二酸化炭素の放出量が2なので，4－2＝2となる。したがって，6×4＋16×3＋2×5＝82になる。

問6　光合成量から呼吸量を引いた値，つまりグラフでの二酸化炭素の吸収量の合計が多いほど，栄養分を多く使えるのでよく成長する。アでは，0×1＋4×1＝4，イでは，11×1－2×1＝9，ウでは，12×1－4×1＝8となるので，イが最も成長すると考えられる。

問7　問6と同じように二酸化炭素の吸収量の合計を求めると，アでは，1×6＋3×4＝18，イでは，0×5＋4×5＝20，ウでは，4×5－1×5＝15となるので，イが最も成長する。

問8　グラフで，枯《か》れないためには1時間あたりの二酸化炭素の吸収量が0より大きくなければならず，植物Bの場合は光の強さが2より大きいことが条件となる。また，光の強さが6をこえると植物Aの方が二酸化炭素の吸収量が大きくなるので，植物Bが植物Aよりも成長するには光の強さが6未満である必要がある。したがって，光の強さが2より大きく6未満の範囲《はんい》にあてはまるものを選ぶ。

3 地震《じしん》のゆれの伝わり方についての問題

問1　(1)　経路1は，10÷4＝2.5(秒後)である。また，経路2で，BC間の距離《きょり》は，10－4×2＝2(km)なので，5÷4＋2÷5＋5÷4＝2.9(秒後)となる。　(2)　経路1は，20÷4＝5(秒後)になる。また，経路2は，5÷4＋(20－4×2)÷5＋5÷4＝4.9(秒後)である。

問2　問1(2)のときからAD間の距離が1km短くなると，伝わるのにかかる時間は，経路1では，1÷4＝0.25(秒)，経路2ではAB間，CD間で要する時間は変わらないので，BC間において，1÷5＝0.2(秒)短縮される。その差は，0.25－0.2＝0.05(秒)である。そして，問1(2)のときは，AD間が20kmで経路1と経路2の所要時間の差が，5－4.9＝0.1(秒)なので，AD間が，20－0.1÷0.05＝18(km)のときに伝わる時間が同じになる。

問3　AD間の距離がSkmより短いときは経路1の方が，Skmより長いときは経路2の方が早く伝わる。グラフの実線とそれを延長したイは経路1のようすを示しているので，Skm以上のグラフとしてはウがふさわしい。

問4　Y層，つまりBC間を毎秒3kmで伝わるようになると，つねに経路1を伝わる時間の方が経路2を伝わる時間より短くなるので，Skm以上のグラフは実線を延長したイとなる。

問5　大地に大きな力が加わって，その力にたえられなくなると，岩石がこわれて地層がずれる。このときのふるえが地震となる。

4 物質の状態変化，水溶液《すいようえき》の性質についての問題

問1　氷に食塩と少量の水を加えると，最大で－20℃くらいまで温度を下げることができる。このように，より低い温度まで下げるために2つ以上の物質をまぜたものを寒剤《かんざい》という。

問2　水が氷になると，体積が約1.1倍に増える。しかし，液体から固体へすがたを変えただけ(状態変化という)なので，重さは変わらない。

問3　16℃の水の温度が下がり，0℃になると水がこおり始めるが，このとき水は徐々《じょじょ》にこおっていき，すべてこおるまでは温度が0℃のまま変化しない。そして，すべて氷になると再び温度が下がり始める。このようすを表しているグラフはイである。

問4　(1)　塩化ナトリウムとアルミニウムを比べると，融点《ゆうてん》は塩化ナトリウムの方が高いが，沸点《ふってん》はアルミニウムの方が高くなっているから，間違《まちが》いである。　(2)　液体の鉄の温度は1538℃以上なのに対して，液体の塩化ナトリウムは1485℃以下なので，正しい。　(3)　金を融《と》かすには1064℃以上の温度が必要であるが，この温度があればアルミニウムを融かすことができるので，正しい。

問5　鉄は塩酸に溶《と》けて水素を発生するが，水酸化ナトリウム水溶液には溶けない。

問6　操作1より，BとCの水溶液は塩酸で，鉄の溶け具合からCの水溶液の方が濃《こ》いことがわかるので，Bの水溶液が①，Cの水溶液が②となる。よって，Bの水溶液は酸性だから，BTB溶液を入れると黄色を示す。

問7　操作2で，CとDの水溶液を混ぜるとちょうど中和して中性になったので，Cの水溶液よりうすいBの水溶液とDの水溶液を混ぜるとアルカリ性を示し，BTB溶液は青色を示す。

問8　AとDの水溶液は水酸化ナトリウム水溶液であるが，操作2と操作3より，Cの水溶液に対して，Dの水溶液と混ぜたときには中性，Aの水溶液と混ぜたときにはアルカリ性となったことから，Aの水溶液が濃い方の④，Dの水溶液がうすい方の③とわかる。Bの水溶液は問6で述べたように①である。

国語　(50分)＜満点：100点＞

解答

一　**問1**　下記を参照のこと。　**問2**　**A**　カ　**B**　オ　**C**　イ　**問3**　針小棒大／大義名分　**問4**　イ　**問5**　私たちは話　**問6**　いい問～なこと　**問7**　ア　**問8**　(例)　教科書を読んだり先生の説明を聞いたりして，みんなが同じ考え方や解き方などを習い覚えること。　**問9**　外国をまねする(こと)　**問10**　ウ，オ　二　**問1**　下記を参照のこと。　**問2**　オ　**問3**　ア　**問4**　イ　**問5**　長い年月のなやみ　**問6**　イ，オ　**問7**　人の心を打つ誠　**問8**　エ　**問9**　(例)　自然の中に満ちている歌，世界がいとおしくなる歌の存在を，聞く人に示せる音楽をめざすこと。　**問10**　エ

●漢字の書き取り

一　**問1**　a　昔　b　賛成　c　発揮　d　築　二　**問1**　a　軽率　b　待　c　工面　d　時分

解説

一　**出典は板倉聖宣《いたくらきよのぶ》の『なぜ学ぶのか　科学者からの手紙』による。**少し難しくて面白《おもしろ》い問題につい

て実験結果を予想し，話し合って実験する「仮説実験授業」の楽しさ，目的，効用等を説明している。

問1　**a**　音読みは「セキ」「シャク」で，「昔日」「今昔」などの熟語がある。　**b**　人の意見や行動に同意すること。　**c**　持てる能力や特性などを十分に表すこと。　**d**　音読みは「チク」で，「建築」などの熟語がある。

問2　**A**　仮説実験授業において，小学校の２～３年ぐらいの子どもは自分の予想の当否を気にするが，少し大きくなると「いい意見」を言いたがるという文脈なので，前のことがらを受け，それに反する内容を述べるときに用いる「しかし」が入る。　**B**　意見を出し合える民主主義の社会こそ文化が進歩するとしたうえで，これからの時代，外国のまねだけでは文化は育たないので，大きくなっても自由に意見を出し合えるようであってほしいと述べられている。よって，前のことがらを原因・理由として，後に結果をつなげるときに用いる「だから」がふさわしい。　**C**　前では仮説実験授業の面白さや意義を説明し，この後仮説実験授業を受けた子どもたちの感想文に話題が展開していくので，話題を変えるときに用いる，「ところで」がよい。

問3　「以心伝心」は，言葉によらず互《たが》いに通じ合うこと。「針小棒大」は，おおげさであるようす。「品行方正」は，おこないが正しく乱れのないようす。「事実無根」は，事実に根ざしていないようす。「大義名分」は，行動を起こす正当な理由。

問4　続く段落で，討論《とうろん》や話し合いのたのしさが説明されている。「まちがったことを言っても，みんながかしこくなるのを助けられる」のだから，「正解」に重きを置くイは合わない。

問5　同じ段落の最初で，「私たちは話し合うと，話し合わなかったときよりもずっとよく考えることができ，知恵《ちえ》の出し方もわかってかしこくなれる」と述べられている。つまり，「まちがった」意見も，みんなが話し合って考えを深めるもとになるというのだから，この部分がぬき出せる。

問6　続く部分で，「問題がよくないと，予想をたてたり討論したりする気もしないし，実験をしてもたのしくない」ため，「仮説実験授業」においては，「いい問題」をつくるのが重要になると述べられていることをおさえる。だから，「仮説実験授業をうけた子どもたち」が「とてもおもしろい問題が多いのでたのしい。こういう問題はどうやって思いつくのだろう」という感想を抱《いだ》くのは「あたりまえのこと」なのである。つまり，「仮説実験授業をうけている子ども」は「いい問題を考えつくことの大切なこと」を知っているといえる。

問7　前の段落で，歴史の上でもっともすぐれた科学者は，「やってみればだれでも実験できそう」だが，「それまでだれも考えたこと」がなく，かつ「たいていの人がまちがって予想するような」，「おもしろい問題を見つけよう」と努力してきたと述べられていることをおさえる。よって，「粘《ねん》土《ど》」の問題は，だれでも実験でき，「はかりの皿」からはみ出すと重さはどうなるかという意外さがたのしいといえるので，アがふさわしい。なお，イは素数，ウは濃度《のうど》，エは速度に関する高度な問題で，低学年に適しているとはいえない。

問8　「ふつうの授業」は「仮説実験授業」と対照的なものとして取りあげられていることをおさえる。本文の最初の段落で，「仮説実験授業」とは「はじめに少し難しくておもしろそうな問題を出してもらって，一人ひとりがその実験の結果を予想して，話し合ってから実験する」ものだと述べられている。これとは全く異なるものが「ふつうの授業」なのだから，「全員が一様に，問題の解き方や考え方，実験方法やその結果などを教科書や先生の説明で習うこと」のような趣旨《しゅし》でまとめるとよい。

問９　前の部分で，「新しい時代」は「一人ひとりが自分の持ち前のよさを発揮して助け合う」ことで築くことができると述べられている。このことは本文の中ほどで，科学は「民主主義の発達している国」で，自由に意見を出し合うことで進歩したと述べられていることに重なる。一方，古い時代には，自分でいい問題を考えようとしたり，みんなと討論したりせずに，「外国をまねする」ことが求められていたのである。

問10　ウ　本文では，「実験によって得られた結果」が「新しい世代の仮説を深める」とは述べられていないので，合わない。　オ「すぐれた科学者」がまわりの人々から常に助けられてきたとは書かれていないので，正しくない。

二　出典はロマン・ロラン作，豊島与志雄《とよしまよしお》訳の『ジャン・クリストフ』による。善良なおじのゴットフリートをばかにしがちだった少年時代のクリストフが，おじさんの歌を聞いて，心から敬意と愛情を感じる場面である。

問１　**a**　よく考えずに言ったりしたりするようす。　**b**「待ち甲斐《がい》」と書く。ゴットフリートはいつも，長い時間待ってまで手に入れる価値のある「いいもの」を持ってきてくれるのである。　**c**　あれこれ工夫《くふう》して金品などを準備すること。　**d**　ころ。当時。

問２「知らず知らず」は，意識せずいつのまにか何かをしていたり，何らかの状態になっていたりするようすを表す。よって，“無意識のうちに”という意味の「われ知らず」が選べる。　ア「そら知らず」は，知らないふりをするようす。　イ「つゆ知らず」は，まったく知らないようす。　ウ　主に「～はいざ知らず…」という言い方で“～についてはよくわからないが”“～についてはともかく”という意味を表し，後に続く内容を強調する。　エ「情け知らず」は，情けを持たないようす。

問３　ゴットフリートは，「善良」だが「馬鹿《ばか》」にされる人物の「生きた証拠《しょうこ》」だと書かれていることをおさえる。貧しい中にあっても，クリストフたちに贈物《おくりもの》をするのが好きなゴットフリートは，「それだけでもう満足」する人物である。一方クリストフは，からかったり悪ふざけをしたりしても「我慢《がまん》して」くれるゴットフリートを「おとなしい玩具《がんぐ》」のように思っている。このように，優《やさ》しく「善良」な人物は，理不尽《りふじん》な仕打ちも「我慢」してしまい，「馬鹿」にされるのだから，アが合う。

問４　クリストフは善良なゴットフリートを「馬鹿」にしており，河岸でも始めはじゃれついて悪口を言っていた。しかし，ふと彼《かれ》の顔にうかんだ「神秘的な」表情に魅力《みりょく》を感じたのだから，「奥《おく》ぶかいふんいき」とあるイがよい。

問５　続く部分で，ゴットフリートの歌を聞いたクリストフは，「ゆるやかな単純な幼稚《ようち》な歌で」，「表面《うわべ》は平和だったが，下には長い年月のなやみがひそんでいた」と感じている。よって，ゴットフリートの心の奥底にあるものは，「長い年月のなやみ」だと考えられる。

問６　ア「ひざが笑う」は，“運動をした後などに，疲《つか》れからひざがふるえる”という意味。イ「腹を決める」は，“覚悟《かくご》する”という意味。　ウ「手がつけられない」は，対処の方法がないさま。　エ「あごでつかう」は，“いばった態度で人を使う”という意味。　オ「目もくれない」は，少しも関心を示さないようす。　カ「手を染める」は，“着手する”“関係を持ち始める”という意味。

問７　「歌いたい時に，歌わなくちゃならない時に，歌うものなんだ」と話すゴットフリートが，「突然《とつぜん》」歌い出した前の場面に注意する。「おぼろな弱い声」でありながら，心の奥底にある「長い年月のなやみ」が感じられるほどの彼の歌い方や歌そのものに，クリストフは身体を動かすこともできないほどの「感動」を覚えたのだから，ゴットフリートの歌に感じられたものは「人の心を打つ誠」だと想像できる。

問８　クリストフが「立派な歌」をつくって「偉《えら》い人になる」という野心を抱いているのに対し，ゴットフリートにとって，歌は自然に満ちあふれる「神様の音楽」であり，自分の歌った歌もその一部なのだと考えている。「立派な歌」をつくる「偉い人」に対し，「神様の音楽」を聞き，歌うだけの存在が「つまらない人間」の意味だから，エが選べる。なお，クリストフがどんな大人物になっても「たった一つの歌」もつくれないだろうと言っているとおり，ゴットフリートは「神様の音楽」を理解する自身を卑下《ひげ》してはいないので，ウは合わない。

問９　「夜の声」とは，問７，問８でみた，自然に満ちあふれる「神様の音楽」を指す。「夜の声」は，それを聞く者に世界というものの「やさしさと悲しみ」を感じさせ，目前の牧場を，河を，空を，なつかしい星を抱《だ》きしめたくさせるものである。これが作曲するうえで最も大切なことなので，「自然の中に満ちあふれている音のように，世界を抱きしめたくなる音を，聞く者に届けること」のようにまとめる。

問10　ゴットフリートの歌を聞く前，クリストフは彼について，自分の思うままになるうえ，贈物までくれる人なので「好き」なだけだった。しかし歌を聞いてからは，問９でみたように「神様の音楽」を示してくれたゴットフリートを「すべての人のうちで～いちばんよく，いちばん賢《かしこ》く，いちばん立派」な存在と認識《にんしき》し，「大好き」になっている。よって，エがふさわしい。

Dr.福井の

入試に勝つ！ 脳とからだのウルトラ科学

寝る直前の30分が勝負！

みんなは，寝る前の30分間をどうやって過ごしているかな？　おそらく，その日の勉強が終わって，くつろいでいることだろう。たとえばテレビを見たりゲームをしたり――。ところが，脳の働きから見ると，それは効率的な勉強方法ではないんだ！

実は，キミたちが眠っている間に，脳は強力な接着剤を使って海馬《かいば》（脳の，知識をためる倉庫みたいな部分）に知識をくっつけているんだ。忘れないようにするためにね。もちろん，昼間に覚えたことも少しくっつけるが，やはり夜――それも“寝る前”に覚えたことを海馬にたくさんくっつける。寝ている間は外からの情報が入ってこないので，それだけ覚えたことが定着しやすい。

もうわかるね。寝る前の30分間は，とにかく勉強しまくること！　そうすれば，効率よく覚えられて，知識量がグーンと増えるってわけ。

では，その30分間に何を勉強すべきか？　気をつけたいのは，初めて取り組む問題はダメだし，予習もダメ。そんなことをしても，たった30分間ではたいした量は覚えられない。

寝る前の30分間は，とにかく「復習」だ。ベストなのは，少し忘れかかったところを復習すること。たとえば，前日の勉強でなかなか解けなかった問題や，１週間前に勉強したところとかね。一度勉強したところだから，短い時間で多くのことをスムーズに覚えられる。そして，30分間の勉強が終わったら，さっさとふとんに入ろう！

ちなみに，寝る前に覚えると忘れにくいことを初めて発表したのは，アメリカのジェンキンスとダレンバッハという２人の学者だ。

Dr.福井（福井一成《ふくいかずしげ》）…医学博士。開成中・高から東大・文Ⅱに入学後，再受験して翌年東大・理Ⅲに合格。同大医学部卒。さまざまな勉強法や脳科学に関する著書多数。

Memo

Memo

2020年度　早稲田大学高等学院中学部

〔電　話〕 (03) 5991－4151
〔所在地〕 〒177-0044　東京都練馬区上石神井3－31－1
〔交　通〕 西武新宿線－「上石神井駅」より徒歩7分

【算　数】 (50分) 〈満点：100点〉

(注意)　1．式や考え方を書いて求める問題は，解答用紙の指定された場所に式や考え方がわかるように書いてください。

2．分数は，それ以上約分できない形で表してください。また，帯分数は使わず，仮分数で表してください。

1 次の問いに答えなさい。

(1) 次の $\square$ にあてはまる数を求めなさい。ただし，$\square$ は同じ数になります。

$$\frac{20}{19}+\frac{20}{21}=\frac{\square\times\square-2}{19\times21}-2$$

(2) 記号⊗は，3⊗3＝3×2×1，5⊗1＝5，5⊗2＝5×4，10⊗3＝10×9×8のような計算を表すことにします。このとき，$\square$ にあてはまる数を求めなさい。

$$\frac{1}{22\otimes4}-\frac{1}{23\otimes5}=\frac{\square}{24\otimes6}$$

(3) 1から5までの数字が1つずつ書かれたカードがそれぞれ1枚ずつ，合わせて5枚あります。これらのカードを2つの袋《ふくろ》に，空の袋が出ないよう分けて入れる入れ方は何通りあるかを求めなさい。ただし，2つの袋は同じ規格で区別ができないものとします。

(4) 図のようなABとDCの長さが等しい台形があります。点Dを通る直線を折り目とし，辺DCが辺ADと重なるように折りまげます。その折り目と辺BCとの交点をE，折りまげたときのECとABとの交点をF，折りまげたときに点Cが移る点をGとします。

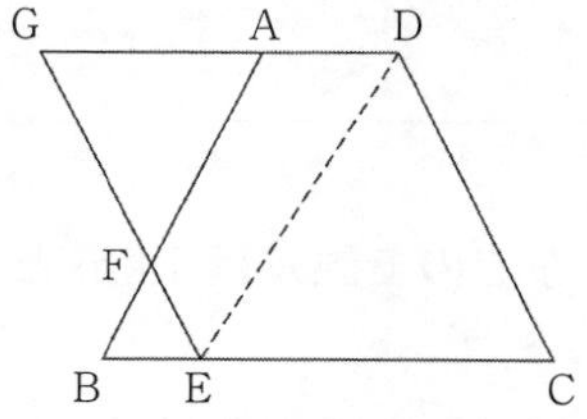

AD＝AG，AD：BE＝2：1のとき，次の問いに答えなさい。ただし，図は正確であるとは限りません。

① AD：BCを，もっとも簡単な整数の比で表しなさい。

② 四角形AFEDの面積が24cm^{2}のとき，台形ABCDの面積を求めなさい。

2　ある長方形から正方形を切りとる作業を以下の手順で進めます。

（手順１）　xの値を０にする。

（手順２）　長い辺と短い辺の長さを測る。

（手順３）　もし長い辺と短い辺の長さが等しいならば，（手順７）へ進む。

（手順４）　短い辺を１辺とする正方形を長方形から切りとり，残った長方形を新たな長方形とする。

（手順５）　xの値を１増やす。

（手順６）　（手順２）にもどる。

（手順７）　作業を終了する。

このとき，次の問いに答えなさい。

(1)　最初の長方形について，長い辺の長さが13cmで，短い辺の長さも13cmの場合，（手順７）を終えた後，xにあてはめられていた値を答えなさい。

(2)　最初の長方形について，長い辺の長さが36cmで，短い辺の長さが20cmの場合，（手順７）を終えた後，xにあてはめられていた値を求めなさい。

(3)　最初の長方形について，長い辺の長さが625cmで，短い辺の長さが169cmの場合，（手順７）を終えた後，短い辺の長さを求めなさい。

(4)　（手順７）を終えた後，短い辺の長さが７cmで，切りとられた正方形の大きさはすべて異なっていました。xの値が３のとき，考えられる最初の長方形のうち，長い辺が最も短い長方形の，長い辺の長さを求めなさい。

3　あるカーナビゲーションシステムには，現在いる地点から先の地点までの道のりを表示する機能があります。ここで，道のりの単位はkmとし，整数で表されるものとします。

さて，このシステムで表示された道のりと実際の道のりには，以下のような誤差があります。

> 実際の道のりは，表示された道のりの10分の１倍を小数にしたとき，小数点以下を切り捨てただけの誤差がある。

例えば，

- 「10km」と表示されたときは，10を10分の１倍した値が１となるので誤差は１kmとなり，実際の道のりは９km以上11km以下です。
- 「25km」と表示されたときは，25を10分の１倍した値が2.5となるので誤差は２kmとなり，実際の道のりは23km以上27km以下です。
- 「９km」と表示されたときは，９を10分の１倍した値が0.9となるので誤差は０kmとなり，実際の道のりは９kmです。

となります。このとき，次の問いに答えなさい。

(1)　Ａ地点からＢ地点を通りＣ地点に向かいました。

①　Ａ地点を出発するとき「Ａ地点からＣ地点までの道のりが48km」と表示が出た場合，Ａ地点からＣ地点までの実際の道のりとして考えられるものの最小の値と最大の値を求めなさい。

②　Ａ地点を出発するとき「Ａ地点からＢ地点までの道のりが15km」，Ｂ地点を通過するとき

「B地点からC地点までの道のりが30km」と表示が出た場合，A地点からC地点までの実際の道のりとして考えられるものの最小の値と最大の値を求めなさい。

③　A地点を出発するとき「A地点からB地点までの道のりが15km，A地点からC地点までの道のりが48km」，B地点を通過するとき「B地点からC地点までの道のりが30km」と表示が出たとき，つまり①，②の両方が成り立つとき，A地点からC地点までの実際の道のりとして考えられるものの最小の値と最大の値を求めなさい。

(2)　数日後，A地点からB地点，C地点，D地点を順に通りE地点へ向かいました。実際に走ったとき，それぞれの地点で次の表示が出ました。

A地点を出発するとき：「A地点からB地点までの道のりが15km，
A地点からC地点までの道のりが48km」
B地点を通過するとき：「B地点からC地点までの道のりが30km」
C地点を通過するとき：「C地点からD地点までの道のりが45km，
C地点からE地点までの道のりが100km」
D地点を通過するとき：「D地点からE地点までの道のりが60km」

このとき，A地点からE地点までの実際の道のりとして考えられるものの最小の値と最大の値を，**式や考え方を書いて**求めなさい。

(3)　さらに数日後，同じ経路でA地点からE地点へ向かいました。実際に走ったとき，それぞれの地点で次の表示が出ました。

A地点を出発するとき：「A地点からB地点までの道のりが15km，
A地点からC地点までの道のりが48km」
B地点を通過するとき：「B地点からC地点までの道のりが30km，
B地点からD地点までの道のりが80km」
C地点を通過するとき：「C地点からD地点までの道のりが45km，
C地点からE地点までの道のりが100km」
D地点を通過するとき：「D地点からE地点までの道のりが60km」

このとき，A地点からE地点までの実際の道のりとして考えられるものの最小の値と最大の値を求めなさい。

4　机の上に，図のような形の折り紙が1枚置かれています。左側の三角形ABFと，右側の三角形CDEは互いに合同な二等辺三角形であり，四角形BCEFは正方形でその1辺の長さは5cmよりも長く10cmよりも短いとします。AGとBF，DHとCEはそれぞれ垂直《すいちょく》で，AG＝DH＝5cmです。

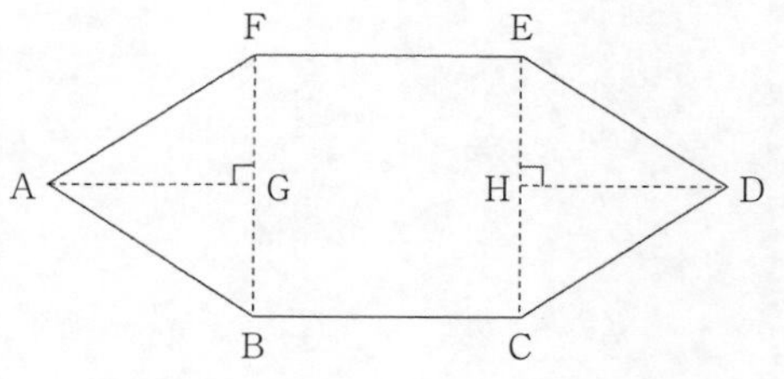

折り紙の左右の三角形ABF，CDEの部分を，それぞれBF，CEのところで折って正方形BCEFの上に重ねる作業をします。ただし，折り紙の厚みは考えず，折るときに折り目以外の部分はまがったりしないものとします。また，円周率は3.14とします。次の問いに答えなさい。

(1)　折り紙を，BFを折り目として折って，左側の三角形を正方形BCEFの上に重ねました。このとき，点Aが動いた長さを求めなさい。

(2)　折り紙を，BF と CE を折り目として，それぞれを同時に一定の同じ速さで折り始めると，机から2.5cm の高さのところで左側の三角形の点Ａと右側の三角形の点Ｄがぶつかったので，そこで折るのをやめました。このとき，折り始めてからぶつかるまでに点Ａが動いた長さを求め，その値を仮分数で答えなさい。

　次に，折り紙を折って三角形の部分を正方形の上に重ねた後，折る前の状態にもどすまでの作業を「往復」と呼ぶことにします。往復は，左右同時に始めて２つの三角形が接触《せっしょく》するまでくりかえし，接触したところで往復をやめます。ただし，左右の三角形はそれぞれ一定の速さで動き，左側の三角形は右側の三角形よりも速く動くものとします。また，接触とは，左右の折り紙が，重なったりぶつかったりすることをいいます。次の問いに答えなさい。

(3)　１回往復するのに，左側の三角形は４秒，右側の三角形は12秒かかるものとします。このとき，２つの三角形が同時に往復を始めてから接触してとまるまでに何秒かかるか，**式や考え方を書いて**求めなさい。

(4)　１回往復するのに，左側の三角形は４秒かかる速さのままで，右側の三角形の速さだけを変えて，折る前の状態から同時に往復を始めました。このとき，往復を開始してから16秒以内に左右の三角形が同時に再び折る前の状態にもどることが１回だけあり，その後も接触せずに往復を続けました。このような２つの三角形について，１回往復あたりの速さの比を，もっとも簡単な整数の比で表しなさい。

【社　会】（40分）〈満点：80点〉

1　日本における様々な店舗に関して，次の問に答えなさい。

問1　次の表の(1)〜(3)は，2014年の3県におけるコンビニエンスストア，※総合スーパー，百貨店のいずれかの全国における店舗数と販売額を示したものである。正しい組み合わせを選択肢から1つ選び，記号で答えなさい。

※衣食住の各種商品を売り，そのいずれも販売額の10%から70%をしめ，従業員が50人以上いる店舗を指す。

	(1)		(2)		(3)	
県名	店舗数	販売額（億円）	店舗数	販売額（億円）	店舗数	販売額（億円）
青森県	5	265	404	572	13	481
千葉県	10	2,356	1,694	3,385	66	3,559
広島県	9	1,246	753	1,432	31	1,291

『データでみる県勢第26版』より作成

	ア	イ	ウ	エ	オ	カ
コンビニエンスストア	(1)	(1)	(2)	(2)	(3)	(3)
総合スーパー	(2)	(3)	(1)	(3)	(1)	(2)
百貨店	(3)	(2)	(3)	(1)	(2)	(1)

問2　次の図は，コンビニエンスストアと総合スーパーの立地の違いについて示したものである。（A）にあてはまる施設の名称を答えなさい。

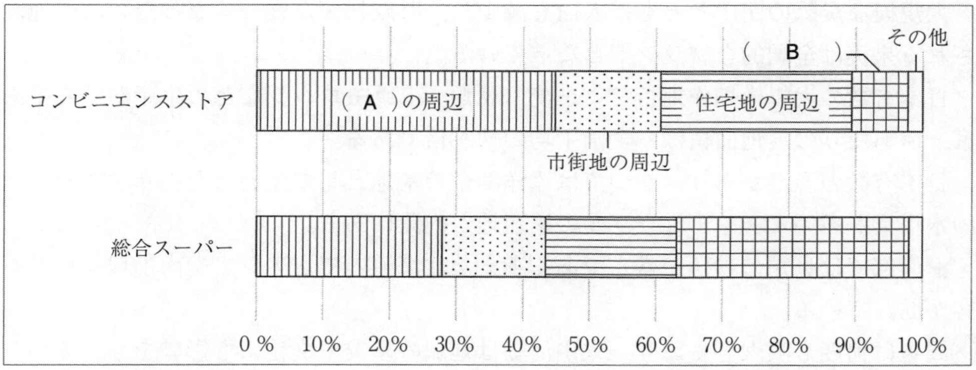

『平成26年商業統計』より作成

問3　図から，両者の立地の大きな違いは（B）の割合にあることがわかる。（B）にあてはまる語句を考えて答えなさい。

2　次の図をみて，あとの問に答えなさい。

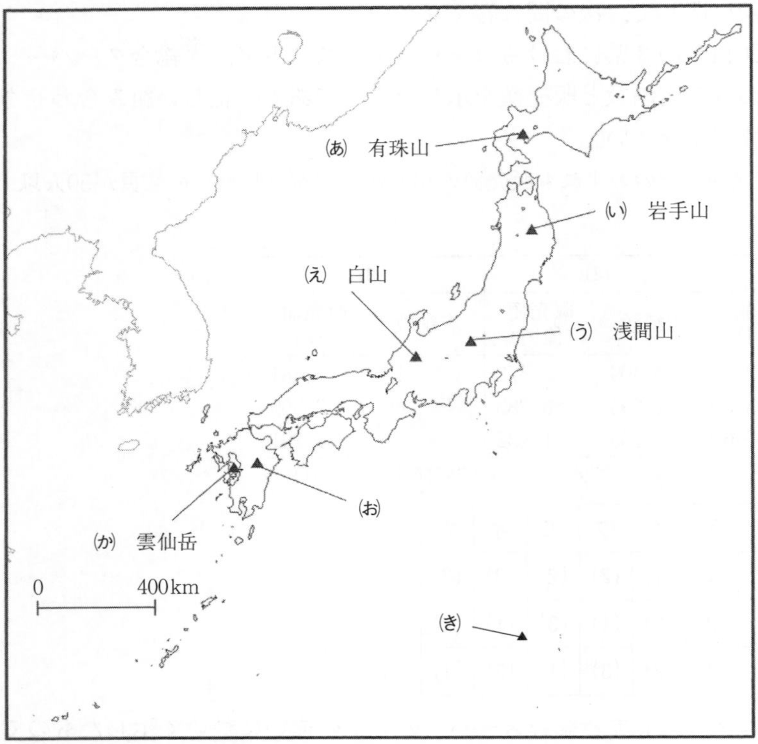

問１　(あ)から最も近い地域を説明した文として適切なものを次から１つ選び，記号で答えなさい。

ア　大規模な炭鉱の閉山とともに人口も減少し，財政状況が厳しくなった。この地域で栽培される果実は全国的なブランドとなっている。

イ　日本有数の大規模畑作地帯で，小麦，豆類，トウモロコシなどの生産が盛んである。農家一戸あたりの農地面積は，全国平均の約20倍である。

ウ　日本有数の漁港があり，かつては遠洋漁業の基地として発展した。サンマやホッケなどの水揚量が多い。タンチョウヅルの繁殖地が内陸にある。

エ　沿岸部では貝類の養殖が盛んである。また北海道内でもアジアや南半球から多くの観光客が訪れている。

問２　(あ)周辺は何度も噴火しており，火山活動は地域の産業や文化にも影響を与えている。このような大地の歴史と人々との関わりを知ったり，体験できたりする場所が近年整備されている。こうした場所のことを何というか**カタカナ５字で**答えなさい。

問３　(い)と同じく奥羽山脈にある山を次から１つ選び，記号で答えなさい。

ア　岩木山　　**イ**　鳥海山

ウ　月山　　**エ**　蔵王山

問４　(う)は，旧国名で２つの国にまたがっている。適切な組み合わせを次から１つ選び，記号で答えなさい。

ア　越後と上野　　**イ**　越後と信濃

ウ　甲斐と上野　　**エ**　上野と信濃

オ　信濃と甲斐　　**カ**　越後と甲斐

問5　(う)の北側では，ある工芸作物の栽培が盛んで，全国の生産量の約90%をしめている。その作物の名称を答えなさい。

問6　次の文章は，(え)の東側の県について述べた文章である。空欄にあてはまる語句を**漢字で**答えなさい。

この県の北部は山がちな地形であり，これらの地域に水源をもつ河川が南へ流れている。そのうちのひとつである（ **1** ）川では，鵜《う》を川に潜らせて行う漁が有名である。この河川は下流でいくつもの川と合流し（ **2** ）湾へと流れ込んでいる。

問7　(え)の東側では，右の写真のような家屋が並ぶ集落が1995年に世界文化遺産に登録された。関連する次の問に答えなさい。

(1)　このような特徴的な家屋のつくりを何というか答えなさい。

(2)　この集落では，家屋の多くが写真のように屋根の２つの斜面が東西を向くようにつくられている。そのようになる理由を説明しなさい。

(3)　写真のような家屋の多くは，住居としても使われている。世界文化遺産に登録された後，この集落ではどのような問題が生じているかを考えて書きなさい。

注：手前が北となる

問8　(お)は，過去の噴火によって世界最大級の円形のくぼ地をもつ。このくぼ地のことを何というか，**カタカナで**答えなさい。

問9　**問8**のように，噴火によってできた湖を次から１つ選び，記号で答えなさい。

ア　サロマ湖　　**イ**　宍道湖

ウ　田沢湖　　**エ**　浜名湖

問10　(お)の名称を**漢字で**答えなさい。

問11　(お)付近を源流とする河川を次から１つ選び，記号で答えなさい。

ア　太田川　　**イ**　大淀川

ウ　球磨川　　**エ**　筑後川

問12　(か)がある半島の名称を**漢字で**答えなさい。

問13　(か)がある県に**属していないもの**を次から１つ選び，記号で答えなさい。

ア　壱岐　　**イ**　隠岐諸島

ウ　五島列島　　**エ**　対馬

問14　(か)がある県で，干拓地を増やすため1997年に大規模な水門がつくられた湾の名称を答えなさい。

問15　(き)は，2013年以降の噴火によって面積が拡大した無人島の位置を示している。この島の名称を**漢字で**答えなさい。

3　次の文章を読んで，あとの問に答えなさい。

「日本文化」はいつ始まったのでしょうか。そもそも「日本」という国号は，「天皇」という君主号とともに，壬申の乱に勝利して即位した（ **あ** ）天皇の時代に使われ始めたと言われています。つまり，「日本文化」を「日本という国の文化」と考えるとき，それ以前には「日本」の文化が存在しなかった，とも言えるわけです。しかしここでは，「日本文化」を広い意味での「（ **い** ）の文化」と考えて，そのはじまりを概観してみようと思います。

「日本文化」は，３万8000年前以降の後期旧石器時代から始まり，縄文時代へと続いていきます。旧石器時代と縄文時代は，土器の出現によって分けられると考えられていて，現在のところ日本で最も古い土器は，およそ１万6000年前～１万5000年前のものだとされています。一方で，土器だけでなく，①縄文文化を代表する要素が一般的になるもう少しあとの時代を，そのはじまりだと考える学説もあります。

ところで，一般的には，弥生時代になると農耕が突然始まり，鉄器や青銅器が一気に普及した，とイメージされているかもしれません。しかし，②すでに縄文時代には，様々な植物が人の手で管理・栽培されていたことが確実になっています。逆に，弥生時代が始まってから数百年たったあとの弥生時代中期にならないと，鉄器は普及しません。こうしたことを踏まえたうえで，なお縄文時代と弥生時代をへだてる最も大きな要素と言えるのは，本格的な水田稲作の導入です。しかし，その時期については，北部九州では紀元前10世紀頃までさかのぼるとする説がある一方で，関東地方では紀元前３世紀頃，東北地方では紀元前４世紀頃と言われ，地域によって大きな差がありました。しかも，東北地方北部では，導入から300年ほどたつと，水田稲作をやめてしまいます。つまり，縄文文化から弥生文化への変化は，日本全体で同時に起きたわけではなく，地域の状況によって，「弥生化」の程度は様々だったのです。しかも，琉球や現在の北海道では水田稲作が受け入れられず，ほとんど「弥生化」しませんでした。これは，水田稲作が狩猟採集生活よりも優れているとは，必ずしも言えないことを示しています。実際に，③日本は何度も飢饉《ききん》に見舞われることになります。

３世紀半ばから後半に始まる古墳時代以降，いわゆるヤマト王権／政権が確立し，勢力を広げていきますが，なお，東北地方には，ヤマト政権に従わない（ **う** ）と呼ばれた人々がいて，９世紀頃の平安時代のはじめまで，畿内側とたびたび戦ったことが記録されています。北海道もまた，ヤマト政権の勢力外でした。北海道では，ずっとあとの13世紀頃になって，大陸や本州との交易を基盤としたアイヌ文化が成立しました。その担い手であるアイヌの人々は，2019年に成立したいわゆる「アイヌ新法（アイヌの人々の誇りが尊重される社会を実現するための施策の推進に関する法律）」で，日本の（ **え** ）として明記されました。

一方，琉球では，やがて中国や本州との交易が活発化するとともに水田稲作を伴う農耕社会が成立し，12世紀頃にはグスク時代となります。そして，各地域に成立した諸勢力の争いの中から，15世紀に尚巴志が琉球を統一し，（ **お** ）城が王の居所となるのです。

問１　空欄（**あ**）に入るものとしてもっとも適切なものを１つ選び，記号で答えなさい。

ア　天智　　**イ**　天武　　**ウ**　聖武　　**エ**　文武

問２　空欄（**い**）に入る適切な語を考えて，**漢字４字**で答えなさい。

問３　下線部①について，縄文文化の特徴を述べた文として**明白な誤りを含むもの**を１つ選び，記号で答えなさい。

ア　動物が小型化し，弓矢が狩猟に用いられるようになった。

イ　定住化が進み，竪穴住居がつくられるようになった。

ウ　魚介類利用が進み，貝塚が形成されるようになった。

エ　祭りや祈りが盛んになり，土偶や埴輪がつくられた。

問4　下線部②について，縄文時代にはすでに人の手で管理されていたと考えられ，輪島塗や会津塗のような現代の伝統工芸でも欠かせない植物は何か，答えなさい。

問5　下線部③に関連し，日本の歴史における飢饉について述べた以下の文のうち，**下線部が誤っているものを2つ**選び，記号で答えなさい。

ア　源平の争乱の際，養和の飢饉の影響が残る中，源義仲は京都で兵糧を徴発しようとし，民衆の支持を失った。

イ　寛喜の飢饉では，浄土宗の祖とされる親鸞が惨状を見て「絶対他力」という思想を深めたという説がある。

ウ　水害や干ばつに加え，関東地方における戦国時代の先駆けとなった享徳の乱は，長禄・寛正の飢饉の一因となった。

エ　享保の飢饉の際に，ジャガイモのおかげで餓死者を出さなかった地域があったことを教訓とし，将軍・吉宗は青木昆陽にその試作を命じた。

オ　前野良沢とともに『解体新書』に携わり，また『蘭学事始』を著したことでも知られる杉田玄白は，その随筆で天明の飢饉の悲惨な状況を伝えている。

カ　天保の飢饉の影響で生じた米不足への大坂町奉行の対応や，豪商による米の買い占めに対する怒りから，大塩平八郎の乱が起きた。

問6　空欄(**う**)に入る適切な語を答えなさい。

問7　空欄(**え**)に入るもっとも適切な語を**漢字4字で**答えなさい。

問8　空欄(**お**)に入る適切な語を**漢字で**答えなさい。

問9　かつてある学者は，日本には「北の文化」・「中の文化」・「南の文化」という「3つの文化」があり，その間には「ボカシの地域」がある，と評しました。

では，「ボカシの地域」とはどのような地域を指していますか。「ボカシの地域とは，」という書き出しに続いて，**本文を参考にして具体例を挙げつつ，100字以内(句読点を含む)で**説明しなさい。

4　2019年7月に百舌鳥・古市古墳群が世界文化遺産に登録され，日本の世界文化遺産がひとつ増えました。次の日本の世界文化遺産について述べた各文を読んで，あとの問に答えなさい。

A　17世紀初頭の日本の城郭を代表するものとして，奈良の(**あ**)地域の仏教建造物とともに，日本で初めて世界文化遺産に登録されました。①この城は白壁で統一された優美な外観から，白鷺城の別称があり，その名でも広く知られています。

B　この建物は被爆した元広島県産業奨励館の残骸です。呼称である(**い**)の由来は，頂上の円蓋の残骨が傘状になっているところに基づいています。爆心地から160mの至近距離にあり，熱線と爆風を浴びて大破，全焼しましたが，爆風が上方から垂直に吹いたため，奇跡的に倒壊を免れたと考えられています。核兵器の恐怖を示し，平和を求める誓いの象徴として登録されました。また，同時に宮島にある平家ゆかりの(**う**)も世界文化遺産に登録されました。

C　日光は徳川初代将軍家康の霊廟である東照宮が造営されて以来，②徳川幕府の聖地となりました。③東照宮は，その後1636年に全面的に大規模な造り替えが行われ，現在の規模となりました。日光は男体山を中心とする山岳信仰の聖地でもあり，山麓や中禅寺湖畔にははやくから社寺が造られていました。

D　④この銀山は世界文化遺産に登録されたアジアで最初の鉱山遺跡です。質の良い銀がたくさんとれることで有名で，戦国時代に日本へきていたポルトガル人たちが作った日本地図にはこの銀山の名が載っていたほどです。この地でとれた銀が世界の経済や文化の交流に大きな影響を与えた点が世界文化遺産に登録された理由のひとつとして挙げられます。

E　⑤明治５年に明治政府が設立した富岡製糸場を中心とする遺産群として登録されました。製糸技術開発の最先端として国内養蚕・製糸業を世界一の水準に牽引しました。和洋技術を混交した工場建築の代表であり，長さ100mを超える木骨レンガ造りの繭倉庫や繰糸場など，主要な施設が創業当時のまま，ほぼ完全に残されています。

F　19世紀半ばから20世紀初頭にかけての製鉄，製鋼，造船など，重工業分野における23の遺産によって構成されています。遺産の地域も広範囲に分布しており，例えば，⑥伊豆の韮山の反射炉，⑦日清戦争の賠償金によって建設された八幡の製鉄所などが挙げられます。

G　⑧キリスト教禁教による宣教師不在の中，信仰を続けた潜伏キリシタンの伝統のあかしとなる12の遺産で構成されています。これらの遺産は国内に宣教師が不在となってキリシタンが潜伏したきっかけや，信仰の実践と共同体の維持のためにひそかに行った様々な試み，そして「潜伏」が終わりを迎えるまでの歴史を物語っています。（ **え** ）の戦場となった原城跡や，長崎の大浦天主堂などが挙げられます。

問１　文章中の空欄（**あ**）～（**え**）に当てはまる語句をそれぞれ答えなさい。

問２　下線部①について，城の名前を**漢字で**答えなさい。

問３　下線部②について，江戸時代に行われた改革について述べた文のうち，正しいものを１つ選び，記号で答えなさい。

ア　享保の改革では金銭に関する訴訟を受け付けない相対済し令を出したり，裁判の基準を示した公事方御定書を編集したりした。

イ　田沼意次は金の流出を防ぐために長崎の貿易を制限して，幕府の財政を立て直した。

ウ　寛政の改革では人返し令を出して都市に出稼ぎに来ていた農民を返して農村を復興させようとした。

エ　天保の改革では上知令を出して江戸・大坂周辺の土地を旗本や大名の領地として，防衛を強化しようとした。

問４　下線部③について，東照宮の造りとしてふさわしいものを次から１つ選び，記号で答えなさい。

ア　寝殿造　　**イ**　校倉造　　**ウ**　武家造　　**エ**　権現造

問５　下線部④について，この銀山の名前を**漢字で**答えなさい。

問６　下線部⑤について，この時期の明治政府による政策について述べた次の文のうち，**誤っているもの**を１つ選び，記号で答えなさい。

ア　徴兵令を出して国民皆兵をめざそうとしたが，たくさんの免除規定があったため，はじめは徹底できなかった。

イ　地租改正を行って，安定した収入を確保しようとしたが，農民にとってはそれまでの年貢と負担はあまり変わらなかった。

ウ　廃藩置県を行って中央集権国家をつくろうとしたが，藩主がそのまま県令になったところも多く，徹底しなかった。

エ　岩倉具視をリーダーとする使節団を送って欧米諸国の政治制度や産業を視察した。

問７　下線部⑥について，この反射炉は当時の海外情勢において，幕府が必要としていたあるものをつくるために建設された。それは何か，答えなさい。

問８　下線部⑦の日清戦争について述べた次の文のうち，**誤っているもの**を１つ選び，記号で答えなさい。

ア　朝鮮半島をめぐる対立が戦争の主な原因であった。

イ　講和条約は下関で結ばれ，日本からは伊藤博文が参加した。

ウ　戦後，日本は清に台湾や朝鮮半島の領有権を認めさせた。

エ　戦後，日本はロシア・ドイツ・フランスによる三国干渉を受けた。

問９　下線部⑧について，江戸時代のはじめは，幕府は海外に出る日本の船には海外渡航を許可する(　　)を出して貿易の奨励と統制を行った。空欄に当てはまる語句を**漢字で**答えなさい。

5　次の文章を読んで，あとの問に答えなさい。

先　生：2019年に起きた出来事を振り返ってみましょう。どのようなことがあったでしょうか。

生徒Ａ：①7月に参議院選挙がありました。４月には統一地方選挙もあったので，2019年は選挙がたくさんあった印象です。

生徒Ｂ：②内閣改造もあって，新しい大臣がたくさん誕生しました。

生徒Ｃ：③消費税率が８％から10％に上がりました。④全世代型の社会保障制度を構築するためだといわれました。でも，キャッシュレス決済でのポイント還元制度なども導入され，ものによっては少し安く買えるようになったこともありました。

生徒Ｄ：⑤キャッシュレス決済は，とても増えましたね。スーパーやコンビニで，セルフレジをみる機会も増えたと思います。

生徒Ｅ：世界では地球温暖化問題に改めて注目が集まりました。⑥スウェーデンの16歳の女性がヨットでアメリカまでわたり，国連で演説しました。

生徒Ｆ：世界では，中国とアメリカの貿易摩擦や，逃亡犯条例改正に反対して始まった(**あ**)における大規模デモが注目されました。また，(**い**)が，シリアとの国境を越えてクルド人勢力を攻撃するなど中東の緊張も続きました。それからEU離脱をめぐる英国の政治も連日報道されていましたが，最大の争点は離脱した際の(**う**)の国境問題だといわれていました。ラグビーでは南北の統一チームが出ていたんですよね。

生徒Ｇ：2019年はラグビーワールドカップが日本で開催されたし，⑦プロ野球も，例年に比べて盛り上がったように思います。東京オリンピックも，楽しみにしています。

先　生：政治，経済，環境，スポーツなど，色々なテーマで印象深い出来事がありました。2020年も国内外の社会に目を向けて，色々な出来事について考えていきましょう。

問１　下線部①に関連して，次の問に答えなさい。

(1)　参議院選挙と統一地方選挙が同じ年に行われるのは，何年に一度か，**数字で**答えなさい。

(2)　参議院と衆議院に関する次の文のうち，適切なものを１つ選び，記号で答えなさい。

ア　衆議院と参議院で内閣総理大臣の指名が異なる場合は，衆議院が優越する。

イ　予算案は，衆議院から審議されることもあれば，参議院から審議されることもある。

ウ　衆議院で可決し，参議院で否決された法律案は，再び衆議院で過半数の賛成が得られれば可決される。

エ　衆議院も参議院も内閣に対して不信任を決議できる。

(3)　統一地方選挙に関する次のA～Dの文のうち，適切なもの２つの組み合わせを１つ選び，記号で答えなさい。

A　都道府県知事の被選挙権は，30歳以上である。

B　市町村長の被選挙権は，20歳以上である。

C　都道府県議会の被選挙権は，25歳以上である。

D　市町村議会の被選挙権は，20歳以上である。

ア　A・B　　イ　A・C

ウ　A・D　　エ　B・C

オ　B・D　　カ　C・D

問２　下線部②に関連して，次の文のうち適切なものを１つ選び，記号で答えなさい。

ア　内閣総理大臣の任期は，４年である。

イ　有権者の50分の１の署名を集めれば，内閣総理大臣の解職の是非を問う国民投票を請求することができる。

ウ　内閣総理大臣は，最高裁判所長官を任命する。

エ　初代の内閣総理大臣は，伊藤博文である。

問３　下線部③に関連して，10月の消費税率の引き上げに際して，税率が据え置かれたものがある。このように税率を据え置く制度を(　　)制度という。空欄に当てはまる語句を**漢字４字**で答えなさい。

問４　下線部④に関連して，全世代型社会保障の充実を目指した政策に**当てはまらないもの**を１つ選び，記号で答えなさい。

ア　３～５歳の幼児教育・保育の無償化

イ　地域の医療を支える医師の確保といった医療の充実

ウ　介護人材の処遇の改善

エ　防災・減災，国土強靱化対策

オ　年金生活者支援給付金の支給

問５　下線部⑤に関連して，キャッシュレス決済が進むことで，どのようなことが起きると考えられるか，最も**適切でないもの**を１つ選び，記号で答えなさい。

ア　いつどこでどのような商品が購入されたかがデータ化されるため，商品の生産がより効率的になる。

イ　より早く，より簡単に商品が購入できるので，経済が活性化する。

ウ　海外から来た観光客も現金を両替する手間が減り，商品を購入しやすくなる。

エ　現金決済の時に比べて，レジでの客の支払いに直接応対する仕事が増える。

オ　いつどこで何が購入されたかが記録されるため，脱税や違法取引などが起きにくくなる。

問6　下線部⑥に関連して，2019年9月に，政府関係者や学識者，環境NGOの代表者などが参加する「国連気候(　　)サミット」がニューヨークで開催された。空欄に当てはまる適切な語句を**漢字2字で**答えなさい。

問7　(**あ**)～(**う**)に当てはまる国・地域の組み合わせとして適切なものを1つ選び，記号で答えなさい。

ア　**あ**：香港　**い**：トルコ　**う**：アイルランド
イ　**あ**：台湾　**い**：トルコ　**う**：アイルランド
ウ　**あ**：香港　**い**：トルコ　**う**：スコットランド
エ　**あ**：台湾　**い**：トルコ　**う**：スコットランド
オ　**あ**：香港　**い**：ヨルダン　**う**：アイルランド
カ　**あ**：台湾　**い**：ヨルダン　**う**：アイルランド
キ　**あ**：香港　**い**：ヨルダン　**う**：スコットランド
ク　**あ**：台湾　**い**：ヨルダン　**う**：スコットランド

問8　下線部⑦に関連して，G君はプロ野球の入場者数を調べ，次の表を作った。表は，セ・リーグ6球団のホームゲーム入場者数を表している。表から読み取れることとして適切なものを1つ選び，記号で答えなさい。

球団名	2018年			2019年				備考
	試合数	入場者数	1試合平均	試合数	入場者数	1試合平均	平均前年比	
読売ジャイアンツ	72	3,002,347	41,699	71	3,027,682	42,643	+2.3%	2005年以降，球団新記録
横浜 DeNA ベイスターズ	72	2,027,922	28,166	72	2,283,524	31,716	+12.6%	2005年以降，球団新記録
阪神タイガース	71	2,898,976	40,831	72	3,091,335	42,935	+5.2%	2年ぶり300万人突破
広島東洋カープ	72	2,232,100	31,001	71	2,223,619	31,319	+1.0%	
中日ドラゴンズ	71	2,146,406	30,231	72	2,285,333	31,741	+5.0%	
東京ヤクルトスワローズ	71	1,927,822	27,152	71	1,955,578	27,543	+1.4%	2005年以降，球団新記録
合計	429	14,235,573	33,183	429	14,867,071	34,655	+4.4%	史上最多 3年連続1400万人を突破した

注1：観客動員数は，2005年から実数発表
注2：入場者数と1試合平均の単位は「人」
日本プロ野球機構「2019年度　セ・リーグ入場者数・平均試合時間」より作成

ア　セ・リーグの全ての球団において，2019年の年間入場者数は，前年を上回っている。
イ　2019年の広島東洋カープの1試合平均の観客動員数が中日ドラゴンズよりも少ないのは，試合数が少ないためだと考えられる。
ウ　1試合平均の観客動員数が，昨年と比べて最も増えたのは，横浜 DeNA である。
エ　2019年の年間入場者数が最も多いのは阪神タイガースであるが，ホームの試合数が同じであれば，読売ジャイアンツのほうが多くなったと考えられる。

【理　科】（40分）〈満点：80点〉

1 スチールウールは鉄を繊維状《せんいじょう》に加工したものです。スチールウールを燃やしたり，塩酸に入れたりしました。

【実験１】 スチールウールを少量取り，ろうそくの火で燃やしてみました。

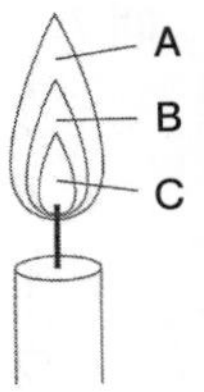

問１ ろうそくの炎《ほのお》は**Ａ**～**Ｃ**の部分に分かれています。

(1) 最も温度が高い部分を記号で答えなさい。

(2) 最も明るい部分を記号で答えなさい。

問２ ろうそくの燃焼《ねんしょう》について間違《まちが》っているものを次の**ア**～**オ**から２つ選び，記号で答えなさい。

ア ろうそくが燃えるのは，成分として炭素と水素が含《ふく》まれるためである。

イ ろうそくが燃えるとき，ろうは気体になる。

ウ ろうそくの炎にガラス棒を入れると，**Ａ**の部分ですすが最も多くつく。

エ ろうそくが燃えると，水が発生する。

オ ろうそくは「しん」がなくても燃える。

問３ スチールウールは何の気体と反応しましたか。その気体の名前を答えなさい。また，燃やした後のスチールウールの色も答えなさい。

問４ 燃やした後のスチールウールを使って，電流が流れやすいかどうか，磁石につくかどうか，かたさは燃やす前と比べてどのように変化したか，の３つについて調べてみました。適切な結果をどちらか１つ○で囲みなさい。

電流	磁石	かたさ
流れやすい 流れにくい	つく つかない	もろくなる 変わらない

【実験２】 燃やす前のスチールウールを，うすい塩酸20cm³に入れ，発生した気体の体積を測定しました。右のグラフはその結果です。

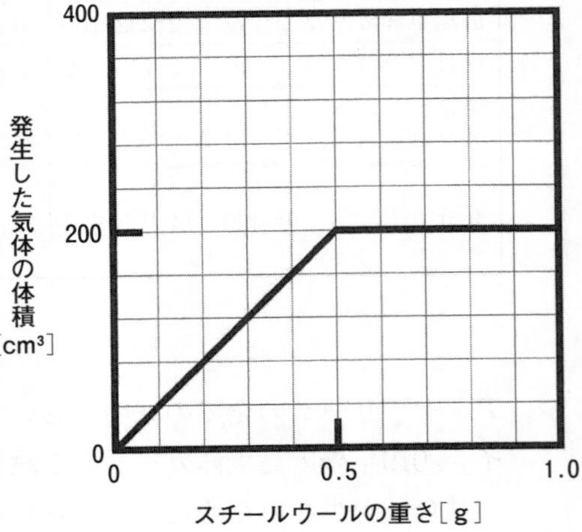

問５ このとき発生した気体のもつ性質として適切なものを次の**ア**～**オ**から２つ選び，記号で答えなさい。

ア ものを燃やす性質をもつ

イ 石灰水《せっかいすい》を白くにごらせる

ウ 水に溶《と》けにくい

エ 空気より軽い

オ BTB溶液《ようえき》を青色にする

問６ この塩酸20cm³にスチールウール0.6ｇを入れました。

(1) このときに発生する気体の体積は何cm³ですか。

(2) 反応せずに残ったスチールウールを全部反応させるには，この塩酸をさらに何cm³加えたらよいですか。

問７ この塩酸40cm³に0.8ｇのスチールウールを入れたとき，発生する気体の体積は何cm³ですか。

問８　この塩酸の濃度《のうど》を半分にしたとき，グラフはどのようになりますか。最も適切なグラフを**ア**〜**エ**から１つ選び，記号で答えなさい。ただし，【実験２】のグラフは点線で示されています。

ア

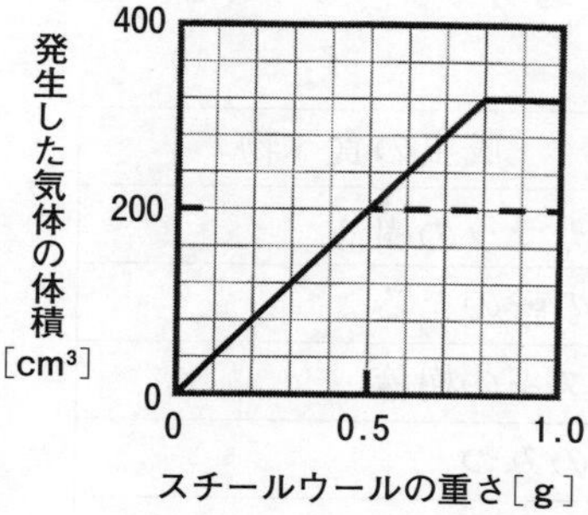

イ

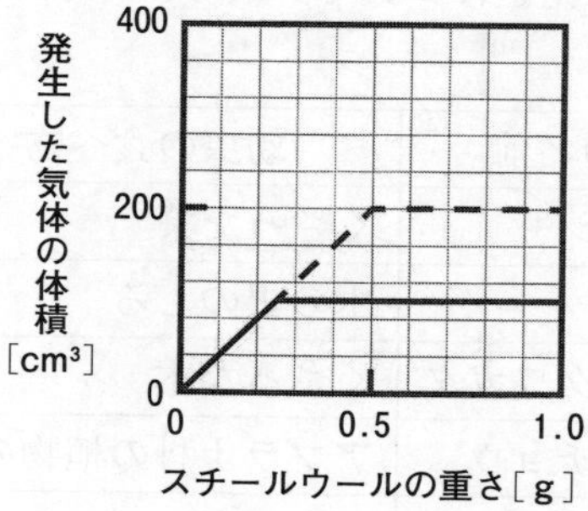

ウ

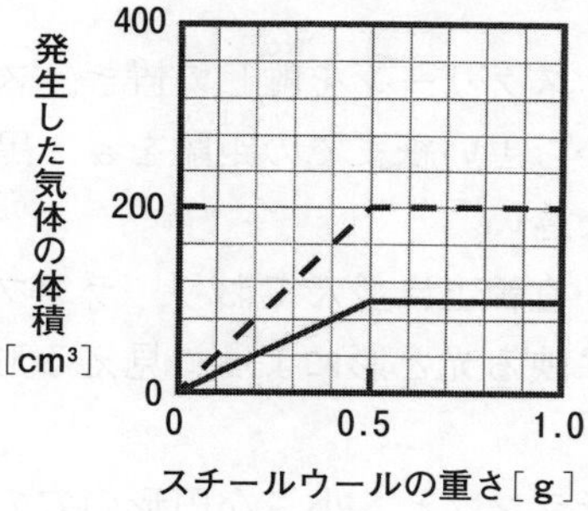

エ

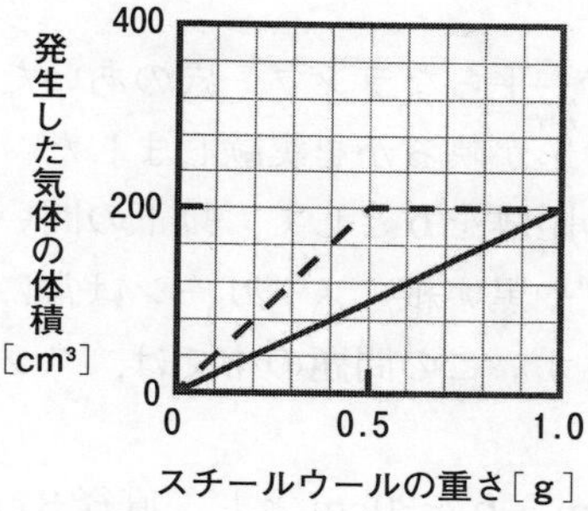

2　節足動物のからだについて調べました。昆虫《こんちゅう》を腹の方から見たら，図１のようにからだが３つにわかれていました。図には，６本のあしの内，２本だけを描《か》きました。同じようにクモを見たら，図２のようにからだが２つにわかれていました。図３は，ノコギリクワガタのオスのからだを背の方から見たものです。

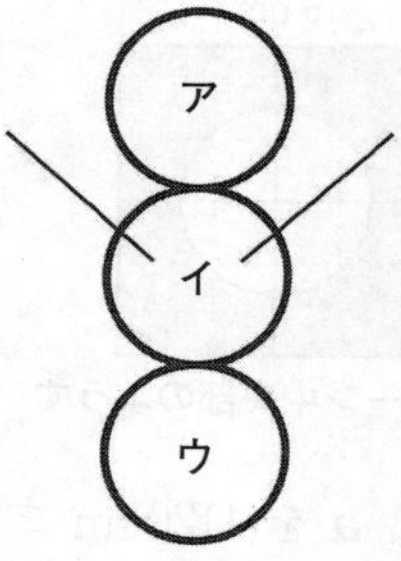

図１

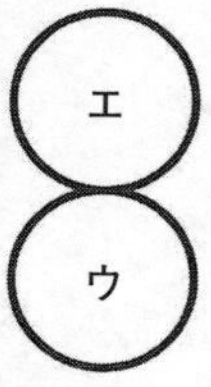

図２

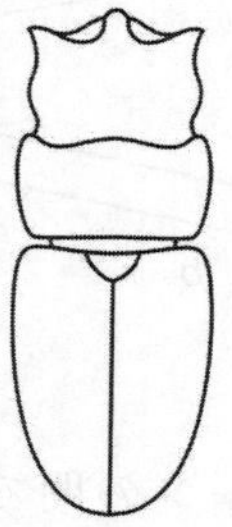

図３

問１　図１と図２で，からだの部分を**ア**〜**エ**の記号で示しました。名前が同じ部分は，同じ記号で示してあります。図２の**エ**を何と言いますか。

問２　昆虫の呼吸器官の名前を答えなさい。

問３　はねを持つ昆虫では，はねはどこに生えていますか。図１の**ア**〜**ウ**の中からすべて選び，記号で答えなさい。

問4　図1に，残り4本のあしを描き入れなさい。

問5　同じように，図2のクモにもすべてのあしを描き入れなさい。しょくしは描かないように。

問6　図3のノコギリクワガタは，大きく曲がった長い大あごと目(複眼《ふくがん》)を持っていました。図3に，大あごと目を描き入れなさい。

問7　昆虫が食べるえさについて，次の**ア**～**オ**の中から，適切でないものを2つ選び，記号で答えなさい。

	昆虫の名前	幼虫の食べ物	成虫の食べ物
ア	カブトムシ	くさった葉	アカマツの樹液《じゅえき》
イ	セミ	木の根のしる	木の幹のしる
ウ	ノコギリクワガタ	くさった木	クヌギの樹液
エ	モンシロチョウ	アブラナ科の植物の葉	花のみつ
オ	カ	プランクトン	メスは草のしる・オスは血

3　暗い部屋の中で，平らなランプ，穴のあいた黒い紙，スクリーンを離《はな》して置き，スクリーンにどのように光や影《かげ》が映るかを実験しました。ランプから黒い紙までの距離《きょり》を ***a***，黒い紙からスクリーンまでの距離を ***b*** として，以下の問いに答えなさい。

ただし，ランプや黒い紙，スクリーンは常に平行で一直線上に並んでおり，ランプは十分に明るいものとします。この問題の中では，スクリーンに映る光と影によって見える形を像と呼んでいます。

【実験1】　***a*** を30cm，***b*** を30cmとし，直径3cmの円形ランプと，小さな円形の穴のあいた黒い紙を用いると，スクリーンには直径3cmの円形の像が映りました。

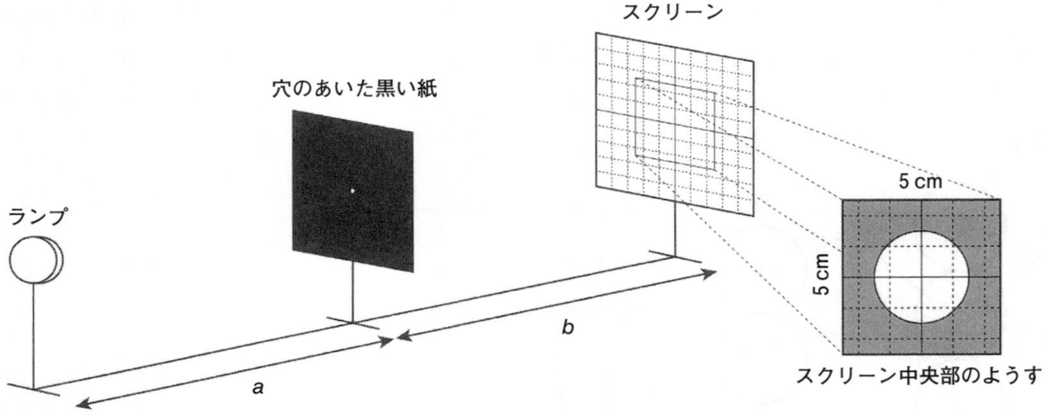

問1　【実験1】の黒い紙を，ランプとスクリーンの間で動かしました。***a*** を⑴20cmまたは⑵40cmにしたとき，スクリーンに映る像の直径はいくらになりますか。最も適切なものを**ア**～**キ**から1つ選び，記号で答えなさい。

ア　6mm　　**イ**　1cm

ウ　1.5cm　　**エ**　2cm

オ　3cm　　**カ**　4cm

キ　6cm

問２　【実験１】の黒い紙だけを動かして，***a*** を15cm から45cm まで少しずつ変化させていったときの，スクリーンに映る像の直径の変化を表すグラフを，解答用紙に描《えが》きなさい。

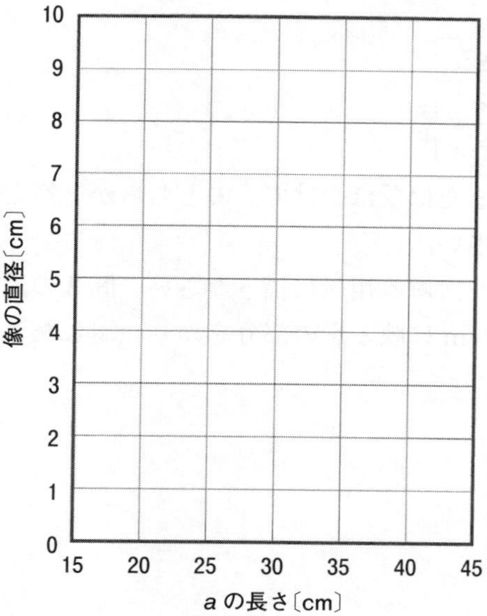

【実験２】　【実験１】のランプを，一辺の長さが３cm の正三角形のランプに変えると，スクリーンに像が映りました。ただし，ランプは三角形の１つの頂点が上になるように置きました。

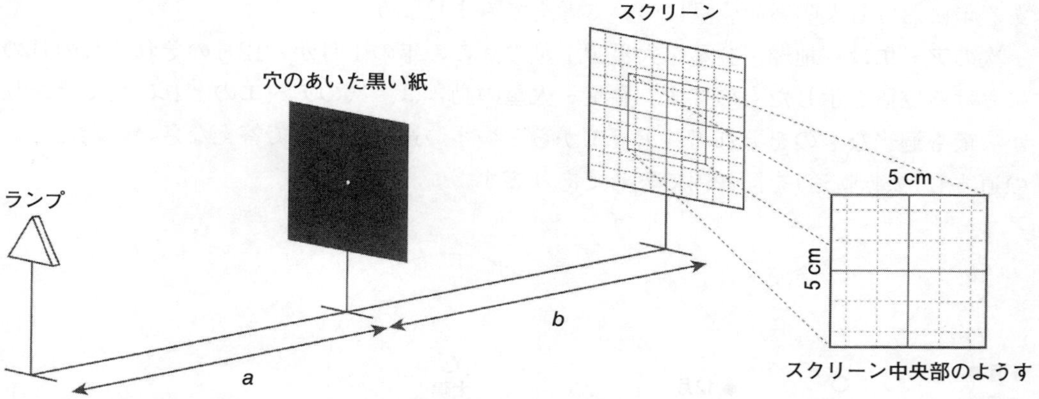

問３　【実験２】では，スクリーン中央部にはどのような形の像が映るでしょうか。最も適切なものを次の**ア**～**オ**から１つ選び，記号で答えなさい。ただし，像の大きさは気にしなくてよいです。

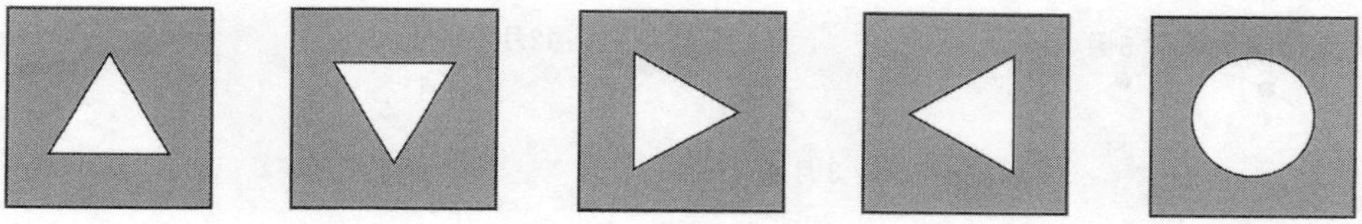

ア　　**イ**　　**ウ**　　**エ**　　**オ**

【実験３】　【実験２】の黒い紙を，直径２cm の円形の穴のあいた黒い紙に変え，その穴に直径２cm のとつレンズをはめました。黒い紙とスクリーンを動かして，***a***，***b*** の長さを次のページの表のように変えたときのスクリーンのようすを調べました。

	*a*の長さ	*b*の長さ	スクリーンのようす
①	30cm	30cm	像がはっきりと映る
②	30cm	20cm	像が(1)映る
③	60cm	20cm	像がはっきりと映る
④	60cm	60cm	像がぼやけて映る
⑤	20cm	(2)cm	像がはっきりと映る

問 4 【実験３】の表の中の(１)には「はっきりと」または「ぼやけて」のどちらかを答えなさい。また，(２)には当てはまる数字を整数で答えなさい。

問 5 【実験３】の①および③でスクリーンに映る像を，解答用紙に描きなさい。**問 3** の選択肢《せんたくし》を参考にして，スクリーン中央部の縦５cm，横５cm に映る影の部分をぬりつぶしなさい。

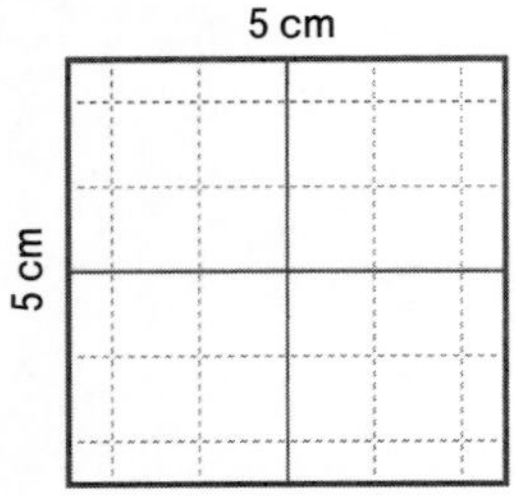

①

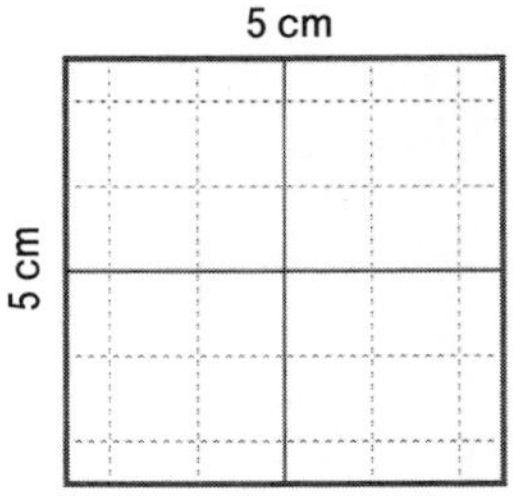

③

4

ある年における太陽系の惑星《わくせい》について考えてみましょう。

問 1 次の**ア**～**エ**は，地球・金星・火星・土星の，この年の１月から12月のそれぞれの月の１日《ついたち》における位置を示したものです。金星・火星の動きは，次の**ア**～**エ**のどれに当てはまりますか。最も適当なものをそれぞれ**ア**～**エ**から１つずつ選び，記号で答えなさい。ただし，公転の道すじ(公転軌《き》道《どう》)を同じ円で表してあります。

ア

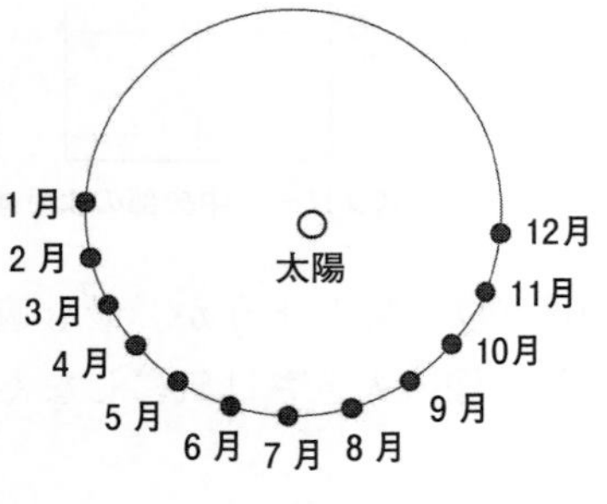

イ

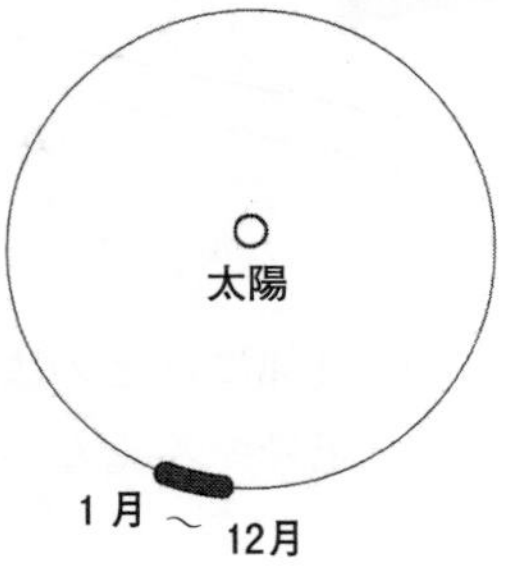

ウ

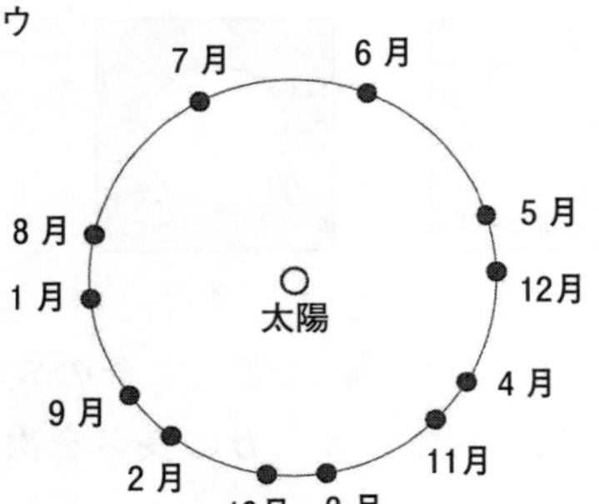

エ

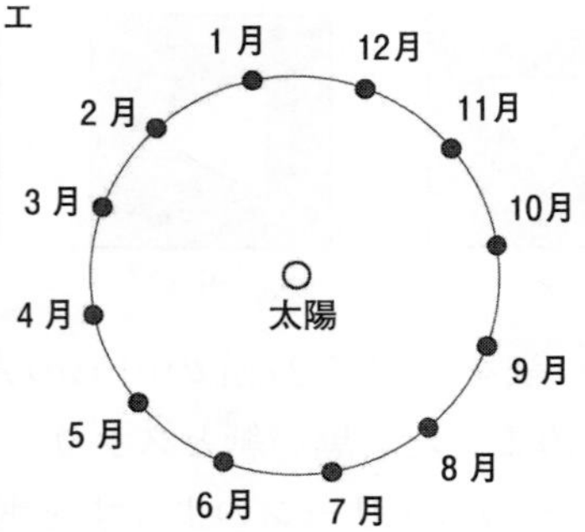

問２　この年の１月９日に，東京で空を見ると，金星と土星が接近して見えました。これらの惑星が見えた時間帯と方角について適切なものを，**ア**～**エ**からそれぞれ１つずつ選び，記号で答えなさい。

【時間帯】　**ア**　夕方　　**イ**　真夜中　　**ウ**　明け方　　**エ**　正午

【方角】　**ア**　南東の空　　**イ**　南の空　　**ウ**　南西の空　　**エ**　北の空

問３　前問と同じように金星と土星が接近して見える日はいつですか。最も適当なものを，**ア**～**オ**から１つ選び，記号で答えなさい。

ア　３月１日　　**イ**　５月１日　　**ウ**　７月１日

エ　９月１日　　**オ**　11月１日

問４　次の**ア**～**カ**の中で，火星がこの年で最も大きく見えたのはどの日にちでしょうか。最も適当なものを，**ア**～**カ**から１つ選び，記号で答えなさい。

ア　１月31日　　**イ**　３月31日　　**ウ**　５月31日

エ　７月31日　　**オ**　９月30日　　**カ**　11月30日

問５　この年の２年後には，この年の前問の日よりも大きな火星を観測できることが分かっています。なぜ年によって最も大きく見えるときの大きさが違《ちが》うのでしょうか。その説明として最も適当なものを，次の**ア**～**エ**から１つ選び，記号で答えなさい。

ア　火星が見える時刻によって大きさが違って見えるから

イ　火星と地球の公転軌道の形が違うから

ウ　火星が自転しているから

エ　火星が満ち欠けして見えるから

問６　水星が太陽の周りを１周公転するのに，地球時間の88日かかりますが，水星は太陽の周りを２周公転する間に３回転します。ここで１回転とは天体が360°自転することを意味します。

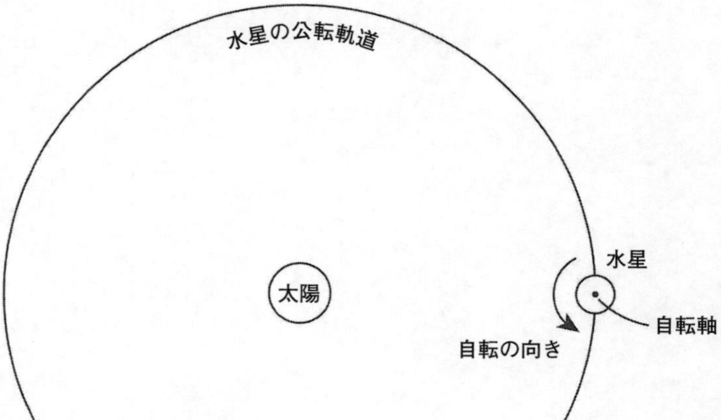

⑴　水星が１回転するのにかかる時間は，地球時間の何日分か，計算しなさい。答えが割りきれない場合は，小数第１位を四捨五入して整数で答えなさい。

⑵　水星の１日の長さは，地球時間の何日分か，計算しなさい。ここで，水星の１日の長さとは，水星で太陽が南中してからもう一度南中するまでの時間です。答えが割りきれない場合は，小数第１位を四捨五入して整数で答えなさい。

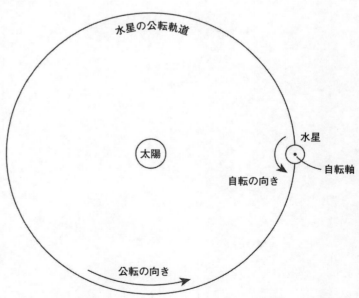

自分の生活を成り立たせるもの、おかみさんにとっては家族をやしなうための大切なもの。

イ　要吉にとっては将来の夢を感じさせてくれるもの、女中にとっては日々の生活をうるおしてくれるもの、おかみさんにとっては自分の人生と一体化しているもの。

ウ　要吉にとってはとうてい手の届かないあこがれのもの、女中にとってはいつでも手に入るような日用のもの、おかみさんにとっては自分の生計を立てるためのもの。

エ　要吉にとってはいなかの大切な思い出を感じさせるもの、女中にとってはあまり口に入らない貴重なもの、おかみさんにとってはどうあつかってもかまわないもの。

オ　要吉にとってはおいしく食べるべき大切なもの、女中にとっては見慣れているがかかわりがあまりないもの、おかみさんにとっては少しでもお金をもうけるためのもの。

たから。

ウ　店の人からいなか育ちであることを馬鹿《ばか》にされていると感じたから。

エ　いなかでくだものの美しさやおいしさをよく知らず育ってきたから。

問四　――③「要吉は、そういわれると、ただ、もじもじと赤くなるばかりでした」とありますが、それはなぜですか。最も適切なものを選び、記号で答えなさい。

ア　東京に来たばかりで、なかなか都会のやりかたになじめない自分がはずかしかったから。

イ　よりわけの基準が分からず、ただしかられるばかりで、ひどくとまどってしまったから。

ウ　仕事ができない理由を出身地や方言のせいにされて、主人に怒《いか》りがこみあげてきたから。

エ　働き出したばかりなのに難しいことをおしつけられて、自分があわれに思えてきたから。

問五　――④「すてっちまうくらいなら、ただでやった方がまだましですね」とありますが、「おかみさん」がそう考えないのはなぜですか。それが分かる部分を、「……から。」に続けられるように、――④より後の本文中から一九字で抜き出して答えなさい。

問六　――⑤「うらやましい驚き」とありますが、なぜこのように感じたのですか。最も適切なものを選び、記号で答えなさい。

ア　働く必要がない大学生という人たちをうらやましく感じて、自分も都会の学校に行きたくなったから。

イ　苦労して育てた桃を食欲のまま食べる姿が、自分にはとてもゆるされない自由なふるまいだったから。

ウ　虫がついたり形が悪かったりする桃を食べる姿が面白くて、基本的な生活観の違《ちが》いを感じ取ったから。

エ　苦労して育てた桃を無感動に食べる姿がめずらしく、自分もぜいたくな暮らしをしたいと思ったから。

問七　――⑥「ほんとうに、家の人たちは、まだバナナさえも見たことがないのだ」とありますが、この時の「要吉」の心情として最も適切なものを選び、記号で答えなさい。

ア　めずらしくて高価なくだものを、いなかの家族の元へ送りたい気持ち。

イ　桃とくらべものにならないほど高価なくだものに、あこがれる気持ち。

ウ　店でいやな仕事ばかりやらされたため、いなかの家族が恋《こい》しい気持ち。

エ　いなかと都会の生活の差を深く思い知らされて、やりきれない気持ち。

問八　――⑦「うんとまけてやりたい」とありますが、それを言いかえたものとして、最も適切なものを選び、記号で答えなさい。

ア　大幅《はば》に値引きしてあげたい

イ　いっそただにしてあげたい

ウ　そっとなぐさめてあげたい

エ　こっそり交換《こうかん》してあげたい

問九　――⑧「要吉は、なんとなくむかむかするといっしょに悲しい気もちになりました」とありますが、この時の「要吉」の心情を、三十六字以上四十五字以内で説明しなさい。

問十　――⑨「もののねうち」とありますが、「要吉」「女中」「おかみさん」のそれぞれにとって、「くだもの」とはどういうものですか。その説明として最も適切なものを選び、記号で答えなさい。

ア　要吉にとっては売りがいを感じられる商品、女中にとってはは、くさりかけた一山いくらのものでさえも、十分にはたべられない人々が大ぜいいるのに。

「ああ、今夜もまた、あのやぶへ、くさりものをすてに行かなければならないのか。」

そう思うと、要吉はなんともいえないいやな気もちになりました。商売というものが、どうしても、こういうことを見越《みこ》してしなければならないものだったら、なんというやなことだろう。

しかし、要吉は、水菓子屋の店をとびだすわけには行きませんでした。要吉が※徴兵《ちょうへい》検査まで勤めあげるという約束で、要吉の父は、水菓子屋の主人から何百円かのお金をかりたのです。

いくら考えても、要吉には、商売のためにはたべられるものをくさらせていいというりくつはわかりませんでした。

「大きくなったらわかるだろう。」要吉はそういって自分をなぐさめるよりほかはありませんでした。

「それに年期があけたら、自分でひとつ店をだすんだ。そうすればけっして、品物をむざむざとくさらせるようなことはしやしない。くさりそうだったら、ただでも人にたべてもらう。」

要吉はそうも考えてみました。しかし、それは、要吉が大きくなってみなければ、できることだかどうだかわかりません。

「……その上に、おやしきなどで、たべもせずにすててしまうのは、いったいどうしたことだろう。」

これは、なおさら要吉ひとりきりでは解決できない問題でした。要吉は、女中の平気な顔を思いだすと、ただなんとなく、腹がたってたまりませんでした。

「みんな、⑨もののねうちをしらないんだ。」

要吉はしばらくして、こうつぶやきました。しかしそれだけでは要吉の胸の中につかえている重くるしい塊《かたまり》は少しも軽くはなりませんでした。

（木内高音「水菓子屋の要吉」より・一部改）

※黒い割引の札…当時の路面電車で用いられた早朝割引の札。
※しるしばんてん…印半纏《しるしばんてん》。氏名などを染め出した短い上着。
※女中…家事などを手伝う女性。
※おおよう…小さなことにこだわらないさま。
※のし…熨斗《のし》。贈《おく》り物につけるかざり物。
※朝鮮あめ…古来よりある能本《くまもと》の和菓子《わがし》。
※ローズもの…売り物にならなくなったもの。
※もうせん…ずっと前。以前。
※到来もの…他人から届いた物。贈られた物。
※徴兵検査…戦前、男性が兵士になるために受けた検査。

問一 ――a「ざいく」（さいく）・――b「じゅく」・――c「なまいき」・――d「てちょう」のひらがなを漢字に直しなさい。

問二 ――①「じょうろ」は、植物に水をやる如雨露《じょうろ》のことで、外来語です。外国語に、音だけでなく意味も表せるように、「雨や露《つゆ》の如《ごと》し」と漢字を当てはめたと言われています。次の中から、同じようにして作られたと考えられる言葉を二つ選び、記号で答えなさい。

ア 極光《オーロラ**》**　**イ** 麦酒《ビール》　**ウ** 合羽《カッパ》
エ 秋桜《コスモス》　**オ** 型録《カタログ》　**カ** 紅玉《ルビー》

問三 ――②「まるで自分のはだが、くさって行くようないたみを感ぜずにはいられませんでした」とありますが、なぜこう感じるのですか。最も適切なものを選び、記号で答えなさい。

ア くだものは自分の身の上と重なって感じられる愛すべきものだから。
イ 都会の生活に対し恐《おそ》れやいらだたしさを日ごろから感じてい

ら財布《さいふ》がわりの封筒《ふうとう》をとりだす、みすぼらしいおばあさんもあります。

「きんかん、これだけおくれ。」

そういって、いくらかの銅貨を店さきになげだす子どももありました。

そういうお金のなさそうな人をみると、要吉は、⑦うんとまけてやりたい気がしました。どうせ、売れ残ればすててしまうのだもの、買いたくっても買いたくっても買えないような人たちには、どしどしたくさんやったらよさそうなものだと思いました。しかし、そんなことをしようものなら、主人やおかみさんに、しかられるだけならまだしも、コッぴどい目にあわされるにきまっています。

いつか、きたないなりをして、髪《かみ》をもじゃもじゃにしたそれはそれは小さな女の子が、よごれた風呂敷《ふろしき》づつみをぶらさげて、店の前にたっていたことがありました。それは、※朝鮮《ちょうせん》あめを売って歩く子だったのです。女の子は、いかにもほしそうに、店の品ものをながめていました。

要吉は、かわいそうになったものですから、いきなり、きずもののバナナをひとつかみつかんで、女の子にもたせました。と、奥《おく》からでてきたおかみさんが、ふいに要吉をどなりつけました。

「なにをしてるんだい。」

「え、あの、※ローズものを少しやったんです。」

「よけいなことをおしでないよ。」おかみさんは、いきなり、うしろから要吉のほッぺたをぴしゃんとなぐりつけました。「やってよけりゃア、わたしがやるよ。……そんなことをした日にゃア、店の品ものが安っぽくなってしょうがないじゃアないか。」

要吉は、そんなことを思いだすと、みすみすすてるもんだとは思いながらも、貧乏《びんぼう》なおばあさんや子どもに対しても、みかんひとつまけてやることができませんでした。

要吉は、なんということなく、毎日毎日の自分の仕事がつまらなくなってたまらなくなるのでした。

要吉は、また、ある日、おやしきへ御用聞きに行きました。すると、ちょうどお勝手口へでていた女中が、まッ黒くなったバナナをごみ箱へすてていました。

「おや、どうなすったんですか。こないだお届けしたのは新しかったはずですが。」

要吉は、びっくりして聞きました。

「なアに、これは、※もうせんにとっといたのよ。」と女中はいいました。「※到来《とうらい》ものやなんかが多くって、奥でめし上がらなかったもんで、しまっといてくさらしちゃったのさ。」

女中は平気な顔でいいました。しかし要吉はなんともいえないくやしい気がしました。

「もったいない話ですね。そんなにならないうちに、だれかめし上がる方はないんですか。」

「ああ、お許しがでないとあたしたちもいただけやしないからね。それに、」と女中は妙な顔をして笑いながらいいました。「そんなに心配しなくったっていいわよ。こっちでかってにくさらしたんだから、またいくらでもとってあげるわよ。お金さえ払やア、おまえさんの商売に損はないじゃアないの。」

「それはそうですけれど……。」

⑧要吉は、なんとなくむかむかするといっしょに悲しい気もちになりました。店でくさらせるばかりでなく、こうして、おやしきの台所へきても、まだ、たべる人もなくくさらせる。大ぜいの人々の手をかけて、やっとのことでここまで運ばれてきたとうとい品物がだれにもたべてもらえずにくさって行く。ただ、ごみ箱へすてられるためにばかり運ばれてくるとして、それでいいものだろうか。しかし、一方に

ないもんでしょうか。安くでもして……。」

そうすると、おかみさんは、要吉をにらみつけていいました。

「cなまいきおいいでないよ。なんにもわかりもしないくせに。そうそう安売りした日にゃア商売になりゃアしないよ。」

「でも……」要吉は、もじもじしながらいいました。

「④すてっちまうくらいなら、ただでやった方がまだましですね。」

要吉は、それをいったおかげで、晩の食事には、なんにももらうことができませんでした。要吉は、お湯にも行かずに、空《す》き腹《ばら》をかかえて、こちこちのふとんの中にもぐりこまねばなりませんでした。

要吉は、その晩、ひさしぶりにいなかの家のことを夢に見ました。ある山国にいる要吉の家のまわりには、少しばかりの水蜜桃《すいみつとう》の畑がありました。梅雨《つゆ》があけて、桃《もも》の実が葉っぱの間に、ぞくぞくとまるい頭をのぞかせるころになると、要吉の家の人々はいっしょになって、そのひとつひとつへ小さな紙袋《かみぶくろ》をかぶせるのでした。要吉の家では、その桃を、問屋や、かんづめ工場などに売ったお金で一年中の暮らしをたてていたのです。夏の盛りになると、紙袋の中で、水蜜桃は、ほんのりと紅《あか》く色づいてきます。要吉たちは、それをまた、ひとつひとつ、まるで、宝玉ででもあるかのように、ていねいに、そッともぎとるのでした。ですから、自分の家の桃だといっても、要吉たちの口にはいるのは、虫がついておっこったのや、形が悪いので問屋の人にはねのけられたのや、そういった、ほんのわずかのものでした。

要吉は、ある年、近所へ避暑《ひしょ》にきていた大学生たちが、自分の家のえんがわへ腰《こし》をかけて、一粒《つぶ》よりの水蜜桃をむしゃむしゃと、まるで馬が道ばたの草をでもたべるようにたべちらすのを見た時の⑤うらやましい驚《おどろ》きをいつまでも忘れることができませんでした。

――あんなに大事にしてそだてあげた水蜜桃も、こうした東京の店へくれば、まるで半分は、函《はこ》づみのままにくさって行くのだ。

要吉はくやしさに思わず、太ったおかみさんのからだをむこうへつきとばした夢を見て目をさましました。

と思うと、今度は、やぶの中へすててきた、ネイブルだの、バナナだの、パイナップルだのが、ひとつひとつ、ぴょんぴょんとび上がって、要吉の胸の上で、わけのわからないダンスをはじめました。そうすると、いつのまにか、いなかのおとうさんや妹たちの顔が、それをとりまいてめずらしそうに見物しています。

――⑥ほんとうに、家の人たちは、まだバナナさえも見たことがないのだ。要吉は、夢の中で、そういいながら、ごろんとひとつ寝《ね》がえりをうつと、昼間のつかれで、今度は夢もなんにも見ない深い眠《ねむ》りにおちて行きました。

朝のうちに、店の仕事がかたづくと、要吉は、自転車にのって、方々の家へ御用聞《ごようき》きにでかけなければなりません。それはたいてい、大きな門がまえのお邸《やしき》ばかりでした。

勝手口へは、どこの家でも、たいがい※女中さんがでてくるのでした。

「それではね、いちごを二箱と、それからなにかめずらしいものがあったら、いつもくらいずつ、届けてくださいな。」

そういった※おおような注文をする家が多かったのです。要吉は、それをひとつひとつ小さなdてちょうにかきつけました。

昼からになって配達がすむと、今度は店番です。つぎからつぎと、いろんなお客がやってきます。

「なるべく上等なやつをいろいろまぜて、これだけかごにつめてくれ。ていさいよく※のしをつけて。」

そういって、新しい札をポンとなげだす人もあります。かと思うと、一山いくらのところあれこれと見まわってから、ごそごそと帯の間かそれから朝の食事がすむと、要吉にとってはなによりもいやな、よりわけをしなければならなかったからです。店の品ものの中から、いたみかけたのやくさりがひどくって、とても売りものにならないようなのを、よりわけて、それぞれ箱とかごとへべつべつにいれるのです。

　枝からもぎとられると、はるばると、汽車や汽船でゆられてきたくだものは、毎日毎日、つぎからつぎへといたみくさって行くのでした。要吉は、なめらかなりんごのはだに、あざのようにできた、ぶよぶよのきずにひょいとさわったり、美しい金色のネイブルに青かびがべっとりとついたりしたのを見るたんび、②まるで自分のはだが、くさって行くようないたみを感ぜずにはいられませんでした。

　よりわけがすむと、今度は、一山売りのもりわけです。いたみはじめたくだものの箱の中から一山十銭だの二十銭だのというぐあいに、西洋皿へもりわけるのです。そのあんばいが、それはむずかしいのでした。

「そのくらいなのは、まだだいじょうぶだよ。」

　少し、きずが大きすぎるからと思って、はねのけると、要吉は、すぐ主人にしかられました。それではこのくらいならいいだろう、ひとつおまけにいれといてやれと、お皿にのせると、

「そりゃア、あんまりひどいよ。よせよせ。」

と頭ごなしにどなりつけられます。

「おまけなんです。」

要吉がいいますと、主人は、

「ばか、よけいなことをするない、数はちゃんときまってるんだぞ。」

と、けわしい目をしてにらみつけます。

　要吉は、まったく、どうしていいのかわからなくなってしまいました。ですから仕事がちっともはかどりません。そうすると主人は、

「いなかッペはぐずでしょうがねェなァ。」ときめつけます。

③要吉は、そういわれると、ただ、もじもじと赤くなるばかりでした。

　でも、このごろはだいぶ仕事のこつがわかってきました。要吉は、せッせと手を動かしながら、いろんなことを考えるようになりました。

——せっかく、方々の国から送られてくるこれらのおいしいbじゅくしたくだものが、店にかざられたまま、毎日毎日こうもたくさんくさって行くのはどうしたことだろう。それでいて、毎日おかみさんが売り上げの中から、まとまったお金を銀行へあずけに行くところをみると、お店は損をしているはずはない。それではこれだけのくさったくだものの代はだれが払《はら》ってくれるのだろうか。

　それから先は要吉にはどう考えてもわかりませんでした。

　一山いくらのお皿の上には、まッ黒くなったバナナだの、青かびのはえかけたみかんだの、黒あざのできたりんごだのがのっていました。

「こんなにならないうちに、なぜもっと安くして売ってしまわないんだろうなア……安くさえすれば、もっとどしどし買い手があるだろうに……。」

　要吉の考えとしては、それがせいいっぱいでした。

夜になると、要吉には、もっともっといやな仕事がありました。

要吉は、毎晩、売れ残ってくさったくだものを、大きなかごにいれて、鉄道線路のむこうにあるやぶの中へすてに行かなければなりませんでした。ごみ箱がすぐいっぱいになるのをいやがるおかみさんは、そのやぶを見つけると、夜のうちに、こッそりと、そこへすてに行けといいつけたのです。

　要吉は、うんざりしてしまいました。それで、ある時、要吉は思いきって、おかみさんにいってみました。

「こんなにならないうちに、なんとかして売ってしまうわけには行か

入れていく。

問七 ――⑤「農家と消費者の新たな関係を模索する動き」とありますが、その背景にある問題点が述べられている一文を、本文中から抜き出して、はじめの五字を答えなさい。

問八 ――⑥「食べ物が伝える記憶」が、ある国の本来の性質を考えるときに大切なのは、なぜですか。三十六字以上四十五字以内で説明しなさい。

問九 ――⑦「アメリカという国の正体」とありますが、それはどのような社会ですか。最も適切なものを選び、記号で答えなさい。

ア イギリス系白人の文化に、その他の国の文化を同化させることによって成り立った社会。

イ 産業の発展を中心として、異なる背景を持つ様々な文化がおのずと利用されてきた社会。

ウ 先住インディアンや黒人奴隷の文化を西洋系移民が改良することによって発達した社会。

エ 様々な文化が、大恐慌や世界大戦などの困難を切り抜けるために混交され展開した社会。

問十 本文の書かれ方を説明したものとして、最も適切なものを選び、記号で答えなさい。

ア いくつかの出来事をもとにしてその背後にある原因を考え、それに対応するための案を出している。

イ 言いたいことを最初に強く述べてから、それを読み手に理解させるための例をいくつか挙げている。

ウ 具体例から始めて自分の観点を説明し、それを発展させて論じた上で、今後の見通しを述べている。

エ 二つの対立的な意見を紹介《しょうかい》して、たがいの意見の食い違《ちが》う点を整理し、合理的な結論を出している。

二 次の文章は、昭和三年に発表された小説です。読んで、後の問いに答えなさい。

要吉《ようきち》は、東京の山の手にある、ある盛《さか》り場の水菓子屋《みずがしや》の小僧《こぞう》さんです。要吉は、半年ばかり前にいなかからでてきたのです。

要吉の仕事の第一は、毎朝、まっさきに起きて、表の重たい雨戸をくりあけると、年上の番頭さんを手伝って、店さきへもちだしたえんだいの上に、いろんなくだものを、きれいに、かざりたてることでした。それがすむと、番頭さんがハタキをかけてまわるあとから要吉は、①じょうろで、水をまいて歩くのでした。ろうaざいくのようなりんごや、青い葉の上にならべられた赤いいちごなどが、こまかい水玉をつけてきらきらと輝《かがや》きます。要吉は、すがすがしい気もちで、それらをながめながら、店さきの敷石《しきいし》の上を、きれいにはききよめるのでした。

時計も、まだ六時前です。電車は、※黒い割引の札をぶらさげて、さわやかなベルの音をひびかせながら走っていました。店の前を通る人たちも、まだたいていは、※しるしばんてんや、青い職工服をきて、べんとう箱のつつみをぶらさげた人たちです。そういう人たちの中には、いつとはなしに要吉と顔なじみになっている人もありました。

「よ、おはよう。せいがでるね。」

若い人は、いせいよく声をかけながら、新しい麻裏《あさうら》ぞうりで要吉のまいた水の上を、ひょいひょいと拾い歩きにとんで行きました。なっとう屋のおばあさんが見えなくなったと思うと、このごろでは、金ボタンの制服をきた少年が、「なッとなッとう」となれない呼び声をたてて歩いていました。

そんな朝の町すじをながめながら、店さきをはいている時は、要吉にとっては一日中でいちばん楽しい時なのでした。なぜかというと、きたのか、何ができなかったのか、何をこれからしようとしているのかといった、アメリカという国の核心《かくしん》と今後の動向の両方をより鮮明《せんめい》に捉《とら》えることにつながる。
普段《ふだん》あまり深く考えることのない、食が背負っている文化的・社会的意味こそが、実は⑦アメリカという国の正体に迫《せま》る有力候補だ。と同時に筆者は、生命の維持《いじ》に直結する食べ物に刻まれた記憶と向き合うことが、混迷《こんめい》する超大国《ちょうたいこく》の現状を打開し、変革を呼び込《こ》む糸口になると考える。ここから得られる知見は、私たちが自分たちの食べ物、さらには私たち自身を見つめ直す新たなきっかけにもなるだろう。

（鈴木《すずき》　透《とおる》『食の実験場アメリカ』より・一部改）

※レパートリー…ある人がこなせる範囲《はんい》。得意とする領域や種目。
※ハラペーニョ…とうがらしの一種。
※ローカルフード…ある地域特有の食事。
※アングロサクソン…イギリス国民、またはイギリス系の人々やその子孫。
※ベジタリアン…菜食主義者。
※エスニック…民族の。民族的。
※ポテンシャル…可能性。
※フュージョン…融合。

問一 ——a「いみょう」・——b「あんじ」・——c「ちょうりゅう」・——d「しょうしゃ」のひらがなを漢字に直しなさい。

問二 [A]・[B]・[C]に入る語句をそれぞれ選び、記号で答えなさい。
ア だが　**イ** たとえば　**ウ** ただし
エ とすれば　**オ** しかも　**カ** なぜなら

問三 ——①にある漢字（料・理・起・源・一・風・変・進・化）が用いられている語句を次から二つ選び、漢字に直しなさい。

ソウイクフウ　テンペンチイ　ニッシンゲッポ
ブンブリョウドウ　リッシンシュッセ

問四 ——②「日本では一般にはあまり知られていないこと」とありますが、その具体例からどのようなことが分かりますか。最も適切なものを選び、記号で答えなさい。
ア アメリカの食文化は、移民や西洋以外の人々の料理にも由来しているということ。
イ アメリカ独自の食文化は、世界の人々の労働によって支えられているということ。
ウ アメリカは、他国の人々の食文化を取り入れることには消極的だったということ。
エ アメリカの食文化は、社会的に影響力を持った人々によって作られたということ。

問五 ——③「食に関しては後進国」とありますが、それはどのような国ですか。「国」に続けられて、同じ意味となる七字の語句を、本文中から抜《ぬ》き出して答えなさい。

問六 ——④「未来の世界にも大きな影響を与える」とありますが、どういう影響が考えられますか。本文から考え、適切でないものを一つ選び、記号で答えなさい。
ア 産業製品のようなものでなく、人々の体を考えた自然に近い食べ物が増える。
イ 人々が、自分たちの食文化がいかにして成り立っているかを見直しはじめる。
ウ 工業化によって食生活が改良され、今よりさらに世界の画一化が進んでいく。
エ 西洋の料理にとらわれないで、様々な民族料理の特長を取りえる重要な糸口となるはずだ。そして、アメリカの食文化は、イギリス系の人々の※アングロサクソン文化＝アメリカ文化と単純に片づけるわけにはいかない、という事実を語っている。このことは、「アメリカは、イギリス系白人がアングロサクソン文化にその他の人々を同化させることによって国民統合を成《な》し遂《と》げてきた」という従来型のアメリカ観への疑問を突《つ》きつけるとともに、「アメリカ人とはいかなる集団か」、また、「アメリカ文化とは何か」という問いをあらためて提起する。

　しかも、こうしたいわばよそ者の食文化が、ファーストフードという画一化への圧力を受けつつも、独自のローカルフードをも生み出してきた経緯《けいい》は、アメリカのファーストフードの正体が単なる食の標準化現象として語りつくせないことをｂあんじする。実際、アメリカにおけるファーストフードの成立過程は、産業社会の食の変革と深く結びついていたのであり、そこには様々な創造性もはたらいていた。アメリカ食文化の歴史は、この国の異種混交的な背景が産業社会という器《うつわ》の中で新たな実験へと展開されていった軌跡《きせき》でもあるのだ。

　もっとも、その実験は、必ずしも良い成果ばかりを生んだわけではなかった。ファーストフードへの依存《いぞん》が高まるにつれ、アメリカは肥満大国と化し、低コスト化への圧力によって農業の形までもがゆがめられてしまった。だが現代アメリカでは、脱《だつ》ファーストフードに向けた様々な試みが芽生えており、移民大国アメリカの食をめぐる実験は新たな段階を迎《むか》えつつある。結果的にファーストフードの黄金時代を作り上げてしまった産業社会の食の変革は、今度は健康志向や、西洋料理という枠《わく》を超越《ちょうえつ》した地域横断的で大胆《だいたん》な食の融合《ゆうごう》を強く意識するようになってきている。※ベジタリアン・メニューの開発が盛んに行われ、メキシカンボウル（メキシコ丼《どん》）のようなラテンアメリカ料理とアジア料理を合体させた新たな創作※エスニック料理が登場している状況《じょうきょう》は、食文化が貧しいと思われがちなアメリカが実は豊かな食文化の※ポテンシャルを持っているという、常識を覆《くつがえ》す視点へと私たちを導いてくれる。そして、こうしたｃちょうりゅうは、アメリカ発のファーストフードが世界を席巻《せっけん》したように、④未来の世界にも大きな影響《えいきょう》を与《あた》える可能性がある。

　そもそも食べ物は、人間の身体を形作る存在であり、生命の安全に関わっている。つまり、何をどう口にするかは、一見すると極《きわ》めて個人的な選択《せんたく》のように見えるが、食材をどう生産し流通させ、どのような食事として提供するかという営みは、食の安全や人々の健康といった公共の福祉《ふくし》と切り離《はな》すことはできない。個人という次元を超《こ》えた社会的合意（ないしは不服従）の次元を含《ふく》んでいるのだ。

　Ｃ　、食べ物の歴史は、人々による社会的選択（あるいはその失敗）をも体現しているのであり、そこにはその集団がたどってきた変革の記憶《きおく》が刻まれている。食文化史は、アメリカ社会の価値観の変《へん》遷《せん》や対立を浮《う》き彫《ぼ》りにするとともに、この国がどのように生まれ、現代アメリカがどのような社会へと向かいつつあるのかをも教えてくれる。なぜアメリカではファーストフードが発達したのか、また、現代アメリカではなぜ国境横断的な※フュージョン料理が流行しているのか、さらには、⑤農家と消費者の新たな関係を模索《もさく》する動きがなぜアメリカでは広がりつつあるのかといった疑問は、アメリカという国の社会的価値観や文化的創造力のゆくえをｄしょうしゃすることに通じているのである。

　このように食文化史は、アメリカという国の特質や創造性、現在位置を把握《はあく》する貴重な情報を含んでいる。だが、日本で食べ物の研究というと、多くの場合は栄養学的なアプローチが中心で、外国文化研究に活用する発想はあまり見られない。しかし、上述したように、アメリカの⑥食べ物が伝える記憶に目を止めることは、この国が何をして

高

二〇二〇年度 早稲田大学高等学院中学部

【国語】（五〇分）〈満点：一〇〇点〉

（注意）解答の際は、「、」や「。」も一字と数えます。

一 次の文章を読んで、後の問いに答えなさい。

アメリカの食べ物といえば、ハンバーガーとフライドポテトを真っ先に思い浮《う》かべる人が多いだろう。だが、アメリカ人が週に三回以上食べるとされるこれらはいずれも、北アメリカ大陸に暮らしていた先住インディアンの食べ物でもなければ、後のアメリカ合衆国となる植民地を築いた中心勢力であるイギリス系白人の※レパートリーでもない。ハンバーグはドイツ料理だし、フレンチフライの a いみょうからもわかるように、フライドポテトも元はフランスやベルギー式の食べ方だ。また、アメリカは世界最大のピザ消費国だが、そのピザも、イタリアが起源である。

［ A ］、こうした非イギリス起源ながら現在ではアメリカ人の食生活に欠かせない存在となっている食べ物に対しては、ファーストフード的な画一化された食というイメージを持っている人が多いだろう。だが、実際にはアメリカでは、グルメバーガーやグルメピザと呼ばれる、ファーストフードとは一線を画す路線を追求しているレストランも少なくないし、地方ごとのバリエーションもある。

例えばシカゴに行けば、シカゴスタイル・ホットドッグとか、シカゴスタイル・ピザと呼ばれるものがある。①フランクフルト（ドイツ料理）もピザもイギリス起源ではないが、さらにそれが一風変わったスタイルに進化しているのだ。シカゴのホットドッグは、フランクフルト以外にも、トマト、タマネギ、ピクルス、※ハラペーニョなどを、まるでハンバーガーのような感覚でパンに挟《はさ》む一方、定番のケチャップは使わないことが多い。また、シカゴのピザは、ディープディッシュ・ピザと呼ばれ、生地《きじ》が分厚く、中にソーセージやマッシュルーム、ピーマンなどが埋《う》め込《こ》まれている。アップルパイのような形状で、パイの中身の部分にチーズとともに具がぎっしり詰《つ》まっている姿を想像してもらえばよい。一九二九年の大恐慌《だいきょうこう》から第二次世界大戦にかけての食糧難《しょくりょうなん》の時期に、一回の食事で十分な栄養を取れるようにしようと普及《ふきゅう》した食べ方が、今や※ローカルフードとして定着しているのだ。

このように、典型的なアメリカ料理と思われているものは、実際には非イギリス起源であるだけでなく、世界の他のどこにも存在しなかったようなユニークな姿に変身している例もある。一方、②日本では一《いっ》般《ぱん》にはあまり知られていないことかもしれないが、映画観賞の必需品《ひつじゅひん》ともいうべき、アメリカを代表するスナックのポップコーンは先住インディアン由来の食べ物だし、フライドチキンは黒人奴隷《どれい》と深い関わりを持つ。パーティメニューの定番、バーベキューに至っては、先住インディアンと黒人奴隷の両方の存在なくして成立しえなかった料理だ。

長らくアメリカ社会の実権を握《にぎ》ってきたのは、イギリス系の白人である。だが、このようにアメリカを代表する食べ物は、決して彼《かれ》らの食文化の遺産というわけでもなければ、よその国の食べ物の単純なコピーという存在でもない。概《がい》してアメリカは、③食に関しては後進国のように思われがちだ。［ B ］、人為的《じんいてき》集団統合を宿命づけられたアメリカは、イギリスのみならず、非西洋や移民の食文化の伝統から国民的食べ物を生み出すという、実は想像以上に複雑な過程を経て独自の食文化を築き上げたのだ。

ある集団がどのような料理を食べるのか、また、いつからいかなる理由で食べるようになったのかといったことは、その集団の正体を考

2020年度 早稲田大学高等学院中学部 ▶解説と解答

算　数　(50分)<満点：100点>

解　答

[1] (1) 40　(2) 528　(3) 15通り　(4) ① 2：5　② $63cm^2$　[2] (1) 0　(2) 5　(3) 1cm　(4) 35cm　[3] (1) ① **最小の値**…44km，**最大の値**…52km　② **最小の値**…41km，**最大の値**…49km　③ **最小の値**…44km，**最大の値**…49km　(2) **最小の値**…139km，**最大の値**…159km　(3) **最小の値**…140km，**最大の値**…159km　[4] (1) 15.7cm　(2) $\frac{157}{12}$cm　(3) 6秒　(4) (例) 4：1

解　説

[1] 逆算，約束記号，場合の数，相似，辺の比と面積の比

(1) $\frac{20}{19}+\frac{20}{21}=\frac{20\times21+20\times19}{19\times21}=\frac{20\times(21+19)}{19\times21}=\frac{20\times40}{19\times21}=\frac{800}{19\times21}$より，$\frac{800}{19\times21}=\frac{□\times□-2}{19\times21}-2$となる。等号の両側に(19×21)をかけると，800＝□×□－2－2×19×21となるから，800＝□×□－2－798，800＝□×□－800，□×□＝800＋800，□×□＝1600＝40×40より，□＝40とわかる。

(2) $A\otimes B$は，Aから順に1ずつ小さくなるB個の整数をかけた積を表している。よって，あたえられた式の等号の左側を通分すると，下の図1のアのようになる。次に，アの分母と分子にそれぞれ24をかけると，イのようになる。イの分母は24⊗6を表しているので，□にあてはまる数は528とわかる。

図1

$$\frac{1}{22\otimes 4}-\frac{1}{23\otimes 5}=\frac{1}{22\times21\times20\times19}-\frac{1}{23\times22\times21\times20\times19}=\frac{23-1}{23\times22\times21\times20\times19}=\frac{22}{23\times22\times21\times20\times19}\quad\cdots ア$$

$$\frac{22\times24}{23\times22\times21\times20\times19\times24}=\frac{528}{24\times23\times22\times21\times20\times19}\quad\cdots イ$$

(3) 5枚のカードを2つの袋《ふくろ》に分けるときの分け方は，㋐(1枚と4枚)，㋑(2枚と3枚)の2つの場合がある。㋐の場合，5枚から1枚を選ぶ方法は5通りある。また，㋑の場合，5枚から2枚を選ぶ方法は，$\frac{5\times4}{2\times1}$＝10(通り)ある。どちらの場合も2つの袋を区別する必要はないから，全部で，5＋10＝15(通り)と求められる。

(4) ① 右の図2で，三角形DCEと三角形DGEは合同であり，GDとBCは平行なので，同じ印をつけた角の大きさはそれぞれ等しくなる。また，BEの長さを1，ADとAGの長さを2とすると，DCの長さは，2＋2＝4になる。すると，三角形DCEは二等辺三角形だから，ECの長さも4となり，AD：BC＝2：(1＋4)＝2：5とわかる。　② 三角形AGFと三角形BEFは相似であり，相似比は2：1なので，面積の比は，(2×2)：(1×1)＝4：1とわかる。そこで，三角形BEFの面積を[1]とすると，三角形AGFの面積

図2

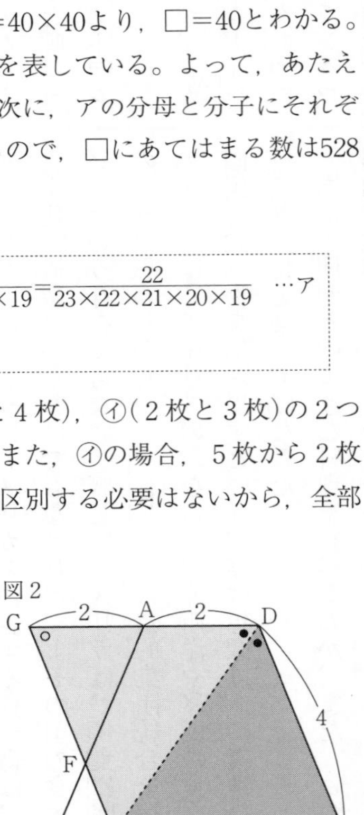

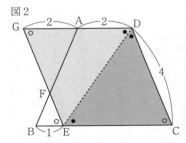

は[4]になる。また，GA：GD＝２：（２＋２）＝２：４，GF：GE＝２：（２＋１）＝２：３だから，三角形AGFと三角形DGEの面積の比は，(AG×GF)：(DG×GE)＝（２×２）：（４×３）＝１：３となり，三角形DGEの面積は，[4]×$\frac{3}{1}$＝[12]と求められる。よって，四角形AFEDの面積は，[12]－[4]＝[8]であり，これが24cm^2なので，[1]にあたる面積は，24÷８＝３(cm^2)とわかる。さらに，三角形DCEの面積は三角形DGEの面積と等しく[12]だから，台形ABCDの面積は，[8]＋[1]＋[12]＝[21]となる。したがって，台形ABCDの面積は，３×21＝63(cm^2)と求められる。

[2] 平面図形―構成，素数の性質

⑴　長い辺と短い辺の長さが等しいから，１回目の(手順３)で(手順７)へ進み，作業を終了する。よって，xにあてはめられていた値は０である。

⑵　下の図１のように，１回目に１辺20cmの正方形を切り取ると，２つの辺の長さが20cmと，36－20＝16(cm)の長方形が残る。次に，２回目に１辺16cmの正方形を切り取ると，２つの辺の長さが16cmと，20－16＝４(cm)の長方形が残る。さらに，３回目，４回目，５回目に１辺４cmの正方形を切り取ると１辺４cmの正方形が残り，作業が終了する。また，正方形を１個切り取るごとにxの値が１増えるから，xの値は切り取った正方形の個数と同じになる。よって，このときxにあてはめられていた値は５である。

図１

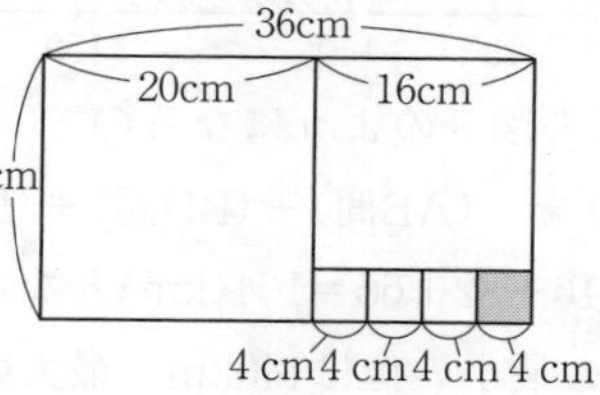

図２

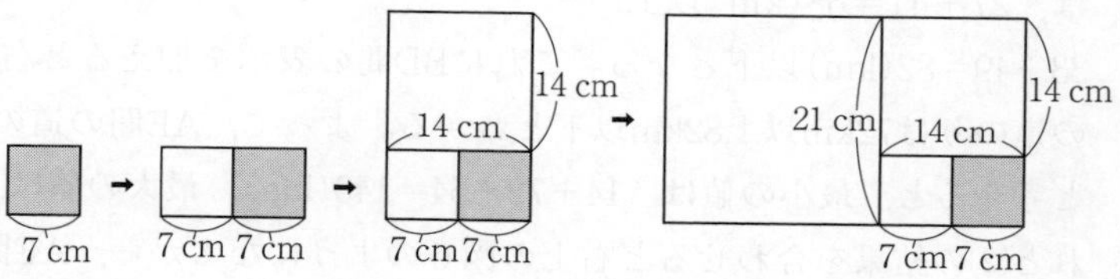

⑶　⑵で，最後に残った正方形の１辺の長さである４cmは，最初の長方形のたてと横の長さである20cmと36cmの最大公約数にあたる。このように，この作業によって最後に残る正方形の１辺の長さは，最初の長方形のたてと横の長さの最大公約数になる。また，625＝５×５×５×５，169＝13×13より，625と169の最大公約数は１とわかるので，最後に残る正方形の１辺の長さは１cmである。

⑷　上の図２のように，最後に残った１辺７cmの正方形に３個の正方形を加えていく。３回目に切り取られた正方形は，最後に残った正方形と同じ大きさである。また，切り取られた正方形の大きさはすべて異なるから，２回目に切り取られた正方形の１辺の長さは，７＋７＝14(cm)，１回目に切り取られた正方形の１辺の長さは，７＋14＝21(cm)になる。よって，最初の長方形の長い辺の長さは，14＋21＝35(cm)である。

[3] 条件の整理

⑴　①　48÷10＝4.8より，誤差は４kmだから，AC間の道のりとして考えられる最小の値は，48－４＝44(km)，最大の値は，48＋４＝52(km)である。　②　AB間について，15÷10＝1.5より，誤差は１kmなので，AB間の実際の道のりは，15－１＝14(km)以上，15＋１＝16(km)以下になる。同様に，BC間について，30÷10＝３より，誤差は３kmだから，BC間の実際の道のりは，30－３＝27(km)以上，30＋３＝33(km)以下とわかる。よって，AC間の道のりとして考えられる最小の値は，14＋27＝41(km)，最大の値は，16＋33＝49(km)とわかる。　③　AC間の道のりは，①

で求めた「44km以上52km以下」と，②で求めた「41km以上49km以下」の両方に共通する範囲《はんい》である。つまり，右の図1の斜線《しゃせん》部分になるので，AC間の最小の値は44km，最大の値は49kmと求められる。

図1

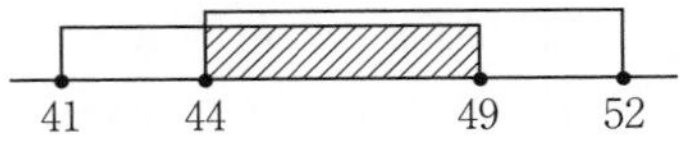

(2)　AC間については(1)③で求めた道のりになる。また，CD間，DE間，CE間についてまとめると，右の図2のようになる。(1)と同様に考えると，CD間とDE間の表示から，CE間の道のりは，41＋54＝95(km)以上，49＋66＝115(km)以下とわかる。これにCE間の表示を加えると上の図3のようになるから，CE間の道のりは95km以上110km以下と求められる。よって，AE間の道のりを，(AC間)＋(CE間)と考えると，最小の値は，44＋95＝139(km)，最大の値は，49＋110＝159(km)となる。

図2

	表示	誤差	実際
CD間	45km	4 km	41～49km
DE間	60km	6 km	54～66km
CE間	100km	10km	90～110km

図3

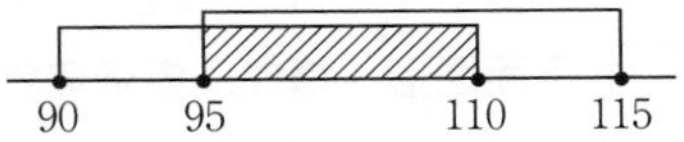

(3)　BC間，CD間，BD間についてまとめると，右の図4のようになる。BC間とCD間の表示から，BD間の道のりは，27＋41＝68(km)以上，33＋49＝82(km)以下となる。これにBD間の表示を加えると右上の図5のようになるので，BD間の道のりは72km以上82km以下とわかる。よって，AE間の道のりを，(AB間)＋(BD間)＋(DE間)と考えると，最小の値は，14＋72＋54＝140(km)，最大の値は，16＋82＋66＝164(km)となる。これと(2)の結果を合わせると右上の図6のようになるから，AE間の最小の値は140km，最大の値は159kmと求められる。

図4

	表示	誤差	実際
BC間	30km	3 km	27～33km
CD間	45km	4 km	41～49km
BD間	80km	8 km	72～88km

図5

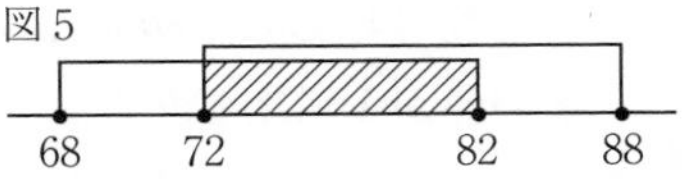

図6

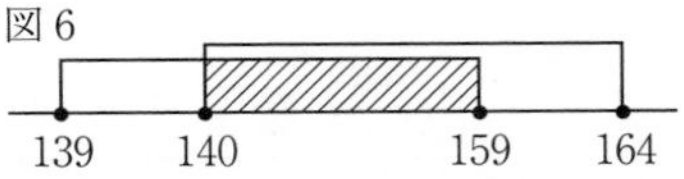

4　平面図形―図形の移動，長さ

(1)　直線AGをGを中心にして回転することを考えればよい。このときの動きを真横から見ると下の図1のようになるから，点AはGを中心とする半径5cmの半円の弧《こ》を動くことがわかる。よって，点Aが動いた長さは，$5\times2\times3.14\times\frac{1}{2}=15.7$(cm)である。

図1

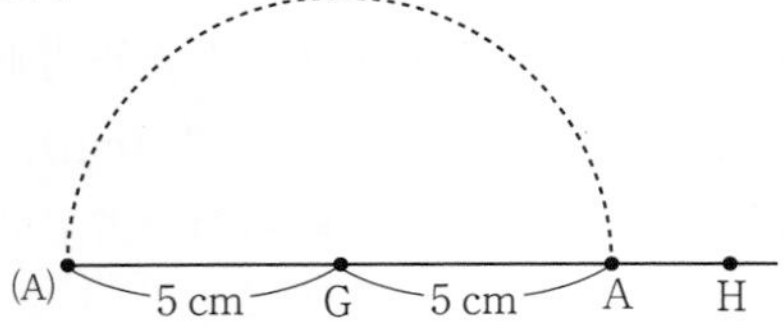

図2

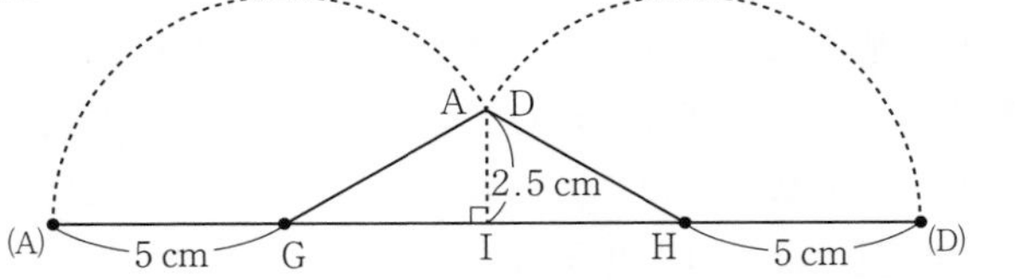

(2)　真横から見ると上の図2のようになる。図2の三角形AGIで，AG：AI＝5：2.5＝2：1なので，三角形AGIは正三角形を半分にした形の三角形とわかる。よって，角AGIの大きさは30度だから，角(A)GAの大きさは，180－30＝150(度)となり，点Aが動いた長さは，$5\times2\times3.14\times\frac{150}{360}=10\times\frac{314}{100}\times\frac{5}{12}=\frac{157}{12}$(cm)と求められる。

(3)　点Aは，4÷2＝2(秒)ごとに半円の弧の上を動き，点Dは，12÷2＝6(秒)ごとに半円の弧の上を動くので，点Aと点Dが正方形に重なる時間と折る前の状態にもどる時間をまとめると，下

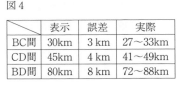

の図3のようになる。よって，往復を始めてから6秒後に初めて点Aと点Dが正方形に重なるから，接触してとまるまでに6秒かかることがわかる。

図3

	点A	点D
重なる時間(秒後)	2，6，…	6，18，…
もどる時間(秒後)	4，8，…	12，24，…

(4)　往復を始めてから16秒後までの間で点Aが折る前の状態にもどるのは，4秒後，8秒後，12秒後，16秒後なので，点Dが折る前の状態にもどる時間も，この中のどれかになる。4秒後に点Dが折る前の状態にもどったとすると，点Aと点Dの速さは同じだから，図2のように正方形に重なる前にとまってしまう。また，8秒後に点Dが折る前の状態にもどったとすると，16秒後にも折る前の状態にもどるので，「16秒以内に1回だけ」という条件に反する。さらに，12秒後に点Dが折る前の状態にもどるのは(3)の場合だから，6秒後にとまってしまう。よって，条件に合うのは16秒後に点Dが折る前の状態にもどる場合なので，点Aと点Dの速さの比は，$\frac{1}{4}:\frac{1}{16}=4:1$と求められ，下の図4のようになる。なお，(3)，(4)は下の図5のように接触する場合を考えないものとし，(4)は3：2，4：3と考えることもできる。

図4

	点A	点D
重なる時間(秒後)	2，6，10，14，…	8，24，…
もどる時間(秒後)	4，8，12，16，…	16，32，…

図5

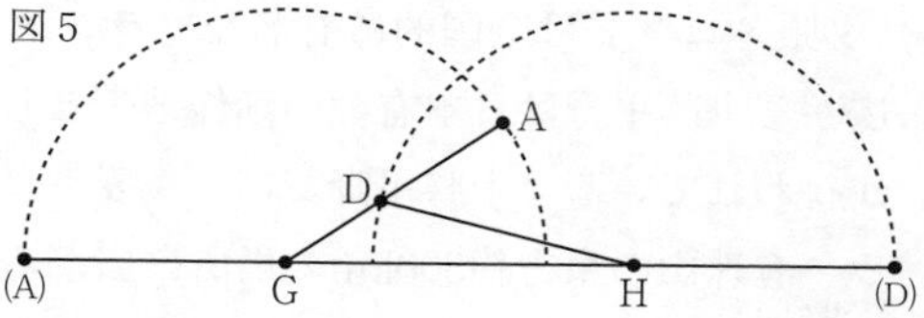

社　会　(40分)＜満点：80点＞

解　答

1　**問1**　エ　**問2**　駅　**問3**　(例)　幹線道路の周辺　2　**問1**　エ　**問2**　ジオパーク　**問3**　エ　**問4**　エ　**問5**　こんにゃくいも　**問6**　(1)　長良(川)　(2)　伊勢(湾)　**問7**　(1)　合掌造り　(2)　(例)　冬の強い北西の季節風を通りやすくし，また，両方の屋根に日光が当たるようにして雪を解かすため。　(3)　(例)　観光客が増加して交通渋滞や騒音，ごみの増加などの問題が発生し，住民の日常生活が維持しにくくなった。　**問8**　カルデラ　**問9**　ウ　**問10**　阿蘇山　**問11**　エ　**問12**　島原半島　**問13**　イ　**問14**　諫早(湾)　**問15**　西之(島)　3　**問1**　イ　**問2**　日本列島　**問3**　エ　**問4**　うるし　**問5**　イ，エ　**問6**　蝦夷　**問7**　先住民族　**問8**　首里(城)　**問9**　(例)　(ボカシの地域とは，)北海道の北の文化，琉球の南の文化とその間にある中の文化に対し，それぞれの文化の境にある地域で，特に水田耕作をやめてヤマト政権の支配にも従わなかった東北地方北部を指すと考えられる。　4　**問1**　**あ**　法隆寺　**い**　原爆ドーム　**う**　厳島神社　**え**　島原天草一揆(島原の乱)　**問2**　姫路(城)　**問3**　ア　**問4**　エ　**問5**　石見(銀山)　**問6**　ウ　**問7**　大砲　**問8**　ウ　**問9**　朱印状　5　**問1**　(1)　12　(2)　ア　(3)　イ　**問2**　エ　**問3**　軽減税率　**問4**　エ　**問5**　エ　**問6**　変動　**問7**　ア　**問8**　ウ

解　説

1　日本の小売店についての問題

問1　店舗《てんぽ》の規模が小さく，さまざまな場所に立地しているコンビニエンスストアが，３県すべてで最も店舗数の多い(2)に，店舗の規模が大きく，ターミナル駅の駅前など限られた場所に立地することが多い百貨店(デパート)が，３県すべてで最も店舗数の少ない(1)にあてはまるとわかる。残った(3)が総合スーパーである。

問2　コンビニエンスストアは，多くの利用客が期待できる駅の周辺や住宅地の周辺に立地することが多い。店舗の規模が小さいため，少しの場所があればつくれることも理由となっている。

問3　衣食住の各種商品をあつかう総合スーパーは，特に週末に車で買い物に訪れる客が多いことから，店舗に加えて大きな駐車場を整備することが必要になる。そのため，総合スーパーは，都市から自動車で来やすい郊外の幹線道路沿い(ロードサイド)につくられることが多い。

2　各地域の特色や産業についての問題

問1　ア　有珠《うす》山の北東約100kmの場所に位置する夕張《ゆうばり》市は，石炭産業の衰退《すいたい》にともなって市の経済を支えていた夕張炭鉱が閉山し，2006年には財政破綻《はたん》に追いこまれた。この地域で栽培される「夕張メロン」は全国的に有名なブランドとなっている。　イ　有珠山の東方約200kmの場所に広がる十勝平野は日本有数の畑作地帯として知られ，大型機械を導入した大規模経営によって畑作が行われている。十勝平野では，小麦や豆類のほか，てんさいなどが輪作によって栽培されている。ウ　有珠山の東方約300kmの場所に広がる釧路《くしろ》湿原は，国の特別天然記念物であるタンチョウヅルの繁殖《はんしょく》地となっている。また，釧路港は日本有数の漁港として知られ，サンマやホッケなど寒流系の魚が多く水揚《みずあ》げされる。　エ　有珠山の北西約40kmの場所に位置する倶知安《くっちゃん》町やニセコ町は，スキーリゾートを求めて多くの外国人観光客が訪れる。また，有珠山のすぐ南西に広がる内浦湾(噴火湾)では，ホタテ貝の養殖がさかんである。

問2　科学的・文化的に貴重な地質遺産をふくみ，これを保全しながら地域振興や教育に役立てようという自然公園のことをジオパークという。有珠山周辺地域は，「洞爺湖《とうやこ》有珠山ジオパーク」として，2009年に世界ジオパークに認定された。

問3　奥羽《おうう》山脈は東北地方の中央部を南北約500kmにわたって連なる山脈で，(い)の岩手山のほか，宮城県と山形県にまたがるエの蔵王山などがふくまれる。なお，アの岩木山は青森県西部，イの鳥海《ちょうかい》山は秋田県南西部と山形県北西部，ウの月山《がっさん》は山形県中西部にあり，奥羽山脈にはふくまれない。

問4　浅間山は群馬県西部と長野県東部にまたがる活火山である。群馬県の旧国名は上野《こうずけ》，長野県の旧国名は信濃《しなの》なので，エが正しい。なお，「越後《えちご》」は新潟県，「甲斐《かい》」は山梨県の旧国名。

問5　群馬県は工芸作物のこんにゃくいもの産地として知られ，県北部での生産量が多い。群馬県のこんにゃくいもの生産量は，全国の90％以上を占《し》めている。統計資料は『データでみる県勢』2020年版による(以下同じ)。

問6　(1)，(2)　白山は石川県南東部と岐阜県北西部にまたがる活火山で，東側には岐阜県が位置する。長良川は岐阜県北西部の大日ヶ岳《だいにちがたけ》を水源として岐阜県中央部をほぼ南に流れ，同県の南西部で同じく「木曽三川」に数えられる揖斐《いび》川，木曽川とともに，輪中地帯が広がることで知られる濃尾平野を形成する。その後，岐阜県と三重県の県境付近で揖斐川と合流し，伊勢湾に注ぐ。長良川では，鵜《う》をあやつって川に潜《もぐ》らせ，アユなどの魚を捕る鵜飼いが古くから行われており，多くの観光客がこれを見に訪れる。

問７　⑴，⑵　白山の東側に位置する岐阜県の白川郷は日本有数の豪雪地帯として知られ，雪がすべり落ちやすいように屋根の傾《かたむ》きを急にした，合掌造《がっしょうづく》りとよばれる茅葺《かやぶ》きの大型民家が見られる。1995年には富山県の五箇山《ごかやま》とともに，「白川郷・五箇山の合掌造り集落」としてユネスコ（国連教育科学文化機関）の世界文化遺産に登録された。屋根の傾きを急にするのは，冬の北西の季節風がもたらす雪が屋根に積もらないようにするための工夫である。また，屋根が東西に向くようにつくられているのは，強い北風が屋根に直接当たるのをさけるとともに，日光が両方の屋根に当たるようにするためである。屋根を南北に向くようにつくると，日光が当たる南側しか積もった雪が解けなくなる。　⑶　白川郷の合掌造りの家屋は，現在でも住居として使われているところが多い。しかし，世界文化遺産に登録されたことで国内外から多くの観光客が訪れるようになり，交通量が増加して渋滞《じゅうたい》が発生したり，ごみが増えたり，住民のプライバシーが侵害《しんがい》されたりするといった問題が生じるようになった。また，商業施設などが増えたため，田園風景と合掌造りの家屋が調和した景観が乱されるようになったという問題も指摘《してき》されている。

問８～問10　火山が噴火したあとに火口付近が落ちこんでできたくぼ地のことをカルデラという。熊本県北東部に位置する阿蘇山は，高岳・中岳など５つの中央火口丘と外輪山からなる活火山で，外輪山には世界最大級のカルデラが形成されている。また，カルデラに水がたまってできた湖をカルデラ湖という。日本では，秋田県東部にあり，水深が423ｍと日本で最も深い田沢湖のほか，秋田県と青森県にまたがる十和田湖，北海道の摩周《ましゅう》湖などがカルデラ湖として知られる。なお，問９のアのサロマ湖は北海道，イの宍道《しんじ》湖は島根県，エの浜名湖は静岡県にある湖で，いずれももともと海だったところが切り離されてできた海跡《かいせき》湖である。

問11　筑後《ちくご》川は大分県の九重山を水源とする玖珠《くす》川と，熊本県の阿蘇外輪山を水源とする大山川が大分県日田市で合流し，筑紫《つくし》平野を流れて有明海に注いでいる。九州第一の河川で，古くから筑紫次郎ともよばれる。なお，アの太田川は広島県，イの大淀川は宮崎県，ウの球磨《くま》川は熊本県南部を流れる川。

問12　雲仙《うんぜん》岳は長崎県南東部の島原半島中央に位置する火山群で，このうちの普賢《ふげん》岳は1991年の噴火活動のさいに大規模な火砕《かさい》流を発生させ，周辺に大きな被害をもたらした。

問13　長崎県は島の数が日本で最も多く，壱岐《いき》や対馬《つしま》，五島列島がふくまれる。しかし，イの隠岐《おき》諸島は島根県に属している。

問14　長崎県南東部で有明海の南西にあたる諫早《いさはや》湾にはかつて干潟が広がり，のりをはじめとする魚介類の養殖が行われていた。しかし，農地確保などの目的から国による干拓事業が行われ，1997年には水門が閉ざされて干潟が消滅した。その後，水産業への影響が出たとして漁業関係者が裁判を起こしたが，干拓事業は続けられ，2007年に干拓事業が終了，翌08年からは農業が始められた。

問15　西之島《にしのしま》は東京都の南方約930kmにある火山島で，小笠原《おがさわら》諸島（東京都）に属する。2013年に東の沖で海底火山が噴火して新たな陸地ができ，その後，この陸地が火山の溶岩流で西之島とつながって一体化し，西之島の面積が拡大した。

３　「日本文化」の始まりを題材とした歴史の問題

問１　672年，天智天皇の子の大友皇子と弟の大海人《おおあまの》皇子の間で，天皇の地位をめぐって壬申《じんしん》の乱が起こった。戦いは大海人皇子の勝利におわり，翌673年に飛鳥浄御原《あすかきよみがはら》宮で天武天皇として即位《そくい》した。このころ，それまで「大王」とよばれていた君主が「天皇」とされ，「日本」という国号が用いられるようになったと考えられている。

問２　直後に「そのはじまりを概観《がいかん》(幅広い視点でながめること)してみよう」とあることに注目する。「その」が「(い)の文化」を指すことと，文章全体で本州，九州，北海道，琉球《りゅうきゅう》にふれていることから，「日本列島の文化」という表し方がふさわしいと考えられる。

問３　埴輪《はにわ》は古墳時代にさかんにつくられた素焼きの土製品で，古墳の頂上やその周囲に，動物や人，舟，家などを表した形象埴輪や，土止め用と考えられている円筒埴輪が置かれた。よって，縄文文化の特徴《とくちょう》にはあてはまらないので，エが誤っている。

問４　漆《うるし》は縄文時代にすでに用いられており，縄文時代中期の大規模集落跡である青森県の三内丸山遺跡からは，漆塗《ぬ》りの木製品の破片が出土している。漆は木製品の表面を仕上げるのに用いられ，石川県の輪島塗や福島県の会津塗などが伝統的工芸品として受けつがれている。

問５　寛喜《かんぎ》の飢饉《ききん》が起こった鎌倉時代前半，親鸞《しんらん》は浄土《じょうど》真宗を開いて「絶対他力(阿弥陀仏《あみだぶつ》が人を救おうとする力にたよること)」などを説いた。浄土宗の開祖は法然なので，イが誤っている。また，江戸時代中期の18世紀前半には享保の飢饉が発生したが，このころ政治を行っていた江戸幕府の第８代将軍徳川吉宗は，みずからが行っていた享保の改革の中で，青木昆陽に命じてサツマイモの栽培を研究させ，飢饉に備えた。よって，エも誤っている。

問６　古代の東北地方を中心とする地域には，中央と異なる文化を持ち，ヤマト政権の支配に抵抗《ていこう》を続ける蝦夷《えみし》とよばれる人々が住んでいた。蝦夷は律令制の確立とともに朝廷の征討《せいとう》を受けるようになり，９世紀はじめには朝廷の派遣した軍によって平定された。

問７　アイヌは，北海道・千島列島・樺太《からふと》に古くから住む先住民族で，独自の生活習慣や文化を築きあげてきたが，明治時代に北海道の開拓が始まると，1899年に明治政府が制定した北海道旧土人保護法による同化政策が進められ，土地や言語，伝統文化がうばわれていった。1997年，アイヌの伝統や文化が尊重される社会の実現を目指してアイヌ文化振興法が制定され，2019年にはこれをおし進めて「アイヌの人々の誇りが尊重される社会を実現するための施策の推進に関する法律(アイヌ新法)」が成立した。この中で，アイヌがはじめて日本の「先住民族」と明記された。

問８　1429年，中山王の尚巴志《しょうはし》が北山・南山の２王国を統一して琉球王国を建国し，現在の那覇市に王城として首里城を建てた。首里城は第二次世界大戦の沖縄戦でほとんど焼失したのち，守礼門・正殿などが復元され，2000年には「琉球王国のグスク(城という意味)及《およ》び関連遺産群」として世界文化遺産に登録されたが，2019年10月の火災により正殿などが再び焼失した。

問９　考古学者の藤本強《ふじもとつよし》は著書『日本列島の三つの文化―北の文化・中の文化・南の文化』の中で，北海道の「北の文化」，本州・四国・九州の「中の文化」，南西諸島の「南の文化」の３つに分け，それらが隣接《りんせつ》する地域の文化を「ボカシの文化」とよんだ。本文には，まったく「弥生化」されなかった北海道に隣接する「東北地方北部」が，稲作の導入から300年ほどたって「水田稲作をやめてしま」ったと述べられており，「中の文化」を一度は受け入れながらも，これがなじまなかったことが説明されている。つまり，「ボカシの地域」とは，東北地方北部のように，隣接する２つの文化の特徴を持ちながら，どちらにも分類することができないような地域を指すと考えられる。

4　日本の世界文化遺産についての問題

問１　**あ**　法隆寺は607年，推古天皇と聖徳太子(厩戸《うまやど》皇子)が，用明天皇の病気が治ることを祈って大和国(奈良県)の斑鳩《いかるが》に建てた寺で，現存する世界最古の木造建築物として知られる。1993年，周辺の寺院などとともに「法隆寺地域の仏教建造物」としてユネスコの世界文化遺産に登録された。
い　第二次世界大戦末期の1945年８月６日，アメリカ軍は人類史上はじめて，広島市に原子爆弾を投下した。これによって広島市は壊滅《かいめつ》的な被害を受け，戦後，爆心地付近にあった広島県産業奨《しょう》励《れい》館の焼け跡は原爆ドームとして当時のまま保存されてきた。1996年，この原爆ドームが核兵器の恐ろしさを後世に伝える「負の遺産」として世界文化遺産に登録された。　**う**　厳島《いつくしま》神社(広島県廿日市《はつかいち》市)は，平安時代末期に平清盛が一族の繁栄と航海の安全を願い，守り神としてあつく信仰した神社で，1996年に世界文化遺産に登録された。　**え**　1637年，領主の圧政とキリスト教徒の弾圧にたえかねた島原・天草地方の農民たちは，16歳の少年・天草四郎時貞《ときさだ》をかしらとして反乱を起こした。これを島原天草一揆《いっき》(島原の乱)といい，一揆軍は島原半島南部の原城跡にたてこもって抵抗した。しかし，翌38年，幕府軍は大量の軍勢を投入し，オランダ船による砲撃の助けも借りてようやくこれをしずめた。2018年，原城跡は長崎市の大浦天主堂などとともに「長崎と天草地方の潜伏《せんぷく》キリシタン関連遺産」として世界文化遺産に登録された。

問２　兵庫県姫路《ひめじ》市にある国宝の姫路城は，安土桃山時代から江戸時代にかけて池田輝政《てるまさ》により建てられた城で，日本の代表的な城郭《じょうかく》建築として知られる。その白壁の美しさから白鷺《しらさぎ》城ともよばれ，1993年に世界文化遺産に登録された。

問３　ア　江戸幕府の第８代将軍徳川吉宗が行った享保の改革の内容として正しい。　イ　第６代将軍の家宣《いえのぶ》と第７代将軍の家継《いえつぐ》に仕えた儒学《じゅがく》者の新井白石は正徳の治とよばれる政治を行い，その中で金銀の海外流出を防ぐために長崎貿易を制限した。老中田沼意次《おきつぐ》は長崎貿易の利益に注目し，これを奨励したので，誤っている。　ウ　人返し令は，老中水野忠邦《ただくに》が行った天保の改革の中で出された法令である。　エ　上知令では，江戸・大坂(大阪)周辺の旗本・大名領を天領(幕府の直轄《ちょっかつ》地)にしようとしたが，反対にあって失敗した。

問４　権現《ごんげん》造は，本殿と拝殿を石の間または相《あい》の間とよばれる建物でつないだ神社の建築形式で，日光東照宮にまつられた江戸幕府の初代将軍徳川家康が死後，「東照大権現」とよばれたことからこうよばれるようになった。なお，アの「寝殿《しんでん》造」は平安時代の貴族の屋敷に，イの「校倉《あぜくら》造」は東大寺正倉院などに，ウの「武家造」は鎌倉時代の武家の屋敷に用いられた建築様式である。

問５　石見《いわみ》銀山は島根県中部の大田市大森にあった銀山で，16世紀はじめに発見され，江戸時代には天領として世界有数の銀の産出量をほこった。1923年に閉山したのち，2007年に「石見銀山遺跡とその文化的景観」として世界文化遺産に登録された。

問６　1871年，明治新政府は廃藩置県を行い，それまでの藩を廃止して全国を３府(東京・大阪・京都)と302県(同じ年に72県に統合された)に分け，政府が任命した府知事や県令を派遣した。これによって，中央政府の指示が直接地方におよぶ中央集権体制ができあがった。よって，ウが誤っている。

問７　1853年，ペリーが浦賀(神奈川県)に来航すると，軍備の近代化と江戸湾防備の必要性を感じた江戸幕府は，江川英龍《ひでたつ》を責任者として江戸湾に大砲を置くための台場をつくり，鉄などの金属をつくる溶鉱炉《ようこうろ》の一種である反射炉をつくることにした。韮山《にらやま》(静岡県伊豆の国市)につくられた反射炉は1857年に完成し，ここでつくられた大砲が品川沖の台場に据《す》えつけられた。韮山反射炉は，2015年に「明治日本の産業革命遺産　製鉄・製鋼，造船，石炭産業」の構成資産の１つとして世界文化遺産に登録された。

問8　1894年に始まった日清戦争で日本は戦勝国となり，翌95年，講和条約として下関条約が結ばれた。この条約で日本は清(中国)に台湾と澎湖《ポンフー》諸島の領有権を認めさせたが，朝鮮については，領有権ではなく独立国であることを認めさせただけである。よって，ウが誤っている。

問9　江戸時代のはじめには，徳川家康から朱印状という渡航許可証を与えられた商人たちが，東南アジアに渡って貿易を行った。朱印状を与えられた貿易船を朱印船といい，その貿易は朱印船貿易とよばれる。

5　2019年に起こったできごとについての問題

問1　(1)　参議院の通常選挙は3年ごと，統一地方選挙は4年ごとに行われる。よって，これらの選挙が同時に行われるのは，3と4の最小公倍数にあたる12年ごとになる。　(2)　ア　衆議院と参議院で内閣総理大臣の指名が異なった場合，両院協議会を開いても意見が一致しなかったとき，あるいは衆議院の議決後，国会休会中を除く10日以内に参議院が指名の議決をしなかったときには，衆議院の指名が国会の指名となる。よって，正しい。　イ　予算は必ず衆議院から先に審議される。　ウ「過半数」ではなく「3分の2以上」が正しい。　エ　内閣不信任案(信任案)の決議は，衆議院だけの権限である。　(3)　被選挙権(立候補する権利)は，衆議院議員と地方議会議員，市(区)町村長が25歳以上，参議院議員と都道府県知事が30歳以上で与えられる。よって，イが正しい。

問2　ア　内閣総理大臣の任期は特に規定されていない。　イ　地方自治では，有権者が署名を集めることによって首長や議員の解職請求(リコール)を行う直接請求が認められているが，国政では認められていない。　ウ　最高裁判所長官は内閣が指名し，天皇が任命する。　エ　1885年，伊藤博文は内閣制度を創設し，みずから初代内閣総理大臣となった。よって，正しい。

問3　2019年10月，消費税の税率がそれまでの8％から10％へと引き上げられた。消費税は原則としてすべての商品やサービスにかかる税で，所得の低い人ほど負担感が大きくなるため，酒類を除く飲食料品や定期購読《こうどく》をしている新聞など，特定の生活必需品については税率が8％のまま据え置かれた。この制度を「軽減税率」という。

問4　エの「防災・減災，国土強靱《きょうじん》化対策」は国土開発に関する政策で，直接社会保障制度の充実につながるものではないので，エがあてはまらない。

問5　キャッシュレス決済は紙幣《しへい》や硬貨《こうか》といった現金を用いないため，対応する機械(端末)さえあれば人手がなくても支払いを行える。これによって店員は客の支払いに応対する仕事を減らせるのだから，エが適切でない。

問6　2019年9月，アメリカ(合衆国)のニューヨークで「国連気候変動サミット」が開かれた。この会議には16歳のスウェーデン人環境活動家グレタ・トゥーンベリが，地球温暖化対策に消極的な各国首脳を非難するスピーチを行った。

問7　あ　2019年，香港《ホンコン》政府は，逃亡犯条例を改正して犯罪者を中国本土に引き渡せるようにすると発表し，これをきっかけに大規模なデモが起こった。　い　クルド人は中東(西アジア)各国にまたがって暮らす民族で，歴史的にトルコとの関係が悪い。シリア内戦でクルド人が，トルコと隣接するシリア北東地域の勢力をにぎると，この影響をおそれたトルコは国境を越えてシリア国内のクルド人勢力を攻撃した。　う　アイルランドは，アイルランド島の大部分を占める国だが，島の北部はイギリス領の北アイルランドとなっている。EU(ヨーロッパ連合)は加盟国どうしの人やもの，お金の動きが原則として自由に認められていたが，イギリスがEUを離脱《りだつ》したことによって，国境問題が複雑化している。

問8　ア　広島東洋カープだけは，2019年の年間入場者数が前年を下回った。　イ　2019年の広島東洋カープの試合数が71から72に増えたとしても，中日ドラゴンズとの入場者数の差は６万人以上あるため，１試合平均の観客動員数でこれをぬくことはできない。　ウ　2019年の横浜DeNAベイスターズの１試合平均の観客動員数は，平均前年比＋12.6％となっており，これは６球団中で最も増えている。よって，正しい。　エ　2019年の読売ジャイアンツの試合数が71から72に増えたとしても，阪神タイガースとの入場者数の差は６万人以上あるので，１試合平均の観客動員数でこれをぬくことはできない。

理　科　(40分)＜満点：80点＞

解　答

[1] **問１**　⑴　A　⑵　B　**問２**　ウ，オ　**問３**　**気体**…酸素　**色**…黒色　**問４**　**電流**…流れにくい　**磁石**…つく　**かたさ**…もろくなる　**問５**　ウ，エ　**問６**　⑴　200 cm^3　⑵　4 cm^3　**問７**　320cm^3　**問８**　イ　[2] **問１**　頭胸部　**問２**　気管　**問３**　イ　**問４**　下の図ⅰ　**問５**　下の図ⅱ　**問６**　下の図ⅲ　**問７**　ア，オ　[3] **問１**　⑴　キ　⑵　ウ　**問２**　下の図ⅳ　**問３**　イ　**問４**　⑴　(像が)ぼやけて(映る)　⑵　60cm　**問５**　下の図ⅴ　[4] **問１**　**金星**…ウ　**火星**…ア　**問２**　**時間帯**…ウ　**方角**…ア　**問３**　オ　**問４**　ウ　**問５**　イ　**問６**　⑴　59日分　⑵　176日分

図ⅰ

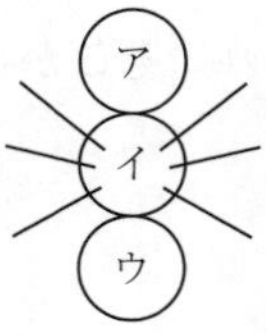

図ⅱ

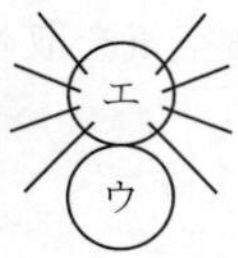

図ⅲ

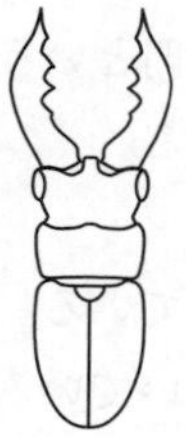

図ⅳ

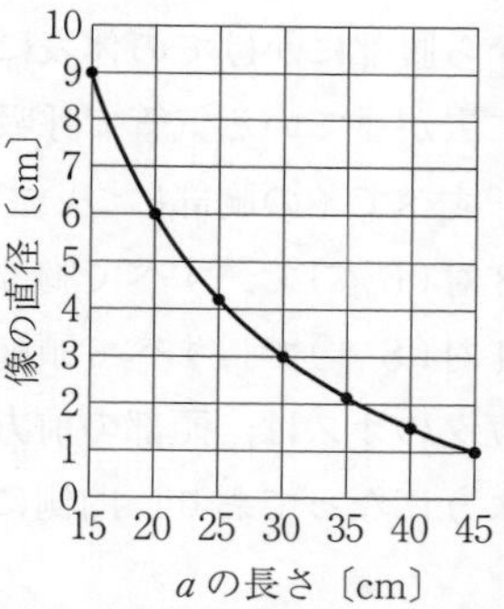

図ⅴ

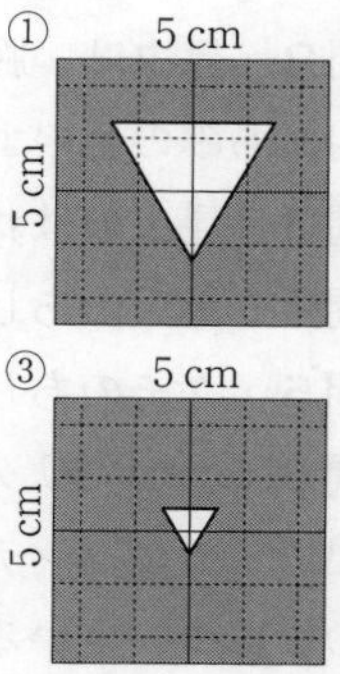

解　説

[1] **鉄の燃焼，金属と水溶液《すいようえき》についての問題**

問１　Aは外炎《がいえん》で，空気と十分ふれ合っているので完全燃焼し，最も高温になっている。Bは内炎で，不完全燃焼しているためすすが発生しており，すすが熱せられて明るくかがやいているため，最も明るい。Cは炎心で，主にろうの気体がある部分である。

問２　ウについて，ろうそくの炎にガラス棒を入れると，Bの内炎にふれた部分にすすがつく。オについて，たとえばろうそくの側面に火を近づけても，ろうがとけるだけで炎《ほのお》は発生しない。

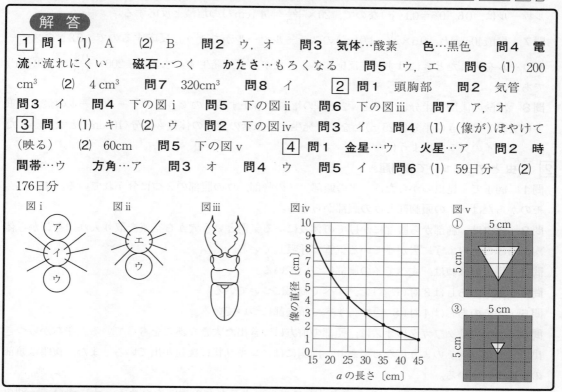

問3　スチールウール(鉄)を空気中で加熱すると，スチールウールと空気中の酸素が結びつき，酸化鉄ができる。スチールウールは銀色(または灰色)をしているが，燃やしてできた酸化鉄は黒色をしている。

問4　黒色の酸化鉄は，鉄に比べて電流が流れにくいが，磁石につく性質は残っている(スチールウールほどは強くない)。また，スチールウールは弾力《だんりょく》があり，かたい金属であるが，燃やした後のものはさわるとボロボロとくずれるほどもろくなっている。

問5　スチールウールを塩酸に入れると，スチールウールがとけて水素が発生する。水素は水に溶けにくく，気体の中で最も軽い気体である。なお，アは酸素，イは二酸化炭素，オはアンモニアにあてはまる性質である。

問6　(1)　実験２の結果を示すグラフより，0.5ｇのスチールウールと塩酸20cm^{3}が過不足なく反応し，200cm^{3}の水素が発生することがわかる。よって，塩酸20cm^{3}にスチールウール0.6ｇを入れると，0.5ｇのスチールウールとすべての塩酸が反応し，水素が200cm^{3}発生する。　(2)　残ったスチールウールは，$0.6-0.5=0.1$(ｇ)なので，$20\times\frac{0.1}{0.5}=4$(cm^3)の塩酸と反応する。

問7　塩酸40cm^{3}と，$0.5\times\frac{40}{20}=1.0$(ｇ)のスチールウールがちょうど反応するので，0.8ｇのスチールウールを入れたときにはすべて反応する。したがって，発生する水素は，$200\times\frac{0.8}{0.5}=320$(cm^3)である。

問8　塩酸の濃度《のうど》を半分にすると，20cm^{3}の塩酸が溶かすことのできるスチールウールの最大の重さは実験２のときの半分(0.25ｇ)となり，発生する水素の最大の体積も半分(100cm^3)となる。したがって，イのグラフのようになる。

2　昆虫《こんちゅう》とクモについての問題

問1　図１で，昆虫のからだは，アの頭部，イの胸部，ウの腹部の３つに分かれている。また，クモのからだは，エの頭胸部とウの腹部からなる。

問2　昆虫は，胸部から腹部にかけての体表にある気門という穴から空気を取り入れ，そこから体内にあみの目のように広がっている気管で呼吸している。

問3　昆虫のはねは，すべてイの胸部についている。

問4　昆虫のあしは３対(６本)で，すべて胸部についている。

問5　クモのあしは４対(８本)で，すべて頭胸部についている。

問6　ノコギリクワガタのオスは，頭部の前方につき出た大きなあごをもっている。左右からつき出て１対のペンチのようになっており，内側にはノコギリ状に突起《とっき》が出ている。また，複眼は頭部の横についている。

問7　アについて，カブトムシの成虫はクヌギやコナラなどの樹液をなめる。オについて，幼虫(ボウフラ)の食べ物は主に養分となる破片《はへん》や細菌《さいきん》などである。また，動物の血を吸うのは産卵前のメスだけで，オスは血を吸わない。

3　光の進み方についての問題

問1　ランプから出た光は，黒い紙の穴を通過してスクリーンに届く。このとき，円形のランプの直径を底辺，穴の位置を頂点とする三角形と，スクリーンに映った円形の像の直径を底辺，穴の位置を頂点とする三角形は相似の関係にあり，(ランプの直径)：(像の直径)＝a：bとなる。実験１

より，$a+b=30+30=60$(cm)なので，aが20cmの場合は，bは40cmなので，像の直径を□cmとすると，3：□＝20：40＝1：2より，□＝6(cm)となる。また，aが40cmの場合は，bは20cmとなるので，像の直径を△cmとすると，3：△＝40：20＝2：1より，△＝1.5(cm)と求められる。

問2　aの長さと像の直径の関係は右の表のようになる。これらの値をグラフ上に●で記し，各点をなめらかな曲線で結ぶ。

aの長さ(cm)	15	20	25	30	35	40	45
像の直径(cm)	9	6	4.2	3	約2.1	1.5	1

問3　ランプの上方から出た光は穴を通過したあと下方に進み，下方から出た光は穴を通過したあと上方に進む。よって，像は上下が逆になる。左右も同様になるので，スクリーンには上下左右が逆転した像が映る。

問4　(1)　$a=30$(cm)のときには，$b=30$(cm)の位置にはっきりとした像が映るので，aの長さはそのままで$b=20$(cm)とすると，像のピントが合っていないところにスクリーンを置くことになり，像がぼやけて映る。　(2)　とつレンズの像がはっきりと映っている場合のaとbの値を入れかえても，像ははっきりと映る。③より，$a=60$(cm)，$b=20$(cm)のときに像がはっきりと映っているので，$a=20$(cm)，$b=60$(cm)のときにも像がはっきりと映る。

問5　とつレンズで物体の像をつくるとき，物体の大きさと像の大きさの比は，aとbの比に等しい。①のようにaとbが等しいときは，ランプと同じ大きさで上下左右が逆になった像がスクリーンに映る。したがって，1辺の長さが3cmの明るい正三角形の像が，ランプとは上下左右が逆になって映り，そのまわりはすべて黒い紙で光をさえぎられているため影《かげ》になる。③の場合は，$a:b=60:20=3:1$より，明るい正三角形の像は1辺が，$3\times\frac{1}{3}=1$(cm)となる。像の向きはやはり逆さまとなり，まわりは影になる。

4　惑星《わくせい》の動きについての問題

問1　太陽の周りを公転する惑星の公転周期は，太陽に近い惑星ほど短く，遠い惑星ほど長い。地球が1年なので，金星は1年より短く(約0.61年)，1年で1周より多く回っている。それに対して火星は1年より長く(約1.88年)，土星はさらに長い(約29.5年)。よって，アが火星，イが土星，ウが金星，エが地球となる。

問2　金星に着目し，問1のエの円軌道《きどう》の内側にウの円軌道があるものとして考えていくと，1月の地球から見て，1月の金星は太陽の少し西寄りの方角にある。よって，明け方に，明けの明星《みょうじょう》として東～南東の空に見える。

問3　金星と土星が接近して見えるためには，地球から見た方向が両者ともおよそ一致《いっち》し，さらにその方向に太陽がないことが条件となる。11月の地球から11月の金星を見ると，それと大きく離《はな》れない方向に土星があることがわかる。

問4　問1のアの円軌道の内側にエの円軌道があるものとして考えていく。火星が最も大きく見えるのは，火星が太陽とは正反対の方向にきたとき，つまり地球に最も近づいたときであり，6月と考えられる。図は1日の位置なので，その前日の5月31日が選べる。

問5　問1のエでは円軌道の中心に太陽があるのに，アでは太陽が円軌道の中心からずれた位置にある。そのため，たがいの円軌道が近いところと遠いところができる。たがいの円軌道が近いところで地球と火星が接近すると火星はより大きく見えるが，たがいの円軌道が遠いところで地球と火星が最も近づいたときには火星が小さく見える。

問6　(1)　88×２÷３＝58.6…より，59日分かかる。　(2)　図で，水星上で太陽が南中している(太陽の側を向いている)場所をＸ地点とすると，水星は１回転する間に$\frac{2}{3}$周公転するが，はじめの１回転の間にＸ地点が太陽の側を向くことはなく，２回転めの間もＸ地点が太陽の側を向くことはない。そして，３回転して(２周公転して)もとの位置にもどったときに再びＸ地点で太陽が南中する。したがって，水星の１日は２周公転するのにかかる時間と同じ，88×２＝176(日分)とわかる。

国語 (50分) ＜満点：100点＞

解答

一　**問1**　下記を参照のこと。　**問2**　**A**　オ　**B**　ア　**C**　エ　**問3**　天変地異，日進月歩　**問4**　ア　**問5**　食文化が貧しい(国)　**問6**　ウ　**問7**　ファースト　**問8**　(例)　食文化史は，その国の特質や創造性，現在位置を把握する貴重な情報を含んでいるから。　**問9**　エ　**問10**　ウ　二　**問1**　下記を参照のこと。　**問2**　ウ，オ　**問3**　ア　**問4**　エ　**問5**　店の品ものが安っぽくなってしょうがない(から。)　**問6**　イ　**問7**　エ　**問8**　ア　**問9**　(例)　多くの人が手をかけたくだものを捨てる人への怒りと，それを買えない人へのやりきれない気持ち。　**問10**　オ

●漢字の書き取り

一　問1　a　異名　b　暗示　c　潮流　d　照射　二　問1　a　細工　b　熟　c　生意気　d　手帳

解説

一　**鈴《すず》木《き》透《とおる》の『食の実験場アメリカ―ファーストフード帝国のゆくえ』による。**アメリカの食文化の歴史を具体的に取り上げ，食文化史がその国の特質や創造性，現在位置を把握《はあく》する貴重な情報を含《ふく》んでいることを指摘《してき》している。

問1　**a**　本来の名前以外の別名。　**b**　はっきりとは示さず，それとなく知らせること。　**c**　ここでは，時代の流れ。　**d**　ここでは，光で照らし出すように，はっきりと現し出すこと。

問2　**A**　アメリカの食べ物として真っ先にイメージされるハンバーガー，フライドポテト，ピザが，実はアメリカ以外の国を起源とする食べ物だったことに加え，「ファーストフード的な画一化された食」というアメリカの食のイメージも，実際には異なるというつながりである。よって，前のことがらを受けて，さらに別のことを加えるときに使う「しかも」があてはまる。　**B**　「アメリカは，食に関しては後進国のように思われがち」だが，実際には「想像以上に複雑な過程を経て独自の食文化を築き上げ」ているのだから，前のことがらを受けて，それに反する内容を述べるときに用いる「だが」が合う。　**C**　食べ物は「公共の福祉《ふくし》と切り離《はな》すことはでき」ず，「社会的合意(ないしは不服従)の次元を含んでいる」のだから，「食べ物の歴史は，人々による社会的選《せん》択《たく》(あるいはその失敗)」をも体現しており，そこには「その集団がたどってきた変革の記憶《きおく》が刻まれている」といえる。よって，前のことがらを理由・原因として，後にその結果をつなげるときに用いる「とすれば」が入る。

問３　傍線《ぼうせん》①に含まれる「変」「進」を用いた，「天変地異」と「日進月歩」が選べる。「天変地異」は，台風や地震《じしん》など，自然界に起こる異変。「日進月歩」は，たえず進歩していくこと。なお，「創意工夫《くふう》」は，今までだれも思いつかなかったことを考え出すこと。「文武両道」は，学問と武道やスポーツの両方に優《すぐ》れていること。「立身出世」は，社会的に高い地位について有名になること。

問４　続く部分で，「日本では一般《いっぱん》にはあまり知られていないこと」の具体例として，「アメリカを代表するスナックのポップコーンは先住インディアン由来の食べ物」であることや，「フライドチキンは黒人奴隷《どれい》と深い関わり」があること，「バーベキューに至っては，先住インディアンと黒人奴隷の両方の存在なくして成立しえなかった」ことがあげられている。つまり，「典型的なアメリカ料理」は，「非イギリス起源であるだけでなく」，「先住インディアンと黒人奴隷」の料理にも由来しているというのだから，アが選べる。

問５　アメリカが「食に関しては後進国」だという考え方に対し，実際には「想像以上に複雑な過程を経て独自の食文化を築き上げた」国だと述べられていることをおさえる。つまり，アメリカは「食文化が貧しい」国ではなく，実は「豊かな食文化のポテンシャル」がある国だというのである。

問６　直前にある，「こうした潮流」の内容をおさえる。今までのアメリカは「食の標準化現象」である「ファーストフードへの依存《いぞん》」が高まっていたが，最近は「脱《だつ》ファーストフードに向けた様々な試みが芽生えて」きていると述べられている。具体的には，「健康志向」にもとづいた「ベジタリアン・メニューの開発」であり，このことは「人々の体を考えた自然に近い食べ物が増える」と書かれたアの内容にあてはまる。また，「ラテンアメリカ料理とアジア料理を合体させた新たな創作エスニック料理が登場している状況《じょうきょう》」から，「さまざまな民族料理の特長を取り入れていく」とあるエの内容も正しい。そして，問２で検討したように，筆者は「食べ物の歴史」がその国の「人々による社会的選択」を体現していると示したうえで，「食文化史」から「得られる知見は，私たちが自分たちの食べ物，さらには私たち自身を見つめ直す新たなきっかけにもなる」と述べているので，イの内容もあてはまると判断できる。ふさわしくないのは，「今よりさらに世界の画一化が進んでいく」と述べられたウで，これは「ファーストフード」と関連する内容にあたる。

問７　「農家と消費者」の関係において，どのような問題があったのかが具体的に示されている一文を探す。傍線④を含む段落から，筆者は，アメリカでは「ファーストフードへの依存が高まるにつれ」，「低コスト化への圧力によって農業の形までもがゆがめられてしまった」ことを問題視していることがうかがえる。だが，「脱《だつ》ファーストフードに向けた様々な試みが芽生えて」きている現在では，「農家と消費者の新たな関係を模索《もさく》する動き」が広まっているというのである。

問８　筆者は，アメリカの食べ物の現状について紹介《しょうかい》したうえで，「食文化史は，アメリカという国の特質や創造性，現在位置を把握する貴重な情報を含んでいる」と述べている。だから「食べ物が伝える記憶に目を止め」れば，「アメリカという国の核心《かくしん》と今後の動向の両方をより鮮明《せんめい》に捉《とら》える」ことができるのだといえる。

問９　アメリカの食には「地方ごとのバリエーション」があることを具体的に紹介したうえで，これらの料理が「大恐慌《きょうこう》から第二次世界大戦にかけての食糧《しょくりょう》難の時期に，一回の食事で十分な栄養を取れるようにしようと普及《ふきゅう》した食べ方」であると筆者は述べ，そのときに様々な文化が混交されたことを示している。よって，エがふさわしい。

問10　本文の前半では，アメリカは食に関しては後進国のように思われがちだが，様々な国の食文化が混交して，「実は豊かな食文化のポテンシャルを持っ」た国であることが説明されている。そのうえで，このような食文化史を見ると，「イギリス系白人がアングロサクソン文化にその他の人々を同化させることによって国民統合を成し遂げてきた」という従来型のアメリカ観に対しても疑問が突《つ》きつけられると筆者は述べている。そのことを受けて，本文の後半では，「食文化史」はその国の「特質や創造性，現在位置を把握する貴重な情報を含んでいる」ことを示し，そこから得られる知見は「自分たちの食べ物，さらには私たち自身を見つめ直す新たなきっかけにもなるだろう」と「今後の見通し」について語っているのだから，ウがよい。

二　出典は木内高音《きうちたかね》の『水菓子《みずがし》屋の要吉《ようきち》』による。いなかから出てきて東京の山の手にある水菓子屋で働く要吉は，大勢の人々の手をかけてここまで運ばれてきた尊いくだものが，たべられもせずに捨てられてしまうことにやりきれない気持ちをつのらせていく。

問1　**a**　手先を使って細かいものをつくること。　**b**　くだものや作物などが，じゅうぶんに実るようす。　**c**　えらそうにしたり，でしゃばったりすること。　**d**　予定などを記入するための小さな帳面。

問2　「合」には「カッ」という音読みがあり，「羽」には「は」という訓読みがある。また，「型」には「かた」という訓読みがあり，「録」には「ロク」という訓読みがあるので，「合羽」「型録」は音だけでなく意味も表しているものとわかる。

問3　要吉が，くだものに対してどのような思いを抱《いだ》いているのかをおさえる。要吉の実家には水《すい》蜜桃《みつとう》の畑があり，要吉たちは「ほんのりと紅《あか》く色づいて」きた水蜜桃をひとつひとつ「宝玉ででもあるかのよう」に，ていねいにそっともぎとり，紙袋をかぶせて出荷《しゅっか》し，それを「売ったお金で一年中の暮らしをたて」ていた。要吉は「はるばると，汽車や汽船」で運ばれてきたくだものが，いなかから出てきた自分の身の上と重なり，さらに，傷んだくだものに接するたびに，自分が大切に育てていた水蜜桃のことが思い出されて，まるで自分自身がくさっていくような痛みを感じたのだと考えられる。

問4　要吉が主人からしかられているのは，自身にとって「一山売りのもりわけ」の「あんばいが，それはむずかし」かったために，うまくできないでいるからである。よって，エがふさわしい。

問5　捨ててしまうくらいならただで客にやったほうが「まだまし」だと考えた要吉は，店に来たみすぼらしい身なりの女の子に「きずもののバナナ」をただで持たせたが，それを見ていたおかみさんから，「そんなことをした日にゃア，店の品ものが安っぽくなってしょうがない」としかられている。つまり，おかみさんは「店の品もの」としての価値を保つため，「ただ」でやることをよしとしなかったのだろうと考えられる。

問6　水蜜桃を栽培《さいばい》している要吉の家では，そのひとつひとつを「まるで，宝玉ででもあるかのように，ていねいに」あつかい，それを出荷して生計を立てていたので，「自分の家の桃だといっても，要吉たちの口にはいる」のは，売りものにならない「ほんのわずかのもの」しかなかった。だからこそ，「一粒《ひとつぶ》よりの水蜜桃」を自由にたべちらす大学生たちを見た要吉は，驚《おどろ》きとともにうらやましさも感じたのである。

問7　要吉の家では水蜜桃を大事に育てていたので，そのたいへんさは要吉自身がとてもよく理解していたし，自分たちでは売りものにならないものしかたべられなかったため，貴重さも身にしみてわかっていた。だからこそ，東京でたくさん目の前でくさっていき，捨てられていくくだものを見た要吉は，バナナさえも見たことのない家族たちを思い，東京といなかの生活の大きな差を痛切に感じ，どうしようもないやりきれなさを覚えたのだろうと想像できる。

問８　「うんと」は，“非常に”“たくさん”という意味。また，「まける」は，“値段を安くする”という意味なので，アがふさわしい。

問９　実家で大切に水蜜桃を育てていた要吉にとっては，店で売っているくだものは「大ぜいの人々の手をかけて，やっとのことでここまで運ばれてきたとうとい品物」である。だから，「だれにもたべてもらえず」にくさり，「ただ，ごみ箱へすてられ」てしまうことにいらだつ一方で，「くさりかけた一山いくらのものでさえも，十分にはたべられない人々が大ぜいいる」ことを思うと，やりきれなかったのだろうと考えられる。

問10　心をこめて大切に水蜜桃を育てていた要吉は，「商売のためにはたべられるものをくさらせていいというりくつ」は理解できず，くだものはおいしくたべてこそ価値のあるものと思っている。これに対して女中は，屋敷《やしき》の人たちがたべずにくさらせてしまったバナナを「平気な顔」で捨てていることから，くだものに対して何か特別な思い入れや関心などはないものと考えられる。さらに，おかみさんは「店の品ものが安っぽく」なるという理由だけで，たべられるものをただでやるのを禁止するような人なので，たべものの値打ちなどわからず，くだものは単なる商売の道具としか考えていないのだろうと推測できる。

Dr.福井の

入試に勝つ！脳とからだのウルトラ科学

寝る直前の30分が勝負！

みんなは，寝る前の30分間をどうやって過ごしているかな？　おそらく，その日の勉強が終わって，くつろいでいることだろう。たとえばテレビを見たりゲームをしたり――。ところが，脳の働きから見ると，それは効率的な勉強方法ではないんだ！

実は，キミたちが眠っている間に，脳は強力な接着剤を使って海馬《かいば》（脳の，知識をためる倉庫みたいな部分）に知識をくっつけているんだ。忘れないようにするためにね。もちろん，昼間に覚えたことも少しくっつけるが，やはり夜――それも“寝る前”に覚えたことを海馬にたくさんくっつける。寝ている間は外からの情報が入ってこないので，それだけ覚えたことが定着しやすい。

もうわかるね。寝る前の30分間は，とにかく勉強しまくること！　そうすれば，効率よく覚えられて，知識量がグーンと増えるってわけ。

では，その30分間に何を勉強すべきか？　気をつけたいのは，初めて取り組む問題はダメだし，予習もダメ。そんなことをしても，たった30分間ではたいした量は覚えられない。

寝る前の30分間は，とにかく「復習」だ。ベストなのは，少し忘れかかったところを復習すること。たとえば，前日の勉強でなかなか解けなかった問題や，１週間前に勉強したところとかね。一度勉強したところだから，短い時間で多くのことをスムーズに覚えられる。そして，30分間の勉強が終わったら，さっさとふとんに入ろう！

ちなみに，寝る前に覚えると忘れにくいことを初めて発表したのは，アメリカのジェンキンスとダレンバッハという２人の学者だ。

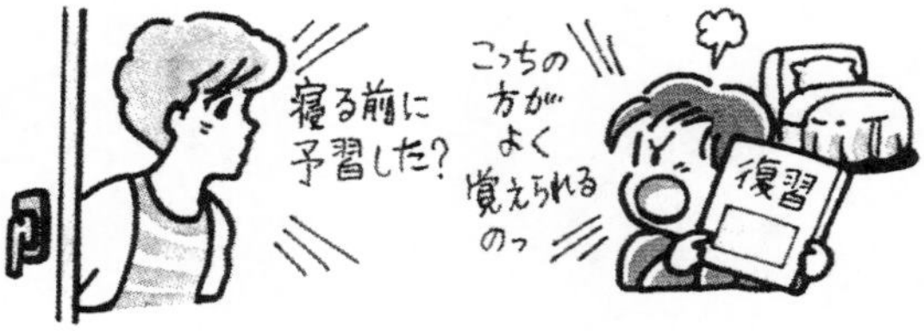

Dr.福井（福井《ふくい》一成《かずしげ》）…医学博士。開成中・高から東大・文Ⅱに入学後，再受験して翌年東大・理Ⅲに合格。同大医学部卒。さまざまな勉強法や脳科学に関する著書多数。

Memo

Memo

2019年度　早稲田大学高等学院中学部

〔電　話〕 (03) 5991－4151
〔所在地〕 〒177-0044　東京都練馬区上石神井3－31－1
〔交　通〕 西武新宿線－「上石神井駅」より徒歩7分

【算　数】（50分）〈満点：100点〉

（注意）　式や考え方を書いて求める問題は，解答用紙の指定された場所に式や考え方がわかるように書いてください。

1　次の問いに答えなさい。

(1)　次の $\square$ にあてはまる数を求めなさい。

①　$1+\frac{1}{2}+\frac{1}{3}+\frac{1}{4}+\frac{1}{5}+\frac{1}{6}+\frac{1}{7}+\frac{1}{8}=\square$

②　$\left[\left\{\left(\square+\frac{1}{2}\right)\times\frac{1}{3}+\frac{1}{4}\right\}\times\frac{1}{5}+\frac{1}{6}\right]\times\frac{1}{7}+\frac{1}{8}=\frac{19}{20}$

(2)　下の図において，三角形ABCは角Bが直角の直角二等辺三角形，三角形DBEは角Bが直角の直角二等辺三角形です。またAD＝2cm，DC＝6cmとします。このとき，次の問いに答えなさい。

①　三角形DBCの面積を求めなさい。

②　三角形DBEの面積を求めなさい。

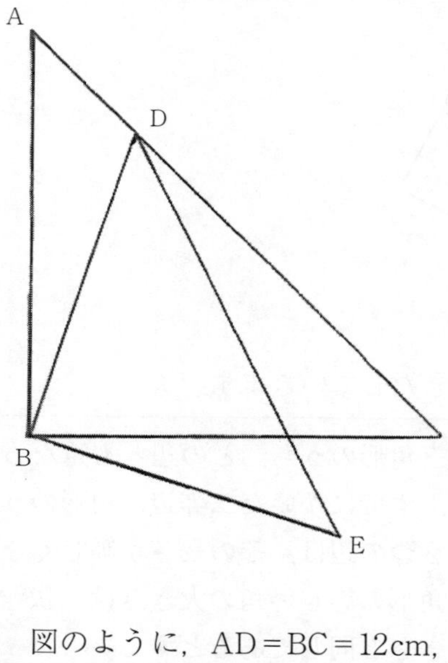

2　図のように，AD＝BC＝12cm，AB＝AC＝DB＝DC＝36cmである立体ABCDがあります。この立体の辺AB，BD，CD，CA上をそれぞれ，点P，Q，R，Sが自由に動くものとします。このとき，次の問いに答えなさい。

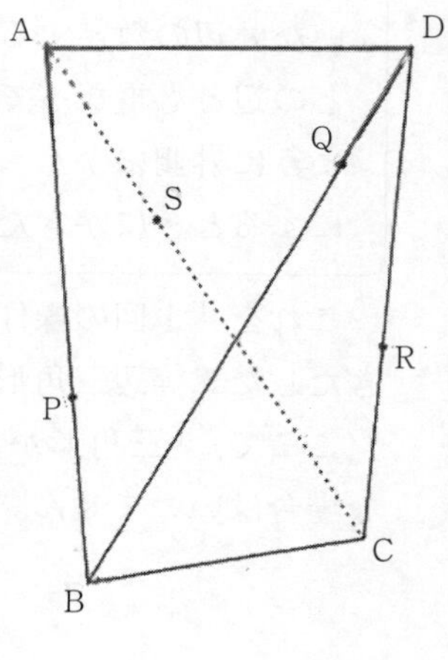

(1)　4点P，Q，R，Sすべてを通る平面があるときについて考えます。

①　四角形PQRSが正方形となるとき，その面積を求めなさい。

② AP＝14cm，BQ＝27cm，DR＝9cm のとき，CS の長さを求めなさい。

(2) AQ の長さが最小となる位置に点Qがあるとき，BQ の長さを求めなさい。

(3) AQ と QC の長さの和が最小となる位置に点Qがあるとき，BQ の長さを求めなさい。

(4) AQ と QR と RS の長さの和が最小となる位置に点Q，R，Sがあるとき，CS の長さを求めなさい。

3 ある商店では２つの商品ＡとＢがそれぞれ300円，500円で販売されています。商品ＡとＢはともに２つの材料Ｐ，Ｑを用いて作られています。商品Ａを作るのには材料Ｐを60ｇ，材料Ｑを20ｇ使います。商品Ｂを作るのには材料Ｐを30ｇ，材料Ｑを130ｇ使います。このとき，次の問いに答えなさい。

(1) 材料Ｐ，Ｑはそれぞれ１kg，1.5kg まで使えるとします。また，商品Ａ，Ｂを合わせて20個作ることとします。このとき，商品Ａ，Ｂを作ることのできる個数の組として実現可能な組を，**式や考え方を書いて**（Ａの個数，Ｂの個数）の形ですべて答えなさい。

(2) (1)の組の中で，売り上げが最大となるとき，その金額を求めなさい。

4 １辺の長さが２cm の正多角形Ａが１つあります。Ａの辺を１つの辺とする合同な二等辺三角形を，Ａの外側にＡの辺の数だけかきます。ただし，かきたす辺の長さは等しいものとします。この状態を「状態☆」とします。下の図はＡが正五角形の例です。

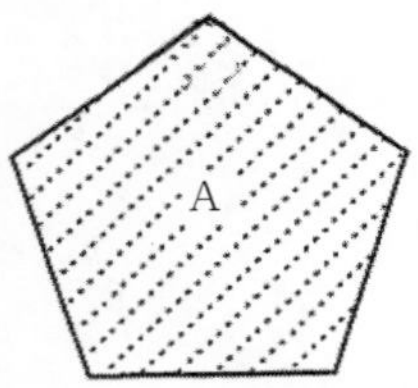

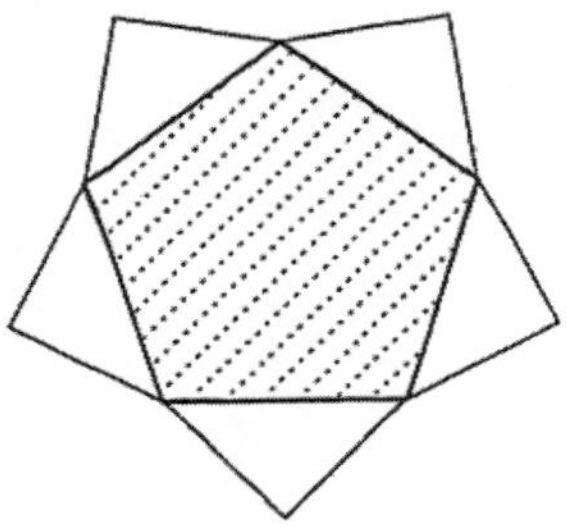
状態☆

状態☆の図形に，新しい二等辺三角形を次のようにかきたしていきます。

> かきたす二等辺三角形の数は，すでにかいた二等辺三角形のうち，どの辺とも重なっていない辺の数とする。新しくかきたす二等辺三角形は，すでにかいた二等辺三角形のうち，どの辺とも重なっていない辺を１つの辺とし，残りの２つの辺は，その長さが等しくなるように外側にかく。ただし，新しくかきたす二等辺三角形の等しい角の大きさは，状態☆にするときにかきたした二等辺三角形の等しい角の大きさと同じであるとする。

これを「１回の操作」と数え，この操作をくり返します。ある操作を終えたとき，新しくかきたした二等辺三角形に重なるものがあった場合，次の操作は行いません。

ここで，「三角形が重なる」とは，次のページの図の①と②のような場合をいい，③のような場合はいいません。

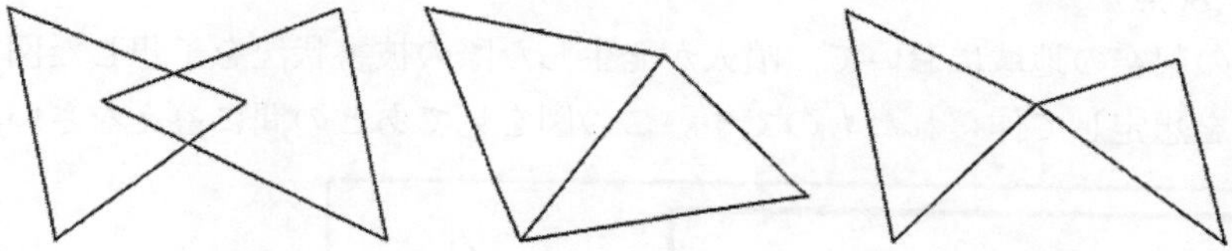

①　　　②　　　③

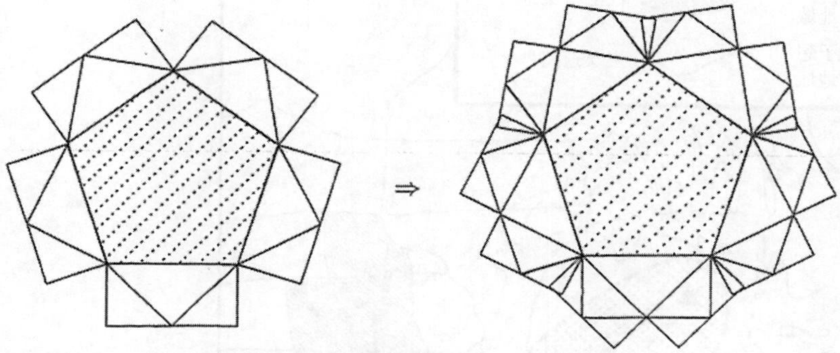

Aが正五角形で，①のようになって，操作が2回までできる例

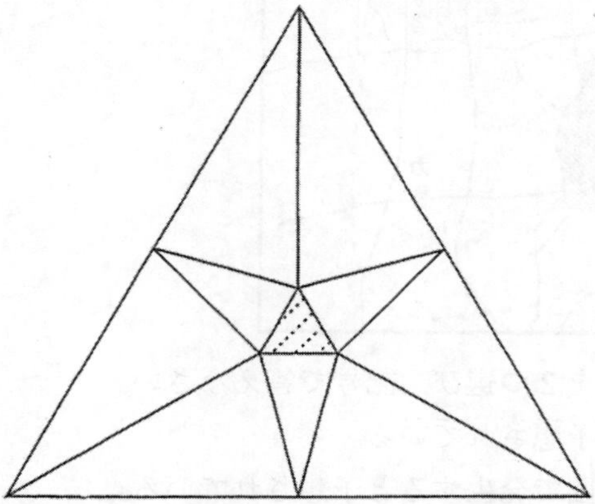

Aが正三角形で，②のようになって，操作が1回だけできる例

このとき，次の問いに答えなさい。

(1)　正多角形Aは正方形で，状態☆にするときにかきたした二等辺三角形の等しい角の大きさは60°であるとします。このとき，操作は何回までできるか求めなさい。

(2)　状態☆にするときにかきたした二等辺三角形の等しい角の大きさは30°であるとします。操作が3回までできるような正多角形Aのうちで，最も辺の数が少ないものの辺の本数を，**式や考え方を書いて**求めなさい。

(3)　正多角形Aは正方形で，状態☆にするときにかきたした二等辺三角形の等しい角の大きさは45°であるとします。最後の操作が終わったとき，それまでに正多角形Aにかきたした二等辺三角形の面積の和を求めなさい。

【社　会】（40分）〈満点：80点〉

1　次の図は，日本国内の架空の地域において，噴火が発生した際の被害状況を予想した図で，年間で最も多い風向きを想定して作られたものです。この図を見てあとの問に答えなさい。

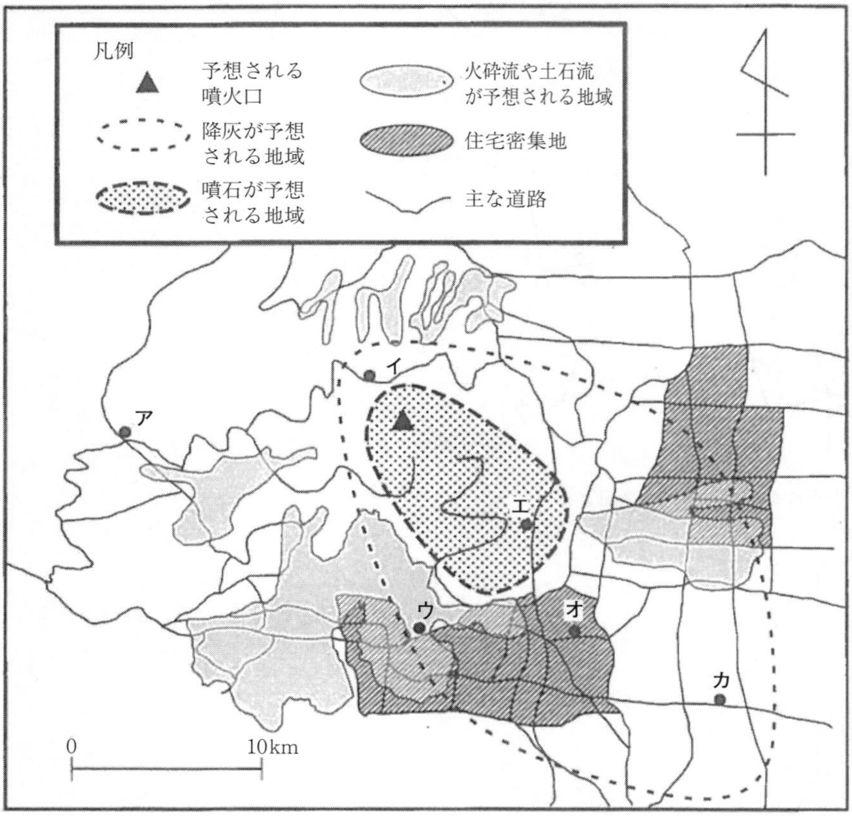

問1　図に関して述べた次の文章から，正しいものを**2つ**選び，記号で答えなさい。

ア　住宅密集地では降灰と噴石の両方の被害が予想されている。

イ　火砕流や土石流は噴火口から北東の広い範囲で発生すると予想されている。

ウ　噴石は噴火口から10km 四方の範囲で予想されている。

エ　噴火口から15km 離れた場所でも降灰が予想されている。

オ　この地域は，北西の風が年間で最も多い。

カ　南の住宅密集地に住む人たちは，住宅密集地から西に行く道路で避難するのがよい。

問2　次の写真と同じ施設をつくるのであれば，どの地点が最も効果的か。地図中の**ア**～**カ**から1つ選び記号で答え，そのように考えた理由を述べなさい。

2　様々な資源に関して述べた次の文章を読み，あとの問に答えなさい。

日本にはエネルギー資源が少ないといわれている。かつては，福岡県北部の（ **1** ）炭田や北海道中部の（ **2** ）炭田などで多く採掘されていたが，現在では，①ほとんどを輸入に頼っている。原油に関しては，日本海側の新潟県などで若干の産出はあるものの，自給率は0.3％程度である。近年では，日本近海の水深の深い場所で「燃える氷」ともいわれる（ **3** ）の存在も確認され，期待されているが，まだ実験段階で課題は多い。

このような中，各地ではエネルギー資源を様々なところからつくり出す活動がみられる。例えば，さつまいもの生産量が全国1位の鹿児島県では，さつまいもは食用の他，加工されて（ **4** ）の原料とされている。この加工の過程でしぼりかすが出るが，これはエネルギー資源としても利用されている。また，この②しぼりかすは，家畜の飼料にもなっており，循環型の取り組みとしても注目されている。また，岡山県の内陸には山林が広がっている。製材の際に出たおがくずなどを加工して燃やし，蒸気を発生させて電力に変えている。他の地域と同じように，ここでも③林業には課題が多かった。しかし，このような取り組みのおかげで木材の買い取りが増え，先進的な取り組みを見ようと多くの人が訪れるようにもなっている。この地域では，エネルギー資源は観光資源にもなっている。

こうしてみると，資源にも様々な意味があることに気付く。豊かな自然環境に恵まれた日本列島には，多様な資源がみられる。食もそのひとつである。実際に，④和食は2013年に（ **5** ）の世界無形文化遺産に登録され，和食を食べることは日本を訪れる外国人観光客の目的の1つにもなっている。物質的な資源だけでなく，このような広い意味での資源を活用しながら日本の将来を考えることも必要だろう。

問1　文章の（**1**）～（**5**）に入る語句を答えなさい。ただし，（**1**）（**2**）は**漢字で**，（**3**）（**5**）は**カタカナで**答えること。

問2　下線部①に関して，日本の石炭と原油の輸入相手国の1位を次からそれぞれ選び，記号で答えなさい。

ア　アメリカ　**イ**　イギリス　**ウ**　インド　**エ**　オーストラリア

オ　韓国　**カ**　サウジアラビア　**キ**　中国　**ク**　ブラジル

問3　下線部②について，なぜ循環型といわれるのか説明しなさい。

問4　下線部③について，日本の林業や森林に関して述べた次の文章から正しいものを1つ選び，記号で答えなさい。

ア　日本の林業の就業人口は減少しているが，木材の自給率は近年上昇している。

イ　日本の木材の輸入先の第1位はインドネシアである。

ウ　吉野杉，尾鷲ひのき，青森ひばが天然の三大美林とよばれている。

エ　日本の森林は，国土面積の約30％である。

問5　下線部④について，和食の代表的調味料としてみそがある。みそは，発酵《はっこう》に何を用いるかで分類され，地域性がみられる。次の図はそれを示したものだが，この図に関するあとの問に答えなさい。

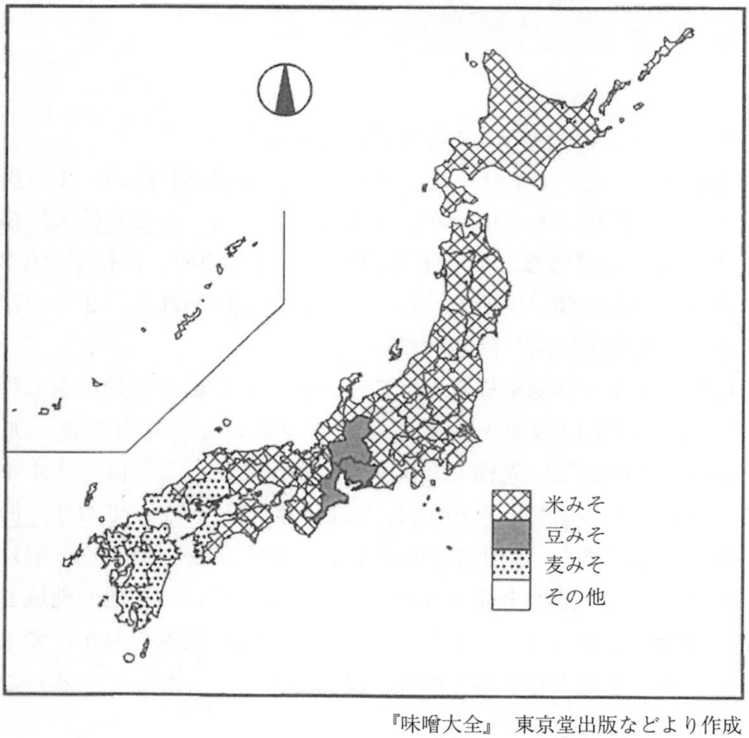

『味噌大全』　東京堂出版などより作成

(1)　各地では独特のみそがつくられており，名称がつけられている。次から他の5つとは材料の**異なるものを2つ**選び，記号で答えなさい。

ア　会津みそ　**イ**　尾張みそ　**ウ**　加賀みそ　**エ**　讃岐みそ

オ　信州みそ　**カ**　津軽みそ　**キ**　肥後みそ

(2)　九州を中心とした地域で麦みそがみられる理由を，この地域の農業の特徴を踏まえて説明しなさい。

問6　下線部④について，農林水産省は和食の特徴をいくつか挙げている。次の文章はそれらの一部である。この文章に関するあとの問に答えなさい。

●多様で新鮮な食材とその持ち味の尊重

日本の国土は南北に長く，海，山，里と表情豊かな自然が広がっているため，各地で地域に根差した多様な食材が用いられています。

●健康的な食生活を支える栄養バランス

一汁□菜を基本とする日本の食事スタイルは理想的な栄養バランスと言われています。

(1) 波線部に関して，次の，地域の伝統料理（食）とそれがみられる都道府県の組み合わせから，**間違った組み合わせを**1つ選び，記号で答えなさい。

ア ほうとう―山梨県　　**イ** おやき―長野県

ウ からしれんこん―熊本県　　**エ** せんべい汁―沖縄県

(2) 空欄にあてはまる語句を**漢字1字で**答えなさい。

問7 文章には再生可能エネルギーの例がいくつか挙げられている。このような再生可能エネルギーの総称を□エネルギーという。空欄にあてはまる語句を**カタカナ5字で**答えなさい。

問8 次の説明文から，文章中に出てくる新潟県，岡山県，鹿児島県を説明したものをそれぞれ選び，記号で答えなさい。

ア 西部の沿岸部にいくつかの原子力発電所がみられる。降雪量の多さは，和紙，刃物，めがねなどの伝統工芸品の発展につながったが，一方で交通の障害にもなってきた。新幹線の開通が期待されている。

イ 東西に長い県で，東部では温泉を生かした観光業が，西部では茶の生産に加え，楽器やオートバイの生産も盛んである。海岸線が長いことで漁業も盛んで，特にカツオの水揚げ量が多い。

ウ 本土のほかに多くの離島を持つ県で，世界自然遺産の指定を受けた島，織物やさとうきびなどの特徴的な産業を持った島，宇宙センターを持つ島など，それぞれに特色があり観光客を集めている。

エ 温暖な気候を生かしてかんきつ類の栽培が盛んに行われるとともに，北部の沿岸部では化学や機械などの工業や伝統工芸品であるタオルの生産も盛んである。2018年7月の豪雨では南部の山間部を中心に大きな被害が出た。

オ 県の南側にはスキー場が多く，雪や温泉を目当てに，海外からの観光客も増加している。一方で西側の沿岸部には平野が連なっており，耕地面積は北海道についで大きい。

カ 人口は南部の沿岸部に集中しており，北部では人口減少が著しい。しかし，北部は古代からたたら製鉄という方法で鉄がつくられ重要な位置づけにあった。北部の県境では酪農も行われており，乳用牛の飼育数は近隣の県に比べかなり多い。

3 次の文章を読んで，あとの問に答えなさい。

国境を越えた人びとの移動が，近年大きな話題になっています。

ヨーロッパ各国では，シリアからの難民をどのように受けいれるかということが問題となったり，増加する移民への対応をめぐって極右政党が選挙で躍進するといったことが起こっています。また，（ **あ** ）のイスラム系の少数民族であるロヒンギャが，迫害のために国外に脱出したことや，韓国の（ **い** ）島にイエメンからの難民が多く押し寄せているというニュースも記憶に新しいでしょう。

戦乱などを避けるための移住という現象は，歴史上もしばしば見られます。①660年に滅亡した百済や，668年に滅亡した（ **う** ）からは，日本列島に多くの渡来人がやってきたことが知られています。彼等は，大陸の先進的な文物をもたらし，日本が②律令国家を建設していく上で大きな役割を果たしました。

日本列島にやってきた百済の王族の一部には，７世紀末に「百済王」という姓が与えられ，百済王氏を形成しました。百済王氏は，律令国家の官人として位置づけられるようになったのですが，③奈良時代について記された歴史書には，④朝廷の中で百済王氏に「百済の楽《がく》」を演奏させたり，「本国の舞《まい》」を舞わせたりした事例が見られます。同様に，東北地方の蝦夷や南九州の隼人といった人びとに対しても，あえて独特な服装をさせることで彼等の異民族性を強調しました。さらにこれらの人びとを，多くの官人や新羅などからの外交使節が集まる正月の儀式の場などにも出席させました。こうしたことの背景には，日本が目標とした中国は，異民族支配を前提とする帝国型の国家だったことがあります。

さて，百済王氏は⑤桓武天皇の時代に一族としての最盛期を迎えます。渡来系氏族出身の高《たか》野新笠《ののにいかさ》を母に持つ桓武は，渡来系氏族の代表格である百済王氏に対して課税の永久免除などの特権を与えました。自身の出自も渡来系なので，渡来系の人びとを重視したのです。またこの頃には，渡来人を祖とする氏族は，都の貴族の３分の１程を占めていたとする史料も残されています。

９世紀後半以降，天皇家との関係が薄れていった古代の名門氏族の多くが没落し，（ **え** ）氏に権力が集中するようになっていく中で，百済王氏もまた，高い地位を維持することが難しくなりました。この背景には，渡来系の人びとが日本社会に同化していく中で，渡来系だからこそ持ち得た特殊技能がもはや特殊ではなくなっていったということもあるでしょう。さらに，日本が異民族支配を前提とした帝国を目指さなくなっていったということも関係しています。「東北三十八年戦争」とも称される蝦夷征討事業は９世紀初めに終焉《しゅうえん》を迎え，また同じ頃には隼人に対する異民族としての扱いも，一般民衆と同様のものに改められました。渡来系の人びとは，このようにして日本社会の中に溶け込んでいったのです。

では，渡来系の人びとについて，歴史的にどのように捉えればよいのでしょうか。関晃という研究者は，彼らについて次のように語っています。

「⑥彼らのした仕事は，日本人のためにした仕事ではなく，日本人がしたことなのである。」

こうした視点から現代の移民や難民の問題を考えてみると，また違った見え方がしてくるかもしれません。

問１　空欄（**あ**）にあてはまる国名を答えなさい。

問２　空欄（**い**）にあてはまる島名を答えなさい。

問３　下線部①に関連して，滅亡した百済の復興を目指した倭と，唐・新羅の連合軍との戦いを何というか答えなさい。

問４　空欄（**う**）にあてはまる国名として適切なものを１つ選び，記号で答えなさい。

ア　渤海　　**イ**　シャム　　**ウ**　マラッカ　　**エ**　高句麗

問5　下線部②について述べた文として適切なものを1つ選び，記号で答えなさい。

ア　天武天皇は各地に国分寺・国分尼寺を建てさせた。

イ　持統天皇の下で藤原京が都として定められた。

ウ　それぞれの地域の特産物を納める税を庸という。

エ　律令はローマ法を参考に定められた。

問6　下線部③にあたるものを1つ選び，記号で答えなさい。

ア　『方丈記』　**イ**　『続日本紀』　**ウ**　『万葉集』　**エ**　『古事記伝』

問7　下線部④の理由としてどのようなことが考えられるか，本文を参考にして説明しなさい。

問8　下線部⑤の人物について述べた文として**誤っているもの**を1つ選び，記号で答えなさい。

ア　『古今和歌集』を編纂《へんさん》させた。

イ　空海に教王護国寺(東寺)を与えた。

ウ　坂上田村麻呂を征夷大将軍に任じた。

エ　嵯峨天皇の父である。

問9　空欄(**え**)にあてはまる氏族名を，**漢字で**答えなさい。

問10　下線部⑥は，どのようなことを述べようとしていると考えられるか，本文の内容をふまえて説明しなさい。

4　次の各文章は，歴史研究会のメンバーが冬休みに訪れた場所について報告をしている会話である。読んであとの問に答えなさい。

A　僕は(**あ**)に行ったよ。原爆ドームや平和記念資料館を見て，原爆や①戦争について学んだよ。世界遺産にも登録されている②平家ゆかりの神社にも行ったんだけど，海上に浮かぶ社殿は神秘的でとてもきれいだったよ。

B　僕は(**い**)に行ったよ。ここには③日清戦争の講和会議の会場になった料理屋さんがあって，そこでふぐ料理を食べてきたよ。近くの講和記念館には，会議の場面を再現した部屋もあって，会議の様子がよくわかったよ。

C　僕は(**う**)に行ったよ。④戊辰戦争最後の戦いが行われた五稜郭があって，すぐ隣のタワーに昇って，特徴的な城の形を見てきたよ。

D　僕は(**え**)に行ったよ。ここは⑤ロシアの使節のラクスマンがやってきて，幕府に通商を求めた場所だよ。目の前に北方領土の島々が見えて，その近さに驚いたよ。

E　僕は(**お**)に行ったよ。ここにはフランスの技術で建てられた官営模範工場があって，その大きさに圧倒されたよ。世界遺産にも登録されたんだよ。明治になってわずか数年であんな工場を建てたなんて，それだけで新政府の⑥殖産興業への意気込みの強さを感じたよ。

F　僕は(**か**)に行ったよ。天照大御神《あまてらすおおみかみ》を祀《まつ》る神社を見学したり，⑦2016年にサミットが行われたホテルに行ったりしたよ。サミットを記念してつくられた資料館もあって，世界経済における各国の取り組みなどが学べておもしろかったよ。

G　僕は(**き**)に行ったよ。⑧太平洋戦争の引揚《ひきあげ》港のひとつで，日本海側にあったことから，ソ連に抑留されていた人たちが帰ってくるために最後まで開かれていた港だよ。引揚についての資料館もあって，引揚というあまり知られていない歴史を学べたよ。

問1　空欄(**あ**)～(**き**)に当てはまる地名を次の語群から1つずつ選び，記号で答えなさい。

ア　舞鶴　**イ**　長崎　**ウ**　大阪　**エ**　京都　**オ**　富岡
カ　函館　**キ**　根室　**ク**　下関　**ケ**　足尾　**コ**　下田
サ　横浜　**シ**　広島　**ス**　伊勢　**セ**　鹿児島　**ソ**　釧路

問2　下線部①について，次の出来事を時代の古い方から順番に並べ替えたとき，**2番目**にくるものを記号で答えなさい。

ア　日中戦争が始まる。
イ　真珠湾攻撃が行われる。
ウ　沖縄戦が行われる。
エ　サイパン島が陥落《かんらく》する。
オ　満州事変が起こる。

問3　下線部②について，この神社の名前を**漢字で**答えなさい。

問4　下線部③について，この講和条約について述べた次の文のうち，正しいものを１つ選び，記号で答えなさい。

ア　清は朝鮮の領有権を日本に渡した。
イ　清は遼東半島や台湾，澎湖諸島を日本にゆずった。
ウ　清は満州の鉄道の権利を日本に渡した。
エ　清はロシアとドイツと共に条約の内容を一部取り消す三国干渉を行った。

問5　下線部④について，この戦いで幕臣として最後まで新政府軍に抵抗した人物で，後に新政府に仕え，樺太・千島交換条約の締結に尽力した人物は誰か。次から選び，記号で答えなさい。

ア　土方歳三　**イ**　榎本武揚　**ウ**　岩倉具視　**エ**　木戸孝允

問6　下線部⑤について，これ以降，外国船がひんぱんに日本に出現するようになり，幕府は対応に追われた。次の文のうち，**誤っているもの**を１つ選び，記号で答えなさい。

ア　イギリス船のフェートン号が対立するオランダ船を追って長崎に侵入した。
イ　国後島で測量していたロシアのゴローウニンを捕まえた。
ウ　漂流民を届けにきたノルマントン号を浦賀で打ち払った。
エ　アヘン戦争で清が敗れたことを知って，薪水《しんすい》給与令を出した。

問7　下線部⑥について，明治政府が取り組んだ殖産興業をはじめとする諸改革について述べた次の文のうち，正しいものを１つ選び，記号で答えなさい。

ア　学制を公布して男女とも小学校６年，中学校３年の義務教育を規定した。
イ　安定した財源を確保するために地租改正を行って，地価の３％を現金で納めるようにした。
ウ　廃藩置県を行って，それまでの大名を知事に任命して統治にあたらせた。
エ　五榜の掲示で基本方針を示し，江戸時代には禁止されていたキリスト教の信仰を認めた。

問8　下線部⑦について，このサミットにはＧ７と呼ばれる国々と欧州連合が参加した。次の国のうち，Ｇ７に**含まれない国**を１つ選び，記号で答えなさい。

ア　中国　**イ**　イタリア　**ウ**　カナダ　**エ**　イギリス　**オ**　ドイツ

問9　下線部⑧について，太平洋戦争後の民主化政策について述べた次の文のうち，**誤っているもの**を１つ選び，記号で答えなさい。

ア　日本の産業や経済を独占してきた財閥が解体された。

イ　農地改革を行って，政府が地主の農地を買い上げて小作人に安く売り渡し，自作農を増やした。

ウ　国民主権，平和主義，基本的人権の尊重を柱とする日本国憲法が公布された。

エ　治安維持法が廃止され，選挙権も25歳以上の男女に与えられ，普通選挙が実現した。

5　次の会話文を読んで，あとの問に答えなさい。

太郎　昨年6月，成人年齢を18歳へと引き下げる民法改正案が，①国会で可決されたね。

次郎　それと関連して，少年法の適用年齢も，20歳未満から18歳未満へと引き下げることが提案されているよ。

三郎　少年法は，少年が人格的に未成熟であることを考慮して，非行少年に対する責任追及ではなくて，彼の保護などを目的とする法律だ。

四郎　引き下げによって問題になるのは，②犯罪をしてしまった18歳・19歳の若者だよね。日本の少年法には問題があると，③国連子どもの権利委員会から指摘されたこともあったし，慎重に検討すべきだよ。

太郎　④諸外国の動向に目を配ると，やはり18歳で線を引く国が多いみたいだ。日本もそうすればいいんじゃないかな。

次郎　確かに，18歳になれば十分な判断能力があるから，⑤裁判所は20歳以上の者と同じように，懲役刑を科して刑務所に入れたり，⑥罰金を払わせたりしてもよいと思う。

三郎　公職選挙法上の選挙権年齢との統一性も考えなければならないしね。

四郎　もし懲役刑を科されると，刑務作業といって，木工・印刷・洋裁などの仕事をさせられることになる。本当にいいのかな。

太郎　【ア】刑務作業って給料が出るんでしょ。だったら悪い話じゃないよ。

次郎　【イ】刑務作業は一般の労働とは異なるから，給料ではなくて作業報奨《ほうしょう》金と呼ばれている。平均月額，1人あたり5000円くらい。⑦月額5000円は安すぎると批判する人もいるようだけど，仕方ないよね。

三郎　【ウ】昔と比べると，最近の若者は成熟が遅れていることも考慮してあげないと。

四郎　【エ】そうそう，18歳・19歳であれば，刑務作業よりも生活指導のほうが重要だよ。

問1　4人の中には，少年法の適用年齢の引き下げについて，最後に意見を変えた(それまでの自分の発言と反することを言っている)者がいる。彼が意見を変えた発言を会話文中の【ア】～【エ】から1つ選び，記号で答えなさい。

問2　下線部①について，次のA～Dのうち，国会の仕事として適切なもの2つの組合せを1つ選び，記号で答えなさい。

A　最高裁判所長官の指名　　B　天皇の国事行為に対する助言と承認

C　条約の承認　　D　弾劾裁判所の設置

ア　A・B　　イ　A・C　　ウ　A・D

エ　B・C　　オ　B・D　　カ　C・D

問3　下線部②に関連して，次のページのグラフから読み取ることができる情報として適切なものを1つ選び，記号で答えなさい。

刑法犯(窃盗を除く)認知件数・検挙件数・検挙率の推移

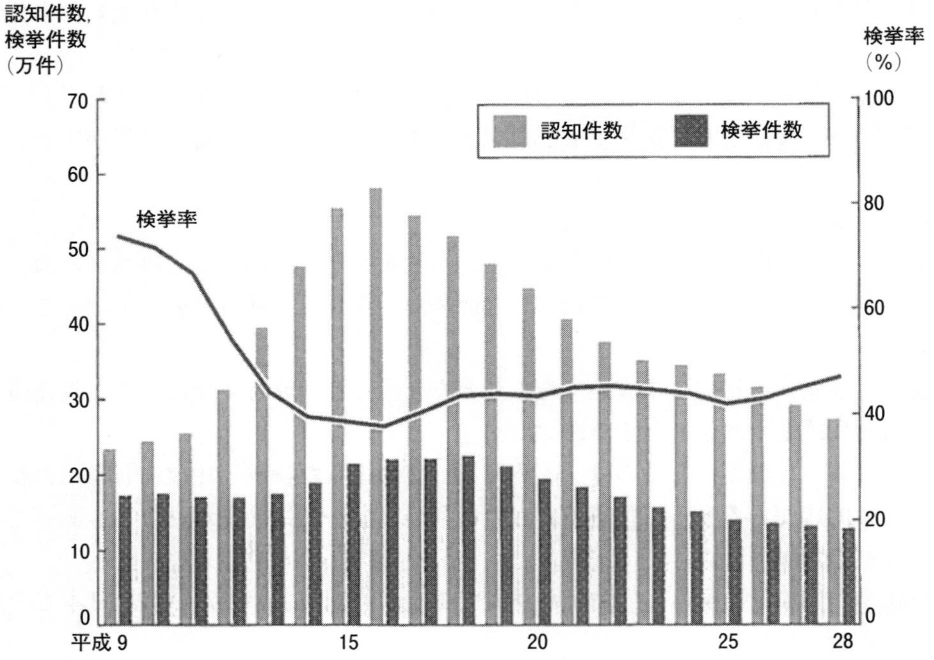

平成29年版『犯罪白書』より

※認知件数：通報や被害届などによって，犯罪の発生が認知された件数。
　検挙件数：警察が事件を検挙(犯人を特定して捜査を遂げること)した件数。
　検挙率：検挙件数を認知件数で割ったもの。

ア　認知件数が最低の年は，最高の年の約40%の数値となっているのに対して，検挙件数が最低の年は，最高の年の約20%の数値にとどまっている。

イ　認知件数は，平成９年から毎年増加し続けて，平成16年には約82万件にまで達したが，平成17年に減少に転じて以降，毎年減少し続けている。

ウ　検挙件数は，平成13年から毎年増加し続けて，平成18年には約22万件にまで達したが，平成19年に減少に転じて以降，毎年減少し続けている。

エ　検挙率は，平成９年には70%を超えていたが，その後低下して，平成16年には約38%にまで落ちた。しかしその後は，わずかながら毎年上昇し続けている。

問４　**問３**のグラフから読み取ることができる情報に対する評価として適切なものを１つ選び，記号で答えなさい。

ア　近年，認知件数が減少しているのは，些細な事件であってもすぐに警察に通報したり，被害届を出したりする人が増えているからだろう。

イ　近年，検挙件数が減少しているのは，窃盗などの犯罪の手口が巧妙になって，犯人の逮捕が難しくなっているからだろう。

ウ　近年，検挙率が回復傾向にあるのは，警察の積極的な犯罪予防活動が功を奏して，検挙件数が減少したからだろう。

エ　認知件数の推移と検挙件数の推移とを比較したとき，後者の変化が小さいのは，警察の人員や予算には限りがあって，検挙できる件数には限界があるからだろう。

問５　下線部③について，次の**A**～**D**のうち，国連に関連する記述として適切なもの２つの組合せを１つ選び，記号で答えなさい。

A　UNCTADは，国や地域を追われた難民に対する援助活動を行っている。

B　1997年の地球温暖化防止会議は，わが国の京都で開催された。

C　安全保障理事会の常任理事国および非常任理事国には，拒否権が認められている。

D　国際司法裁判所の裁判官であった小和田恆《ひさし》は，昨年，その職を退任した。

ア　A・B　　イ　A・C　　ウ　A・D　　エ　B・C　　オ　B・D　　カ　C・D

問６　下線部④に関連して，次の**A**～**D**のうち，2018年に世界で起きた出来事として適切なもの２つの組合せを１つ選び，記号で答えなさい。

A　韓国の平昌で冬季オリンピックが開催された。

B　TPPの新協定に米国を含む11か国が署名した。

C　米国はイスラエルの米大使館をエルサレムへと移転させた。

D　シンガポールで予定されていた米朝首脳会談は実現しなかった。

ア　A・B　　イ　A・C　　ウ　A・D　　エ　B・C　　オ　B・D　　カ　C・D

問７　下線部⑤に関連して，裁判所には違憲立法審査権が認められているが，選挙で選ばれた国会議員がつくった法律を，選挙で選ばれていない裁判官が無効にしてしまうことは，民主主義と矛盾するという指摘もある。この指摘に対しては，少なくとも最高裁判所の裁判官については，□という制度があるから，最低限の民主的正統性は保障されているという反論がある。空欄に当てはまる語句を答えなさい。

問８　下線部⑥について，罰金刑は犯罪者に対して財産的苦痛を与える(お金を払わせる)刑罰であり，様々な長所・短所がある。**短所として不適切なもの**を１つ選び，記号で答えなさい。

ア　企業などの法人が起こした犯罪に対して，刑罰を科すことができない。

イ　納付すればそれで済んでしまうので，長期間反省させることができない。

ウ　激しいインフレーション(物価の上昇)が起きると，刑罰の効果がほとんどなくなる。

エ　本人以外の，その犯罪をしていない者が，刑罰を肩代わりできてしまう。

問９　下線部⑦のような意見があるにもかかわらず，作業報奨金を高額にしない理由の１つは，高額にすると，□国出身の受刑者が相対的に(そうでない人と比較したときに)有利となってしまうからである。空欄に当てはまる言葉を答えなさい。ただし，固有名詞(具体的な国名や地域名)を含めないこと。

問10　少年法の適用年齢が引き下げられると，18歳・19歳の若者が犯罪をした場合，従来よりも厳しく取り扱われる(20歳以上の者と同じように処罰される)こととなる。そのことに関連して，次の文章の空欄に当てはまる言葉を自分で考えて答えなさい。

> かつて刑法には，瘖啞《いんあ》者(生まれつき耳・口に障害がある人，あるいは幼少期に障害を負った人)が犯罪らしき行為をしても，責任を問わないか，刑を軽くするという規定があった。しかしこの規定は，「瘖啞者はかわいそうな連中だ。情けをかけてやろう」という差別的な考えに基づいていたから，瘖啞者自らの要求もあって，削除された。彼らは，自分が犯罪らしき行為をした場合に，従来よりも厳しく取り扱われることとなるにもかかわらず，規定の削除を求めたのである。すなわち彼らは，あえて責任を引き受けることによって，自分たちは□であると主張したのである。

【理　科】（40分）〈満点：80点〉

1　植物の種子を割ったときの様子を図で示しました。３つの種子はそれぞれ，トウモロコシ，インゲンマメ，カキのいずれかです。

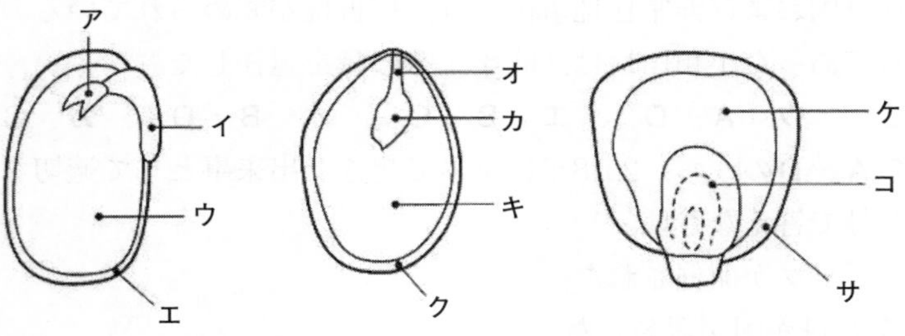

問１　カキの種子の子葉はどれですか。適切なものを図の**ア**～**サ**から１つ選び，記号で答えなさい。

問２　インゲンマメの種子の胚《はい》はどれですか。適切なものを図の**ア**～**サ**からすべて選び，記号で答えなさい。

問３　胚乳はどれですか。適切なものを図の**ア**～**サ**からすべて選び，記号で答えなさい。

問４　トウモロコシとヘチマの花粉はどんな形ですか。最も適当なものを次の**ア**～**エ**から１つずつ選び，記号で答えなさい。なお，ほかの花粉は，カボチャとマツです。

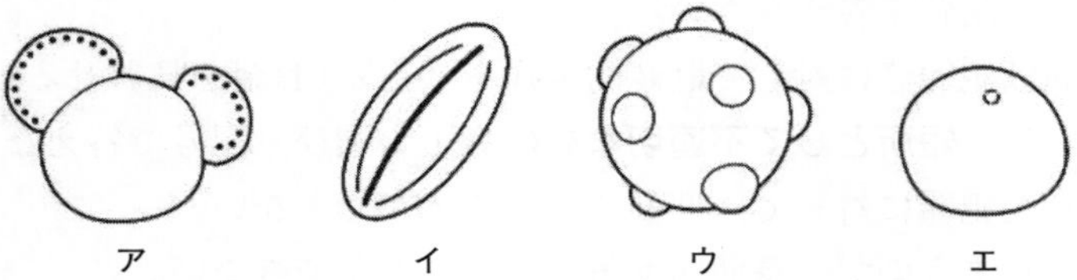

問５　植物は動けないため，子である種子をできるだけ遠くに届ける工夫をしています。風で運ばれる種子や動物のからだについて運ばれる種子などがあります。カキの種子もある方法で運ばれます。カキと同じような方法で運ばれる種子を，次の**ア**～**オ**から１つ選び，記号で答えなさい。

ア　ミカン　　**イ**　タンポポ　　**ウ**　マツ　　**エ**　オナモミ　　**オ**　カエデ

問６　インゲンマメの果実はどんな形ですか。果実１つの輪郭《りんかく》(外側から見た形)を描《か》きなさい。

暗い部屋で，環境《かんきょう》を変えて，インゲンマメの種子が発芽するか調べました。 実験１　種子を皿に置いた 実験２　種子を皿に置き，皿に水を注ぎ，種子を水の中に完全に入れた 実験３　種子を皿に置き，皿に水を注ぎ，種子を半分がつかるように水の中に入れた しばらくすると，この中の１つの実験だけ，種子が発芽しました。

問７　この実験から，種子の発芽に必要な条件が２つわかります。この２つの条件を答えなさい。

問８　一般《いっぱん》に，種子の発芽に必要なもう１つの条件は何ですか。

問９　**問８**の条件が必要であるかを明らかにするための新しい実験を考えました。次の文の（**A**）には１～３のいずれかの数字を入れ，さらに（**B**）に入る言葉をあとの**ア**～**オ**から１つ選び，実験方法を完成させなさい。

実験(A)を(B)で行う。

ア　明るい部屋　　イ　冷蔵庫　　ウ　冷凍庫《れいとうこ》
エ　乾燥《かんそう》した部屋　　オ　温室

問10　発芽後，インゲンマメが大きく成長するには**問7**・**問8**で答えた3つの条件に加えて，さらに2つの条件が必要です。その2つの条件は何ですか。

2　食塩は，わたしたちにとって身近で，生きていくために欠かせない物質です。海水や岩塩の中に含《ふく》まれている食塩を，いろいろな操作を加えて取り出し，利用しています。

【実験1】

食塩を水に溶《と》かした溶液《ようえき》(食塩水)を，ガスバーナーを用いてしばらく加熱し続けると，その水溶液中から白い結晶《けっしょう》が出てきてビーカーの底にたまりました。出てきた白い結晶を水溶液から分離《ぶんり》し，顕微鏡《けんびきょう》で観察しました。

【実験1】で，出てきた白い結晶を水溶液から分離するために，次の器具を用いました。

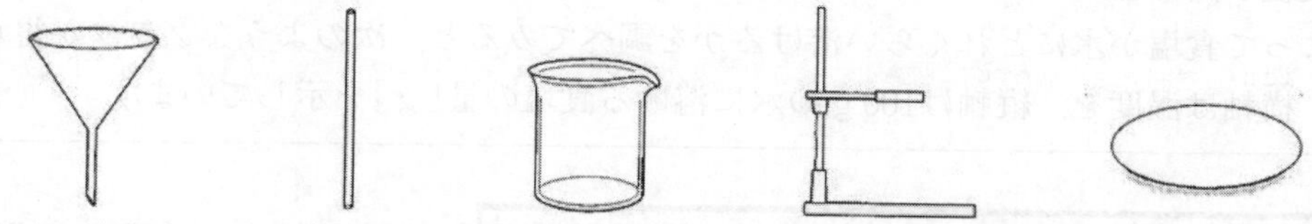

ガラス器具X　　ガラス棒　　ビーカー　　スタンド　　ろ紙

問1　解答用紙の図にガラス棒とビーカーを描き足して，分離する様子を図で示しなさい。

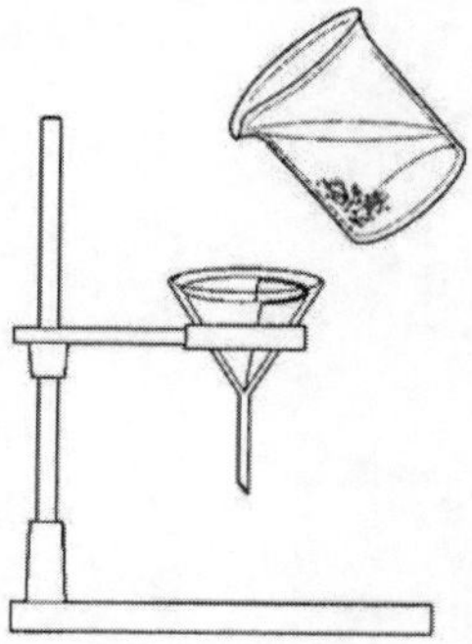

問2　ガラス器具**X**の名前を答えなさい。

問3　【実験1】で観察した白い結晶は，次の**ア**～**エ**のどの形に最も似ていましたか。適切なものを**ア**～**エ**から1つ選び，記号で答えなさい。

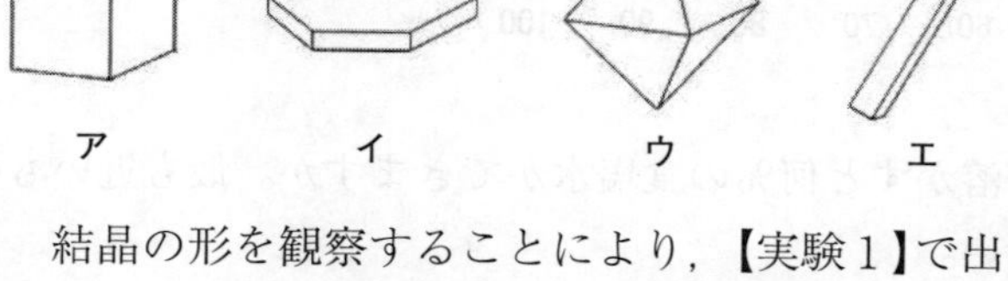

ア　　イ　　ウ　　エ

問4　結晶の形を観察することにより，【実験1】で出てきた白い結晶は，水溶液中に溶けていた食塩であることが確かめられました。**問1**の操作で食塩を分離できた理由を示す文章として，

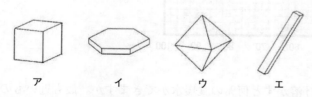

適切なものを**ア**～**オ**から２つ選び，記号で答えなさい。

ア　食塩の結晶が水に溶けにくい物質だったから

イ　食塩の結晶の大きさが，ろ紙の穴よりも大きかったから

ウ　食塩の結晶が水溶液よりも重い物質だったから

エ　食塩と食塩水を分離するときに，ろ紙に対して水溶液をゆっくりと注いだから

オ　分離しようとしたものが，固体と液体の混合物だから

問５　【実験１】で用いた食塩水について，電流が流れるかどうかを調べました。食塩水と同じ結果になる水溶液を，**ア**～**オ**からすべて選び，記号で答えなさい。

ア　炭酸水　　**イ**　石灰水《せっかいすい》　　**ウ**　砂糖水

エ　水酸化ナトリウム水溶液　　**オ**　アルコール水溶液

問６　食塩水と同じように固体が溶けているものを，**問５**の**ア**～**オ**からすべて選び，記号で答えなさい。

【実験２】

【実験１】の水溶液から食塩の結晶を十分に取り除いた後に水溶液を冷却《れいきゃく》すると，水溶液中から食塩が出てきてビーカーの底に少しだけたまりました。

温度によって食塩が水にどれくらい溶けるかを調べてみると，次のようなグラフが得られました。横軸《よこじく》は温度を，縦軸《たてじく》は100ｇの水に溶ける食塩の量[ｇ]を示しています。

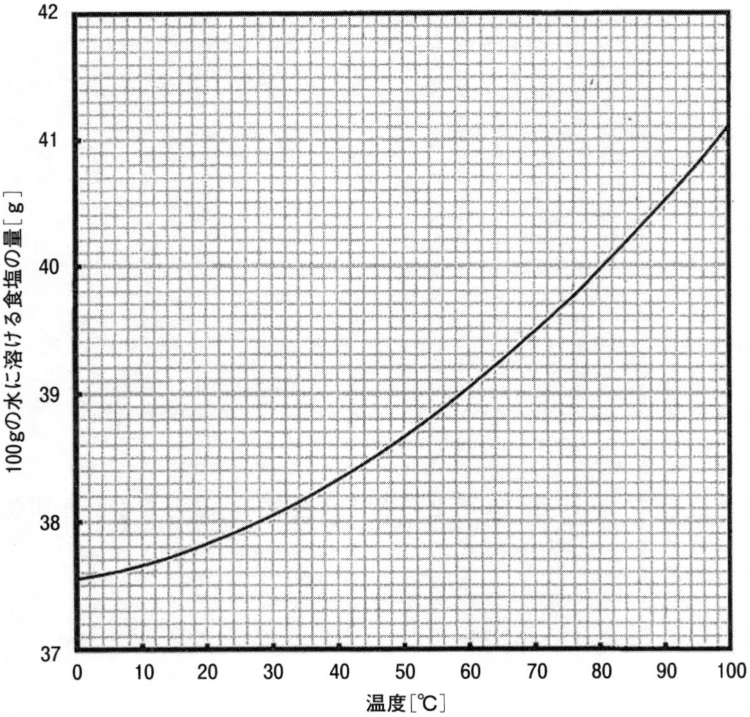

問７　20℃の水50ｇに食塩を溶けるだけ溶かすと何％の食塩水ができますか。最も近いものを**ア**～**オ**から１つ選び，記号で答えなさい。

ア　14％　　**イ**　19％　　**ウ**　27％　　**エ**　33％　　**オ**　38％

問８　80℃で，濃度《のうど》28％の食塩水を800ｇつくりました。この食塩水をゆっくり冷却していくと，ある温度で結晶が出始めました。その温度に最も近いものを**ア**～**オ**から１つ選び，記号で答えなさい。

ア　10℃　　**イ**　25℃　　**ウ**　40℃　　**エ**　55℃　　**オ**　70℃

問９　**問８**の水溶液を20℃まで冷却すると，何ｇの食塩が得られますか。最も近いものを**ア**～**オ**から１つ選び，記号で答えなさい。

ア　6ｇ　　**イ**　15ｇ　　**ウ**　45ｇ　　**エ**　90ｇ　　**オ**　200ｇ

問10　**問８**の水溶液を加熱して水を300ｇ蒸発させて20℃にすると，何ｇの食塩が得られますか。最も近いものを**ア**～**オ**から１つ選び，記号で答えなさい。

ア　40ｇ　　**イ**　80ｇ　　**ウ**　120ｇ　　**エ**　160ｇ　　**オ**　200ｇ

問11　【実験１】と【実験２】より，食塩水から食塩を取り出すためには，蒸発と冷却の２つの方法があることがわかりました。海水を原料とする食塩は，どちらの方法で作られていると考えられますか。蒸発と冷却の適切な方を○で囲み，その理由を10字以内で答えなさい。

(蒸発・冷却)の方が，□□□□□□□□□□から

3 山田君はある工事地点を観察して，露頭《ろとう》(地層が観察できる場所)をスケッチしました。露頭**X**と露頭**Y**はそれぞれ東西方向と南北方向にのびた垂直な面で，工事地点の底面**Z**は水平で正方形をしています。

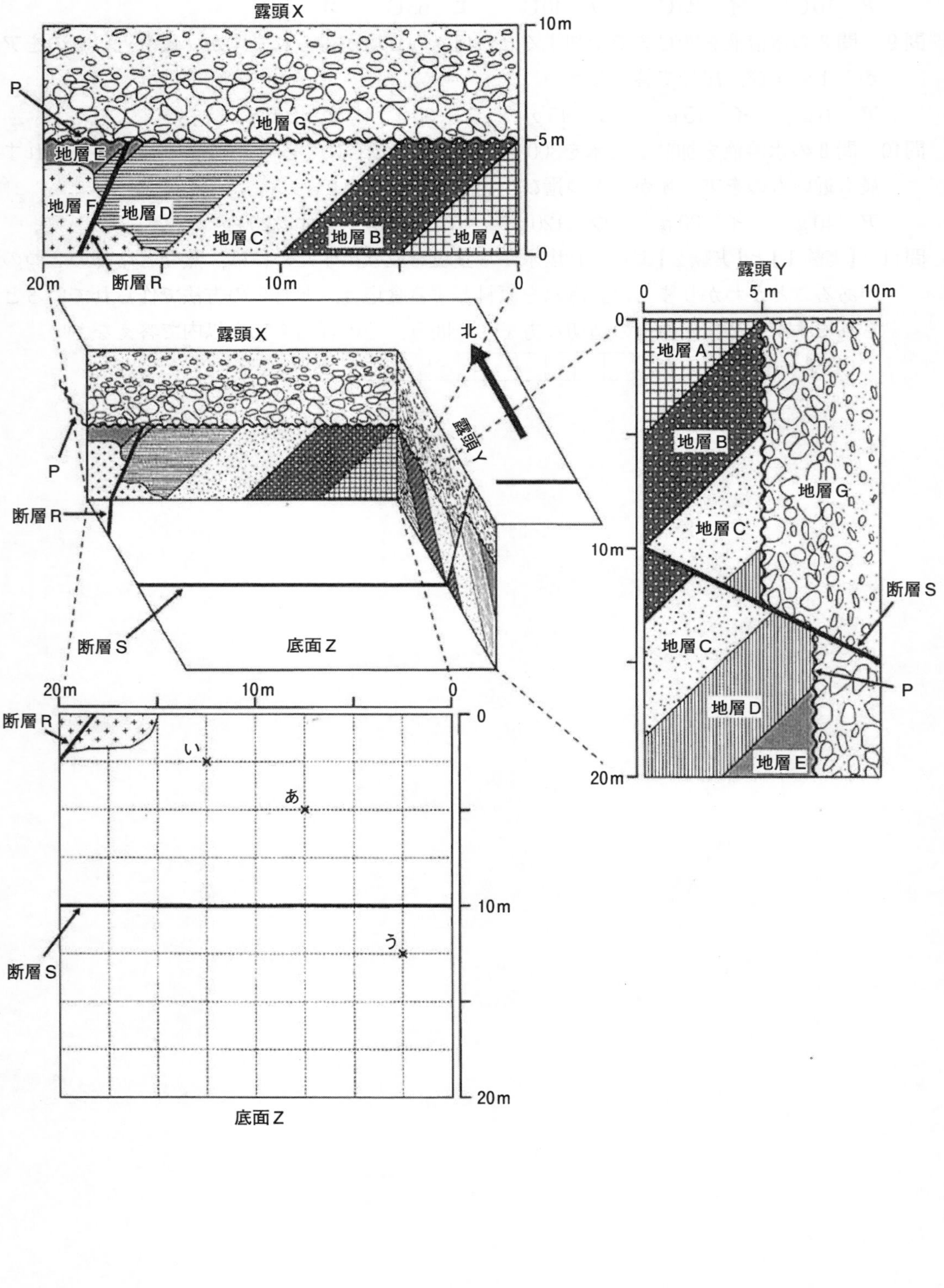

二つの露頭の観察から，下記のことが分かりました。

1：地層Ａ～Ｅはすべて平行に重なっていて，厚さも同じだった。

2：地層ＧはＰの面の近くに地層Ａ～Ｅと同じ岩石をれきとして含んでいた。

3：地層Ｆをルーペで観察したら，右図のつくりが観察できた。

4：地層Ｅのうち，地層Ｆと接している部分は，少しはなれた部分と比べて様子が変わっていた(変成していた)。

5：地層Ｂからはサンヨウチュウの化石が，地層Ｄからはアンモナイトの化石が見つかった。

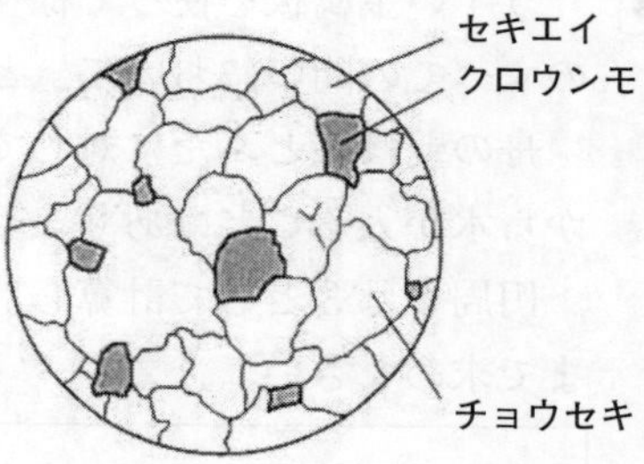

地層Ｆの岩石をルーペで観察したスケッチ

問１　露頭のスケッチ中のＰのことを何といいますか，漢字三文字で答えなさい。

問２　地層Ｆはどんな岩石からできていますか。次の**ア**～**オ**から１つ選び，記号で答えなさい。

ア　ハンレイ岩　　**イ**　ギョウカイ岩　　**ウ**　カコウ岩

エ　リュウモン岩　　**オ**　ゲンブ岩

問３　地層Ｅのうち，地層Ｆと接している部分が変成している理由はなぜですか。

問４　地層Ｃに含まれる可能性のない化石はどれですか。次の**ア**～**ウ**から１つ選び，記号で答えなさい。

ア　フズリナ　**イ**　キョウリュウ　**ウ**　マンモス

問５　断層Ｒと断層Ｓはそれぞれどのような力がはたらいてできましたか。次の**ア**，**イ**からそれぞれ１つ選び，記号で答えなさい。

ア
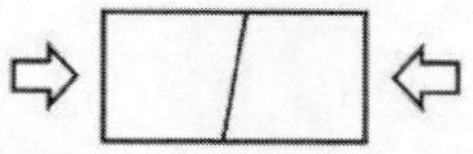

イ
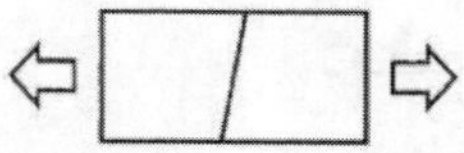

問６　地層Ａ～Ｇ，Ｐ，断層Ｒ，断層Ｓを，つくられた時代の順に並べたとき，６番目と８番目と10番目はどれですか。

問７　底面Ｚの「あ」～「う」の地点ではどんな地層が観察できますか。次の**ア**～**ケ**からそれぞれ１つ選び，記号で答えなさい。

ア　地層Ａ　**イ**　地層Ａと地層Ｂの境目　**ウ**　地層Ｂ　**エ**　地層Ｂと地層Ｃの境目

オ　地層Ｃ　**カ**　地層Ｃと地層Ｄの境目　**キ**　地層Ｄ　**ク**　地層Ｄと地層Ｅの境目

ケ　地層Ｅ

4　うすい金属板を使って様々な形の箱舟《はこぶね》を作り，水そうの水に浮《う》かべる実験をしました。以下のすべての問いにおいて，どの舟も同じ重さで，底と壁，ふたの面積の合計は150cm^{2}です。

舟の壁は底とふたに対して垂直で，ふたを開けて砂などを入れることができますが，継《つ》ぎ目から水が入ることはありません。箱舟の底は常に水平に保たれるものとします。

円周率は３として計算し，答が割り切れない場合は，小数第３位を四捨五入して小数第２位まで求めなさい。

この金属板を使って，底が一辺６cmの正方形である箱舟Aを作りました。

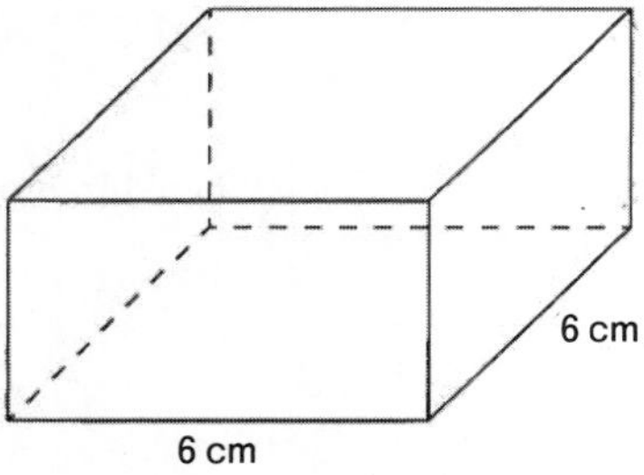

箱舟A

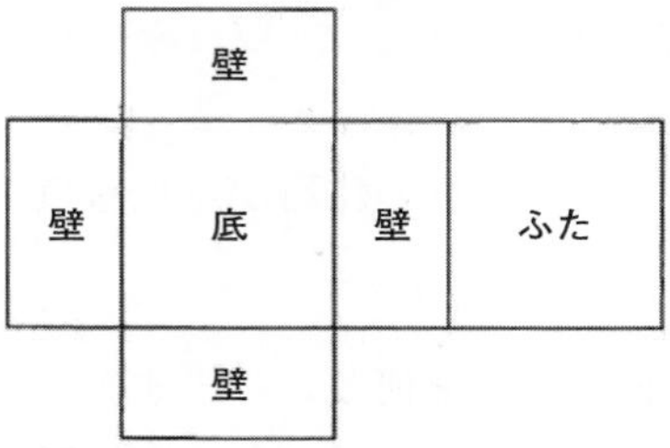

展開図（総面積150cm²）

問１　Aの壁の高さは何cmですか。

問２　Aに45ｇの砂を入れてふたをして水に浮かべると，底が水面よりも２cm下に沈《しず》みました。舟に使った材料の金属板の重さは何ｇですか。

問３　Aには最大で何ｇまで砂を入れて水に浮かべることができますか。

問４　Aに砂を少しずつ入れていったとき，**水面から上に出ている高さ**はどのように変化しますか。解答用紙にグラフを描きなさい。

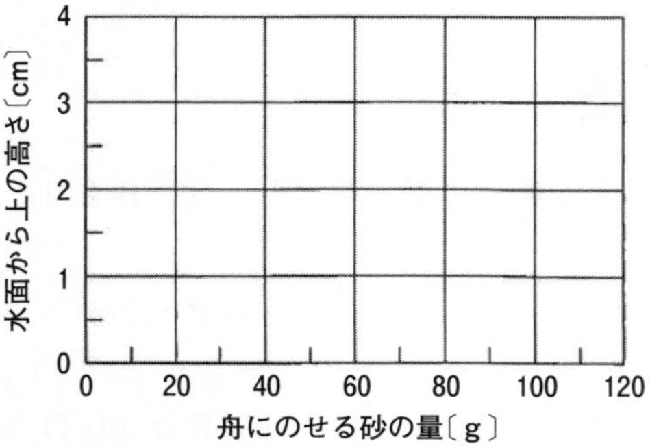

次に，底の形や辺の長さを様々に変えた箱舟B，C，Dを作りました。ただし，どの箱舟も展開図の総面積は150cm^{2}です。

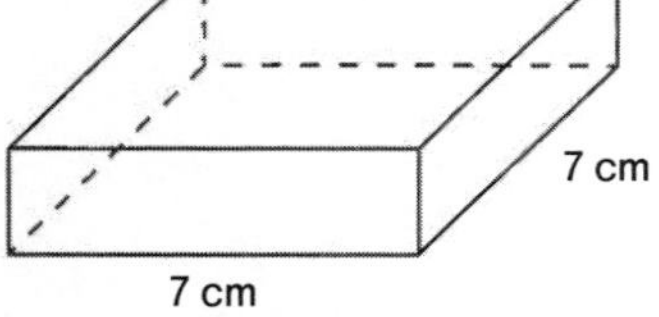

箱舟B

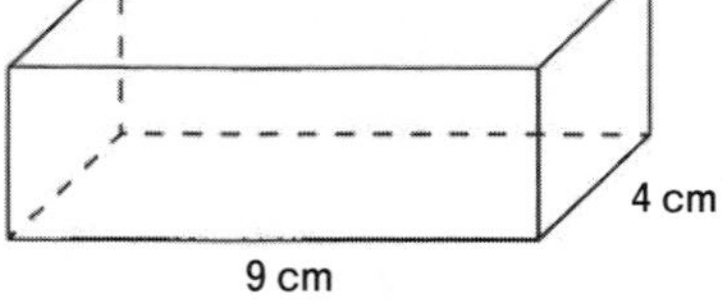

箱舟C

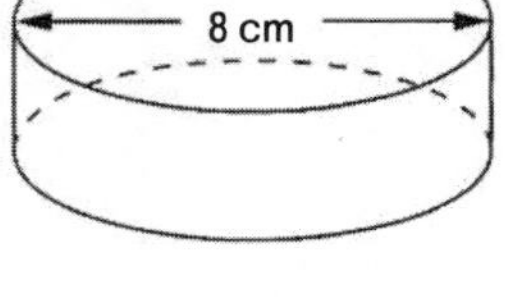

箱舟D

問5　20 g の砂を入れたとき，水深が 1 cm の水そうの水に舟を浮かべることができるのは**A**～**D**のうちどれですか。すべて選び，記号で答えなさい。

問6　この金属板を使って**A**や**B**のような底が正方形の舟を作る場合，底の一辺の長さを変えると，舟にのせることのできる砂の最大量はどのように変わりますか。もっとも適切なものを**ア**～**カ**から１つ選び，記号で答えなさい。

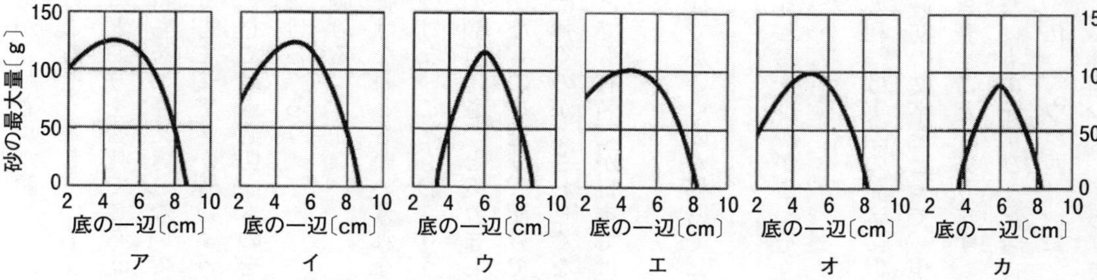

問7　展開図の総面積が同じ金属板を使って箱舟を作るとき，舟にのせることのできる砂の最大量は，舟の形とどのような関係にあるでしょうか。適切な内容のものを**ア**～**オ**から２つ選び，記号で答えなさい。

ア　底の面積が異なっても，底の形が同じであれば，砂の最大量は同じである

イ　底の形が異なっても，底の面積が同じであれば，砂の最大量は同じである

ウ　底の形が異なっても，舟の体積が同じであれば，砂の最大量は同じである

エ　舟の体積が同じであっても，底の面積が大きい方が，砂の最大量は多い

オ　底の面積が同じであっても，底の外周が短い方が，砂の最大量は多い

問8　展開図の総面積が同じ金属板を使って箱舟を作るとき，もっともたくさんの荷物をのせられる舟の形は球形であることが知られています。ここまでの問いを参考にして，その理由を25字以内で説明しなさい。

問三 ——①「変な顔」とは、この場合、どういう顔ですか。最も適切なものを選び、記号で答えなさい。

ア うたがいをかくしもった顔。

イ 笑いをかみころそうとしている顔。

ウ 激しいいきどおりを必死でこらえる顔。

エ 同情の気持ちをおさえきれないでいる顔。

問四 ——②「どうしてピアノが弾けよう」とありますが、これと同じ意味のものとして最も適切なものを選び、記号で答えなさい。

ア ピアノが弾けるだろう

イ ピアノが弾けるはずがない

ウ ピアノが弾けないともいいきれない

エ ピアノが弾けないこともおこりうる

問五 ——③「母の顔色はさっと変りました」とありますが、なぜですか。最も適切なものを選び、記号で答えなさい。

ア ピアノでは弾くのがふさわしくない曲であると思われたから。

イ 他国ではとても有名だが日本ではまだよく知られていない曲だったから。

ウ 学校の生徒でないものが秘密でピアノを弾いていることがわかったから。

エ 校長が言うとおり誰かがこっそりもう一つ鍵を作っていたことがわかったから。

問六 ——④「伊太利」は実際の発音に似た音の漢字を当てはめた当て字であり、最初の文字をとって、現在でもイタリア(イタリー)を「伊」と書き表すことがあります。次の国名の略字から、ヨーロッパの国でないものを選び、記号で答えなさい。

ア 独　イ 仏　ウ 西　エ 英　オ 印

問七 ——⑤「一人の外国少女」とありますが、どういう人物でしたか。その人物の説明として適切でないものを一つ選び、記号で答えなさい。

ア 戦争で荒廃《こうはい》することになる故国へ帰っていった人物。

イ 町の女学校にたのまれて音楽の教師をしていた人物。

ウ 学校に寄贈《きぞう》されたピアノの持ち主だった人物の子ども。

エ 宣教師として来日していて病気で亡くなった人物の子ども。

問八 ——⑥「母は、これを聞いて、ほほえみました」とありますが、それはなぜですか。最も適切なものを選び、記号で答えなさい。

ア ピアノを弾いているのが亡き夫人をしたう人間だと理解できたから。

イ ピアノは無理にでもそれをうけつぐ人の手にわたるべきだと考えたから。

ウ ピアノは自分が考えていたよりもしっかりした人の物だったとわかったから。

エ ピアノの音色をあれほど美しく出せるのは日本の少女では無理だと実感したから。

問九 ——⑦「いつもよりははるかに高らかに」とありますが、それはなぜですか。三十一字以上四十字以内で説明しなさい。

問十 ——⑧「涙ぐみました」とありますが、この「涙」はどういう気持ちの表れですか。最も適切なものを選び、記号で答えなさい。

ア 少女のピアノの音色を再び聞けないことを残念に思う気持ち。

イ 外国で母を亡くした身の上の少女のつらい心情を思いやる気持ち。

ウ 戦争がおわったばかりの故国に帰らざるをえない少女に同情する気持ち。

エ あわただしいなかでも花を残していった少女の素早さに感動する気持ち。

やがてピアノの調《しらべ》はやみました。小窓が音もなく開《あ》くと見る中《うち》に、すらっと脱《ぬ》け出た影、黄金の髪《かみ》ブロンドの瞳《ひとみ》！　月光に夢のように浮《う》き出た⑤一人の外国少女の俤《おもかげ》！　私は思わず、「あっ」と声をあげようとしました。母はあわてて私を抱きしめて注意しました。かの外国の少女は思わぬ物蔭《ものかげ》に人の姿をみとめたので吃驚《びっくり》したらしくちょっと立ち止まりましたが、やがて夕闇《ゆうやみ》の空の彼方《かなた》に儚《はか》なく消えゆくように姿を見失いました。

母は黙《だま》ってただ、ため息を吐《つ》くばかりでした。

母は翌日校長にたずねました。

「あの講堂のピアノは学校でお求めになったものですか？」

その時校長は申しました。

「いいえ、あのピアノは、よほど前のこと、伊太利の婦人でcとうちへ宣教師として来ていたマダム、ミリヤ夫人が病気でなくなられたのち記念として寄附《きふ》されたものです」

⑥母は、これを聞いて、ほほえみました。──翌日の夕、⑦いつもよりははるかに高らかに哀《あわ》れふかくかの講堂のピアノは怪しき奏手の人の指によって鳴ったのを、母は校庭で聞きました。

あくる朝、母が登校して講堂に譜本を持って入りますと、ピアノの蓋の上に、香《かお》りもゆかしい北国の花、d気高い鈴蘭《すずらん》の一房《ひとふさ》が置いてありました。そして、その花の根もとには赤いリボンで結びつけられた一つの銀の鍵がございました、その下に、うす桃《もも》色の封筒がはさんでありました。母は轟《とどろ》く胸を、おし静めてひらきますと、※鵞《が》ペンの跡《あと》の匂《にお》い高く綺麗《きれい》な伊太利語で、

感謝をささぐ。
昨夜われを見逃《みのが》したまえる君に。
亡きマダム・ミリヤの子。オルテノ。

と、しるされてあったばかりでした。母はそのとき鈴蘭の花に心からの接吻《せっぷん》をして⑧涙《なみだ》ぐみました。

そして、その日かぎりもう永久に、夜ごとに鳴りし怪しいピアノの音《ね》は響《ひび》くことはありませんでした。

あとで聞けば、その近き日に故国に帰るため、その町を立ち去った異国の少女があったと伝えられました──

伊太利……。いまはあの戦いの巷《ちまた》にふみにじられた詩の国の空──に、優しきかのピアノの合鍵の主オルテノ嬢《じょう》を、私は今もなお偲《しの》びます──

ふさ子さんのお話はかくて終りました。息をこらして聞きほれていた他の少女たちは、ほっと一度に吐《と》息《いき》をつきました。※花瓦斯《がす》の光が静かに燃ゆるばかりで、誰ひとり言葉を出すものもなく、たがいに若い憧《あこが》れに潤《うる》んだ黒い瞳《ひとみ》を見かわすばかりでございました。

（吉屋信子「鈴蘭」より・一部改）

※ミッションスクール…キリスト教の教えを広めるために設立された学校。
※寄宿舎…生徒のため、学校が設立した共同宿舎。
※鵞ペン…ガチョウの羽でつくったペン。
※花瓦斯…明治時代に流行したガスをもちいた照明器具。

問一　──a「ふしぎ」・b「はいしゃく」・c「とうち」・d「気高」のひらがなは漢字に、漢字はひらがなに直しなさい。

問二　──A「けげんな」・C「ゆかしい」の語の意味をそれぞれ選び、記号で答えなさい。また、B に入る漢字一字を書きなさい。

A　**ア**　おもしろい　**イ**　すばらしい　**ウ**　にくらしい　**エ**　納得しない

C　**ア**　さびしげな　**イ**　おもしろい　**ウ**　心ひかれる　**エ**　たのしげな

二　次の文章を読んで、後の問いに答えなさい。

初夏《はつなつ》のゆうべ。

七人の美しい同じ年頃《としごろ》の少女がある邸《やしき》の洋館の一室に集《つど》うて、なつかしい物語にふけりました。その時、一番はじめに夢見るような優しい瞳《ひとみ》をむけて小唄《こうた》のような柔《やわら》かい調《トーン》でお話をしたのは笹鳥《ささとり》ふさ子さんという※ミッションスクール出の牧師の娘《むすめ》でした。

——私《わたし》がまだ、それは小さい頃の思い出でございます。父が東北の大きいある都会の教会に出ておりましたので、私も母といっしょにその町に住んでおりました。その頃、母は頼《たの》まれて町の女学校の音楽の教師をつとめておりましたの、その女学校は古い校舎でして種々《いろいろ》な歴史のある学校だったそうでしたの。

母はうす暗い講堂で古い古典的《クラシック》なピアノを弾《ひ》き鳴らして毎日歌を教えていたのです。授業が毎日の午後に終《おわ》りますと、母はそのピアノの蓋《ふた》をして鍵《かぎ》をかけ、鍵を自分の袴《はかま》の紐《ひも》に結びつけて、家《うち》へ帰るのでした。

ある日のこと、校長室へ母は呼ばれました。白いひげのふさふさとした校長は、①変な顔をして母に申しました。

「貴女《あなた》はあの講堂のピアノの鍵をお宅へおもちになりますか？　たしかに」

と。母は「ハイ持って帰ります」と返事をしました。そうしますと校長は、ますますAけげんな顔をして、「ハハア、たしかに鍵は貴女よりほかの人の手には渡《わた》さないのですか」といいます。母はおかしく思いまして、

「私よりほか誰《だれ》もピアノの鍵は持ちません」

といいました。

校長は首を曲げて、何か考えておりましたが、やがて母に話しました。

「実は、あの講堂のピアノのことでaふしぎなことがあるのです。毎日放課後、生徒がみな校内から帰ってしまって校舎の中は静かになってゆく、※寄宿舎の生徒が自習を始める、すると、どうです、人ッ子ひとりいるはずのないあの講堂から、妙《たえ》なるピアノの音《ね》が響き出るのです。はじめは寄宿舎の生徒たちも、誰かが鍵を先生からbはいしゃくして弾《ひ》いているのかと思ったのですが、あんまり毎日の宵《よい》ごとに続くので怪《あや》しんだのです。それで今日《こんにち》鍵のことを念のためにおうかがいいたして見たのです。放課後みだりに講堂で勝手にピアノを鳴らさせるのも、校則にはずれますからな」

と、遠まわしに校長は母をうたがっているらしいのです。母は放課後はたしかに銀色の鍵を自分で持ってかえります、どんな生徒の手にも秘密で貸してやるような、不公平なことはした覚えがないのですもの、その校長の話を聞いた時、どんなに不快に思ったでしょう。

これは誰かが講堂に忍《しの》び入るのであろうか？　でも鍵は私の手許《てもと》にあるのに、②どうしてピアノが弾けよう、母は考えると、わからなくなりました。けれども、どうしてもピアノの鍵をあずかっている責任者として、自分のうたがいをはらさねばなりません。

母は、どうしてもそのふしぎなピアノの音《ね》をたしかめようと決心しました、そして、その日の夕、私を連れて忍びやかに女学校の庭に入りました。私と母は講堂の外の壁《かべ》に身をひそめておりました。それは夏の日でしたから、庭のポプラやアカシヤの青葉が仄《ほの》かな新月に黒い影《かげ》を落として、[B]を打ったように校庭は静かでした。私は母の手に抱《だ》きよせられて息をこらしていました。ああ、その時、講堂の中で、静かにピアノの蓋のあく音がしました。そして、やがて、コロン、コロン……と、水晶《すいしょう》の玉を珊瑚《さんご》の欄干《らんかん》から、振《ふ》り落とすようないみじくもCゆかしい楽曲の譜《ふ》は窓からもれ出《い》でました、それを聞いた時③母の顔色はさっと変《かわ》りました。その楽曲は海杳《はる》かな④伊太利《イタリー》の楽壇《がくだん》に名高い曲だったのです。

だ」とありますが、それはなぜですか。最も適切なものを選び、記号で答えなさい。

ア　人間は、自らが生み出した現代の社会制度が、他の何よりもすぐれたものであると信じてきたから。

イ　人間は土を無機物としてとらえて、自分たちが求めるものを思い通りに手に入れられる場所として見てきたから。

ウ　人間は、化学肥料や農薬を大量に使用することが土の中の生きものの命をうばってきた事実から目をそむけてきたから。

エ　人間は緑や人を支えている土を大切にすべきという基本的な認識は持ってきたが、その考えを行動に移してこなかったから。

問五　――③「機械論」とありますが、本文におけるその考え方を説明したものとして、最も適切なものを選び、記号で答えなさい。

ア　全ての自然物の中に等しく豊かな人格がそなわっているととらえるものの見方。

イ　動物は人間に使われるという意味ではすぐれた機械と考えられるとする世界観。

ウ　入り組んだものとして生命をとらえることでその力を分散させようとする方法。

エ　全てのものに生命を認めず仕組みとその組み合わせととらえようとする考え方。

問六　――④「本当の意味での生命の時代」とありますが、それはどういう時代ですか。最も適切なものを選び、記号で答えなさい。

ア　生きものが生きる意味を、より深く人間が考える場が作られる時代。

イ　生きものの体のしくみや性質を明らかにして、それを利用していける時代。

ウ　生きものが周囲の環境《かんきょう》とのつながりをたもちながら、その性質を活用できる時代。

エ　生きものは全て平等であるという立場に立って、全ての生命を大切にしていける時代。

問七　――⑤「人間が自分自身を生きものとして自覚するようになると、自ずと周囲も生きものとして見ることになる」とありますが、それはなぜですか。三十一字以上四十字以内で説明しなさい。

問八　――⑥「生きている空間」とありますが、それによって生活はどのようになりますか。本文中から十三字で抜《ぬ》き出し、はじめの五字を答えなさい。

問九　――⑦「日本人が古くから持ってきた知恵」の、本文の内容と合う具体例として最も適切なものを選び、記号で答えなさい。

ア　生活に用いる木が植えられ、独自の生態系が生まれて人が遊歩もできる植林法。

イ　クギを一つも用いず、木の組み合わせだけで作られるため解体しやすい建築法。

ウ　潮の満ち引きを利用して、満潮時に石垣《いしがき》の中に船で魚をさそいこんでとる漁法。

エ　ワラを用いて、納豆《なっとう》菌の力によってよく温めた大豆を発酵《はっこう》させ食品とする製法。

問十　本文全体を次の四つの見出しで分ける場合、**2**と**4**の段落の最初の五字を抜き出して答えなさい。

1　ダーウィンのミミズ研究の成果

2　自然観の見直しの必要性

3　生命の時代へ向かうためには

4　一つの実例とまとめ

によって、土や水の力が落ちることの体験から見直しは起きている。しかしまだ、土や水を生きものとして捉えるところまではいっていないように思う。

二十一世紀は生命の時代であるとは、よく言われることである。ところが、そのように言っている人たちの考えは、現代科学は生きものも機械とみなして、その構造と機能を明らかにしているのだから、その知識を活用して新しいテクノロジーを作ろうということなのである。たとえば、遺伝子組換《くみか》え技術。

これは、作物の性質を思い通りにcそうさし、できるだけ速く事が進むようにするために利用しようという考えで使われている。私は、遺伝子組換え技術を否定しない。これは、生物自身が多様化するために活用している方法であり、上手に使えば、生きものを生きものらしく利用できる技術である。

ただ、これを用いるのなら、まず農業のあり方を③機械論からはずさなければならない。特許競争の中に作物を取り込《こ》むのを止め、それぞれの土地に合った作物を作るにあたって、より美味《おい》しく、より安全で、より収量のよい性質を持たせるために、組換え技術を使うという立場をとる必要がある。

水、土、緑、人間……。どれも皆《みな》生きものという視点から見て、そのつながりを生かしていくことで、心豊かに暮らせる環境が整うのだと思う。

豊かな土、清らかな水、美しい緑、思う存分生きる人間。二十一世紀を④本当の意味での生命の時代にするには、まず水と土を生きものの視点から見ることから始めるのはどうだろう。一つの提案である。

幸い、最近多くの場で、このような見方が始まっている。というより、⑤人間が自分自身を生きものとして自覚するようになると、自《おの》ずと周囲も生きものとして見ることになるのだと思う。先日も岩手県のある地域での水路づくりの経緯《けいい》と実際にできあがったものを見せていただいた。本来はコンクリート壁《かべ》になるはずだったものを住民のdいこうで石積みと草との自然工法にしたとのこと。行政と住民との間で数回にわたる話し合いをし、維持《いじ》には手間のかかるけれどサカナが泳ぎ、ホタルがとぶ空間としての水路、子どもたちが遊び、大人が憩《いこ》う場として水路を選んだという。そこはまさに⑥生きている空間であり、そこを流れる水も生きていた。そしてその水を引いた田んぼの土も生きていることになるだろう。

改めての提案のように書いたが、実は私の提案は、⑦日本人が古くから持ってきた知恵《ちえ》と重なるものであることを改めて感じた次第である。

（中村桂子《けいこ》「水も土も生きものの視点から」より・一部改）

※エーカー…アメリカやイギリスの広さの単位。

問一 ——a「いとな」・b「ゆうよう」・c「そうさ」・d「いこう」のひらがなを漢字に直しなさい。

問二 ——A「目的」・B「多様」・C「便利」と反対の意味の語句を次から選び、それぞれ漢字に直しなさい。

げんいん	しょうすう	たんいつ
ふり	ふべん	しゅだん

問三 ——①「土地から石灰が消えた」とありますが、それはなぜですか。最も適切なものを選び、記号で答えなさい。

ア　ミミズの糞でできた土が石灰を埋《う》めつくしたから。
イ　ミミズが石灰を食べ続けて土の下へともぐっていたから。
ウ　ミミズが石灰を食べてそれをそのまま糞として出したから。
エ　ミミズが活発に活動することで石灰がとけてしまったから。

問四 ——②「本当に生きものでできているのだという認識が必要

二〇一九年度　早稲田大学高等学院中学部

【国　語】（五〇分）〈満点：一〇〇点〉

（注意）解答の際は、「、」や「。」も一字と数えます。

一　次の文章を読んで、後の問いに答えなさい。

生物学者で、専門外の人にも知られている名前はそれほど多くないが、チャールス・ダーウィンはまちがいなく、その数少ない生物学者の一人だと思う。ビーグル号に乗って世界を巡《めぐ》り、さまざまな生物を中心として自然をていねいに観察したダーウィンは、進化という概念《がいねん》を考え出す。著書「種の起源」で提案した進化論は、今ではヴァチカンの教皇庁も基本的には認める、みごとな成果である。

ところで、この偉大《いだい》なダーウィンが、晩年出版した著書のテーマは、なんとミミズだった。ダーウィンもボケたのではないかと悪口を言う人もあったそうだが、実はこの本、ビーグル号の航海から帰った直後から四十年以上もの間続けた観察に基づいて書かれたものなのである。題名は、「ミミズの行為《こうい》によって肥沃《ひよく》な土壌《どじょう》がつくられること、そしてミミズの習性の観察」と長い。

観察は偶然《ぐうぜん》から始まった。航海から帰ったダーウィンは、石灰《せっかい》をまいた後十年間、耕すことなく放置してあった①土地から石灰が消えたという話を聞かされた。噴火《ふんか》も洪水《こうずい》もないのにどこへ行ってしまったのか。そこで地面を掘《ほ》ったところ、7センチほどのところに石灰が白く層になっていたのだ。そして、その下は砂とゴロゴロした石なのに、地面から石灰までの間は、ふかふかの真っ黒な土だったのである。よく見ると、それはミミズの糞《ふん》だった。つまり、土は、ミミズの体内を通って作られるものだというわけだ。

ダーウィンは、その後自分で石灰をまいてそれが沈《しず》んでいくのを調べ（なんと29年もかかって）、一年間で約0.6センチ沈んだと記録した。二十世紀になって、ミミズの土づくりについてのダーウィンの報告は、世界各地で確認されることになる。

米国の農務省は、1※エーカーの土地のミミズが一年に50トン以上の糞をすること、しかも、すでに土になっている場所でミミズが動くことでかき混ぜる土はその20倍、つまり1000トンにもなることを示した。つまり、地球上で土を作り、耕しているのはミミズであるということになる。

人間とちがって、ミミズはA目的を持って耕しているわけではない。効率よくやろうという気があるわけでもない。ただ忠実に生きているその結果、肥沃な土が生まれ、そこに緑が育ち、生態系ができてくるのである。もちろん、土の中にはミミズの他にも多種B多様な小動物、菌《きん》類、バクテリアが棲《す》み、それぞれの生活をaいとなんでいる。土は生きていると言われるが、それは例えではなく、②本当に生きものでできているのだという認識が必要だ。そして、生きものである限り、そこには適度な水が必要である。なぜなら、生きものとはそのほとんどが水から成る存在であるからだ。

水や土について考える時、通常それを無機物として捉《とら》え、それが緑や人を支えていると考えるが、土も水もすべて生きているという見方をしなければならないのである。ところが、現代科学技術文明はあらゆるものを機械とみなし、bゆうような機械によってC便利な社会を作ろうとしてきた。

便利とは、思い通りになること、できるだけ速く事が進むことを求めるものであり、土や水もそのような使い方をした。農地も山林地も、自らの求めるものをできるだけ効率よく手にする場として扱《あつか》ってきた。具体的には、化学肥料や農薬の大量使用などである。現在では、それ

2019年度
早稲田大学高等学院中学部 ▶解説と解答

算 数 (50分)<満点：100点>

解 答

1 (1) ① $2\frac{201}{280}$ ② $82\frac{7}{8}$ (2) ① 12cm^2 ② 10cm^2 2 (1) ① 36cm^2 ② 22cm (2) 34cm (3) 18cm (4) 32cm 3 (1) (10, 10), (11, 9), (12, 8), (13, 7) (2) 8000円 4 (1) 2回 (2) 6本 (3) 12cm^2

解 説

1 四則計算，逆算，面積

(1) ① $1+\frac{1}{2}+\frac{1}{3}+\frac{1}{4}+\frac{1}{5}+\frac{1}{6}+\frac{1}{7}+\frac{1}{8}=\left(1+\frac{1}{2}+\frac{1}{4}+\frac{1}{8}\right)+\left(\frac{1}{3}+\frac{1}{6}\right)+\frac{1}{5}+\frac{1}{7}=\left(1+\frac{4}{8}+\frac{2}{8}+\frac{1}{8}\right)+\left(\frac{2}{6}+\frac{1}{6}\right)+\frac{1}{5}+\frac{1}{7}=1\frac{7}{8}+\frac{3}{6}+\frac{1}{5}+\frac{1}{7}=1\frac{7}{8}+\frac{1}{2}+\frac{1}{5}+\frac{1}{7}=1\frac{7}{8}+\frac{4}{8}+\frac{1}{5}+\frac{1}{7}=2\frac{3}{8}+\frac{1}{5}+\frac{1}{7}=2\frac{105}{280}+\frac{56}{280}+\frac{40}{280}=2\frac{201}{280}$ ② $\left[\left\{\left(\square+\frac{1}{2}\right)\times\frac{1}{3}+\frac{1}{4}\right\}\times\frac{1}{5}+\frac{1}{6}\right]\times\frac{1}{7}+\frac{1}{8}=\frac{19}{20}$より，$\left[\left\{\left(\square+\frac{1}{2}\right)\times\frac{1}{3}+\frac{1}{4}\right\}\times\frac{1}{5}+\frac{1}{6}\right]\times\frac{1}{7}=\frac{19}{20}-\frac{1}{8}=\frac{38}{40}-\frac{5}{40}=\frac{33}{40}$，$\left\{\left(\square+\frac{1}{2}\right)\times\frac{1}{3}+\frac{1}{4}\right\}\times\frac{1}{5}+\frac{1}{6}=\frac{33}{40}\div\frac{1}{7}=\frac{33}{40}\times7=\frac{231}{40}$，$\left\{\left(\square+\frac{1}{2}\right)\times\frac{1}{3}+\frac{1}{4}\right\}\times\frac{1}{5}=\frac{231}{40}-\frac{1}{6}=\frac{693}{120}-\frac{20}{120}=\frac{673}{120}$，$\left(\square+\frac{1}{2}\right)\times\frac{1}{3}+\frac{1}{4}=\frac{673}{120}\div\frac{1}{5}=\frac{673}{120}\times5=\frac{673}{24}$，$\left(\square+\frac{1}{2}\right)\times\frac{1}{3}=\frac{673}{24}-\frac{1}{4}=\frac{673}{24}-\frac{6}{24}=\frac{667}{24}$，$\square+\frac{1}{2}=\frac{667}{24}\div\frac{1}{3}=\frac{667}{24}\times3=\frac{667}{8}$ よって，$\square=\frac{667}{8}-\frac{1}{2}=\frac{667}{8}-\frac{4}{8}=\frac{663}{8}=82\frac{7}{8}$

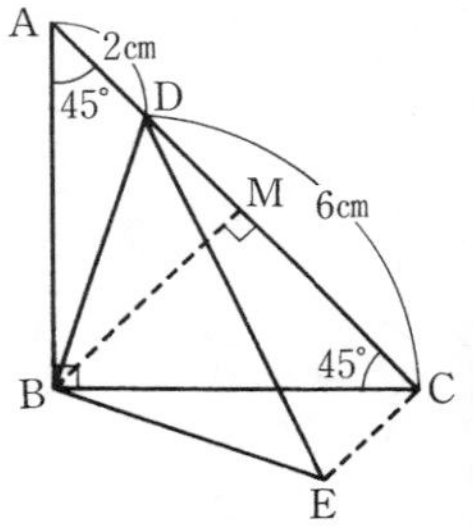

(2) ① 右の図で，AC＝2＋6＝8(cm)である。また，ACの真ん中の点をMとすると，三角形ABM，三角形CBMも直角二等辺三角形となり，BM＝AM＝CM＝8÷2＝4(cm)となる。よって，三角形DBCの面積は，6×4÷2＝12(cm^2)と求められる。 ② 三角形ABDの面積は，2×4÷2＝4(cm^2)である。また，三角形ABDと三角形CBEを比べると，ABとCB，BDとBEの長さはそれぞれ等しく，角ABDと角CBEはどちらも90度から角DBCの大きさをひいた角度になるから，三角形ABDと三角形CBEは合同とわかる。よって，三角形CBEの面積は4cm^2，四角形DBECの面積は，12＋4＝16(cm^2)となる。さらに，角BCE＝角BAD＝45度となるので，角DCE＝45＋45＝90(度)であり，CE＝AD＝2cmだから，三角形DCEの面積は，6×2÷2＝6(cm^2)とわかる。したがって，三角形DBEの面積は，16－6＝10(cm^2)と求められる。

図1

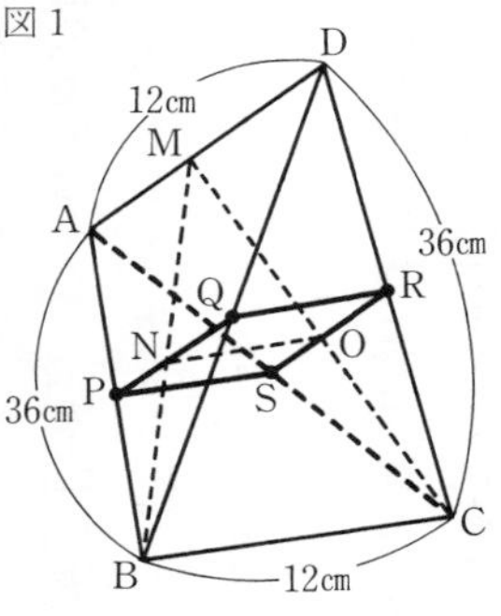

図2

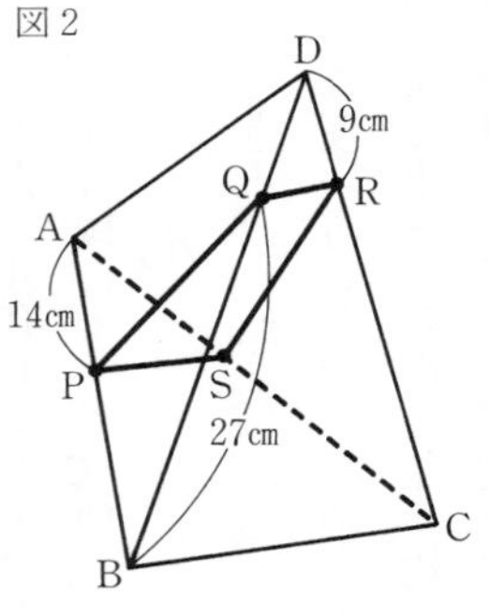

2 立体図形―面積，長さ

(1) ① 右の図1は，点P，Q，R，Sがそ

れぞれ辺の真ん中にある状態を表している。このとき，PQとRSの長さはADの長さの半分，PSとQRの長さはBCの長さの半分になるから，PQ，RS，PS，QRの長さはすべて，12÷２＝６(cm)で等しくなる。また，ADの真ん中の点をMとし，BMとPQ，CMとRSがそれぞれ交わる点をN，Oとすると，立体ABCDは三角形MBCを境目として対称《たいしょう》になっているので，図１の四角形PQRSは直線NOを対称の軸《じく》として線対称な図形となる。よって，図１の四角形PQRSは４つの辺の長さが等しく，角P，角Qの大きさが等しいから正方形とわかり，面積は，６×６＝36(cm^2)となる。

② 上の図２で，DQ＝36－27＝９(cm)より，DQ＝DRなので，QRはBCと平行になる。また，４点P，Q，R，Sは同じ平面上にあるので，PSもBCと平行になる。このとき，三角形APSは三角形ABCと相似で二等辺三角形になるから，AS＝AP＝14cmより，CS＝36－14＝22(cm)と求められる。

図３

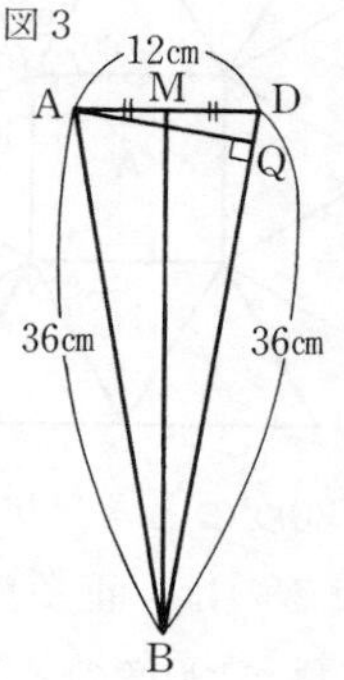

図４

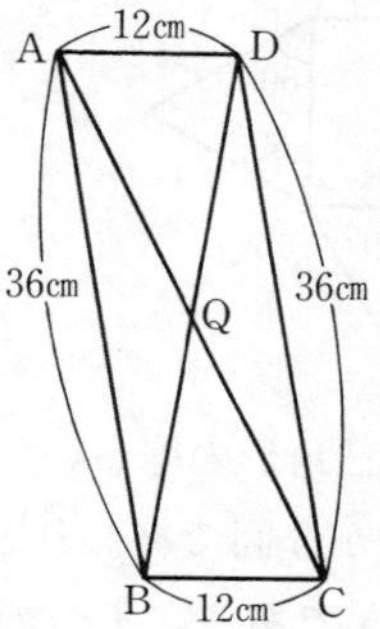

図５

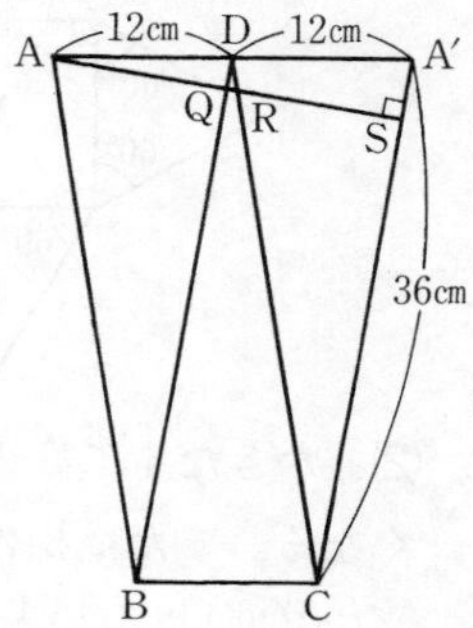

⑵ AQの長さが最小となるのは，右の図３のように，AQとBDが直角に交わる場合である。また，三角形ABDは二等辺三角形なので，BMとADも直角に交わる。よって，三角形AQDと三角形BMDは，すべての角の大きさが等しくなり，相似とわかる。したがって，QD：MD＝AD：BD＝12：36＝１：３で，MD＝12÷２＝６(cm)より，QD＝$6\times\frac{1}{3}$＝２(cm)だから，BQ＝36－２＝34(cm)と求められる。

⑶ AQとQCの和が最小となるのは，右上の図４のような展開図で，A，Q，Cが一直線上に並ぶときである。このとき，Qは四角形ABCDの対角線の交点であり，四角形ABCDは平行四辺形なので，QはBDの真ん中の点になる。よって，BQ＝36÷２＝18(cm)とわかる。

⑷ AQとQRとRSの和が最小となるのは，右上の図５のような展開図で，A，Q，R，Sが一直線上に並び，さらに，ASとCA′が直角に交わるときである。図５で，BDとCA′は平行なので，AQとBDも直角に交わり，⑵から，QD＝２cmとなる。また，AD＝DA′より，三角形AQDと三角形ASA′は相似比が１：２の相似な三角形だから，SA′＝QD×２＝２×２＝４(cm)とわかる。よって，CS＝36－４＝32(cm)と求められる。

3 つるかめ算

⑴ まず，材料Pは１kg(1000ｇ)まで使えるので，商品Bだけを20個作ると，1000－30×20＝400(ｇ)あまる。商品Bを商品Aに１個かえると，必要な材料Pの量は，60－30＝30(ｇ)増えるので，400÷30＝13.3…より，商品Aは13個まで作ることができる。次に，材料Qは1.5kg(1500ｇ)まで使えるので，商品Aだけを20個作ると，1500－20×20＝1100(ｇ)あまる。商品Aを商品Bに１個かえると，必要な材料Qの量は，130－20＝110(ｇ)増えるので，1100÷110＝10より，商品Bは10個まで作ることができる。よって，作る個数として実現可能なのは，(Aの個数，Bの個数)＝(10，10)，(11，９)，(12，８)，(13，７)となる。

⑵ 個数の合計は20個と決まっているので，売り上げが最大になるのは，値段の高い商品Bを最も多く売る場合になる。よって，(Aの個数，Bの個数)＝(10，10)のときだから，売り上げ金額は，

300×10＋500×10＝8000(円)となる。

4 図形と規則

(1) 状態☆は下の図1のようになる。また，新しくかきたした辺のうち，正多角形Aの頂点でつながる2本の辺がつくる角をアとすると，図1のアの角は，360－90－60×2＝150(度)である。この後にかきたす二等辺三角形も等しい角が60度なので，1回目の操作を行うと，下の図2のようになり，アの角は，150－60×2＝30(度)となる。このように，アの角は1回の操作で，60×2＝120(度)小さくなるから，図2の後，2回目の操作を行うと，かきたした二等辺三角形が重なり，操作は終わりとなる。よって，操作は2回できる。

図1

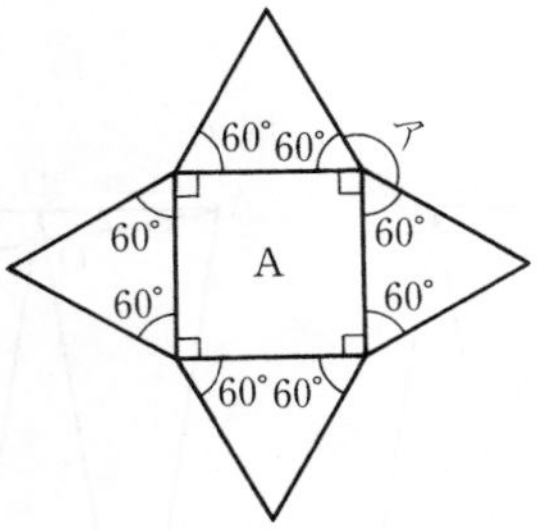

図2

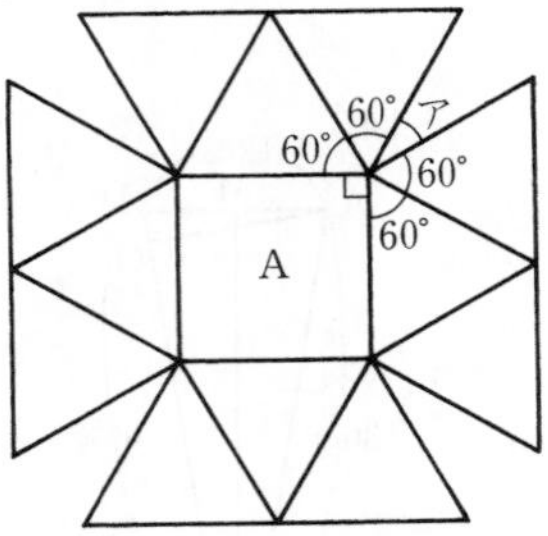

図3

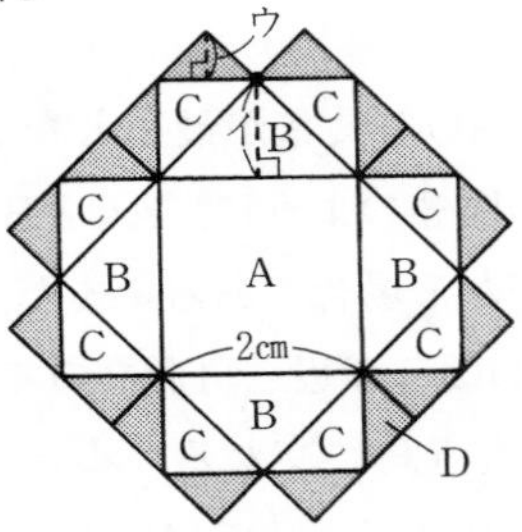

(2) かきたす二等辺三角形の等しい角が30度のとき，アの角は1回の操作で，30×2＝60(度)小さくなる。また，操作が3回で終わりとなるのは，正多角形Aの1つの内角が，360－60×(3＋1)＝120(度)以上のときである。1つの内角が120度のとき，1つの外角の大きさは，180－120＝60(度)で，多角形の外角の和は360度だから，360÷60＝6より，Aは正六角形となる。したがって，最も少ない辺の本数は6本とわかる。

(3) かきたす図形は直角二等辺三角形であり，操作が終わったときの様子は上の図3のようになる。イの長さは，2÷2＝1(cm)であり，Bの三角形1個の面積は，2×1÷2＝1(cm^2)，Cの三角形1個の面積は，1×1÷2＝$\frac{1}{2}$(cm^2)となる。また，ウの長さは，1÷2＝$\frac{1}{2}$(cm)なので，Dの三角形(かげの部分)1個の面積は，1×$\frac{1}{2}$÷2＝$\frac{1}{4}$(cm^2)となる。よって，かきたした二等辺三角形の面積の和は，1×4＋$\frac{1}{2}$×8＋$\frac{1}{4}$×16＝12(cm^2)と求められる。

社 会 (40分) ＜満点：80点＞

解 答

1 **問1** エ，オ　**問2** **地点**…エ　**理由**…(例) 写真の施設は噴石の被害から身を守るためのものであり，エは噴石が予想される地域に入っているから。　**2** **問1** **1** 筑豊　**2** 石狩　**3** メタンハイドレート　**4** でんぷん(焼酎)　**5** ユネスコ　**問2** **石炭**…エ　**原油**…カ　**問3** (例) さつまいものしぼりかすを飼料として育てた家畜のふんが，さつまいもなどの農作物の肥料として利用されるから。　**問4** ア　**問5** (1) イ，キ　(2) (例) 二毛作がさかんな九州地方では，水田の裏作として麦類が多く栽培されるから。　**問6** (1) エ　(2) 三　**問7** バイオマス　**問8** **新潟県**…オ　**岡山県**…カ　**鹿児島**

県…ウ　**3**　**問1**　ミャンマー　**問2**　チェジュ(済州)(島)　**問3**　白村江の戦い　**問4**　エ　**問5**　イ　**問6**　イ　**問7**　(例)　百済王氏の異民族性を強調することで，日本が異民族を支配する強国であるということを示し，朝廷の権威を高めようとしたから。　**問8**　ア(イ)　**問9**　藤原(氏)　**問10**　(例)　渡来系の人びとがした仕事は外国人が日本人のためにしたものではなく，日本社会に溶けこんだ人びとが日本人としてなしとげたものであるということ。　**4**　**問1**　**あ**　シ　**い**　ク　**う**　カ　**え**　キ　**お**　オ　**か**　ス　**き**　ア　**問2**　ア　**問3**　厳島(神社)　**問4**　イ　**問5**　イ　**問6**　ウ　**問7**　イ　**問8**　ア　**問9**　エ　**5**　**問1**　【ウ】　**問2**　カ　**問3**　ウ　**問4**　エ　**問5**　オ　**問6**　イ　**問7**　国民審査　**問8**　ア　**問9**　発展途上　**問10**　(例)　健常者と対等な人間

解　説

1　火山の噴火と被害の予測，対策についての問題

問1　ア　住宅密集地では降灰や火砕《かさい》流，土石流の被害が発生することが予想されているが，噴石の被害の発生が予想されているのは噴火口に近い地域で，住宅密集地にはかかっていない。　イ　噴火口の北東には，火砕流や土石流の発生が予想される地域はない。なお，火砕流は火口から噴出された高温の火山噴出物が空気や水蒸気と混じり合い，高速で斜面《しゃめん》を流れ下る現象で，1991年の雲仙普賢岳《ふげんだけ》(長崎県)の噴火のさいには，大規模な火砕流が発生して44名の死者・行方不明者を出す大惨事《さんじ》となった。　ウ　噴石の発生が予想される地域は噴火口の南東側に偏《かたよ》っているので，「噴火口から10km四方の範囲《はんい》」という表現は適切ではない。　エ　噴火口の南東側では，噴火口から30km近く離れた地域でも降灰が予想されているので，正しい。　オ　降灰や噴石の発生が予想される地域が噴火口の南東側に偏っているのは，この地域では北西の風が吹《ふ》く日が多いためと考えられるので，正しい。　カ　南の住宅密集地から西に向かう道路は少ない。また，北や東に向かう道路は降灰などが予想される地域を通るから，住民は南に向かう道路を使って避難《ひなん》するのがよいと考えられる。

問2　写真の施設は大島(東京都)の三原山にある退避壕《たいひごう》。「火山シェルター」ともよばれる噴石から身を守るための施設で，浅間山や阿蘇《あそ》山などでも同様のものが設けられている。したがって，この地域の場合は，噴石が予想される地域に属しているエにつくるのが最も効果的と考えられる。

2　エネルギー資源を題材とした問題

問1　**1，2**　1960年代まで，国内各地の炭鉱で多くの石炭が採掘《さいくつ》されていた。多くの炭鉱があった炭田としては，福岡県北部の筑豊《ちくほう》炭田，北海道中部の石狩炭田と東部の釧路《くしろ》炭田，福島県と茨城県にまたがる常磐《じょうばん》炭田などがあげられる。　**3**　メタンハイドレートは，天然ガスの主成分であるメタンが低温高圧下で水に混じりこみ，シャーベット状になったもの。外見が氷に似ているが，火をつけると燃えることから「燃える氷」ともよばれる。近年，日本近海の海底に多く存在することが確認され，新しいエネルギー資源として期待されているが，採掘には高度な技術が必要で，課題も多い。　**4**　さつまいもはそのまま食用にされるほか，でんぷんや焼酎《しょうちゅう》などの原料となり，特にでんぷんは菓子類や加工食品などさまざまな食品に利用されている。　**5**　無形文化遺産(世界無形文化遺産)は，人から人へと伝えられる無形の文化を守り伝えるためユネスコ(国連教育

科学文化機関）が2003年に設けた制度で，音楽，舞踏《ぶとう》，演劇，工芸技術，祭りのような伝統行事などが対象となる。日本ではこれまでに能楽，人形浄瑠璃《じょうるり》文楽，歌舞伎《かぶき》などが登録されてきたが，2013年には「和食：日本人の伝統的な食文化」が登録された。なお，2018年には秋田県男鹿《おが》半島の「なまはげ」をはじめとする各地の行事が「来訪神：仮面・仮装の神々」として新たに登録されている。

問２　2017年における輸入額の相手国別割合は，石炭がオーストラリア62.3％，インドネシア12.9％，ロシア9.0％の順，原油（石油）はサウジアラビア40.2％，アラブ首長国連邦24.5％，カタール7.4％の順となっている。統計資料は『日本国勢図会』2018／19年版による（以下，同じ）。

問３　さつまいものしぼりかすは牛やぶたなどの家畜の飼料としても利用されるので，むだがない。さらに，それらの家畜のふんはさつまいもなどの農作物を栽培するときの肥料になるので，環境にやさしい循環《じゅんかん》型の取り組みということができる。

問４　ア　日本の木材の自給率は1964年に輸入を完全に自由化して以来低下を続け，2000年代初めには20％を割ったが，2000年代後半からは木材需要《じゅよう》が減少したこともあり回復傾向となった。2016年における自給率は約35％となっている。　イ　2017年における木材輸入額の相手国別割合は，カナダ26.5％，アメリカ合衆国17.5％，ロシア12.3％の順となっている。かつて多かったインドネシアやマレーシアなど東南アジア諸国からの輸入は，それらの国々が原木の輸出を禁止するようになったことから激減した。　ウ　天然の三大美林とよばれるのは秋田杉，木曽ひのき，青森ひば。吉野杉と尾鷲《おわせ》ひのきは天竜杉とともに人工の三大美林とよばれる。　エ　日本の森林は国土面積の約66％（2014年）を占《し》めており，この数値はここ30年あまりほとんど変わっていない。

問５　(1)　アは福島県，ウは石川県，エは香川県，オは長野県，カは青森県でそれぞれつくられるみそであるから，いずれも米みそと考えられる。イは愛知県が産地であるから豆みそ，キは熊本県が産地であるから麦みそということになる。　(2)　二毛作がさかんな九州地方では，水田の裏作として小麦が栽培されることが多い。そのことが，この地域で麦みそが多くつくられる理由の１つであると考えられる。

問６　(1)　せんべい汁《じる》は青森県八戸市周辺の郷土料理。小麦粉を原料とする南部せんべいのうち，鍋《なべ》料理用につくられたものを鶏肉《とりにく》，ごぼう，ねぎなどの具材とともに醤油《しょうゆ》仕立ての出し汁で煮《に》こんだものである。したがって，エが誤り。　(2)　一汁三菜は日本の家庭料理の基本的な形を表す言葉。ご飯，汁のほか，焼き魚などの焼き物，煮物，なますとよばれる酢《す》の物の三菜に漬物《つけもの》をそえる。動物性の食材と植物性の食材を組み合わせた栄養バランスのとれた食事である。

問７　生物起源のエネルギーはバイオマスエネルギーとよばれる。本文中にあるさつまいものしぼりかすをエネルギー資源として用いる方法や，「製材の際に出たおがくずなどを加工して燃やし，蒸気を発生させて電力に」変える方法などは，そうしたエネルギーの利用にあたる。

問８　アは福井県。若狭《わかさ》湾沿岸に多くの原子力発電所があり，越前和紙，越前打刃物，鯖江《さばえ》のめがねフレームといった伝統工業や地場産業が発達している。また，北陸新幹線の金沢（石川県）から敦《つる》賀《が》までの区間の建設が進められている。イは静岡県。伊豆半島には多くの温泉があり，牧ノ原など西部の台地では茶の生産がさかんである。また，浜松では楽器・オートバイの生産がさかんで，焼《やい》津《づ》港には多くのマグロやカツオが水揚《みずあ》げされる。ウは鹿児島県。同県の薩南諸島には，世界自然遺産の登録地である屋久島，宇宙センターがある種子島，大島つむぎやさとうきびの生産で知られる奄美《あまみ》大島など，特色のある島々が多い。エは愛媛県。温州《うんしゅう》みかんやいよかんなどかんきつ類の栽培がさかんで，今治《いまばり》のタオル生産は地場産業となっている。また，2018年７月に起きた西日本豪雨では，広島県や岡山県などとともに特に大きな被害が出た。オは新潟県。耕地面積は北海道についで大きく，沿岸部に広がる越後平野はわが国を代表する穀倉地帯となっている。また，南部の越後山脈の山間部には多くのスキー場や温泉がある。カは岡山県。人口は南部の瀬戸内海沿岸に集中している。北部の山間部は過疎《かそ》化が進んでいるが，蒜山《ひるぜん》高原では酪農がさかんで，県北西部の新見《にいみ》ではかつて行われていた，たたら製鉄を再現させる試みも行われている。

3 国境を越えた人びとの移動を題材とした歴史の問題

問１　ロヒンギャはミャンマー西部のラカイン州に住むイスラム系の住民。人口は80～100万人と推計されるが，ミャンマー政府は彼らをバングラデシュからの不法移民とみなし，国籍を与えていない。仏教徒の多い同国で差別や弾圧を受けており，大きな問題となっている。

問２　チェジュ(済州)島は韓国南西部にある観光地として知られる島。査証《さしょう》(ビザ)なしで入国できる島限定の制度を利用して，2018年，内戦の続くアラビア半島南部のイエメンから多くの難民が押し寄せ，住民との間でトラブルが発生するなどの問題が起きている。

問３　663年，友好関係にあった百済《くだら》の遺臣たちの求めに応じて朝廷は朝鮮半島に大軍を送り，百済の復興を目指したが，白村江《はくすきのえ》の戦いで唐(中国)と新羅《しらぎ》の連合軍に大敗。以後，古代からかかわりが深かった朝鮮半島から手を引くこととなった。

問４　新羅は白村江の戦いの後，唐と連合して高句麗《こうくり》を滅ぼし，676年には唐の軍勢と戦ってこれを撤退《てったい》させ，朝鮮半島を統一した。

問５　ア　地方の国ごとに国分寺・国分尼《に》寺を建てさせたのは聖武天皇である。　イ　持統天皇は飛鳥の地に藤原京を建設し，694年に都を移した。藤原京は唐の長安を手本としてつくられたわが国最初の本格的都城であった。　ウ　地方の特産物を納める税は調。庸《よう》は都に出て10日間働く代わりに布を納める税である。　エ　律令とそれにもとづく政治のしくみは，唐の制度にならったものである。

問６　奈良時代について記している歴史書は『続日本紀《しょくにほんぎ》』。『日本書紀』に続く形で国の正史として編さんされた全40巻からなる書物で，文武天皇元年から桓武天皇10年にあたる697～791年までのできごとをあつかっている。

問７　本文に,「日本が目標とした中国は，異民族支配を前提とする帝国型の国家だった」とあることに注目する。日本もそれにならい，百済の王族や蝦夷《えみし》，隼人《はやと》らの異民族性を強調することで，みずからの力の強さを誇示《こじ》し，朝廷の権威《けんい》を高めようとしたのだと考えられる。

問８　『古今和歌集』は10世紀前半に醍醐《だいご》天皇の命で紀貫之《きのつらゆき》らが編さんしたものなので，アが誤り。ただし，東寺(教王護国寺《きょうおうごこくじ》)は796年に桓武天皇によって建てられ，823年に嵯峨《さが》天皇から空海に与えられたものであるから，イも誤りといえる。

問９　９世紀後半以降，中央政界で大きな力を持つようになっていくのは藤原氏である。

問10　本文中に，９世紀後半以降，「日本が異民族支配を前提とした帝国を目指さなくなっていった」とあることや，そうしたなかで「渡来系の人びとが日本社会に同化していく」「渡来系の人びとは，このようにして日本社会の中に溶け込んでいった」とある。つまり，渡来系の人びとがした仕事は，外国人が日本人のためにしたものではなく，日本社会に溶けこんでいった人びとが日本人としてなしとげたものと考えることができる。

4 歴史上のできごとと関係の深い場所を題材とした問題

問1 **あ** 原爆ドームや平和記念資料館があるのは広島。　**い** 日清戦争の講和会議が開かれたのは下関(山口県)。首相の伊藤博文と外務大臣の陸奥《むつ》宗光《むねみつ》が日本の代表として出席したこの会議では，清(中国)との間で下関条約とよばれる講和条約が結ばれた。　**う** 五稜郭《ごりょうかく》があるのは函館(北海道)。江戸時代末期に幕府が築いた西洋式の城郭《じょうかく》で，戊辰《ぼしん》戦争の最後の戦いの場となった。**え** 1792年にロシアの使節ラクスマンが来航したのは根室(北海道)。江戸に向かう途中で遭難《そうなん》し，アリューシャン列島で救助された伊勢(三重県)の船頭・大黒屋光太夫《だいこくやこうだゆう》は，このときロシア船で帰国をはたしている。　**お** 明治時代初期にフランスの技術で官営模範《もはん》工場がつくられたのは富岡(群馬県)である。　**か** 2016年にサミットが開かれたのは伊勢(三重県)。市内には天照大御神《あまてらすおおみかみ》を祀《まつ》る伊勢神宮がある。　**き** 第二次世界大戦後，海外にいた日本人は引揚港として指定された下関(山口県)や博多(福岡県)，小樽《おたる》(北海道)などの港に入る船で帰国した。そのなかで最後まで開かれていたのは舞鶴《まいづる》(京都府)で，シベリアに抑留《よくりゅう》されていた人びとなど約66万人が帰国している。

問2 アは1937年，イは1941年，ウは1945年，エは1944年，オは1931年のできごと。

問3 厳島《いつくしま》神社は安芸《あき》国(広島県)の一の宮であった神社。古代から航海の神として人びとの信仰を集めていたが，平清盛はこれを厚く保護して社殿を整備し，豪華な経典(「平家納経」)などを奉納した。

問4 下関条約で日本は清に対し，朝鮮を独立国として認めること，遼東《リャオトン》半島や台湾，澎湖《ポンフー》諸島を日本にゆずること，賠償金《ばいしょうきん》2億両《テール》(約3億1000万円)を支払うことなどを認めさせた。したがって，イが正しい。なお，アとウは内容が誤り。ロシアとドイツとともに三国干渉《かんしょう》を行ったのはフランスであるから，エも誤りである。

問5 江戸幕府の海軍副総裁であった榎本武揚《えのもとたけあき》は旧幕府軍の抗戦派を率いて函館の五稜郭にたてこもり，最後まで新政府軍に抵抗した。その後，許されて新政府に出仕した榎本は，ロシア公使として樺太《からふと》千島交換条約の調印に力をつくしたほか，文部大臣や外務大臣などを歴任した。

問6 アは1808年，イは1811年，エは1842年のできごと。ウは1837年に起きたモリソン号事件のことで，このときの幕府の対応を批判した渡辺崋山《かざん》や高野長英らが蛮社《ばんしゃ》の獄《ごく》(1839年)で処罰されるきっかけとなった。ノルマントン号事件は，1886年にイギリスの貨物船ノルマントン号が和歌山県沖で難破したさい，イギリス人船長や船員はボートで脱出して助かったが，日本人乗客は全員見殺しにされたという事件で，領事裁判権(治外法権)の撤廃を求める国民の声が高まるきっかけとなった。

問7 ア 1872年の学制では義務教育の年限は示されていない。その後，1886年の小学校令により3～4年と定められ，1907年に6年に延長された。小・中学校の9年間が義務教育とされたのは，1947年に教育基本法が制度化されたことによる。　イ 1873年に始められた地租改正について述べた文として正しい。　ウ それまでの大名を知藩事として統治にあたらせたのは1869年の版籍奉還。1971年の廃藩置県により旧大名はすべて東京に移住させられ，中央政府が任命した府知事と県令がそれぞれの府や県を治めることとなった。　エ 1868年に民衆に対して示された五榜《ごぼう》の掲《けい》示《じ》では，キリスト教禁止が継続《けいぞく》された。その後，諸外国から抗議を受け，1873年にキリスト教の布教が認められている。

問8 2016年の伊勢志摩サミットに出席したのは，Ｇ７とよばれるアメリカ，イギリス，フランス，ドイツ，イタリア，カナダ，日本の首脳とEU(欧州連合)の議長および委員長である。

問９　1945年12月，衆議院議員選挙法が改正され，20歳以上のすべての男女に選挙権が認められたから，エが誤り。

5　成人年齢を題材とした問題

問１　三郎は，その前の発言では「公職選挙法上の選挙権年齢との統一性も考えなければならない」として，少年法の適用年齢を18歳に引き下げることを認める発言をしているが，【ウ】では，「昔と比べると，最近の若者は成熟が遅れていることも考慮《こうりょ》してあげないと」として，少年が人格的に未成熟であることを考慮する少年法の主旨に沿った内容の発言をしているから，意見を変えたということができる。

問２　CとDが国会の仕事として，正しい。なお，AとBは内閣の仕事である。

問３　ア　検挙件数が最も低い平成28年の件数は，最も高い平成18年の件数の80%余りの数値となっている。　イ　平成16年の認知件数は58万件前後である。　ウ　検挙件数の変化について，正しく述べている。　エ　平成16年以降，検挙率は上昇傾向にはあるが，毎年上昇し続けているわけではない。

問４　ア　些細《ささい》な事件であってもすぐに警察に通報したり，被害届を出したりする人が増えれば，認知件数は増加するはずである。　イ　検挙率は上昇傾向にあるのだから，近年，検挙件数がわずかに減少している最大の理由は，認知件数そのものが減少していることにあると考えられる。　ウ　近年，検挙率が回復傾向にあるのは，認知件数が大きく減っている一方で，検挙件数がそれほど減っていないことで，相対的に割合が高まっていることによる。また，警察の積極的な犯罪予防活動が功を奏した場合に減少するのは，検挙件数よりも認知件数のほうである。　エ　認知件数よりも検挙件数の変化が小さいのは，解決の難しい事件が多いなかで，人員や予算の制約もあり，検挙できる件数には限界があるためということができる。ただし，検挙率は上昇傾向にあるのだから，制約があるなかでも警察の活動は一定の成果をあげているといえる。

問５　A　難民に対する援助活動を行っている国連の機関はUNHCR(国連難民高等弁務官事務所)。UNCTAD(国連貿易開発会議)は，発展途上国の経済開発の促進《そくしん》と南北問題の経済格差是正《ぜせい》を目的とした国連の機関である。　B　1997年に京都で開かれた気候変動枠組《わくぐみ》条約(地球温暖化防止条約)第３回締約《ていやく》国会議では，先進国に対して温室効果ガスの排出量の削減《さくげん》目標を定めた議定書(京都議定書)が採択《さいたく》された。　C　安全保障理事会は常任理事国５か国と非常任理事国10か国の計15か国で構成され，議決にはすべての常任理事国をふくむ９か国以上の賛成が必要となる。つまり，拒否《きょひ》権が認められているのは常任理事国だけである。　D　ハーグ(オランダ)にある国際司法裁判所は15名の裁判官で構成される。小和田恆《ひさし》は2003年から2018年までその職につき，その間の2009年から2012年までは所長も務めた。

問６　A　2018年２月，韓国の平昌《ピョンチャン》で第23回冬季オリンピック大会が開かれた。　B　2018年３月，日本など11か国により環太平洋経済連携《れんけい》協定の新しい協定(TPP11)が調印された。TPPは当初，アメリカをふくむ12か国での調印を目指していたが，アメリカのトランプ大統領が交渉から離脱することを表明したため，アメリカを除く11か国での調印となった。　C　エルサレムはユダヤ人の国家であるイスラエルが自国の首都であると宣言しているが，同地がユダヤ教・キリスト教・イスラム教という３つの宗教共通の聖地であることや，市内にイスラム教徒の３大聖地の１つである岩のドームがあること，第３次中東戦争を経てヨルダンが統治していた東エルサレムをイスラエルが実効支配したことなどから，国際社会はこれを認めてこなかった。しかし，親イスラエルの立場をとるアメリカのトランプ大統領は2017年12月，エルサレムをイスラエルの首都と認めることを宣言。翌年５月にはテルアビブにあったアメリカ大使館をエルサレムに移転したため，これに反発するパレスチナ側などとの間で新たな紛争の火種となっている。　D　2018年６月，シンガポールでアメリカのトランプ大統領と北朝鮮の金正恩《キムジョンウン》朝鮮労働党委員長による米朝首脳会談が行われた。

問７　最高裁判所裁判官は，任命後初めてと，その後10年を経て行われる衆議院議員総選挙のときごとに，適任かどうかについて国民の審査を受ける。これを国民審査といい，不適任とする票が過半数を占めた裁判官は罷免《ひめん》(辞めさせること)される。

問８　罪を犯した法人に対しても罰金刑などの刑罰を科すことができるので，アが不適切である。

問９　作業報奨《ほうしょう》金を高額にすると，賃金や物価の安い発展途上国出身の受刑者が相対的に有利になってしまう。さらには，懲役《ちょうえき》刑に科され，作業報奨金を得ることを目的として日本で罪を犯す者が出てくるおそれも否定できない。

問10　瘖啞《いんあ》者たちの主張は，従来の刑法の規定は差別的な考えにもとづくものであり，自分たちもほかの人と同じ人間であるのだから，犯罪行為をした場合にはほかの人と対等なあつかいを受けるべきであるとするものである。

理　科　(40分)　＜満点：80点＞

解　答

1　**問１**　カ　**問２**　ア，イ，ウ　**問３**　キ，ケ　**問４**　**トウモロコシ**…エ　**ヘチマ**…イ　**問５**　ア　**問６**　解説の図を参照のこと。　**問７**　水，空気　**問８**　適当な温度　**問９**　**A**　3　**B**　イ　**問10**　日光，肥料　**2**　**問１**　解説の図を参照のこと。　**問２**　ろうと　**問３**　ア　**問４**　イ，オ　**問５**　ア，イ，エ　**問６**　イ，ウ，エ　**問７**　ウ　**問８**　エ　**問９**　ア　**問10**　ウ　**問11**　蒸発(の方が，)食塩を多く取り出せる(から)　**3**　**問１**　不整合　**問２**　ウ　**問３**　(例)　地層Fをつくったマグマによって地層Eが熱せられたから。　**問４**　ウ　**問５**　**R**　ア　**S**　イ　**問６**　**６番目**…地層F　**８番目**…P　**10番目**…断層S　**問７**　**あ**　オ　**い**　カ　**う**　オ　**4**　**問１**　3.25cm　**問２**　27g　**問３**　90g　**問４**　解説の図を参照のこと。　**問５**　B，D　**問６**　オ　**問７**　ウ，オ　**問８**　(例)　体積が最も大きくなり，浮力も最も大きくなるから。

解　説

1　**植物のつくりと成長についての問題**

問１　図の左側はインゲンマメの種子で，アが幼芽，イが胚軸《はいじく》，ウが子葉，エが種皮である。図の真ん中はカキの種子で，オが胚軸，カが子葉，キが胚乳，クが種皮である。図の右側はトウモロコシの種子で，ケが胚乳，コが胚(胚軸などがある部分)，サが種皮である。

問２　胚は発芽したときに植物のからだとなる部分なので，インゲンマメではアの幼芽，イの胚軸，ウの子葉があてはまる。

問3　カキとトウモロコシは発芽に必要な養分を胚乳にたくわえている(有胚乳種子)。一方，インゲンマメには胚乳がなく(無胚乳種子)，養分は子葉にたくわえられている。

問4　アはマツの花粉で，空気袋《ぶくろ》が2つあり，風に飛ばされやすくなっている。イはヘチマの花粉で，ラグビーボールのような形をしている。ウはカボチャの花粉で，表面のところどころに突起《とっき》がある球状をしている。エはトウモロコシの花粉で，表面が比かく的なめらかな球状をしている。

問5　カキやミカンの場合は，実を動物に食べてもらい，その動物が移動した先で種子をふくんだフンをすることで，遠くはなれたところまで種子が運ばれる。なお，タンポポ，マツ，カエデは風によって運ばれ，オナモミは動物にくっついて運ばれる。

問6　インゲンマメの果実は細長いさやになっていて，中に種子が複数個並んで入っている。右の図のように，輪郭《りんかく》が波を打っている(中の種子どうしの間がくびれている)のが特徴《とくちょう》であるが，輪郭がほぼ真っすぐなものもある(若いさやは真っすぐであることが多い)。

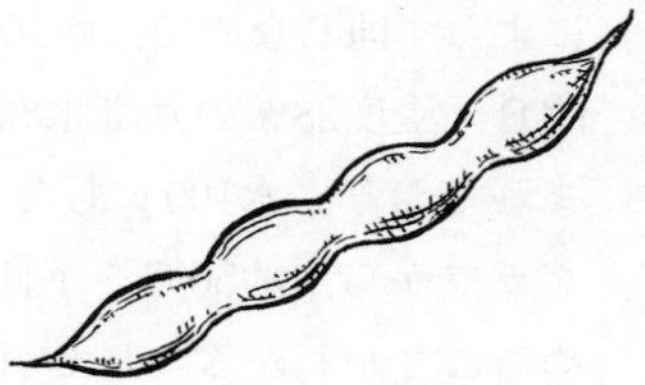

問7　水の条件だけが異なっている実験1と実験3を比べることで，種子の発芽に水が必要かどうかが調べられる。また，空気の条件だけが異なっている実験2(種子が水の中に完全に入れてあるため，空気にふれていない)と実験3を比べることで，種子の発芽に空気が必要かどうかが調べられる。なお，実験3のみ発芽し，実験1と実験2では発芽しないという結果が得られるので，種子の発芽には水と空気が必要であると考えられる。

問8　一般に，種子が発芽するためには，水，空気，適当な温度の3つの条件がそろっている必要がある。

問9　種子が発芽した実験3と，温度だけを適当でない条件にした別の実験とを比べることで，種子の発芽に適当な温度が必要かどうかが調べられる。よって，実験3を冷蔵庫で行うのがふさわしい。なお，冷凍《れいとう》庫では水や種子がこおってしまい，条件が変わってしまう。温室では温度が少ししかちがわず，種子が発芽する可能性が高い。

問10　発芽後，インゲンマメなどの植物が大きく成長するためには，水，空気，適当な温度のほかに，からだをつくることなどに使われる肥料と，光合成を行うための日光が必要となる。

2 ものの溶《と》け方についての問題

問1，問2　実験1で行った，食塩水中の白い結晶《けっしょう》を分離《ぶんり》する操作をろ過という。ろ過を行うさい，ろうと(ガラス器具X)の先から出てくるろ液はふつうビーカーで受けるが，ろうとの先はビーカーの壁《かべ》にくっつける。これにより，ろ液がビーカー内ではねず，スムーズに流れるようになる。また，ろ過したいもの(白い結晶をふくむ食塩水)はガラス棒を伝わらせて少しずつ注ぐ。このときガラス棒の先はろ紙を折ったときに3枚重なっている部分にあてる。ろ過の様子は右の図のようになる。

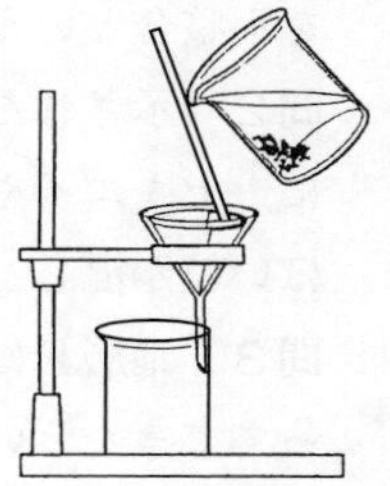

問3　観察した白い結晶は，食塩水を加熱して一部の水を蒸発させたため，溶けきれなくなって出てきた食塩である。食塩の結晶は立方体のような形をしている。

問4　ろ過は，固体と液体の混合物を分離するさいに用いる操作である。固体と液体が分離できるのは，液体(ここでは食塩水)はろ紙の穴を通るが，固体(ここでは食塩の結晶)はろ紙の穴よりも大きくて通れないからである。

問５　食塩水には電流が流れる。同様に，酸性の水溶液《すいようえき》である炭酸水，アルカリ性の水溶液である石灰水や水酸化ナトリウム水溶液は電流を通す。砂糖水とアルコール水溶液には電流が流れない。

問６　固体の溶けている水溶液は，石灰水(水酸化カルシウムの水溶液)，砂糖水，水酸化ナトリウム水溶液の３つ。炭酸水には気体の二酸化炭素，アルコール水溶液には液体のアルコールが溶けている。

問７　グラフから，20℃の水100ｇには食塩が約37.8ｇ溶けることがわかり，このときの濃度《のうど》は，37.8÷(100＋37.8)×100＝27.4…より，約27％となる。溶けるだけ溶かしたときの濃度は水の重さによらず同じなので，水50ｇに食塩を溶けるだけ溶かしたときの濃度も約27％である。

問８　濃度28％の食塩水800ｇには，食塩が，800×0.28＝224(ｇ)，水が，800－224＝576(ｇ)ふくまれており，水100ｇあたり，224×$\frac{100}{576}$＝38.88…(ｇ)の食塩が溶けていることになる。よって，グラフから，約56℃を下回ると，水100ｇに溶ける食塩が約38.9ｇより少なくなって，結晶が出始めることがわかる。したがって，エが最も近い。

問９　20℃の水100ｇには食塩が約37.8ｇ溶けるので，20℃の水576ｇには食塩が，37.8×$\frac{576}{100}$＝217.728より，約217.7ｇ溶ける。よって，結晶として得られる食塩は，224－217.7＝6.3(ｇ)と求められるので，アが最も近い。

問10　水を300ｇ蒸発させて，水が，576－300＝276(ｇ)になると，20℃の水276ｇには食塩が，37.8×$\frac{276}{100}$＝104.328より，約104.3ｇ溶けるので，結晶として得られる食塩は，224－104.3＝119.7(ｇ)となる。したがって，ウが最も近い。

問11　問９と問10より，食塩水から水を蒸発させたときの方が，結晶として得られる食塩の重さははるかに大きいことがわかる。よって，海水から食塩を取り出すさいも，海水から水分を蒸発させて作る方が効率的だといえる。

3　地層についての問題

問１　地層Ａ～Ｅは平行に重なっているので，これらはたい積した時代が連続しており，これを整合という。一方，Ｐはそれを境にして下側の地層(地層Ａ～Ｆ)と上側の地層(地層Ｇ)が明らかに平行な積み重なりではなく，またＰの波を打った状態はいったん地上に出てしん食を受けたことを示している。よって，下側の地層と上側の地層はたい積した時代が不連続であり，この境にあたるＰを不整合という。

問２　示されたスケッチを見ると，角ばった粒《つぶ》がひしめき合っているので深成岩と考えられ，さらに，セキエイやチョウセイという白っぽい粒の集まりの中に，ところどころクロウンモという黒っぽい粒が混じっていることから，カコウ岩とわかる。

問３　地層Ｆはカコウ岩なので，マグマが地下から上がってきて，地層Ｄ～Ｅのところで冷え固まってできたといえる。したがって，地層Ｅのうち，地層Ｆと接している部分は，マグマの高熱にさらされて変成したと考えられる。

問４　地層Ｂから見つかったサンヨウチュウは古生代に生息した生物，地層Ｄから見つかったアンモナイトは主に中生代に生息した生物なので，それらにはさまれた地層Ｃは古生代から中生代に作られたといえる。よって，地層Ｃには新生代に生息したマンモスの化石はふくまれていない。

問５　断層Ｒは，上盤《ばん》(図の左側)が下盤(図の右側)に対してずり上がっているので，アのように左右から押《お》されて生じた逆断層である。また，断層Ｓは，上盤(図の上側)が下盤(図の下側)に対してずり下がっているので，イのように左右から引っぱられてできた正断層である。

問６　断層Ｓは一番上の地層Ｇを切っているので，これが最も新しい。また，断層Ｒは，不整合Ｐより下を切っているから不整合Ｐより古く，地層Ｅ～Ｆを切っているので地層Ａ～Ｆよりは新しい。また，地層Ａ～Ｅは整合で，地層Ｆは地層Ｅの後にできた。以上のことから，地層Ａ→地層Ｂ→地層Ｃ→地層Ｄ→地層Ｅ→地層Ｆ→断層Ｒ→不整合Ｐ→地層Ｇ→断層Ｓの順に作られたと考えられる。

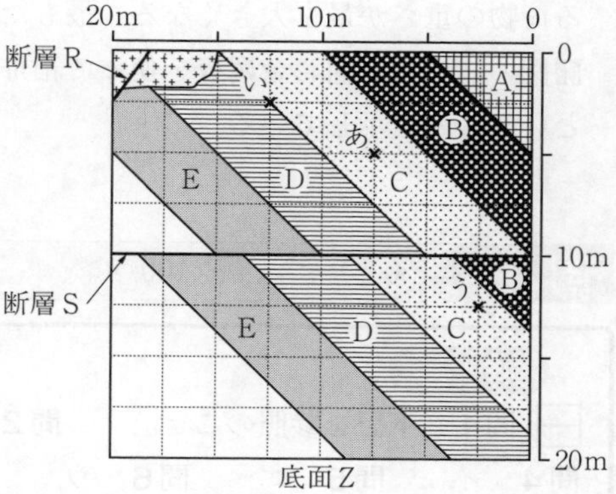

問７　地層Ａ～Ｅはすべて平行に重なっていて，厚さも同じだったことから，底面Ｚで観察できる地層Ａ～Ｅは右の図のようになる。

4　浮力《ふりょく》についての問題

問１　Ａの底の面積は，６×６＝36(cm^2)，展開図の総面積が150cm^{2}なので，壁１面の面積は，(150－36×２)÷４＝19.5(cm^2)である。よって，壁の高さは，19.5÷６＝3.25(cm)となる。

問２　Ａが水面から下に沈《しず》む体積は，６×６×２＝72(cm^3)なので，このときＡには72ｇの浮力がはたらく。したがって，金属板の重さは，72－45＝27(ｇ)とわかる。

問３　Ａの体積は，６×６×3.25＝117(cm^3)だから，Ａがすべて水中に沈むと117ｇの浮力がはたらく。よって，117－27＝90(ｇ)までは砂を入れて水に浮《う》かべることができる。

問４　砂の量が０ｇのとき，Ａはそれ自体の重さ(金属板の重さ)にあたる27ｇの浮力がはたらけば浮くので，水面から下に27cm^{3}沈むことになる。よって，水面から下の高さは，27÷36＝0.75(cm)となるので，水面から上の高さは，3.25－0.75＝2.5(cm)となる。そして，砂の量１ｇあたり，１÷36＝$\frac{1}{36}$(cm)ずつ沈み，問３より，砂の量が90ｇになると水面から上の高さが０cmになる。以上より，グラフは右の図のようになる。

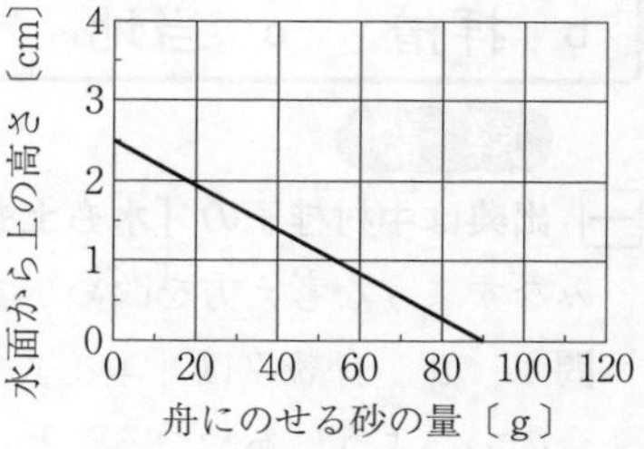

問５　20ｇの砂を入れて浮くには，20＋27＝47(ｇ)の浮力が必要なので，水面から下に47cm^{3}沈むことになる。また，底の面積は，Ｂが，７×７＝49(cm^2)，Ｃが，４×９＝36(cm^2)，Ｄが，(８÷２)×(８÷２)×３＝48(cm^2)である。よって，これらが水に浮くときの水面から下に沈む高さは，Ｂが，47÷49＝0.95…(cm)，Ｃが，47÷36＝1.30…(cm)，Ｄが，47÷48＝0.97…(cm)と求められるから，水深が１cmの水そうに浮かべることができるのはＢとＤである。

問６　底の一辺が２cmのとき，壁の高さは，(150－２×２×２)÷４÷２＝17.75(cm)だから，体積は，２×２×17.75＝71(cm^3)となり，のせることのできる砂の最大量は，71－27＝44(ｇ)になる。また，問３より，底の一辺が６cmのとき，のせることのできる砂の最大量は90ｇである。以上の２つを満たすグラフを選ぶ。

問７　底の形が異なっていても，舟の体積が同じであれば，舟が水面より下に全部沈んだときにはたらく浮力が同じになるので，のせることのできる砂の最大量は同じになる。また，舟の壁の高さは，{150−(底の面積)×2}÷(底の外周)で求められるから，舟の体積は，(底の面積)×{150−(底の面積)×2}÷(底の外周)となる。したがって，底の面積が同じであれば，底の外周が短い方が，のせることのできる砂の最大量は多くなる。

問8　舟の体積が最も大きくなり，舟にはたらく浮力が最も大きくなるときに，のせることのできる荷物の重さが最も大きくなる。最もたくさんの荷物をのせられる舟の形が球形ということは，展開図の総面積が同じ金属板を使って箱舟を作るとき，球形にしたときに舟の体積が最も大きくなるということを示している。

国　語　(50分)＜満点：100点＞

解　答

一　**問1**　下記を参照のこと。　**問2**　**A**　手段　**B**　単一　**C**　不便　**問3**　ア　**問4**　イ　**問5**　エ　**問6**　ウ　**問7**　(例)　自分自身をふくめ，周囲のすべてのものがつながりの中にあることに気づくから。　**問8**　心豊かに暮　**問9**　ア　**問10**　**2**　水や土につ　**4**　幸い，最近　**二**　**問1**　**a〜c**　下記を参照のこと。　**d**　けだか　**問2**　**A**　エ　**B**　水　**C**　ウ　**問3**　ア　**問4**　イ　**問5**　イ　**問6**　オ　**問7**　イ　**問8**　ア　**問9**　(例)　少女にとって，母のピアノを弾けるのが最後で，母への思いがいっそうつのったから。　**問10**　イ

●漢字の書き取り

一　**問1**　**a**　営　**b**　有用　**c**　操作　**d**　意向　**二**　**問1**　**a**　不思議　**b**　拝借　**c**　当地

解　説

一　**出典は中村桂子《なかむらけいこ》の「水も土も生きものの視点から」による。**水や土などをふくめた自然を機械とみなすような考え方を改め，すべて生きものとしてとらえ直すという考え方を紹介《しょうかい》している。

問1　**a**　音読みは「エイ」で，「営業」などの熟語がある。　**b**　役に立つこと。　**c**　都合のいいようにあやつること。　**d**　どうしたらよいかという考え。

問2　**A**　「目的」は，実現しようとすることの目当てやねらい。対義語は，“目的を達成するための手だてや方法”という意味の「手段」。　**B**　「多様」は，さまざまな種類があること。対義語は，“ただ一つである”という意味の「単一」。　**C**　「便利」は，都合がよかったり役にたったりするようす。対義語は，“都合が悪かったり便利ではなかったりする”という意味の「不便」。

問3　すぐ後の内容を整理する。7センチほど地面を掘《ほ》ったところで，石灰《せっかい》が白く層になっており，「地面から石灰までの間は，ふかふかの真っ黒な土」，つまり，「ミミズの糞《ふん》」でおおわれていたために，「石灰が消えた」ように見えたのである。石灰自体はそのまま残っていたのだから，イの「石灰を食べ続けて」，ウの「石灰を食べて」，エの「石灰がとけて」は合わない。

問4　続く部分に注目する。水や土を「無機物として捉《とら》え，それが緑や人を支えている」という考えや，「あらゆるものを機械とみなし，有用な機械によって便利な社会を作ろうとしてきた」ことのあやまちを指摘《してき》しようと，ミミズが「土を作り，耕している」としたうえで「土は生きている」

と述べているのだから，イがふさわしい。

問5　三つ前の段落で説明されている。「現代科学は生きものも機械とみなし」，「構造と機能を明らかにしている」。そして，そこで得られた「知識」を活用し，「新しいテクノロジーを作ろう」とする考え方が「機械論」なので，エが選べる。

問6　筆者は，自然に対して「機械論」的な考え方を改め，「水，土，緑，人間」などは皆《みな》生きものだという視点を持ち，そのつながりを生かしていくことで「本当の意味での生命の時代」が訪《おとず》れると述べている。よって，ウが合う。

問7　現代科学技術文明では，「人間」をふくむ，あらゆるものが機械とみなされてきたことをおさえる。筆者は，「人間が自分自身を生きものとして自覚」できたことの例として，「岩手県のある地域での水路づくり」をあげている。水路を「コンクリート壁《かべ》」ではなく「石積みと草との自然工法」に変えたことで，サカナやホタル，子どもたちや大人，水や土までふくめて「つながり」の中で生きていることに気づくことになったというのである。

問8　水路を「石積みと草との自然工法」に変えたことで，「サカナが泳ぎ，ホタルがとぶ空間」としてだけでなく，人間にとっても「子どもたちが遊び，大人が憩《いこ》う場」となったことをおさえる。つまり，自然との「つながりを生かしていく」ことで，生活の中に「心豊かに暮らせる環境《かんきょう》が整う」のだと言っている。

問9　岩手県での水路づくりからわかるとおり，自然を生きものとして扱《あつか》った結果，人間は自然からさまざまな恵《めぐ》みを受け取っている。このように，両者にとってお互いに利益の得られるような自然への接し方としては，アが合う。

問10　1の「見出し」の部分は，ダーウィンのミミズの研究を紹介しながら，「土」が「本当に生きものでできている」ことを説明した段落までになる。2の部分は，「水や土」を「無機物として捉え」る見方を見直し，「土も水もすべて生きているという見方をしなければならない」ことを説明している段落から始まる。そして，3の部分は，「二十一世紀は生命の時代であるとは，よく言われることである」と述べられた段落から始まり，周囲の自然との「つながりを生かしていく」ことが必要であり，そのために「まず水と土を生きものの視点から見ることから始める」ことを筆者が提案しているところまでになる。最後に，4の部分は，「岩手県のある地域での水路づくり」を一つの実例としてあげている段落からとなる。

二　**出典は吉屋信子《よしやのぶこ》の「鈴蘭《すずらん》」による。**「私」が，昔自分の母親が体験したことを話している場面である。

問1　**a**　ふつうでは考えられないほど，あやしいこと。　**b**　借りることをへりくだっていう言葉。　**c**　今いるこの場所，土地のこと。　**d**　上品で尊いようす。

問2　**A**　不思議で納得《なっとく》がいかないようす。　**B**　「水を打ったように」は，その場が静まりかえっているさま。　**C**　気品などがあり，どことなく心がひかれるようす。

問3　少し後に，「遠まわしに校長は母をうたがっているらしい」とあることに着目する。放課後，鍵《かぎ》がかかっているはずのピアノを誰《だれ》かが弾《ひ》いていることについて，母が鍵を誰かに秘密で貸しているのではないかとうたがい，校長は「変な顔」をしたのだから，アが選べる。

問4　ぼう線②には，あることに対して疑問を示すような表現をすることでその内容を打ち消し，逆の内容を強調する反語表現が用いられていることに注意する。つまり，母は「鍵」が自分の手許《てもと》にあるのに，ほかの誰かが「どうしてピアノが弾け」るだろうか，いや「弾けるはずがない」と考えたのである。

問5　聞こえてきた楽曲が「海杳《はる》かな伊太利《イタリー》の楽壇《がくだん》に名高い曲」だと気づき，母は顔色を変えたのだから，イがふさわしい。

問6　アは「独逸(ドイツ)」，イは「仏蘭西(フランス)」，ウは「西班牙(スペイン)」，エは「英吉利(イギリス)」，オは「印度(インド)」の国名を表す漢字である。よって，オがヨーロッパでないとわかる。

問7　本文の最初のほうにあるように，「頼《たの》まれて町の女学校の音楽の教師をつとめて」いたのは，「私」の母親なので，イが合わない。

問8　「これ」とは，伊太利から日本に来たミリヤ夫人が，病気でなくなったのちにピアノは寄附《きふ》されたという話を指す。聞こえてきた曲が伊太利のものだったこともあわせて考えると，ピアノを弾いていたのはミリヤ夫人にゆかりのある人間なのだろうと推測し，母は「ほほえみ」をうかべたのである。よって，アが正しい。

問9　ピアノを弾いていたのが，「その近き日に故国に帰るため，その町を立ち去った異国の少女」であったことに注目する。少女は亡き母の思い出のピアノを弾きに来ていたのであり，そのピアノを弾くのが最後の日だったので，よりいっそう心をこめて演奏したのである。

問10　異国の地で母に死なれ，戦争で荒廃《こうはい》することになる伊太利の地へ帰っていった「オルテノ嬢《じょう》」を，「私」の母が今もなお偲《しの》んでいることをおさえる。母は，つらい思いをしていたであろう少女のことを思いやって涙《なみだ》ぐんだのだから，イがふさわしい。

Memo

Memo

2018年度　早稲田大学高等学院中学部

〔電　話〕（03）5991－4151
〔所在地〕〒177-0044　東京都練馬区上石神井3－31－1
〔交　通〕西武新宿線－「上石神井駅」より徒歩7分

【算　数】（50分）〈満点：100点〉

（注意）式や考え方を書いて求める問題は，解答用紙の指定された場所に式や考え方がわかるように書いてください。

1　次の問いに答えなさい。

(1)　次の□にあてはまる数を求めなさい。

$$(151\times234+109\times234-234\times216)\div\left(1\frac{2}{3}-1.4+\frac{5}{6}\right)=\square$$

(2)　次の[あ]，[い]，[う]，[え]，[お]にあてはまる0から4までの整数を求めなさい。同じ数字を何回使ってもかまいません。

2018÷10＝[あ]×125＋[い]×25＋[う]×5＋[え]＋[お]÷5

(3)　1から9までの数字が1つずつ書かれたカードがそれぞれ1枚ずつ，合わせて9枚あります。このとき，次の問いに答えなさい。

①　カードを3枚使ってできる3けたの数のうち，9の倍数であるものは全部で何個できるか，**式や考え方を書いて**求めなさい。

②　カードを2枚同時に選びます。選んだカードで2けたの整数を作ります。どちらのカードを十の位にしても一の位にしても素数となりました。このようなカードの選び方は何通りあるか求めなさい。

2　2000mはなれたA地点とB地点の間を太郎さんと次郎さんが走ります。2人はA地点に着いたときも，B地点に着いたときも休みを入れて反対方向に走ることをくり返します。太郎さんは分速250mで走り，休みの時間を60秒とします。次郎さんは分速200mで走り，休みの時間を90秒とします。

いま，2つの地点の中間地点から太郎さんがA地点へ，次郎さんがB地点へ向かって同時に走り始めました。このとき，次の問いに答えなさい。

(1)　太郎さんが初めてB地点から出発するとき，次郎さんと何mはなれているかを求めなさい。

(2)　2人が同じ方向に向かって走っているときに，初めて800mはなれるのは走り始めてから何分後かを**式や考え方を書いて**求めなさい。

(3)　太郎さんがA地点，B地点を経て出発地点を通過した後，コースの途中で向きを変えて次郎さんと同時にB地点に到着したい。このとき，太郎さんはA地点から何mはなれた地点で向きを変えればよいかを求めなさい。

3　四角形ABCDは正方形で，点Pは辺AB上の点，点Qは辺AD上の点とします。さらにCPとBQは垂直に交わっており，その交点をRとします。また，点Rから辺ABに引いた垂線をRSとします。BQとDPの交点をTとします。

いまPR＝585cm，CR＝1040cm，QR＝845cm，QT＝125cm，RS＝468cmです。

次の問いに答えなさい。

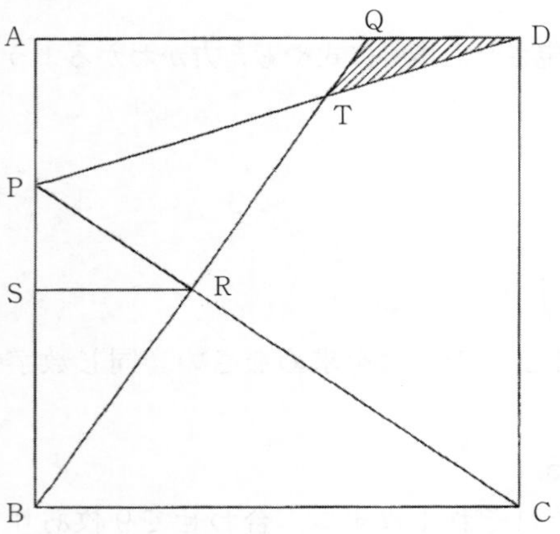

(1)　BRの長さを求めなさい。

(2)　正方形ABCDの1辺の長さを求めなさい。

(3)　三角形DQTの面積を求めなさい。

4　1以上の整数に対して，その整数が偶数であるか奇数であるかにしたがって，次の[1]または[2]の計算をくり返し行います。

[1]　その整数が偶数のときには，2で割る。

[2]　その整数が奇数のときには，3倍した後に5を加え，さらにその数を2で割る。

たとえば，26にこの計算を2回くり返すと

$$26 \Longrightarrow 13 \Longrightarrow (13\times3+5)\div2=22$$

となります。次の[あ]，[い]，[う]，[え]，[お]にあてはまる数を求めなさい。

(1)　26にこの計算を3回くり返すと[あ]になり，26にこの計算を4回くり返すと[い]になります。

(2)　32にこの計算を5回くり返すと[う]になります。

(3)　23にこの計算をある回数くり返すと23に戻ります。このような回数の中でもっとも小さいものは[え]です。

(4)　この計算を7回くり返すと1になる奇数は[お]です。

【社　会】（40分）〈満点：80点〉

1 次の問に答えなさい。

問1 次の図は，道府県庁所在地の人口上位10都市（2015年）の人口を縦軸に，その都市がある道府県内の人口第2位の都市の人口を横軸に示したものである。図中の点**A**～**C**の正しい組合せを**ア**～**カ**から1つ選び，記号で答えなさい。

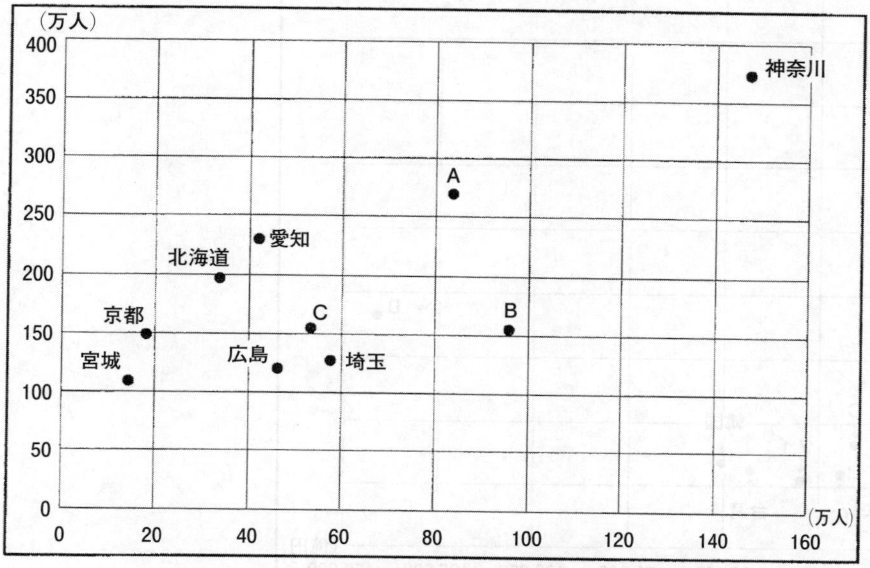

矢野恒太記念会（2017）『日本国勢図会 2017/18』より作成

	A	B	C
ア：	大阪	兵庫	福岡
イ：	大阪	福岡	兵庫
ウ：	兵庫	大阪	福岡
エ：	兵庫	福岡	大阪
オ：	福岡	大阪	兵庫
カ：	福岡	兵庫	大阪

問２　次の図は，日本の主な貿易相手国(2016年)の輸出額と輸入額について示したものである。図中の点**Ａ～Ｃ**の正しい組合せを**ア～カ**から１つ選び，記号で答えなさい。なお，縦軸と横軸のどちらが輸入額か輸出額かは記していない。

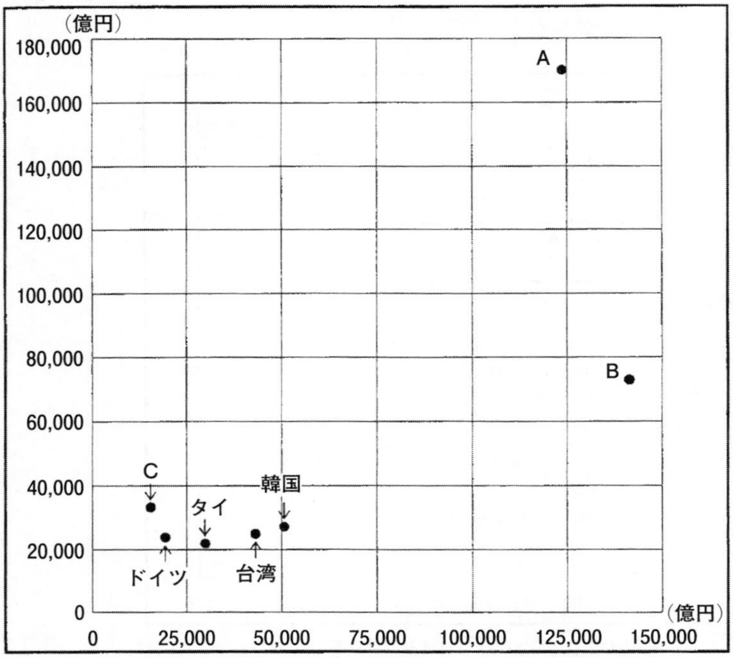

矢野恒太記念会(2017)『日本国勢図会 2017/18』より作成

	A	B	C
ア：	米国	中国	オーストラリア
イ：	米国	オーストラリア	中国
ウ：	中国	米国	オーストラリア
エ：	中国	オーストラリア	米国
オ：	オーストラリア	中国	米国
カ：	オーストラリア	米国	中国

2　各地には，限られた範囲に吹く地域特有の風があり，この風を局地風と呼んでいます。図１は，いくつかの局地風とその風向きを示したものです。この図を見て以下の問に答えなさい。

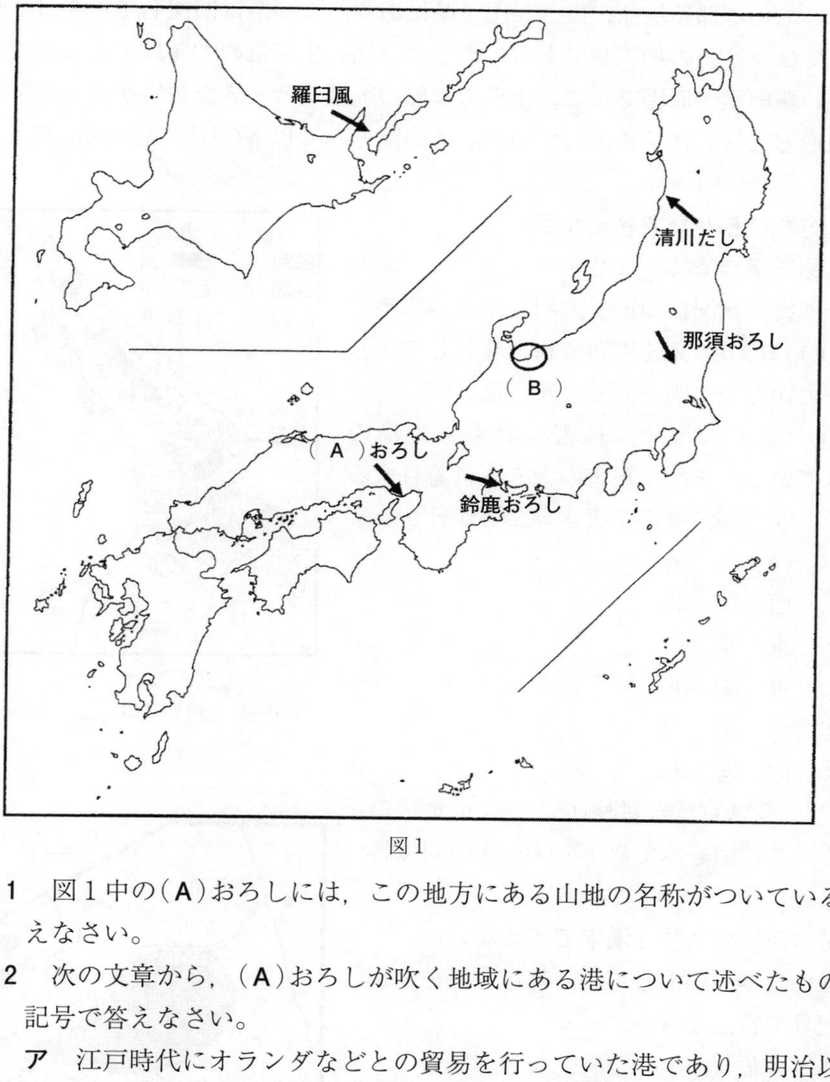

図１

問１　図１中の（**A**）おろしには，この地方にある山地の名称がついている。その山地の名称を答えなさい。

問２　次の文章から，（**A**）おろしが吹く地域にある港について述べたものを**ア**～**エ**から１つ選び，記号で答えなさい。

ア　江戸時代にオランダなどとの貿易を行っていた港であり，明治以降は造船業が発達した。

イ　高度経済成長期に特別地域の指定を受け，掘り込み式の港湾が整備された港で，製鉄や石油化学工業が盛んである。

ウ　かつて遠洋漁業の基地として，スケトウダラなどの水揚げなどで発展した。現在は沿岸でのサケやマスの水揚げが多い。

エ　平安時代から宋との貿易の拠点として栄え，高度経済成長期以降は埋め立ても盛んに行われた。

問３　鈴鹿おろしが影響を与える地域について述べた次の文章の空欄にあてはまる語句を答えなさい。

この地域には第二次世界大戦後に（ ① ）工業のコンビナートが多く建設されたが，急激な工業化は重大な公害である（ ② ）を引き起こした。

問4　那須おろしが影響を与える地域について述べた次の文章の空欄にあてはまる語句を答えなさい。ただし，(①)(②)は**漢字で**答えること。

風の名称にもなっている那須塩原市は，(①)県にあり，この県は旧国名で(②)と呼ばれていた。この県ではウリ科の加工品である(③)が全国の生産量の90％以上をしめている。

問5　1959年4月，強い羅臼風が原因で，この半島では船の転覆など大きな被害があった。図2は，この半島の地形と被害の様子を示している。この図をみて以下の(1)～(3)の問に答えなさい。

(1)　この風の読み方を**ひらがなで**答えなさい。

(2)　この半島の名称を**漢字で**答えなさい。

(3)　次の文章は，被害の状況について説明したものである。文章中の空欄(①)～(③)に入る方角の組合せとして正しいものを，**ア**～**カ**から1つ選び記号で答えなさい。

この風は(①)よりの風で，被害はおもに半島の(②)部で起きている。また，被害の大きさに着目すると，特に半島の(③)部で被害が大きいことが分かる。

ア：①　東　②　西　③　南
イ：①　東　②　西　③　北
ウ：①　東　②　東　③　南
エ：①　西　②　東　③　北
オ：①　西　②　東　③　南
カ：①　西　②　西　③　北

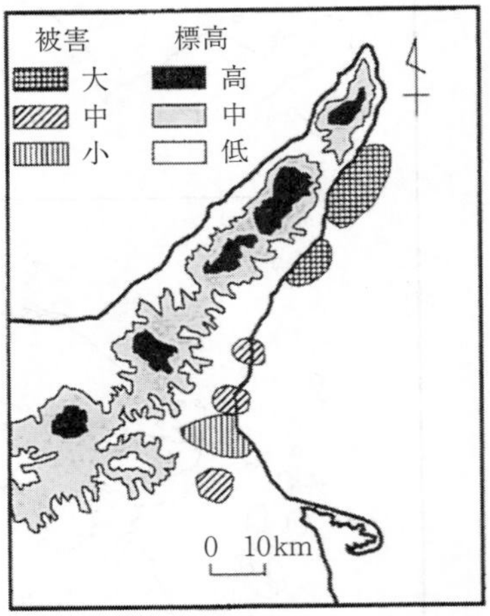

図2
荒川正一(2011)『局地風のいろいろ』より作成

問6　図3は，清川だしが吹いた際の強風域と，この地域の地形を示している。この図をみて以下の(1)～(4)の問に答えなさい。

(1)　Xの平野，Yの河川の名称を**漢字で**答えなさい。

(2)　酒田市と同様に日本海に面している都市を**ア**～**オ**から1つ選び，記号で答えなさい。

ア　今治市　　**イ**　佐賀市　　**ウ**　三条市
エ　弘前市　　**オ**　舞鶴市

(3)　酒田市に隣接する自治体では，清川だしを利用して生活を豊かにするための取り組みがみられる。どのような取り組みか考えて答えなさい。

(4)　図2と図3を参考に，二つの“だし”が強風となる共通の要因を地形に着目して説明しなさい。

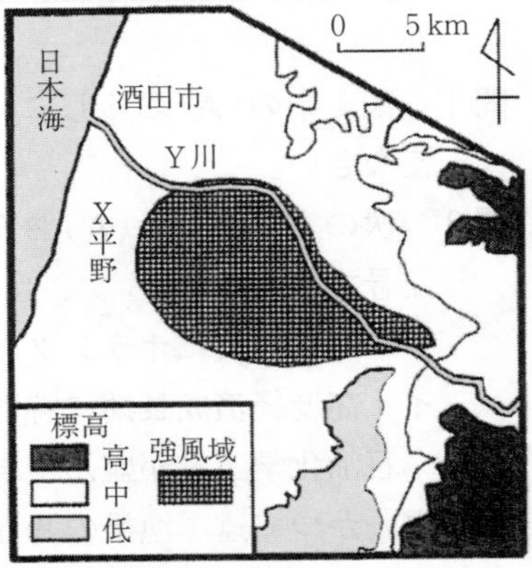

図3
荒川正一(2011)『局地風のいろいろ』より作成

問7　図1中に円で示した地域(**B**)も“だし”の影響を強く受ける地域である。この地域について以下の(1)(2)の問に答えなさい。

(1)　次の文章中の空欄(①)(②)にあてはまる語句を答えなさい。

だしの影響を強く受ける(①)平野では，影響を防ぐためにも家屋の周囲に防風林を備えており，これを(②)と呼んでいる。<u>現在，防風林は様々な理由によって減少している。</u>

⑵　上の文章の下線部に関連して，次の表は，家屋の周囲に防風林があることのマイナス面を聞いたアンケート結果の上位を示したものである。1位もしくは2位に入ると考えられる理由を1つ答えなさい。

順位	理由	%
1		33.3
2		28.2
3	健康に良くない	17.9
4	庭木が育たない	10.3
5	虫や蚊が発生する	5.1

自治体のアンケートより

3　次の文は，それぞれ天皇の自己紹介文である。あとの問に答えなさい。

A　私は天皇になる前の皇子の時代の方がよく知られています。①中臣鎌足と共に蘇我氏を滅ぼし，新しい日本をつくろうとしました。外交では，滅ぼされた②百済を救うために兵を送りましたが，負けてしまいました。

B　私は仏教を篤く信仰することによって国を護る政策を進めました。全国に国分寺や国分尼寺をつくり，都には大仏をつくりました。これによって③仏教色の濃い文化が花開きました。

C　私は都を奈良から京都に遷しました。地方を管理監督する（ ④ ）の不正を防止するために新たに勘解由使を設置するなど，律令体制の再建に努めました。また，（ ⑤ ）を征夷大将軍に任命して東北地方の経営にも取り組みました。

D　私は天皇を退いた後も政治の実権を握り続ける（ ⑥ ）を初めて行いました。私が治めていた時代は武士が台頭する時期でもあって，源氏と平氏が勢力争いを行っていました。

E　私が天皇になった頃，源氏が平氏を滅ぼして幕府を開くなど，新たな武士の時代が始まりました。天皇を退いた後も実権を握り続け，源氏の将軍が途絶えた際には幕府打倒の兵を挙げましたが，敗れて隠岐に流されました。

F　私は幕府打倒を目指しましたが，失敗して隠岐に流されました。後に脱出して幕府を滅亡させて天皇親政を行いましたが，様々な方面から批判を浴び，武家政権の再興を志した足利尊氏が兵を挙げると（ ⑦ ）へ脱出しました。

G　私は豊臣秀吉が建てた聚楽第へ出かけるなど，⑧豊臣秀吉や徳川家康が活躍した時代の天皇でした。江戸時代は，私の次の天皇の時代に制定された⑨禁中並公家諸法度で天皇や朝廷の権限が大きく制限されてしまい，朝廷が果たす役割は小さくなってしまいました。

H　私の時代は後に老中となって改革を実施した⑩田沼意次が活躍し始めた時代でした。私は女帝ですが，私の後，女性の天皇は即位していません。

I　私の時代には第一次世界大戦が起こりました。この大戦に日本も参戦しましたが，⑪大戦景気と呼ばれる好景気となりました。大戦が終わるとその反動で不景気となり，打開策として満州の開拓などが進められるようになり，中国や欧米諸国との対立が強まっていきました。

問1　下線部①について，新しい政治の基本方針を示したとされているが，その説明として**誤っているもの**をア～エから1つ選び，記号で答えなさい。

ア　土地と人民を豪族が直接支配する。

イ　地方の政治の仕組みを整える。

ウ　班田収授を行う。

エ　税の制度を整える。

問2　下線部②について，この戦いの名前を答えなさい。

問3　下線部③について，この文化について述べた文として，正しいものを**ア〜エ**から１つ選び，記号で答えなさい。

ア　日本で初めての仏教文化で，法隆寺や飛鳥寺などの寺院がつくられた。

イ　薬師寺がつくられ，高松塚古墳には色鮮やかな壁画が描かれた。

ウ　唐から招かれた鑑真によって唐招提寺がつくられた。

エ　浄土教の流行を背景にして平等院鳳凰堂がつくられた。

問4　空欄（④）にあてはまる職名を**漢字で**答えなさい。

問5　空欄（⑤）にあてはまる人物名を**漢字で**答えなさい。

問6　空欄（⑥）にあてはまる語句を**漢字で**答えなさい。

問7　**E**の文章にあたる上皇の名前を**漢字で**答えなさい。

問8　空欄（⑦）にあてはまる地名を**ア〜オ**から１つ選び，記号で答えなさい。

ア　吉野　　**イ**　大坂（大阪）　　**ウ**　伏見

エ　宇治　　**オ**　飛鳥

問9　下線部⑧について，豊臣秀吉が行った政策について述べた文として，正しいものを**ア〜エ**から１つ選び，記号で答えなさい。

ア　室町幕府の将軍を京都から追放し，幕府を滅亡させた。

イ　刀狩令を出して，固定的であった身分を能力に応じて変えられるようにした。

ウ　バテレン追放令を出して，キリスト教の禁止だけでなく貿易も厳しく統制した。

エ　２回にわたって朝鮮半島に出兵したが，どちらも失敗に終わった。

問10　下線部⑨について，次の文は，禁中並公家諸法度の第一条の一部である。空欄にあてはまる語句を**ア〜オ**から１つ選び，記号で答えなさい。

一　天子諸芸能の事，第一御（　　）なり。

ア　儀式　　**イ**　祈禱　　**ウ**　学問　　**エ**　和歌　　**オ**　参詣

問11　下線部⑩について，田沼意次の政策として述べた文として，正しいものを**ア〜エ**から１つ選び，記号で答えなさい。

ア　質素倹約をすすめるとともに，新田の開発や年貢の確保に取り組み，財政再建を行った。

イ　朝鮮通信使の待遇を簡素化したり，赤字が続いていた長崎の貿易を制限したりするなどして出費をおさえようとした。

ウ　株仲間を公認するなど商業を発達させることによって財政再建に取り組んだ。

エ　農村を復興させて年貢を確保するために江戸に出かせぎに来ていた農民を農村に帰した。

問12　下線部⑪について，好景気になった理由を**40字以内で**答えなさい。

4 将来の国の発展を考えた場合，どのような教育制度にするかはとても大切な問題です。歴史を振り返ってみても，古くから様々な教育がなされてきました。奈良時代から明治時代までの教育について述べた次の文章を読み，あとの問に答えなさい。

①奈良時代は，貴族の子弟を対象に，官僚を養成するための教育制度として中央に大学がおかれ，儒教の経典を中心とする教育が行われました。平安時代になると，有力貴族たちは氏ごとに独自に大学別曹をつくり，子弟の教育を行いました。とくに②藤原氏の勧学院は有名です。③鎌倉時代には北条氏の一門である金沢実時が武蔵国金沢の別邸に書物を集めて金沢文庫を開きました。④室町時代には上杉憲実が足利学校を再興し，僧侶や武士が学問を学ぶために集まりました。江戸時代になり，世の中が安定してくると，幕府も藩も，教育に一層力を入れるようになりました。幕府は５代将軍（ **あ** ）が湯島に聖堂を建て，儒学を奨励しましたし，各藩は藩校をつくって家臣の育成に励みました。江戸時代中期以降になると，それまでの儒学に加えて，国学や洋学などの諸学問が盛んになり，塾も各地に設置されました。とくに，蘭学は杉田玄白らがオランダの医学書『ターヘル・アナトミア』を翻訳した『（ **い** ）』をきっかけに，おおいに発展しました。医師の緒方洪庵が開いた大坂の適塾には全国から入門者が集まり，寝る時間を惜しんで蘭学や医学を学んだといわれています。その門下生は1000人にも達するといわれており，慶應義塾の創立者である（ **う** ）や，長州藩に仕えて戊辰戦争で活躍し，明治新政府では⑤日本の兵制改革に取り組んだ大村益次郎など，日本の近代化に大きな貢献を果たした人物を多く輩出しています。江戸時代後期になると，庶民教育の場である（ **え** ）が急増し，民衆も読み・書き・そろばんなどの知識を習得しました。公家や武士だけでなく，庶民にいたるまで広く教育を受ける機会があった点が大きな特徴だったといえるでしょう。

明治時代になると⑥明治新政府は，近代化を進めるためには国民の知識の水準を高める必要があると考え，学校教育制度の整備に努めました。まず1872年に（ **お** ）を公布して国民皆学を掲げて近代教育の基礎をつくりましたが，はじめは⑦現実とはかけ離れた制度であったため，反対にもあい，一揆が起こる地域もありました。しかし，試行錯誤を経た結果，少しずつ就学率も伸びていき，⑧日露戦争後にはほぼ100パーセントになるなど，教育は広く国民に普及していきました。

問１ 文章中の空欄（**あ**）～（**お**）にあてはまる語句を**漢字で**それぞれ答えなさい。

問２ 下線部①について，この時代の律令制度について述べた文として，正しいものを**ア**～**エ**から１つ選び，記号で答えなさい。

ア 中央には太政官と神祇官が置かれ，神祇官の下に八省が設置された。

イ 毎年作成される戸籍に基づいて，６歳以上の男子に口分田が与えられた。

ウ 租・調・庸とよばれる税の他に，雑徭などの労役も課せられた。

エ 21歳以上の男女には都の警備にあたる防人や九州の防衛にあたる衛士といった兵役も課せられた。

問３ 下線部②について，藤原氏は他の貴族を排斥するなどして権力を強めていった。藤原氏の策略によって大宰府に流され，後に学問の神様として信仰されるようになった人物の名前を**漢字で**答えなさい。

問4　下線部③について，この時代に活躍した北条氏について述べた文として，正しいものを**ア**～**エ**から１つ選び，記号で答えなさい。

ア　最後の将軍実朝の妻であった北条政子は，承久の乱の際に，天皇の命令に動揺する御家人をまとめて勝利した。

イ　北条泰時は御成敗式目を制定した。御成敗式目は以後の武家法の手本とされた。

ウ　北条時宗は元軍の襲来を防いだが，戦いで困窮した御家人を救うために永仁の徳政令を出した。

エ　最後の執権だった北条義時は新田義貞に攻められて自害し，鎌倉幕府は滅亡した。

問5　下線部④について，この時代では応仁の乱で京都が荒廃したため，数多くの文化人や公家が地方へ移動して文化が広まった。水墨画で有名な雪舟らが集まり，独特の文化が栄えた大内氏の城下町としてふさわしいものを**ア**～**エ**から１つ選び，記号で答えなさい。

ア　博多　　**イ**　山口　　**ウ**　松山　　**エ**　大分

問6　下線部⑤について，暗殺された大村益次郎の後を受けて日本の兵制改革を具体化し，のちに内閣総理大臣にもなった人物を**ア**～**エ**から１人選び，記号で答えなさい。

ア　西郷隆盛　　**イ**　山県有朋　　**ウ**　伊藤博文　　**エ**　大隈重信

問7　下線部⑥について，明治新政府の近代化政策について述べた文として，**誤っているもの**を**ア**～**エ**から１つ選び，記号で答えなさい。

ア　廃藩置県を行い，それまでの大名を引き続き知藩事に任命して各県の統治に当たらせた。

イ　地租改正を行い，それまでの年貢にかわり，定められた地価の３パーセントを現金で納めさせた。

ウ　開拓使を設置して北海道の開拓を進めた。非常時には防備も担う屯田兵が開拓に当たった。

エ　政府は官営模範工場をつくり，指導者としてお雇い外国人を招いて殖産興業を行った。

問8　下線部⑦について，当時の教育政策はどのような点で現実とかけ離れていたか，次の語句を使って説明しなさい。

建設費　　授業料　　労働力

問9　下線部⑧について，次の出来事のうち，日露戦争後に起こったことがらを**ア**～**エ**から１つ選び，記号で答えなさい。

ア　日英同盟を結ぶ　　**イ**　韓国を併合する

ウ　八幡製鉄所が操業を開始する　　**エ**　義和団事件が起こる

5　次の会話文を読んで，あとの問に答えなさい。

Ｘ：①裁判員裁判は，地域で起きた重大な事件を，地域の住民の手によって解決するという意味において，②地方自治の見地からも重要な意義を有しているね。

Ｙ：でも，憲法76条１項などとの関係において，制度の合憲性が問われているよ。

Ｚ：確かに，職業裁判官でない人が裁判体に加わるのだから，問題がありそうだ。

Ｘ：いずれにしても最高裁は，外国籍の女性が覚せい剤を密輸入した事件（第１審は裁判員裁判）において，裁判員制度は合憲だと判示したね。

Ｙ：候補者の辞退率が高いことも問題だよ。社会には色々な考えを持つ人たちがいて，その人たちに半強制的に裁判員をやらせるわけだから，心の負担を軽くしてあげないと，今後も辞退率は上昇すると思うな。

Z：その通りなんだけど，負担になるからやりたくないというだけでは，単なるワガママだよ。負担があっても裁判員としての責任を果たすことに意義があるんだ。

X：辞退率を下げたいならば，国民全体で裁判員の経験を共有し，裁判員の貴重な経験を周囲に伝えやすくするためにも，裁判員の（ ③ ）を緩和するといいんじゃないかな。

Y：それには賛成。他にも，地方においては④事件の集中によって弁護人が不足するなど，課題はたくさんある。議論を重ねて，制度が洗練されることを期待しよう。

問１　会話から読み取ることができるＸＹＺの考えなどについて，最も妥当《だとう》なものを**ア〜オ**から１つ選び，記号で答えなさい。

ア　Ｘは裁判員制度に賛成しており，現行制度を変える必要はないと考えている。

イ　Ｙは裁判員制度に対する疑問を抱いており，制度を廃止すべきと考えている。

ウ　３人とも，憲法19条に対する配慮をいっさい払っていない点は不適切である。

エ　殺人などの重大事件において，裁判員は死刑判決を下す可能性があり，それは重い負担となるから，重大事件を裁判員裁判の対象から除外すべきという意見に，Ｚは反対するであろう。

オ　殺害現場の写真などの悲惨な証拠については，カラー写真ではなくて白黒写真を用いるなど，提示の仕方を工夫すべきという意見に，Ｙは反対するであろう。

問２　下線部①は原則として，裁判員と裁判官，合計９名によって裁かれる。評議において，議論を尽くしても全員一致の結論に達しなかった場合を前提として，次のうち，有罪判決が下されるケースはいくつあるか，**０〜５の整数で**答えなさい。

- 裁判員０名，裁判官３名，合計３名が有罪を支持したケース。
- 裁判員２名，裁判官２名，合計４名が有罪を支持したケース。
- 裁判員３名，裁判官２名，合計５名が有罪を支持したケース。
- 裁判員５名，裁判官１名，合計６名が有罪を支持したケース。
- 裁判員６名，裁判官０名，合計６名が有罪を支持したケース。

問３　次の**Ａ〜Ｄ**のうち，下線部②に関する説明として適切なもの２つの組合せを**ア〜カ**から１つ選び，記号で答えなさい。

Ａ　日本国憲法は地方自治を明文で保障していないから，その趣旨を明確にするために地方自治法が制定された。

Ｂ　地方議会は法律の範囲内で条例を制定できるが，判例によれば，条例によって罰則を設けることは違憲である。

Ｃ　札幌，仙台，横浜，広島，福岡などの政令指定都市は県に近い権限を有しており，行政区分として区を設けている。

Ｄ　地方公共団体は，本来は国が行うべき戸籍・住民登録などの事務や，パスポートの交付などの事務を行っている。

ア　ＡとＢ　　**イ**　ＡとＣ　　**ウ**　ＡとＤ

エ　ＢとＣ　　**オ**　ＢとＤ　　**カ**　ＣとＤ

問４　（③）にあてはまる語句を**漢字４字で**答えなさい。

問５　下線部④に関連して，次の表は，平成27年の関東地方における裁判員裁判対象事件の＊終局人員数を示している。いくつもの繁華街があり重大な犯罪が多いと思われる東京都よりも，千葉県の人員のほうが多い理由を考えて，記述しなさい。

庁名	終局人員数
東京地裁本庁	102
東京地裁立川支部	21
横浜地裁本庁	57
横浜地裁小田原支部	15
さいたま地裁本庁	64
千葉地裁本庁	136
水戸地裁本庁	25
宇都宮地裁本庁	18
前橋地裁本庁	13

最高裁判所「裁判員制度の実施状況等に関する資料」(平成27年)より。

＊終局人員数：判決・決定などによって終了した裁判の被告人の数。

6　次の文章は，中学校の入学を控えた太郎君におじいさんが宛てた手紙です。文章を読み，あとのそれぞれの問に答えなさい。

太郎君，お手紙ありがとう。いよいよ中学生になるんだね。今年中学生になる君が中学３年生になるときには，東京オリンピックがあるだろう。実は，前回東京でオリンピックが開催された　あ　年，おじいさんも中学３年生だったんだ。その頃の日本はまさに高度経済成長の真っただ中で，東京は今以上に活気があって，①都市の基盤がどんどんと整備されていったんだ。それに，当時中学３年生だった私たちは，いわゆる「　い　の世代」といわれることもあるように，世代人口がとても多かった。私と同じ年に生まれた人の数は260万人を超えていたんだ。②ちょっと調べてみたのだが，太郎君と同じ2005年に生まれた人の数は，106万人ということだから，昔に比べると子どもたちの数は少ないようだけど，今回はどんな競技が君たちの心を摑むことになるのだろう。私の時は，柔道やレスリング，体操やボクシングが頑張って，日本は金メダルを16個も獲得したんだよ。私は，走ることに憧れていたのだけど，アベベの２大会連続のマラソン優勝には本当に興奮した。

中学生という時期は，心身ともにとても成長する時期だから，オリンピックや③パラリンピックに向かう選手たちから大いに刺激を受けて，運動や勉強に頑張ってほしいと思っているよ。それでは，また。

問１　あ　にあてはまる適切な数字を西暦で答えなさい。

問２　下線部①に関連して，東京オリンピックの年に起きたこととして，正しいものを**ア**～**エ**から１つ選び，記号で答えなさい。

ア　東京タワーが完成した。

イ　関越自動車道が開通した。

ウ　日本でテレビ放送が始まった。

エ　東京から新大阪までの新幹線が開業した。

問3　い　にあてはまる適切な語句を**漢字で**答えなさい。

問4　下線部②について，以下の表は，おじいさんが利用した世代人口の推移に関する資料です。太郎君も，この資料をみて，いろいろなことを疑問に思いました。疑問として**成り立たないもの**を**ア**～**オ**から２つ選び，記号で答えなさい。

（十人）

年次	出生数	年次	出生数	年次	出生数	年次	出生数
1947	267,879	1965	182,370	1983	150,869	2001	117,066
1948	268,162	1966	136,097	1984	148,978	2002	115,386
1949	269,664	1967	193,565	1985	143,158	2003	112,383
1950	233,751	1968	187,184	1986	138,295	2004	111,072
1951	213,769	1969	188,982	1987	134,666	2005	106,253
1952	200,516	1970	193,424	1988	131,401	2006	109,267
1953	186,804	1971	200,097	1989	124,680	2007	108,981
1954	176,958	1972	203,868	1990	122,159	2008	109,115
1955	173,069	1973	209,198	1991	122,325	2009	107,004
1956	166,528	1974	202,999	1992	120,899	2010	107,130
1957	156,671	1975	190,144	1993	118,828	2011	105,081
1958	165,347	1976	183,262	1994	123,833	2012	103,710
1959	162,609	1977	175,510	1995	118,706	2013	102,982
1960	160,604	1978	170,864	1996	120,656		
1961	158,937	1979	164,258	1997	119,167		
1962	161,862	1980	157,689	1998	120,315		
1963	165,952	1981	152,946	1999	117,767		
1964	171,676	1982	151,539	2000	119,055		

内閣府「出生数及び合計特殊出生率の年次推移」より作成。

ア　1966年は，前年に比べて出生数が大きく減っているけれど，どうしてこんなに少ないのだろうか。

イ　1971年から1974年にかけて毎年200万人以上が生まれていたようだけど，どうしてだろうか。

ウ　2001年になって少子化が始まったようだけど，なぜ21世紀になって始まったのだろうか。

エ　2010年以降出生数が増えているようだけど，何か功を奏している政策があるのだろうか。

オ　表の約70年間で，毎年の出生数は半分以下になっているけれど，それによってどんな問題があるだろうか。

問5　下線部③に関連して，パラリンピックは世界最高峰の障がい者スポーツ大会と位置付けられている。日本では，障がいのある人々の日常生活と社会生活を支えるための法律が2012年に成立した。この法律の名称として正しいものを**ア**～**エ**から１つ選び，記号で答えなさい。

ア　障害者自立支援法　　**イ**　障害者雇用促進法

ウ　障害者総合支援法　　**エ**　障害者基本法

【理　科】（40分）〈満点：80点〉

1　Ⅰ　あるところで岩石を採集したところ，次の表に示した岩石がえられました。

安山岩	花コウ岩	セン緑岩	チャート	砂岩	石カイ岩	ハンレイ岩

表の中に，二枚貝の化石が含《ふく》まれる岩石がありました。この岩石をルーペで観察すると，同じ大きさの小さな丸い粒《つぶ》が無数に見られました。また，表の中の１つの岩石を持ち帰り，実験室でうすくけずって，顕《けん》微鏡《びきょう》で観察しました。すると，右の図のように，鉱物が散らばった組織が見えました。採集した岩石に関して，次の各問いに答えなさい。

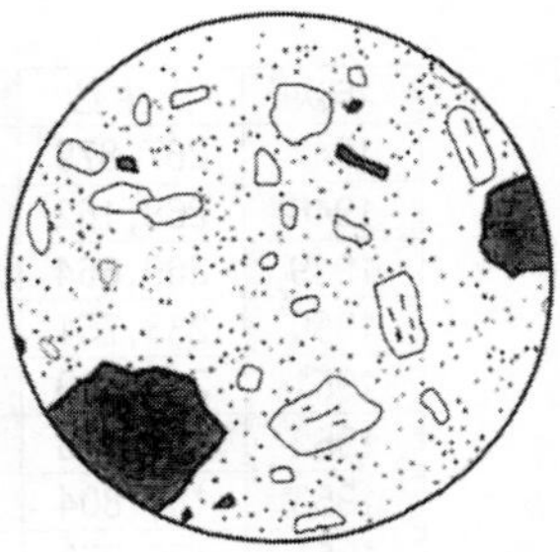

問１　塩酸をかけると二酸化炭素が発生することで，他と区別できる岩石は何ですか。表から１つ選び，答えなさい。

問２　二枚貝の化石が入っていた岩石は何ですか。表から１つ選び，答えなさい。

問３　図のような組織を何といいますか。

問４　図は，どの岩石の組織ですか。表から１つ選び，答えなさい。

問５　石英，長石，黒ウンモが多く含《ふく》まれる岩石は何ですか。表から最も適切なものを１つ選び，答えなさい。

Ⅱ　**図１**はある部屋の乾湿計《かんしつけい》とその拡大図を，**表１**は湿《しつ》度表《どひょう》を，**表２**は気温と飽和《ほうわ》水蒸気量の関係を示しています。飽和水蒸気量とは，１m^3に含むことのできる水蒸気の最大量（g）を表したものです。次の問いに答えなさい。

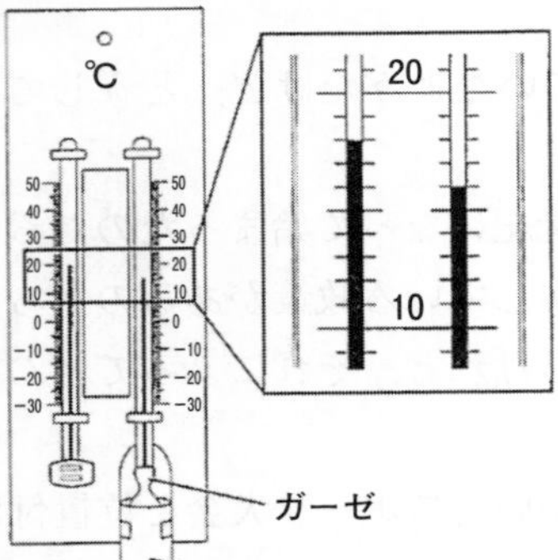

図１　乾湿計

表１　湿度表

乾球温度［℃］	乾球温度と湿球温度の温度差［℃］ 0	1	2	3	4	5
20	100	91	81	73	64	56
18	100	90	80	71	62	53
16	100	89	79	69	59	50
14	100	89	78	67	56	46
12	100	88	76	65	53	43
10	100	87	74	62	50	38

表２　気温と飽和水蒸気量の関係

気温［℃］	水蒸気量［g］	気温［℃］	水蒸気量［g］	気温［℃］	水蒸気量［g］	気温［℃］	水蒸気量［g］	気温［℃］	水蒸気量［g］
1	5.2	8	8.3	15	12.8	22	19.4	29	28.8
2	5.6	9	8.8	16	13.6	23	20.6	30	30.4
3	5.9	10	9.4	17	14.5	24	21.8	31	32.1
4	6.4	11	10.0	18	15.4	25	23.1	32	33.8
5	6.8	12	10.7	19	16.3	26	24.4	33	35.7
6	7.3	13	11.4	20	17.3	27	25.8	34	37.6
7	7.8	14	12.1	21	18.3	28	27.2	35	39.6

問6　乾湿計では，乾球よりも湿球のほうが温度が低くなります。この理由を説明しなさい。

問7　この部屋の湿度は何％ですか。**表1**を参考にして答えなさい。

問8　この部屋の温度を下げていったときに，湿度が100％になるのは何℃のときですか。割り切れない場合は**表2**の中で一番近い気温を整数で答えなさい。

問9　**問8**のときの温度を何といいますか。

問10　この部屋に除湿《じょしつ》器《き》を置いて，29℃に温度を保ったまま湿度を75％から50％に下げました。このとき，除湿器に集められた水は何gですか。答が割り切れない場合は小数第1位を四捨五入して整数で答えなさい。ただし，この部屋の大きさは$60m^3$とします。

2　Ⅰ　**図1**は，地面に垂直に立てた横幅《よこはば》6mの鏡のまわりに**A**～**F**の6人が立ち，鏡の中にうつっている自分たちのすがたを見たときのようすを真上から見たものです。**図1**の1目盛りは1mを表しているものとし，鏡の高さは十分にあるものとして，以下の問いに答えなさい。

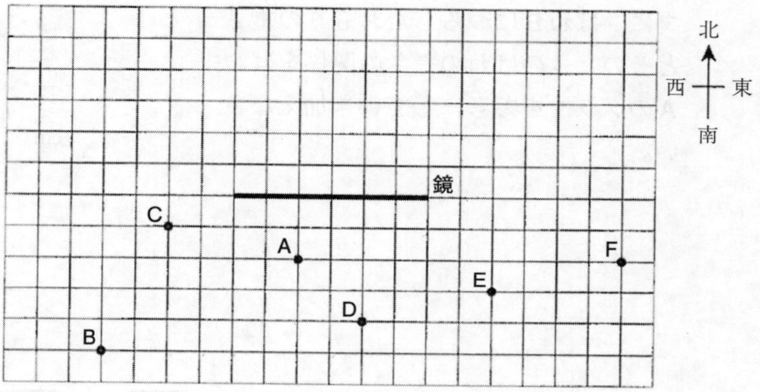

図1

問1　**A**は鏡の中に自分のすがたを見ることができます。そのすがたは，**A**自身から何mはなれたように見えますか。

問2　**B**～**F**で，**A**が鏡の中にすがたを見ることができる人をすべて選びなさい。

問3　鏡は東西方向に立てられています。**A**が6人全員を鏡の中にすがたを見ることができるようにするためには，**A**はどのように動けば良いでしょうか。次の**ア**～**オ**の中から1つ選び，記号で答えなさい。

ア　北に動く　　**イ**　南に動く　　**ウ**　東に動く　　**エ**　西に動く

オ　どの方角に動いても全員を鏡の中にすがたを見ることはできない

問4　空気，水，ガラスの境界面に①～③のように入射した光は，その後どのように進みますか。それぞれ1つ選び，記号で答えなさい。

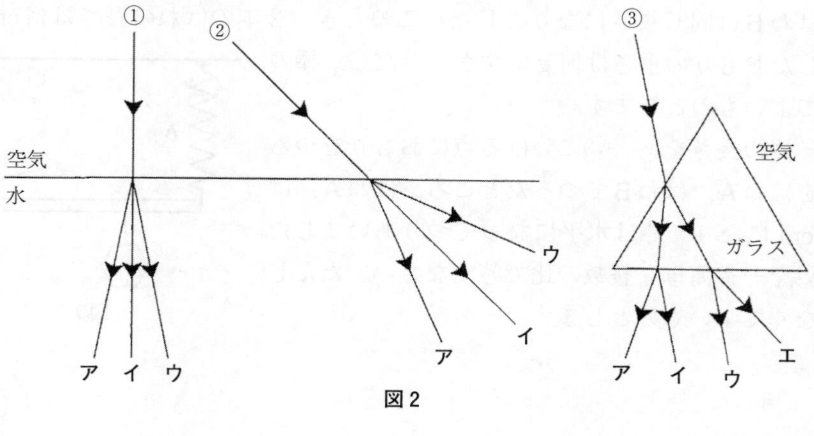

図2

Ⅱ　ばねA，ばねBがあります。ばねA，ばねBにいろいろな重さのおもりをつるし，そのときの２つのばねの長さを測ったところ，次の表のようになりました。ばねA，ばねB自体の重さは考えないものとして，後の問いに答えなさい。

おもりの重さ〔g〕	20	40	60	80
ばねAの長さ〔cm〕	18	22	26	30
ばねBの長さ〔cm〕	24	27	30	33

問５　図３には，ばねAにつるしたおもりの重さとそのときのばねの長さの関係がグラフに表されています。このグラフに，ばねBにつるしたおもりの重さとそのときのばねの長さの関係をばねAのグラフを参考にして書き加えなさい。

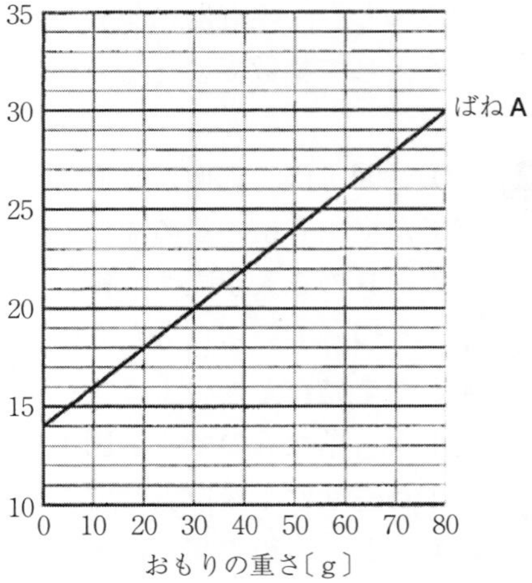

図３

問６　図４のように，ばねAとばねBを縦につなげてばねBに50gのおもりをつるしました。このとき，ばねAとばねBをあわせた全体の長さは何cmになりますか。

問７　図５のように，ばねAに60gのおもりをつるし，その下にばねBと20gのおもりをつるしました。このとき，ばねAとばねBののびはそれぞれ何cmですか。

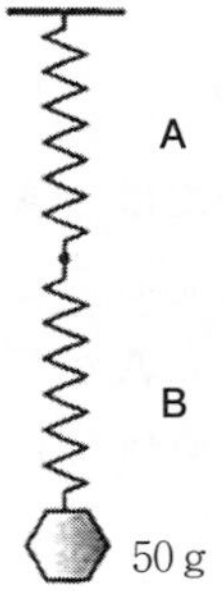

図４

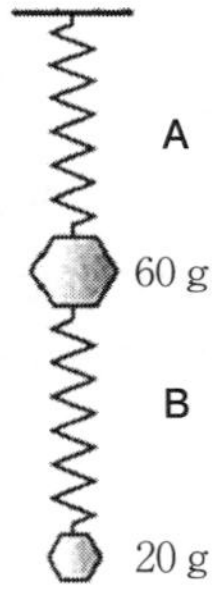

図５

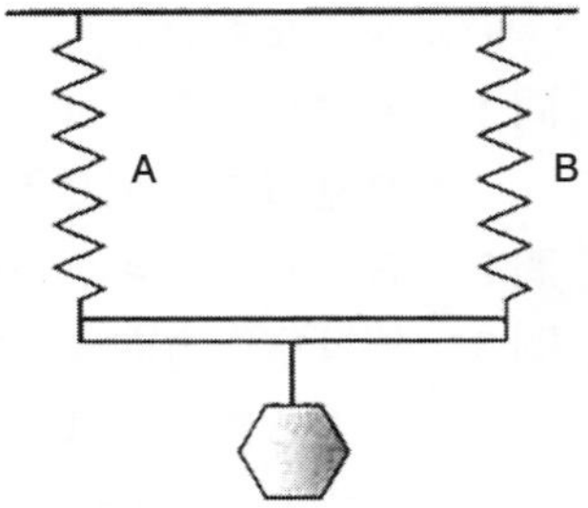

図６

問８　図６のように，棒の真ん中におもりをつるして，棒の両端《りょうたん》をばねA，ばねBでつったところ，ばねA，ばねBは同じ長さになりました。このとき，２本のばねの長さは何cmですか。また，つるしたおもりの重さは何gですか。ただし，棒の重さは考えなくてよいものとします。

問９　図７のように，棒の長さを(あ)：(い)に分ける点におもりをつるして，棒の両端をばねA，ばねBでつったところ，ばねA，ばねBの長さが24cmになり，棒は水平になってつりあいました。このとき，(あ)：(い)を一番簡単な整数の比で答えなさい。ただし，棒の重さは考えなくてよいものとします。

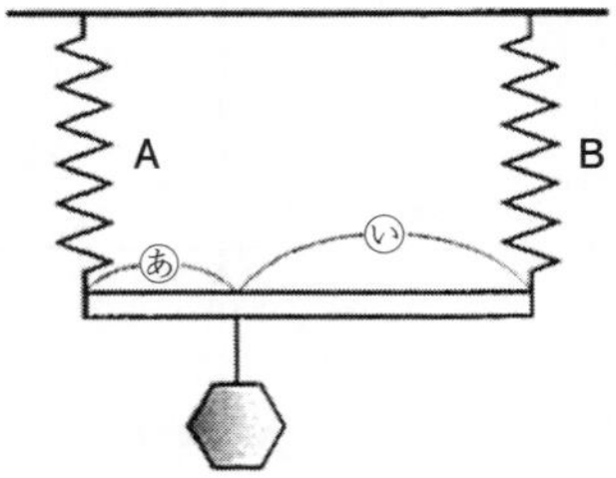

図７

3 人の誕生について，次の文を読み，後の問いに答えなさい。

人の赤ちゃんは，卵が受精してから約(A)週間で生まれます。(B)などのほ乳類では，子がおなかにいる期間が長く，ふつう出産まで人と同じように，長い期間を必要とします。

生命は，卵が精子と受精して受精卵になることで，生まれます。男性の(C)でつくられる精子は，体から出ると，べん毛というつくりを動かし，泳ぐことができます。女性の(D)でつくられた卵は(E)の中に出され，泳いできた精子と受精します。(E)から移動した受精卵は，子宮のかべに付着して，成長していきます。

ほ乳類では，受精卵は子宮の中で育ちます。子宮の中で育っている子はたい児と呼ばれます。たい児は子宮の中で(F)に浮《う》いて守られています。しかし，母親のからだの中にいるため，外から栄養や酸素を取り入れることができません。そのため，たい児は，(G)を通して，たいばんにつながり，母親から栄養や酸素をもらっています。たいばんでは，母親の血管とたい児の血管が入り組んでいて，こうした物質のやりとりができるようになっています。

たい児は(F)に浮いているため，大人のような呼吸をしていません。生まれた直後の子は，(H)という大きな泣き声をあげ，空気を自分の肺に一気に送り込《こ》み，呼吸をはじめます。

問1 文中の(A)に入る数として，最も適当なものを次から1つ選びなさい。

16　　24　　38　　46　　60

問2 (B)に入れることのできるほ乳類として，適当なものを次の**ア**～**オ**から2つ選び，記号で答えなさい。

ア ゾウ　　**イ** パンダ　　**ウ** イヌ
エ ネズミ　　**オ** ウマ

問3 文中の(C)～(F)に入る言葉として，適当なものを次の**ア**～**シ**の中からそれぞれ1つずつ選び，記号で答えなさい。

ア ぼうこう　　**イ** 尿管《にょうかん》　　**ウ** 血管　　**エ** 卵管
オ 血液　　**カ** 胚乳《はいにゅう》　　**キ** 羊水　　**ク** リンパ液
ケ 卵巣　　**コ** 卵白　　**サ** 卵黄　　**シ** 精巣

問4 文中の(G)と(H)に入る言葉をそれぞれ答えなさい。

問5 母親のおなかの中で，たいばんとたい児はどのようになっているでしょうか。一般的《いっぱんてき》な状態を表しているものを次の**ア**～**エ**から1つ選び，記号で答えなさい。なお，たいばんと(G)は斜線《しゃせん》で示してあります。

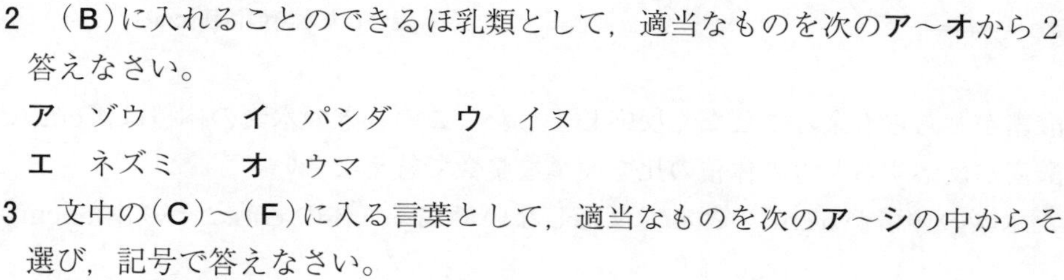

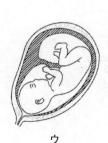

ア　　イ　　ウ　　エ

4　私たちにとって身近な水は，水素と酸素からできています。２つの実験を通して，この事実を確かめてみることにしました。

［実験１］　図のような装置を用いて，水素と酸素の混合気体を反応容器の中に入れ，点火しました。このとき，水素と酸素が反応して，水ができました。水素と酸素の体積の割合を変えて何度か実験し，その結果を下図のように，グラフにまとめました。グラフの横軸《じく》は混合した水素の体積を示し，グラフの縦軸《たてじく》は反応しないで残った気体の体積を示しています。どの実験も反応前の混合気体の体積は18cm^3となるようにしました。

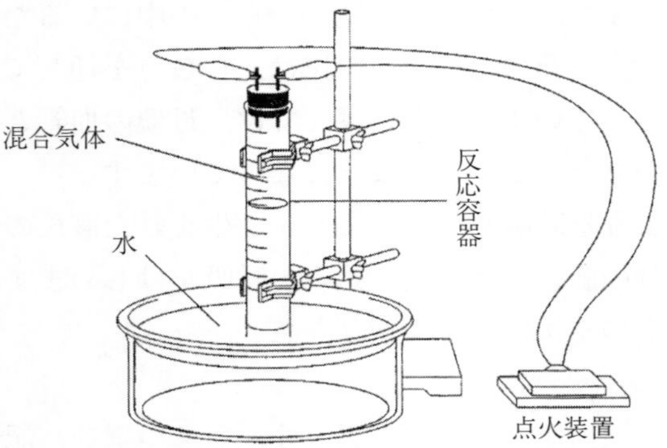

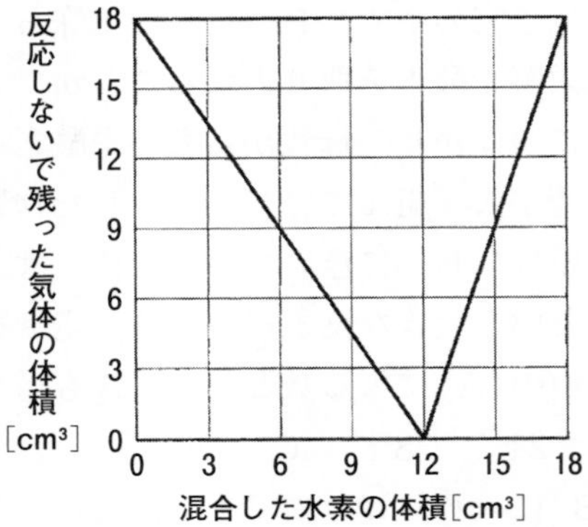

問１　水素と酸素がどちらも余ることなく反応しました。このときの水素の体積は何cm^3ですか。

問２　水素と酸素が反応するときの体積の比を簡単な整数で答えなさい。

問３　混合した水素の体積が$6\,\text{cm}^3$のとき，反応しないで残る気体の名前とその体積(cm^3)を答えなさい。

問４　混合した水素の体積が15cm^3のとき，反応する水素と酸素の体積はそれぞれ何cm^3ですか。

問５　混合した水素の体積と，反応した酸素の体積との関係を示すグラフを書きなさい。

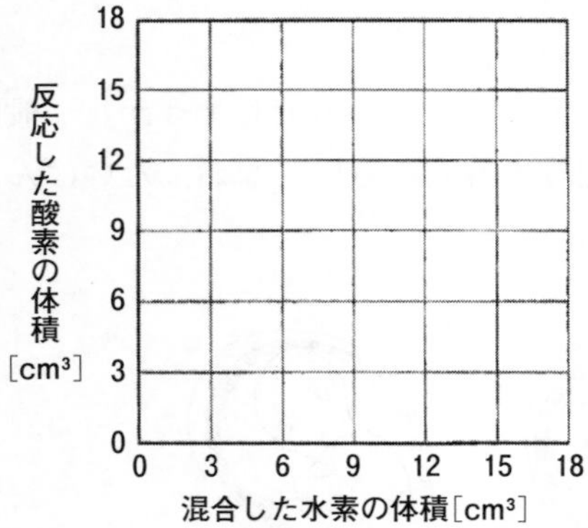

［実験２］　図のような装置を用い，水に水酸化ナトリウムを少し加えた水溶液《すいようえき》に５分間電流を流して水を分解しました。電流を流すと，マイナス極とつながった電極**A**から気体の水素が，プラス極とつながった電極**B**から気体の酸素が発生しました。この実験のように，２本の電極を水溶液に入れて電流を流し，反応をおこす操作を電気分解といいます。

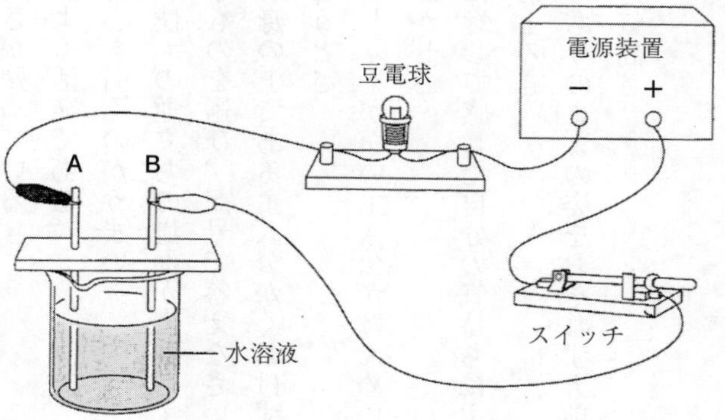

問６　電流を通しやすい液体を次の**ア**～**オ**から２つ選び，記号で答えなさい。

ア　食塩水　　**イ**　砂糖水　　**ウ**　アルコール水溶液
エ　蒸留水　　**オ**　塩酸

問７　発生する気体の体積が多いのは電極**A**と電極**B**のどちらですか。［実験１］を参考にして答えなさい。

問８　５分間に発生する気体の体積を増やそうとしました。適切な操作を次の**ア**～**オ**から２つ選び，記号で答えなさい。

ア　電流を流す時間を短くする
イ　電流の値を大きくする
ウ　プラス極とマイナス極のつなぎ方を変える
エ　太い電極に取り替《か》える
オ　水酸化ナトリウムを溶かす量を減らす

問９　気体の酸素について，間違《まちが》っているものを次の**ア**～**オ**から２つ選び，記号で答えなさい。

ア　酸素自身が燃える
イ　金属と結びついて，さびをつくる
ウ　空気の約0.9倍の重さがある
エ　過酸化水素水に二酸化マンガンを加えると発生する
オ　水に溶けにくい

問10　気体の水素を発生させる適切な組み合わせを次の**ア**～**オ**から２つ選び，記号で答えなさい。

ア　マグネシウムとうすい塩酸
イ　重そうとうすい塩酸
ウ　銅とうすい塩酸
エ　アルミニウムとうすい水酸化ナトリウム水溶液
オ　銅とうすい水酸化ナトリウム水溶液

ア　負けん気が強い。
イ　まだ幼さが残っている。
ウ　元気がよく活発である。
エ　人の関心を引くのがうまい。

問十　最後の「僕」の逆立ちの場面が表現しているものの説明として最も適切なものを選び、記号で答えなさい。

ア　不幸な身の上である主人公がくじけずに精いっぱい生きている姿のとうとさ。
イ　あまりとりえがない主人公がけんめいに自分を表現するせつなさとおかしさ。
ウ　少女に対して感じた自分の気持ちに主人公が感じているとまどいとおどろき。
エ　自分のありのままの姿をおそれず人前で見せた主人公のひたむきさと気高さ。

エ　きばらし

問三　次の語句の□のうち、本文に登場する「ハチ」「トリ（ヤマドリ）」「犬」のいずれも入らないものが二つあります。その二つの□に入る生き物の名をそれぞれカタカナで答えなさい。

立つ□あとをにごさず

□の尾を踏む

泣きっ面《つら》に□

□も食わない

生き□の目を抜《ぬ》く

問四　――①「それよりも『皆が僕の脚を見ている。』と思うことの方が百倍もつらく」とありますが、そのように感じたのはなぜですか。最も適切なものを選び、記号で答えなさい。

ア　見苦しいダブダブの半ズボンの姿をみんなにからかわれることになるから。

イ　ハチ退治に奮戦した血気盛《さか》んな学生に暴力をふるわれるかも知れないと思ったから。

ウ　ハチの巣を踏みつけみんなを傷つけた犯人として注目されつづけることとなるから。

エ　醜くはれ上がった脚をずっと見られることで自分から話しかけづらくなりそうだから。

問五　――②「一種犠牲的な精神を発揮したつもりだった」とありますが、「僕」がこのような行動をとったのは、なぜですか。最も適切なものを選び、記号で答えなさい。

ア　少女が自分のことを思ってハンカチを巻くことをすすめてくれているのに、それをむやみに断るのは単純に悪い気がしたから。

イ　自分がしたことのためにつらい思いをしている少女のすすめに素直《すなお》にしたがうことで、少しでも罪ほろぼしをしたかったから。

ウ　かわいい少女から話しかけられ、どう対応していいか分からず、とりあえず少女の言うことにしたがっておこうと考えたから。

エ　一人で後ろから歩く自分を気づかって話しかけてくれた少女の心根の優《やさ》しさに、少しでも応《こた》えなければならないと思ったから。

問六　――③「空や森にかこまれたあたりの景色が急にイキイキしたものに見えはじめた」とありますが、この景色を「僕」は後からどのように表現していますか。本文中から六字で抜き出して答えなさい。

問七　――④「おどろいた」とありますが、それはなぜですか。最も適切なものを選び、記号で答えなさい。

ア　彼女にとって自分という人間は特別な存在ではないと思っていたから。

イ　彼女に悪意を持たれるはずがないという思いこみがずっとあったから。

ウ　彼女には自分がハチの巣を踏んだ人間だとばれていないと思ったから。

エ　彼女と自分とは共通の話題で楽しい会話をずっと続けてきたはずだから。

問八　――⑤「どうしてこんなに心のこりがするのだろう」とありますが、この時の「僕」の気持ちを本文全体から考えて、三十一字以上四十字以内で解説しなさい。

問九　この作品に登場する「十八ぐらいの少女」のえがかれ方として、適切でないものを一つ選び、記号で答えなさい。

「君、体操が得意なら、あの木の枝にぶら下がれるかい。」とF君がいう。

「できるさ。」彼女はそう答えるがはやいか、水平な枝をのばしている高い木にとびついて、両脚で空中に半円をえがくと、そのまま体をさかさまにして木の枝にぶら下がった。スカートをc むぞうさにめくり上がらせた彼女のシルエットが夕日を背にしてクッキリうかびあがるのをみながら、僕はふと、(今晩はF君の家に泊《と》めてもらって明日は東京へかえろう)と思い立った。

予定どおりその翌日、K高原を引き上げたので僕は、ついに少女の名前も何も知りえなかった。土地の事情にくわしいはずのF君も、顔を二三度みかけたという以上には知らなかった。そして僕は忘れるともなく一切《いっさい》、忘れてしまっていた。

秋おそく、友人たちと上野へ展覧会をみに行ったとき、美術館の中で僕は突然《とつぜん》、あの少女をおもい出した。黄色いワンピースを着て黒いトークをかぶった少女にすれちがって、あ、あの時の彼女だな、と思いながら僕がふり向くと彼女も同時に僕を見た。……きっと彼女にちがいない。けれども僕らはそのまま別れた。彼女の方にも大勢の見知らないつれがあったし、人混みの中で僕は何か声をかける気になれなかった。だが、美術館を出ると同時に僕は急に彼女が恋《こい》しくなった。それはいままでになくハッキリした恋情《れんじょう》だった。引き返して彼女を探したいと思ったが、友達の手前それを言い出すのが恥《はず》しくて出来なかった。せかされて僕の恋ごころは一層つのりだし、美術館前の芝生《しばふ》にむらがった人々のなかに、あてもなく彼女の姿をもとめていると、その可能性がなさそうだと思うにつけて、ますます無性《むしょう》に会いたくなった。

「もうすこし、ゆっくり行こうよ。」

そんなこととは知らず、不忍池《しのばずのいけ》の方へ道を行きかける友達たちに声をかけて、僕は、しかしそれなら一体どうすればよいのかわからなかった。

「そうだ！」僕は突嗟《とっさ》に思いつくと、いきなり芝生の上で逆立ちをした。……もし彼女がとおりかかってくれたら僕だと気がついてくれるであろう。

僕のd げいとうに友人たちはアッケにとられていた。いつか僕の逆立ちのまわりには人々が円《まる》くとりまいていた。

「うまいぞ。」と知らない人までが声をかける。……そうでなくともノボセ上がっていた僕の頭は血が下がってますますボンヤリしてしまい、いまはただ少しでも長くがんばって立っていることに気力をふるいたてながら、天と地と逆《さかさ》まにうつった群衆に眼を放っているのであった。

(安岡章太郎「逆立」より・一部改)

※ユニック…ユニーク。個性的。

※アシビキのヤマドリ…和歌「あしびきの山鳥の尾《お》のしだり尾の長々し夜をひとりかも寝《ね》む」にかけた冗談。

問一 ――a「ちょうほんにん」・b「いっこう」・c「むぞうさ」・d「げいとう」のひらがなを漢字に直しなさい。

問二 ――A「くったく」・B「ナグサミ」の意味として、最も適切なものを選び、それぞれ記号で答えなさい。

A
ア いらいらすること
イ くよくよすること
ウ のんびりすること
エ へとへとになること

B
ア きがかり
イ しかえし
ウ たのしみ

おびた皮膚《ひふ》に刺されたあとの血が何箇所《なんかしょ》かににじんでいるのがみえた。そんなとき僕は、自分の手で彼女を傷つけてしまったような気がしたり、またどうせ僕なんかは遅《おく》れたついでのBナグサミにお相手をさせられているだけなんだと考えたり、そしてまた彼女が許しさえすれば僕が抱《だ》くかオンブするかしてやってもいいと思ったりもした。……

A牧場では一行が僕らを待っていた。彼等《かれら》はもう三十分も前に目的地に到着《とうちゃく》していたのだ。

僕は牧場らしいものがモヤのような小雨《こさめ》につつまれて見えはじめたとき(その高原地帯では晴れたり曇《くも》ったり天候がしょっ中かわるのであった)、つかの間の夢が醒《さ》めて行くような気持ちがした。

——あの小屋のみえるところ、あの柵《さく》をめぐらしたあたりには、彼女の友達が大勢待っているだろう。これで僕の護衛の役目もすんだわけだ。あそこにはもう僕ら二人の世界はなく、僕はまたもとどおり奇《き》怪《かい》なズボンからにょっきり出した脹《ふく》れ上がった脚をみんなから眺《なが》められることになる、と。

……それにしても、この不意に知り合った少女と僕はいったい何をしたのだろう、何がそんなに楽しかったのだろう。

——漢文のO・S先生しってる?

——いや。

——あら、O先生はあなたの学校じゃなかったの?

——いいえ、僕はまだどこの学校へ行くかきめてないんだ。

——そうお、O先生ってユカイな人よ。あたしの学校へもきていらっしゃるの。

——へえ。……君は何が好きなの、学課じゃ。

——あたし、体操よ。

彼女と話したことと言ったら、こんなことにすぎない。それが何だって、こんなに心にひっかかるのだろう。

ところが、④おどろいたことに牧場に到着しても少女はbいっこうに、僕のそばからはなれて行こうとはしなかった。同い年ぐらいの友達でありそうな男も女も大勢いるのに、誰とも話しかけようともしない。

F君は小屋の中の板貼《いたば》りのテーブルで、一人でミルクをのんでいた。僕が彼女をつれて這入《はい》って行くとF君は不機嫌《ふきげん》そうにコップを口におしつけながら、だまって僕らの方を見た。ふだんはあんなに「おじさん」風にみえるF君が、どうしたことだろう、丸い頬《ほ》ッペタをふくらまして、まるで子供《こども》にみえる。

「おそかったな、どうしたんだ。」

僕が返事につまっていると、彼女がわきからこたえた。

「ハチの治療《ちりょう》よ。」そう言って自分の脚をさし出した。するとF君は急に笑い出し、僕の脚を指さしながら、

「よく似合うぞ、そのズボン。ワッハッハ。」と言った。彼女はかえって変な顔をした。しかし、すぐ機嫌《きげん》をなおすと僕ら二人をさそってコリー種の仔犬《こいぬ》のいるところへ案内した。そして休憩《きゅうけい》時間いっぱい犬と遊んで帰りのバスまで三人いっしょであった。

……夕暮れてくる停留場でバスを待ちながら僕は思った。ともかくきょうは楽しい一日だった。可愛《かわい》らしい女の子とも知り合ったし、F君も上機嫌《じょうきげん》になったし、これまで万事《ばんじ》困難なハイキング・コースも切りぬけたわけだ、と。ただ、そんなに満足すべき一日が暮れようとしているのに、⑤どうしてこんなに心のこりがするのだろう。往《ゆ》きにくらべてかえりのコースは、ずっとF君のそばにつきっきりでいるせいだろうか。いくら考えても僕には、その心のこりが何であるか考えつかなかった。

いまは彼女はF君とも、へだてのない口をききあって無心に遊んでいる。

いか。」

F君は自分のズボンに文句をつけられたことが気に食わなそうな様子もあり、しかたなく僕はその恰好のまま、はなやかな一行の列に加わった。

実際、僕は口もきけないぐらい憂鬱《ゆううつ》だった。一行の僕以外の人たちは、すくなくとも顔見知り程度にはおたがいに知り合っており、F君もあたりの人と冗談口《じょうだんぐち》をききあったりしているが、僕にはとてもその仲間に入って行くだけの勇気はなかった。もし、これが歩くための集まりでなかったら、まったくたえられなかったところだろう。足を動かしていることでやっと孤独《こどく》にたえながら僕は、ともかく無心に歩きつづけていたのだ。……ところが、そうやって無心な歩き方をしている僕に思わぬ不幸が見舞《みま》ってきた。羊歯《しだ》や雑草にかこまれてジメジメした朽葉《くちは》におおわれた小径《こみち》にさしかかったときだった。僕の片足が突然《とつぜん》、草むらの中に吸《す》い込《こ》まれたと思う瞬間《しゅんかん》、眼《め》の前が黄色くなった。ハチであった。地蜂《ばち》の巣を僕が踏《ふ》みつけたのであった。巣を破られたおそらく百疋《ひゃっぴき》以上のハチが一行におそいかかってきたのであった。みんなが杖《つえ》や上衣を振《ふ》りまわして追いはらったので、やがてハチどもは退散したが、腕《うで》や脚《あし》を刺《さ》された婦人たちの中には泣き出すものさえいた。

「誰《だれ》だ、ハチの巣を踏《ふ》むなんて、間抜《まぬ》けな野郎《やろう》は！」ハチ退治に奮戦した学生のなかから、そんな声が上がるのもきこえる。ところが、そのaちょうほんにんが僕であることは誰の眼からも明らかだった。何しろダブダブの半ズボンのまま踏みこんだ裸《はだか》の脚は、刺されほうだい刺されて、ふた目と見られないくらい醜《みにく》くふくらみ上がっているのだ。……もはや僕は一人で勝手に歩こうにも、他人の眼を意識しないではいられなくなった。刺された足は無論ひどく痛んだが、①それよりも「皆《みな》が僕の脚を見ている。」と思うことの方が百倍もつらく、次第《しだい》に僕はF君ともはなればなれになって、行列の最後から更《さら》に何十メートルもはなれた後を、とぼとぼと歩いた。

A牧場までの道はなかなか遠かった。……だが、何が幸福のチャンスをつかむキッカケになるのかわからないものだ。一団になって歩いている一行をほとんど見失わないばかりに遠くおくれて、ゆるい峠《とうげ》の道を一人で上っていると前に一人、黄色いワンピースを着た十八ぐらいの少女が、やっぱり列からおくれて、だるそうな足どりで歩いていた。脚のフクラハギをハンカチでしばっているのが目についた。あ、彼女《かのじょ》もハチに刺された組だ。そう思うと僕は、ほとんど反射的に逃《に》げ出そうとした。そのとき彼女はふり向いた。そして思いがけない打ちとけた様子で、

「あたしたちはね、ヤマドリよ。」と言った。

「へえ？」

「だって、※アシビキのヤマドリって言うでしょう。」そう言ったかと思うと、ぼんやりしている僕の顔をみて、うれしくてたまらないような声を立てて笑った。そして僕にも水筒《すいとう》の水で濡《ぬ》らしたハンカチを脚に巻くようにすすめた。僕の脚はハンカチの一枚や二枚では到底《とうてい》つつみ切れないほど、あちらこちらほとんど脚全体がはれ上がっていたのだが、あえて彼女のすすめにしたがった。そうすることによって僕の恰好は一層見苦しくなるだろうとは思ったが、彼女のやさしさに僕は②一種犠牲的《ぎせいてき》な精神を発揮したつもりだった。……けれども実のところ、そんなことよりもその少女には身装のことなどでは人にAくったくをあたえない何かがあったのだ。僕は不意にページを開けて、いままでとはまったく違《ちが》ったところを読み出したような気になった。③空や森にかこまれたあたりの景色が急にイキイキしたものに見えはじめた。

ときどき彼女は立ちどまって脚のハンカチを巻きなおした。丸味《まるみ》を

エ　自己のありかたについて真剣《しんけん》に考えずにそれを先延ばしにしているだけだということ。

問十　――⑧「バスの運転手」とありますが、「バスの運転手」を例にすることで筆者はどういうことを述べようとしているのですか。最も適切なものを選び、記号で答えなさい。

ア　自分の仕事が同じことの繰《く》り返しでも、働くことの意味を見《み》出《いだ》すのは自分の気持ち次第《しだい》だということ。

イ　すべきことが決められている仕事でも、それをみがいていくことが人格の向上につながるということ。

ウ　仕事の内容があらかじめ決まっていても、そのなかで自らの創造性を発揮する余地はあるということ。

エ　その仕事が周囲の評価を得ているかは、他人と会話をすることではっきりしてくるものだということ。

問十一　本文の内容の説明として適切なものを二つ選び、記号で答えなさい。

ア　なぜその仕事をしたいのかをよく考えると自分らしさが見えてくる。

イ　自分らしさを確立してから職業を選択《せんたく》しないと必ずいつか後《こう》悔《かい》する。

ウ　仕事の成果はその人のやりがいに比べれば価値があるとは言えない。

エ　人間にとって仕事は必要なものだが人生の全てと決めつけられない。

オ　その仕事にどのように関わっているかによってその人らしさがわかる。

カ　親の職業を受け継《つ》がなければいけない人は自分らしく生きていけない。

二　次の文章を読んで、後の問いに答えなさい。

【本文までのあらすじ】「僕《ぼく》の得意とする運動は、ただひとつ逆立ちがあるばかりだ。それだけが特技で、ひとは信用しないかもしれないが、僕は逆立ちのまま六十メートルからそれ以上も歩くことができるのだ。僕の生来の特色として、怠《なま》け者であることと、不器用なことがあげられる。この二大特色によって僕は、勉強もしなければ遊びもしない生徒であった」（作品冒頭《ぼうとう》より）。そんな「僕」は、知り合いのF君に誘《さそ》われて高原の避暑地《ひしょち》を訪《おとず》れた。そこでF君から「みんなでハイキングに行くことにしよう」と誘われる。「僕」はF君の言う「みんな」というのが、F君とその家族だろうと思って軽い気持ちで賛成したのだった。

　あくる朝はやくF君にうながされて家を出るとき、はじめて僕はおそろしいことになっているのに気がついた。一行はF君の妹たちではなく、近所のマダムやお嬢《じょう》さんや学生たちだというのだ。話をきいただけで僕は逃《に》げ出したくなった。僕はワイシャツの下に、「途中《とちゅう》で暑くなるから、この方がいいだろう。」と、すすめられるままに恰好《かっこう》のことも何も気にせず、F君の半ズボンをはいて出てきたのだが、何しろ胴《どう》まわり一メートル六十センチのF君のズボンでは、単に僕の腰《こし》にフワフワとまつわりついているだけの、きわめて取りとめのないスカートか何かのようにしか見えないのだ。

「ちょっと待ってくれ。せめて僕は自分のズボンとはきかえてくるよ。」

「なにを言っているのだ。男のくせに身なりにかまうのはよせ。もう集合の時間だから、そんなことを言ったって間に合わないからだめだ。……うん、なかなか※ユニックで、かえって味のあるスタイルじゃなな人はいなくもない。というかいるし、どんなに**d**せんれんされていて他の人には真似《まね》ができないほど上手《うま》くても、ただこなしてやっているような仕事にクリエイティブという言葉は似合わない。

　むしろ下手くそでぎこちなくても、仕事に対する初々《ういうい》しさや可能性が感じられる働きの方に、この言葉は※フィットする。

　やることがあらかじめ決まっている定型的な仕事でも、創造性は一人ひとりの手元にある。

（西村佳哲『自分をいかして生きる』より・一部改）

※フォロワー…あとからついていく者。
※パイオニア…開拓者《かいたくしゃ》。最初に切りひらく人。
※クリエイティブ…創造的。
※フィットする…うまくあてはまる。

問一　――**a**「えんしゅつ」・**b**「かぎょう」・**c**「ろせん」・**d**「せんれん」のひらがなを漢字に直しなさい。

問二　――**A**「結果」・**B**「複雑」の反対の意味の語句を、それぞれ漢字二字で答えなさい。

問三　――①「僕ならその彼女に『どんな○○○になりたいの？』という問いを戻すと思う」とありますが、「問いを戻す」のは「彼女」から何を聞き出すためですか。最も適切な部分を本文中から三十三字で抜《ぬ》き出して、はじめとおわりの五字を答えなさい。

問四　――②「価値基準が、外から与えられやすい」とありますが、「価値基準が、外から与えられ」てしまうことのどのような点が筆者は気がかりなのですか。最も適切なものを選び、記号で答えなさい。

ア　社会に認められる存在となるために、自分の意志を曲げようとしない点。
イ　自分でよく考えることをせずに、縁や直感に頼《たよ》って職業を決めてしまう点。
ウ　職業の持つイメージにとらわれ、自分のしたいこととかけ離《はな》れてしまう点。
エ　信念のために職業を選んでしまい、その仕事の実情を見なくなってしまう点。

問五　――③「歓声」とありますが、次の□に入る「カンセイ」を漢字に直したものとして最も適切なものを後から選び、それぞれ記号で答えなさい。

・豊かな[1]をはぐくむ。
・新しい講堂が[2]した。
・空港の[3]官になりたい。

ア　完成　**イ**　閑《かん》静　**ウ**　官製　**エ**　管制　**オ**　感性

問六　――④「〈自分〉になれる」とありますが、これとほぼ同じ内容の部分を、十五字で本文中から抜き出して答えなさい。

問七　本文中の二つの[⑤]に共通して入る語句を、自分で考えて漢字二字で答えなさい。

問八　――⑥「なにをするとかしているといったことより、肝要なこと」とありますが、それは何ですか。「……こと」に続けられる十五字の部分を本文中から抜き出して答えなさい。

問九　――⑦「現状追認の先取り」とありますが、その説明として、最も適切なものを選び、記号で答えなさい。

ア　自分らしさよりも周囲の状態に合わせることをあらかじめしているだけだということ。
イ　現在の自分の状態をどのようにしていくかをなんとなく決めているだけだということ。
ウ　周りに対してうまく自分を合わせていくために経験を利用しているだけだということ。

なる仕事を求めているんじゃないか。

なにがしたいということより、それを通じてどんな自分でいたいとか、どう在りたいかといったことの方が、本人の願いの中心に近いんじゃないかと思う。

［⑤］の大衆化が進んだ社会で、人間は「なんにでもなれるはずだけど、それがなんだかわからない」という不［⑤］さを抱《かか》えている。

身を置いている状況《じょうきょう》は人それぞれで、bかぎょうを継《つ》ぐべき立場にいる人もいれば、親やまわりが結婚《けっこん》相手を決めるような環境《かんきょう》に身を置いている人もいるだろう。人生の自己裁量をあまり持ち得ていない、と感じている人もいるかもしれない。

しかし、仕事であれ人生の伴侶《はんりょ》であれ、最初のうちは周囲も「仕事はなにをしている？」とか「相手はどこの誰《だれ》？」といったことを話題にしがちだけど、最終的に価値を持つのは、その仕事を本人がどうやったか、相手とどんな関係性を育んだかということだけだ。

そう考えると、職業も仕事もある意味なんでも構わなくて、力を発揮するきっかけに過ぎないようにも思える。それを通じて、ありたいようにあることができるのなら。

⑥なにをするとかしているといったことより、肝要《かんよう》なことがあるんじゃないかということ。

ニューヨークで活動するエリザベス・ペイトンという画家はデビューしてまだ間もない頃、インタビュアーの「〝絵画は死んだ〟とよく言われるけど？」という質問にこう答えていた。

――あまり関係ない。わたしが朝起きて、絵を描《えが》こうと思いつづけてればね。ロックと同じようなもので、たとえば、今、ギター中心の曲はあまり作られていないけど、誰かがやりたいって思っているものを作れば、誰もそんなの価値がないなんて言えないじゃない。――

なにがイケてるか、これからなにが来るか、どう動くのが得か。運と頭のいい人は、その思考方法で結果を出せるだろう。

でもそれは⑦現状追認《ついにん》の先取りだ。

どんな結果を得るにしても、優《すぐ》れた※フォロワーであるより、つまり他の誰かみたいになるより、自分自身を社会に差し出してみる方が、少なくとも後味はいいんじゃないかと思う。こと〈自分の仕事〉については、誰もが世界代表であり最前線に立つ※パイオニアだ。取り組んでいる人が他にいないので。

あらかじめ価値や意味のある仕事なんてない。あるように見えてもそれはたまたま時流にかなっているだけの話で、要はそれを誰が、どう、やるかだ。

たとえば総務部で働く事務職の女性や、バスの運転手、あるいは宅配便の配達員といった仕事は、いわゆる※クリエイティブな仕事ではないと思われがちだ。が、それらに携《たずさ》わっている人々の中にも、明らかに他の人と違《ちが》う輝《かがや》きを放ちながら働いている人はいる。

仕事の内容はあらかじめ決まっていても、それを「どうやるか」は自分で考えることができるし、やることができる。⑧バスの運転手でいえば、さすがにcろせんを変えて走ることはできなくても、どんな運転をして、どんなやりとりを乗客と交わすかという部分は彼の手元にある。

クリエイティビティ（創造性）とは仕事の内容より、むしろやり方や、それに対する姿勢。ひいてはあり方に関するものだと思う。

世間でクリエイティブと称《しょう》される仕事をしている人たち。たとえばデザイナーやアーティストの中にも、「ただ働いているだけ」のよう

二〇一八年度 早稲田大学高等学院中学部

【国語】（五〇分）〈満点：一〇〇点〉

（注意）解答の際は、「、」や「。」も一字と数えます。

一　次の文章を読んで、後の問いに答えなさい。

たとえばここに高校生ぐらいの女の子がいて、「美容師になりたいんだ……」と相談してきたとする。

①僕《ぼく》ならその彼女《かのじょ》に「どんな〇〇になりたいの？」という問いを戻《もど》すと思う。それは、「美容師になりたい」と言っている彼女のなりたいものが、美容師とは限らないと考えるからだ。

彼女は、人をきれいにする仕事がしたいのかもしれない。人に感謝される仕事をしたいのかもしれない。すぐに成果が出るところに惹《ひ》かれているのかもしれないし、人と話を交《か》わしながら働けるところがいい、と感じているのかもしれない。身体が触《ふ》れ合うことが好きなのかもしれないし、いつか自分の店が持てるようなことを仕事にしたいのかもしれない。

その年齢《ねんれい》の彼女が、心の中にあるいろいろな願いや望みを投じる対象として知っている職業の中から「これかな？」とあるカードをひいてみた。それがたまたま美容師だった。

としたら、職名よりも〈どんな〉という部分の方が、彼女の本体に近いんじゃないか。

その職業に投げかけられている願いや望み、彼女が人生に抱《いだ》いている期待を吟味《ぎんみ》できれば、よりありありと〈自分の仕事〉を模索《もさく》できるんじゃないか。実はカメラマンやaえんしゅつ家や、スタイリストの方が近いかもしれないし、別の職業でもいいのかもしれない。

A結果的にやはり美容師がいちばんピッタリくるものだったとしても、雑誌やテレビが喧伝《けんでん》する華《はな》やかな成功者のイメージでも、「こうあるべき」といった職業倫理《りんり》でもなく、本人の想《おも》いを軸足《じくあし》にして〈自分の仕事〉へ近づいてゆく方が、なにより健《すこ》やかだし、話も早いはずだ。

もちろん、「働くのは自分の想いを十分検討してからにするべきだ」とは思わない。まずは縁《えん》や直感を手がかりに働き始める方がいいと思う。

しかし職業を入口にして〈自分の仕事〉を考えてゆくと、なにを以《もっ》てよしとするかという②価値基準が、外から与《あた》えられやすいんじゃないかというところが気になる。

むろん、小さな頃《ころ》から写真家になりたくて写真家になってゆく人もいれば、同じように保育士になる人もいる。イチローのように野球選手になる人もいる。

でもたとえばイチローに関して言えば、彼《かれ》は〈どんな〉野球をしたいかというイメージを極《きわ》めて明確に持っている選手だと思う。球場全体がワーッ！と③歓声《かんせい》を上げるあの瞬間《しゅんかん》の感じ。B複雑な動きの始まり。打ち上げない、転がる球がつくり出すゲームの面白《おもしろ》さをとてもよく知っていて、それが彼のプレーを形づくっているように見える。

極端《きょくたん》な言い方をすると、彼の本懐《ほんかい》は野球選手としての技術以上に、その面白さを人一倍知っていることの方にあるんじゃないか。そしてその感覚は、いつか引退してほかの仕事をはじめても、同じように「働く」はずだ。

さらに言ってしまえば、わたしたちは美容師になりたいわけでも野球選手になりたいわけでもなくて、〈自分〉になりたい。より④〈自分〉になれる仕事をさがしている。

働くことを通じて「これが私です」と示せるような、そんな媒体《ばいたい》に

2018年度

早稲田大学高等学院中学部 ▶解説と解答

算 数 (50分) ＜満点：100点＞

解 答

1 (1) 9360 (2) **あ**…1，**い**…3，**う**…0，**え**…1，**お**…4 (3) ① 60個 ② 4通り 2 (1) 1500m (2) 27分後 (3) 250m 3 (1) 780cm (2) 1300cm (3) $16250cm^2$ 4 (1) **あ**…11，**い**…19 (2) 1 (3) 5 (4) 41

解 説

1 計算のくふう，*N*進数，場合の数

(1) $A \times B + A \times C = A \times (B + C)$となることを利用すると，$(151 \times 234 + 109 \times 234 - 234 \times 216) \div \left(1\frac{2}{3} - 1.4 + \frac{5}{6}\right) = 234 \times (151 + 109 - 216) \div \left(\frac{5}{3} - \frac{7}{5} + \frac{5}{6}\right) = 234 \times 44 \div \left(\frac{50}{30} - \frac{42}{30} + \frac{25}{30}\right) = 234 \times 44 \div \frac{33}{30} = 234 \times 44 \div \frac{11}{10} = 234 \times 44 \times \frac{10}{11} = 234 \times 4 \times 10 = 9360$と求められる。

(2) 2018÷10＝201.8だから，与《あた》えられた式は，201.8＝**あ**×125＋**い**×25＋**う**×5＋**え**＋**お**÷5となる。はじめに，201.8÷125＝1あまり76.8より，**あ**＝1となり，このとき76.8あまることがわかる。同様に計算すると右の図1のようになるので，**い**＝3，**う**＝0とわかる。最後にあまった1.8は，$1.8 = 1 + 0.8 = 1 + \frac{4}{5} = 1 + 4 \div 5$と考えることにより，**え**＝1，**お**＝4となる。

図1

201.8÷125＝1あまり76.8 → **あ**＝1
76.8÷ 25＝3あまり 1.8 → **い**＝3
1.8÷ 5＝0あまり 1.8 → **う**＝0

〔ほかの解き方〕 5進法の表し方に関連づけて考える。等号の右側を5倍すると，**あ**×625＋**い**×125＋**う**×25＋**え**×5＋**お**となる。また，等号の左側を5倍すると，$2018 \div 10 \times 5 = 2018 \times \frac{1}{10} \times 5 = 2018 \times \frac{1}{2} = 1009$となるから，与えられた式は，1009＝**あ**×625＋**い**×125＋**う**×25＋**え**×5＋**お**と表すことができる。よって，右の計算から，1009を5進法で表すと13014となることがわかるので，**あ**から順に，1，3，0，1，4となる。

5) 1009
5) 201 … 4 ← 1の位
5) 40 … 1 ← 5の位
5) 8 … 0 ← 25の位
1 … 3 ←125の位
↑
625の位

(3) ① 9の倍数は各位の和が9の倍数になるから，はじめに3枚のカードの和が9の倍数になる組み合わせを調べると，右の図2のように10通りあることがわかる。どの場合も3枚のカードの並べ方が，3×2×1＝6(通り)ずつあるので，9の倍数は全部で，10×6＝60(個)できる。 ② 2以外の素数はすべて奇数《きすう》だから，2けたの素数の一の位は必ず奇数になる。よって，偶数《ぐうすう》をのぞいた{1，3，5，7，9}の中から2枚を選び，小さい方を十の位，大きい方を一の位にして2けたの整数を作ると，13，15，17，19，

図2

和が9 (1，2，6)，(1，3，5)，(2，3，4)
和が18 (1，8，9)，(2，7，9)，(3，6，9)
(3，7，8)，(4，5，9)，(4，6，8)
(5，6，7)

35，37，39，57，59，79となる。このうち素数は＿をつけた6個であり，さらに，十の位と一の位を入れかえても素数になるのは，31，71，73，97の4個ある。よって，このような選び方は4通りとなる。

2 旅人算

図1

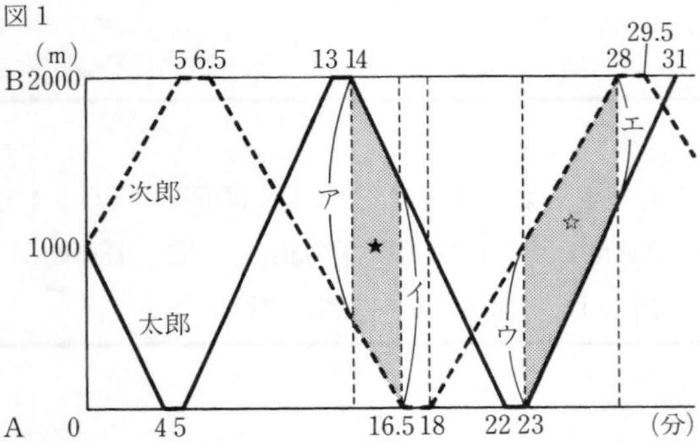

図2

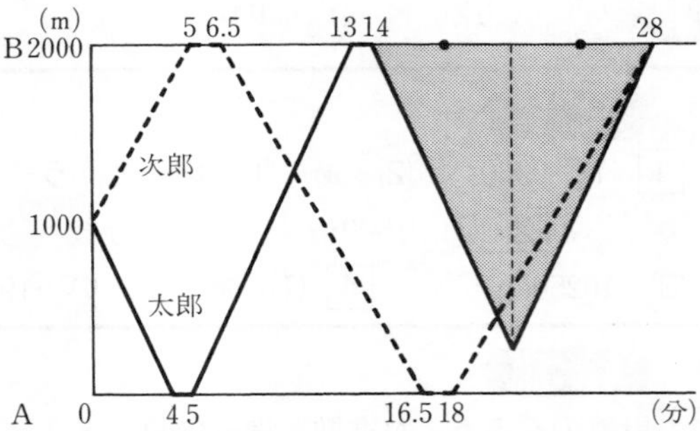

(1)　AB間を走るのに，太郎さんは，2000÷250＝8(分)，次郎さんは，2000÷200＝10(分)かかる。また，休みの時間は，太郎さんは60秒(1分)，次郎さんは90秒(1.5分)だから，2人の進行のようすをグラフに表すと，上の図1のようになる。求めるのはアの距離《きょり》であり，これは次郎さんが，14－6.5＝7.5(分)で走った距離にあたるので，200×7.5＝1500(m)とわかる。

(2)　2人が同じ方向に向かって走っているのは，図1のかげをつけた部分である。イの距離は太郎さんが，22－16.5＝5.5(分)で走った距離にあたるから，250×5.5＝1375(m)となり，★の部分で800mになることはないことがわかる。また，ウの距離は次郎さんが，23－18＝5(分)で走った距離にあたるので，200×5＝1000(m)，エの距離は太郎さんが，31－28＝3(分)で走った距離にあたるから，250×3＝750(m)となり，初めて800mになったのは☆の部分とわかる。☆の部分では2人の間の距離は1分間に，250－200＝50(m)の割合で縮まるので，1000mから800mになるまでの時間は，(1000－800)÷50＝4(分)となり，走り始めてから，23＋4＝27(分後)と求められる。

(3)　条件に合った走り方をするには，太郎さんは上の図2のように走ればよい。図2で，かげをつけた三角形は二等辺三角形だから，●印の部分の時間は等しく，どちらも，(28－14)÷2＝7(分)になる。よって，太郎さんはB地点を折り返してから，250×7＝1750(m)走った地点で向きを変えればよいことがわかる。これはA地点から，2000－1750＝250(m)はなれた地点である。

3 平面図形―相似，長さ，面積

(1)　角ABRの大きさを○，角CBRの大きさを●とすると，○＋●＝90度だから，ほかの部分の角の大きさは右の図のようになり，三角形PBRと三角形BCRは相似とわかる。また，三角形PBRの底辺をPR，三角形BCRの底辺をCRとすると，この2つの三角形の高さは等しくなるので，面積の比は底辺の比に等しく，585：1040＝9：16と求められる。よって，9：16＝(3×3)：(4×4)より，三角形PBRと三角形BCRの相似比は3：4とわかるから，BRの長さは，$585\times\frac{4}{3}$＝780(cm)である。

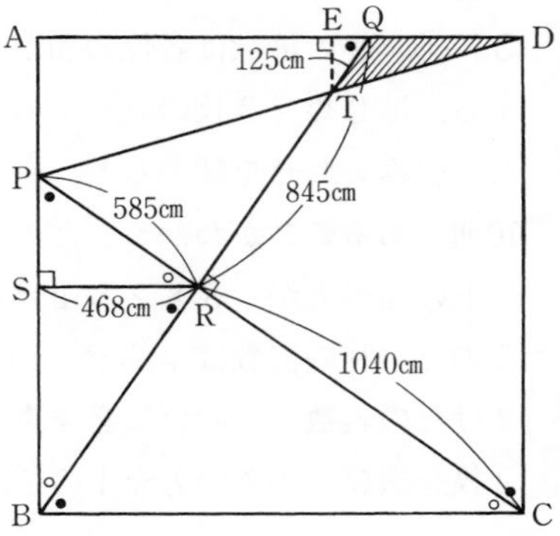

(2)　三角形PSRと三角形PBCも相似であり，相似比は，PR：PC＝9：(9＋16)＝9：25なので，BCの長さは，$468\times\frac{25}{9}$＝1300(cm)とわかる。

(3)　三角形BCRの3つの辺の長さの比は，BR：RC：CB＝780：1040：1300＝3：4：5だから，これと相似な三角形の3つの辺の長さの比はすべて3：4：5になる。よって，三角形ABQに注目すると，AQの長さは，$1300\times\frac{3}{4}$＝975(cm)なので，QDの長さは，1300－975＝325(cm)とわかる。また，TからADと直角に交わる線TEを引くと，三角形TQEは三角形BRSと相似になるので，TEの長さは，$125\times\frac{4}{5}$＝100(cm)と求められる。したがって，三角形DQTの面積は，325×100÷2＝16250(cm^2)である。

4 調べ

(1)　右の図1より，26にこの計算を3回くり返すと11になり，4回くり返すと19になることがわかる。

図1

はじめ	26	32	23
1回目	26÷2＝13	32÷2＝16	(23×3＋5)÷2＝37
2回目	(13×3＋5)÷2＝22	16÷2＝8	(37×3＋5)÷2＝58
3回目	22÷2＝11	8÷2＝4	58÷2＝29
4回目	(11×3＋5)÷2＝19	4÷2＝2	(29×3＋5)÷2＝46
5回目		2÷2＝1	46÷2＝23

(2)　図1より，32にこの計算を5回くり返すと1になる。

(3)　図1より，はじめて23に戻《もど》るのは，5回くり返したときとわかる。

(4)　32に5回くり返すと1になるので，7－5＝2(回)くり返して32になるような数を求める。32の前の数を□とすると，□が偶数のとき，□÷2＝32より，□＝32×2＝64となり，□が奇数のとき，(□×3＋5)÷2＝32より，□＝(32×2－5)÷3＝19.6…となる。よって，□にあてはまるのは64である。同様に，64の前の数(この計算を7回くり返すと1になる数)を△とすると，△が偶数のとき，△÷2＝64より，△＝64×2＝128となり，△が奇数のとき，(△×3＋5)÷2＝64より，△＝(64×2－5)÷3＝41となる。よって，右上の図2のようになり，△にあてはまるのは128と41であり，このうち奇数は41である。

図2

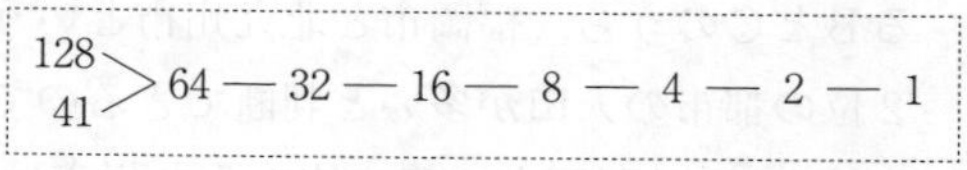

〔参考〕　1から順にさかのぼると，右の図のようになる。よって，この計算を7回くり返して1になる数は全部で5個あるが，このうち奇数は41だけである。

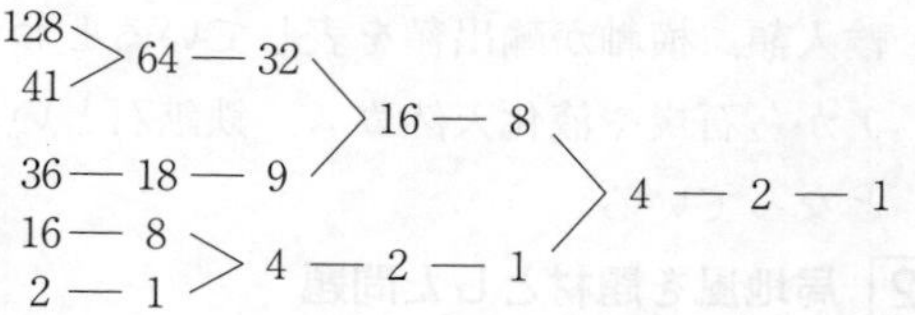

社　会　(40分)＜満点：80点＞

解　答

1　**問1**　イ　**問2**　ウ　**2**　**問1**　六甲山地　**問2**　エ　**問3**　①　石油化学　②　四日市ぜんそく　**問4**　①　栃木　②　下野(国)　③　かんぴょう　**問5**　(1)　らうすかぜ　(2)　知床半島　(3)　エ　**問6**　(1)　**X**　庄内(平野)　**Y**　最上(川)　(2)　オ　(3)　(例)　風力発電をさかんに行う。　(4)　(例)　強風が谷間を通って吹きおろすため，さらに強い風となること。(谷間が風の吹き出し口になっていること。) **問7** (1) ① 富山(砺波) ② 屋敷林 (2) (例) 落ち葉の処理に困る(家の中が暗い) [3] **問1** ア **問2** 白村江の戦い **問3** ウ **問4** 国司 **問5** 坂上田村麻呂 **問6** 院政 **問7** 後鳥羽(上皇) **問8** ア **問9** エ **問10** ウ **問11** ウ **問12** (例) 戦争中のヨーロッパ諸国がぬけた中国市場に入りこむことで，輸出が大きく伸びたため。 [4] **問1** **あ** 徳川綱吉 **い** 解体新書 **う** 福沢諭吉 **え** 寺子屋 **お** 学制 **問2** ウ **問3** 菅原道真 **問4** イ **問5** イ **問6** イ **問7** ア **問8** (例) 学校の建設費を住民の負担とし，授業料をとるなど大きな負担を強いた点や，農家から，重要な労働力であった子どもをうばった点。 **問9** イ [5] **問1** エ **問2** 2 **問3** カ **問4** 守秘義務 **問5** (例) 成田国際空港がある千葉県では，覚せい剤の密輸入に関する事件が多く発生するため。 [6] **問1** 1964 **問2** エ **問3** 団塊 **問4** ウ，エ **問5** ウ

解説

[1] 都市の人口と貿易についての問題

問1 神奈川県(横浜市，人口約372万人)についで道府県庁所在都市の人口が多いAには，大阪府(大阪市，人口約269万人)があてはまる。大阪府の人口第2位の都市は堺《さかい》市(約84万人)である。残るBとCのうち，福岡市と北九州市という2つの政令指定都市をかかえる福岡県のほうが，人口第2位の都市の人口が多いと判断できるので，Bに福岡県，Cに兵庫県があてはまるとわかる。福岡市は人口約154万人，第2位の北九州市は人口約96万人となっている。兵庫県の県庁所在都市である神戸市の人口は約154万人，第2位の姫路市は約54万人である。統計資料は『日本国勢図会』2017／18年版による(以下同じ)。

問2 縦軸《じく》と横軸の数字を足したとき，最も金額が大きくなるAには，近年，日本の最大の貿易相手国となっている中国(中華人民共和国)があてはまる。中国についで輸出額と輸入額の合計が大きいBが米国(アメリカ合衆国)で，日本の対米貿易では輸出額が輸入額を上回っているので，縦軸が輸入額，横軸が輸出額を表しているとわかる。残ったCがオーストラリアで，日本はオーストラリアから石炭や液化天然ガス，鉄鉱石といった資源や肉類などを多く輸入しており，日本の輸入超過となっている。

[2] 局地風を題材とした問題

問1 兵庫県南東部の瀬戸内海に面した地域には，東西に六甲山地が伸びており，ここから吹《ふ》きおろす風は「六甲おろし」とよばれる。六甲山地の南側には神戸市が位置しており，神戸市沖合《おきあい》の六甲アイランドやポートアイランド，神戸空港といった人工島(埋《う》め立て地)は，六甲山地をけずって住宅地を造成するさいに出た土砂《どしゃ》を用いてつくられた。

問2 平安時代末の1167年，武士として初めて太政《だいじょう》大臣となった平清盛は，大輪田泊《おおわだのとまり》(現在の神戸港の一部)を修築して宋(中国)との間で民間貿易を行い，大きな利益を上げた。よって，エがあてはまる。なお，アは長崎港，イは鹿島港(茨城県)，ウは釧路《くしろ》港や根室港(いずれも北海道)などにあてはまる。

問3 「鈴鹿《すずか》おろし」は，三重県北西部と滋賀県南東部にまたがる鈴鹿山脈から吹きおろす局地風。

鈴鹿市は三重県北東部の都市で，自動車工業がさかんに行われている。鈴鹿市の北に隣接《りんせつ》する四日市市には，第二次世界大戦後，石油化学コンビナートが建設されたが，工場から排出《はいしゅつ》された亜硫《ありゅう》酸《さん》ガス(二酸化硫黄《いおう》)が原因で，公害病の四日市ぜんそくが発生した。

問4　①　那須《なす》塩原市は栃木県北部の那須野ヶ原に位置する市で，古くからの温泉地として知られている。江戸時代には奥州《おうしゅう》街道が整備され，宿場も置かれたが，那須野ヶ原は水利が悪かったため，明治時代に入ってから大規模な治水工事が行われ，那須疏水《そすい》が引かれた。　②　北関東は，古代には「毛野《けぬ》」とよばれていたが，都が置かれた奈良や京都により近い群馬県側が「上野《こうずけ》(国)」，より遠い栃木県側が「下野《しもつけ》(国)」となった。　③　栃木県の特産物となっているのはかんぴょう。ウリ科の植物であるユウガオの実の果肉の部分を乾燥《かんそう》させたものである。

問5　⑴　「羅臼《らうす》」は，アイヌ語で「低いところ」「獣《けもの》の骨のあるところ」を意味する「ラウシ」が語源とされている。羅臼町では水産業がさかんで，「羅臼昆布《こんぶ》」が特産品として知られる。
⑵　羅臼町は知床《しれとこ》半島の東側に位置している。半島の先端は知床国立公園に指定されており，2005年にはユネスコ(国連教育科学文化機関)の世界自然遺産にも登録されている。　⑶　①～③　図1に示されたとおり，羅臼風は西よりの風で，知床半島の中央を走る山地から吹きおろすため，被害は半島の東側で発生する。また，図2からは，半島の北部の被害が大きいことが読み取れる。

問6　⑴　図3にみられる酒田市(山形県)は，最上川の河口に広がる庄内《しょうない》平野に位置している。江戸時代には西廻《まわ》り航路の重要港として栄え，特産の紅花や米の集散地となった。　⑵　舞鶴《まいづる》市は京都府北東部に位置し，北で日本海(若狭《わかさ》湾)に面している。なお，今治《いまばり》市(愛媛県)は瀬戸内海，佐賀市は有明海に面している。三条市(新潟県)と弘前《ひろさき》市(青森市)は，いずれも内陸に位置している。
⑶　強風を利用する取り組みなので，風力発電が考えられる。酒田市の沿岸部や，南で隣接する庄内町には，大型の風力発電所がいくつもつくられている。　⑷　図2からは，山地の中でも標高の低い部分の南東側に，風による被害の大きい地域が位置していることがわかる。また，図3からは，最上川が谷間をぬけて平地に出た辺りに強風域が広がっていることがわかる。つまり，「羅臼風」や「清川だし」が強風となるのは，もともと強い風が谷間のせまい部分を通ることによって，さらに強められるためだといえる。

問7　⑴　図1中の(B)には，富山県の富山平野や砺波《となみ》平野が広がっている。とくに砺波平野では，強風で茅葺《かやぶ》きの屋根が飛ばされることを防いだり，雪を防いだりする目的で，周りに屋敷林とよばれる林を備えた農家が散在する「散居村」の風景がみられる。　⑵　屋敷林は風や雪を防ぎ，暑さ寒さを和らげるほか，落ち葉や小枝は燃料や肥料などに利用され，家屋の建てかえのさいには建材を供給するなど，生活のさまざまな分野で役に立ってきた。しかし，住居や生活が近代化したことでこうしたプラス面を実感できなくなり，代わりにマイナス面が目立つようになってきた。マイナス面としては，「落ち葉の処理に困る」「家の中が暗い」といったことのほか，倒木による被害が出ることや，木の維持・管理が大変であることなども考えられる。

3　各時代の天皇を題材とした問題

問1　Aは天智《てんじ》天皇で，即位《そくい》する前は中大兄《なかのおおえの》皇子として政治を行っていた。645年，中臣鎌足《なかとみのかまたり》とともに蘇我《そが》氏を滅《ほろ》ぼした中大兄皇子は，大化の改新とよばれる一連の政治改革を始めた。そのさい，それまでは皇族や豪族が私有していた土地と人民を，すべて国のものとする公地公民の原則を定めたので，アが誤っている。

問2　663年に起こった白村江《はくすきのえ》の戦いは，日本の水軍が百済《くだら》を復興するために朝鮮半島に出兵し，新羅《しらぎ》と唐(中国)の連合軍に大敗した戦いである。百済は当時の朝鮮半島にあった国の１つで，日本と友好関係にあったが，この敗戦で百済の復興はならず，日本は朝鮮半島における足場を失った。

問３　Ｂは，奈良時代に政治を行った聖武《しょうむ》天皇。聖武天皇は篤《あつ》く仏教を信仰し，都の平城京には多くの寺院が立ち並んだため，仏教色の強い文化が栄えた。この文化は，当時の元号をとって天《てん》平《ぴょう》文化とよばれる。この時代に来日した唐の高僧鑑真《がんじん》は，唐招提寺《とうしょうだいじ》を建てたほか，東大寺に戒壇《かいだん》を設《もう》け，日本の僧たちに戒律《かいりつ》(僧が守るべききまり)を授けるなど，日本の仏教の発展に力をつくした。したがって，ウが正しい。なお，アは７世紀前半の飛鳥《あすか》文化，イは７世紀後半の白鳳《はくほう》文化，エは平安時代の国風文化にあてはまる。

問４　Ｃは桓武《かんむ》天皇。桓武天皇は，仏教勢力を排除《はいじょ》し，乱れた律令政治を立て直すため，794年に都を京都の平安京に遷《うつ》した。律令制度のもと，地方の国には任期４年または６年で都から国司が派遣されたが，在任中に不正を行う国司も少なくなかったことから，桓武天皇は新たに勘解由使《かげゆし》という官職を設置し，国司の不正を防ごうとした。勘解由使は，国司交代のさいの引きつぎ文書である「解由状」の審査を仕事とした。

問５　平安時代初め，東北地方には蝦夷《えみし》とよばれる朝廷の支配にしたがわない人々が住んでおり，反乱が絶えなかった。桓武天皇は坂上田村麻呂《さかのうえのたむらまろ》を征夷《せいい》大将軍として蝦夷を平定させ，胆沢《いさわ》城・志《し》波《わ》城(いずれも岩手県)を築いて東北地方北部を支配する政治・軍事の拠点《きょてん》とした。

問６　Ｄは白河天皇(上皇)。白河天皇は，1086年に天皇の位を子の堀河天皇に譲《ゆず》って上皇になると，院(上皇のすまい)で院政を始め，摂関《せっかん》政治の摂政や関白よりも大きな権限を持った。

問７　鎌倉幕府の第３代将軍源実朝《さねとも》が暗殺されて源氏の将軍が３代で途絶《とだ》えたのをきっかけに，1221年，後鳥羽《ごとば》上皇は政権を朝廷の手に取りもどそうと全国の武士に命令を出した。しかし味方して集まる者は少なく，幕府軍の前にわずか１か月で敗れ，上皇は隠岐《おき》(島根県)に流された(承久の乱)。後鳥羽上皇は歌人としても名高く，藤原定家らに『新古今和歌集』の編さんを命じている。

問８　Ｆは後醍醐《ごだいご》天皇。後醍醐天皇は各地の御家人によびかけて1333年に鎌倉幕府を滅ぼし，建武の新政とよばれる政治を始めたが，新政は公家中心のものだったため，武士の不満を招いた。1336年，足利尊氏が後醍醐天皇とは別の天皇(光明天皇)を京都に立て，後醍醐天皇と対立すると，後醍醐天皇は吉野(奈良県)に逃《のが》れた。以後，1392年に室町幕府の第３代将軍足利義満が合一するまで，２つの朝廷があい争う南北朝の動乱が60年近く続いた。

問９　ア　室町幕府の第15代将軍足利義昭を京都から追放し，室町幕府を滅ぼしたのは織田信長である。　イ　刀狩の結果，武士と農民の身分を固定化させる兵農分離がいっそう進んだ。　ウ　秀吉はバテレン追放令を出し，宣教師の国外追放と布教禁止を命じたが，貿易は奨励《しょうれい》したので，禁教の効果は少なかった。　エ　1592〜93年の文禄《ぶんろく》の役，97〜98年の慶長《けいちょう》の役という２度の朝鮮出兵は，ともに失敗に終わっている。

問10　示された文は，江戸幕府が1615年に出した禁中並公家諸法度《きんちゅうならびにくげしょはっと》の第一条の一部で，「天子」とは天皇のこと。幕末まで改定されなかったこの法令は，「天皇のなされる諸芸能は，第一に学問である」と定めたほか，朝廷の動きを厳しく規制した。なお，Ｇは後陽成《ごようぜい》天皇である。

問11　田沼意次《おきつぐ》は商人たちが株仲間(商工業者の同業組合)を結成することを奨励し，これから税をとるなど積極的な経済政策を行ったから，ウが正しい。アは徳川吉宗，イは新井白石，エは松平定信や水野忠邦《ただくに》にあてはまる。なお，Ｈは後桜町天皇。

問12　第一次世界大戦はヨーロッパを主戦場としていたため，日本のヨーロッパ各国に対する軍需《ぐんじゅ》品や日用品の輸出が急増した。また，戦争で手うすになった中国市場をほぼ独占し，日本の商品を世界中に売りこむなどしたため，空前の好景気となった(大戦景気)。なお，Ｉは大正天皇。

4　各時代の教育制度を題材とした問題

問１　**あ**　江戸幕府の第５代将軍は徳川綱吉。綱吉は儒学《じゅがく》を奨励し，江戸の湯島に，儒学の祖である孔子を祀《まつ》る聖堂を建てた。　**い**　杉田玄白《げんぱく》や前野良沢《りょうたく》らはオランダ語の解剖医学書『ターヘル・アナトミア』を苦心のすえに翻訳《ほんやく》し，1774年に『解体新書』として出版した。　**う**　慶應義塾の創始者は福沢諭吉。適塾(適々斎塾《てきてきさいじゅく》)は，蘭学者で医者の緒方洪庵《おがたこうあん》が大坂(大阪)に開いた私塾で，福沢のほか，大村益次郎，橋本左内らの人材を輩出《はいしゅつ》した。　**え**　江戸時代に全国に広まった庶民《しょみん》の教育機関は寺子屋。僧や神官，浪人《ろうにん》らが教師となり，百姓や町民の子に「読み・書き・そろばん」などを教えた。　**お**　1872年，政府は「国民皆学《かいがく》」の方針のもと，学制を発布し，全国各地に小学校を設けた。

問２　律令制度のもと，農民には租・庸《よう》・調といった税のほか，国司のもとで年60日以内の労役につく雑徭《ぞうよう》や，兵役などの義務が課された。なお，アについて，八省は太政官《だいじょうかん》の下に置かれた。イについて，戸籍は６年ごとに作成され，口分田は６歳以上の男女に支給された。エについて，「衛《え》士《じ》」と「防人《さきもり》」が逆である。また，兵役は男子のみの義務であった。

問３　宇多《うだ》天皇は，当時文人・学者として名高かった菅原道真を重用し，道真は続く醍醐天皇の899年に右大臣にまで昇進《しょうしん》した。これを警戒した左大臣の藤原時平は陰謀《いんぼう》をめぐらし，道真を九州の大宰府《だざいふ》に左遷《させん》させることに成功した。道真は２年後に大宰府で亡くなったが，その後京都では疫《えき》病《びょう》や天災があいついだため，人々はこれを道真の怨念《おんねん》だと考え，これをしずめるために北野天満宮を創建した。天満宮は，道真の生前の功績から「学問の神様」として信仰されるようになり，全国各地に天満宮がつくられた。

問４　1232年，鎌倉幕府の第３代執権北条泰時《やすとき》は御成敗《ごせいばい》式目(貞永《じょうえい》式目)を定めた。これは日本初の武家法で，初代将軍であった源頼朝以来の先例や武家社会の慣習・道徳などをもとに作成され，その後の武家法の手本となった。なお，アについて，北条政子は頼朝の妻である。ウについて，永仁の徳政令(1297年)は，時宗の子である第９代執権北条貞時《さだとき》によって出された。エについて，北条義時は第２代執権で，鎌倉幕府最後の執権は第16代執権の北条守時《もりとき》である。

問５　戦国時代，大内氏の城下町であったのは山口。「西の京」とよばれ，多くの文化人が集まった。大内氏は日明貿易の富で栄え，雪舟も明(中国)に渡って絵を学ぶと，帰国して日本風の水墨画《すいぼくが》を大成した。

問６　長州藩出身で倒幕運動や戊辰《ぼしん》戦争で活躍《かつやく》した山県有朋《やまがたありとも》は，ヨーロッパに渡って各国の軍政を研究し，帰国後の1873年に徴兵《ちょうへい》令を発布して近代的軍隊の創設と整備に力を注いだ。その後，陸軍卿《きょう》や内務卿などを歴任し，1889～91年と1898～1900年の２度にわたって内閣総理大臣を務めた。

問７　アは廃藩置県ではなく，1869年の版籍奉還《ほうかん》について述べたものである。

問８　学制発布にもとづき，各地に小学校が設置されたが，建設費は住民の負担とされた。さらに，当初は授業料を徴収《ちょうしゅう》したことから，就学率は低かった。また，当時は子どもも重要な労働力であり，農家にとってはそれをうばわれることになるため，各地で学制反対一揆《いっき》も起きた。

問9　アは1902年，イは1910年，ウは1901年，エは1899～1900年のできごと。日露戦争は1904～05年のできごとなので，イが選べる。

5　裁判員裁判についての問題

問1　ア　Xは「辞退率を下げたいならば」「緩和《かんわ》するといい」と発言しており，現行制度の改善を提案している。　イ　Yは課題をいくつか指摘《してき》しているが，制度そのものを廃止すべきとまではいっていない。　ウ　日本国憲法第19条は，思想・良心の自由を保障した規定である。Yは「社会には色々な考えを持つ人たち」がいることを想定しているので，「配慮《はいりょ》をいっさい払っていない」というのはふさわしくない。　エ　Zは「負担があっても裁判員としての責任を果たすことに意義がある」と発言しているので，「重大事件を裁判員裁判の対象から除外すべき」という意見には反対すると考えられる。　オ　Yは裁判員の「心の負担を軽くしてあげないと」といっているので，悲惨《ひさん》な証拠については提示の仕方を工夫すべきであるという意見に，賛成するだろうと推測できる。

問2　裁判員裁判の評議は裁判官３名，裁判員６名の計９名全員で行われる。決定は原則として多数決で行われるから，過半数の５名が賛成すれば決定できるが，裁判官が１人以上賛成していることが条件となる。したがって，条件にあてはまるのは３番目と４番目の２つのケースということになる。

問3　A　日本国憲法は第８章で地方自治について規定している。　B　条例に罰則《ばっそく》を設けることは地方自治法で認められており，例えば路上喫煙《きつえん》を禁止した条例に違反した場合，罰金が課される。　C　政令指定都市は都道府県に近い権限を有しており，また，行政区分として区を設けている。　D　戸籍・住民登録などの事務やパスポートの交付は，国が地方公共団体に委託《いたく》している仕事である。

問4　裁判員には，職務上知り得た秘密，とくに審理の経過に関することや，事件関係者のプライバシーについて，他人にこれを漏《も》らしてはいけないという「守秘義務」が課される。

問5　裁判員裁判の対象となるのは，殺人や放火，身代金目当ての誘拐《ゆうかい》などの重大な刑事事件であるが，覚せい剤の密輸入も対象とされる。千葉地方裁判所の終局人員数が多いのは，県内に成田国際空港があるため，覚せい剤の密輸入に関する事件の裁判が多く開かれるからだと考えられる。

6　オリンピックを題材とした総合問題

問1，問2　1964年10月，アジアでは初の開催となる第18回夏季オリンピック大会が東京で開かれた。これに合わせて同年10月１日，東海道新幹線が開通し，東京駅と新大阪駅を４時間(翌65年には３時間10分)で結び，「夢の超特急」といわれた。なお，東京タワーの完成は1958年，関越自動車道の開通は1971年(全線開通は1985年)，日本でのテレビ放送開始は1953年のできごと。

問3　太平洋戦争が終わると出生数が大幅《おおはば》に伸び，1947～49年ごろの出生数の増加は第一次ベビーブームとよばれた。この時期に生まれた人たちは，人数が多いことから「団塊《だんかい》の世代」ともよばれる。団塊とは「かたまり」という意味である。

問4　出生数の減少は1970年代後半にすでにみられるので，「2001年になって少子化が始まった」というウは正しくない。また，2010年以降，出生数は減っているので，エも誤りである。

問5　障がい者が個人として尊厳ある生活を営めるよう，必要な福祉サービスの給付や支援を総合的に行うことを目的として，2012年に障害者総合支援法が制定された。これは，2005年に制定された障害者自立支援法をより発展させたものである。

理　科　(40分)＜満点：80点＞

解　答

1　問1　石カイ岩　問2　砂岩　問3　はん状(組織)　問4　安山岩　問5　花コウ岩　問6　(例)　湿球の球部を包む湿ったガーゼから水が蒸発するとき，熱をうばうから。　問7　80％　問8　14℃　問9　露点　問10　432 g　**2**　問1　4 m　問2　B，D，E　問3　ア　問4　①　イ　②　ア　③　エ　問5　解説の図②を参照のこと。　問6　52.5cm　問7　A　16cm　B　3 cm　問8　42cm，280 g　問9　2 ： 5　**3**　問1　38　問2　ア，オ　問3　C　シ　D　ケ　E　エ　F　キ　問4　G　へそのお　H　うぶ声　問5　ア　**4**　問1　12 cm^3　問2　2 ： 1　問3　酸素，9 cm^3　問4　水素…6 cm^3　酸素…3 cm^3　問5　解説のグラフを参照のこと。　問6　ア，オ　問7　電極A　問8　イ，エ　問9　ア，ウ　問10　ア，エ

解　説

1　**岩石の種類，湿度《しつど》についての問題**

問1　石カイ石はおもな成分として炭酸カルシウムという物質を含《ふく》む。炭酸カルシウムは塩酸にとけて二酸化炭素を発生する。

問2　二枚貝などの化石が含まれるのはたい積岩である。表の中の岩石のうち，たい積岩はチャート，砂岩，石カイ岩の3つである。チャートはホウサン虫などの死がいが積もり固まってできた岩石，石カイ岩は海水中の石カイ分や生物に含まれる石カイ分がたい積してできた岩石，砂岩は小さな砂の粒《つぶ》が押《お》し固められてできた岩石である。二枚貝の化石を含む岩石は同じ大きさの小さな丸い粒からできていると述べられているので，砂岩があてはまる。

問3　マグマが地表や地下の浅いところで急に冷えてできる火山岩は図のように，大きな鉱物の結《けっ》晶《しょう》(はん晶)が，結晶になれなかったガラス質や細かい結晶の部分(石基)の間に点在するつくりとなる。このつくりははん状組織とよばれる。

問4　表の岩石の中で火山岩であるものは，安山岩だけである。

問5　花コウ岩は，石英，長石，黒ウンモが多く含まれる深成岩で，これらの鉱物の結晶が大きく成長してかみあった組織(等粒《りゅう》状組織)をもつ。

問6　乾湿計《かんしつけい》の湿球温度計は，球部が湿《しめ》ったガーゼでおおわれている。このガーゼから水が蒸発するとき，水がまわりから熱をうばうので，湿球温度計が示す温度は乾球温度計の示す温度よりもふつう低くなる。

問7　図1より，乾球温度計の示す温度は18℃，湿球温度計の示す温度は16℃である。このときの湿度は，表1の湿度表で乾球温度の値が18℃の行と，乾球温度と湿球温度の温度差が，18－16＝2(℃)の列との交わる位置の数値から，80％とわかる。

問8　部屋の温度を下げていき湿度が100％になるときの温度は，空気中に含まれている水蒸気量と飽和《ほうわ》水蒸気量が等しくなるときの温度である。表2より，18℃における飽和水蒸気量が空気1

m³あたり15.4ｇなので，18℃で湿度が80％の空気１m³には水蒸気量が，15.4×0.8＝12.32(ｇ)含まれている。表２より，飽和水蒸気量がこの値に最も近いときの温度は14℃である。

問９　温度を下げていき，湿度が100％になるときの温度を露点《ろてん》という。露点に達すると，空気中に含みきれなくなった水蒸気が水てきとなって出てくる。

問10　表２より，29℃における飽和水蒸気量は空気１m³あたり28.8ｇであり，湿度が75％から50％に下がったときに液体の水になるのは空気１m³あたり，28.8×(0.75−0.5)＝7.2(ｇ)である。したがって，60m³の部屋全体で湿度を75％から50％に下げると，7.2×60＝432(ｇ)の水が集められる。

２ 光の進み方，ばねののびについての問題

問１　鏡による像は，鏡に対して実物と線対称となる位置にできる。よって，鏡から２ｍ離《はな》れた位置に立つＡの像は，鏡の向こう側で鏡から２ｍ離れた位置，つまり，Ａから，２＋２＝４(ｍ)離れた位置にあるように見える。

問２　右の図①のように，Ａ～Ｆの像はそれぞれＡ′～Ｆ′の位置にできる。Ａと鏡の両端《りょうたん》を結ぶ直線を引くと，その２本の直線と鏡で囲まれる範囲《はんい》(図①で斜線《しゃせん》をつけた範囲)にある像がＡから見える。

図①

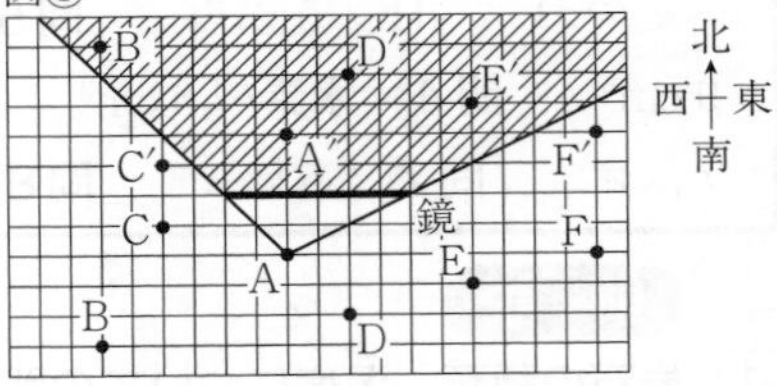

問３　Ａが北に動いて鏡に近づけば，図①の斜線をつけた範囲が広がってＣやＦの像も含まれるようになり，Ａ～Ｆの全員のすがたをＡは見ることができる。

問４　①　光が空気中から水中に，水面に対して垂直に入るときには，光はイのようにそのまま直進する。　②　光が空気中から水中に，水面に対して斜《なな》めに入ると，光は水面から遠ざかるようにアのような道すじを進む。　③　光が三角形の断面をもつガラス柱(プリズムなど)にその側面から斜めに入ると，光は空気とガラスの境界面から遠ざかるように曲がって進む。そして，光がガラスから空気中へ側面から斜めに出ていくときには，光は空気とガラスの境界面に近づくように曲がる。よって，光の道すじはエのようになる。

問５　表より，ばねＢは20ｇあたり，27−24＝３(cm)ののびるため，おもりをつるしていないときの長さ(自然長)は，24−３＝21(cm)である。おもりの重さとばねののびは比例しているので，80ｇのおもりをつるして長さが33cmになるときまで，ばねＢの長さを表すグラフは右の図②のように右上がりの直線となる。

図②

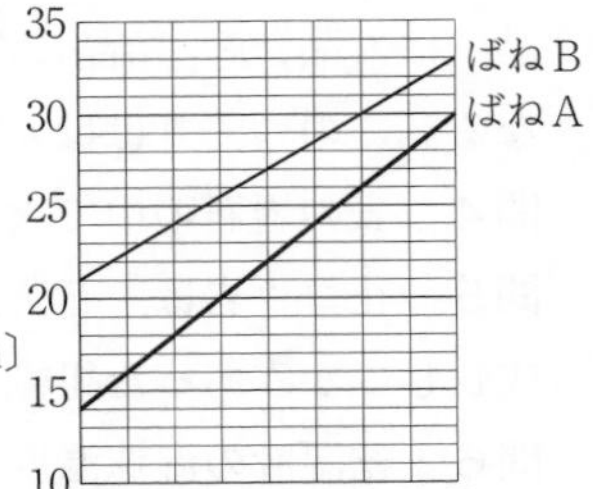

問６　表や図３より，ばねＡは自然長が14cmで，20ｇあたり４cmのびる。図４では，ばねＡにもばねＢにも50ｇのおもりの重さがかかっているため，ばねＡの長さは，14＋４×$\frac{50}{20}$＝24(cm)，ばねＢの長さは，21＋３×$\frac{50}{20}$＝28.5(cm)である。したがって，ばねＡとばねＢをあわせた全体の長さは，24＋28.5＝52.5(cm)と求められる。

問７　図５の場合，ばねＡには，60＋20＝80(ｇ)，ばねＢには20ｇの重さがかかるので，ばねＡののびは，４×$\frac{80}{20}$＝16(cm)，ばねＢののびは３cmである。

問8　おもりは棒の真ん中につるされているため，おもりの重さは半分ずつばねＡとばねＢにかかっている。ばねＡとばねＢは自然長の差が，21－14＝7(cm)で，それぞれにつるすおもりの重さを20ｇずつ増やしていくごとに，ばねの長さの差が，4－3＝1(cm)ずつ縮まっていく。したがって，20×7＝140(ｇ)の重さがばねＡとばねＢのそれぞれにかかると，長さの差が0となる。このとき，ばねＡとばねＢはどちらも長さが，$14+4\times\frac{140}{20}=42$(cm)になる。おもりの重さは，2つのばねにかかっている重さの和の，140×2＝280(ｇ)に等しい。

問9　ばねＡの長さが24cmになるときには，ばねＡは，24－14＝10(cm)のびていて，$20\times\frac{10}{4}=50$(ｇ)の重さがかかっている。また，ばねＢの長さが24cmになるときには，ばねＢは，24－21＝3(cm)のびていて，ばねにかかっている重さは20ｇである。よって，ばねＡ，ばねＢにかかっている重さの比は，50：20＝5：2とわかる。おもりからばねまでの距離《きょり》は，ばねにかかる重さの逆比となるので，㋐：㋑＝2：5である。

3　人の誕生についての問題

問1　人の子どもは，受精から約38週で生まれてくる。つまり，受精から約，38×7＝266(日)で生まれる。

問2　子がおなかの中にいる期間は，ゾウの場合は約22か月と長い。また，ウマは人の場合に近く，約1年ほどである。なお，パンダは約3か月，イヌは約2か月，ネズミは種類によって異なるが20日くらいとなっている。

問3　**C，D**　精子は精巣《せいそう》という器官で，卵(卵子)は卵巣という器官でそれぞれつくられる。

E　卵は卵巣から出されると卵管へと向かう。卵と精子は卵管の中で出会い受精する。　**F**　たい児は子宮の中で羊水に浮《う》かんでおり，羊水によって外からの衝撃《しょうげき》や外の温度変化などから守られている。

問4　**G**　子宮の中で育つたい児は，へそのおで子宮の内側のかべにできているたいばんとつながっている。　**H**　生まれた直後の子どもは，うぶ声という泣き声をあげる。このうぶ声によって肺呼吸が開始される。

問5　一般に，たい児は生まれる時期が近づくと，子宮の出口の方に頭を向けた姿勢で子宮の中にいる。たいばんは，子宮のかべの一部が厚くなってできている。

4　水素と酸素の反応についての問題

問1　水素と酸素がどちらも余ることなく反応したときには，反応しないで残った気体の体積が0 cm^3となる。グラフより，このときに混合した水素の体積は12cm^3である。

問2　反応前の混合気体は，水素と酸素の体積の和が18cm^3になっている。問1より，どちらも余ることなく反応するとき，水素の体積は12cm^3で，酸素の体積は，18－12＝6(cm^3)である。よって，その体積の比は，(水素)：(酸素)＝12：6＝2：1となる。

問3　水素の体積が6 cm^3のとき，混合気体中の酸素の体積は，18－6＝12(cm^3)である。問2より，6 cm^3の水素は，6×1÷2＝3(cm^3)の酸素と反応するため，この混合気体は反応後に酸素が，12－3＝9(cm^3)残る。

問4　混合気体に含まれる水素が15cm^3，酸素が，18－15＝3(cm^3)のとき，3×2÷1＝6(cm^3)より，水素6 cm^3と酸素3 cm^3が反応する。

問5　水素の体積が12cm^3までは，水素がすべて酸素と反応し，反応した酸素の体積は問2で求めた比より混合した水素の体積の，1÷2＝$\frac{1}{2}$(倍)となるので，グラフが右上がりの直線となる。そして，水素の体積が12cm³をこえると，水素が15cm³のときには反応した酸素の体積が問４より３cm³，水素が18cm³のときには反応した酸素の体積が０cm³となるので，グラフは右下がりの直線となる。よって，右のグラフのようになる。

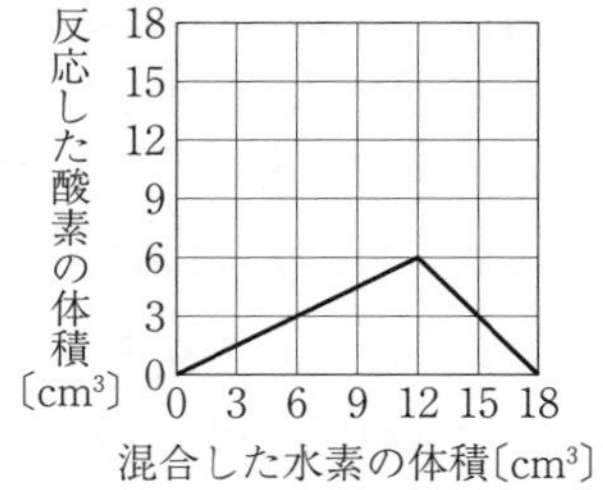

問６　電流を通しやすい液体は，液体中に電気を帯びた粒が存在する。このような性質をもつ液体として，食塩水と塩酸があてはまる。

問７　実験１より，水素と酸素は２：１の体積比で反応して水になっている。したがって，水が分解して水素と酸素が発生するときにも，水素と酸素の体積比は２：１となる。体積が多い水素が発生するのは，電源装置のマイナス極とつながった電極Ａであると述べられている。

問８　水の電気分解で発生する水素や酸素の体積は，流れた電流の値を大きくすると増える。また，水と電極がふれあう面積が広いほど，同じ時間に分解する水の量は大きくなるので，太い電極に取り替《か》えても発生する水素や酸素の体積を増やすことができる。

問９　酸素にはものの燃焼を助ける性質があるが，酸素自身は燃えないので，アは誤りである。また，酸素は空気よりやや重く，空気の約1.1倍の重さであるため，ウも誤っている。

問10　アのように，マグネシウムやアルミニウム，鉄などの金属をうすい塩酸に加えると，金属がとけて水素が発生する。また，エのようにアルミニウムを水酸化ナトリウム水溶液《すいようえき》に加えても，水素を発生させることができる。なお，イでは二酸化炭素が発生し，ウとオでは反応が起こらず気体は発生しない。

国　語　(50分)＜満点：100点＞

解　答

一 **問１**　下記を参照のこと。　**問２**　Ａ　原因　Ｂ　単純　**問３**　その職業に～ている期待　**問４**　ウ　**問５**　１　オ　２　ア　３　エ　**問６**　ありたいようにあることができる　**問７**　自由　**問８**　自分自身を社会に差し出してみる(こと)　**問９**　ア　**問10**　ウ　**問11**　ア，オ　二 **問１**　下記を参照のこと。　**問２**　Ａ　イ　Ｂ　エ　**問３**　トラ，ウマ　**問４**　ウ　**問５**　イ　**問６**　つかの間の夢　**問７**　ア　**問８**　(例)　自分自身でも気がつかないうちに，少女に対して恋ごころを抱きはじめていた。　**問９**　エ　**問10**　イ

●漢字の書き取り

一 問１　ａ　演出　ｂ　家業　ｃ　路線　ｄ　洗練　二 問１　ａ　張本人　ｂ　一向　ｃ　無造作　ｄ　芸当

解　説

一 **出典は西村佳哲《にしむらよしあき》の『自分をいかして生きる』による。**自分の仕事をどのように決めたらよいか，また，仕事への向き合い方について，筆者の考えを述べている。

問1　a　映画や演劇などで演技を指導したり，照明や音響《おんきょう》などの効果を考えたりすること。　b　その家にずっと伝わってきた職業。　c　バスや電車などが運行される道筋。　d　作品や人柄《ひとがら》などをよりよく上品なものにしようとすること。

問2　A　「結果」は，あることがらがもとになって生じた状態のこと。対義語は，“ものごとが起こるもと”という意味の「原因」である。　B　「複雑」は，ものごとの事情や関係が入り組んでいること。対義語は，ものごとがこみいっていないようすを表す「単純」。

問3　四つ後の段落に注目する。「美容師になりたい」と言う「彼女《かのじょ》」に対し，「どんな」美容師になりたいのかと「問いを戻《もど》す」ことで，「彼女」の職業への「願いや望み〜人生に抱《いだ》いている期待」を吟味《ぎんみ》でき，「よりありありと〈自分の仕事〉を模索《もさく》できる」のではないかと筆者は述べている。

問4　前の部分に注目する。「自分の想いを十分検討」してから「働く」のではなく，まずは「縁《えん》や直感を手がかりに働き始め」た方がいいが，「職業を入り口にして〈自分の仕事〉を考えてゆく」と，「本人の想いを軸足《じくあし》にして〈自分の仕事〉へ近づいてゆく」ことよりも，その職業に対する世間の評価やイメージにとらわれてしまい，本来自分がしたかったことからかけ離《はな》れてしまうのではないかというのだから，ウが選べる。

問5　1　「感性」は，ものごとを心に深く感じるはたらき。　2　「完成」は，完全にできあがること。　3　「管制官」は，空港で飛行機と交信し，離陸《りりく》や着陸の指示を出す人。

問6　「〈自分〉になれる」とは，「どんな自分でいたいとか，どう在りたいか」と模索し，自分の望むようになることである。そのことを少し後で，「ありたいようにあることができる」と言いかえている。

問7　「なんにでもなれるはずだけど，それがなんだかわからない」という表現に注目する。「なんにでもなれる」ほど「自由」になったはずなのに，「それがなんだかわからない」といった「不自由さ」を抱《かか》えることになったというのである。

問8　「なにをするとかしているといったことより，肝要《かんよう》なこと」について説明するために，筆者がエリザベス・ペイトンという画家のインタビューを引用している点に注意する。これを通して，仕事は「ありたいようにあることができる」ものであるべきで，「他の誰《だれ》かみたいになるより，自分自身を社会に差し出してみる」こと，つまり，自分らしさを出していくことが肝要だと筆者が考えていることがわかる。

問9　運と頭のいい人は，「なにがイケて」いて，「これからなにが来るか，どう動くのが得か」を考えて結果を出すが，それは，ただ周囲に合わせることをあらかじめしているにすぎないのだから，アがふさわしい。

問10　バスの走行路線は決まっており，一見独自の働き方などないように思えるが，「どんな運転をして，どんなやりとりを乗客と交《か》わすかという部分」には運転手の「創造性を発揮」できる余地があるというのだから，ウが正しい。

問11　イ　「自分らしさを確立してから職業を選択《せんたく》」が合わない。問4で見たように，筆者は「まずは縁や直感を手がかりに働き始める方がいい」と述べている。　ウ　「仕事の成果」については，本文ではふれられていない。　エ　筆者は仕事と人生について述べているわけではないので，合わない。　カ　筆者は，どのような職業であれ「創造性は一人ひとりの手元にある」と述べているので，「親の職業を受け継《つ》がなければいけない」からといって「自分らしく生きていけない」

とは言えない。

□二 **出典は安岡《やすおか》章《しょう》太郎《たろう》の「逆立」による。**知り合いのＦ君に誘《さそ》われてハイキングに参加した「僕《ぼく》」は，そこで出会った一人の少女に恋心《こいごころ》を抱く。

問１　**a**　事件や問題などを起こした，いちばん中心になる人。　**b**　「一向に」で，“まったく，全然”という意味。　**c**　深く考えたりしないまま，気軽にものごとをするようす。　**d**　特別な能力を必要とする芸のこと。

問２　**A**　「くったく」は，あることが気になってくよくよすること。　**B**　「なぐさみ」は，いやなことを忘れられるようなもの。

問３　「立つトリ(鳥)あとをにごさず」は，“ある場から立ち去るものは，あとが見苦しくないようにきちんと始末をしていかなければならない”という意味。「トラ(虎)の尾《お》を踏《ふ》む」は，とても危険なことをすることのたとえ。「泣きっ面《つら》にハチ(蜂)」は，不運なことにさらに不運が重なること。「犬も食わない」は，ばかばかしくて相手にする気も起きないようなこと。「生きウマ(馬)の目を抜《ぬ》く」は，油断もすきもないこと。

問４　前の部分に注目する。「僕」が，地蜂《じばち》の巣を踏みつけてしまったばかりにみんなを傷つけ，自分の脚《あし》もまた「刺《さ》されほうだい刺されて，ふた目と見られないくらい醜《みにく》くふくらみ上がってい」たが，その痛みなどより，明らかに地蜂の巣を踏んだ犯人だとわかる自分の脚をみんなから注目され続けることのほうが「百倍もつらく」感じたものと思われるので，ウが正しい。

問５　少女から「ハンカチを脚に巻くようにすすめ」られ，「僕」は内心，「そうすることによって僕の恰好《かっこう》は一層見苦しくなるだろう」と思っていた。それにもかかわらず「彼女のすすめにしたがった」のは，「僕」のせいで蜂に刺されてしまった少女に対し，申し訳なさを感じていたからだと推測できる。よって，イが選べる。

問６　見知らぬ人々とハイキングをすることになった「僕」は，「口もきけないぐらい憂鬱《ゆううつ》」で，「孤独《こどく》」を感じていたうえ，地蜂の巣を踏みつけてしまったことでつらい思いをしていた。しかし，思いがけず知り合い，打ちとけたようすの少女と一緒《いっしょ》にいるうちに「僕」の気分が晴れ，「つかの間の夢」を見ているような気分になったのである。少し後で，「一行」の待つＡ牧場らしいものが見えはじめたとき，「僕」は少女との「二人の世界」の終わりを感じて，「つかの間の夢」が醒《さ》めるような気分になっているようすがえがかれていることも参考になる。

問７　続く部分に注目する。少女にとって「僕」は「特別な存在」ではないと思っていたが，周りに「友達でありそうな男も女も大勢いる」中でも，少女が「僕のそばからはなれて行こうとはしなかった」ことに「おどろいた」のである。よって，アがふさわしい。

問８　少女と過ごしたハイキングが終わろうとしているとき，「僕」が「心のこり」を感じたことに注意する。そのときは，「いくら考えても僕には，その心のこりが何であるか考えつかなかった」が，東京にもどった後，少女と再会したことで，ハイキングでの「心のこり」は少女に対する「恋《れん》情《じょう》」であったことに「ハッキリ」と気づいたようすがえがかれている。

問９　少女は人の関心を引こうとしているのではなく，「人にくったくをあたえない何かがあった」ので，「僕」やＦ君とも親しくつきあっているのである。

問10　最後の場面で，上野で少女とすれちがった「僕」は，少女に対する「恋情」を「ハッキリ」と自覚して，「ますます無性《むしょう》に会いたくなった」と感じている。しかし，彼女を探したいと思っても，友達の手前それを言い出すのが恥《はずか》しくて出来ず，一体どうすればよいのかわからなかった。そこで，少女に気づいてほしいという思いから，得意の「逆立ち」でけんめいに自分を表現しようとしたのだと考えられる。

Memo

平成29年度　早稲田大学高等学院中学部

〔電　話〕 (03) 5991－4151
〔所在地〕 〒177-0044　東京都練馬区上石神井3－31－1
〔交　通〕 西武新宿線－「上石神井駅」より徒歩7分

【算　数】 (50分) 〈満点：100点〉

(注意) 式や考え方を書いて求める問題は，解答用紙の指定された場所に式や考え方がわかるように書いてください。

1 次の問いに答えなさい。

(1) 次の $\square$ にあてはまる数を求めなさい。

① $20\frac{1}{7}\times\left(\frac{5}{4}-\frac{2}{3}\right)-4\frac{1}{2}\div1\frac{3}{7}\div0.3-0.4=\square$

② $\frac{3}{2}\times\left\{\frac{3}{2}\times\left(\frac{3}{2}\times\square-\frac{2}{3}\right)-\frac{2}{3}\right\}-\frac{2}{3}=\frac{3}{2}$

(2) 図1のように，2つの三角形ABDとBCDを組み合わせて四角形ABCDを作ります。辺ABの長さが7cm，辺ADの長さが3cmのとき，四角形ABCDの面積を求めなさい。

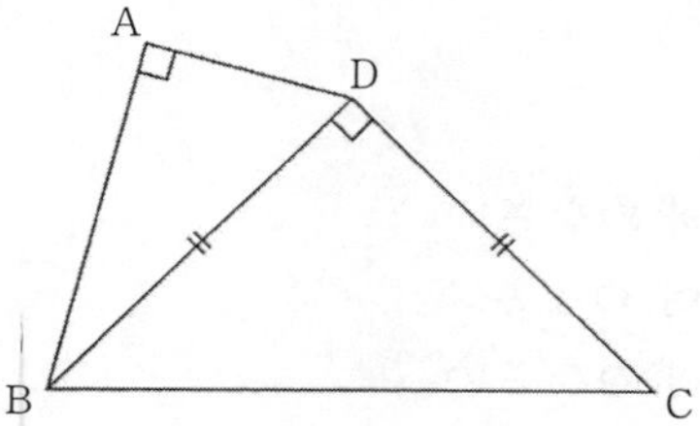

図1

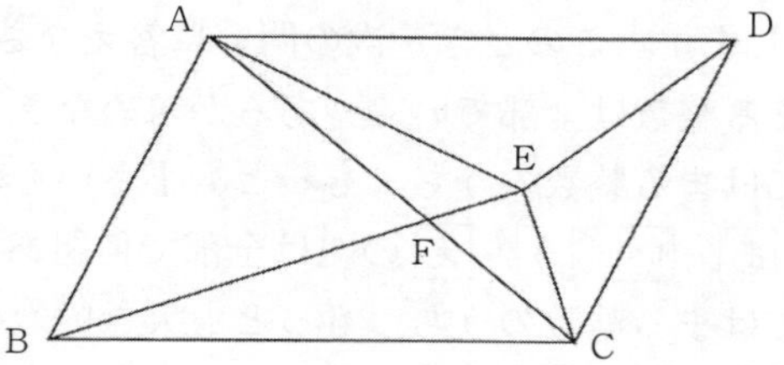

図2

(3) 図2のように，平行四辺形ABCDの内部に点Eをとり，ACとBEの交点をFとします。3つの三角形ABF，AFE，AEDの面積がそれぞれ$17cm^2$，$6cm^2$，$12cm^2$であるとき，三角形CEFの面積を求めなさい。

2 ある商店では，商品A，Bの消費税抜きの価格は1個につきそれぞれ35円，48円です。消費税は，消費税抜きの価格の合計に0.08をかけて小数第1位を四捨五入したものとします。このとき，次の問いに答えなさい。

(1) 商品Aを1個買うときの消費税を求めなさい。

(2) 商品Aを20個，商品Bを30個のあわせて50個買うときの消費税を求めなさい。

(3) 商品A，Bをあわせて50個買ったときの消費税が159円になりました。このとき，商品A，Bをそれぞれ何個ずつ買ったか，**式や考え方を書いて**求めなさい。

3　2つの数A，Bに対して，B回くり返してかけたとき，Aにもっとも近くなる小数第1位までの数をA◎Bとします。

たとえば，11◎3＝2.2となります。なぜならば，2.2を3回くり返してかけると10.648，2.3を3回くり返してかけると12.167になるからです。

また，3は2回くり返してかけるとちょうど9になるので，このような場合は，9◎2＝3.0＝3とします。

このとき，次の問いに答えなさい。

(1)　6◎2を求めなさい。

(2)　9◎4を**式や考え方を書いて**求めなさい。

(3)　9◎(4◎2)－(9◎4)◎2を求めなさい。

(4)　次の□にあてはまる整数をすべて求めなさい。

　(□◎2)◎2＝1.5

4　1から10までの整数の中から，異なる4つの整数を選び，これらの整数を大きい方から順に[あ]，[い]，[う]，[え]とします。さらに，[お]を

[あ]－[い]＋[う]－[え]＝[お]

で決まる整数とします。このとき，次の問いに答えなさい。

(1)　[お]にあてはまる整数は全部でいくつあるか求めなさい。

(2)　①　[お]にあてはまる整数のうち，もっとも小さいものを求めなさい。

　②　①のときの[あ]，[い]，[う]，[え]の組は全部で何組あるか求めなさい。

(3)　①　[お]にあてはまる整数のうち，もっとも大きいものを求めなさい。

　②　①のときの[あ]，[い]，[う]，[え]の組は全部で何組あるか求めなさい。

(4)　[あ]，[い]，[う]，[え]にあてはまる整数の組をすべて考えるとき，[お]にあてはまる整数のうち，もっとも多く現れるものを求めなさい。

【社　会】（40分）〈満点：80点〉

1　下の図1は，25000分の1の地形図をもとに作成したものです。この図をみて，あとの問に答えなさい。

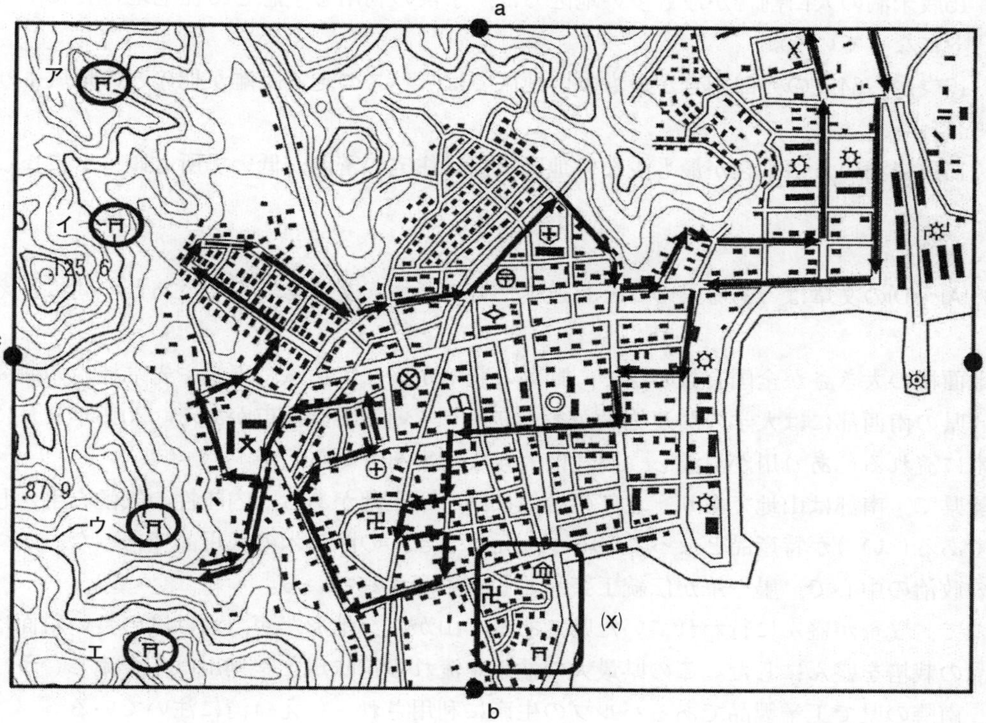

図1

問1　図1中の**ア**～**エ**の神社の中から，他の3つと標高が大きく異なるものを1つ選び，記号で答えなさい。

問2　図1の四角で囲まれた(X)の地域は，海沿いの歴史的町並みが残る地域である。同じように，海沿いに歴史的な町並みが残る地域として適切なものを**ア**～**エ**から1つ選び，記号で答えなさい。

ア　大館　　**イ**　京都　　**ウ**　高山　　**エ**　萩

問3　図1中の矢印は，地域で運営するバスのルートである。また下の表は，図1を点**a**と点**b**，点**c**と点**d**で結び，右図のように4分割した際の(A)～(D)地区の年齢ごとの人口割合を示している。

バスのルートを正しく説明したものを，あとの文章**ア**～**カ**から**2つ**選び，記号で答えなさい。

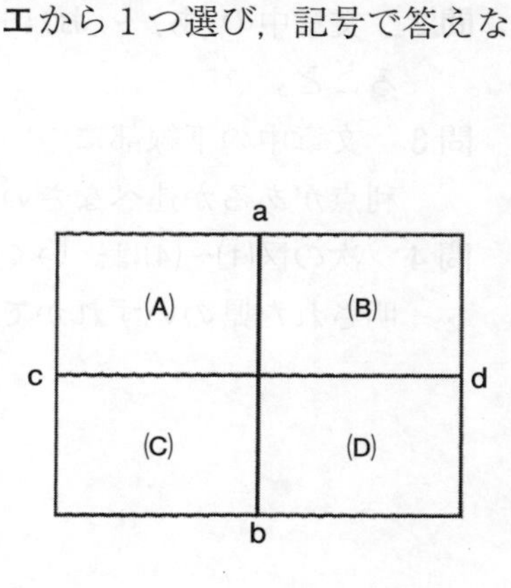

表

	15歳未満	15歳～64歳	65歳以上
(A)	14.2%	62.2%	23.6%
(B)	19.2%	70.3%	10.5%
(C)	6.3%	43.9%	49.8%
(D)	7.8%	77.1%	15.1%

ア　ルートの近くには高等学校があり，通学に利用する人が多いと考えられる。

イ　この地域にある全ての工場や発電所を通るルートになっている。

ウ　ルートの近くには，市役所，図書館，病院，裁判所などの公共施設がある。

エ　15歳未満の人口割合が最も多い地区では，子供の利用を予想して住宅地の奥まで入るルートになっている。

オ　15歳から64歳の人口割合が最も多い地区では，バスの走る距離が他のどの地域よりも長い。

カ　15歳未満の人口割合が最も少ない地区では，住宅の密度が低い場所もルートになっている。

2　次の(A)～(D)の文章は，ある県のことを述べたものです。文章を読んで，あとの問に答えなさい。

(A)　耕地面積の大きさが全国有数の県で，野菜の栽培が盛んである。工業や先端技術の研究も盛んで，県の南西部には大学の関連施設が多く立地している学園都市がある。2015年９月には，県を南に流れる（ **あ** ）川が氾濫し，周辺に大きな被害をもたらした。

(B)　内陸県で，南部は山地であり，北部の盆地に県庁所在地がある。内陸性の気候を生かした加工品である（ **い** ）が特産品となっているが，元はききんの際の米の代用品であった。かつての日本の政治の中心で，墨や筆が伝統工芸品として生産されている。

(C)　かつて，養蚕が盛んに行われていた県である。山がちな地形だが，水はけの良い斜面はある特産品の栽培を盛んにした。この県最大の盆地を流れる笛吹川と釜無川は，合流し（ **う** ）川となり，南隣の県で工業製品であるパルプの生産に利用され，（ **え** ）湾に注いでいる。

(D)　かつて（ **お** ）とよばれていた県。北東部の海峡のうずしおが有名で，これを見るために多くの観光客が訪れる。特産品の「すだち」は，全国の90％以上を占める生産量で，南部の山間部を中心に生産が行われ，現地でさまざまな商品に加工されている。

問１　(A)～(D)の県名を**漢字で**答えなさい。

問２　文章中の（**あ**）～（**お**）にあてはまる適切な語句を答えなさい。ただし，（**お**）は旧国名で答えること。

問３　文章中の下線部について，このような取り組みが過疎地域で注目されている。どのような利点があるか述べなさい。

問４　次の図(1)～(4)は，いくつかの県庁所在地周辺について示したものであり，文章(A)～(D)で説明された県のいずれかである。(1)～(4)はそれぞれ(A)～(D)のどれになるか，記号で答えなさい。

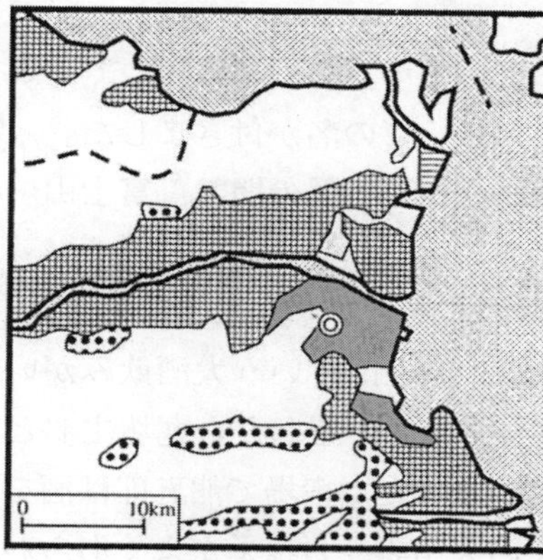

(1)

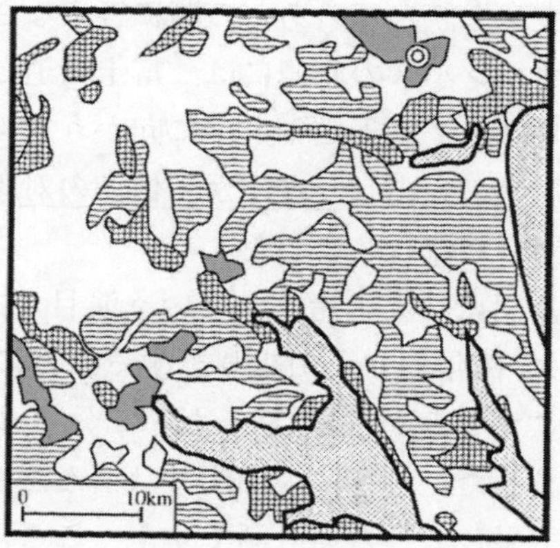

(2)

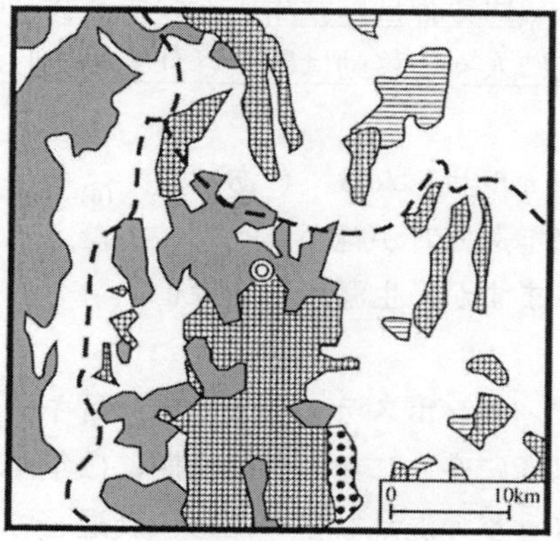

(3)

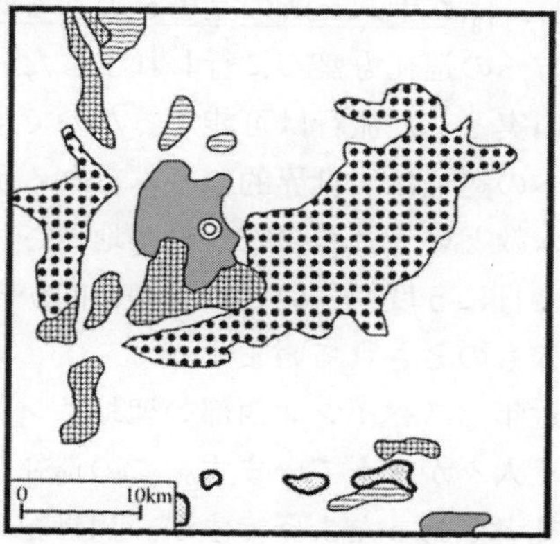

(4)

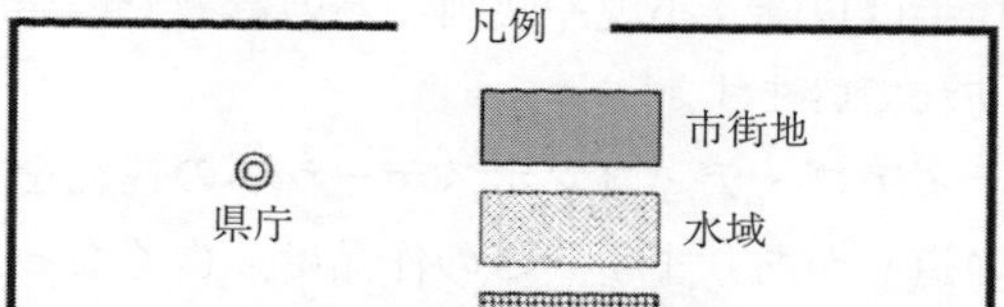

全て上が北である

問５　次の表の(a)～(d)は，**問４**の図(1)～(4)中の県庁所在地における昼間人口と夜間人口を示している。(a)は(1)～(4)のどれになるか，１つ選び，数字で答えなさい。

表

	昼間人口（人）	夜間人口（人）
(a)	346,965	366,591
(b)	226,701	198,992
(c)	303,112	268,750
(d)	289,853	264,548

2010年国勢調査のデータより

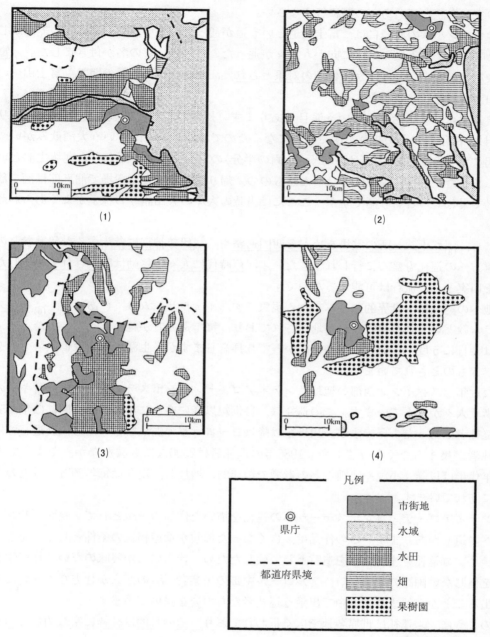

3 次の文章を読んで，あとの問に答えなさい。

このキャンパスの北側には，富士街道という道が通っています。この道はかつて「ふじ大山《おおやま》道《みち》」と呼ばれ，富士山や大山に向かう人々が通ったことから，この名が付きました。①富士山や神奈川県の大山は，古くから信仰の対象とされ，江戸時代には庶民の間で，富士山への登拝や大山詣《まい》りが流行しました。

古典落語に「大山詣り」という演目があります。長屋の人たちが，大家さんを先達《せんだつ》(リーダー)として例年通り大山詣りをすることになったのですが，熊五郎という大酒飲みがいつも騒ぎを起こすことから，「怒ったら二分《ぶ》(一両の半分)の罰金，けんかをしたら丸坊主」という約束をしました。無事に大山詣りは済んだものの，帰りに泊まった②宿場で熊五郎は酒を飲んで風呂場で暴れ……という話ですが，ここには当時の人々の大山詣りの様子がよくあらわれています。

他にも，③八十八ヶ所の霊場をめぐる四国遍路や，④伊勢神宮に参詣するお伊勢参りのように，遠方への巡礼も盛んに行われました。⑤江戸時代に人々の移動は制限されていましたが，巡礼を口実とした旅行は可能だったのです。

聖地への巡礼は，世界的にもみられる現象です。イェルサレムは，（ **あ** ）教，⑥キリスト教，イスラム教という３つの宗教の聖地とされており，毎年巡礼者が絶えません。また，イスラム教徒は１日に５度，（ **い** ）の方向に向かって礼拝をしますが，生涯に一度は（ **い** ）への巡礼を行うべきものとされています。

また近年，スペイン北西部の聖地サンティアゴ・デ・コンポステーラまでの数百キロの巡礼路を歩く人々が増えています。この巡礼は，11世紀以降に盛んになり，最盛期には年間50万人もの巡礼者があったようですが，14世紀以降はヨーロッパの混乱などのために衰退してほとんど巡礼者が集まらなくなりました。1986年の巡礼者は2500人にも満たなかったようですが，1990年代半ば以降，小説や映画などの影響で爆発的に増加し，現在は毎年20万人以上の人々が巡礼に訪れています。

サンティアゴ・デ・コンポステーラへの巡礼を描いた作品の一つとして，映画「サン・ジャックへの道」があります。この作品は，亡くなった母親が遺産相続の条件として，兄弟三人でサンティアゴ巡礼をすることを遺言として残したため，仕事にしか興味のない会社経営者(兄)，宗教を信じない国語の教師(妹)，アルコール中毒の失業者(弟)の三人が仕方なく一緒に巡礼の旅に出ることから始まり，途中で出逢う巡礼者たちの姿を描いています。

このように，⑦巡礼は世界各地で広く行われており，その目的は純粋に宗教的なものをこえて，様々であるといえるでしょう。

問１　下線部①に関連して，神社の中には，富士山などの自然物を信仰の対象とするところもあれば，乃木神社や東郷神社のように個人を信仰の対象とするところも存在する。では，日光などの東照宮がまつる東照大権現とは誰が神格化されたものか，**漢字で**答えなさい。

問２　下線部②に関連して，江戸時代に街道沿いで発展した宿場町として適切なものを**ア**～**エ**から１つ選び，記号で答えなさい。

ア　長野　　**イ**　品川　　**ウ**　酒田　　**エ**　大坂

問３　下線部③に関連して，四国遍路は真言宗を開いた僧の足跡を訪ねるものであるとされているが，この僧は誰か，**漢字で**答えなさい。

問4　下線部④に関連する以下の問題に答えなさい。

(1)　伊勢神宮が所在する都道府県名を**漢字で**答えなさい。

(2)　お伊勢参りに向かう弥次さん・喜多さんの珍道中を描いた『東海道中膝栗毛』の作者として適切なものを**ア～エ**から１つ選び，記号で答えなさい。

ア　歌川(安藤)広重　　**イ**　滝沢馬琴

ウ　十返舎一九　　**エ**　小林一茶

問5　下線部⑤に関連して，江戸時代に人々の移動が制限されていた理由について，考えられることを説明しなさい。

問6　空欄(**あ**)にあてはまる語を答えなさい。

問7　下線部⑥に関連して，日本にキリスト教を初めて伝えたイエズス会の宣教師の名前を答えなさい。

問8　空欄(**い**)にあてはまる地名を答えなさい。

問9　下線部⑦のように，宗教的な目的以外で巡礼に出る人も多く存在する。本文を参考にしつつ，人々を巡礼へとかきたてる信仰心以外の目的を指摘し，さらに，その目的にどのような社会的背景があるか考えて論じなさい。

4　A君とB君は，春休みの旅行の計画を立てています。二人の会話を読んで，あとの問に答えなさい。

A君：今度の春休みの旅行，福岡に行きたいって言っていたけど，何か調べてきた？

B君：うん，ガイドブックと地図を持ってきたから，一緒に見よう。福岡は歴史のある街だから，いろいろと見るものがありそう。でも，まずは豚骨ラーメンだよね。

A君：賛成！　①博多の中洲っていうところにたくさん屋台が出ているって，テレビで見たことあるな。

B君：有名みたいだね。中洲はその名の通り，川で囲まれているけれど，中世には海の底だったらしいよ。

A君：へー。それに，中洲の東側にお寺がたくさん集まっているね。

B君：うん，入江だったこのあたりに中国の商人が居住して，商売をしていたらしいよ。承天寺は，謝国明という②宋出身の商人の援助で建立されたらしい。それに，③栄西によって開かれて，「④扶桑最初禅窟」と呼ばれた聖福寺も，宋の人たちによってお堂が建てられたみたいだね。

A君：福岡は，古代から国際交流の拠点だったよね。

B君：うん，西鉄ライオンズの本拠地だった平和台球場の跡地からは，⑤大宰府の鴻臚館《こうろかん》の遺跡が発見されているよ。外交使節を迎えたり，交易をしたりする場所だったみたいで，⑥シルクロードを通って渡ってきた様々なものが出土しているらしい。

A君：行ってみたいね。ここは福岡城の敷地内でもあったんだね。

B君：そうなんだよ。⑦福岡城跡には，明治になってから福岡県庁や学校などが置かれ，現在でも裁判所やスポーツ施設があるんだ。城跡の近代になってからの利用方法として興味深いね。

A君：あ，福岡市博物館に行くと，金印が見られるんだね。

B君：江戸時代に志賀島で見つかった「漢委奴国王」と刻まれた金印が展示されているよ。

（ **あ** ）に記されているものだと考えられているね。

Ａ君：福岡市博物館のそばには，「サザエさん通り」っていうのがあるね。「サザエさん発祥の地」っていうのはどういうことだろう？

Ｂ君：『サザエさん』は朝日新聞に連載されていた漫画だけれど，最初は作者の（ **い** ）が住んでいた福岡のフクニチ新聞で連載されていたらしいよ。福岡市博物館のあたりは埋め立て地で，もともとは海岸だったんだけど，この海岸を作者が散歩したときに，『サザエさん』の登場人物の名前を思いついたから「発祥の地」なんだって。

Ａ君：あれ，近くに鎌倉幕府が（ **う** ）の時に御家人たちに築造させた石塁跡があるよ。そうか，このあたりに海岸線があったから，ここでモンゴル軍と戦ったということか。福岡は歴史の宝庫だね。

Ｂ君：旅行が今から楽しみだね！

問１　下線部①の地名の読み方を，**ひらがなで**答えなさい。

問２　下線部②に関連して，大輪田泊を修築して日宋貿易を行い，安徳天皇の外戚として権力を握った人物の名前を**漢字で**答えなさい。

問３　下線部③に関連して，栄西によって開かれた宗派として適切なものを**ア～オ**から１つ選び，記号で答えなさい。

ア　曹洞宗　　**イ**　浄土宗　　**ウ**　時宗　　**エ**　臨済宗　　**オ**　浄土真宗

問４　下線部④について，「扶桑」とは日本のことを指すが，なぜ聖福寺は「扶桑最初禅窟」と呼ばれたか，理由を考えて答えなさい。

問５　下線部⑤に関連して，醍醐天皇のもとで右大臣をつとめたものの，藤原時平と対立して大宰府に流された人物の名前を**漢字で**答えなさい。

問６　下線部⑥に関連して，「シルクロードの終着点」といわれ，聖武天皇の遺品などの宝物をおさめた宝庫を何というか，**漢字で**答えなさい。

問７　下線部⑦に関連して，江戸時代の城跡がこのように利用されている事例は，日本中に多く存在する。その理由として考えられることを説明しなさい。

問８　空欄（**あ**）にあてはまる史料名として適切なものを**ア～オ**から１つ選び，記号で答えなさい。

ア　『後漢書』東夷伝　　**イ**　「魏志」倭人伝　　**ウ**　『日本書紀』

エ　『太平記』　　**オ**　『東方見聞録』

問９　空欄（**い**）にあてはまる人名として適切なものを**ア～オ**から１つ選び，記号で答えなさい。

ア　美空ひばり　　**イ**　渥美清　　**ウ**　手塚治虫

エ　長谷川町子　　**オ**　黒澤明

問10　空欄（**う**）にあてはまる語を，**漢字２字で**答えなさい。

5 次の文章を読んで，あとの問に答えなさい。

2016年７月，東京都では①参議院議員通常選挙と②東京都知事選挙の２つの選挙が行われました。ここでは，主に参議院選挙について考えたいと思います。

参議院選挙において，有権者は投票所で投票用紙を２枚もらいます。東京都を例にすると，２枚の投票用紙のうち，１枚は東京都選挙区の候補者から一人を選び，その個人名を書くものでした。選挙区からは31名が立候補し，そこから得票数の多い順番に６名が選出されました。

もう１枚は，③「非拘束名簿式比例代表制」という仕組みのもとに投票するもので，有権者は，政党の名前か，政党が届け出ている名簿に掲載された候補者の中から個人名を書いて投票します。投票は合算されて政党の得票数となり，その得票数に応じて各政党に議席が割り振られます。そして，個人名での得票が多い候補者から順番に，その議席が埋められていきます。

このように政治を担う代表者たちを選ぶ選挙にも，仕組みがありルールがあります。そしてその仕組みやルールのもとで，有権者や候補者たちがそれぞれ戦略を持って行動をしていきます。その意味では，より健全な民主政治のために，歴史や他の国々と比較しながら，選挙の仕組みやルールを学ぶことは大切なことといえるのではないでしょうか。

問１ 下線部①に関連して，今回の参議院選挙は，2015年の公職選挙法の改正による「合区」実施後に行われた。

(1) 今回誕生した２つの合区を構成する都道府県を，解答欄に合うようにそれぞれ**漢字で**答えなさい。

(2) 合区を実施することにした目的は，何を是正することであったか，答えなさい。

問２ 下線部②に関連する文として，適切なものを**ア～エ**から１つ選び，記号で答えなさい。

ア 都道府県知事の選挙における被選挙権は満25歳以上の日本国民に与えられている。

イ 都道府県の議会は，知事に対して不信任決議を出すことができる。

ウ 知事の任期は４年であり，任期途中で失職した場合，副知事が知事となり残りの任期を担当する。

エ 有権者は，有権者数の50分の１以上の署名で，知事や都道府県議会の議員の解職を請求できる。

問３ 下線部③に関連して，以下は「非拘束名簿式比例代表制」の仕組みの下で起こりやすくなると考えられるものを，生徒が議論しているものである。適切なものを**ア～ウ**から**すべて**選び，記号で答えなさい。

ア 候補者は，同じ政党でも他の候補者との違いをアピールしようとするんじゃないかな。

イ 政党は，なるべく全国的に有名な候補者を擁立しようとするんじゃないかな。

ウ 選挙区で落ちた候補者が，比例区で復活当選するということも起きやすくなるんじゃないかな。

問４ 次回の参議院選挙は何年に実施されるか，西暦で答えなさい。

6 次の文章を読んで，あとの問に答えなさい。

20世紀ドイツの社会心理学者Ｅ．フロムは，『 X 』という著作をのこしました。最近，新聞などにおいて，この著作の名をよく目にします。

日本経済新聞2016年６月10日朝刊には，地球上のあちこちで X が始まっているというコラムが掲載されました。グローバル化，つまり国際的な自由化の進展には目覚ましいものがありますが，人間は急速な自由化には対応できないことがあります。近年，モノ・カネだけでなくヒトの自由な移動が促進されて，新たな不安が生じています。移民や難民を非難する人たちが， Y と，経済的な不満を強く主張しているのです。アメリカのトランプ現象，①イギリスのEU(欧州連合)離脱，②ヘイトスピーチなども，同じ流れの中にある問題であると，そのコラムは指摘しています。

東京新聞2016年７月25日朝刊にも，「再び『 X 』か」というコラムが掲載されました。③無差別テロが拡散していて，テロの封じ込めを大義名分として権力が肥大化しやすい時代となっているから，我々は自由や人権，民主主義といった近代社会の理念を，無自覚に放棄することがないように注意しなくてはならないと，そのコラムは指摘しています。

問１ 下線部①について，2016年６月，イギリスで離脱の是非を問う国民投票が実施された。次の**Ａ**～**Ｄ**のうち，この国民投票に関する説明として適切なもの２つの組合せを，**ア**～**カ**から１つ選び，記号で答えなさい。

Ａ 投票の数日前，「離脱」支持の国会議員がテロリストに殺害された。

Ｂ 投票の結果，「離脱」は約80％，「残留」は約20％であった。

Ｃ スコットランド域内では，「残留」が「離脱」を上回った。

Ｄ 投票の結果を受けて，イギリスのキャメロン首相(当時)は辞意を表明した。

ア **ＡとＢ**　**イ** **ＡとＣ**　**ウ** **ＡとＤ**

エ **ＢとＣ**　**オ** **ＢとＤ**　**カ** **ＣとＤ**

問２ わが国において，下線部②を国家が規制する場合に，直接に問題となる憲法上の権利は何か，**ア**～**オ**から１つ選び，記号で答えなさい。

ア 法の下の平等　**イ** 表現の自由　**ウ** 居住・移転の自由

エ 教育を受ける権利　**オ** プライバシー権

問３ 下線部③に関連して，2016年７月１日(日本時間２日未明)にも，日本人７人を含む20人が死亡する飲食店襲撃事件が起きた。この事件が起きた国の名前を答えなさい。

問４ X に当てはまる語句を**ア**～**オ**から１つ選び，記号で答えなさい(３か所とも同じものが当てはまる)。

ア 自由からの逃走　**イ** シンクレティズム(宗教混交)　**ウ** 多文化共生

エ 反知性主義　**オ** リージョナリズム(地域主義)

問５ Y に当てはまる短文を考えなさい。ただし，「職」という語を含めて，**10字以内で**記述すること。

【理　科】（40分）〈満点：80点〉

1　次の文を読み，以下の問いに答えなさい。

日本は自然が豊かで，森林や草原が広く分布しています。人々が生活する平地や丘陵《きゅうりょう》にも，多くの種類の植物を見ることができます。**A**植物の種類は花で見分けることが多いのですが，**B**葉やくきや根にも植物ごとに違《ちが》いがあります。また，１年で枯《か》れる草もあれば，何百年も成長し続ける樹木もあります。さまざまな植物が生きている土地では，さまざまな動物が見られます。植物ごとに，それを食べる動物がいるからです。このように日本の森林や草原では，多くの種類の植物や動物が見られます。豊かな自然が広がっているのは，生物（ **C** ）があるからだといえます。

問１　文中の下線部**A**のように花で見分けられる植物を，次の**ア**～**エ**の中から１つ選び，記号で答えなさい。

ア　コケ植物　**イ**　被子《ひし》植物　**ウ**　シダ植物　**エ**　藻《そう》類

問２　花には，１つの花におしべとめしべの両方がついている両性花と，どちらかしかついていない単性花があります。単性花をつける植物を，次の**ア**～**オ**の中からすべて選び，記号で答えなさい。

ア　トウモロコシ　**イ**　カボチャ　**ウ**　マツ
エ　アブラナ　**オ**　アサガオ

問３　単性花をつける樹木の中には，雌花《めばな》だけをつける雌株《めかぶ》と雄花《おばな》だけをつける雄株《おかぶ》にわかれているものがあります。次の**ア**～**オ**の中から，雌株と雄株にわかれている樹木を１つ選び，記号で答えなさい。

ア　サクラ　**イ**　マツ　**ウ**　アジサイ
エ　イチョウ　**オ**　ウメ

問４　種子は花の中にある胚珠《はいしゅ》が成長したものですが，果実は花の中にある何が成長したものでしょうか。ひらがなで答えなさい。

問５　次の**ア**～**オ**の中から，虫ばい花をつける植物をすべて選び，記号で答えなさい。

ア　ユリ　**イ**　スギ　**ウ**　トウモロコシ
エ　ヒマワリ　**オ**　アサガオ

問６　花粉は，運ばれ方に合った形をしており，それぞれの植物で特徴《とくちょう》があります。図に示した花粉は，次の**ア**～**オ**のどの植物のものでしょうか。１つ選び，記号で答えなさい。

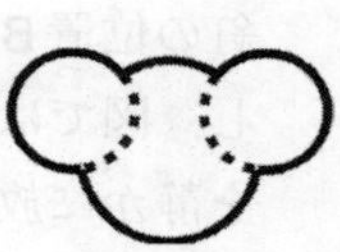

ア　ユリ　**イ**　スギ　**ウ**　マツ
エ　ヒマワリ　**オ**　トウモロコシ

問７　下線部**B**のように，単子葉類と双子葉《そうしよう》類では，根の形や維管束《いかんそく》の分布が違っています。さらに，葉脈も違っています。双子葉類の葉脈を，その形から何脈といいますか。ひらがなで答えなさい。

問８　文中の（**C**）に入る言葉を漢字３字で答えなさい。

問９　畑では，ふつう種子をまいて作物を育てますが，中には種いもや苗《なえ》を植えて育てるものもあります。関東の家庭菜園で，ジャガイモやサツマイモを育てるときの説明として，最も適当なものを，次の**ア**～**オ**の中から１つ選び，記号で答えなさい。

ア　ジャガイモは根に養分をたくわえており，種いもを植え育てる

イ　ジャガイモは根に養分をたくわえており，苗を植え育てる

ウ　サツマイモはくきに養分をたくわえており，種いもを植え育てる

エ　サツマイモもジャガイモも，種いもを植え育てる

オ　サツマイモは苗を植え，ジャガイモは種いもを植え育てる

問10　植物は葉で光合成を行って，でんぷんをつくり成長していきます。光合成をさかんに行っているとき，光合成に関係する物質の動きを最も適当に説明しているものを，次の**ア**～**オ**から１つ選び，記号で答えなさい。

ア　酸素を気孔《きこう》からとり入れ，水蒸気を気孔から出す

イ　師管を通して水を根から吸い上げ，二酸化炭素を気孔から出す

ウ　二酸化炭素と酸素をともに気孔からとり入れる

エ　水蒸気を気孔から出すことで，道管を通して水を根から吸い上げる

オ　水蒸気と二酸化炭素を気孔から出す

2　Ⅰ　ふりこの糸のつけ根からおもりの中心までの長さを「ふりこの長さ」，おもりが１往復して元の位置にもどる時間を「周期」といいます。ふりこの長さをいろいろ変えて周期を測ったところ，

[周期(秒)]×[周期(秒)]＝□×[ふりこの長さ(cm)]

という関係があることが分かりました。□にはいつも同じ数が入ります。

以下の問題では，この式がいつも成り立つとします。

問１　ふりこの長さを$\frac{1}{4}$倍にすると，周期は何倍になりますか。できるだけ簡単な分数で答えなさい。

問２　ふりこの長さが64cmのとき，周期が1.6秒でした。上の式の□に入る数は何ですか。答が割り切れない場合は，小数第３位を四捨五入して小数第２位まで求めなさい。

長さ100cmのふりこを用意して，図のようにおもりがふりこの糸のつけ根**O**の真下にくるときに，糸がひっかかるように釘《くぎ》を打ちました。釘の位置**B**は，ふりこの長さを上下に15：1に分けるところです。ただし，図では，比率は正しく描《えが》かれていません。図の**A**の位置からおもりを静かに放します。

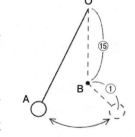

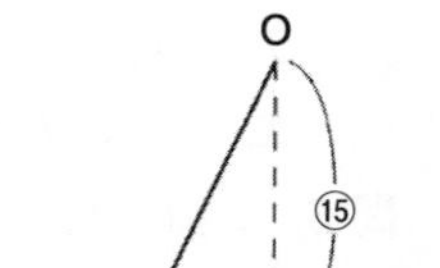

問３　おもりを放してからおもりが初めて**O**の真下に来るまでの時間は何秒ですか。答が割り切れない場合は，小数第２位を四捨五入して小数第１位まで求めなさい。

問４　おもりが１往復して**A**の位置に戻《もど》ってくるまでの時間，つまり周期は何秒ですか。答が割り切れない場合は，小数第３位を四捨五入して小数第２位まで求めなさい。

問５　つぎに，図の釘の位置について，下のような２つの場合を考えます。

ア　ふりこの長さを上下に15：1に分ける位置に釘を打つ場合

イ　ふりこの長さを上下に8：1に分ける位置に釘を打つ場合

おもりが**O**の真下にきてから，初めて一番右にくるまでの時間を，**ア**と**イ**の場合で比べま

す。それらの時間の比を求めなさい。なるべく簡単な比になるように，下の ㋐ と ㋑ に，それぞれ整数を入れなさい。

アの場合の時間：**イ**の場合の時間＝ ㋐ ： ㋑

問6　図の釘の位置**B**を少しずつ上へ移して，**A**の位置からおもりを静かに放し周期を測る実験をくりかえしました。**O**と**B**の間の長さと，周期のおおよその関係を最もよく表すグラフを，下の**ア**～**オ**から１つ選び，記号で答えなさい。

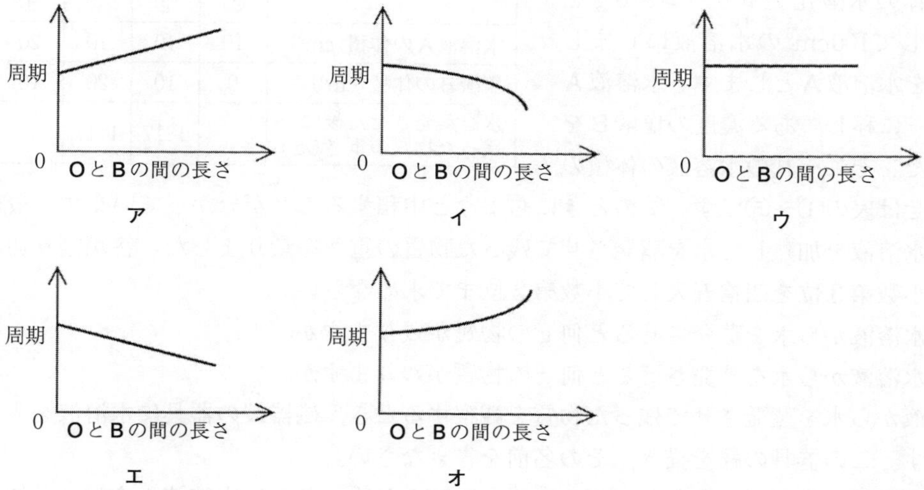

Ⅱ　音に関する以下の問いに答えなさい。

問7　空の紙箱に輪ゴムを張ってはじく実験をしました。なるべく高い音を出すためには，輪ゴムの太さ，張り具合，長さをどのようにしたらよいでしょうか。それぞれについて，解答欄《かいとうらん》の正しいものを○印で囲みなさい。

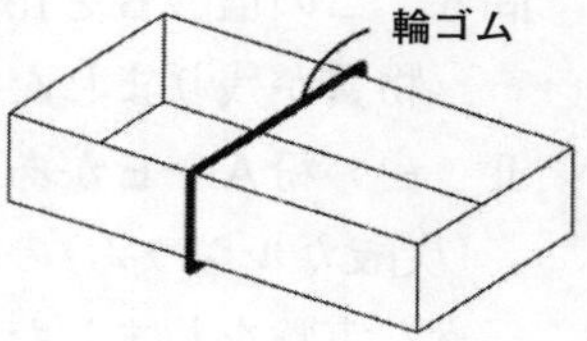

太さ	張り具合	長さ
太い　　細い	強い　　弱い	長い　　短い

問8　ペットボトルに水を入れて音を出す実験を行いました。ふたを外して，図の矢印の向きにペットボトルの口の部分を吹《ふ》いて音を出します。最も高い音が出るのは次の**ア**～**エ**のどれでしょうか。１つ選び，記号で答えなさい。

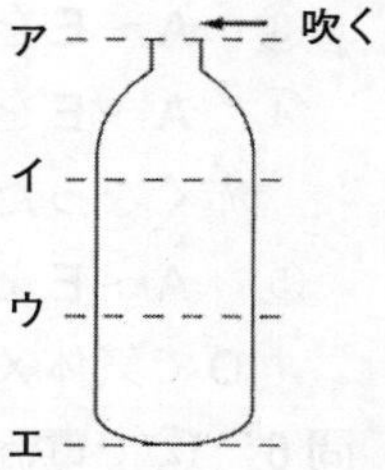

ア　口まで水を満たしたペットボトル

イ　７割くらい水を入れたペットボトル

ウ　３割くらい水を入れたペットボトル

エ　空のペットボトル

問9　音さを鳴らし，その音を聞いています。次の**ア**～**カ**から正しいものを１つ選び，記号で答えなさい。

ア　高い音は，低い音よりも速く伝わる

イ　低い音は，高い音よりも速く伝わる
ウ　大きな音は，小さな音よりも速く伝わる
エ　小さな音は，大きな音よりも速く伝わる
オ　気温が高くなると，音はより速く伝わる
カ　気温が低くなると，音はより速く伝わる

3　Ⅰ　固体の水酸化ナトリウム8.0gを水に溶《と》かして100cm^{3}の水溶液《すいようえき》にしました。これを水溶液**A**とします。水溶液**A**をビーカーに移し，ある濃度《のうど》の塩酸**B**を加えました。それぞれの水溶液の体積の組み合わせは表の①～⑤です。②のときにちょうど中和することが分かっています。最後にそれぞれの水溶液を加熱して水を蒸発させて残った物質の重さを量りました。答が割り切れない場合は，小数第3位を四捨五入して小数第2位まで求めなさい。

	①	②	③	④	⑤
水溶液**A**の体積(cm^3)	10	10	10	20	20
塩酸**B**の体積(cm^3)	0	10	20	10	20
水を蒸発させた後に残った物質の重さ(g)		1.17	1.17		2.34

問1　①の水溶液から水を蒸発させると何gの物質が残りますか。

問2　④の水溶液から水を蒸発させると何gの物質が残りますか。

問3　水溶液から水を蒸発させて残った物質を観察するとき，磁器製《じきせい》の器具に水溶液を入れて加熱します。この器具の絵を描《えが》き，その名前を書きなさい。

問4　③の水溶液から15cm^{3}をとり，15cm^{3}の水を加えた後，さらに水溶液**A**を10cm^{3}加えました。この水溶液から水を蒸発させると何gの物質が残りますか。

問5　この塩酸**B**を15cm^{3}とり，水溶液**A**を加え，同じように水を蒸発させたところ，2.20gの物質が残りました。加えた水溶液**A**は何cm^{3}でしたか。

Ⅱ　白い粉**A**～**E**があります。中身は片栗粉《かたくりこ》(でんぷん)，さとう，食塩，重そう，チョークの粉(炭酸カルシウム)のいずれかです。そこで**A**～**E**がそれぞれどの物質かを調べるために次のような実験をしました。

①　**A**～**E**をそれぞれスプーンにのせてガスバーナーで熱すると，**A**は黒くなり**E**は茶色くなった。

②　**A**～**E**をそれぞれ水に入れて電流を流すと，**B**，**D**では電流が流れた。

③　**A**～**E**をそれぞれ水に入れると，**A**が一番よく溶《と》けた。

④　**A**～**E**をそれぞれ水に入れ，さらにフェノールフタレイン溶液《ようえき》を加えると，**D**だけが少し赤くなった。

⑤　**A**～**E**をそれぞれ塩酸に入れると，**C**，**D**で気体**X**が発生した。

問6　②で電流が流れるかを調べるために，豆電球1個，乾電池《かんでんち》2個，銅板2枚，導線を使いました。電流が流れたとき豆電球が一番明るくつくような導線のつなぎ方を，解答用紙に線で書き加えなさい。ただし，導線は何本使ってもかまいません。

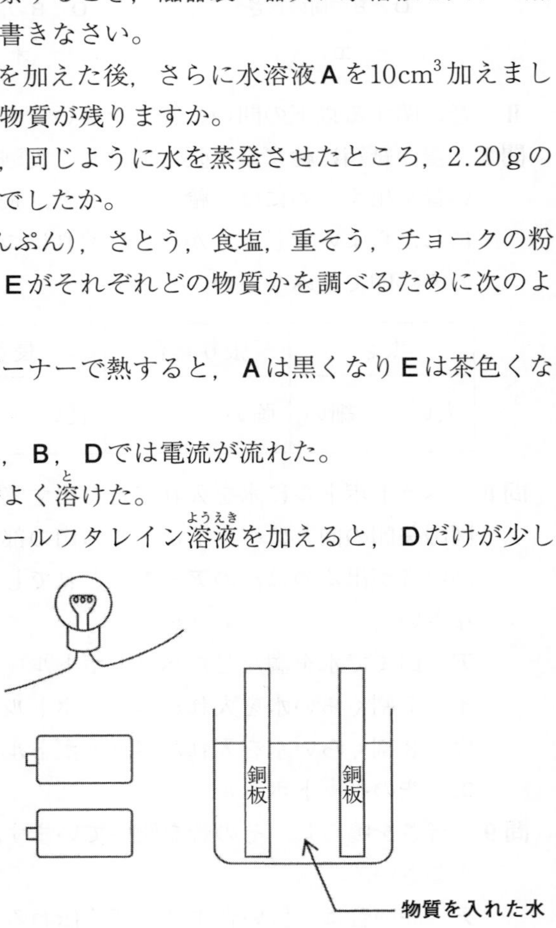

問7　④で**D**を溶かした水溶液は何性を示しますか。

問8　⑤で出た気体**X**の名前を答えなさい。

問9　それぞれの物質は**A**～**E**のどれですか。解答用紙にある物質名の欄《らん》に**A**～**E**の記号で答えなさい。

問10　**D**を直接加熱しても気体**X**が発生します。このような方法で発生した気体**X**を集めるとき，次の**ア**～**ウ**のうち適してないものを１つ選び，記号で答えなさい。

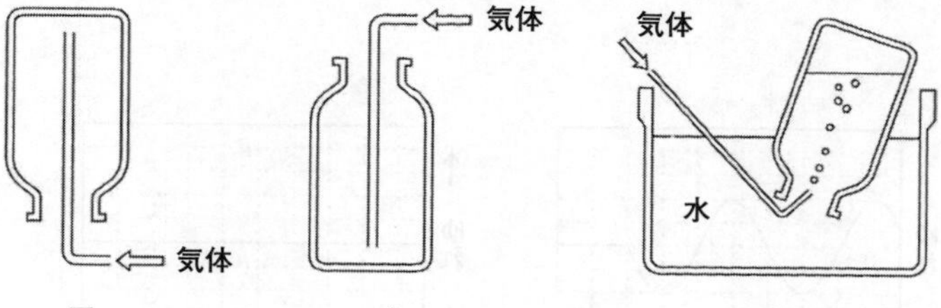

問11　**問10**で選んだ方法の名前を「◯◯置換《ちかん》法」といいます。◯◯に入る漢字２字を書きなさい。

問12　次の**ア**～**エ**の気体を集めるとき，**問10**の**ウ**の方法が最も適している気体を１つ選び，記号で答えなさい。

ア　塩化水素　　**イ**　水素　　**ウ**　アンモニア　　**エ**　塩素

4　Ⅰ　地震《じしん》によるゆれを計測するために，地震計《じしんけい》を用います。**図１**は３個１組の地震計の仕組みを説明したものです。地面に固定した直方体の箱に，ペンのついたおもりがつるまきばねや細い棒《ぼう》で取り付けられています。箱には，記録用紙が巻かれた回転ドラムの軸《じく》が固定され，ドラムは常に矢印の方向に回転しています。地震のゆれによって地面が動くとき，箱とドラムは地面とともに動きますが，おもりは急な振動《しんどう》が起きても動きにくいため，記録用紙に地面のゆれが記録される仕組みになっています。

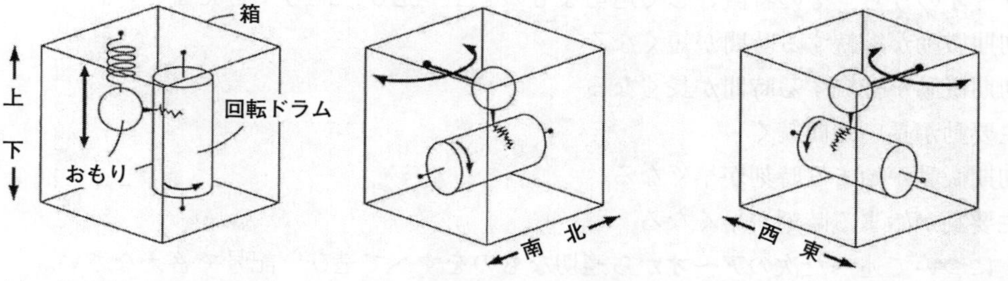

(a)　上下方向のゆれを感知　　(b)　南北方向のゆれを感知　　(c)　東西方向のゆれを感知

図１

問１　**図１**のように，１つの観測点に３個１組の地震計をおくと，地震によるゆれを正確に測ることができます。その理由を説明しなさい。

問２　ある地震によるゆれが伝わり，はじめに**図２**の矢印の向きに地面がゆれました。このとき，**図１**の地震計(a)，地震計(b)，地震計(c)ではどのようにゆれが記録されるでしょうか。下の**ア**～**ウ**から最も適当なものをそれぞれ１つずつ選び，記号で答えなさい。ただし，**ア**～**ウ**では紙の進む向きを右向きとしており，時間とともに右から左へとゆれが記録されています。

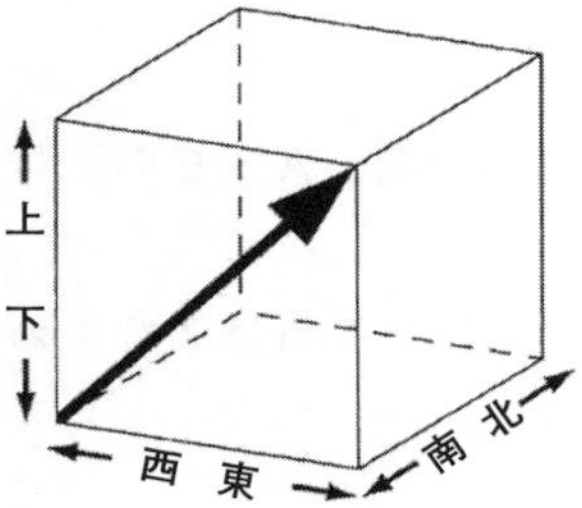

図2

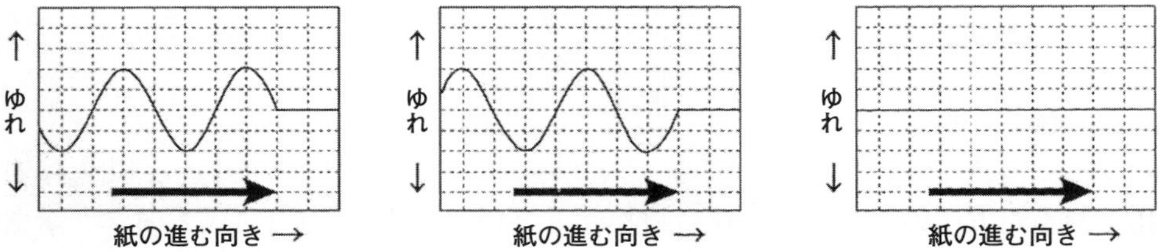

ア　　イ　　ウ

地震が起きたとき，震源《しんげん》で発生した振動のうち，速く伝わるP波がやってくると小さなゆれ(初期微動《びどう》)が起こり，遅《おそ》く伝わるS波がやってくると大きなゆれ(主要動)が起こります。初期微動が起きてから主要動が起こるまでの時間を初期微動継続《けいぞく》時間と呼び，震源までの距離《きょり》を求めるのに用いられます。**図3**はある地点における南北方向のゆれを記録したものです。以下の問いに答えなさい。

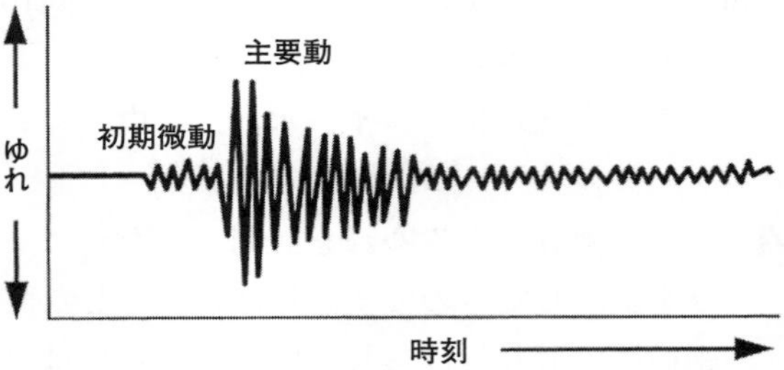

図3

問3　この地震のマグニチュードが大きい場合，**図3**のグラフには様々な特徴《とくちょう》があらわれます。次の**ア**～**オ**のうち，その特徴として適切なものを1つ選び，記号で答えなさい。

ア　初期微動が継続する時間が短くなる
イ　初期微動が継続する時間が長くなる
ウ　主要動が長い時間続く
エ　初期微動が始まる時刻が早くなる
オ　主要動が始まる時刻が早くなる

問4　地震について述べた次の**ア**～**オ**から適切なものをすべて選び，記号で答えなさい。

ア　地震の震源とは，地中でずれが起き始めた場所のことである
イ　震源が含《ふく》まれる断層が地上に達した場所が震央《しんおう》と呼ばれる
ウ　日本列島で起こるプレート型の大きな地震の震源は，太平洋側より日本海側の方が深い
エ　地震の震度《しんど》は，０～７の８段階の階級で表される
オ　１つの地震の震度は１つの階級に決まるが，そのマグニチュードは観測する場所によって異なる

Ⅱ　天体に関する以下の問いに答えなさい。

問5　次の**ア**～**オ**から，正しいものすべてを選び，記号で答えなさい。

ア　夜空に光る天体は，恒星《こうせい》，惑星《わくせい》，衛星のどれかに必ず分類される

イ　衛星とは，恒星の周囲をまわる星のことである

ウ　赤色の恒星と青白い恒星の表面の温度を比べると，赤色の方が低い

エ　夕方の西の空に見える明るい惑星は，明けの明星《みょうじょう》と呼ばれる金星である

オ　太陽の黒点を観測すると，太陽が自転していることがわかる

問6　天体の観測では，地上の望遠鏡以外に，人工衛星に望遠鏡をのせた「宇宙望遠鏡」も使われています。なぜ，人工衛星に望遠鏡をのせて観測するのですか。最も適当な理由を次の**ア**～**オ**から１つ選び，記号で答えなさい。

ア　宇宙は無重力なので，望遠鏡が故障したとき修理しやすいから

イ　宇宙に出て，観測したい天体に近づいた方がよく見えるから

ウ　宇宙には空気がないので，空気による天体の画像の乱れが少ないから

エ　宇宙は無重力なので，地上より大きな望遠鏡を打ち上げられるから

オ　人工衛星の位置を自由に動かせるので，好きな場所から観測できるから

問7　非常に遠くにある恒星までの距離を表すとき，光の速さを利用した単位を使います。その単位を何といいますか，漢字２字で書きなさい。

問8　**問7**の単位をkmで表すといくらですか。一番近いものを次の**ア**～**カ**から１つ選び，記号で答えなさい。光の速さを秒速30万kmとします。

ア　11億km　　**イ**　260億km　　**ウ**　1600億km

エ　3900億km　　**オ**　９兆5000億km　　**カ**　570兆km

問六　――③「僕は決して息子に自分の考えを押し付けてきた覚えはない」とありますが、それはなぜですか。最も適切な部分を本文中から三十八字で抜き出して、はじめの五字を答えなさい。

問七　――④の自然描写《びょうしゃ》が表しているものとして、最も適切なものを選び、記号で答えなさい。

ア　戦争から帰ってきた兄との、再会と別れの切なさを表している。

イ　父と子が反発しながらも、おたがいの気持ちを大切にしている姿を表している。

ウ　野球をするのが楽しくなる季節が、また訪れようとしていることを表している。

エ　短期間のうちに母との別れを体験し、心にぽっかり穴が開いたようすを表している。

問八　――⑤「息子のことばは、激しくて痛い」とありますが、それはなぜですか。四十九字以上、六十字以内で説明しなさい。

問九　この小説には、さまざまな面影が重ねて語られています。その説明として適切でないものを一つ選び、記号で答えなさい。

ア　「僕」の母が亡くなる数日前に見た和典と、戦後まもなく亡くなった一範の姿。

イ　旧制F中学で野球部に入って活躍《かつやく》した一範と、サッカーに夢中になっている和典の姿。

ウ　「僕」のミットをめがけて力いっぱい投げてくる和典と、かつて「僕」とキャッチボールをした一範の姿。

エ　土蔵の白壁に野球の軟式ボールを叩きつけて遊んでいる和典と、四十年前に白壁にボールを叩きつけていた「僕」の姿。

問十　この小説における①〜⑤の出来事を起きた順に並べたものとして、最も適切なものを選び、記号で答えなさい。

① 終戦を迎《むか》えた。
② 母が亡くなった。
③ 「僕」が兄の一範とキャッチボールをした。
④ 兄の一範が野球の地方大会でエラーをした。
⑤ 息子の和典が土蔵の白壁にボールを投げていた。

ア　①→④→③→⑤→②

イ　④→①→③→⑤→②

ウ　④→③→①→②→⑤

エ　④→③→①→⑤→②

和典は珍《めずら》しくにっこり笑って僕を見返した。
「お父さん」
「なんだ」
「友達から聞いたんだけど、アメリカのフロリダ州のドジャータウンね、ドジャースがキャンプやるところ」
「ああ」
「あそこの真ん中にね、ひとりでボールをぶつけて練習するための長い白壁があるんだって」
「へえ、プロの練習場にか」
「うん、面白いね」
「おれたちの練習方法も万更《まんざら》捨てたもんじゃなかったな」
家に帰り着く。
四十九日の法要とcのうこつに、またここに来ることになるが、その頃までには、無人となったこの家をどうするか決めておかねばなるまい。あの土蔵もいつまで姿をとどめていられることか。
僕は和典に言った。
「おい、キャッチボールやるか」
和典はうなずく。ファーストミットが一つしかない。交替《こうたい》で手にはめて、ボールを捕ったら相手にゴロで転がすしかない。家の前の細い路地で変則のキャッチボールが始まった。和典が僕のミットめがけて力いっぱい投げてくる。痛い。⑤息子のことばは、激しくて痛い。
和典の姿が、ふと一範兄の面影《おもかげ》と重なった。

（赤瀬川　隼「白壁」より・一部改）

問一 ——a「じょうけい」・b「だんぞく」・c「のうこつ」のひらがなを漢字に直しなさい。

問二 A ・ B に入る最も適切な語句をそれぞれ選び、記号で答えなさい。

ア 一期《ご》一会《え》　**イ** 一心不乱　**ウ** 一石二鳥
エ 五里霧《む》中　**オ** 千載《ざい》一遇《ぐう》　**カ** 一日千秋

問三 C に入る最も適切な語句を選び、記号で答えなさい。

ア あやかって
イ はばかって
ウ おもねって
エ なぞらえて
オ おもんぱかって

問四 ——①「同じことを今、和典が始めている」とありますが、「今」とはいつのことですか。最も適切なものを選び、記号で答えなさい。

ア 和典が生後一年の頃
イ 和典が小学生のとき
ウ 和典が中学生のとき
エ 和典が高校生のとき
オ 和典が大学生のとき

問五 ——②「今度は僕が白壁にボールを投げつけ始めた」とありますが、それはなぜですか。最も適切なものを選び、記号で答えなさい。

ア 息子の投球フォームに対して、野球をかじった者として助言をしたかったため。
イ かつての自分と同じことをする息子を見て、懐《なつ》かしさと親しみがこみ上げてきたため。
ウ はじめに白壁をキャッチボールに使い始めたのは自分だと、息子に知らせたくなったため。
エ 母が亡《な》くなろうかとしているのに遊んでいる息子を見て、大切な道理を教えたくなったため。

とんにおだやかに注いでいた。土蔵の白壁が眼《め》に染み、庭に影《かげ》を落としている。

僕と和典の姿を認めた母の顔に笑いが差し、ゆっくりと手を差《さ》し伸《の》べてきた。

「学校と神社の桜が、きれいだったよ」

僕の、つとめて張りを持たせた声に、母は眼でうなずき、僕の横にかしこまって座す和典を見やった。そして小さいがはっきりした声を洩《も》らした。

「和典……大きくなって……」

僕は自分の両手で包んでいた母の手を和典に預けた。ふと、「かずのり」と呼んだ声が、僕の長兄の一範を指しているようにも聞こえた。

翌日一日は、母は少し元気を増したように見えた。和典に対して何度も「大きくなって、まあ」と繰《く》り返《かえ》し、「和典も野球をやっているの?」と聞いた。「いいえ」と答える和典に、母はにこりとうなずいていた。

三日目から、母の意識はだんだん薄《うす》れ始めた。そして僕らが来てから四日目の未明、静かに永眠《えいみん》した。幽明境《ゆうめいきょう》を異にするというが、どこが境なのかわからぬほど、おだやかに逝《い》った。

母が「和典も野球をやっているの?」と聞いていた「和典も」とは、実は僕の長兄の一範だけでなく、僕もF高の野球部に一年半ほどいたからである。あれほど、初めのうちは野球に興味を抱《いだ》かず土蔵の中で本ばかり読んでいた僕が、野球部に入ってショートを守り、二番を打っていたことがあるのだった。

（中　略）

僕の在籍《ざいせき》中の二度の夏の県大会ではいずれも緒戦《しょせん》に負け、練習試合で二度だけまぐれで勝ったにとどまった。とても一範兄の無念を晴らすどころではなかった。

ただ、僕にとっては、グローブを通して掌《てのひら》にじんと響《ひび》く硬球《こうきゅう》の感触、そのボールを力いっぱい投げるときの、ボールの赤い縫《ぬ》い目の麻《あさ》糸《いと》や使い古して毛羽立った皮と、僕の人指し指や中指との別離《べつり》の瞬《しゅん》間《かん》の摩擦《まさつ》、それに、バットがボールをジャストミートで叩き返したときの、カン!と中空に冴《さ》え渡る乾《かわ》いた響《ひび》きを自分で生み出すことを一年半続けた記憶《きおく》が、今でもこころよい手応えで残っている。もっともそれ以上に、ボールをバットの根元に当てて、思わず顔をしかめるほど手がしびれたことも多いが。

だが、そのこころよさを思い出すとき、僕の胸にはそれ以上のこころよさで、あの一範兄とのただ一度のキャッチボール、彼が思いがけず復員してきてたちまち病床《びょうしょう》に臥すまでの束《つか》の間、ありあわせの毛糸とぼろ布で作った手製のボールでやったキャッチボールの手応えが甦ってくるのである。あれは、二人の無言の、静かな、しかし激しい会話だった。そしてあれ以来、僕は自分で野球をやることに少しずつ気持ちを動かされて行ったのだった。

はたちで一範兄を生み、三十四歳で五人目の末っ子の僕を生み、夫と、僕以外の子供にとうに先立たれ、彼らの霊《れい》を四十年間ひとりで鎮《しず》め続けて来た母が、とうとう霊となった。

葬儀《そうぎ》を終え、挨拶《あいさつ》に菩提《ぼだい》寺を訪《おとず》れた僕らは、家に帰る途中《とちゅう》、F高校の校庭と神社の間の道にさしかかった。④五日前に、僕らの頭上から足元までをすっぽりと白く包《つつ》み込《こ》んでいた境内《けいだい》の桜は、梢《こずえ》にとどまっていた花があらかた落ち、僕らの頭の上を風が吹《ふ》き抜《ぬ》けてゆく。

校庭では、今日も野球部員たちが声をからして練習している。僕は和典の顔を見上げて言う。

「四十年前、おれはあのうちの一人だった」

軟式ボールがはね返ってくるうえに申し分のないクッションだった。

——①同じことを今、和典が始めている。あいつも野球が好きになるのかな……。

あのとき、僕はそんなことを考えた。しかし、[B]に壁にボールをぶつけているように見えた和典は、僕の姿を認めると急に投《な》げ遣《や》りな態度になり、やがてミットとボールを庭に放り出した。

「よこせ」

僕は和典からそれを受け取り、②今度は僕が白壁にボールを投げつけ始めた。

「おまえぐらいのとき、おれも毎日こうやっていたものだ」

そして、古びたミットが、僕の兄つまり和典の伯父《おじ》の形見であること、伯父がF中の一塁手であったことなどを、壁にボールを投げつけながら和典に話した。

「復員はしたけど、やっぱり戦争で若死にしたようなものだ。年はおれと十四も離れていたが、いい兄貴だった。名前は一範。おまえの名前は、その兄貴に[C]付けたんだ」

和典は、僕の話にたいして興味を示さないばかりか、迷惑《めいわく》そうな表情さえ浮《う》かべて聞いていた。そしてそれからも特に野球が好きになる様子はなく、僕とキャッチボールをやることもなかった。小学生の頃《ころ》は嬉々《きき》として僕とやっていたのだ。それが高学年からサッカーを始めるようになって、だんだん誘《さそ》っても応じなくなった。

サッカーは僕も好きだ。しかし、若いときに自分でやる機会のなかった僕にとっては、おもにテレビで妙技《みょうぎ》を見て楽しむものになっている。和典にとっては反対に、野球がちょうどそれに当たるらしいのだ。

「プロ野球を見るのは面白《おもしろ》いけど、自分でやるのは退屈《たいくつ》でつまらない」と言ったことがある。

三年前に和典が土蔵の白壁にボールをぶつけていたときのことを思い出しているうちに、家が見えてきた。僕は、僕とあまり口をきかなくなった息子、いつのまにか僕より背の高くなった高校生の息子をちらりと見やる。頼《たの》もしくもあり、またかすかに反感も覚える。

——このノッポ、なぜ最近、父親とあまり口をきかないんだ。

③僕は決して息子に自分の考えを押《お》し付けてきた覚えはない。むしろ芙美が息子に説教するとき、決まって「あたしたちが和典ぐらいの頃はね、食べる物も着る物もなくて……」と言い出すのをいましめたりしてきた。ただ、戦争、特に僕の家族に及《およ》ぼした戦争のむごさや、福岡での僕の生《お》い立《た》ちや、今までの五十数年に経験したことで伝えておいたほうがいいと思うことは、折に触《ふ》れて話してきた。僕の話に和典も初めは素直《すなお》に耳を傾《かたむ》けていたが、中学二年になり三年になるにつれてだんだん忌避《きひ》の態度を示し始めたのである。そしてほかの話題もあまり交《か》わさなくなった。

僕は、そんな息子の態度をそれほど心配しているわけではない。僕は中学二年のときにおやじに死なれてしまったからその機微《きび》はほとんど経験していないが、十代後半ともなれば独立心もたかまり、自分の価値観や美意識も腰《こし》を据《す》えてくるから、そういう若者に対して、一番身近な大人である父親という存在は、多かれ少なかれ視野をふさいで立ちはだかる役割を無意識に演じているのかも知れない。かといって僕は息子に迎合《げいごう》しようとは思わない。お互《たが》いに突《つ》き放《はな》すぐらいでちょうどいいのかも知れない。案外それが親子というものなのだろう。

僕と和典は、空襲《くうしゅう》に焼け残ったあと一度普請《ふしん》をし直した母屋の玄《げん》関《かん》に立った。気配に気付いて、芙美が静かな足どりで現《あら》われた。

「どうだ」

「意識はちゃんとしてらっしゃるけど、ゆうべから何度も、あなたと和典はまだかって……」

母の寝《ね》ている部屋は庭に面して、障子を通した春の陽射《ひざ》しが畳《たたみ》やふ

二　**次の文章は、赤瀬川《あかせがわ》隼《しゅん》の小説の一部である。「僕《ぼく》」は妻（芙美《ふみ》）と息子《むすこ》（和典）とともに、死期がせまる福岡《ふくおか》の「母」のもとに来ている。これを読んで、後の問いに答えなさい。**

和典を、その僕の生家に連れてきたのはたしか四度目だ。最初は生後一年の頃《ころ》、それから小学生と中学生のときに一度ずつだった。中学生のときは夏休みで、僕も五日ほど休暇《きゅうか》を取り、芙美と三人で来たのだった。

高校生になって僕よりも背の上回った息子と、母の臥《ふ》す家に急ぎながら、僕の脳裡《のうり》にその三年ほど前の夏のａじょうけいが甦《よみがえ》ってきた。

陽光がぎらぎらと暑い昼日中、和典が土蔵の中を見たいと言い、母が大きな鍵《かぎ》を持って和典と一緒《いっしょ》に母屋《おもや》を出、開け方を教えてやっていた。僕は母屋の、土蔵とは反対側の縁側《えんがわ》に籐椅子《とういす》を出してうとうとしていた。やがて浅い眠《ねむ》りから目覚めると、鈍《にぶ》い、ｂだんぞく的な音がかすかに聞こえてくる。あるいはそのために眠りから覚めたのかも知れない。起き上がって、音のする方向に行ってみた。

和典が、土蔵の白壁《しらかべ》に、野球の軟式《なんしき》ボールを叩《たた》きつけてひとりで遊んでいるのだった。左手には古ぼけたファーストミットをはめている。

僕は息子の姿を眺《なが》めながら、彼《かれ》が僕自身で、一気に四十年前にさかのぼったような気持ちに包まれた。僕もあの場所で、白壁のあの部分に、同じような距離《きょり》を取り、和典がはめているあのファーストミットをはめ、同じあのボールを叩きつけていたのだ。長兄《ちょうけい》の一範が戦地から帰還《きかん》後にまもなく死んで半年ほど経《た》ってから、僕にその習慣が生じた。兄の形見ともなったファーストミットと、土蔵の奥《おく》から出てきた、当時としては貴重品の軟式ボール、あれは、僕が高校を卒業して東京に出るときに、戦争が終わってから僕がずっと書斎《しょさい》代わりにしていた土蔵の二階の明かり窓の下の机に置いておいたのである。

中学二年で終戦を迎《むか》えた僕は、友達の間にたちまち復活した野球よりも、父や兄たちの遺《のこ》したたくさんの文学書や美術全集を、主《あるじ》のいなくなった土蔵に運《はこ》び込《こ》んで、明かり窓の下で日がな一日読んだり眺めたりするほうが好きな少年だった。

思いがけず長兄が帰還して来た日の翌日、兄と僕は軍手をはめて、毛糸とぼろ布で作ったボールで、家の前の細い路地でキャッチボールをした。出征《しゅっせい》前に兄が使っていたファーストミットは、戦後、用具の乏《とぼ》しい母校の野球部に母から寄付してあったのである。まもなく兄が結核《けっかく》で死んでから、僕はそのミットを兄の形見として学校から引き取り、土蔵の机の上に飾《かざ》った。そのとき学校の小使いさんから、母や兄たちが僕に隠《かく》していた長兄のことを聞いたのだった。

母校のＦ中が戦前に一度だけ、夏の甲子園《こうしえん》に向けての地方大会の決勝戦まで進出したことがあった。そしてＨ商に二対一とリードした九回裏、Ｈ商最後の攻撃《こうげき》も走者二人で二死となり、最後の打者は平凡《へいぼん》なサードゴロを打った。ところが三塁手《さんるいしゅ》の一塁送球を、一塁手の兄が後《こう》逸《いっ》し、ボールがライト線に転々とする間に、二走者がホームを踏《ふ》んで、よもやの逆転サヨナラ負けとなり、Ｆ中は　Ａ　のチャンスを逸《いっ》したという。

机の上のミットを眺めながら毎日読書にふけるうちに、僕はだんだん野球に興味を持つようになった。ひとつには、死の直前の兄とのただ一度のキャッチボールの感触《かんしょく》がこころよく残っていたせいもある。それまで、三人の兄とずっと年が離《はな》れていた僕は、キャッチボールに入れてもらえることがないままだったのだ。

僕は兄の形見を左手にはめ、毎日のように土蔵の白壁にボールをぶつける習慣がついた。距離を長くしたり縮めたり、力いっぱい投げたりゆるめたり、壁にぶつける角度を変えて左右のゴロを捕《と》る練習をしたり、壁にストライクゾーンを作って投球練習をしたり。土蔵の壁は、

ア　だから　イ　たとえば　ウ　ところで
エ　さて　オ　また　カ　しかし
キ　なぜなら

問三　――①「武勇伝」の意味として最も適切なものを選び、記号で答えなさい。

ア　勇ましい手柄《てがら》話。
イ　武道をきわめた者の伝説。
ウ　民衆の信頼《しんらい》を集めた人の言葉。
エ　人のために勇気をふるった人の伝記。

問四　――②「そうとはいえない」とありますが、それはなぜですか。最も適切なものを選び、記号で答えなさい。

ア　身勝手な行動を勇気と呼ぶことはより危険をまねくから。
イ　幼い子どもは勇気とは別に自分を守る本能が備わっているから。
ウ　二、三歳の子どもが自覚的に危険な行動を選び取ることは少ないから。
エ　二、三歳の子どもが警戒心を上回るほどの身体能力を持つことは少ないから。

問五　――③「ブラブラ」と同じ性質のカタカナ言葉を用いた例を一つ選び、記号で答えなさい。

ア　犬がワンワンほえる。
イ　猫がコソコソにげる。
ウ　かみなりがゴロゴロ鳴る。
エ　とびらをコンコンたたく。

問六　――④「引っこみ思案な子」とありますが、それはどのような子どもだと説明されていますか。最も適切な部分を本文中から十八字で抜《ぬ》き出して答えなさい。

問七　⑤ に入る語句を、本文中から七字で抜き出して答えなさい。

問八　X ・ Y ・ Z に入る言葉の組み合わせとして最も適切なものを選び、記号で答えなさい。

ア　X＝安心　Y＝満足　Z＝充実《じゅうじつ》
イ　X＝満足　Y＝充実　Z＝安心
ウ　X＝充実　Y＝満足　Z＝安心
エ　X＝充実　Y＝安心　Z＝満足

問九　――⑥「一回一回の体験の中身がやはり問題だ」とありますが、それはなぜですか。最も適切なものを選び、記号で答えなさい。

ア　成功と失敗のバランスが、子どもの表現や行動のきっかけとなるから。
イ　子どもは、周囲に配慮することなく存分に力を発揮することが必要だから。
ウ　大人がときおり声をかけないと、子どもはむやみに勇気をふるうだけになるから。
エ　注意深く取り組み確信を積み重ねていくことが、子どもの次の勇気を引き出すから。

問十　B君の例をあげたのは、どういうことを説明するためですか。「があること。」に続けられる三十字の部分を本文中から抜き出して、はじめとおわりの五字を答えなさい。

た」という勝利感、「これだけ身につけた」という[Z]感などの感情と知的発達のうらづけがないと、次の行動への勇気を支えるものにはならないようです。だから、⑥一回一回の体験の中身がやはり問題だということになります。

B君は小学五年生。勉強もできるし、他の子にもやさしいので、引っこみ思案なのですが、今回クラス委員に選ばれました。選挙で選ばれた以上、ことわる〝勇気〟もまたありません。担任の先生は、これはいいチャンスだと期待したのですが、クラス委員としてやるべきことは何か、を考えるまえに、人とはちがった立場に立つということに、まず尻込みしてしまいます。具体的にクラス委員としての仕事を実行していく過程で、クラス委員とはこういうものかということが、すこしずつ理解できて、結構その役割をはたしてもいけるし、率先《そっせん》して発言できるようにもなるものですが、最初は、そういう過程を予測できません。B君は、それからいつもため息が多くなってしまいました。勉強はよくやりますし、きめられた仕事はちゃんとやるのですが、元気は相変わらずないのです。クラス委員としての役割も先生にうながされて、なんとかやりこなせました。ひとりでやることについては、じつにきれいに最後までやるのですが、人前で自分の主張をはっきり言って押《お》しとおすということはできませんでした。やはり、おとなしいクラス委員だったのです。学期もかわり、委員も交代した時点で、先生は、B君に「クラス委員はどうだった?」とききますと、「よくわからない。でもボクにはあわないみたい」とポツリといったそうです。

小学五年生にもなると、ある程度その子の傾向《けいこう》は、一つの安定した人格の一部となってしまうように思われます。むしろ、こういうときは、その個性をそのまま尊重してその子なりの力をしっかりとつけさせてやったほうがいいように思われます。内的な力(たとえば学力)が外にうまく発表できなくても、着実に伸《の》びていれば、もっと大きくなってから、外に表現できるチャンスはくるものと考えられます。

それにたいして、主として外に発表する勇気をひきだすことを急いで背伸びをさせようとすると、子どもにとっては内的矛盾《むじゅん》になってしまいます。用心深い子は用心深い子として認め、その子の内的な能力の開発を忘れないことが大切です。大人はややもすると、他の子どもと比較《ひかく》してその子を評価しがちで、その子の内的な発達のレベルに気づかないことが多いのです。

このケースのB君は、その後、中学にすすみ、野球部に入ってからは、キャッチャーがbとくいで、おとなしいけれども、チームをまとめるのにすばらしい力を発揮したということです。つまり、小学五年生のクラス委員は、引っこみ思案を自覚的に克服《こくふく》するチャンスにはなりませんでした(客観的にはよい経験だったのでしょうが)。[B]、その後の自然な発達と野球部に入ってからの経験によって、ようやくB君らしいおちついた人格がcかいかしたといえるでしょう。

勇気と用心深さは、いつもうらはらの関係にあります。そして、この二つをつなぐものは自分にたいする確信(「自分は、ここまでできる」「もう少し自分に課しても大丈夫ではないか」「もう少しやってみよう」「前進したい」などの気持ち)だと思います。この自分にたいする確信がどの程度かを大人は見極《みきわ》めて働きかける必要があります。「もっと勇気を出して!」だけでは、子どもは自分というものを前へだすことはできないものです。

(石田一宏『子どもの精神力』より・一部改)

問一 ——a「め」・b「とくい」・c「かいか」のひらがなを漢字に直しなさい。

問二 [A]・[B]に入る最も適切な語句をそれぞれ選び、記号で答えなさい。

高

平成二十九年度 早稲田大学高等学院中学部

【国　語】（五〇分）〈満点：一〇〇点〉

（注意）解答の際は、「、」や「。」も一字と数えます。

一　次の文章を読んで、後の問いに答えなさい。

二、三歳《さい》の子どもが、お母さんが目を離《はな》したしばらくの時間にどこかへでかけてしまって大騒《さわ》ぎになり、あとで、子どもの足だと二〇分もかかるようなスーパーマーケットで保護されていたなどという幼い①武勇伝をきくことがあります。そのスーパーは、お母さんとよく買い物にでかけていたところですが、途中《とちゅう》には自動車の通る大きな交差点もあって、どうしてそこを渡《わた》ったのだろうと、親は思い出すたびにドキドキしてしまうのです。

これは勇気でしょうか。大胆《だいたん》な冒険《ぼうけん》でしょうか。②そうとはいえないと思います。

勇気とか大胆な冒険とかいうのは、やはり一方で、こわい、あぶない、はずかしいなどの行動を躊躇《ちゅうちょ》させるような要素の認識《にんしき》が [a] めばえており、かつそのブレーキ要素をのりこえて実行するところで意味のある言葉になります。よく「こわさを知らない」ということがありますが、それも、それまでの体験のなかから自分の力に確信がある場合か、本当にこわさを認識できないかのいずれかです。

世の中には、高いところとか、近づいてくる自動車などを、ちっともこわがらない子どもがいます。たとえば、道路の真ん中にいて、向こうから自動車が走ってくる。次の瞬間《しゅんかん》ぶつかるかもしれないというときに、全然避《さ》けようとせず、③ブラブラしているのです。むしろ徐行《じょこう》している自動車に触《さわ》ろうとすらします。この場合は、まさに、こわさを知らない（自動車という物体との距離《きょり》やぶつかるという出来事の危険性などが認知できない）からできる行動です。ふつうの発達過程では、自分の視野のなかで、どんどん近づいてくる物体にたいしては、「何だろう」「自分にとって危険なものではないか」という警戒《けいかい》心が働くものであるはずです。

子どもは母親のうしろにかくれながら、うずくまっている猫《ねこ》や犬に手を出してみて、自分とそれら（猫や犬）との力関係を測りながらだんだん冒険をし、いずれは、自ら勇気をふるってひとりで挑戦《ちょうせん》するようになるわけです。

少し大きくなると、はずかしさ（これも人の見ているなかで失敗することのこわさともいえます）が、勇気の障害になることがあります。内気な子、④引っこみ思案な子というのが、そのよい例でしょう。

内気な子も意外と力をもっているのです。でも、自分の力を表現するのにまだ自信がもてない。[A]、表現したり行動したりするチャンスを失い、ますます内気になるという悪循環《じゅんかん》におちいっています。そして、「勇気を出してやってごらん、やればできるんだから」と励《はげ》まされると、なお緊張《きんちょう》して尻込《しりご》みしてしまうというわけです。つまり、このような子は、結局、自ら思いきって行動する体験の不足な子なのです。大人が、言葉でリードすればするほど、その「がんばれ」という条件刺激《しげき》が萎縮《いしゅく》させてしまうという場合もあります。その子は、ますます臆《おく》病になっていくわけです。

人間の行動は、いつも [⑤] の天秤《てんびん》の上になりたっているのではないかと思います。

勇気のある子どもは、一方では、その勇気に匹敵《ひってき》するくらいの用心ぶかい配慮《はいりょ》の体験をすでに持っているのではないでしょうか。しかも、その体験は、たんに体験ではなく、そのたびごとに「大丈夫《だいじょうぶ》だった」という [X] 感、「やった」という [Y] 感、「人よりも勝っ

平成29年度

早稲田大学高等学院中学部　▶解説と解答

算　数　(50分)＜満点：100点＞

解　答

[1] (1) ① $\frac{17}{20}$　② $1\frac{31}{81}$　(2) 39.5cm^2　(3) 5 cm^2　[2] (1) 3円　(2) 171円　(3) A…32個，B…18個　[3] (1) 2.4　(2) 1.7　(3) 1.7　(4) 5，6　[4] (1) 7個　(2) ① 2　② 28組　(3) ① 8　② 7組　(4) 4

解　説

[1] 四則計算，逆算，面積

(1) ① $20\frac{1}{7}\times\left(\frac{5}{4}-\frac{2}{3}\right)-4\frac{1}{2}\div1\frac{3}{7}\div0.3-0.4=20\frac{1}{7}\times\left(\frac{15}{12}-\frac{8}{12}\right)-\frac{9}{2}\div\frac{10}{7}\div\frac{3}{10}-0.4=\frac{141}{7}\times\frac{7}{12}-\frac{9}{2}\times\frac{7}{10}\times\frac{10}{3}-0.4=\frac{47}{4}-\frac{21}{2}-\frac{2}{5}=\frac{235}{20}-\frac{210}{20}-\frac{8}{20}=\frac{17}{20}$　② $\frac{3}{2}\times\left\{\frac{3}{2}\times\left(\frac{3}{2}\times\square-\frac{2}{3}\right)-\frac{2}{3}\right\}-\frac{2}{3}=\frac{3}{2}$より，ある数□に$\frac{3}{2}$をかけてから$\frac{2}{3}$を引くという計算を3回くり返すと$\frac{3}{2}$になることがわかる。つまり，計算結果に$\frac{2}{3}$を加えてから$\frac{3}{2}$で割るという計算を3回くり返すと□を求めることができる。よって，1回目は，$\left(\frac{3}{2}+\frac{2}{3}\right)\div\frac{3}{2}=\left(\frac{9}{6}+\frac{4}{6}\right)\times\frac{2}{3}=\frac{13}{6}\times\frac{2}{3}=\frac{13}{9}$，2回目は，$\left(\frac{13}{9}+\frac{2}{3}\right)\div\frac{3}{2}=\left(\frac{13}{9}+\frac{6}{9}\right)\times\frac{2}{3}=\frac{38}{27}$となるから，$\square=\left(\frac{38}{27}+\frac{2}{3}\right)\div\frac{3}{2}=\left(\frac{38}{27}+\frac{18}{27}\right)\times\frac{2}{3}=\frac{56}{27}\times\frac{2}{3}=\frac{112}{81}=1\frac{31}{81}$と求められる。

(2) 右の図1のように，ADを延長した直線に頂点Cから直角に交わる直線を引き，その交点をEとすると，角ADBと角CDEの和は，180－90＝90(度)，角ADBと角DBAの和も90度だから，角CDE＝角DBAである。さらに，CD＝DBなので，三角形CDEと三角形DBAは合同になる。したがって，CE＝DA＝3 cm，DE＝BA＝7 cm，AE＝3＋7＝10(cm)より，四角形ABCEの面積は，(3＋7)×10×$\frac{1}{2}$＝50(cm^2)，三角形CDEの面積は，3×7÷2＝10.5(cm^2)だから，四角形ABCDの面積は，50－10.5＝39.5(cm^2)となる。

図1

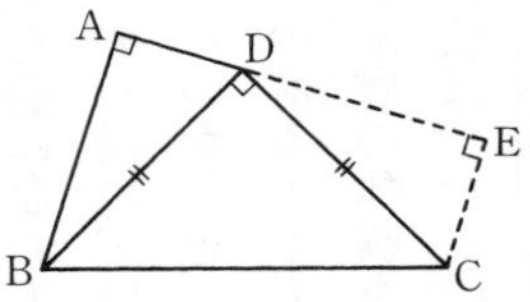

(3) 右の図2で，三角形AEDと三角形BCEの面積の和は，平行四辺形ABCDの面積の$\frac{1}{2}$なので，三角形ABCの面積と等しい。このうち，三角形BCFは共通した部分だから，この部分を除いた残りの部分の面積も等しい。よって，三角形AEDと三角形CEFの面積の和は，三角形ABFの面積と等しくなるので，三角形CEFの面積は，17－12＝5(cm^2)とわかる。

図2

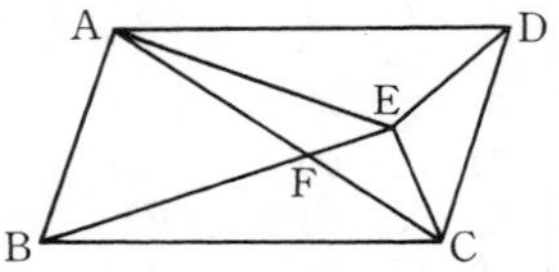

[2] 割合，つるかめ算

(1) 35×0.08＝2.8より，商品Aを1個買うときの消費税は3円である。

(2) 商品Aを20個，商品Bを30個のあわせて50個買うとき，消費税抜きの価格の合計は，35×20＋

48×30＝700＋1440＝2140(円)だから，2140×0.08＝171.2より，このとき，消費税は，小数第１位を四捨五入して，171円である。

⑶　消費税が159円になるとき，四捨五入する前の金額は158.5円以上159.5円未満なので，消費税抜《ぬ》きの価格の合計は，158.5÷0.08＝1981.25，159.5÷0.08＝1993.75より，1982円以上1993円以下である。ここで，商品Ａだけを50個買うと，消費税抜きの価格の合計は，35×50＝1750(円)であるが，商品Ｂを１個まぜるごとに，48－35＝13(円)ずつ高くなる。したがって，(1982－1750)÷13＝232÷13＝17.8…，(1993－1750)÷13＝243÷13＝18.6…より，商品Ｂの個数は18個とわかるから，商品Ａ，Ｂをそれぞれ，50－18＝32(個)，18個買ったことになる。なお，このとき，代金の合計は，35×32＋48×18＝1120＋864＝1984(円)なので，1984×0.08＝158.72より，消費税は159円になる。

3　約束記号

⑴　2.4×2.4＝5.76，2.5×2.5＝6.25，６－5.76＝0.24より，2.4を２回かけた数は2.5を２回かけた数よりも６に近いから，６◎２＝2.4である。

⑵　９◎４＝Nとすると，N×N×N×N＝(N×N)×(N×N)は９にもっとも近くなる。ここで，３は２回かけるとちょうど９になるから，N×Nは３にもっとも近くなる。よって，1.7×1.7＝2.89，1.8×1.8＝3.24より，1.7を２回かけた数は，1.8を２回かけた数よりも３に近いので，９◎４＝３◎２＝1.7となる。

⑶　２を２回かけるとちょうど４になるから，４◎２＝2.0＝２である。また，⑵より，９◎４＝1.7であり，1.3×1.3＝1.69，1.4×1.4＝1.96より，２回かけた数が1.7にもっとも近くなるのは1.3を２回かけたときなので，(９◎４)◎２＝1.7◎２＝1.3である。よって，９◎(４◎２)－(９◎４)◎２＝９◎２－1.3＝３－1.3＝1.7となる。

⑷　右の図で，P◎２＝1.5のとき，Pは1.4を２回かけた数より大きく，1.6を２回かけた数より小さいから，1.4×1.4＝1.96と，

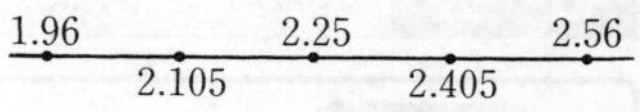

1.6×1.6＝2.56の間の数であり，1.5×1.5＝2.25にもっとも近くなる。つまり，(1.96＋2.25)÷２＝2.105より大きく，(2.25＋2.56)÷２＝2.405より小さいので，P＝□◎２の値は2.2，2.3，2.4となる。ここで，□＝４のとき，４◎２＝２だからふさわしくない。次に，□＝５のとき，2.2×2.2＝4.84，2.3×2.3＝5.29より，５◎２＝2.2なのでふさわしい。また，□＝６のとき，⑴より，６◎２＝2.4だからふさわしい。よって，(□◎２)◎２＝1.5の□にあてはまる整数は５と６とわかる。

4　場合の数

⑴　あ－い＋う－え＝おで，あ＞い＞う＞えだから，あといの差，うとえの差がどちらも１のとき，おは最小で，１＋１＝２になる。また，あが10，いが３，うが２，えが１のとき，おは，10－３＋２－１＝８で，いを１ずつ大きくしていくとおの値は１ずつ小さくなる。よって，おにあてはまる整数は２から８までの全部で７個ある。

⑵　①　⑴より，おにあてはまる整数のうち，もっとも小さい数は２である。　②　あが10，いが９のとき，うとえの差は１だから，うとえの組は，(８，７)，(７，６)，(６，５)，(５，４)，(４，３)，(３，２)，(２，１)の７組あり，あが９，いが８のときは，(７，６)，(６，５)，…，(２，１)の６組ある。同様に，あが８，いが７のときは５組，あが７，いが６のときは４組，あが６，いが５のときは３組，あが５，いが４のときは２組，あが４，いが３のときは１組ある。よって，①のときのあ，い，う，えの組は，全部で，７＋６＋５＋４＋３＋２＋１＝28(組)となる。

(3) ① (1)より，[お]にあてはまる整数のうち，もっとも大きいものは8である。 ② ①のとき，[あ]，[え]にあてはまる整数はそれぞれ10，1であり，[い]と[う]の差は1である。よって，このとき，[い]と[う]の組は，（9，8），（8，7），（7，6），…，（3，2）の7組あるから，①のときの[あ]，[い]，[う]，[え]の組は全部で7組ある。

(4) [お]にあてはまる整数が3のとき，[あ]と[い]の差は1か2である。[あ]と[い]の差が1のとき，[う]と[え]の差は2なので，[あ]と[い]が10と9のとき，[う]と[え]の組は（8，6），…，（3，1）の6組，[あ]と[い]が9と8のときは，（7，5），…，（3，1）の5組であり，同様に，[あ]と[い]が8と7のときは4組，7と6のときは3組，6と5のときは2組，5と4のときは1組あるから，全部で，6＋5＋4＋…＋1＝21(組)ある。同様に，[あ]と[い]の差が2，[う]と[え]の差が1のときも21組あるので，[お]が3である整数の組は，21×2＝42(組)となる。次に，[お]にあてはまる整数が4のとき，[あ]と[い]の差は1，2，3のいずれかで，いずれの場合も，[あ]，[い]，[う]，[え]の整数の組は，5＋4＋3＋2＋1＝15(組)ずつあるから，[お]にあてはまる整数が4のときの整数の組は全部で，15×3＝45(組)である。[お]にあてはまる整数が5のとき，[あ]と[い]の差は1，2，3，4のいずれかで，どの場合も整数の組は，4＋3＋2＋1＝10(組)ずつあるから，全部で，10×4＝40(組)となる。同様に，[お]にあてはまる整数が6，7のとき，[あ]，[い]，[う]，[え]の整数の組はそれぞれ，（3＋2＋1）×5＝30(組)，（2＋1）×6＝18(組)ある。したがって，[お]にあてはまる整数のうち，もっとも多く現れるものは4とわかる。なお，[あ]，[い]，[う]，[え]の4つの整数の組は，全部で，10×9×8×7÷（4×3×2×1）＝210(組)ある。

社 会 (40分) ＜満点：80点＞

解 答

[1] **問1** エ **問2** エ **問3** エ，カ [2] **問1** (A) 茨城県 (B) 奈良県 (C) 山梨県 (D) 徳島県 **問2** **あ** 鬼怒 **い** そうめん **う** 富士 **え** 駿河 **お** 阿波 **問3** (例) 新たな仕事や雇用が生まれることで，人口の流出に歯止めがかかる。 **問4** (1) (D) (2) (A) (3) (B) (4) (C) **問5** (3) [3] **問1** 徳川家康 **問2** イ **問3** 空海 **問4** (1) 三重県 (2) ウ **問5** (例) 江戸時代，人口の大部分を占める農民が納める年貢が幕府の財政を支えていたことから，農民を耕作に専念させるため，幕府は人々が自由に移動することを制限していた。 **問6** ユダヤ **問7** (フランシスコ・)ザビエル **問8** メッカ **問9** (例) 巡礼に向かう人の中には，行楽をかねて出かける人や，好奇心から出かける人もいると考えられる。こうしたことができるのは，社会が安定し，人々の生活が豊かになり，旅行に出かけるだけの余裕が生まれたためと考えられる。 [4] **問1** はかた **問2** 平清盛 **問3** エ **問4** (例) 日本で最初の禅宗寺院であるから。 **問5** 菅原道真 **問6** 正倉院 **問7** (例) 広い敷地があることと，町の中心部に位置することが多いため。 **問8** ア **問9** エ **問10** 元寇 [5] **問1** (1) 鳥取県(と)島根県，徳島県(と)高知県 (2) (例) 1票の格差 **問2** イ **問3** ア，イ **問4** 2019(年) [6] **問1** カ **問2** イ **問3** バングラデシュ **問4** ア **問5**

（例） 外国人に職を奪われる

解 説

1 地形図の読み取りを中心とした問題

問1 縮尺が25000分の1の地形図では，10mごとに主曲線（細い等高線）が，50mごとに計曲線（太い等高線）が引かれている。ア～ウの神社はいずれも標高50m前後の地点に位置しているが，エの神社は標高80～90m前後の地点に位置している。

問2 山口県北部の日本海沿岸に位置する萩《はぎ》は，江戸時代に長州藩主毛利氏の城下町として発達した都市で，現在も当時の面影を残す古い町並みが見られるほか，松下村塾《しょうかそんじゅく》をはじめとする史跡も多く残る。なお，大館（秋田県），京都（京都府），高山（岐阜県）も歴史的な町並みが残る都市であるが，いずれも内陸部に位置している。

問3 ア 地図中に「小・中学校」（文）はあるが，「高等学校」（⊗）は見られない。 イ 地図中の右下の沿岸部にある工場（☼）はバスのルートから少し離れたところにあるなど，「全ての工場や発電所を通るルート」になっているわけではない。 ウ 地図中に「裁判所」（△）は見られない。 エ 15歳未満の人口割合が最も多いのは(B)地区で，住宅地の奥までルートがのびているから正しい。 オ 15歳～64歳の人口割合が最も多いのは(D)地区。(D)地区を走るバスのルートは，ほかの地区よりも短い。 カ 15歳未満の人口割合が最も少ないのは(C)地区で，住宅の密度が低い場所もルートになっているから正しい。

2 4つの県の地理についての問題

問1 (A) 茨城県について述べた文。大都市向けの野菜を栽培する近郊農業がさかんで，県の南西部には大学の関連施設や企業の研究機関などが集まる筑波研究学園都市とよばれる地区がある。また，2015年9月には台風18号の通過にともなう大雨が原因で県の南部を流れる鬼怒《きぬ》川の堤防が決壊《けっかい》し，常総市などで多くの浸水《しんすい》被害が生じた。 (B) 奈良県について述べた文。内陸県であり，県庁所在地の奈良市は県北部の奈良盆地に位置している。古代には日本の政治の中心地として栄え，現在も墨《すみ》や筆が伝統工芸品として生産されている。 (C) 山梨県について述べた文。県中央部の甲府盆地には笛吹《ふえふき》川と釜無《かまなし》川が流れており，盆地周辺に広がる扇状《せんじょう》地では特産物であるぶどうとももの栽培がさかんである。 (D) 徳島県について述べた文。淡路《あわじ》島（兵庫県）との間にある鳴門《なると》海峡《かいきょう》は「うずしお」が有名で，全国から多くの観光客が訪れる。近年は柑橘《かんきつ》類の「すだち」がさかんに生産され，特産物となっている。

問2 **あ** 鬼怒川は栃木県日光市の鬼怒沼を水源とし，栃木県と茨城県を南に流れ，利根川に合流する。かつては鬼怒川水系の本流として太平洋に注ぐ河川であったが，江戸時代に行われた利根川の瀬替え工事により利根川の水が鬼怒川へ送られることになったため，かつての鬼怒川の下流が利根川の本流となり，鬼怒川は利根川の支流ということになった。 **い** 奈良盆地で栽培されてきた，降水量が少ない内陸性の気候を生かした農産物は小麦。それを材料としてつくられ，米の代用品ともされたのはそうめんである。奈良県桜井市付近の三輪地方はそうめん発祥《はっしょう》の地ともいわれている。 **う**，**え** 笛吹川と釜無川は甲府盆地南部で合流して富士川となり，南に流れて静岡県に入り，駿河湾《するがわん》に注ぐ。富士川下流域の富士市や富士宮市では，富士川の水や地下水を利用した製紙・パルプ工業がさかんである。 **お** 徳島県の旧国名は阿波《あわ》。伝統行事の「阿波踊《おど》り」などにその名が残されている。

問3　地方の農山村で過疎《かそ》化が進んでいる最大の要因は，地元に仕事や働き口が少ないため，多くの若い人々が仕事を求めて都市部に移住していくことにある。したがって，新たな特産物が生まれることで，その生産や販売が新たな雇用《こよう》を生み，それにより人口の流出に歯止めがかかることが期待される。

問4　(1)　河口付近に県庁があることなどから，吉野川の河口に県庁所在地の徳島市が位置する徳島県とわかる。北東部に見えているのは淡路島と鳴門海峡である。　(2)　大きな湖(霞《かすみ》ケ《が》浦《うら》，北浦)があることから茨城県だとわかる。県庁所在地の水戸市は県中部の太平洋側に位置している。(3)　北と西に県境があり，県北部に県庁所在地が位置することなどから，奈良県北部にあてはまる。県庁所在地は奈良市で，北側は京都府，西側は大阪府と接している。　(4)　海岸線や県境がないのでわかりにくいが，県庁所在地の周辺に果樹園が広がっていることから，甲府市を県庁所在地とする山梨県と判断できる。

問5　昼間人口が夜間人口を上回っている都市は通勤・通学のため周辺部から多くの人が流入しており，昼間人口が夜間人口を下回っている都市はほかの地域に通勤・通学している人が多い。表を見ると，(a)だけが昼間人口が夜間人口を下回っているが，(1)～(4)の中でそうした都市は，郊外の宅地化が進み大阪のベッドタウンの機能を持つようになっている奈良市であると判断できる。なお，(b)は甲府市，(c)は水戸市，(d)は徳島市である。

3　巡礼《じゅんれい》を題材とした歴史の問題

問1　1616年になくなった徳川家康は，初め駿河(静岡県)の久能山にほうむられたが，朝廷から東《とう》照大権現《しょうだいごんげん》の神号を送られ，翌年，日光の東照宮に改葬《かいそう》された。

問2　品川(東京都)は江戸の日本橋を起点とする東海道の最初の宿場町である。なお，長野は善光寺を中心として発達した門前町。酒田(山形県)は西廻《まわ》り航路の起点の１つともなっていた港町。大坂(大阪)は江戸時代に商業の中心地として栄え，「天下の台所」とよばれた都市である。

問3　空海は９世紀初め，唐(中国)で密教を学び，帰国後，高野山(和歌山県)に金剛峰《こんごうぶ》寺を建てるなどして真言宗を開いた。四国遍路《へんろ》は空海ゆかりの霊場《れいじょう》とされる88の寺院を回るもの。空海は讃《さぬ》岐《き》(香川県)出身で，若いころに四国各地で修行したが，中世には空海の足跡を訪ねて四国をめぐる僧や修験者《しゅげんじゃ》が多くいた。やがて庶民《しょみん》もそうした遍路の旅を行うようになり，江戸時代には現在の88か所の霊場をめぐる旅が一般化した。

問4　(1)　伊勢神宮は三重県伊勢市にある神社。皇室祖神である天照大神《あまてらすおおみかみ》をまつる内宮《ないくう》と五穀の神である豊受大神《とようけのおおかみ》をまつる外宮《げくう》からなる。　(2)　『東海道中膝栗毛《ひざくりげ》』は19世紀初めに十返舎一九《じっぺんしゃいっく》によって著された滑稽《こっけい》本。江戸の町人弥次郎兵衛《やじろべえ》と喜多八《きたはち》が東海道を旅する道中を描いたもので，広く人気を博した。

問5　江戸時代は幕藩体制のもと，幕府や藩がそれぞれの領地と人民を支配していた。特に人口の８割近くを占《し》める農民については，彼らが納める年貢が幕府や藩の財政を支えていたことから，他国への移動が厳しく制限され，耕作に専念させられていた。町人についても同様であり，庶民が旅行するためには，町役人や村役人などが発行する通行手形が必要であった。ただし，本文にもあるように，お伊勢参りや善光寺参りなど参拝のための旅は認められていたから，庶民にとってはそうした旅行が最大の娯楽《ごらく》の１つであった。

問６　イェルサレム(エルサレム)はイスラエルの首都とされる都市で，ユダヤ教・キリスト教・イスラム教の３つの宗教の聖地となっている。

問７　フランシスコ・ザビエルはスペイン人のイエズス会宣教師で，1549年に鹿児島に来航してキリスト教を伝えた。ザビエルは九州一帯や山口で布教活動を行い，京都にも上るなど，約２年にわたり熱心に布教を行った。

問８　イスラム教徒は１日に５回，サウジアラビア中西部にあるメッカの方角に向かって礼拝する。メッカはイスラム教の開祖ムハンマドの生誕の地で，カーバ神殿があり，イスラム教第一の聖地とされている。

問９　本文中に，江戸時代の日本で「巡礼を口実とした旅行」がさかんに行われていたことや，サンティアゴ・デ・コンポステーラへの巡礼者が「小説や映画などの影響で爆発的に増加」したことなどが述べられていることからわかるように，巡礼の目的には，行楽としての意味合いや，好奇心を満たすためという側面もあることがわかる。そして，そのような旅を可能にするためには，社会が平和で安定していることや，人々の生活が豊かで，旅に出るだけの経済的余裕があることが前提となることはいうまでもない。

４　福岡を題材とした歴史の問題

問１　博多《はかた》は福岡市の博多湾沿岸に位置する商工業地区で，古くから港町・商業町として発達してきた。

問２　12世紀半ば，保元の乱と平治の乱を勝ち抜いて政治の実権を握《にぎ》った平清盛は，大輪田泊《おおわだのとまり》(現在の神戸港の一部)を修築するなどして宋(中国)と貿易を行い，大きな利益をあげた。また，娘の徳子を高倉天皇のきさきとし，生まれた子を天皇(安徳天皇)として即位させている。

問３　12世紀末，宋に渡って禅宗を学んだ栄西は，帰国後，臨済《りんざい》宗を開いた。栄西は日本に茶の種を持ち帰り，その栽培を広めたことでも知られる。

問４　臨済宗は禅《ぜん》宗の一派。聖福《しょうふく》寺(福岡県)が「扶桑《ふそう》最初禅窟《くつ》」とよばれるのは，日本で最初の禅宗の寺院だからである。

問５　10世紀初め，右大臣であった菅原道真は，左大臣の藤原時平のはかりごとによって大宰府《だざいふ》に左遷《させん》され，２年後，その地でなくなった。道真は894年に遣唐使の廃止を朝廷に進言し，受け入れられたことでも知られている。

問６　聖武《しょうむ》天皇の遺品をはじめ，多くの宝物《ほうもつ》がおさめられているのは正倉院。東大寺の倉であった建物で，宝物の中には中国やインド，中央アジアなどに起源を持つと考えられるものも多いことから，「シルクロードの終着点」ともよばれている。

問７　江戸時代の城跡が官庁や公共施設などに利用されているのは，広い敷地があることと，城跡が市の中心部にあることが多いためと考えられる。城下町は城の周辺に武士や町人を住まわせたことでできた町なので，現在も市の中心部に城や城跡があることが多い。

問８　中国の歴史書『後漢書』東夷伝《とういでん》には，紀元57年に倭《わ》(日本)の奴国《なのくに》の王が後漢(中国)に使いを送り，光武帝から「漢委奴国王《かんのわのなのこくおう》」と刻まれた金印を授けられたことが記されている。江戸時代に志賀島《しかのしま》(福岡県)で見つかった金印は，このときのものと考えられている。

問９　『サザエさん』の作者は長谷川町子(1920～92年)。なお，アは「川の流れのように」や「柔《やわら》」などの曲で知られる戦後の歌謡《かよう》界を代表する歌手。イは映画「男はつらいよ」シリーズで主役を演じたことなどで知られる俳優。ウは『鉄腕《てつわん》アトム』や『火の鳥』などの作品で知られる戦後日本を代表する漫画家。オは「羅生門《らしょうもん》」や「七人の侍」などの作品で国際的に知られる映画監督。

問10　1274年(文永《ぶんえい》の役)と1281年(弘安《こうあん》の役)の２度にわたる元軍の襲来《しゅうらい》を元寇《げんこう》という。博多湾沿岸には，２度目の元軍の襲来に備えて幕府が築かせた石塁《せきるい》の一部が残っている。

5　選挙についての問題

問１　⑴　2016年７月に行われた参議院議員選挙では，これまで都道府県を単位として行われてきた選挙区選挙において，鳥取県と島根県，徳島県と高知県がそれぞれ「合区」として１つの選挙区とされた。　⑵　選挙区によって議員１人あたりの有権者数に大きな差がある問題を，「１票の格差」という。参議院の選挙区選挙では，そうした格差を縮めるため，人口の少ない県どうしを合わせて１つの選挙区とする「合区」が設けられた。

問２　ア　都道府県知事の被選挙権は満30歳以上である。　イ　都道府県議会は，３分の２以上の議員が出席し，その４分の３以上の賛成があれば，知事に対する不信任案を議決することができる。不信任が決議された場合，知事は10日以内に議会を解散しない限り失職する。　ウ　知事が失職した場合には，直ちに次の知事を選出する選挙が行われる。　エ　知事や議員の解職の請求には有権者の３分の１以上(有権者数40万以下の場合)の署名が必要である。

問３　参議院で取り入れられている「非拘束名簿《こうそくめいぼ》式比例代表制」では，政党名での得票数と個人名での得票数の合計で各政党に議席が配分され，個人名での得票数が多い候補者から順に当選とされる。したがって，同じ政党の候補者間でも競争があるから，アは適切と考えられる。また，個人名での得票が所属する政党の議席数に反映されるから，イも正しいと考えられる。小選挙区選挙と比例代表選挙への重複立候補が認められている衆議院の選挙とは異なり，重複立候補が認められていない参議院議員選挙では比例区での復活当選はありえないから，ウは誤りである。

問４　参議院議員の任期は６年で，３年ごとに半数ずつが改選されるから，次の選挙は2019年に行われる。

6　現代の世界のようすについての問題

問１　A　2016年６月23日，EU(ヨーロッパ連合)からの離脱の是非《ぜひ》を問うイギリスの国民投票が行われたが，その直前の16日，EUへの残留を訴《うった》え活動していた労働党の女性議員ジョー・コックスが暗殺された。　B　投票の結果は，離脱支持が約52%，残留支持が約48%であった。　C　イギリスはイングランド・スコットランド・ウェールズ・北アイルランドの４つの地方からなる連合王国である。このうちスコットランドでは残留支持が62%を占めた。　D　国民投票の結果を受け，EU残留を訴えていたキャメロン首相は辞意を表明。代わって保守党党首に選出された前内務大臣のメイが７月13日，新首相に就任した。

問２　ヘイトスピーチとは，特定の人種や民族，国籍，宗教などに属する人たちに対して憎しみをぶつけ，差別をあおるような発言をすること。海外にはこれを厳しく処罰する国も多いが，憲法で表現の自由を保障している日本では，何がヘイトスピーチにあたるかを決めることが難しいこともあり，法律でこれを規制するかどうかについては賛否両論があった。しかしながら，近年，韓国・朝鮮系の人々を侮辱《ぶじょく》するようなデモが各地で起き，重大な人権侵害であると見なされるケースも増えてきていることから，2016年５月にヘイトスピーチ対策(規制)法が成立した。この法律は，国や地方公共団体にヘイトスピーチを防止するための活動を行うことなどを義務づけており，罰則規定はないが，ヘイトスピーチを行う団体がデモをするために道路や公園などの使用を申請した場合，自治体はこの法律を根拠に申請を却下《きゃっか》することができる。

問３　2016年７月１日，バングラデシュの首都ダッカで，イスラム過激派のグループがレストランを襲撃し，日本人７人をふくむ20人を殺害する事件が起きた。死亡した日本人は，ODA(政府開発援助)の一環としてバングラデシュで活動していたJICA(国際協力機構)の関係者であった。

問４　エーリッヒ・フロム(1900〜1980年)はドイツの社会心理学者。『自由からの逃走』はその代表的な著作で，ナチズムの台頭の要因を社会心理学的傾向から分析している。

問５　世界各地で移民や難民を非難する動きが広がっているが，治安面での不安や，外国人によって自分たちの職や仕事が奪《うば》われているという経済的な不満からそうした動きに賛同する人も増えている。

理　科　(40分)　<満点：80点>

解　答

[1] **問１**　イ　**問２**　ア，イ，ウ　**問３**　エ　**問４**　しぼう　**問５**　ア，エ，オ　**問６**　ウ　**問７**　もうじょう(脈)　**問８**　多様性　**問９**　オ　**問10**　エ　[2] **問１**　$\frac{1}{2}$倍　**問２**　0.04　**問３**　0.5秒　**問４**　1.25秒　**問５**　㋐　3　㋑　4　**問６**　イ　**問７**　**太さ**…細い　**張り具合**…強い　**長さ**…短い　**問８**　イ　**問９**　オ　[3] **問１**　0.80 g　**問２**　1.97 g　**問３**　**図**…右の図　**名前**…蒸発皿　**問４**　1.57 g　**問５**　20.56cm^3　**問６**　解説の図を参照のこと。　**問７**　アルカリ性　**問８**　二酸化炭素　**問９**　**片栗粉**…E　**さとう**…A　**食塩**…B　**重そう**…D　**チョークの粉**…C　**問10**　ア　**問11**　上方(置換法)　**問12**　イ

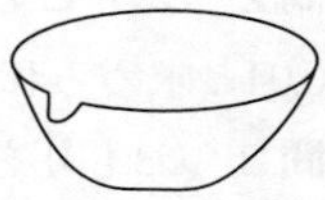

[4] **問１**　(例)　ゆれを立体的にとらえることができるから。　**問２**　(a)　イ　(b)　ウ　(c)　イ　**問３**　ウ　**問４**　ア，ウ　**問５**　ウ，オ　**問６**　ウ　**問７**　光年　**問８**　オ

解　説

[1]　植物の花のつくりや育ち方についての問題

問１　花は種子をつくってふえる種子植物がもっている器官で，種子植物は，胚珠《はいしゅ》が子房《しぼう》に包まれている被子《ひし》植物と，胚珠がむき出しになっている裸子《らし》植物に分けられる。胞子《ほうし》でふえるシダ植物やコケ植物，胞子または分裂《ぶんれつ》によって増える藻《そう》類は花という器官をつけない。

問２　雄《お》花と雌《め》花をつけるものを選べばよく，ここではトウモロコシ，カボチャ，マツの３つが当てはまる。アブラナとアサガオは両性花である。

問３　イチョウは，雌花だけをつける雌株と雄花だけをつける雄株に分かれている。種子(ギンナン)をつけるのは雌株の方である。なお，サクラ，アジサイ，ウメは両性花をつけ，マツは１つの株の中に雄花と雌花がつく。

問４　被子植物では，受粉すると雌しべの下部の子房が成長し，果実となる。

問５　虫ばい花とは，こん虫の仲立ちによって受粉する花のことで，こん虫を引きつけるために花

びらがあざやかな色をしていたり，あまいみつを出していたりする。ここでは，ユリ，ヒマワリ，アサガオが当てはまる。なお，アサガオは自家受粉(１つの花の中で受粉すること)もできる。スギやトウモロコシは，花粉が風によって運ばれる風ばい花をつける。

問６　図の花粉はマツのものである。両端《りょうたん》についているふくろは，花粉が飛びやすいようについている空気ぶくろである。

問７　双《そう》子葉類の葉脈は網目《あみめ》状になった網状《もうじょう》脈で，単子葉類の葉脈は柄《え》から先端に向けて直線状にのびた平行脈である。

問８　地球上には非常に多くの種類の生物がくらしており，それらが関係し合うことで豊かな自然が形成されている。このことを生物多様性という。

問９　ジャガイモは，地下のくきに養分をたくわえて新しいいもをつくり，それを種いもとして植えて育てる。一方，サツマイモは，根に養分をたくわえて新しいいもをつくり，種いもからのびた苗《なえ》を土にさして育てる。

問10　光合成では，気孔《きこう》から二酸化炭素をとり入れ，根からは水を吸収して，それらを材料にでんぷんをつくる。そして，このとき酸素ができるので，気孔から放出する。また，気孔では蒸散により水蒸気を放出するが，これは根からの水の吸収を助けるはたらきをしている。

2　ふりこの動き，音についての問題

問１　ふりこの長さを$\frac{1}{4}$倍にすると，(周期)×(周期)も$\frac{1}{4}$倍になるので，$\frac{1}{2}\times\frac{1}{2}=\frac{1}{4}$より，周期は$\frac{1}{2}$倍になる。

問２　ふりこの長さと周期の数値を式に当てはめると，1.6×1.6＝□×64より，□＝1.6×1.6÷64＝0.04と求められる。

問３　おもりを放してからおもりが初めてＯの真下にくるまでの時間は，長さ100cmのふりこの周期の$\frac{1}{4}$に当たる。ふりこの長さが100cmのとき，0.04×100＝４より，(周期)×(周期)＝４が成り立つので，周期は２秒である。よって，求める時間は，$2\times\frac{1}{4}=0.5$(秒)となる。

問４　問３より，ふりこがＯより左側を往復する時間は，0.5×２＝１(秒)である。また，Ｏ点の右側を往復する時間は，ふりこの長さが100cmの，$1\div(15+1)=\frac{1}{16}$となるので，$\frac{1}{4}\times\frac{1}{4}=\frac{1}{16}$より，$1\times\frac{1}{4}=0.25$(秒)となる。したがって，このふりこの周期は，１＋0.25＝1.25(秒)と求められる。

問５　おもりがＯの真下にきてから初めて一番右にくるまでの間，ふりこの長さは長さ100cmのときと比べて，アが$\frac{1}{16}$，イが，$1\div(8+1)=\frac{1}{9}$となっている。そのため，この間をふれる時間は，ふりこの長さ100cmのときと比べて，アは$\frac{1}{4}$，イは$\frac{1}{3}$となり，これを簡単な比で表すと，ア：イ＝$\frac{1}{4}:\frac{1}{3}=3:4$となる。

問６　釘《くぎ》の位置が100cmのふりこの長さを上下に３：１に分ける位置(OBが75cm)のときは，周期が，$1+1\times\frac{1}{2}=1.5$(秒)，８：１に分ける位置(OBが約88.9cm)のときは，$1+1\times\frac{1}{3}=1.33\cdots$より1.33秒，15：１の位置(OBが93.75cm)のときは問４より1.25秒，24：１の位置(OBが96cm)のときは，$1+1\times\frac{1}{5}=1.2$(秒)となる。したがって，OBの長さが長くなるにつれ，OBの長さの変化に対する周期の減少のしかたが大きくなっていることがわかる。このようすを表しているグラフはイである。

問７　ぴんと張った輪ゴムや糸をはじいたときに出る音の高さは，ふれるものの太さが細いほど，張る力が強いほど，ふれる部分の長さが短いほど振動《しんどう》数（1秒間に振動する回数）が多くなるので高くなる。

問8　ペットボトルの口の部分を吹《ふ》いたときに出る音は，ペットボトルの中の空気が振動して出る音である。このときの音の高さは，ペットボトル内の空気の柱の長さが短いほど高くなる。したがって，イが選べる。なお，アではペットボトル内に空気がないので音は出ない。

問9　空気中を伝わる音の速さは，気温が1℃上がるごとに毎秒約0.6mずつ速くなる。音の高低や大きさは，音の伝わる速さには関係しない。

3　中和，固体の判別についての問題

問1　100cm^{3}の水溶液《すいようえき》Aには固体の水酸化ナトリウム8.0gが溶《と》けているので，10cm^{3}には，$8.0\times\frac{10}{100}=0.80$（g）溶けている。①から水を蒸発させると，溶けていた0.80gの水酸化ナトリウムが固体として残る。

問2　②のときにちょうど中和していることから，④では水溶液A10cm^{3}と塩酸B10cm^{3}が中和し，水溶液A10cm^{3}があまっている。そして，中和により②と同じ1.17gの食塩ができ，あまった水溶液A10cm^{3}には0.80gの水酸化ナトリウムが溶けている。したがって，④から水を蒸発させると，$1.17+0.80=1.97$（g）の固体が出てくる。

問3　水溶液から水を蒸発させて溶けていた物質をとり出して観察するときに使う道具として，蒸発皿があげられる。蒸発皿は磁器製のものが一般的で，水などが蒸発しやすいように口が広い皿状の形をしている。

問4　③には，水溶液A10cm^{3}と塩酸B10cm^{3}が中和してできた食塩1.17gが溶けており，塩酸Bが10cm^{3}残っている。したがって，全体の体積が，$10+20=30$cm^{3}の③から15cm^{3}とったものには，食塩が，$1.17\times\frac{15}{30}=0.585$（g）溶けていて，塩酸Bが，$10\times\frac{15}{30}=5$（cm^3）ふくまれている。これに，水を15cm^{3}加えても水溶液中に食塩や塩酸Bがふくまれている量は変わらない。さらにここへ水溶液A10cm^{3}を加えると，水溶液A5cm^{3}と塩酸B5cm^{3}が中和して，食塩があらたに，$1.17\times\frac{5}{10}=0.585$（g）できる。残った水溶液A5cm^{3}には，水酸化ナトリウムが，$0.80\times\frac{5}{10}=0.40$（g）溶けているので，水を蒸発させた後には固体が，$0.585\times2+0.40=1.57$（g）残る。

問5　塩酸B15cm^{3}が水溶液A15cm^{3}とちょうど中和すると，$1.17\times\frac{15}{10}=1.755$（g）の食塩ができる。水を蒸発させて残った物質の重さはこれより多い2.20gなので，$2.20-1.755=0.445$（g）は中和後に残った水溶液Aに溶けている水酸化ナトリウムである。0.445gの水酸化ナトリウムをふくむ水溶液Aの体積は，$10\times\frac{0.445}{0.80}=5.5625$（cm^3）であることから，加えた水溶液Aの体積は，$15+5.5625=20.5625$より，20.56cm^{3}とわかる。

問6　豆電球が一番明るくつくようにするには，右の図のように，2個の乾電池《かんでんち》と豆電球，銅板部分をすべて直列につなげばよい。

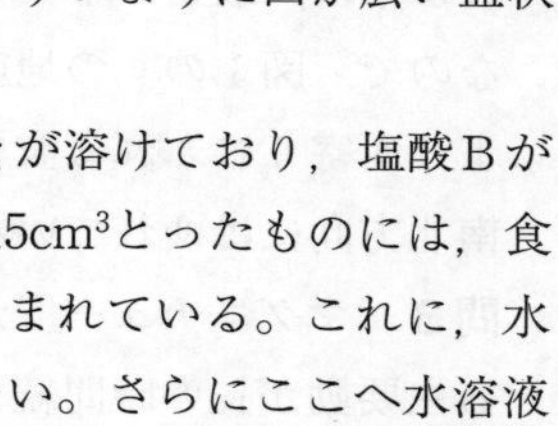

問7　フェノールフタレイン溶液はアルカリ性でのみ赤色を示すので，Dを溶かした水溶液はアルカリ性とわかる。

問8　A～Eのうちで，塩酸に溶けて気体を発生するのは重そうとチョークの粉（炭酸カルシウム）の2つで，どちらも二酸化炭素を発生する。

問9　①より，AとEは加熱して黒や茶色にこげる片栗粉《かたくりこ》（でんぷん）かさとうで，③より，水によ

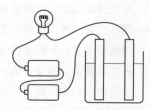

く溶けるAがさとう，Eが水に溶けない片栗粉(でんぷん)とわかる。また，④で水に溶けてアルカリ性を示すDは重そうである。そのため，⑤でDのほかに塩酸と反応したCはチョークの粉となり，②でDのほかに水溶液が電流を流すBは食塩と決まる。

問10，問11　二酸化炭素は水に少し溶け，空気より重い気体なので，イの下方置換《ちかん》法またはウの水上置換法で集める。アの上方置換法では，空気より重い二酸化炭素は集気びんの口から下に逃げてしまうため，集めることができない。

問12　水上置換法は，水に溶けにくい気体を集めるのに適した方法である。そのため，水素や酸素は水上置換法で集められる。水上置換法は空気と混じりにくく，また気体の集まり方が目で見てわかるという利点がある。

4　地震《じしん》計，天体についての問題

問1　上下方向，南北方向，東西方向の３つの方向は，たがいに直角となる向きになっている。地震のゆれはこの３つの方向の動きの組み合わせで起こり，この３つの方向の動きを測ることで地震のゆれを立体的にとらえることができる。

問2　図１の地震計はいずれも，地震のゆれによって箱とドラムが動き，おもりはほとんど動かない。図２の矢印の向きに地面がゆれたとき，上下方向には上向きの動きとなっている。このとき，図１の(a)の地震計では回転ドラムが上向きに動くので，おもりの先についたペンがえがく波は，イのように，最初に中央の線から下向きにふれる波となる。また，東西方向にはゆれが東向きの動きなので，図１の(c)の地震計では回転ドラムが東向きに動く。したがって，ペン先は最初に中央の線より西寄りにふれる波をえがく。この波は，記録用紙の進む向きを右向きにするとイのようになる。南北方向にはゆれていないので，(b)の地震計の記録用紙にはウのように波はえがかれない。

問3　マグニチュードが大きな地震は，震源で出されるエネルギーが大きいので，大きなゆれである主要動が長い時間続くことが多い。なお，初期微動《びどう》や主要動が始まる時刻，初期微動が継続《けいぞく》する時間は震源からの距離《きょり》に関係する。

問4　ア，イ　地震が発生した場所を震源といい，その震源の真上にある地表の地点を震央という。ウ　日本列島の太平洋側では，海洋プレートが大陸プレートを引きこみながら地下に沈みこんでいる。この２つのプレートの境界は太平洋側から日本海側に向かって下がっているので，日本列島で起こるプレート型の地震(大陸プレートがひずみにたえきれなくなり反発することで起こる地震)の震源は，日本海側に向かって深くなっている。　エ　震度は，０，１，２，３，４，５弱，５強，６弱，６強，７の10階級に分かれている。　オ　１つの地震において，地震の規模を表すマグニチュードは１つの数値で表される。一方，震度は観測地点でのゆれの大きさなので，１つの地震でも観測地点ごとに数値が異なる。

問5　ア，イ　夜空に光る天体には，自分で光を発している恒星《こうせい》，恒星の周囲をまわる惑星《わくせい》，惑星の周囲をまわる衛星のほかに，すい星や流星などがある。　ウ　恒星の色は，その表面温度によって決まる。温度が低いものから順に，赤色，だいだい色，黄色，白色，青白色となる。　エ　夕方の西の空に明るく見える金星は，よいの明星とよばれる。明けの明星は，日の出前に東の空に見える金星のことをいう。　オ　太陽の黒点は，太陽の赤道付近でおよそ25日の周期で移動する。この移動から，太陽が自転していることがわかる。

問6　ハッブル宇宙望遠鏡などのように人工衛星として宇宙に打ち上げられた天体望遠鏡は，大気や天候の影響を受けないため，地上での観測に比べてよりくわしい観測ができるという利点をもつ。

問7，**問8**　１光年は，光が宇宙空間を１年間に進む距離である。その距離は，30万×60×60×24×365＝９兆4608億より，約９兆5000億kmと求められる。

国　語　(50分)＜満点：100点＞

解　答

[一] **問1**　下記を参照のこと。　**問2**　**A**　ア　**B**　カ　**問3**　ア　**問4**　ウ　**問5**　イ　**問6**　自ら思いきって行動する体験の不足な子　**問7**　勇気と用心深さ　**問8**　ア　**問9**　エ　**問10**　自分にたい～かける必要(があること。)　[二] **問1**　下記を参照のこと。　**問2**　**A**　オ　**B**　イ　**問3**　ア　**問4**　ウ　**問5**　イ　**問6**　十代後半と　**問7**　エ　**問8**　(例)　和典とキャッチボールをすることで，一範兄とした，無言の，静かな，しかし激しい会話だったキャッチボールの手応えが甦るから。　**問9**　イ　**問10**　イ

●漢字の書き取り

[一] **問1**　**a**　芽　**b**　得意　**c**　開花　[二] **問1**　**a**　情景　**b**　断続　**c**　納骨

解　説

[一] **出典は石田《いしだ》一宏《かずひろ》の『子どもの精神力』による。**子どもの発達と勇気と用心深さの関係について説明している。

問1　**a**　音読みは「ガ」で，「発芽」などの熟語がある。　**b**　上手であること。　**c**　成果があらわれること。

問2　**A**　「内気な子」は「自分の力を表現するのにまだ自信がもてない」ということが原因となって，「表現したり行動したりするチャンスを失い，ますます内気になる」という結果になるのである。したがって，前のことがらを理由・原因として，後にその結果をつなげるときに用いる「だから」が合う。　**B**　「クラス委員」の経験は「引っこみ思案を自覚的に克服《こくふく》するチャンス」にはならなかったが，「その後の自然な発達と野球部に入ってからの経験」によって「Ｂ君らしいおちついた人格が開花した」というつながりである。よって，前のことがらを受けて，それに反する内容を述べるときに用いる「しかし」が入る。

問3　勇ましい立派な働きについて述べた話を「武勇伝」という。

問4　直後の部分から読み取る。「勇気」「大胆《だいたん》な冒険《ぼうけん》」といったものは，「こわい，あぶない，はずかしいなどの行動を躊躇《ちゅうちょ》させるような要素の認識《にんしき》」が芽ばえた状態で，その要素をのりこえて実行するものだと筆者は考えている。第一段落で紹介《しょうかい》したような「幼い武勇伝」はそうした要素をともなわないものなので，「勇気」「大胆な冒険」とは言えないのである。したがって，ウがよい。

問5　ものごとのようすをいかにもそれらしくあらわした「擬態《ぎたい》語」にあたるので，イが同じ。なお，イ以外は，物音や動物の鳴き声をまねてあらわした「擬音語」である。

問6　「引っこみ思案な子」とは，「はずかしさ」が「勇気の障害」になっている子である。こうした子のことを次の段落で，「自ら思いきって行動する体験の不足な子」と表現している。

問7 「天秤《てんびん》の上になりたっている」と続くことに注目する。二つの相反するようなことについて，どちらを選ぶべきかゆれ動いているような状態だというのである。また，筆者はこの文に続けて，「勇気のある子どもは，一方では，その勇気に匹敵《ひってき》するくらいの用心ぶかい配慮《はいりょ》の体験をすでに持っているのではないでしょうか」と述べている。したがって，最後の段落の「勇気と用心深さ」がぬき出せる。

問8 X 「大丈夫《だいじょうぶ》だった」という感情だから，「安心感」である。 Y 「やった」という気持ちなので，「満足感」がよい。 Z 「これだけ身につけた」という感情なので，豊かで満ちている感じを言う「充実《じゅうじつ》感」があてはまる。

問9 直前の部分で，ある行動がうまくいくたびにさまざまな感情を得られることを示したうえで，そのような「感情と知的発達のうらづけがないと，次の行動への勇気を支えるものにはならない」と述べている。「一回一回の体験」をしていく中で，子どもは「自分にたいする確信」(「自分は，ここまでできる」「もう少し自分に課しても大丈夫ではないか」「もう少しやってみよう」「前進したい」などの気持ち)を積み重ね，それが「次の行動への勇気」につながっていくのだから，エがよい。

問10 B君の例を受けて，最後の段落で筆者自身の意見を述べている。子どもに対しては，「自分にたいする確信がどの程度かを大人は見極めて働きかける必要」があるというのである。

二 **出典は赤瀬川《あかせがわ》隼《しゅん》の『ダイヤモンドの四季』所収の「白壁《しらかべ》」による。**死期がせまる母親のもとにきている「僕《ぼく》」は，戦後復員してきた一範兄とキャッチボールをしたときのことを回想しつつ，息《むす》子《こ》の和典との関係について語る。

問1 **a** 心を動かす場面や光景。 **b** ときにとだえながらも続くこと。 **c** 死者の遺骨を墓地などに納めること。

問2 **A** F中は戦前に一度だけ，甲子園《こうしえん》に向けた「地方大会の決勝戦」に出場し，九回裏の最終打者までリードしていたのだから，めったに訪《おとず》れない機会を表す「千載一遇《せんざいいちぐう》」が入る。 **B** 一つのことに集中して気を散らさないようすの「一心不乱」が合う。 なお，「一期一会《いちごいちえ》」は，一生に一度だけの出会い。「一石二鳥」は，一つのことで二つの利益を得ること。「五里霧中《むちゅう》」は，どうしていいか判断がつかないこと。「一日千秋」は，とても待ち遠しいこと。

問3 兄は「一範」，息子は「和典」という名前で，漢字は異なるが，ともに「かずのり」と読む。「あやかって」とすると，“すぐれた人や幸運な人に似せることで，その能力や幸運を受け取りたい”という気持ちを表すので，ふさわしい。

問4 「同じこと」とは，土蔵の白壁にボールを投げつけること。「三年ほど前の夏の情景」を回想した場面であることをおさえる。現在の和典は「高校生」であること，和典を「僕の生家に連れてきた」のは「生後一年の頃《ころ》，それから小学生と中学生のとき」であることから，ぼう線①の「今」とは，「三年ほど前」の，和典が中学生のときを指すと判断できる。

問5 「和典が，土蔵の白壁に，野球の軟式《なんしき》ボールを叩《たた》きつけてひとりで遊んでいる」姿を見た「僕」が，「彼《かれ》が僕自身で，一気に四十年前にさかのぼったような気持ち」になったことに注目する。「僕」は兄とただ一度キャッチボールをし，兄の死後はミットを「形見」として引き取ったが，その後，「僕はだんだん野球に興味を持つ」ようになり，「兄の形見を左手にはめ，毎日のように土蔵の白壁にボールをぶつける習慣がついた」。和典の姿を見てそのころのことが思い出され，懐《なつ》かしさと親しみから「白壁にボールを投げつけ始めた」のだと推測できる。

問6　続く部分で，息子に対する考え方が示されている。「僕」が自分の考えを押《お》し付けようとしなかったのは，「十代後半ともなれば独立心もたかまり，自分の価値観や美意識も腰《こし》を据《す》えてくるから」である。つまり，息子自身の「価値観や美意識」を尊重しようと考えていたのである。

問7　「五日前」，母の生家を訪れたときには，境内《けいだい》の桜は満開の状態であった。しかし，母が死に葬儀《そうぎ》を終えた後に訪れたときには，「梢《こずえ》にとどまっていた花があらかた落ち，僕らの頭の上を風が吹《ふ》き抜《ぬ》けてゆく」状態，つまり，桜の花は散ってしまっていたのである。このことから，短期間のうちに母との別れを体験した「僕」の心境を象徴《しょうちょう》している情景描写《びょうしゃ》ととらえることができる。

問8　和典と「家の前の細い路地で変則のキャッチボール」をするうちに，「和典の姿が，ふと一範兄の面影《おもかげ》と重なった」とあることに注目する。「僕」の思い出の中に強く残っているのは，「家の前の細い路地」での「死の直前の兄とのただ一度のキャッチボール」である。兄とのキャッチボールについて，「僕」は「あれは，二人の無言の，静かな，しかし激しい会話だった」と回想している。そのときの感触《かんしょく》が和典のボールを受けることで甦《よみがえ》ってきたために，「激しくて痛い」と感じているのだと考えられる。

問9　ア　「僕」の母が「和典」と名前を呼ぶ場面で，「ふと，『かずのり』と呼んだ声が，僕の長兄の一範を指しているようにも聞こえた」とつづられている。　ウ　最後の場面に注目する。和典とのキャッチボールを通じて，「和典の姿が，ふと一範兄の面影と重なった」と書かれている。エ　「和典が，土蔵の白壁に，野球の軟式ボールを叩きつけてひとりで遊んでいる」のを見て，「僕」が「彼が僕自身で，一気に四十年前にさかのぼったような気持ちに包まれた」ことに注目する。和典の姿を自分の姿に重ねているのである。

問10　兄の一範が「地方大会の決勝戦」で「後逸《こういつ》(ボールをとりそこなって後ろへそらすこと)」をしたのは「戦前」のことで，④が最初にくる。「終戦を迎《むか》えた」後，兄が思いがけず帰還《きかん》して，「僕」は兄とキャッチボールをしたのだから，①，③と続く。息子の和典が土蔵の白壁にボールを投げていたのは「三年ほど前の夏」なので，⑤が次にくる。母が亡くなったのは今現在の場面なので，②が最後になる。

Dr.福井の
入試に勝つ！脳とからだのウルトラ科学

勉強が楽しいと，記憶力も成績もアップする！

みんなは勉強が好き？　それとも嫌い？――たぶん「好きだ」と答える人はあまりいないだろうね。「好きじゃないけど，やらなければいけないから，いちおう勉強してます」という人が多いんじゃないかな。

だけど，これじゃダメなんだ。ウソでもいいから「勉強は楽しい」と思いながらやった方がいい。なぜなら，そう考えることによって記憶力がアップするのだから。

脳の中にはいろいろな種類のホルモンが出されているが，どのホルモンが出されるかによって脳の働きや気持ちが変わってしまうんだ。たとえば，楽しいことをやっているときは，ベーターエンドルフィンという物質が出され，記憶力がアップする。逆に，イヤだと思っているときには，ノルアドレナリンという物質が出され，記憶力がダウンしてしまう。

要するに，イヤイヤ勉強するよりも，楽しんで勉強したほうが，より多くの知識を身につけることができて，結果，成績も上がるというわけだ。そうすれば，さらに勉強が楽しくなっていって，もっと成績も上がっていくようになる。

でも，そうは言うものの，「勉強が楽しい」と思うのは難しいかもしれない。楽しいと思える部分は人それぞれだから，一筋縄に言うことはできないけど，たとえば，楽しいと思える教科・単元をつくることから始めてみてはどうだろう。初めは覚えることも多くて苦しいときもあると思うが，テストで成果が少しでも現れたら，楽しいと思えるきっかけになる。また，「勉強は楽しい」と思いこむのも一策。勉強が楽しくて仕方ない自分をイメージするだけでもちがうはずだ。

Dr.福井（福井《ふくい》一成《かずしげ》）…医学博士。開成中・高から東大・文Ⅱに入学後，再受験して翌年東大・理Ⅲに合格。同大医学部卒。さまざまな勉強法や脳科学に関する著書多数。

平成28年度　早稲田大学高等学院中学部

〔電　話〕（03）5991－４１５１
〔所在地〕〒177-0044　東京都練馬区上石神井３－31－１
〔交　通〕西武新宿線－「上石神井駅」より徒歩７分

【算　数】（50分）〈満点：100点〉

（注意）式や考え方を書いて求める問題は，解答用紙の指定された場所に式や考え方がわかるように書いてください。

1　次の問いに答えなさい。

(1)　①　次の等式において，$\boxed{\text{ウ}}$が５であるとき，小数第１位$\boxed{\text{ア}}$，小数第３位$\boxed{\text{イ}}$にあてはまる０から９までの整数を求めなさい。

$$(12.345-6.\boxed{\text{ア}}7\boxed{\text{イ}})\times\frac{8}{9}=\left(1+\frac{1}{2}+\frac{1}{3}+\frac{1}{4}+\frac{1}{5}+\frac{1}{6}\right)\div\frac{\boxed{\text{ウ}}\times 7}{8\times 9}$$

②　次の$\boxed{\text{エ}}$にあてはまる分数を求めなさい。

$$3.14=\cfrac{4}{1+\cfrac{1}{2+\cfrac{9}{\boxed{\text{エ}}}}}$$

(2)　図のように，正方形ABCDの辺BC，CD上にそれぞれ点E，Fをとるとき，次の問いに答えなさい。

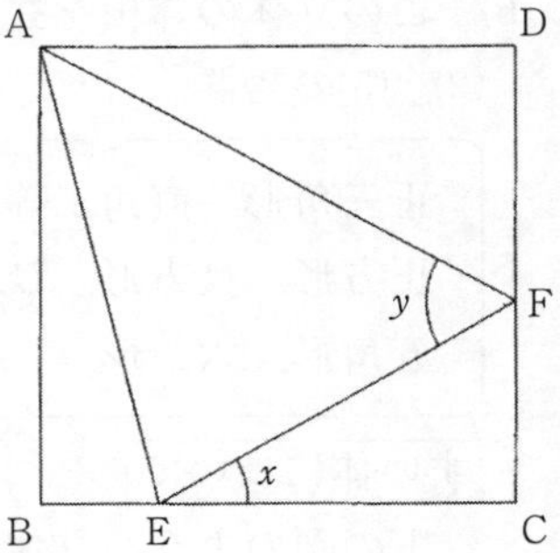

①　角BAEが17°，角DAFが28°であるとします。このとき，図の中の角xと角yの大きさを，それぞれ求めなさい。

②　角AECと角AFCの和が225°，三角形ECFの面積が正方形ABCDの面積の$\frac{4}{25}$倍であるとします。このとき，三角形AEFの面積は三角形ECFの面積の何倍か求めなさい。

2　Aさんは自宅から自動車でBさんの家に行くことになりました。Aさんの家とBさんの家のちょうど真ん中の地点にCさんの家があります。AさんはBさんの家に初めて行くので正確な距離《きょり》がわかりません。出発前に所要時間の目標を設定して一定の速度で走り，Cさんの家の前で時計を見ると，目標より少ない時間で着くことがわかりました。そこで，Cさんの家からBさんの家までは最初の速度の$\frac{1}{3}$で走ったところ，所要時間は目標の時間の1.5倍でした。次の問いに答えなさい。

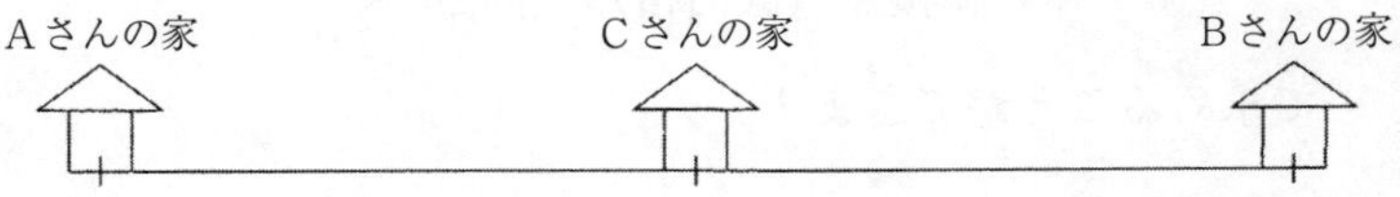

(1)　最初の速度でAさんの家からBさんの家まで走る場合，目標の時間の何倍で着くか求めなさい。

(2)　Aさんの家からCさんの家までは最初の速度で行き，Cさんの家からBさんの家までは速度を変えて，目標の時間で到着したいとき，Cさんの家からBさんの家までを最初の速度の何倍で走ればよいか求めなさい。

3　図のように，１辺が10cm の立方体 ABCD−EFGH があります。この立方体をいくつかの平面で分けていき，面 EFGH を含む立体を考えます。また，辺 AE，BF，CG，DH の中点をそれぞれ点Ｉ，Ｊ，Ｋ，Ｌとします。この立方体を，３点Ａ，Ｊ，Ｌを通る平面と３点Ｃ，Ｊ，Ｌを通る平面で分けます。面 EFGH を含む立体について，次の問いに答えなさい。

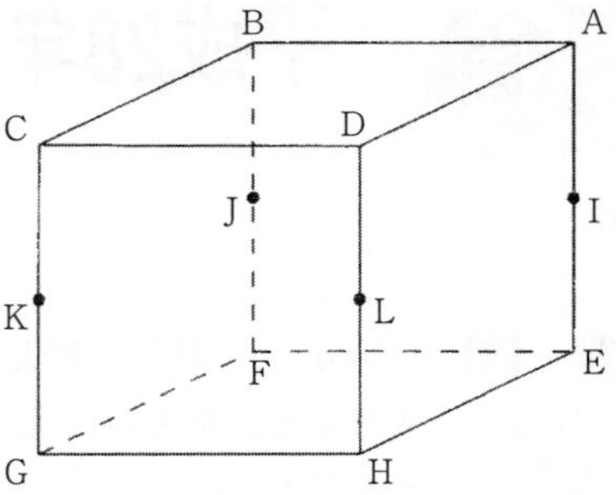

(1)　この立体にはいくつの面がありますか。数字のみで答えなさい。

(2)　この立体の面にはどのような形が現れますか。下の語群からもっとも適切なものを選び，すべて答えなさい。

(3)　この立体の体積を**式や考え方を書いて**求めなさい。

　続けてこの立体を，３点Ｂ，Ｉ，Ｋを通る平面と３点Ｄ，Ｉ，Ｋを通る平面で分けます。面 EFGH を含む立体について，次の問いに答えなさい。

(4)　この立体にはいくつの面がありますか。数字のみで答えなさい。

(5)　この立体の面にはどのような形が現れますか。下の語群からもっとも適切なものを選び，すべて答えなさい。

(6)　この立体の体積を**式や考え方を書いて**求めなさい。

(2)，(5)の語群

正三角形，直角二等辺三角形，二等辺三角形，直角三角形，三角形，
正方形，長方形，ひし形，平行四辺形，等脚《とうきゃく》台形，台形，四角形，
五角形，六角形

すい体について

　下の図のような立体を「すい体」といいます。すい体の体積は

$$(\text{すい体の体積}) = (\text{底面積}) \times (\text{高さ}) \times \frac{1}{3}$$

で求めることができます。

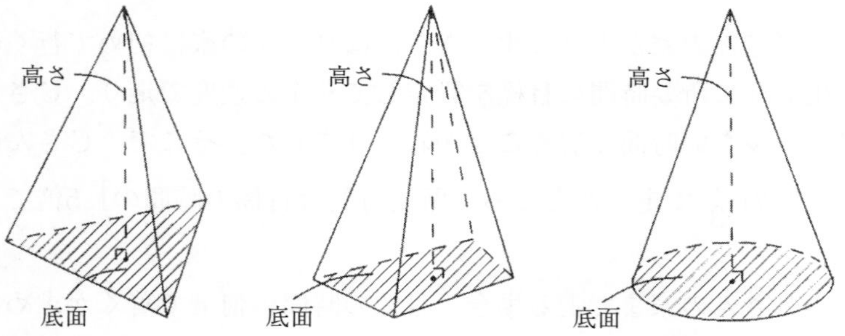

4　図のように，等間隔《とうかんかく》ではない目盛りがふられている２つの物差しが，上下に置かれていて，上の物差しは左右に動かすことができます。また，２つの物差しの目盛りのふり方は同じです。

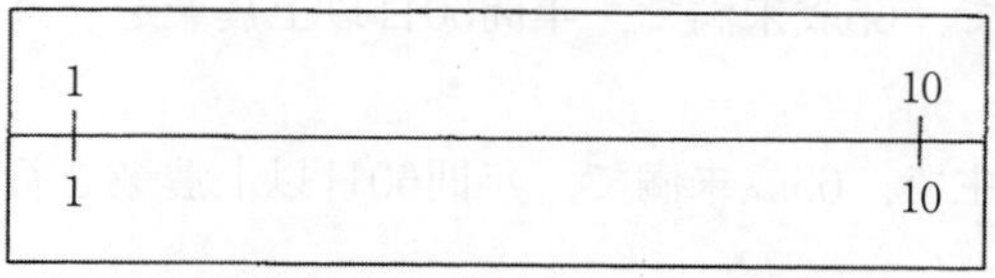

この目盛りには次のような性質があります。

- どちらの物差しも左から１，1.1，1.2，…，9.8，9.9，10の目盛りがふられています。
- 下の目盛り(ア)に上の目盛り１をあわせると，上の目盛り(イ)が示す下の目盛り(ウ)は，(ア)と(イ)の積になっています。

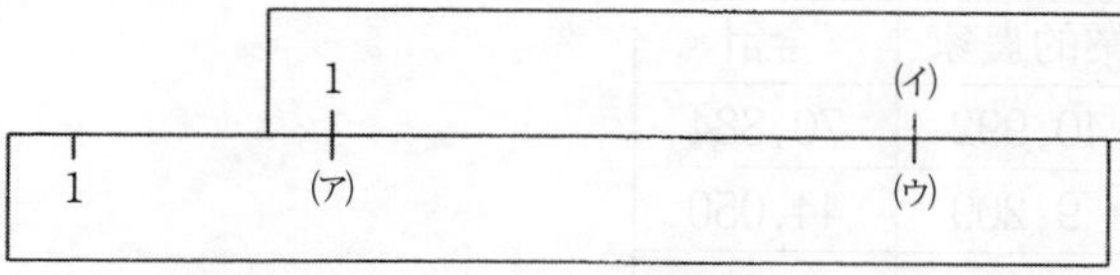

このとき，次の問いに答えなさい。

(1)　目盛り(ウ)が４で，目盛り(イ)が2.5であるとき，目盛り(ア)を求めなさい。

(2)　下の物差しの目盛り１から目盛り(ア)までの長さと，上の物差しの目盛り１から目盛り(イ)までの長さが等しいとき，目盛り(ウ)として考えられる整数の値をすべて答えなさい。ただし，長さは０でないものとします。

(3)　下の物差しの目盛り１から目盛り10までの長さが300mmで，目盛り１から目盛り８までの長さが272.7mmであるとき，次の長さを求めなさい。

①　目盛り１から目盛り２までの長さ。

②　目盛り１から目盛り５までの長さ。

【社　会】（40分）〈満点：80点〉

1　次の問に答えなさい。

問１　次の表は４つの県における人口上位４位までの都市の人口(2014年)を表している。**ア～エ**県のうち，群馬県にあたるものはどれか，**ア～エ**から１つ選び記号で答えなさい。なお，該当する都市は下記の通りである(五十音順)。

	第１位	第２位	第３位	第４位
ア県	118.6	47.2	23.8	18.3
イ県	37.5	34.0	22.1	21.1
ウ県	31.1	28.5	20.1	16.9
エ県	25.7	7.6	6.1	4.3

(単位：万人)

『人口要覧2014』より作成

阿南市，伊勢崎市，太田市，呉市，鈴鹿市，高崎市，津市，徳島市，鳴門市，東広島市，広島市，福山市，前橋市，松阪市，吉野川市，四日市市

問2　日本の農業は従業者の高齢化や後継者不足，外国への市場開放など，現在，たくさんの問題をかかえており，大きな転換を求められています。農家のようすも変わってきています。

「主業農家」とは，農業による所得が主で，65歳未満で，年間60日以上農業を行う者がいる農家をいいます。

「準主業農家」とは，農業以外の所得が主で，65歳未満で，年間60日以上農業を行う者がいる農家をいいます。

「副業的農家」とは，65歳未満で，年間60日以上農業を行う者がいない農家をいいます。

表の**ア**～**エ**は次のいずれかの道県の様子を表しています。茨城県にあたるものを**ア**～**エ**から１つ選び，記号で答えなさい。

北海道　　青森県　　茨城県　　沖縄県

道県	主業農家	準主業農家	副業的農家	合計
ア	14,860	15,032	40,992	70,884
イ	31,778	3,063	9,209	44,050
ウ	16,264	9,916	17,134	43,314
エ	5,747	3,123	6,253	15,123

（単位：戸）2010年
『データでみる県勢2014』より作成

2　次の文章を読んで，あとの問に答えなさい。

日本列島は世界的にみると雨の量が多い国であり，国土のおよそ３分の２を山地が占め，地形は起伏に富んでいるので，大小さまざまな河川がある。その河川によって盆地や扇状地，平野，三角州などさまざまな地形がつくられた。日本の平野は主に土砂が＜**a**　**ア**：浸食されて・**イ**：堆積して＞できたものが多く，その規模は世界のなかでは小さい。また，ヨーロッパや中国に比べて運河などの河川を利用した交通が＜**b**　**ア**：発達した・**イ**：発達しなかった＞。河川の上流で雨が降ると下流の流量にすぐに変化があらわれるため，洪水警報や洪水注意報などが注目される。これらの警報・注意報は主に河川の流域を対象に発表されるため，流域内の人口が多い河川では，対象者が多くなる。流域内人口が最大の河川は＜**c**　**ア**：木曽川・**イ**：信濃川・**ウ**：利根川・**エ**：淀川＞である。このように河川はわれわれの生活にさまざまな影響を与えるため，都道府県や国によって管理されており，複数の都道府県にまたがって流れる河川の多くは＜**d**　**ア**：環境省・**イ**：気象庁・**ウ**：国土交通省・**エ**：内閣府＞によって管理されている。では，次に日本の河川とその周辺の様子をみてみよう。

A川が流れるこの県は全国１位の収穫量をほこる果樹栽培が盛んであり，にんにくの収穫量も全国１位である。果樹栽培はA川が貫く（ **あ** ）平野において盛んであり，A川の西には富士になぞらえて地元で親しまれている山があり，東には大規模な縄文時代の遺跡がある。また，A川の河口には湖があり，この湖は海に開けているため海水と淡水がまじっている。このような湖を（ **い** ）湖という。

B川が海に流れ出る県では農業産出額に占める畜産と野菜の割合が高く，特に肉用若鶏の処理量，豚や肉用牛の飼養頭数，ピーマンの収穫量が全国で上位である。Ｂ川の上流地域から隣の県にかけての一帯は，火山灰が堆積して水もちが悪いためイモ類の栽培が盛んとなり，このイモ類をエサとして利用したことが，畜産が盛んになった理由の一つである。農牧業が盛んなのは県の南部であり，北部では（ **う** ）市において化学工業が盛んである。この県の範囲は，旧国名では（ **え** ）と呼ばれていた地域とほぼ一致する。

Ｃ川は日本三大急流の一つであるが，三大急流の他の河川に比べて台風が通過することが多いため，大雨で水位が上昇するとテレビニュースなどでよく報道されている。下流の（ **お** ）平野の半分は干拓によってつくられた土地で稲作が盛んであり，稲作の裏作として畳表の原料となる作物を栽培していることでも有名である。

Ｄ川は「三郎」の名で親しまれており，この川が流れ出る県とたまねぎの生産で有名な（ **か** ）島は橋でつながっている。Ｄ川の南に平行して連なる山地の山間部では過疎化が深刻になっている。Ｄ川の北に平行して連なる山脈を越えた地域では，水不足を解消するためＤ川から水路を引き込んでいる。これを（ **き** ）用水という。この地域ではその他にもさまざまな工夫を行い，水不足に対応している。

Ｅ川は上流と下流では異なる名前であるが，国内有数の大河川である。上流には武田信玄と上杉謙信が戦った古戦場がある。下流に形成した平野はかつて河川がよくはんらんしたため，農業にも大きな被害があり，人びとは管理に苦しんだ。解決する方法の一つとして（ **く** ）分水路が建設された。さらに稲の品種改良がなされ，こんにちでは有数の稲作地域となった。

Ｆ川は南北に連なる山地と山脈に挟まれて流れている。中流に南北に細長い盆地がある。この盆地の南端には（ **け** ）寺を中心とした世界遺産の遺跡群があり，北端には県庁がおかれている都市がある。この都市はかつて観光客やビジネス客でにぎわったが，2002年以降，宿泊客数が減少するようになり，ホテルなどのサービス業の経営状態が悪化している。

問１　文中の空欄＜ **a** ＞～＜ **d** ＞に入る最も適切な語句を，それぞれの＜　＞内から１つ選び記号で答えなさい。

問２　文中の空欄（**あ**）～（**け**）に入る最も適切な語句を答えなさい。

問３　Ｂ川を答えなさい。

問４　下線部の理由について交通に着目して，**20字以内**で答えなさい。

3　次の文章を読んで，あとの問に答えなさい。

皆さんは歴史の教科書などを読んでいて，何千年も何万年も前の古い時代のことが，どうして分かるのだろうと思ったことはありませんか？　今日は，古い時代のことがどのように研究され，歴史として描かれるのかということについて考えてみましょう。

昔のことを知るためにまずやらなければならないことは，古い時代のことについて書かれた文章――これを史料といいます――を探すことです。史料には，①国家によって編纂《へんさん》（編集）された歴史書や，②かつての権力者の日記，はたまた③商人の家の蔵に眠っている借金の証文など，ありとあらゆる種類の文書が含まれます。こうした断片的な史料から歴史を復元するのが歴史学という学問です。

しかし，④史料が常に正しいとは限りません。ですから研究者は，まず史料の内容が正しいかどうかを検討する――これを史料批判といいます――作業を行って史実を一つ一つ確定させます。その上で，史実と史実の因果関係などを考え，それらをつなぎあわせることで歴史を描いていきます。ここで注意しなければならないのは，史実を拾い上げ，それらをつなぎあわせる時には，歴史を描く人の価値観が反映される場合があるということです。どのように歴史を捉えるかということを，歴史観とか歴史認識といいますが，これらの違いによって，⑤歴史学上の論争や，社会問題，⑥国際問題が起こることがあるのは，歴史学という学問の宿命であるといえるでしょう。

また，文字で書かれた史料が残っていない時代もあります。このような時代を調べるのに役に立つのが，出土遺物です。例えば，右の写真を見てください。

これは（ **あ** ）の一種ですが，家の形をしています。文献には，当時の建築がどのようなものであったかという記録は残されていませんが，こうした出土遺物から推測することができます。

大阪文化財研究所ホームページより

当時の人々が住んでいた集落の遺跡も，重要な意味を持っています。弥生時代の集落としては，⑦環濠集落や高地性集落と呼ばれているものが多く見つかっていますが，こうした集落のつくりには，当時の社会の様子があらわれています。

以上のように，史料と考古学的な発掘の成果の両方を考えあわせることで，歴史像は一つ一つ明らかになっていくのです。

問１　下線部①に関連して，720年に完成した国家によって公式に編纂された最古の歴史書を何というか，**漢字で**答えなさい。

問２　下線部②に関連して，平安時代の権力者の日記である「御堂関白記」が，2013年にユネスコの世界記憶遺産に登録された。紫式部が仕えた中宮彰子の父親でもあるこの権力者は誰か，**漢字で**答えなさい。

問３　下線部③に関連して，近世の商人について述べた文として，**誤っているもの**を**ア～エ**から１つ選び，記号で答えなさい。

ア　田沼意次は，商人の資金を利用して印旛沼の干拓を行おうとした。

イ　水野忠邦は，株仲間の結成をすすめた。

ウ　河村瑞賢によって，西廻り航路が整備された。

エ　三井高利が，越後屋呉服店を開業した。

問４　下線部④について，なぜそのようにいえるか，史料には下線部①や下線部②のような種類があるということを踏まえて，考えられることを論じなさい。

問５　下線部⑤に関連して，邪馬台国の所在地をめぐっては，歴史学上の論争になっている。邪馬台国について述べた文として，**誤っているもの**を**ア〜エ**から１つ選び，記号で答えなさい。

ア　女王卑弥呼によって率いられていた。

イ　魏の皇帝から授かった金印が，福岡の志賀島から出土した。

ウ　所在地をめぐる学説として，主に九州説と畿内説がある。

エ　３世紀ごろに存在した。

問６　下線部⑥に関連して，歴史認識をめぐって引き起こされている現代の国際問題を１つ挙げ，どのような点が問題になっているか説明しなさい。

問７　（**あ**）にあてはまる語として適切なものを**ア〜エ**から１つ選び，記号で答えなさい。

ア　埴輪　**イ**　土偶　**ウ**　木簡　**エ**　銅鐸

問８　下線部⑦について，なぜ環濠集落や高地性集落がつくられたと考えられるか，縄文時代と弥生時代の違いを踏まえつつ説明しなさい。

4　次のＡ君とＢ君の会話を読んで，あとの問に答えなさい。

Ａ君：冬休みに家族旅行で台湾に行ってきたよ。日本よりずっと南にあるから，冬なのに過ごしやすかったな。

Ｂ君：そうなんだ，いいね。どこに行ったの？

Ａ君：故宮博物院に行ったりしたよ。①大陸の人がたくさん来ていたな。台湾は最近，大陸との交流が活発になっているからだろうね。台北には，②日本統治時代のレトロな建物がたくさん残っていて，興味深かったな。

Ｂ君：僕は，ソウルに留学している兄のところに行ってきたんだ。寒かったけど，チゲが美味しくて体も温まったよ。

Ａ君：何か見に行った？

Ｂ君：うん，国立中央博物館は，すごい大きな博物館だった。新安沈船っていう日本から中国に派遣された帰りに沈没した船の展示が興味深かった。③中世の国際関係の様子がよくわかったよ。それに，空港がある仁川の自由公園には，（**あ**）の像があるんだけど，これは，④朝鮮戦争の時に劣勢だった韓国側の状況を打開するために，司令官だった（**あ**）が行った仁川上陸作戦を記念しているみたいなんだ。

Ａ君：そうなんだ。台湾と韓国は，日本の植民地だったところだから，それに関連した史跡もたくさんあるよね。

Ｂ君：そうだね，ソウル・タワーがある南山公園には，かつて朝鮮神宮っていう神社が建てられていたらしいよ。今，その南山公園には，⑤安重根義士記念館っていうのもある。

Ａ君：それは象徴的だね。僕が台北で泊まった圓山大飯店っていうホテルは，（**い**）の妻だった宋美齢っていう人の指示で建てられたものらしいけど，戦前には台湾神宮があった場所らしいよ。

Ｂ君：そうなんだ，興味深いね。植民地における神社といえば，⑥1919年に日本がドイツから権益を引き継いだ南洋群島のパラオにも，南洋神社が建てられたらしい。⑦戦前の日本で神道がどのように位置付けられていたかをあらわしているね。

問１　下線部①に関連して，ここでの「大陸」はある国のことを指している。その国の正式名称を**漢字で**答えなさい。

問2　下線部②に関連して，台湾が日本の植民地になることを定めた条約の名称を答えなさい。

問3　下線部③に関して述べた文として，**誤っているもの**を**ア**～**エ**から１つ選び，記号で答えなさい。

ア　平氏政権のもとで日宋貿易が行われた。

イ　元の軍勢が博多湾に襲来した。

ウ　宋銭や明銭が輸入された。

エ　足利尊氏によって，日明貿易が開始された。

問4　（**あ**）にあてはまる連合国軍最高司令官でもあった人物の名前を答えなさい。

問5　下線部④と同じく，東西冷戦下で行われたアメリカとソ連の代理戦争として知られ，南北に分断されていた国が統一された戦争の名称を答えなさい。

問6　下線部⑤に関連して，安重根によって暗殺された初代韓国統監であった人物の名前を**漢字で**答えなさい。

問7　（**い**）にあてはまる中国国民党の指導者で，第二次世界大戦後に台湾国民政府をつくった人物は誰か，**ア**～**オ**から１つ選び記号で答えなさい。

ア　毛沢東　　**イ**　孫文　　**ウ**　蔣介石　　**エ**　袁世凱　　**オ**　張学良

問8　下線部⑥に関連して，日本が南洋群島の権益をドイツから引き継ぐことを定めた条約の名称を答えなさい。

問9　下線部⑦について，戦前における神道と国家との関係について会話を参考に説明しなさい。

5　次の文章を読んで，あとの問に答えなさい。

「民主主義」という言葉を聞いた場合，みなさんは何を思い浮かべるでしょうか。たとえば「民主的に物事を決めよう」といった場合のように，多数決の原理を思い浮かべる人もいると思います。誰か一人がすべてを決めるのは独裁，みんなで物事を決めるのが民主主義，だからこそ多数決の原理が最も大切だ，というわけです。それは一見，正しいように思えます。しかし，多数決で決めるということは，少し怖い側面もあるのではないでしょうか。

たとえば自分がたった一人新しい学校に転校してきて，すぐに生徒だけの多数決で物事を決める場面になったらどうでしょうか。あるいは，他の人たちと少し異なった少数者の立場にあったとしたらどうでしょうか。もしあなたが，主義・主張や考え方において少数者の立場にあったとしたら，多数決で物事を決める仕組みというのは，少し居心地の悪い方法だと感じるのではないでしょうか。

ドイツのノエル・ノイマンという世論の研究者は「　**A**　」理論を提唱しました。人は，自分の意見が少数派であると認識すると，自分の意見をいわなくなる傾向にあるというのです。その結果どうなるかというと，少数派の意見はますます少数になり，多数派の意見がますます多数になっていくというのです。そんな人間社会のなかで「多数決こそが民主主義だ」と考えたとしたら，少数派は永遠に少数派になってしまうでしょう。もしかしたら民主主義よりも，正しい一人の人に決めてもらうほうが好ましいと考えてしまうかもしれません。生徒たちがみんなで決めるのではなく，一人の先生に決めてもらうほうが好ましいと考えてしまうように。

ポイントはどこにあるのでしょうか。それは，民主主義にとっては，多数決の原理よりももっと大切な原理があるということなのです。①それが「自由討論の原理」です。人間には他者の気持ちになって考える力があります。ですから他者との討論を通じて，自分の立場と他人の立場を想像上で入れ替えて，弱い立場の人や，少数の立場に置かれた人の気持ちや思いを感じることができるというのです。だからこそ，自由に討論や議論をする場がなければいけないし，［　B　］の自由が保障されていなければいけないのです。

民主主義というものは，多数決で物事を決めるということよりも，まず，②一人ひとり異なっている個性や立場を尊重していくということが根本にあるのです。多様な個性や立場があることを前提としてその権利を認めた上で，主張や議論を通わせる「場」があってこそ，最終的に多数決で物事を決めていく原理が正しく作動するのです。必要なことは「場」があることだけではありません。その「場」に集まる人々には，たとえ自分の立場が少数だとしても，自分の考えや意見を述べていく勇気と力が求められるともいえるでしょう。

問１　文脈から判断して，［A］に当てはまる適切な語句として最も正しいと思うものを，**ア**～**エ**から１つ選び記号で答えなさい。

ア　沈黙のらせん　　**イ**　判官びいき効果

ウ　選択的接触　　**エ**　ラベリング（ラベル付け）

問２　下線部①に関連して，なぜ多数決の原理よりも自由討論の原理が大切なのか。本文の内容をふまえて，**100字以内**で説明しなさい。

問３　下線部①に関連して，自由に討論をする場として国会が期待される。国会に関する以下の記述のうち，**誤っているもの**を**ア**～**エ**から１つ選び，記号で答えなさい。

ア　国会は国会議員の中から，内閣総理大臣を任命する。

イ　国会は各議院の総議員の３分の２以上の賛成で，憲法の改正を発議することができる。

ウ　国会は弾劾裁判所を設置して，裁判官を罷免することができる。

エ　国会は国政調査権を発動して，証人喚問を行うことができる。

問４　文脈から判断して，［B］に当てはまる適切な語句として最も正しいと思うものを，**ア**～**エ**から１つ選び記号で答えなさい。

ア　信仰　　**イ**　表現　　**ウ**　職業選択　　**エ**　営業

問５　下線部②に関連して，この考えは日本国憲法の三大原理の一つ「基本的人権の尊重」に支えられている。日本国憲法の三大原理のうち，残りの二つをそれぞれ**漢字で**答えなさい。

6　次の文章を読んで，あとの問に答えなさい。

内閣府は，さまざまなテーマについて広く国民の声を集め，調査しています。次ページの図は，平成26年の調査の結果の一部です。この図では，**「夫は外で働き，妻は家庭を守るべきである」**という考え方に対する賛否をたずね，ある回答をした人々に対して，さらにその理由を選択肢でたずねた結果が表わされています。

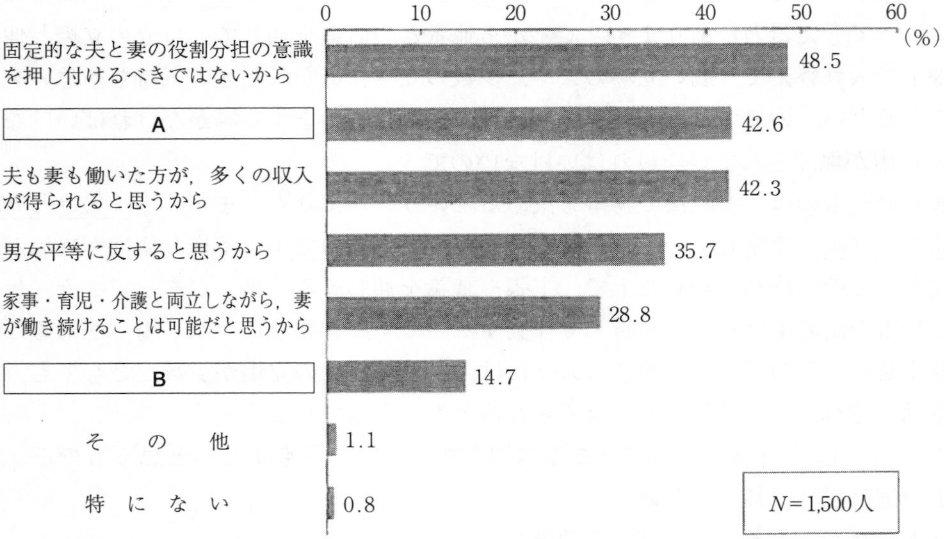

平成26年内閣府資料より

問1　下線部ある回答とは，どのような回答ですか。適切だと思うものを以下の**ア**～**ウ**から1つ選びなさい。

ア　「賛成」，「どちらかといえば賛成」

イ　「反対」，「どちらかといえば反対」

ウ　「わからない」，「どちらでもない」

問2　「特にない」と答えた人々は何人いますか。**数字で**答えなさい。

問3　図の回答結果の数字を足したとき，100%を超える理由はなぜですか。説明しなさい。

問4　以下の①～④の記述は，［A］，［B］に当てはまると考えられるものです。［A］，［B］に当てはまる記述として最もふさわしい数字の組み合わせを，**ア**～**カ**から1つ選んで答えなさい。

①　自分の両親も外で働いていたから ②　日本の伝統的な家族のあり方だと思うから ③　自分の両親も固定的な夫と妻の役割分担をしていたから ④　妻が働いて能力を発揮した方が，個人や社会にとって良いと思うから

ア　①と②　　**イ**　①と③　　**ウ**　①と④

エ　②と③　　**オ**　②と④　　**カ**　③と④

問5　いわゆる女性の社会進出に関する以下の法律・条約のうち，2015年に成立したものはどれですか。**ア**～**エ**から1つ選び，答えなさい。

ア　女子差別撤廃条約　　**イ**　男女雇用機会均等法

ウ　男女共同参画社会基本法　　**エ**　女性活躍推進法

【理　科】　(40分)　〈満点：80点〉

1　Ⅰ　動物の体に関する次の文を読み，問いに答えなさい。

動物は，植物とちがって，自ら栄養をつくることができません。そのため，えさを食べ，消化・吸収をして，栄養を体にとり入れます。また，えさを手に入れるためには，まわりの状態を感じとって動く必要があります。このため，動物の体には，消化・吸収に必要なつくりとともに，感じ・動くためのつくりも備わっています。その例として，次の**ア**～**ソ**に，人の体にあるさまざまなつくりを示しました。

ア	心臓	**イ**	食道	**ウ**	脳	**エ**	胃	**オ**	小腸
カ	大腸	**キ**	背骨	**ク**	肺	**ケ**	すい臓	**コ**	だ液せん
サ	たんのう	**シ**	目	**ス**	骨格筋	**セ**	じん臓	**ソ**	耳

問1　消化した物質の吸収を行うものを，**ア**～**ソ**から1つ選び，記号で答えなさい。

問2　タンパク質の消化に関《かか》わる酵素《こうそ》をつくるものを，**ア**～**ソ**から3つ選び，記号で答えなさい。

問3　脂肪《しぼう》の消化に重要な役割をもつものを，**ア**～**ソ**から2つ選び，記号で答えなさい。

問4　もう膜《まく》というつくりをもつものを，**ア**～**ソ**から1つ選び，記号で答えなさい。

問5　人の心臓には2つの心房《しんぼう》と2つの心室があります。この中で，血液を押《お》し出《だ》す力の最も強いものは何ですか。漢字3文字で答えなさい。

Ⅱ　次の文を読んで問いに答えなさい。

K君の家の庭には小さな池があり，メダカが泳いでいます。池の水は緑色ににごっていて，メダカはえさを与《あた》えられていないのですが，長い間生きています。そこで，K君は「池の中で食べる・食べられるを中心とした関係がつくられていて，その結果，メダカのえさが供給されている」と考えました。

K君が池の中の生物を調べたら，いろいろな生物が観察できました。K君が池の中の生物や物質の関係を描《えが》いたのが**図1**です。図の中の ⇨ は食べる・食べられるの関係を，---> は気体などの物質の移動を示しています。

問6　**図1**の中の［A］に入る生物として，適当なものを次の**ア**～**オ**の中からすべて選び，記号で答えなさい。

ア　ゾウリムシ
イ　ミカヅキモ
ウ　ワムシ
エ　ケイソウ
オ　ミドリムシ

問7　**図1**の中の［A］に入る生物は，その役割から生産者と呼ばれています。同じように，［D］に入る生物は何と呼ばれていますか。

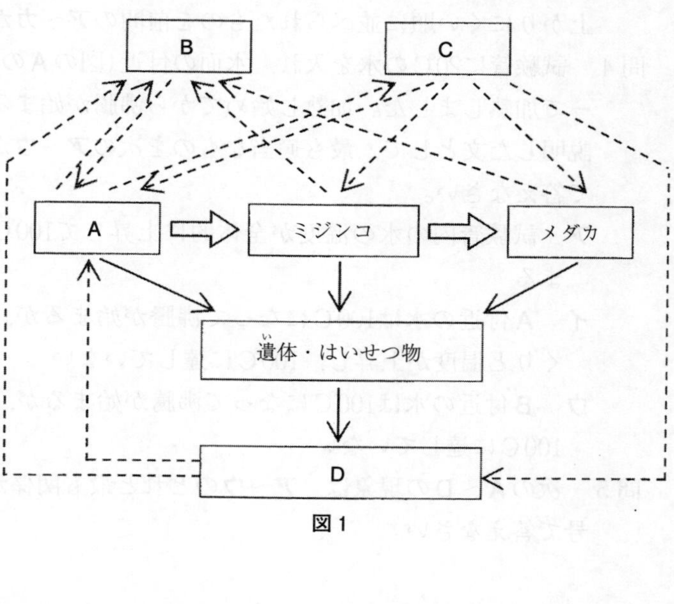

図1

問8　**図1**の中の **B** と **C** に入る気体は何ですか，それぞれ答えなさい。

K君の家の池の中に見られるように，自然界の生物の間には食べる・食べられるという関係があり，生物の数のバランスが保たれています。そのうちの1種類の生物が何かの原因で増えたり減ったりすると，それが他の生物の数にも影響《えいきょう》を及《およ》ぼすことになります。その例として，日本では食べる側であった(①)が絶滅《ぜつめつ》し，(②)の数が増加したことがあげられます。加えて，近年狩猟《しゅりょう》をする人が減ったため，(②)の数はさらに増え，その結果，農作物に対する被害《ひがい》が大きくなり，問題になっています。

問9　(①)に入る動物の名前は何ですか，答えなさい。

問10　(②)に入る動物として，最も適当なものを次の**ア**～**カ**から2つ選び，記号で答えなさい。

ア　ノネズミ　　**イ**　カラス　　**ウ**　シカ

エ　ヘビ　　**オ**　イノシシ　　**カ**　ツキノワグマ

2　Ⅰ　問いに答えなさい。

問1　20℃の水1000cm^{3}が入ったビーカーに，50℃の湯200cm^{3}を入れてまぜました。ビーカーの水の温度は何℃になりますか。解答が割り切れない場合は，小数第1位を四捨五入して整数で答えなさい。

問2　室温25℃の部屋の中で，3種類の容器(**A**：ステンレス製のコップ，**B**：発泡《はっぽう》スチロール製のコップ，**C**：紙コップ)にそれぞれ70℃の湯を50cm^{3}入れ，容器と同じ素材のふたをし，湯の温度変化を測定しました。湯の温度が下がりにくい順に並べられたものを次の**ア**～**カ**から1つ選び，記号で答えなさい。ただし，どの容器も同じ厚さのものを使用し，温度計は容器に触《ふ》れないように固定しました。

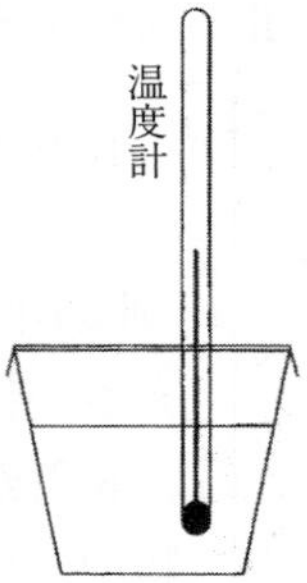

ア　**ABC**　　**イ**　**ACB**　　**ウ**　**BAC**

エ　**BCA**　　**オ**　**CAB**　　**カ**　**CBA**

問3　前問と同じ実験を，湯の代わりに5℃の水を用いて行いました。この場合に，水の温度が上がりにくい順に並べられたものを前問の**ア**～**カ**から1つ選び，記号で答えなさい。

問4　試験管に20℃の水を入れ，水面の付近(図の**A**の位置)をガスバーナーで加熱しました。加熱し始めてから沸騰《ふっとう》が始まるまでの間の様子を説明した文として，最も適当なものを次の**ア**～**ウ**から1つ選び，記号で答えなさい。

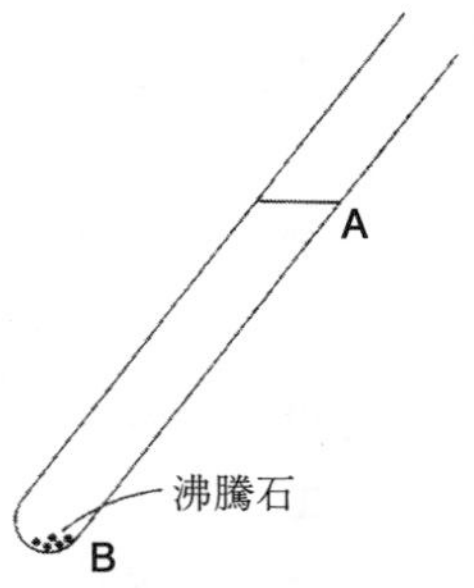

ア　試験管内の水の温度が全体的に上昇《しょう》して100℃になり，沸騰が始まる

イ　**A**付近の水は100℃になって沸騰が始まるが，**B**付近の水はゆっくりと温度が上昇し，100℃に達していない

ウ　**B**付近の水は100℃になって沸騰が始まるが，**A**付近の水はゆっくりと温度が上昇し，100℃に達していない

問5　次の**A**～**D**の現象は，**ア**～**ウ**のどれと最も関係が深いですか。それぞれ1つずつ選び，記号で答えなさい。

A　たき火のそばに立っていると，体があたたまる

B　冬の寒い日に，二重窓を使うと，部屋の温度が下がりにくい

C　よく晴れた冬の日の朝は寒い

D　エアコンで冷たい風を出すときには吹《ふ》き出し口を上へ向ける

ア　伝導(例：冷えた手を湯の中に入れると，あたたまる)
イ　対流(例：熱いみそ汁《しる》をよく見ると，みそが上下に動いている)
ウ　放射(例：月面の太陽光が当たっているところは温度が高い)

Ⅱ　豆電球を電池と接続して点灯させる実験を行った。豆電球と電池はどれも同じものとして，問いに答えなさい。

問６　右図の各回路の豆電球の明るさを比べる。ア～ケの中で，Aより暗いものをすべて挙げ，明るさの関係を例にしたがって正しく示したものを１つ選び，記号で答えなさい。ただし，ア～ケの中に正しく示したものがない場合は「×」と答えなさい。

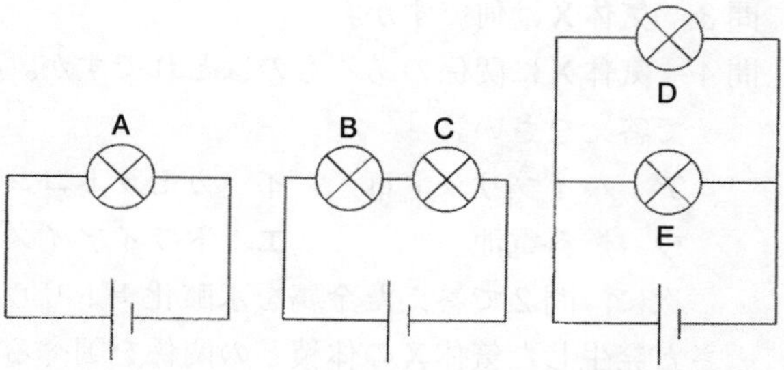

(例)　E＞C＝Dは，「C，D，Eの３つがAよりも暗く，その中ではEが最も明るく，次にCとDが同じ明るさである」ことを示している。

ア　B＝C＝D＝E　　イ　B＝C＞D＝E　　ウ　E＞D＞B＞C

エ　D＝E＞B＝C　　オ　B＝C　　カ　B＞C

キ　D＝E　　ク　E＞D　　ケ　D

問７　右図の回路の一部を(1)～(3)のように導線で接続したときの，電球F，G，Hの明るさの関係を正しく示したものをア～クから１つ選び，記号で答えなさい。ただし，ア～クの中に正しく示したものがない場合は「×」と答えなさい。

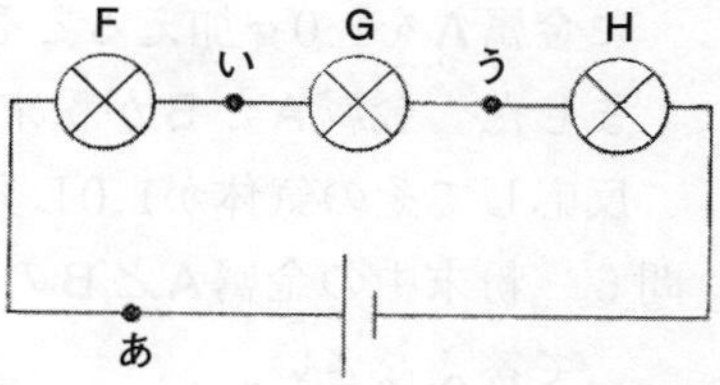

(1)「あ」と「い」を接続したとき

(2)「あ」と「う」を接続したとき

(3)「い」と「う」を接続したとき

ア　F＝G＝H　　イ　H＞G＞F　　ウ　G＞F＞H　　エ　F＞G＞H

オ　H＝G＞F　　カ　F＝G＞H　　キ　H＞G＝F　　ク　F＞G＝H

問８　右図の(a)は豆電球の外観です。豆電球の中のつくりについて考えてみましょう。豆電球の断面図(b)に導線を表す線を２本書き加えて断面図を完成させなさい。ただし，図(b)の中の太い実線(――)は金属部分，細い破線(-----)はガラスなどの絶縁体《ぜつえんたい》でできた部分を示しています。

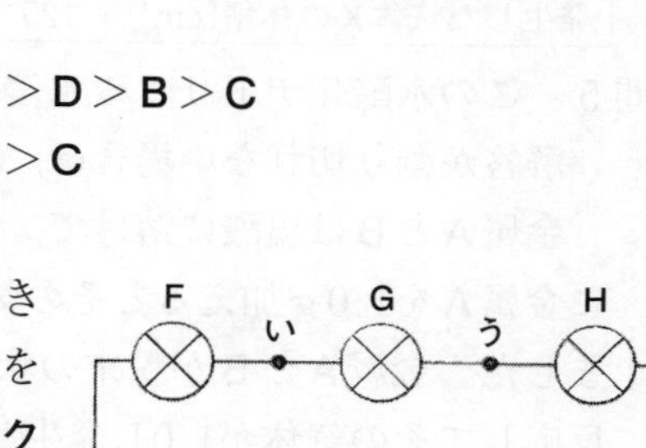

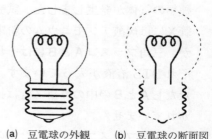

(a)　豆電球の外観　　(b)　豆電球の断面図

3　Ⅰ　次の文を読み，問いに答えなさい。

3種類の金属**A**，**B**，**C**があります。これらが鉄，アルミニウム，銅のうちのどれかであることはわかっています。**A**，**B**は銀色をしていますが，**C**は色が異なります。また，それぞれの重さと体積を測定しました。

	重さ〔g〕	体積〔cm^3〕
A	40.5	15.0
B	39.5	5.0
C	89.5	10.0

問1　金属**A**～**C**のうち，密度が最も大きいものはどれですか。**A**～**C**から1つ選び，記号で答えなさい。

金属**A**～**C**を水酸化ナトリウム水溶《よう》液に入れると，1つの金属だけが溶《と》けて，気体**X**が発生しました。

問2　溶けた金属はどれですか。**A**～**C**から1つ選び，記号で答えなさい。

問3　気体**X**は何ですか。

問4　気体**X**に関係のあるものはどれですか。次の**ア**～**エ**から最も適当なものを1つ選び，記号で答えなさい。

ア　ハイブリッド車　　**イ**　カセットコンロの燃料

ウ　燃料電池　　**エ**　ドライアイス

次に，問2で答えた金属を水酸化ナトリウム水溶液10.0cm^{3}に入れました。入れた金属の重さと発生した気体**X**の体積との関係を調べると次のようになりました。

金属の重さ〔g〕	0.10	0.20	0.30	0.40	0.50
発生した気体**X**の体積〔cm^3〕	125	250	375	500	550

問5　この水酸化ナトリウム水溶液10.0cm^{3}に，この金属は何gまで溶かすことができますか。解答が割り切れない場合は，小数第3位を四捨五入して小数第2位まで求めなさい。

金属**A**と**B**は塩酸に溶けて，同じ気体を発生します。すべて反応するだけの十分な量の塩酸に金属**A**を1.0g加えるとその気体が1.25L，金属**B**を1.0g加えるとその気体が0.40L発生しました。金属**A**と**B**が粉末の状態で混ざったもの1.5gを十分な量の塩酸に入れると，すべて反応してその気体が1.0L発生しました。

問6　粉末中の金属**A**と**B**の重さの比として，最も適当なものを次の**ア**～**オ**から1つ選び，記号で答えなさい。

ア　4:1　　**イ**　2:1　　**ウ**　1:1　　**エ**　1:2　　**オ**　1:4

Ⅱ　次の文を読み，問いに答えなさい。

図のような装置を使って炭酸アンモニウムを分解したところ，2種類の気体が発生しました。試験管**X**には炭酸アンモニウムの粉末が，三角フラスコ**A**と**B**にはそれぞれBTB溶液《ようえき》が入っています。ただし**A**と**B**の中のガラス管は描《えが》かれていません。

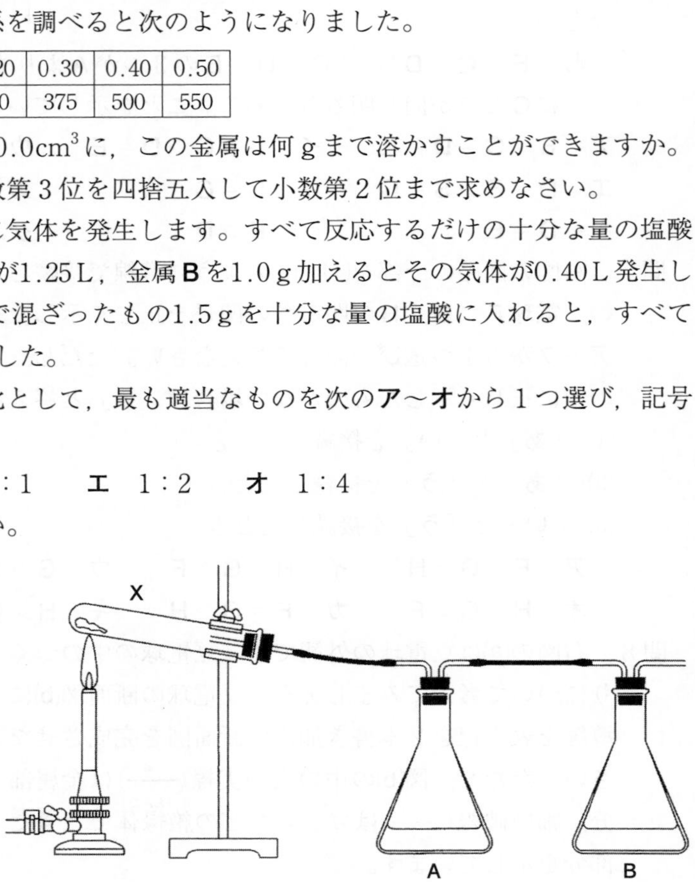

図

問7　三角フラスコ**A**，**B**の2本のガラス管はBTB溶液に対してどうなっていなければなりませんか。最も適当なものを次の

ア～**エ**からそれぞれ1つ選び，記号で答えなさい。

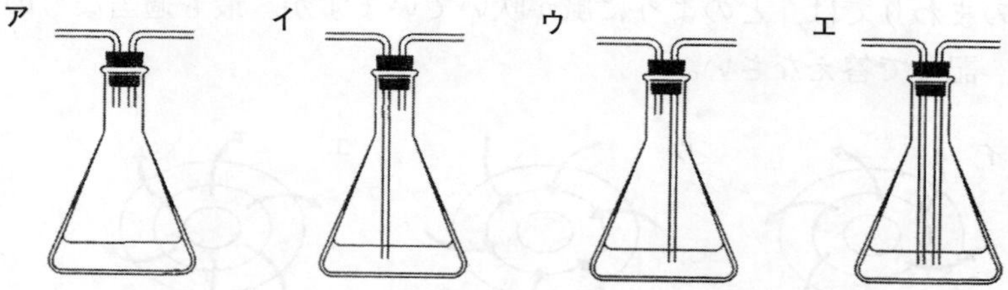

問8　試験管**X**の炭酸アンモニウムが完全になくなったとき，三角フラスコ**A**と**B**に入っているBTB溶液は何色になりますか。それぞれ答えなさい。

問9　ガスバーナーの火を止めた直後，試験管**X**にBTB溶液が逆流するのを防ぐための最適な操作は何ですか。操作する場所を**X**，**A**，**B**の記号で1か所だけ示し，どんな操作をするのかを2行以内で書きなさい。

問10　この逆流と同じ原因でおこる現象は何ですか。最も適当なものを次の**ア**～**エ**から1つ選び，記号で答えなさい。

ア　高層ビルの上の階からエレベーターで降りてくると耳が痛くなる

イ　熱いみそ汁《しる》の入ったふたのついたおわんをそのままにして冷ますと，ふたがはずれにくくなる

ウ　自転車のタイヤにポンプで空気を入れると，タイヤもポンプも熱くなる

エ　殺虫剤《さっちゅうざい》のスプレーを使い続けると，スプレー缶《かん》が冷たくなってくる

4　Ⅰ　次の天気図はある年の7月のものです。この日は台風が四国に上陸して，高知県などに，たくさんの雨が降《ふ》りました。

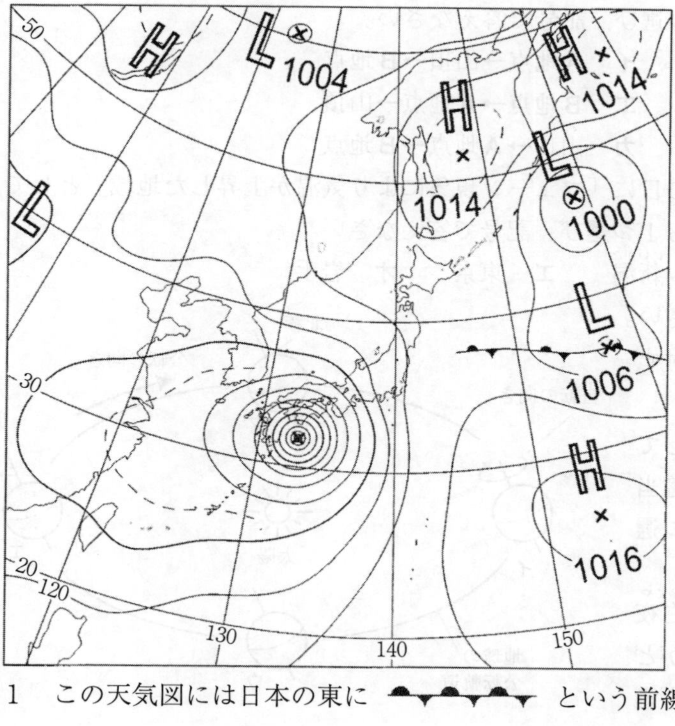

問1　この天気図には日本の東に という前線があります。この前線の名前を答え

なさい。

問2　この天気図の台風のまわりでは，どのように風が吹《ふ》いていますか。最も適当なものを次の**ア**～**エ**から1つ選び，記号で答えなさい。

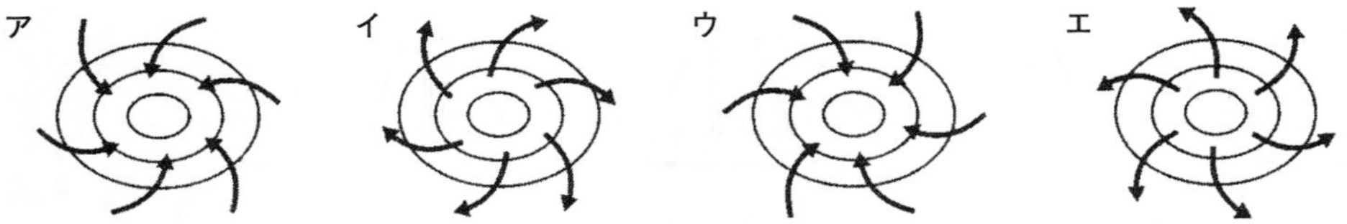

問3　この日のニュースでは「フェーン現象により気温が上昇《じょうしょう》した地域がありました。」と言っていました。そこで，フェーン現象について考えてみましょう。フェーン現象は，空気のかたまりが山を上昇《じょうしょう》し，雨を降《ふ》らせた後，山を下ることでおこります。空気の温度は，100m上昇するごとに，雲がないところでは1℃，雲があるところでは0.5℃ずつ下がります。

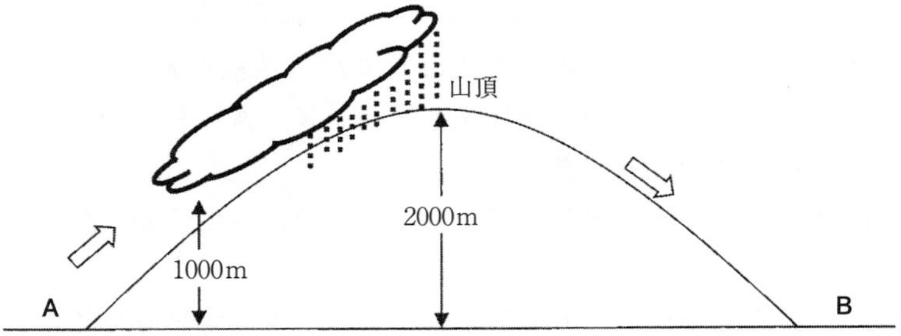

(1)　**A**地点で32℃の空気が，上図のように標高2000mの山を越《こ》え，**B**地点まで移動しました。標高1000mから山頂に上るまでの間は雲があり，山頂までは強い雨が降っていました。**B**地点の温度は何℃になりますか。**A**地点，**B**地点とも標高0mとして考えなさい。解答が割り切れないときは，小数第2位を四捨五入して小数第1位まで求めなさい。

(2)　**A**地点，山頂，**B**地点での湿度《しつど》を高い→低い順に並べるとどうなりますか。次の**ア**～**カ**から，最も適当なものを1つ選び，記号で答えなさい。

ア　**A**地点→**B**地点→山頂　　**イ**　**A**地点→山頂→**B**地点
ウ　**B**地点→山頂→**A**地点　　**エ**　**B**地点→**A**地点→山頂
オ　山頂→**B**地点→**A**地点　　**カ**　山頂→**A**地点→**B**地点

問4　前の2問を参考にして，この日に「フェーン現象により気温が上昇した地域」として，最も適当なものを次の**ア**～**オ**から1つ選び，記号で答えなさい。

ア　沖縄《おきなわ》　**イ**　宮崎《みやざき》　**ウ**　新潟《にいがた》　**エ**　東京　**オ**　岩手

Ⅱ　右の図を見て，問いに答えなさい。ただし，地球の地軸《じく》の公転面に対する角度は67度とします。

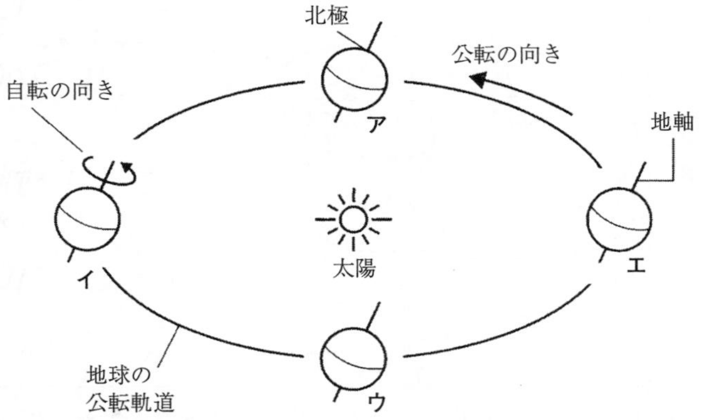

問5　この図で，冬至の地球を表しているものはどれですか。最も適当なものを図中の**ア**～**エ**から1つ選び，記号で答えなさい。

問6　北極付近で太陽が沈《しず》まない白夜《びゃくや》という時期になるのは，地球がどの位置にあるときですか。最も適当なものを図中の**ア**～**エ**から１つ選び，記号で答えなさい。

問７　問６の解答の地球の位置で，夜になっているのはどの場所ですか。図は地球を北極のはるか上空から見たものです。その場所を黒く塗《ぬ》りつぶしなさい。

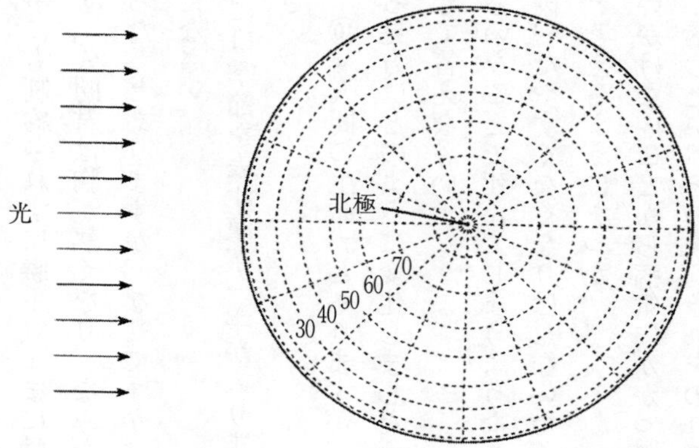

問８　１年のうちで白夜になることがある場所は地球の北半球のうちどこですか。図は地球を北極のはるか上空から見たものです。その場所を黒く塗りつぶしなさい。

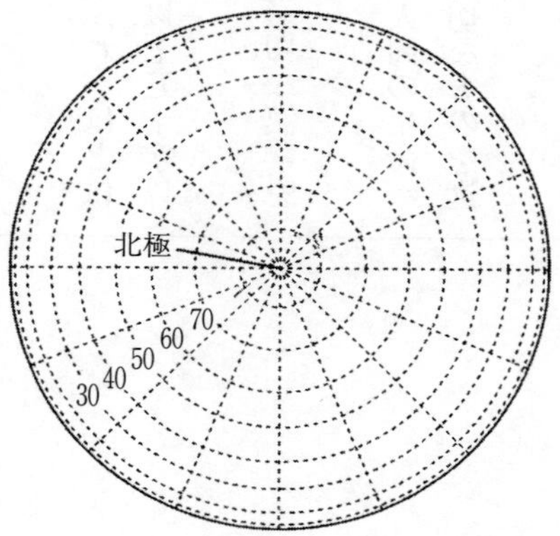

問９　北緯《ほくい》35度にある東京で太陽の高度が35度で南中する日に，夜になっているのは問７の図のどの場所ですか。その場所を黒く塗りつぶしなさい。

イ　行き先も定まらないままさまよい続ける存在。

ウ　誰であるかはっきりとしない正体不明の存在。

エ　何事にも制約されずに勝手気ままに動く存在。

問十　――⑧「久助君は胸が熱くなり、なみだが眼にあふれ、ぽとぽとと落ちた」とありますが、なぜですか。四十一字以上五十字以内で答えなさい。

問十一　⑨には季節を表す漢字一字が入ります。最も適切な漢字を答えなさい。

問十二　――⑩「人間の生命」とありますが、久助の「人間の生命」に対する見方はどのように変化しましたか。最も適切なものを選び、記号で答えなさい。

ア　ささいなことで死んでしまうようなもろいものだと感じたが、その後、たやすくなくなりはしないたくましさを備えた存在であると考えるようになった。

イ　思いがけないことから病気にかかってしまうようなか弱いものだと感じたが、その後、それをのりこえるだけの心の強さを持っている存在であると考えるようになった。

ウ　予想しない危険に常に命をおびやかされるようなむなしいものと感じたが、その後、事前に危険を感知してそれをさけていくかしこさも持った存在であると考えるようになった。

エ　思いがけない出来事でいなくなってしまうはかないものだと感じたが、その後、はかないがゆえにせいいっぱい生きようとするかがやきを放つ存在であると考えるようになった。

（新美南吉「川」より・一部改）

※算術・国史…戦前の小学校の教科名。

問一 ――a「しんちょう」・b「そ」・c「戸外」のひらがなは漢字に、漢字はひらがなに直しなさい。

問二 次の文は本文中から抜き出したものです。これを本文にもどすとき、その位置として最も適切な場所を、本文中のア～オから選び記号で答えなさい。

> そっと片手を床《ゆか》の上の陽《ひ》なたに這《は》わせて見ると、自分の手はかさかさして、くたびれていて、悲しげに、みにくく見えた。

問三 ――①「何となく不愉快であった」とありますが、なぜですか。その理由として最も適切なものを選び、記号で答えなさい。

ア 兵太郎のことがいつまでも気になって仕方がなかったから。
イ 兵太郎のことが心のどこかに残って影を落としていたから。
ウ 兵太郎のことが心から消えないことにいらだっていたから。
エ 兵太郎のことをいつしか忘れている自分を責めていたから。

問四 ――②「同じ心配」とありますが、どのような心配ですか。最も適切なものを選び、記号で答えなさい。

ア 兵太郎の身に何か大変なことが生じたのではないかという心配。
イ 兵太郎にひどいことをしたことがばれるのではないかという心配。
ウ 兵太郎から自分たちの行いを責められるのではないかという心配。
エ 兵太郎に対する行いをだれかがばらしてしまうのではないかという心配。

問五 ――③「妙にお互いの眼を恐れて、お互い避けあうようになった」とありますが、なぜですか。その理由として最も適切なものを選び、記号で答えなさい。

ア 互いにきらい合う心がより高まりそうだったから。
イ 互いに過去のことを忘れて前に進みたかったから。
ウ 互いに責任をおしつけ合うことになりそうだったから。
エ 互いに兵太郎のことを意識して不安になりそうだったから。

問六 ――④「両手に汗を握って」とありますが、「手に汗を握る」のように体の一部を表す漢字一字が入る慣用句を、次の中から選び、□に入る漢字一字を答えなさい。

□に流す　□を占《し》める　木に□を接《つ》ぐ　□を明かす　逃《に》がした□は大きい

問七 ――⑤「むしろ足は速くなった」とありますが、なぜですか。その理由として最も適切なものを選び、記号で答えなさい。

ア 兵太郎の家をこっそり見に行ったことが後ろめたかったから。
イ 兵太郎の家の貧しそうな様子をまのあたりにして驚いたから。
ウ 兵太郎の家を訪ねてほんとうのことを知るのがこわかったから。
エ 兵太郎の家から何かおそろしい物が出てきそうでこわかったから。

問八 ――⑥「こんなつまらない、いやなところに、なぜ人間はうまれて、生きなければならぬのか」とありますが、これと反対の気持ちを表した言葉として最も適切な部分を、本文中から九字で抜き出して答えなさい。

問九 ――⑦「旅人」とありますが、これは何のたとえですか。最も適切なものを選び、記号で答えなさい。

ア 目的地に向かってまっすぐに進んでいく存在。

なかった。久助君の心は、驚くには、くたびれすぎていたのだ。

「裏の藁《わら》小屋で死んだまねをしとったら、ほんとうに死んじゃったげな。」

とはじめの一人が言うと、他の者達は明るく笑って、兵太郎君の死んだまねや腹痛のまねのうまかったことを一しきり話し合った。

久助君はもう聞いていなかった。ああ、とうとうそうなってしまったのかと思った。 エ

日暮《ひぐれ》だった。

久助君の体の中に漠然《ばくぜん》とした悲しみがただよっていた。

昼の名残《なごり》の光と、夜のさきぶれの闇《やみ》とが、地上でうまく溶《と》けあわないような、妙にちぐはぐな感じの一ときであった。

久助君の魂は、長い悲しみの連鎖《れんさ》の続きをくたびれはてながら、⑦旅人のようにたどっていた。

六月の日暮の、微妙《びみょう》な、そして豊富な物音が、C戸外に充《み》ちていた。それでいて静かだった。

久助君は眼を開いて、柱にもたれていた。何かよいことがあるような気がした。いやいやまだ悲しみは続くのだという気もした。 オ

すると遠いざわめきの中に、一こえ子山羊《こやぎ》の啼声《なきごえ》がまじったのを聞きとめた。久助君はしまったと思った。生まれてからまだ二十日ばかりの子山羊を、昼間川上へ連れて行って、昆虫《こんちゅう》を追っかけているうちつい忘れて来てしまったのだ。しまった。それと同時に、子山羊はひとりで帰って来たのだと確信をもって思った。

久助君は山羊小屋の横へかけ出していった。川上の方を見た。

子山羊は向こうからやって来る。

久助君にはほかのものは何も眼に入らなかった。子山羊の白い可憐《かれん》な姿だけが、——子山羊と自分の地点をつなぐ距離《きょり》だけが見えた。

子山羊は立ち止まっては川縁《かわっぷち》の草を少し食《は》み、また少し走っては立ち止まり、無心に遊びながらやって来る。

久助君は迎《むか》えに行こうとは思わなかった。もう確かにここまで来るのだ。

子山羊は電車道も越《こ》えて来たのだ。電車にも轢《ひ》かれずに。あの土手の壊《こわ》れたところもうまく渡《わた》ったのだ。よく川に落ちもせずに。

⑧久助君は胸が熱くなり、なみだが眼にあふれ、ぽとぽとと落ちた。

子山羊はひとりで帰って来たのだ。

久助君の胸に、今年になってから初めての ⑨ がやって来たような気がした。

久助君はもう、兵太郎君が死んではいない、きっと帰って来る、という確信を持っていたので、あまり驚かなかった。

教室に入ると、そこに——いつも兵太郎君のいたところに、洋服に着かえた兵太郎君が白くなった顔でにこにこしながら腰《こし》かけていた。

久助君は自分の席へついてランドセルをおろすと、眼を大きく開いたまま、兵太郎君を見てつっ立っていた。そうすると自然に顔がくずれて、兵太郎君といっしょに笑い出した。

兵太郎君は海峡《かいきょう》の向こうの親戚《しんせき》の家にもらわれていったのだが、どうしてもそこがいやで帰って来たのだそうである。それだけ久助君は人から聞いた。川のことがもとで病気をしたのかしなかったのかは分からなかった。だがもうそんなことはどうでもよかった。兵太郎君は帰って来たのだ。

休憩《きゅうけい》時間に兵太郎君が運動場へはだしでとび出して行くのを窓から見たとき、久助君は、しみじみこの世はなつかしいと思った。そしてめったなことでは死なない⑩人間の生命というものが、ほんとうに尊く、美しく思われた。

のために、ちぎれちぎれになって、ちっとも面白くないので、こんなに情けない目にあうのも、自分が秘密を持っているからだ、言ってしまいさえすれば心は解放されるのだ、と思うと、突如《とつじょ》立ち上がって「先生、僕《ぼく》達二人で兵太郎君をだまして病気にしたのです！」と叫《さけ》びたくなった。しかし平常と少しも変わらないあたりの空気が、なぜかその衝動をおさえさせた。真昼間《まっぴるま》、心も確かなのに、久助君は、自分のすぐ傍《そば》からもう一人の久助君がすっくと立ち上がって「先生！」と言い始める幻影《げんえい》を三度も四度もはっきり見たのだった。耳がじいんとなって、④両手に汗《あせ》を握《にぎ》っていた。ウ

二箇月《かげつ》、三箇月と過ぎた。まだ兵太郎君は学校へ姿を見せない。そのあいだ久助君は兵太郎君についてほとんど何も聞かなかった。ただ一度こういうことがあった。ある朝久助君が教室に入って来ると、ちょうど行き違《ちが》いに、二人の級友が机を一つ廊下《ろうか》へ提《さ》げ出して行った。「誰のだい。」と何気《なにげ》なく聞くと、一人が「兵タンのだよ。」と答えた。それだけであった。それからこういうことがもう一度あった。薬屋の音次郎君が、ある午後裏門の外で久助君を待っていて、今から兵タンのところへ薬を持って行くからいっしょに行こうとさそった。久助君はびっくりしたが同意して出かけた。薬はアスピリンというよく熱をとる薬だそうである。兵太郎君は風邪《かぜ》をひいたのがもとだから、このアスピリンで熱をとればすぐ治ってしまうと、音次郎君は医者のように自信をもって言った。ほんとにそうだ、と知らないくせに久助君も思った。それにしても、それほどよく効く薬ならなぜもっと早く持って行ってやらなかったのだろう。やがていつもは通らない村はずれの常念寺の前に来た。常念寺の土塀《どべい》の西南の隅《すみ》に小さな家が土塀に寄りかかるように(事実、少し傾《かたむ》いている。)たっている。それが兵太郎君の家である。二人は土塀にbそって歩いていった。兵太郎君の家の前に来た。入口が開いていて中は暗い。人がいるのかいないのかコトリとも音がしない。陽《ひ》のあたる閾《しきい》の上で猫《ねこ》が前肢《まえあし》をなめているばかりだ。二人の足は止まらなかった。⑤むしろ足は速くなった。そして通りすぎてしまい、それきりだったのである。

久助君はほかの友達と笑ったり話したりするのがきらいになった。そして、ひとりでぼんやりしていることが多かった。それからひどく忘れっぽくなった。何かしかけて忘れてしまうようなことが多かった。いま手に持っていた本が、ふと気づくともう手になかった。どこに置いたか、いくら頭をしぼっても思い出せないというふうであった。お使いに行って、買うものを忘れてしまい、あてずっぽうに買って帰って、まるでラジオで聞く落語みたいだと笑われたこともあった。

もとから久助君は、どうかすると見なれた風景や人々の姿が、ひどく殺風景にあじきなく見え、そういうものの中にあって、自分の魂《たましい》が、ちょうど茨《いばら》の中につっこんだ手のように傷《いた》められるのを感じることがあったが、この頃《ごろ》はいっそうそれが多く、いっそうひどくなった。⑥こんなつまらない、いやなところに、なぜ人間はうまれて、生きなければならぬのかと思って、ぼんやり庭の外の道をながめていることがあった。また、冷たい水にわずか五分ばかり入っていただけで、病気にかかり死なねばならぬ(久助君には兵太郎君が死ぬとしか思えなかった。)人間というものが、いっそうみじめな、つまらないものに思えるのであった。

三学期の終わり頃、ついに兵太郎君が死んだということを久助君は耳にした。弁当のあと久助君は教壇《きょうだん》のわきでひなたぼっこをしていた。すると、向こうの隅で話し合っていた一団の中から、

「兵タンが死んだげなぞ。」

と一人が言った。

「ほうけ。」

と他の者が言った。べつだん驚《おどろ》くふうも見えなかった。久助君も驚か

間もなくまた忘れてしまった。だが心配の重さだけは忘れている間も心に残っていて、①何となく不愉快《ふゆかい》であった。

七時半になるといつものように家を出た。学校の裏手へ向かって一直線に走っている細い道に出たとき、五十米《メートル》ほど前を、薬屋の音次郎君が何かつまらないことでも考えているように、拍手《はくしゅ》をしては右手を外の方へうっちゃりながら歩いていくのを見た。久助君は二人で心配を分かちあい、一人で苦しんでいることからまぬがれようと思って、走っていった。けれど音次郎君は、昨日のことなどまるで気にもかけていない様子であった。自分は取越苦労《とりこしぐろう》をしていたのかと久助君は思って、ほっとした。何でもなかったんだ。

音次郎君は久助君といっしょになっても、あいかわらず拍手を続けながら、自分ひとりのつまらない考えを追って歩いていた。まもなくうしろからゴツゴツとランドセルの音をさせて、誰《だれ》か走って来た。森医院の徳一君である。このあいだaしんちょうしたばかりの帽子《ぼうし》のひさしを光らせながら、「おはよう。」と元気よく近づいて来た。そしてこう聞いた。

「今日、※算術の宿題なかったかね。」

徳一君もやはり昨日のことなんか気にしていないのである。事実なんでもないのだろう。この世にはそう簡単に、出来事は起こらないのだ。

三人は教室に入った。ほかの者はもうたいてい来ている。教室の中にも十人ほどいる。その中には兵太郎君がいないことを久助君は一目で確かめた。

兵太郎君の席は徳一君のすぐ隣《となり》にあった。用具がそこに入っているかと思ってそちらを見たとき、久助君は徳一君もやはりそういう眼付《めつき》で見ているのを発見した。のみならず音次郎君もやはり兵太郎君の席を見ていた。

みんな、心の奥《おく》で②同じ心配を持っているのだ、と久助君は分かった。[ア]

徳一君が、ちょっと兵太郎君の机のふたを開けた。久助君は心臓がどきつくのを覚えた。中には何も入っていなかった。

その日から兵太郎君は、学校へ来なくなってしまったのである。

五日、七日、十日と日はたっていったが、兵太郎君は学校へ姿を見せなかった。しかし誰一人、兵太郎君のことを口にする者がいない。久助君はそれが不思議だった。五年間もともに生活した者が、ふいにぬけていっても、あとの者達《たち》は何事もなかったように平気でいるのである。だがこれがあたりまえのようにも思われた。[イ]

久助君は、徳一君と音次郎君だけは自分と同じように、消えてしまった兵太郎君のことで心を痛めていることは分かっていた。それだのに、この三人は一言も兵太郎君について言わないのであった。そればかりでなく③妙《みょう》にお互《たが》いの眼を恐《おそ》れて、お互い避《さ》けあうようになった。

さまざまに久助君は思いまどった。たとえば、先生にいっさいのことを打ち明けてあやまってしまったらどうだろう。心が軽くなるのではあるまいか。しかし、あの川のことがもとで実際兵太郎君が病気になったのなら、兵太郎君がそれを黙《だま》っているはずはない。お父さんかお母さんに話したに相違《そうい》あるまい。そうすれば、お父さんあるいはお母さんの口から、先生のところへ情報は届いているはずである。ひょっとすると先生はもう何もかもご存じなのかも知れない。それをわざと知らんふりしておられるのは、久助君達が自首して出るのを待っておられるのではあるまいか。そんなふうに思って、しらずしらず首をすくめながら、先生の顔をうかがうこともあった。

ある時は自首したい衝動《しょうどう》にひどくかられた。それはちょうど※国史の時間であったが、いつも面白《おもしろ》く聞ける国史の話が、心の中の煩悶《はんもん》の出ていない問いの解決に向かうこと。

ウ　目的意識を持って議論を展開して、その過程からこれまで気づかなかったものに価値を見いだすこと。

エ　これまでに身につけた常識をいったん捨て、いっさいの前提を取り除いて物事について考え直すこと。

問七　⑤には次の**A**～**D**の四つの文が入ります。これらを最も適切な順序に並べかえたものを選び、記号で答えなさい。

> **A**　よって、多様な意見が発言され、新しい考え方が披露《ひろう》されます。
>
> **B**　思考を誘《いざな》うものとは、繰《く》り返すように、これまでとは異なった新しいものです。
>
> **C**　なぜなら、哲学対話では、私たちの思考を誘い、促《うなが》すような意見こそが大切だからです。
>
> **D**　むしろ、人と違った意見を述べること、これまでとは異なった考えを思いつくことが歓迎《かんげい》されます。

ア　**A—C—B—D**　**イ**　**A—D—C—B**

ウ　**D—B—C—A**　**エ**　**D—C—B—A**

問八　⑥に共通して当てはまる語句を、本文中から漢字二字で抜き出して答えなさい。

問九　この文章につけられていた次の三つの小見出しを、正しい順序にして答えなさい。

ア　他人と共に真理を求める

イ　自分だけの意見を表明する機会

ウ　知識や経験だけでは答えられない問いに答える

問十　筆者は「対話」をどのようなものとしてとらえていますか。適切でないものを二つ選び、記号で答えなさい。

ア　知識の量を気にせずに、参加者が自分の考えを率直に述べることができるもの。

イ　それぞれの人が出す意見をまとめていき、多様性や差異を消していくべきもの。

ウ　身近にいる人たちの日常の様子とはちがう一面に触れる機会を与《あた》えてくれるもの。

エ　ありふれた物事に対する感覚を共有することで人と人を結びつけることができるもの。

オ　他の人と異なる、思考を深めるきっかけになるような発言をすることが歓迎されるもの。

カ　他者の意見を自分の意見と比較《ひかく》したり関連づけたりすることで真理を探究していくもの。

二

次の文章を読んで、後の問いに答えなさい。

> 晩秋のある日、音次郎が持ってきた柿《かき》を賞品として、徳一、久助、兵太郎の三人が、冷たくなった川に入ってどれほどがまんしていられるかを競《きそ》うことになった。みなが冷たさにたえていたが、やがて徳一が川から上がり、久助がそれに続いた。そして岸に上がった二人は、一人がまんを続けていた兵太郎をからかうように、音次郎とともに賞品の柿を食べてしまう。それを見た兵太郎はおこって川から上がってくるが、冷たい水にずっとつかっていたためか、いかにも具合が悪そうで、歩くこともできないありさまだったため、徳一がかれを背負って帰った。

次の朝久助君は、山羊《やぎ》に餌《えさ》をやるため、小屋の前へ行って、濡《ぬ》れた草を手でつかんだとき、昨日の川の出来事を思い出した。と同時に、兵太郎君はどうなったろうという心配が、重く心にのしかかって来た。

言の文脈やニュアンスの違いに注目すれば、ひとつとして同じ考えはないと言えるほどです。これは、先生が期待した通りの正解が求められるこれまでの学校の授業とは大きく異なるものです。私が行ってきた哲学対話の授業の感想で一番多いのは、「いろいろな意見が出て楽しかった」「自分と異なる意見が聞けてよかった」「友だちがそんな考えをしているとは思わなかった」「友だちの意外な素顔が見られた気がする」といった意見です。人は多様性や差異を求めています。人間が何から何まで同じであったら、それぞれの個人が存在している価値は見つけにくくなるでしょう。私たちは大量生産品を手荒《てあら》に扱《あつか》い、ひとつしかない美術品を**d**きちょうに扱いますが、それは美術品には［⑥］があるからです。美術品は、作者の生命が持っている［⑥］の発現です。それは、人間の顔のように同じものはひとつとしてありません。

また、対話はただの意見交換《こうかん》とは異なります。対話は、同じテーマについて異なった意見を関連づけていくことにあります。人がそれぞれ意見を出しても、その相手の意見について何も質問や意見を返すことがなく、「あなたはそういう意見なんだ、ふ〜ん」という感じで受け流されているだけなら、対話とは呼べません。ただ自分の意見を話しただけで、互《たが》いに何も関連づけられていないからです。発言者も聞く人も何も考えていないし、一緒《いっしょ》に何かの謎《なぞ》を探究してもいません。対話とは、相手の意見によって思考が触発《しょくはつ》されることであり、一緒に同じ問題を探究し、いわば議論という冒険にみんなで出かけるということです。相手がどういう理由で自分と異なった意見を持つのか、その意見はどういう経験に裏打ちされているのか、自分の意見と他人の意見がどういう点で同じで、どういう点で異なり、どういう関係にあるのか、こうしたことを理解しようとしなければ、対話とは言えません。

以上のように、自分の個性を押《お》し出すことができること、したがって、自己表現できること。だが同時に、他の人たちと協同して同じテーマの探究に取り組み、一緒に真理を求める旅に出ること。自己表現と共同作業が同時にできること。これが対話の面白い理由です。

（河野哲也『「こども哲学」で対話力と思考力を育てる』より・一部改）

※定款…会社などの組織の活動や目的について定めた基本規則。

問一　——**a**「らん」・**b**「みちび」・**c**「そうぞう」・**d**「きちょう」のひらがなを漢字に直しなさい。

問二　＝**ア**〜**エ**の「目的」のうち、他と異なる意味で用いられているものを一つ選び、記号で答えなさい。

問三　［①］に入るひらがな二字を答えなさい。

問四　——②「対話は、知識や経験だけではできません」とありますが、筆者は「対話」が成立するためには「知識や経験」以外にどのようなことが必要であると述べていますか。本文中から十三字で抜《ぬ》き出して答えなさい。

問五　——③「ツイキュウ」の「キュウ」と同じ漢字を用いるものを二つ選び、記号で答えなさい。

ア　国からシキュウされるものはわずかだ。

イ　いますぐキュウキュウ車を呼んだ方が良い。

ウ　事件の真相をキュウメイするまで手をゆるめない。

エ　社長には強いキュウシンリョクが必要だと言われている。

オ　自分の能力にふさわしい地位をヨウキュウするのは正しい。

問六　——④「こういう知的冒険」とは、どういうことですか。最も適切なものを選び、記号で答えなさい。

ア　あらかじめ決められた目的を達成するのではなく、未知のものに向かって思考を展開していくこと。

イ　知識や経験といったものをたよりにしながら、いまだに答え

高 平成二十八年度 早稲田大学高等学院中学部

【国語】（五〇分）〈満点：一〇〇点〉

（注意）解答の際は、「、」や「。」も一字と数えます。

一　次の文章は、「対話」について書かれたものです。これを読んで、後の問いに答えなさい。

私たちは日々、会話しています。対話とは特別な会話です。思考と真理への探究を含《ふく》んだ会話のことを対話といいます。私たちは、あるア目的を達成する手段について論じることはしばしばです。この製品をうまく宣伝するにはどうしたらよいか。この大学に入るには、どのような勉強をすればよいか。こうしたことについて人と話し合うことは日常生活にあふれています。よりよい手段として何があるかを決めるには、知識や経験がたよりになります。どのような宣伝方法があり、それがどの程度有効であるかを見つけるには、宣伝や広告についての知識が[①]をいうでしょうし、そうした仕事を続けていくうちに身につけた経験も役に立ちます。

しかし、②対話は、知識や経験だけではできません。そもそも、私たちは、日々の活動の持つ究極的なイ目的や価値について話し合う機会は、あまり多くはないのではないでしょうか。いえ、そんな話はほとんどしたことがない人も多いはずです。たとえば、「その商品を販《はん》売《ばい》する最終的なウ目的とは何か、私たちは何のために働いているのか」と問われると、それに答えるには宣伝や広告についての知識は何の役にも立ちません。企業《きぎょう》の目的というならば、営利の③ツイキュウという解答が最初からある。こう考えた人は、ご自分の勤めている会社の※定款《ていかん》をごaらんになってください。普通《ふつう》、「コレコレの社会貢《こう》献《けん》を通して利益を上げる」と書いてあるのではないでしょうか。では、その「社会貢献」とは何でしょうか。貢献すべき「社会」とは何でしょう。「貢献」とは何でしょう。こうした価値やエ目的についての問いは、知識やこれまでの経験だけでは答えられないのです。探究とは定まった目的地をめざすことではありません。理にかなった議論によってbみちびかれるままに、新しい場所に向かって冒険《ぼうけん》をすることです。学校教育で④こういう知的冒険が獲得《かくとく》できるのであれば、cそうぞう性に富んだ人間が育つのではないでしょうか。

対話が面白《おもしろ》い理由のひとつは、議論の優劣《ゆうれつ》が知識の量で決まってしまうのではないことが挙げられます。対話には誰《だれ》でもがひとりの人間として参加できます。そこで求められているのは、専門的な知識ではなく、自分の観点に立ちながらも、理にかなった議論をすることです。そして、みんなで問題を考えていきます。いろいろな物事に関連を見つけていきます。私はこれまでのさまざまな学校での哲学《てつがく》対話の経験から、普段は目立たない生徒さんたちがとても鋭《するど》く洞察《どうさつ》力のある発言をするのを繰《く》り返し見てきました。そこでこどもたちは、友だちの普段とは違《ちが》った姿に触《ふ》れることになります。

普段の授業ではこどもたちは唯一《ゆいいつ》の正解を求められています。しかし哲学《てつがく》対話では、自分の考えを率直《そっちょく》に述べることが求められています。[⑤]異なった意見を聞くことは、自分の思考を誘発《ゆうはつ》する経験となります。それをこれまでの自分の意見と関連づけようとするからです。

哲学対話では、人と同じ「正解」でなく、人とは違った考えが求められています。もちろん、無理矢理《むりやり》に人と異なることを言う必要はありませんが、人間はそれぞれが自分の文脈のなかで物事を理解して考えている限り、素直《すなお》に発言すれば自《おの》ずと違いが出てきます。とくに発

平成28年度

早稲田大学高等学院中学部 ▶解説と解答

算 数 (50分) ＜満点：100点＞

解 答

1 (1) ① **ア**…6，**イ**…5　② $5\frac{32}{71}$　(2) ① **角 x**…34度，**角 y**…62度　② $2\frac{5}{8}$倍
2 (1) $\frac{3}{4}$倍　(2) $\frac{3}{5}$倍　**3** (1) 7　(2) 正方形，直角三角形，二等辺三角形　(3) $333\frac{1}{3}$cm³　(4) 9　(5) 正方形，二等辺三角形，ひし形　(6) 250cm³　**4** (1) 1.6
(2) 4，9　(3) ① 90.9mm　② 209.1mm

解 説

1 四則計算，計算のくふう，角度，面積

(1) ① $\left(1+\frac{1}{2}+\frac{1}{3}+\frac{1}{4}+\frac{1}{5}+\frac{1}{6}\right)\div\frac{5\times7}{8\times9}=\left(\frac{60}{60}+\frac{30}{60}+\frac{20}{60}+\frac{15}{60}+\frac{12}{60}+\frac{10}{60}\right)\div\frac{35}{72}=\frac{147}{60}\times\frac{72}{35}=\frac{126}{25}$より，あたえられた式は，$(12.345-\square)\times\frac{8}{9}=\frac{126}{25}$となる。よって，$12.345-\square=\frac{126}{25}\div\frac{8}{9}=\frac{126}{25}\times\frac{9}{8}=\frac{567}{100}=5.67$，$\square=12.345-5.67=6.675$になる。したがって，□の小数第1位の数字は6，小数第3位の数字は5である。　② 下の図1の式Ⅰで，┌┈┐で囲んだ部分をPとすると，$3.14=\frac{4}{P}$となる。よって，$P\times3.14=4$より，$P=\frac{4}{3.14}=\frac{400}{314}=\frac{200}{157}$となるから，式Ⅱのようになる。次に，式Ⅱで，┌┈┐で囲んだ部分をQとすると，$1+\frac{1}{Q}=\frac{200}{157}$となるので，$\frac{1}{Q}=\frac{200}{157}-1=\frac{43}{157}$より，$Q=\frac{157}{43}$とわかる。したがって，$2+\frac{9}{\square}=\frac{157}{43}$より，$\frac{9}{\square}=\frac{157}{43}-2=\frac{71}{43}$，$\square=9\div\frac{71}{43}=\frac{387}{71}=5\frac{32}{71}$と求められる。

図1

式Ⅰ　$3.14=\dfrac{4}{1+\dfrac{1}{2+\dfrac{9}{\square}}}$

式Ⅱ　$1+\dfrac{1}{2+\dfrac{9}{\square}}=\dfrac{200}{157}$

図2

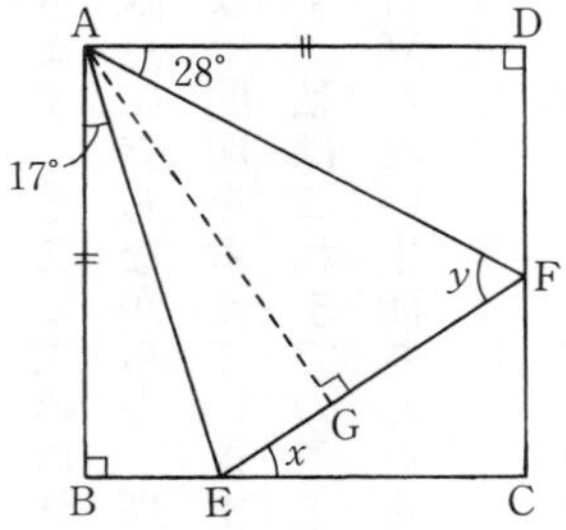

図3

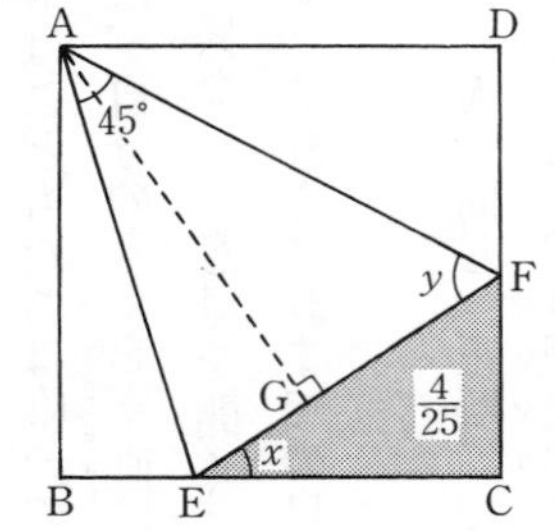

(2) ① 上の図2のように，AからEFに直角に交わるように引いた線がEFと交わる点をGとする。ここで，角BAEと角DAFの大きさの和は，17＋28＝45(度)だから，角FAEの大きさは，90－45＝45(度)になる。よって，三角形ABEと三角形ADFをそれぞれAE，AFを軸《じく》として折り返したとき，角BAE＋角DAF＝角FAE，AB＝ADであることから，辺ABと辺ADはぴったりと重なり，さらに，角ABE＝角ADF＝90度であることから，BEとDFは一直線になることがわかる。つまり，辺ABと辺ADはAGとぴったり重なることになる。また，角AEBの大きさは，90－17＝73(度)であり，角

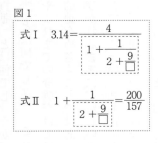

AEB＝角AEGだから，角xの大きさは，180－73×２＝34(度)とわかる。さらに，角FAGの大きさは28度なので，角yの大きさは，90－28＝62(度)と求められる。 ② 上の図３で，四角形AECFの内角に注目すると，角FAEの大きさは，360－(225＋90)＝45(度)になるから，①と同様に，三角形ABEと三角形AGE，三角形ADFと三角形AGFはそれぞれ合同になる。よって，三角形AEFの面積は五角形ABEFDの面積の半分になる。次に，正方形ABCDの面積を１とすると，五角形ABEFDの面積は，$1-\frac{4}{25}=\frac{21}{25}$なので，三角形AEFの面積は，$\frac{21}{25}\times\frac{1}{2}=\frac{21}{50}$とわかる。したがって，三角形AEFの面積は三角形ECFの面積の，$\frac{21}{50}\div\frac{4}{25}=2\frac{5}{8}$(倍)である。

2 速さと比

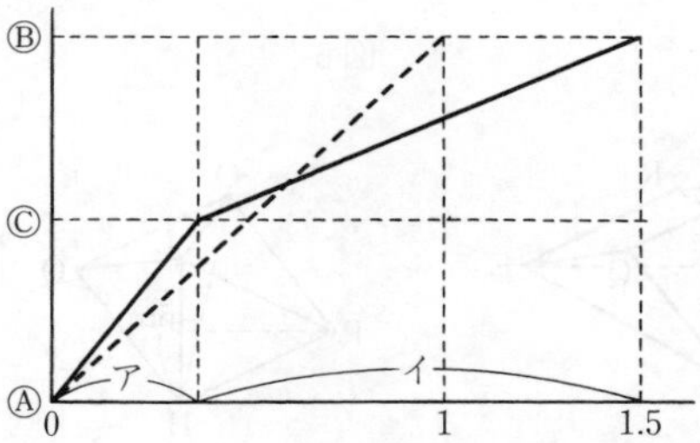

(1) Ａさん，Ｂさん，Ｃさんの家がある地点をそれぞれⒶ，Ⓑ，Ⓒとする。また，目標の所要時間を１として進行のようすをグラフに表すと，左のようになる(点線は目標，実線は実際)。ここで，ⒶⒸ間とⒸⒷ間の距離《きょり》は等しく，速さの比は，$1:\frac{1}{3}=3:1$だから，ⒶⒸ間とⒸⒷ間にかかった時間の比(ア：イ)は，$\frac{1}{3}:\frac{1}{1}=1:3$となる。この和が1.5なので，ⒶⒸ間にかかった時間は，$1.5\times\frac{1}{1+3}=\frac{3}{8}$とわかる。よって，最初の速さでⒶⒷ間にかかる時間は，$\frac{3}{8}\times 2=\frac{3}{4}$と求められ，これは目標時間の，$\frac{3}{4}\div 1=\frac{3}{4}$(倍)となる。

(2) ⒶⒸ間にかかる時間は$\frac{3}{8}$だから，ⒸⒷ間にかかる時間が，$1-\frac{3}{8}=\frac{5}{8}$になるような速さでⒸⒷ間を進めばよい。また，最初の速さを１とすると，ⒶⒸ間(＝ⒸⒷ間)の距離は，$1\times\frac{3}{8}=\frac{3}{8}$となるので，ⒸⒷ間の速さを，$\frac{3}{8}\div\frac{5}{8}=\frac{3}{5}$にすればよいことがわかる。これは最初の速さの，$\frac{3}{5}\div 1=\frac{3}{5}$(倍)である。

3 立体図形―分割，構成，体積

図１

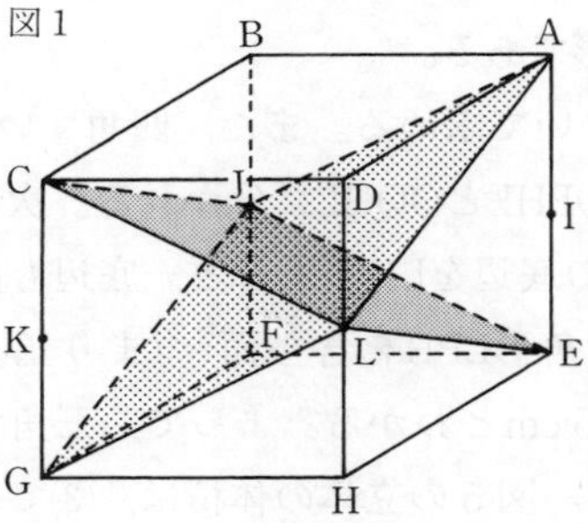

図２

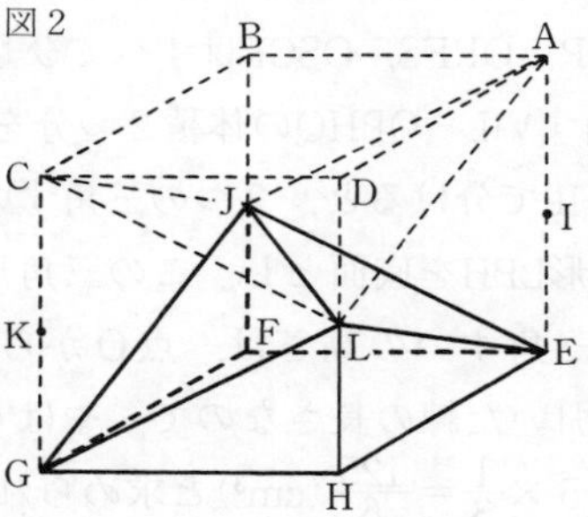

図３

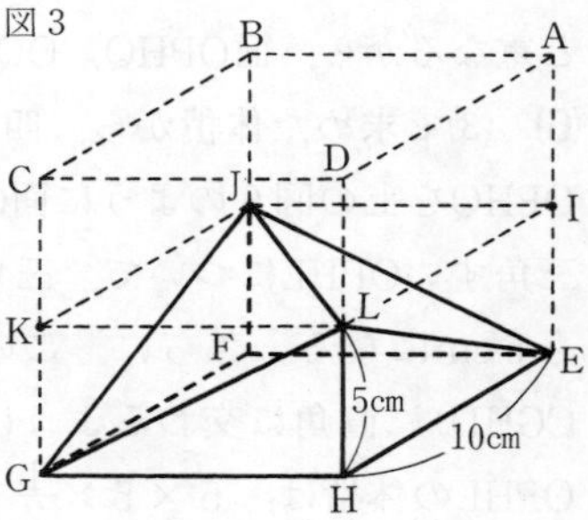

(1) 上の図１のように，Ａ，Ｊ，Ｌを通る平面は点Ｇを通り，Ｃ，Ｊ，Ｌを通る平面は点Ｅを通る。よって，これらの平面で分けたとき，面EFGHを含《ふく》む立体は上の図２のようになる。この立体には，面EFGH，LGH，LHE，JFG，JFE，JGL，LEJの７個の面がある。

(2) 面EFGHは正方形，面LGH，LHE，JFG，JFEは直角三角形である。また，LJの長さは正方形ABCDの対角線の長さであり，LGの長さはそれよりも短いから，面JGL，LEJは二等辺三角形である。

(3) 上の図３のように直方体EFGH－IJKLを作り，この直方体の体積から，２つの三角すいG－

KLJとE－IJLの体積をひいて求める。LHの長さは，10÷2＝5（cm）なので，直方体EFGH－IJKLの体積は，10×10×5＝500（cm^3）である。また，2つの三角すいの体積は，$10\times10\times\frac{1}{2}\times5\times\frac{1}{3}=\frac{250}{3}$（cm^3）だから，この立体の体積は，$500-\frac{250}{3}\times2=\frac{1000}{3}=333\frac{1}{3}$（cm^3）と求められる。

〔ほかの解き方〕 面LJFHで分けて，四角すいG－LJFHの体積を2倍して求めることもできる。ここで，LJの長さを□cmとすると，□×□÷2＝10×10＝100より，□×□＝100×2＝200となる。よって，四角すいG－LJFHの体積は，$5\times□\times\frac{□}{2}\times\frac{1}{3}=\frac{5}{6}\times□\times□=\frac{5}{6}\times200=\frac{500}{3}$（cm^3）なので，この立体の体積は，$\frac{500}{3}\times2=\frac{1000}{3}=333\frac{1}{3}$（cm^3）となる。

図4

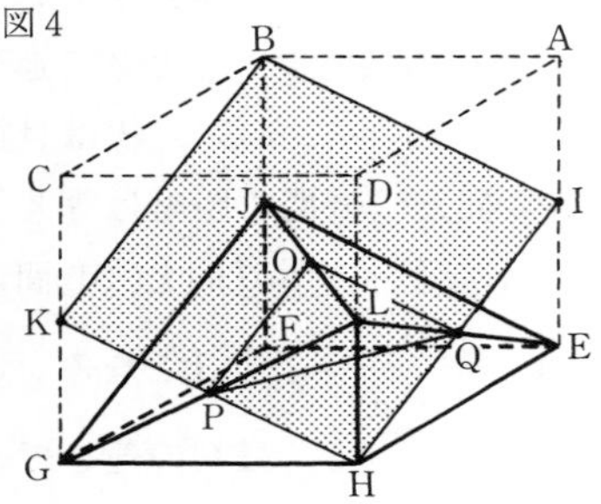

図5

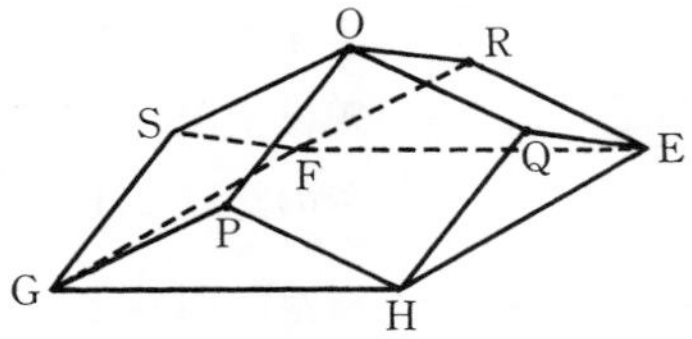

図6

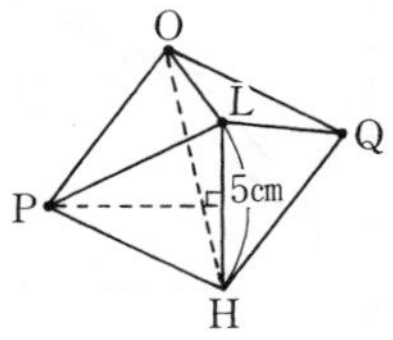

(4) 上の図4のように，B，I，Kを通る平面は点Hを通り，この面がもとの立体と交わる点をO，P，Qとする。同様に，D，I，Kを通る平面は点Fを通り，この面がもとの立体と交わる点をO，R，Sとすると，上の図5のような立体になる。この立体には，面EFGH，PGH，QHE，REF，SFG，OPHQ，OQER，ORFS，OSGPの9個の面がある。

(5) 面EFGHは正方形，面PGH，QHE，REF，SFGは二等辺三角形である。また，図4で，BK，KH，HI，IBの長さはすべて等しいから，四角形BKHIはひし形である。四角形OPHQはこれを$\frac{1}{2}$に縮小したものなので，やはりひし形になる。さらに，この立体は90度ずつ回転させるとぴったりと重なるから，面OPHQ，OQER，ORFS，OSGPはすべてひし形である。

(6) (3)で求めた体積から，四角すいL－OPHQの体積2つ分をひいて求める。また，四角すいL－OPHQを上の図6のように面OHLで分けると，2つの三角すいOPHLとOQHLに分かれる。次に，三角すいOPHLについて，三角形LPHを底面とし，この三角形の底辺をLHとすると，底辺も高さも5cmになる。さらに，この三角すいの高さは，点Oから三角形LPHを含む面（つまり正方形CGHD）に直角に交わるように引いた線の長さなので，やはり5cmとわかる。よって，三角すいOPHLの体積は，$5\times5\times\frac{1}{2}\times5\times\frac{1}{3}=\frac{125}{6}$（cm^3）と求められる。図5の立体の体積は，(3)で求めた体積から三角すいOPHL4つ分の体積をひいて求めることができるから，$\frac{1000}{3}-\frac{125}{6}\times4=250$（cm^3）となる。

4 条件の整理

(1) (ア)×(イ)＝(ウ)という関係がある。この式に，(ウ)＝4，(イ)＝2.5をあてはめると，(ア)×2.5＝4となるから，(ア)＝4÷2.5＝1.6とわかる。

(2) 上下の物差しの目盛りのふり方は同じなので，下の物差しの1から(ア)までの長さと，上の物差しの1から(イ)までの長さが等しいとき，(ア)＝(イ)となる。よって，＿＿＿の式は，(ア)×(ア)＝(ウ)となる。

つまり，(ウ)はある数を２個かけた数(平方数)だから，１から10までの整数では，２×２＝４，３×３＝９の２個ある。

⑶　①　２×４＝８なので，(ア)にあたる数を２，(イ)にあたる数を４とすると，右の図１のようになる。また，上の物差しのPの目盛りと下の物差しのQの目盛りが合っているとすると，$2\times P=Q$という関係があるから，$P=2$とすると，$Q=2\times 2=4$となり，右の図２のように表すことができる。図２で，下の物差しのaの長さと上の物差しのbの長さ，下の物差しのbの長さと上の物差しのcの長さはそれぞれ等しいので，a，b，cの長さはすべて等しいことがわかる。この合計が272.7mmだから，目盛り１から目盛り２までの長さ(aの長さ)は，272.7÷３＝90.9(mm)と求められる。

図１

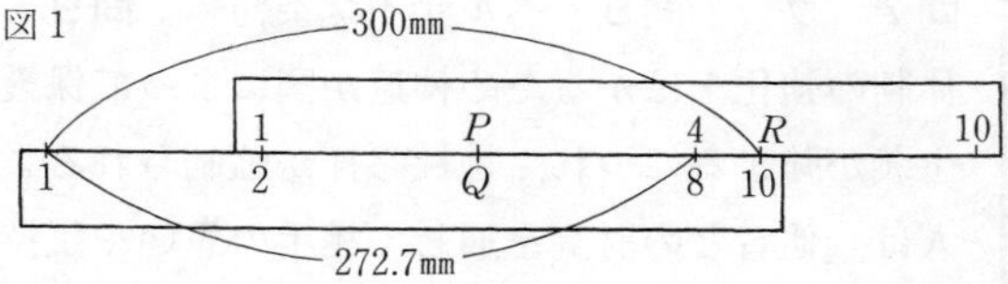

図２

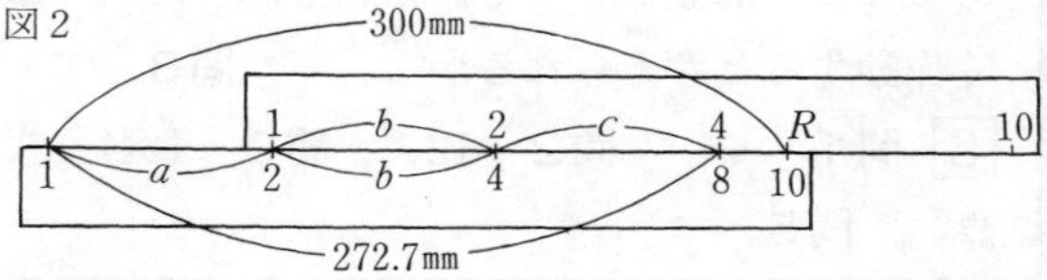

②　２×５＝10なので，Rにあてはまる目盛りは５である。よって，目盛り１から目盛り５までの長さは，300－90.9＝209.1(mm)である。

〔参考〕 目盛りの一部は下の図のようになっている。コピーして，実際に切り取って試してみよう。

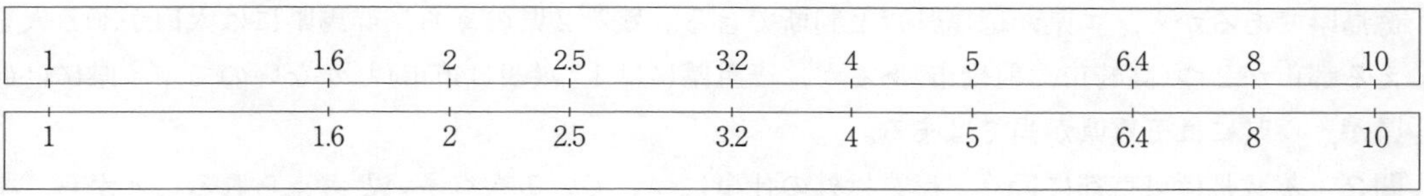

社　会　(40分)＜満点：80点＞

解　答

1 **問１**　イ　**問２**　ア　**2** **問１**　**a**　イ　**b**　イ　**c**　ウ　**d**　ウ　**問２**　**あ**　津軽　**い**　汽水　**う**　延岡　**え**　日向　**お**　八代　**か**　淡路　**き**　香川　**く**　大河津　**け**　中尊　**問３**　大淀川　**問４**　(例)　盛岡駅が新幹線の終点ではなくなったため。　**3** **問１**　日本書紀　**問２**　藤原道長　**問３**　イ　**問４**　(例)　権力者がみずからの正当性を強調するため，自分たちに都合のよい内容だけを書かせたり，事実と異なることを書かせたりする場合があるから。　**問５**　イ　**問６**　(例)　北方領土の帰属について，千島列島全島の領有権を主張するロシアと，択捉島以南は日本固有の領土であるとする日本の間で，過去に結ばれた条約の解釈が異なる点が問題になっている。　**問７**　ア　**問８**　(例)　縄文時代には，人々は小規模な集落をつくり，食料を分け合って生活していたが，弥生時代には，備蓄できるようになった食料や，稲作に都合のよい土地や水をめぐって，集落の間で争いが起きるようになった。そのため，敵から攻められにくく，集落を守りやすくするために，環濠集落や高地性集落がつくられるようになったと考えられる。　[4]　**問1**　中華人民共和国　**問2**　下関条約　**問3**　エ　**問4**　マッカーサー　**問5**　ベトナム戦争　**問6**　伊藤博文　**問7**　ウ　**問8**　ベルサイユ条約　**問9**　(例)　戦前の日本においては，天皇制や中央集権体制の強化をはかるため神道が国によって保護され，神社が国の管理下に置かれた。そして軍国主義が強まるにつれ，神社参拝が強制されるようになった。　[5]　**問1**　ア　**問2**　(例)　人は，他者との討論を通じて相手の思いや気持ちを感じることができるし，多様な個性や立場があることを前提としてその権利を認めた上で議論することで，多数決で物事を決める原理が正しく作動すると考えられるから。　**問3**　ア　**問4**　イ　**問5**　国民主権，平和主義

[6]　**問1**　イ　**問2**　12　**問3**　(例)　複数の選択肢を選ぶことを認めたから。　**問4**　ウ　**問5**　エ

解　説

[1]　統計資料を用いた地理についての問題

問1　はじめに，「該当《がいとう》する都市」に示された都市から4つの県を特定しておくと，群馬県(高崎市，前橋市，太田市，伊勢崎市)・三重県(四日市市，津市，鈴鹿《すずか》市，松阪市)・徳島県(徳島市，阿南市，鳴門市，吉野川市)・広島県(広島市，福山市，呉《くれ》市，東広島市)となる。挙げられた都市のなかでは，広島市だけが政令指定都市に指定されており，人口も100万人を超《こ》えている。よって，ア県は広島県だと分かる。また，4県のなかで最も人口が少ないのは，県内の過疎《かそ》化が問題となっている徳島県であるから，エ県が徳島県だと判断できる。残る2県のうち，群馬県には人口が30万人を超える都市が2つ(高崎市，前橋市)あるが，三重県には1つ(四日市市)しかないので，イ県には群馬県が，ウ県には三重県が当てはまる。

問2　茨城県は東京都に近く，農業以外の仕事についている人も多いと考えられることから，準主業農家と副業的農家の多いアとなる。茨城県は近郊農業が盛んで，販売農家の数は全国第1位，農業産出額は北海道についで第2位となっている。なお，主業農家の割合が最も高いイは，大規模経営を行う農家の多い北海道。農家数が最も少ないエは沖縄県。残るウは青森県である。統計資料は『データでみる県勢』2015年版による(以下同じ)。

[2]　日本各地の河川とその周辺の様子についての問題

問1　**a**　日本の河川は世界的にみて，短くて流れが急だという特徴《とくちょう》があり，河口に広がる平野は急流によって運ばれた土砂が堆積《たいせき》してできたものが多い。　**b**　日本の河川は一般に川はばがせまく流れが急であることから，運河や河川を利用した交通はあまり発達しなかった。　**c**　利根川は日本で最も流域面積の大きい河川で，首都圏《けん》を流れるため流域内人口も全国最大となっている。　**d**　複数の都府県にまたがって流れる重要な河川の多くは国土交通大臣によって「一級河川」に指定され，国土交通省が管理している。

問2　**あ**　A川は青森県を流れる岩木川。流域に広がる津軽平野は全国一のりんごの生産地として知られ，西には「津軽富士」として親しまれる岩木山がそびえている。　**い**　海水と淡水がまじっている湖を汽水湖という。海とつながっていたり，かつて海であったところが湖となったりした場合にみられる。岩木川の河口に位置する十三湖は，土砂の堆積によって海の一部が閉じ込《こ》められてできた汽水湖で，全国有数のしじみの産地として知られている。　**う**　B川は宮崎県を流れる

大淀《おおよど》川。宮崎県南部には火山灰地であるシラス台地が広がり，ピーマンなどの促成《そくせい》栽培や畜産が盛んに行われている。県北部の延岡《のべおか》市は繊維・化学の総合メーカーである旭化成《あさひかせい》の企業城下町として発展し，現在も化学工業が盛んである。　**え**　宮崎県の旧国名は日向《ひゅうが》。特産品の「日向夏」や「日向かぼちゃ」などにその名称が残されている。　**お**　C川は熊本県を流れる球磨《くま》川で，最上川・富士川とともに日本三大急流の１つに数えられる。下流に広がる八代《やつしろ》平野の沿岸部では，江戸時代から盛んに干拓《かんたく》が行われてきた。また，稲作の裏作として，畳表《たたみおもて》などの原料となるいぐさの栽培が盛んなことでも知られる。　**か**　D川は「四国三郎」として知られ，高知県から徳島県へと流れる吉野川。河口の北には鳴門《なると》海峡があり，鳴門市と淡路《あわじ》島(兵庫県)の間には大鳴門橋がかけられている。淡路島は温暖な気候と京阪神地方に近いという利点を生かして近郊農業が盛んに行われており，全国有数のたまねぎの産地となっている。　**き**　吉野川の北には讃岐《さぬき》山脈が連なっている。讃岐山脈北側の香川県は昔から水不足に悩まされてきたため，讃岐山脈を貫く導水トンネルを通して香川県側に吉野川の水を引き込む香川用水が建設された。　**く**　E川は信濃川。長野県を流れる千曲川と犀《さい》川が長野盆地の川中島付近で合流し，北上して新潟県に入り，信濃川となる。信濃川は流量が多く，下流に広がる越後平野では洪水の被害がたびたび生じていた。そのため，燕《つばめ》市で信濃川の水を分水し，日本海へと流す大河津分水路がつくられた。　**け**　F川は岩手県と宮城県を流れる北上川。中流域の北上盆地の南端に位置する平泉は奥州藤原氏の根拠《こんきょ》地として栄えた町で，中尊寺を中心とした文化財や遺跡群は，2011年に「平泉―仏国土(浄土)を表す建築・庭園及《およ》び考古学的遺跡群」としてユネスコ(国連教育科学文化機関)の世界文化遺産に登録された。

問３　宮崎県南部を流れる大淀川は，都城《みやこのじょう》盆地を北上したのち東に向きを変え，宮崎市で日向灘《なだ》に注ぐ。

問４　岩手県の県庁所在地である盛岡市は北上盆地北部に位置し，1982年に開業した東北新幹線の終着点だったことから東北地方の観光拠点となり，多くの人がおとずれた。しかし，東北新幹線が2002年に八戸駅(青森県)まで，2010年にはさらに新青森駅までのびたことで，東京方面から東北地方をおとずれた人が盛岡市で観光したのち，青森市などを宿泊地に選ぶようになったり，盛岡駅を通過してしまうようになったりした。このため，盛岡市の宿泊者数は減少したのだと考えられる。

3　史料や遺物を題材とした問題

問１　朝廷の事業として公式に編纂《へんさん》された最古の歴史書は『日本書紀』。舎人《とねり》親王らによってまとめられ，720年に元正天皇に献上《けんじょう》された。『日本書紀』は国の正史として編纂され，中国の歴史書にならって漢文体で，年ごとにできごとなどを記述していく編年体という形式で書かれている。同時期の712年に成立した『古事記』とあわせて「記紀」と呼ばれる。

問２　藤原道長は自分の娘を次々と天皇のきさきとし，３代にわたって天皇の外祖父となって力をふるった。中宮彰子《しょうし》は道長の長女で，一条天皇のきさきとなってのちの後一条天皇，後朱雀《すざく》天皇の母となり，藤原氏の摂関政治の全盛期を実現させた。中宮彰子に仕えた紫式部《むらさきしきぶ》は，『源氏物語』の作者として知られる。なお，「御堂関白」とは道長のことを指すが，道長は関白にはなっていない。

問３　天保の改革をすすめた老中水野忠邦《ただくに》は物価の引き下げをはかるため株仲間の解散を命じているから，イが誤り。株仲間の結成をすすめ，代わりに税を取ったのは田沼意次《おきつぐ》である。

問４　歴史を描《えが》くさいには「歴史を描く人の価値観が反映される場合がある」とあるように，史料に書かれていることがらには，それを書いた人の考え方や立場などが反映されるため，事実が曲げられて書かれている可能性がある。国家や権力者が残した史料の場合，みずからの正当性を強調するために自分たちに都合のよい内容だけを書かせたり，内容を大げさなものにしたりすることが考えられる。そのため，史料が常に正しいとはいえないのである。

問5　志賀島《しかのしま》(福岡県)から出土した金印は，１世紀に倭《わ》の奴《な》国王が漢(中国)の皇帝から授けられたものと考えられているから，イが誤り。３世紀前半，邪馬台国《やまたいこく》の女王だった卑弥呼《ひみこ》が魏《ぎ》(中国)にみつぎ物をおくり，皇帝から「親魏倭王」の称号と金印を授けられたことが『魏志』倭人伝に記されているが，そのときのものと考えられる金印はみつかっていない。

問6　例えば日本とロシアの間で問題となっている北方領土について，ロシア側の解釈《かいしゃく》は「サンフランシスコ平和条約で日本は千島列島の領有権を放棄《ほうき》している」とするものであるが，日本は「放棄したのはウルップ島以北の島々の領有権であり，択捉《えとろふ》島以南は日本固有の領土である」としてその返還を主張している。こうした問題は歴史認識の違いから引き起こされているといえる。同様のことは，韓国(大韓民国)や中国との間で生じている竹島や尖閣《せんかく》諸島の領有権の問題にも当てはまる。

問7　写真の遺物は埴輪。古墳から出土する素焼きの土製品で，古墳時代前～中期(３世紀なかば～５世紀末ごろ)には円筒形や家形のものが多くつくられたが，後期(５世紀末～７世紀ごろ)には人や動物をかたどったものもつくられるようになった。

問8　縄文時代，人々は数家族で小さな集落をつくり，狩りや漁，採集によって得た食料を分け合って生活していた。弥生時代になって稲作がはじまり，食料をたくわえられるようになると，食料や，あるいは稲作のための土地や水をめぐってムラやクニどうしで争いが起きるようになった。そのため，戦いに備えて周囲に濠《ほり》をめぐらした環濠《かんごう》集落や，敵の攻撃《こうげき》からムラを守りやすいように高台などに集落を築いた高地性集落がつくられるようになった。

4　台湾や朝鮮との歴史的なつながりを題材とした問題

問1　台湾をおとずれる「大陸の人」とは，中華人民共和国から来た人々を指す。第二次世界大戦後，中国(中華民国)では中国国民党が支配する国民政府と中国共産党との間で内戦が起こり，勝利した中国共産党が1949年に中華人民共和国を建国し，国民政府は台湾に逃《のが》れた。現在も中国(中華人民共和国)政府は台湾を自国の一部とみなしているため，台湾の国際社会での立場には難しい面もあるが，実質的には独立国に近い状態だといえる。中国と台湾はかつては激しく対立していたが，近年は交流が活発化している。

問2　日清戦争の講和条約として1895年に結ばれた下関条約により，清(中国)は朝鮮の独立を認め，日本へ２億両《テール》の賠償《ばいしょう》金を支払い，台湾・遼東《リアオトン》半島などをゆずりわたすことになった。このときはじまった植民地支配は，1945年８月の日本の敗戦まで続いた。

問3　日明貿易をはじめたのは，室町幕府の第３代将軍足利義満。義満は1404年，明(中国)が倭寇《わこう》(日本の武装商人団・海賊《かいぞく》)の取りしまりを求めてきたことをきっかけに，明と国交を開いて貿易をはじめることにした。日明貿易では倭寇と区別するため正式な貿易船に「勘合《かんごう》(符)」という合い札を持たせたことから，この貿易は勘合貿易とも呼ばれる。なお，足利尊氏《たかうじ》は1338年に室町幕府を開き，初代将軍となった人物。

問4　第二次世界大戦後，アメリカのマッカーサー元帥《げんすい》は連合国軍最高司令官として来日し，日本の民主改革を指揮した。1950年にはじまった朝鮮戦争でも，アメリカ軍を中心とする国連軍の最高司令官をつとめ，韓国を支援するための作戦を指揮した。

問５　第二次世界大戦後，フランスの植民地であったベトナムは独立戦争を経て独立をはたしたが，冷戦の影響で南北に分断された。1960年代に内戦が起こり，そこにアメリカが軍事介入《かいにゅう》したことから戦線が拡大した(ベトナム戦争)。1973年に和平協定が結ばれ，1976年には南北統一をはたした。

問６　日露戦争後の1905年，日本は韓国に統監《とうかん》府を設置し，初代統監には伊藤博文が就任した。伊藤は1909年，満州(現在の中国東北部)のハルビン駅で韓国の独立運動家安重根《アンジュングン》に暗殺されたが，このことが翌年の韓国併合のきっかけの１つとなった。

問７　孫文の後継者として中国国民党の指導者となり，日中戦争で日本と戦ったのは蒋介石《しょうかいせき》。大戦後は共産党との内戦に敗れ，台湾に逃れた。なお，アは中国共産党の指導者で中華人民共和国建国のさいに国家主席となった人物。イは辛亥《しんがい》革命(1911年)の指導者で中華民国建国のさいに臨時大総統となり，のちに中国国民党を創設した人物。エは清朝末期の有力な政治家で，辛亥革命のさいに革命勢力と結んで皇帝を退位に追い込み，中華民国成立にあたって孫文から大総統の地位をゆずられた人物。オは，日中戦争のさいに内戦状態にあった中国国民党と中国共産党を結びつけ，日本との戦争にあたる態勢をつくるために力をつくした人物である。

問８　1919年，第一次世界大戦の講和会議がパリで開かれ，講和条約が結ばれた。ベルサイユ条約と呼ばれるこの条約で，日本はドイツが中国の山東省で持っていた権益を引き継《つ》ぐとともに，赤道以北の旧ドイツ領南洋群島の委任統治権を得た。

問９　明治政府は天皇制と中央集権体制の強化をはかるため神道を積極的に保護し，皇室とゆかりのある伊勢神宮を頂点として全国の神社を国の管理下に置いた。「国家神道」と呼ばれるこの仕組みは軍国主義が強まると天皇崇拝《すうはい》と結びつけられ，神社参拝が強制されるようになった。日本が植民地とした朝鮮や台湾，南洋諸島にも神社がつくられたのは，国内同様の政策が植民地でもとられたためである。

5　民主主義を題材とした問題

問１　空欄《くうらん》Ａのすぐあとに「人は，自分の意見が少数派であると認識すると，自分の意見をいわなくなる傾向《けいこう》にある」とあり，その結果「少数派の意見はますます少数になり，多数派の意見がますます多数になっていく」とあることから，アの「沈黙《ちんもく》のらせん」がふさわしい。「らせん」は，ここでは物事が循環《じゅんかん》することを意味している。

問２　下線部①の少しあとに，人間は「他者との討論《とうろん》を通じて，自分の立場と他人の立場を想像上で入れ替《か》えて，弱い立場の人や，少数の立場に置かれた人の気持ちや思いを感じることができる」が，そのためには「自由に討論や議論をする場」がなければいけないと述べられている。また，「最終的に多数決で物事を決めていく原理が正しく作動する」ためには「多様な個性や立場があることを前提としてその権利を認めた上で，主張や議論を通わせる『場』」がなければいけないともあり，こうしたことをふまえてまとめればよい。

問３　内閣総理大臣は国会が国会議員のなかから指名し，天皇が任命する。したがって，アは「任命」が「指名」の誤り。

問４　自由な討論や議論を保障するための権利であるから，「表現の自由」が当てはまる。日本国憲法は第21条１項で「集会，結社及び言論，出版その他一切の表現の自由は，これを保障する」と規定している。

問5　日本国憲法の三大原理とされるのは，国民主権，基本的人権の尊重，平和主義の３つである。

6　**女性の社会進出や男女平等についての問題**

問1　選択肢《せんたくし》に「固定的な夫と妻の役割分担の意識を押し付けるべきではないから」や「男女平等に反すると思うから」といった項目があることから，「夫は外で働き，妻は家庭を守るべきである」という考え方に「反対」もしくは「どちらかといえば反対」の回答をした人々に対する質問であることが分かる。

問2　図の右下に示された「*N*」は統計をとった人数を表している。今回の調査では1500人であるので，そのうちの0.8％は，1500（人）×0.008＝12（人）となる。

問3　回答結果の数字を足すと100％を超えるのは，複数回答を認めたからだと考えられる。

問4　「夫は外で働き，妻は家庭を守るべきである」という考え方に対して，②と③は賛成する立場の，①と④は反対する立場の意見である。よって，組み合わせはウが当てはまる。

問5　2015年８月，「女性の職業生活における活躍の推進に関する法律」（女性活躍推進法）が成立した。この法律は，女性が職業生活において，その希望に応じて十分に能力を発揮し，活躍できる環境を整備することを目的とするもので，企業には，女性活躍推進のための数値目標や情報の公表が義務づけられた。なお，アは1979年に国連総会で採択された条約で，日本は1985年に批准《ひじゅん》（国会で承認）した。イは1985年，ウは1999年に制定された法律。

理　科　（40分）＜満点：80点＞

解　答

1　**問1**　オ　　**問2**　エ，オ，ケ　　**問3**　ケ，サ　　**問4**　シ　　**問5**　左心室　　**問6**　イ，エ，オ　　**問7**　分解者　　**問8**　**B**　二酸化炭素　　**C**　酸素　　**問9**　ニホンオオカミ　　**問10**　ウ，オ　　**2**　**問1**　25℃　　**問2**　エ　　**問3**　エ　　**問4**　イ　　**問5**　**A**　ウ　　**B**　ア　　**C**　ウ　　**D**　イ　　**問6**　オ　　**問7**　(1)　オ　　(2)　キ　　(3)　×　　**問8**　右の図

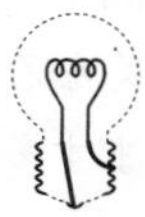

3　**問1**　C　　**問2**　A　　**問3**　水素　　**問4**　ウ　　**問5**　0.44ｇ　　**問6**　エ　　**問7**　**A**　イ　　**B**　イ　　**問8**　**A**　青色　　**B**　黄色　　**問9**　（例）　Aのガラス管をBTB溶液から引きぬく。　　**問10**　イ　　**4**　**問1**　停滞前線　　**問2**　ア　　**問3**　(1)　37℃　　(2)　カ　　**問4**　ウ　　**問5**　エ　　**問6**　イ　　**問7～問9**　解説の図B～Dを参照のこと。

解　説

1　**動物の体のつくり，食物連鎖《れんさ》についての問題**

問1　口から取り入れられた食べ物は，食道→胃→小腸→大腸→こう門の順に通っていく。この間に食べ物は消化され，消化されたものが小腸で吸収される。

問2　タンパク質は，まず胃から出される胃液に含《ふく》まれる消化酵素《こうそ》によりペプトンに変えられる。そして，すい臓から出されるすい液や小腸の壁《かべ》の消化酵素によってアミノ酸に変えられ，アミノ酸は小腸の毛細血管へ吸収される。

問3　たん液(たん汁)は消化酵素をもたないが，脂肪《しぼう》を細かいつぶにするはたらきがある。たん液はかん臓でつくられた後，たんのうにためられ，小腸(十二指腸)に分泌《ぶんぴつ》される。また，十二指腸には消化酵素を含むすい液も分泌され，脂肪を脂肪酸とモノグリセリドに分解した後，小腸でリンパ管へ吸収される。よって，脂肪の消化に対して，すい臓とたんのうは重要な役割をもつ。

問4　ヒトの目では，ものから届いた光がレンズ(水晶体《すいしょうたい》)で曲げられ，ガラス体を通り，その奥にあるもう膜《まく》の上に像を結ぶ。この像の情報は視神経を通って脳に送られ，物体を感じ取る。

問5　心臓は，全身からもどった血液が入る右心房《しんぼう》，肺へ血液を送り出す右心室，肺からもどってきた血液が入る左心房，全身へ血液を送り出す左心室の４つの部屋からなる。４つの部屋のうち，血液を全身へ送り出す左心室は，血液を押《お》し出す力が最も強い。

問6　Aは，食物連鎖の出発点となる生物なので，自分で栄養をつくり出すことができるミカヅキモ，ケイソウ，ミドリムシがあてはまる。なお，ミドリムシは，光合成で栄養をつくり出す植物の性質と，べん毛を使って動き回る動物の性質の両方をもっている。

問7　植物のようにみずから栄養をつくり出すことのできる生物を生産者，動物のようにみずから栄養をつくり出すことができず，生産者のつくった栄養を直接または間接的に食べて生活する生物を消費者という。Dは，土の中の菌類《きんるい》や細菌類などの微生物《びせいぶつ》で，遺体やはいせつ物を分解して生産者がふたたび利用できるようにするはたらきをしており，その役割から分解者と呼ばれている。

問8　Bは植物からも動物からも出されているので，呼吸によって放出される二酸化炭素とわかる。一方，Cは植物にも動物にも吸収されているため，呼吸で吸収される酸素となる。また，光合成により，Bは植物に吸収もされ，Cは植物から放出もされる。

問9，問10　かつて日本の山や森にはニホンオオカミがいて，食物連鎖の上位にいた。しかし，人間の乱獲《らんかく》などによりニホンオオカミが絶滅《ぜつめつ》し，その結果，ニホンオオカミに食べられていたシカやイノシシの数が増加した。近年，増加しているシカやイノシシによる農作物に対する被害が大きくなり，問題になっている。

2　**もののあたたまり方，豆電球の明るさについての問題**

問1　水１cm^3の重さは１ｇで，１ｇの水の温度を１℃上げるのに必要な熱量を１カロリーという。０℃のときと比べて，水とお湯はそれぞれ，20×1000＝20000(カロリー)，50×200＝10000(カロリー)の熱量があり，これらをまぜた水，1000＋200＝1200(ｇ)の温度は，(20000＋10000)÷1200＝25(℃)となる。

問2　金属は非常に熱を伝えやすく，発泡《はっぽう》スチロールは空気を多く含むので熱を伝えにくい。紙は熱を伝えにくいが発泡スチロールほどではないので，容器内の湯の温度が下がりにくい順は，発泡スチロール製のコップ，紙コップ，ステンレス製のコップである。

問3　熱を伝えにくいコップほど，水の温度は上がりにくいので，問２と同様の順になる。

問4　水はあたためると体積が大きくなり，まわりの水と比べて軽くなり上にあがり，そのすき間をうめるようにまわりの水が入りこみ，対流がおきて水全体があたたまる。Aを熱した場合，A付近でしか対流がおこらないので，A付近の水が先に温度が上昇《じょうしょう》して沸騰《ふっとう》を始めるが，B付近の水はなかなかあたたまらない。

問5　**A**　たき火の熱が空気を通りぬけて直接体をあたためているため，放射による熱の伝わりである。　**B**　二重窓は部屋の熱がガラスを通して直接外へ伝わるのをふせぎ，部屋の熱を外に伝わりにくくしているので，伝導に関係が深い。　**C**　よく晴れた日は雲がないために，地面から出た熱が空気を通りぬけてどんどん宇宙空間へ逃げていって冷える。この現象は放射冷却《れいきゃく》といわれ，放射に関係する。　**D**　エアコンから出てくる冷たい空気は重く，下にたまりやすいので，吹き出し口を上へ向けて空気を対流させて，部屋全体の温度が下がるようにしている。

問6　2個の豆電球を直列につなぐと，流れる電流は小さくなるので，BとCは同じ明るさでAより暗くつく。なお，2個の豆電球を並列につないだDとEは，Aと同じ明るさになる。

問7　(1)「あ」と「い」を接続すると，Fに電流が流れなくなって光らなくなり，GとHが同じ明るさでつく。　(2)「あ」と「う」を接続した場合，FとGは電流が流れないので光らず，Hだけが光る。　(3)「い」と「う」を接続したとき，Gに電流が流れず光らなくなり，FとHが同じ明るさで光る。

問8　豆電球はフィラメント(光る部分)の一方は口金の下の出っ張りにつながり，もう一方は口金につながっている。

3 **気体の発生についての問題**

問1　物質の同じ体積($1\,cm^3$)あたりの重さを密度《みつど》という。A～Cの金属の$1\,cm^3$あたりの重さはそれぞれ，$40.5 \div 15.0 = 2.7$(g)，$39.5 \div 5.0 = 7.9$(g)，$89.5 \div 10.0 = 8.95$(g)なので，Cの密度が最も大きい。

問2，問3　銀色をしていないCは赤っぽい光沢《こうたく》のある色をした銅である。Aは3つの金属の中で密度が特に小さいことからアルミニウムとわかり，Bは鉄となる。3種類の金属のうち，Aのアルミニウムは，水酸化ナトリウム水溶液《すいようえき》に溶《と》けて水素が発生する。

問4　燃料電池では，水素と酸素が結びついて水になるという反応を利用して電気を取り出している。

問5　表より，水酸化ナトリウム水溶液が十分にある間は，金属の重さが0.10g増えるごとに，発生する気体Xの体積は$125cm^3$増える。金属の重さが0.40gから0.50gの間で発生した気体の体積は$50cm^3$しか増えていないことから，水酸化ナトリウム水溶液$10.0cm^3$がすべて金属と反応すると，$550cm^3$の気体が発生することがわかる。よって，水酸化ナトリウム水溶液$10cm^3$と過不足なく反応する金属の重さは，$0.10 \times \frac{550}{125} = 0.44$(g)と求められる。

問6　1.5gの金属がすべてBだとすると，発生する気体Xは，$0.40 \times 1.5 = 0.60$(L)となるが，ここでは気体が1.0L発生していて，$1.0 - 0.6 = 0.4$(L)足りない。また，B1.0gがA1.0gにおきかわると，発生する気体Xの体積は，$1.25 - 0.40 = 0.85$(L)増える。よって，Aは，$0.4 \div 0.85 = \frac{8}{17}$(g)とわかり，Bは，$1.5 - \frac{8}{17} = \frac{35}{34}$(g)となるから，AとBの重さの比は，$\frac{8}{17} : \frac{35}{34} = 16 : 35$になり，最も近いエが選べる。

問7　どちらの三角フラスコもイのように，気体が送られてくる側のガラス管は気体がBTB溶液を通るように先を長くし，気体が出ていく側のガラス管は気体とともにBTB溶液が押し出されないように短くしておく。

問8　炭酸アンモニウムを加熱すると，アンモニアと二酸化炭素と水ができる。アンモニアは二酸化炭素と比べて水によく溶け，水溶液がアルカリ性を示すので，AのBTB溶液はアンモニアが多く溶けていて青色になる。そして，Bに送られた気体に多く含まれる二酸化炭素は水に溶けると酸性を示すため，BのBTB溶液は黄色を示す。

問9　試験管の加熱を止めると温度が下がり，試験管の中の圧力が下がるため，ガラス管をBTB溶液の中に入れたままにすると，三角フラスコ内のBTB溶液が試験管内に逆流し，試験管を割るおそれがある。これを防ぐためには，火を止める前にAのガラス管をBTB溶液から引きぬけばよい。

問10　BTB溶液が試験管に逆流するのは，試験管内の気圧が下がることでおこる現象である。おわんにふたをすると，熱いみそ汁から蒸発した水蒸気が冷やされて水にもどり，おわんの中の気圧が下がりふたがはずれにくくなる。よって，イが選べる。なお，アは気圧の低い高所から気圧の高い低所に降りてきたために，耳のこ膜が内側に押されて感じる痛みである。また，気体は圧縮すると温度が上がり，膨張《ぼうちょう》すると温度が下がる性質があり，ウは空気が押しちぢめられて温度が上がる現象，エは殺虫剤《さっちゅうざい》のスプレー缶内のガスが膨張して温度が下がる現象である。

4　台風とフェーン現象，太陽の動きについての問題

問1　前線とは，暖かい空気と冷たい空気の接する境界面が地面と交わってできる曲線のことをいう。暖かい空気と冷たい空気の勢力が等しいとき，その境界があまり動かない状態となり，このとき天気図に見られるような停滞《ていたい》前線となる。6～7月頃《ごろ》の梅雨《つゆ》の時期に見られる停滞前線は梅雨《ばいう》前線とも呼ばれる。

問2　台風は赤道付近で発生した熱帯低気圧が発達して，中心付近の最大風速が17.2m/秒以上となったもので，地表付近では台風の中心付近に向かって反時計回りに風が吹きこむ。

問3　⑴　雲のないところでは，空気の温度は100m上昇するごとに1℃ずつ下がり，雲のあるところでは0.5℃ずつ下がる。よって，空気の温度は，A地点から標高1000mまでに，$1\times\frac{1000}{100}=10$(℃)下がり，そこから標高2000mまでにさらに，$0.5\times\frac{2000-1000}{100}=5$(℃)下がるので，山頂での空気の温度は，32－10－5＝17(℃)となる。その後，B地点までは，空気の温度が100m下降するごとに1℃ずつ上がるため，B地点での空気の温度は，$17+1\times\frac{2000}{100}=17+20=37$(℃)になっている。　⑵　湿度《しつど》は，その温度での飽和《ほうわ》水蒸気量(最大限に含むことのできる水蒸気の量)に対する，空気中に含まれる水蒸気量の割合である。A地点で湿度100％ではない空気は，雲ができた標高1000mで湿度が100％となり，山頂まで湿度100％の状態が続く。気温の低い山頂では飽和水蒸気量が小さいので，山頂の空気が含んでいる水蒸気の量はA地点よりも少なくなっている。山頂からB地点まで空気が下がっていくと，空気中に含まれる水蒸気の量は山頂とほとんど変わらず，A地点よりも気温が高くなり飽和水蒸気量は多くなるので，B地点での湿度はA地点よりも小さくなる。よって，湿度の高い順に，山頂→A地点→B地点となる。

問4　この天気図で，台風のまわりでは中心付近に向かって反時計回りに風が吹きこんでいるため，関東地方では南からの湿《しめ》った風が入りこみ，この風が本州中央部にある山脈を上昇し，山脈の反対側ではフェーン現象により気温が上昇したと考えられる。したがって，フェーン現象により気温が上昇した地域として新潟が選べる。

問5　北半球における冬至では，エのように地軸《ちじく》の北極側が太陽と反対の方向にかたむいている。

問6　地軸の北極側がイのように太陽の方向にかたむいている夏至の頃は，地球が自転しても北極周辺では太陽が沈《しず》まない。この現象を白夜《びゃくや》という。

問7　夏至の地球の図に，昼と夜を分ける線を引くと，下の図Aのようになる。地球が自転しても

北緯67度より北では太陽が沈まない白夜となることがわかり，赤道上の地域では昼と夜の長さが等しくなっている。この地球を北極上空から見ると，下の図Bのようになる。

問８　１年のうちで白夜になることがある場所は，下の図Cのように北緯67度より北の地域である。

問９　北緯35度にある東京で，太陽の南中高度が35度になるのは，秋分から冬至の間と，冬至から春分の間である。この日の地軸のかたむきは地軸の公転面に対して，90－(90－35－35)＝70(度)で，地軸は太陽と反対の向きにかたむいており，問７と同様に考えると，北緯70度より北では太陽がのぼらない極《きょく》夜《や》となり，夜の場所は下の図Dで塗《ぬ》りつぶしたところとなる。

図A

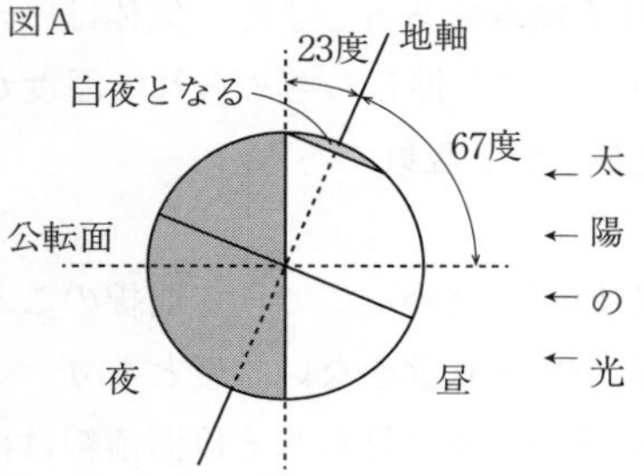

図B

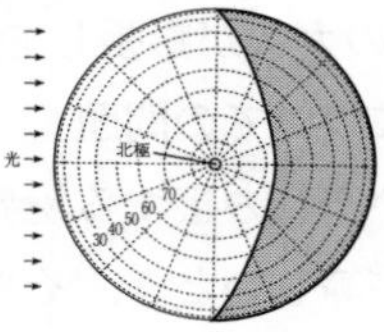

図C

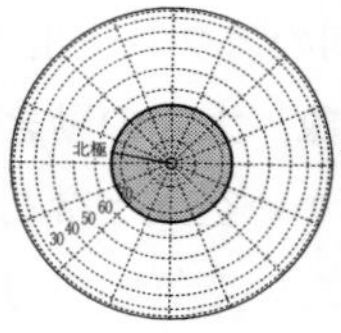

図D

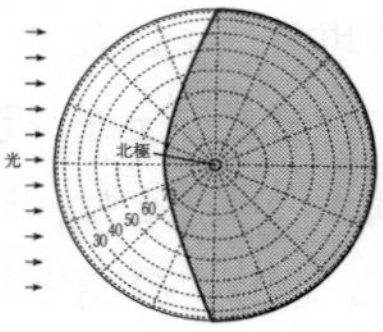

国　語　(50分) ＜満点：100点＞

解　答

一　**問１**　下記を参照のこと。　**問２**　ア　**問３**　もの　**問４**　理にかなった議論をすること　**問５**　エ，オ　**問６**　ア　**問７**　イ　**問８**　個性　**問９**　ウ→イ→ア　**問10**　イ，エ　二　**問１**　a，b　下記を参照のこと。　c　こがい　**問２**　エ　**問３**　イ　**問４**　ア　**問５**　エ　**問６**　鼻　**問７**　ウ　**問８**　この世はなつかしい　**問９**　イ　**問10**　(例)　子山羊が自分の力だけで危険を避け，帰って来たことに生命の強さや尊さ，美しさを感じ，感動したから。　**問11**　春　**問12**　ア

●漢字の書き取り

一　**問１**　a　覧　b　導　c　創造　d　貴重　二　**問１**　a　新調　b　沿

解　説

一　**出典は河野哲也《こうのてつや》の『「こども哲学《てつがく》」で対話力と思考力を育てる』による。**「対話」とはどのようなものかということを説明している。

問１　a　「ご覧になる」は，「見る」の尊敬語。　b　音読みは「ドウ」で，「導入」などの熟語がある。　c　今までになかったものを，新しくつくり出すこと。　d　非常に大切である様子。

問２　アは，「この製品をうまく宣伝するには」「この大学に入るには」といった具体的なものが想定される「目的」であり，それを達成するための手段を考えるときには「知識や経験がたよりに」なると筆者は述べている。それに対して，イ～エの「目的」は「究極的」なものであり，それについての問いは「知識やこれまでの経験だけでは答えられない」ものだというのである。

問３　「ものをいう」で，“効き目がある”という意味。

問４　第三段落に注目する。「対話」で求められているのは「専門的な知識」ではなく，自分の観点に立ちながらも「理にかなった議論をすること」だと筆者は述べている。

問５　“どこまでも追い求める”という意味なので，「追求」と書く。よって，エの「求心力」，オの「要求」が選べる。なお，アは「支給」，イは「救急」，ウは「究明」となる。

問６「こういう知的冒険」とは，直前の一文にあるように，「理にかなった議論によって導かれるままに，新しい場所に向かって冒険《ぼうけん》をすること」を指す。これは「探究」ともいいかえられるが，「探究とは定まった目的地をめざすことではありません」とさらに前の一文にあるので，アがふさわしい。

問７　直後の段落に「哲学対話では，人と同じ『正解』でなく，人とは違《ちが》った考えが求められています」とあることにも注目すると，「自分の考えを率直に述べ」れば，当然，「多様な意見が発言され，新しい考え方が披露《ひろう》され」ることになる(A)。それだけでなくむしろ，「人と違った意見」「異なった考え」が「歓迎《かんげい》され」るのだが(D)，その理由としては，「人と違った意見」は「私たちの思考を誘《いざな》い，促《うなが》す」ということが挙げられるのである(C)。以上の内容を受けて，「思考を誘うもの」とは「これまでとは異なった新しいもの」(B)だと改めて述べているので，イが合う。Bの「これまでとは異なった新しいもの」という表現が，空らん⑤の直後の「異なった意見」に結びついていくことにも注意する。

問８　「大量生産品」を「人間が何から何まで同じ」状態に，「美術品」を「それぞれの個人が存在している」状態に対応させていることをおさえる。つまり，「美術品」には，作者それぞれの「個性」が発現するのだといえる。

問９　最初のまとまりは，第一段落と第二段落。ここでは，「日々の活動の持つ究極的な目的や価値」についての問いには，「知識やこれまでの経験だけでは答えられない」ことを説明している。その次のまとまりは，第三段落から第五段落。ここでは，「対話」では「自分の考えを率直に述べること」が求められていると説明されている。最後のまとまりは，第六段落と第七段落。ここでは，「対話」とは「相手の意見によって思考が触発《しょくはつ》されることであり，一緒《いっしょ》に同じ問題を探究し，いわば議論という冒険にみんなで出かけるということ」であり，「他の人たちと協同して同じテーマの探究に取り組み，一緒に真理を求める旅に出ること」であると説明されている。

問10　イ　「対話」で求められるのは「人と同じ『正解』でなく，人とは違った考え」である。また，筆者は実際の「哲学対話」の授業の感想を紹介《しょうかい》したうえで，「人は多様性や差異を求めて」いると説明している。よって，「多様性や差異を消していくべき」というのは合わない。　エ「ありふれた物事に対する感覚を共有すること」という内容は述べられていない。

二　出典は新美南吉《にいみなんきち》の「川」による。久助君は自分たちのせいで，ずっと川につかっていた兵太郎君が病気になってしまったのではないかと思い，罪悪感にさいなまれながらも，それを誰《だれ》にも明かせずに苦しむ。

問１　**a**　新しく買ったり作ったりすること。　**b**　音読みは「エン」で，「沿線」などの熟語がある。　**c**　家の外。

問２　もどす文に「陽《ひ》なた」という言葉があること，悲しい気持ちが伝わってくることに注意する。空らんエの前では，「ひなたぼっこ」をしていた久助君が「兵太郎君が死んだ」ということを耳にしており，「陽なた」という言葉と悲しい気持ちとに深く関係している。

問３　直前の部分に，「(兵太郎君のことは)間もなくまた忘れてしまった。だが心配の重さだけは忘れている間も心に残っていて」とあることに注目する。「忘れ」たと思っていても，無意識のうちに兵太郎君のことが心のどこかに残っていたのだから，イがよい。

問４　前の日の兵太郎君の様子について，「冷たい水にずっとつかっていたためか，いかにも具合が悪そうで，歩くこともできないありさまだった」と前書きに書かれていることに注意する。また，この後の場面で，久助君が「あの川のことがもとで実際兵太郎君が病気になったのなら」と考えていたり，音次郎君とともに兵太郎君のもとへ「アスピリン」という薬を届けようとしたりしていることからも，兵太郎君の容態が悪くなったのではないかという「心配」をしていることが分かる。

問５　久助君と徳一君，音次郎君の三人は，兵太郎君の実際の状況《じょうきょう》を誰も知らないまま，兵太郎君が病気になったのではないかと「心配」し，兵太郎君がいつまでも学校に来ないことに「心を痛めている」。そういった状況で兵太郎君のことを話せば，自分たちが抱《かか》えている「心配」がいっそう現実味を増すようで，「お互《たが》い避《さ》けあうようになった」ものと推測できる。

問６　「手に汗を握《にぎ》る」で，見たり聞いたりしながら緊張《きんちょう》すること。「鼻を明かす」で，相手を出しぬいて，あっと言わせること。なお，「水に流す」は，過去にあったもめごとなどを，一切なかったことにすること。「味を占《し》める」は，一度うまくいったことで面白《おもしろ》くなり，次もうまくいくことを期待すること。「木に竹を接《つ》ぐ」は，前後の筋道が通らないことのたとえ。「逃《に》がした魚は大きい」は，手に入れそこなったものは，実際よりも価値があるように思われるということ。

問７　久助君と音次郎君の二人は，自分たちのせいで兵太郎君が病気になったと考えていたので，「アスピリンというよく熱をとる薬」を届けに行こうとしたのだが，兵太郎君の家に近づくにつれて「むしろ足は速く」なり，ついには「通りすぎてしまい，それきりだった」のである。兵太郎君の状況を知らない二人にとって，ほんとうに兵太郎君が病気になっていたらと思うと事実を知るのはこわかったので，兵太郎君の家を訪ねることができなかったのだと考えられる。

問８　兵太郎君のことを心配し，自分自身を責めている状態の中で，いま自分が生きている世界を「こんなつまらない，いやなところ」と感じていることをおさえる。つまり，これと反対の気持ちは，兵太郎君が久しぶりに学校に来て，長い間，学校へ来なかった事情を知ることができたときの「この世はなつかしい」というものになる。

問９　久助君が兵太郎君のことでずっと自分を責め，思い悩《なや》んでいたことに注意する。そのような状態の中で兵太郎君の死を知らされ，「長い悲しみの連鎖《れんさ》の続きをくたびれはてながら，旅人のようにたどっていた」のである。自分はどうすればよいのか分からないまま，思い悩み続ける久助君の様子が想像できるので，イがふさわしい。

問10　「つい忘れて来てしまった」子山羊《やぎ》が「電車にも轢《ひ》かれず」，「川に落ちもせず」に帰って来たことに対して，久助君が「子山羊はひとりで帰って来たのだ」と強い感動をおぼえていることに注意して，解答をまとめる。子山羊のことがあってから，久助君は「兵太郎君が死んではいない，きっと帰ってくる，という確信」を持つようになり，実際，兵太郎君が久しぶりに学校に現れたときには，「人間の生命というものが，ほんとうに尊く，美しく思われた」と感じていることにも注目する。

問11　この物語が「晩秋のある日」の出来事から始まること，空らん⑨をふくむ場面が「六月」であることをおさえる。兵太郎君のことで心を痛め続けていた久助君には，気持ちを浮《う》き立たせるような「春」の訪れを味わう余裕もなかったが，このとき，今年になって初めて「春」が来たように感じたのだと考えられる。

問12　兵太郎君が死んでしまったのではないかと思った久助君は，人の命ははかないものだと感じていたが，うっかり置き去りにしてしまった子山羊が自力で帰って来たり，兵太郎君が無事で運動場にとび出して行ったりするのを目にして，人は「めったなことでは死なない」と考えるようになったのだから，アがよい。

Dr.福井の
入試に勝つ！脳とからだのウルトラ科学

右の脳は10倍以上も覚えられる！

手や足，目，耳に左右があるように，脳にも左右がある。脳の左側，つまり左脳は，文字を読み書きしたり計算したりするときに働く。つまり，みんなはおもに左脳で勉強していることになる。一方，右側の脳，つまり右脳は，音楽を聞き取ったり写真や絵を見分けたりする。

となると，受験勉強に右脳は必要なさそうだが，そんなことはない。実は，右脳は左脳の10倍以上も暗記できるんだ。これを利用しない手はない！　つまり，必要なことがらを写真や絵などで覚えてしまおうというわけだ。

この右脳を活用した勉強法は，図版が数多く登場する社会と理科の勉強のときに大いに有効だ。たとえば，歴史の史料集には写真や絵などがたくさん載っていて，しかもそれらは試験に出やすいものばかりだから，これを利用する。やり方は簡単。「ふ～ん，これが○○か…」と考えながら，載っている図版を５秒間じーっと見つめる。すると，言葉は左脳に，図版は右脳のちょうど同じ部分に，ワンセットで記憶される。もし，左脳が言葉を忘れてしまっていたとしても，右脳で覚えた図版が言葉を思い出す手がかりとなる。

また，項目を色でぬり分け，右脳に色のイメージを持たせながら覚える方法もある。たとえば江戸時代の三大改革の内容を覚えるとき，享保の改革は赤，寛政の改革は緑，天保の改革は黄色というふうに色を決め，チェックペンでぬり分けて覚える。すると，「“目安箱”は赤色でぬったから享保の改革」というように思い出すことができ，混同しにくくなる。ほかに三権分立の関係，生物の種類分け，季節と星座など，分類されたことがらを覚えるときもピッタリな方法といえるだろう。

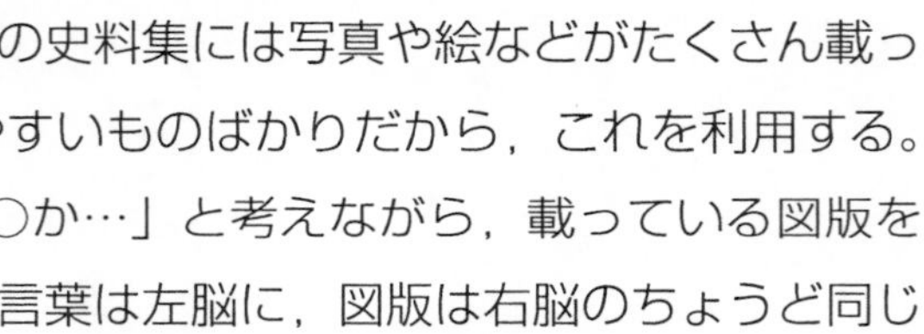

Dr.福井（福井《ふくい》一成《かずしげ》）…医学博士。開成中・高から東大・文Ⅱに入学後，再受験して翌年東大・理Ⅲに合格。同大医学部卒。さまざまな勉強法や脳科学に関する著書多数。

出題ベスト10シリーズ

①国語読解ベスト10

②漢字合格の2790題

③計算合格の820題

④図形問題ベスト10

■過去の入試問題から出題例の多い問題を選んで編集・構成。受験関係者の間でも好評です！

有名中学入試問題集

●男子校編

●女子校編

■中学入試の全容をさぐる!!
■首都圏の中学を中心に、全国有名中学の最新入試問題を収録!!

※表紙は昨年度のものです。

算数の過去問25年分

■筑波大学附属駒場
■麻布
■開成

○名門３校に絶対合格したいという気持ちに応えるため過去問実績No.1の声の教育社が出した答えです。

都立中高一貫校 適性検査問題集

■都立一貫校と同じ検査形式で学べる！

●自己採点のしにくい作文には「採点ガイド」を掲載。
●保護者向けのページも充実。
●私立中学の適性検査型・思考力試験対策にもおすすめ！

当社発行物の無断使用は固くお断りいたします。御使用の前はまずご相談ください。

当社発行物には500点余の首都圏中・高過去問をはじめ、６点の学校案内、そのほかいくつかの情報誌などがございます。その多くが年度版で、限られたスタッフが来るべき受験シーズン前に余裕を持って受験生へ届けられるよう、日夜作業にあたり出版を重ねております。

その中で、最近、多くの印刷物やネット上において当社発行物からの無断使用が見受けられ、一部で係争化しているところもございます。事例といたしましては、当社の新刊発行を待ち、それを流用して毎年ネット上に新改訂として掲載していたＡ社、当社過去問から三百箇所をはぎ合わせ「自社制作につき無断転載禁止」とし、集客材としてホームページに掲載していたＢ社、当社版誌面を無断スキャンし、記述式解答は一部殆ど丸取りして動画を制作していた家庭教師グループＣ社、当社発行物の表紙を差し替え、内容を複製し配布していた塾のＤ社などほか数社がございます。

当社発行物の全部もしくは一部を無断使用することは固くお断りいたします。

当社コンテンツの中にはリーズナブルな設定でご提供している事例もたくさんございますので、ご利用されたい方はまずは、お気軽にご相談くださいますようお願いします。同時に、当社発行物を無断で使用している媒体などにつきましての情報もお寄せいただければ幸いです(呈薄謝)。

株式会社 声の教育社

スーパー過去問の 解説執筆・解答作成スタッフ（在宅）募集！ ※募集要項の詳細は、10月に弊社ホームページ上に掲載します。

2025年度用
中学スーパー過去問

■編集人 声の教育社・編集部
■発行所 株式会社 声の教育社
〒162-0814 東京都新宿区新小川町8-15
☎03-5261-5061(代) FAX03-5261-5062
https://www.koenokyoikusha.co.jp

※本書の内容についての一切の責任は当社にあります。内容・解説・解答・その他は当社ホームページよりお問い合わせ下さい。

東京都／神奈川県／千葉県／埼玉県／茨城県／栃木県ほか

2025年度用
声の教育社版

中学受験案内

■全校を見開き2ページでワイドに紹介！

■中学～高校までの授業内容をはじめ部活や行事など、6年間の学校生活を凝縮！

■偏差値・併願校から学費・卒業後の進路まで、知っておきたい情報が満載！

私立・国公立353校掲載

Ⅰ 首都圏（東京・神奈川・千葉・埼玉・その他）の私立・国公立中学校の受験情報を掲載。

合格情報
近年の倍率推移・偏差値による合格分布予想グラフ・入試ホット情報ほか

学校情報
授業、施設、特色、ICT機器の活用、併設大学への内部進学状況と併設高校からの主な大学進学実績ほか

入試ガイド
募集人員、試験科目、試験日、願書受付期間、合格発表日、学費ほか

Ⅱ 資　料
(1)私立・国公立中学の合格基準一覧表（四谷大塚、首都圏模試、サピックス）
(2)主要中学早わかりマップ
(3)各校の制服カラー写真
(4)奨学金・特待生制度，帰国生受け入れ校，部活動一覧

Ⅲ 大学進学資料
(1)併設高校の主要大学合格状況一覧
(2)併設・系列大学への内部進学状況と条件

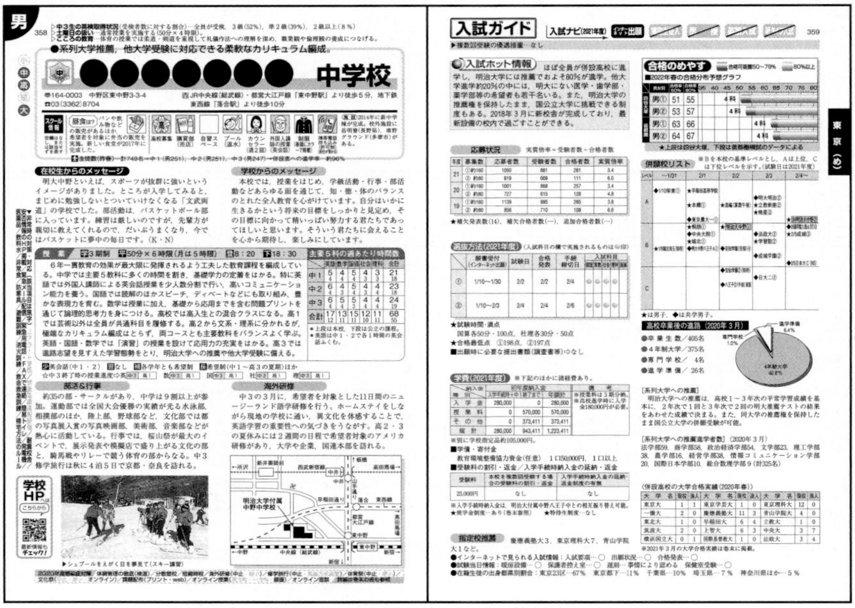

志望校・併願校をこの１冊で選ぶ！決める!!

過去問で君の夢を応援します
声の教育社

〒162-0814　東京都新宿区新小川町8-15
TEL.03-5261-5061　FAX.03-5261-5062
https://www.koenokyoikusha.co.jp

カコを追いかけ
ミライをつかめ
「今の説明、もう一回」を何度でも
web過去問
ストリーミング配信による入試問題の解説動画
もっと古いカコモンないの?
カコ過去問
「さらにカコの」過去問をHPに掲載(DL)
声の教育社
詳しくはこちらから

よくある解答用紙のご質問

01

実物のサイズにできない

拡大率にしたがってコピーすると，「解答欄」が実物大になります。配点などを含むため，用紙は実物よりも大きくなることがあります。

02

A3用紙に収まらない

拡大率164％以上の解答用紙は実物のサイズ（「出題傾向＆対策」をご覧ください）が大きいために，Ａ３に収まらない場合があります。

03

拡大率が書かれていない

複数ページにわたる解答用紙は，いずれかのページに拡大率を記載しています。どこにも表記がない場合は，正確な拡大率が不明です。

04

１ページに２つある

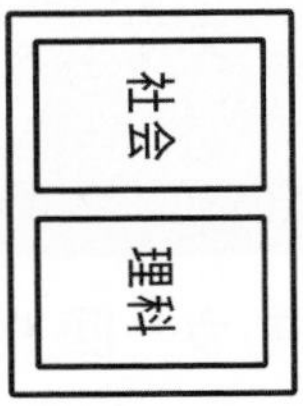

１ページに２つ解答用紙が掲載されている場合は，正確な拡大率が不明です。ほかの試験回の同じ教科をご参考になさってください。

早稲田大学高等学院中学部

つかいやすい書きこみ式

入試問題解答用紙編

最近９年間収録

＊解答用紙は本体と一緒にとじてありますから、ていねいに抜きとってご使用ください。

■注意

●一部の科目の解答用紙は小社で作成しましたので、無断で転載することを禁じます。

●収録のつごうにより、一部縮小したものもあります。

●設問ごとの配点は非公表です。採点しやすいように小社が推定して作成したものです。

声の教育社

２０２４年度　早稲田大学高等学院中学部

算数解答用紙

番号		氏名	

評点	／100

1

(1) ①

(1) ②

(2) 円

(3) cm²

2

(1)

(2) 式や考え方

(2) 答え 番目

(3) 番目

3

(1) ① cm²

(1)② 式や考え方

(1)② 答え 秒後

(2) ① 秒後

(2) ② 秒後　cm²

4

(1) m

(2) m

(3) ① m

(3) ② m³

（注）この解答用紙は実物を縮小してあります。Ｂ５→Ａ３(163%)に拡大コピーすると、ほぼ実物大の解答欄になります。

〔算　数〕100点(推定配点)

1 各７点×4　2 (1) ７点　(2) 式や考え方…５点，答え…２点　(3) ７点　3 (1) ① ７点　② 式や考え方…５点，答え…２点　(2) ① ７点　② 各３点×2　4 各６点×4

２０２４年度　早稲田大学高等学院中学部

社会解答用紙

番号		氏名		評点	／80

1 問１　問２　問３

2 問１　1　2　3　4

5　6

問２　A　B　C　問３　D　H

問４　問５　問６　問７

問８　問９

問10

問11

3 問１　問２　問３

問４　問５　問６　問７

問８

4 問１　問２　問３　問４

問５　問６　問７　問８

問９　問10　の政変

5 問１　A　B　問２　問３

問４（1）　（2）

問５（1）　（2）

（3）

（注）この解答用紙は実物を縮小してあります。Ｂ５→Ａ３（163%）に拡大コピーすると、ほぼ実物大の解答欄になります。

〔社　会〕80点(推定配点)

1　各１点×3　2　問１　各２点×6　問２　各１点×3　問３　各２点×2　問４，問５　各１点×2　問６～問９　各２点×4　問10　３点　問11　２点　3　問１　２点　問２　１点　問３，問４　各２点×2　問５　１点　問６，問７　各２点×2　問８　３点　4　問１　１点　問２，問３　各２点×2　問４～問６　各１点×3　問７　２点　問８　１点　問９，問10　各２点×2　5　問１　各２点×2　問２，問３　各１点×2　問４　(1)　１点　(2)　２点　問５　(1)，(2)　各１点×2　(3)　２点

２０２４年度　早稲田大学高等学院中学部

理科解答用紙

番号		氏名		評点	／80

1

問1	問2
%	
問3	問4
g	
問5	問6 (1)

問6
(2)

2

問1	問2	問3
		往復

問4 周期1.0秒	問4 周期2.0秒	問5 (1)	問5 (2)
		往復	秒後

問6	問7
秒	

3

問1	問2 (1)	問2 (2)
	g	g
問3	問5	問6
：	g	：
問7	問8	問9
g	g	

問4

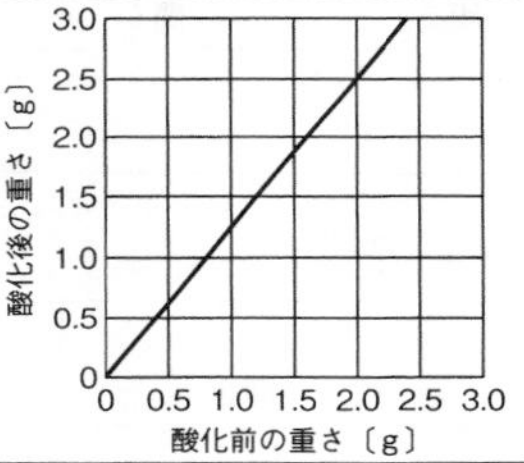

4

問1	問2 アリジゴク	問2 ボウフラ

問3

問5 1	問5 2

問4

カブトムシ

ジョロウグモ

問6 カブトムシ	問6 スズメバチ	問7	問8 (1)	問8 (2)
枚	枚	種類		

（注）この解答用紙は実物を縮小してあります。169％拡大コピーをすると、ほぼ実物大の解答欄になります。

〔理　科〕80点(推定配点)

1　問1～問4　各3点×4　問5　2点　問6　各3点×2　2　問1～問5　各2点×7　問6，問7　各3点×2　3，4　各2点×20<3の問1，問9，4の問2，問5，問6は完答>

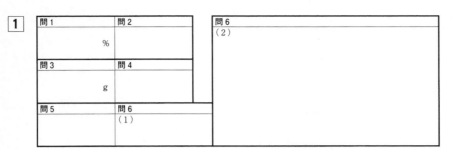

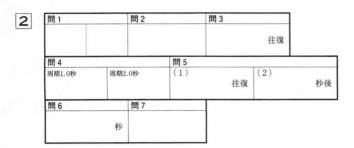

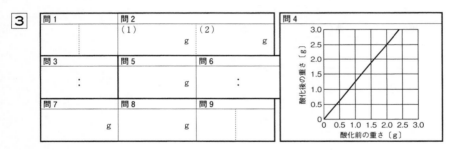

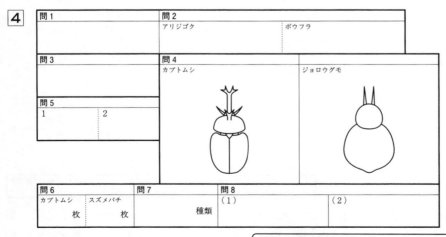

２０２４年度　早稲田大学高等学院中学部

国語解答用紙

番号　氏名　評点 /100

一

問一 a b c d

問二 A B

問三　問四

問五　問六

問七 ～　問八

問九 (35) (45)

問十

二

問一 a b c d

問二 X Y　問三 A B

問四 ～

問五

問六　問七

問八 (45) (60)

問九

問十

（注）この解答用紙は実物を縮小してあります。Ｂ５→Ａ３（163%）に拡大コピーすると、ほぼ実物大の解答欄になります。

〔国　語〕100点(推定配点)

一　問１，問２　各２点×６　問３～問７　各４点×５　問８　各２点×２　問９　７点　問10　各３点×２　二　問１～問３　各２点×８　問４～問７　各４点×４　問８　９点　問９　４点　問10　各３点×２

２０２３年度　早稲田大学高等学院中学部

算数解答用紙

番号		氏名		評点	／100

1

(1) あ　　い

(2)

(3) 度

(4)

2

(1) 倍

(2) 倍

(3) 倍

3

(1)

(2)

(3) 式や考え方

(3) 答え

(4)

4

(1) 秒後

(2) 秒後

(3) 式や考え方

(3) 答え 毎秒　　mL

(4) 秒後

（注）この解答用紙は原本未入手のため、縮小率を掲載していません。

〔算　数〕100点(推定配点)

1 各６点×４　2 (1) ６点　(2), (3) 各７点×２　3 (1), (2) 各７点×２　(3) 式や考え方…５点, 答え…２点　(4) ７点　4 (1), (2) 各７点×２　(3) 式や考え方…５点, 答え…２点　(4) ７点

２０２３年度　早稲田大学高等学院中学部

社会解答用紙

番号		氏名		評点	／80

1　問１　　問２ A　　D　　問３

2　問１　　問２（１）　　（２）

（３）特徴：XはYと比べ、

理由：

問３　　問４　　問５　　問６

問７（１）　　（２）　　（３）

問８（１）　　（２）　　（３）　　問９

3　問１　　問２　　問３

問４　　問５　　問６　　問７

問８

4　問１　あ　　い　　う

え　　お　　か

き　　く

問２　　問３　　問４　　問５　　条約

問６　　→　　→　　→

5　問１　a　　b　　問２　　法　問３

問４

問５　　問６

6　問１

問２

（注）この解答用紙は原本未入手のため、縮小率を掲載していません。

〔社　会〕80点（推定配点）

1　各２点×４　2　問１　１点　問２　(1)，(2)　各１点×２　(3)　各２点×２　問３～問６　各２点×４　問７～問９　各１点×７　3　問１～問７　各２点×７　問８　３点　4　各１点×13＜問６は完答＞　5　問１～問５　各２点×６　問６　３点　6　問１　３点　問２　２点

２０２３年度　　早稲田大学高等学院中学部

理科解答用紙

番号		氏名		評点	／80

1

Ⅰ 問１

(1)	(2)	(3)
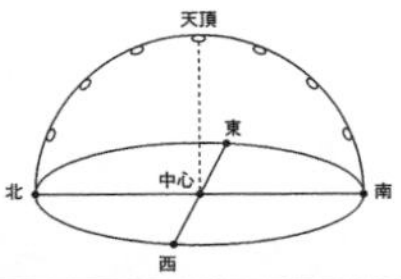	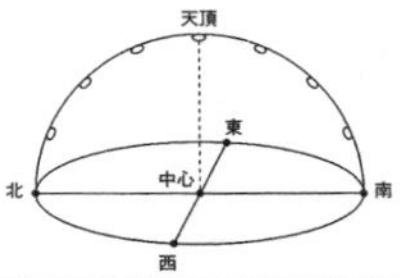	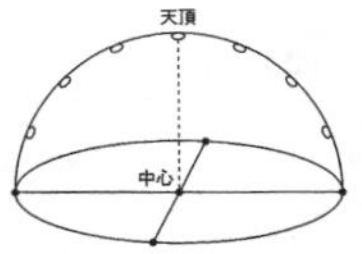

問２	Ⅱ	問３	問４	問５
度				

問６	問７

2

問１		問２			
(ア)	(イ)	(ア)	(イ)	(ウ)	(エ)

問３	問４	問５	問６

問７　ほ乳類	は虫類	問８
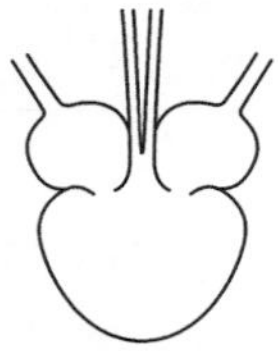	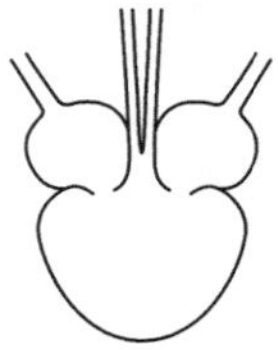	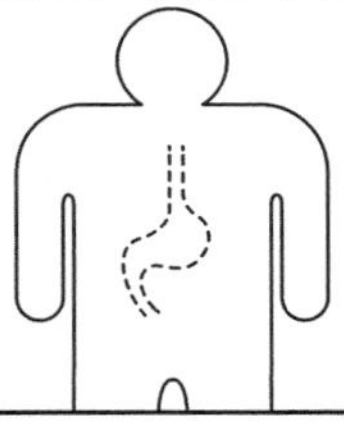

3

Ⅰ

問１	問２	問３

Ⅱ

問４	問５
回	倍

問６	問７	問８
cm^3	cm^3	

4

Ⅰ 問１

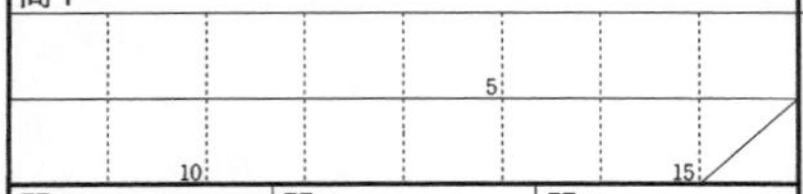

問２	問４	問５
倍	g	g

Ⅱ

問６	問７

問３

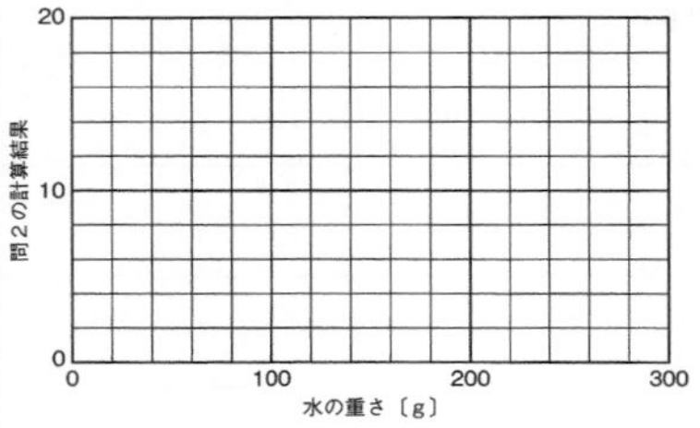

（注）この解答用紙は原本未入手のため、縮小率を掲載していません。

〔理　科〕80点(推定配点)

1　各２点×9＜問３，問７は完答＞　2　問１～問３　各１点×8　問４～問８　各２点×6　3　問１～問３　各２点×3＜各々完答＞　問４～問８　各３点×5　4　各３点×7＜問６は完答＞

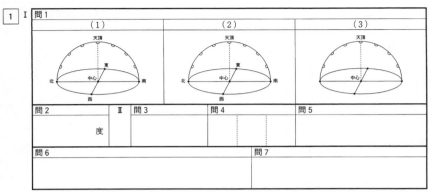

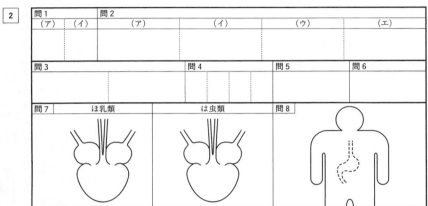

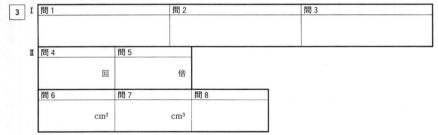

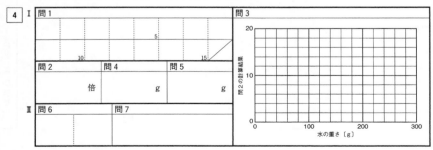

二〇二三年度　早稲田大学高等学院中学部

国語解答用紙

番号　　氏名　　評点　／100

一

問一　a　b　c　d

問二

問三　という状況。

問四　問五　問六

問七　A　B

問八

問九

問十

二

問一　a　b　c　d

問二　問三

問四　問五

問六

問七　(1)　(2)　(3)

問八

問九　(1)

(2)　という苦しみ……

（注）この解答用紙は原本未入手のため、縮小率を掲載していません。

〔国　語〕100点(推定配点)

一 問1　各2点×4　問2～問6　各4点×5　問7　各2点×2　問8　4点　問9　8点　問10　4点＜完答＞ 二 問1　各2点×4　問2～問5　各4点×4　問6　6点　問7　各2点×3　問8　4点　問9 (1)　4点　(2)　8点

2022年度　早稲田大学高等学院中学部

算数解答用紙

番号		氏名		評点	／100

1

(1) ＿＿＿＿＿＿

(2) ＿＿＿＿＿＿

(3) A　　　B　　　C

(4) あ　　い　　う　　え

(5) ＿＿＿＿＿＿ cm^2

2

(1)① ＿＿＿＿＿＿ 本

(1)② ＿＿＿＿＿＿ 本

(2) 式や考え方

(2)答え ＿＿＿＿＿＿ 倍

(3) ＿＿＿＿＿＿ cm^3

3

(1) ＿＿＿＿＿＿

(2) ＿＿＿＿＿＿

(3) ①式や考え方

(3)①答え ＿＿＿＿＿＿ 通り

(3) ②取り除く線がもつ数：　　　，Gの○に確定される数：

4

(1) ＿＿＿＿＿＿ 秒

(2) ＿＿＿＿＿＿ 秒後

(3) ＿＿＿＿＿＿ 秒後

(4) 先に走り始める人：　　君，　　秒後，距離の合計：　　m

（注）この解答用紙は原本未入手のため、縮小率を掲載していません。

〔算　数〕100点(推定配点)

1 (1)，(2)　各5点×2　(3)～(5)　各6点×3　2 (1)　各6点×2　(2)　式や考え方…4点，答え…2点　(3)　6点　3 (1)，(2)　各6点×2　(3)　①　式や考え方…4点，答え…2点　②　6点＜完答＞　4 各6点×4＜(4)は完答＞

２０２２年度　　早稲田大学高等学院中学部

社会解答用紙

番号		氏名	

評点	／80

1　問1　　問2　A　　B

問3

2　問1　1　　2　　3　　4

5　　6　　7

問2　　問3　　問4　　問5

問6　　番目　問7　　問8　　問9

問10　　のための目標

3　問1　　問2　　問3　　問4

問5　　問6

問7　　問8　　問9　　天皇

問10

4　問1　あ　　い　　う

問2　　問3　　問4　　問5

問6　Ⅰ　　Ⅱ

問7　Ⅰ　　Ⅱ　　問8　　問9

5　問1　　問2　　問3

問4　(1)　　(2)　　(3)

問5　(1)　　(2)

（注）この解答用紙は原本未入手のため、縮小率を掲載していません。

〔社　会〕80点（推定配点）

1　問1，問2　各1点×3　問3　3点　2　問1　各2点×7　問2～問8　各1点×7　問9，問10　各2点×2　3　問1～問3　各1点×3　問4，問5　各2点×2　問6　1点　問7～問10　各2点×4　4　問1，問2　各1点×4　問3～問5　各2点×3　問6～問9　各1点×6　5　問1　3点　問2～問5　各2点×7

２０２２年度　早稲田大学高等学院中学部

理科解答用紙

番号		氏名	

評点	／80

1

問1	問2

問3		
（あ）	（い）	（う）

問4	問5

問6

オス

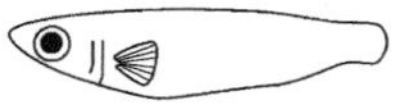

メス

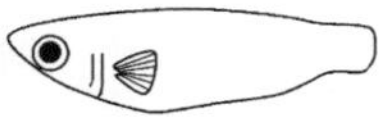

2

問1		
2月	4月	6月
10月	12月	

問2			

問3	問4	問5	問6

3

問1	問2	
	X	Y

問3（1）	
0.50gのとき	1.25gのとき
g	g

問4

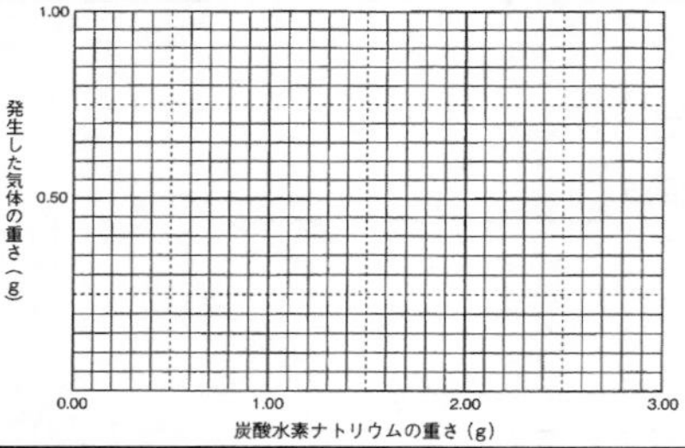

問3（2）	
0.50gのとき	1.25gのとき
g	g

問5	問6
%	cm^3

問7	問8
cm^3	cm^3

4

問1		問2	問3	
（ア）	（イ）		（1）	（2）
		cm	cm	cm

問4	問5
cm	g

問6	問7
cm	g

（注）この解答用紙は原本未入手のため、縮小率を掲載していません。

〔理　科〕80点（推定配点）

1 問1～問3　各2点×5＜問2は完答＞　問4～問6　各3点×3＜問6は完答＞　2 各2点×10　3 問1～問3　各2点×4＜問1，問2は完答，問3は各々完答＞　問4～問8　各3点×5　4 問1～問3　各2点×3＜問1，問3は完答＞　問4～問7　各3点×4

二〇二二年度　早稲田大学高等学院中学部

国語解答用紙

番号　　氏名　　評点　／100

一

問一　a　b　c　d

問二　1　2

問三

問四

問五

問六

問七　仕事。

問八

問九

問十　35　45　という考え。

問十一

二

問一　a　b　c　d

問二　X　Y

問三

問四

問五

問六

問七

問八　(1)　35　45

(2)

(3)　(4)

(注) この解答用紙は原本未入手のため、縮小率を掲載していません。

〔国　語〕100点(推定配点)

一　問1，問2　各2点×6　問3～問9　各4点×7＜問5は完答＞　問10　6点　問11　4点　二　問1，問2　各2点×6　問3～問7　各4点×5　問8　(1)　6点　(2)～(4)　各4点×3

２０２１年度　　早稲田大学高等学院中学部

算数解答用紙

番号		氏名	

評点	／100

1

(1) ①あ ＿＿＿＿＿＿

(1) ②い ＿＿＿＿＿＿

(2) ＿＿＿：＿＿＿

(3) ① ＿＿＿＿＿＿ %

(3) ② ＿＿＿＿＿＿ 冊

2

(1) ＿＿＿＿＿＿ cm

(2) ＿＿＿＿＿＿ 秒後

(3) ＿＿＿＿＿＿ cm

(4) 式や考え方

(4) 答え ＿＿＿＿＿＿ cm

3

(1)

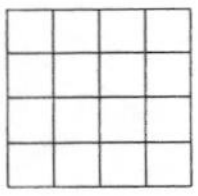

(2) ① ＿＿＿＿＿＿

(2) ② ＿＿＿＿＿＿

4

(1) ＿＿＿：＿＿＿

(2) ① ＿＿＿：＿＿＿

(2) ②式や考え方

(2) ②答え ＿＿＿：＿＿＿

（注）この解答用紙は原本未入手のため、縮小率を掲載していません。

〔算　数〕100点(推定配点)

1　各６点×５　2　(1)～(3)　各７点×３　(4)　式や考え方…５点，答え…２点　3　各７点×３　4　(1)　７点　(2)　①　７点　②　式や考え方…５点，答え…２点

２０２１年度　早稲田大学高等学院中学部

社会解答用紙

番号		氏名	

評点	／80

1 問１ ＿＿ 問２ ① ＿＿ ② 和紙 ＿＿ 漆器 ＿＿

2 問１ 1 ＿＿ 2 ＿＿ 3 ＿＿ 4 ＿＿

5 ＿＿ 6 ＿＿ 7 ＿＿

問２ ＿＿ 問３ ＿＿ 問４ ＿＿

問５

問６ ＿＿ 問７ ＿＿

3 問１ ＿＿ 問２ ＿＿ 問３ ＿＿ 問４

問５

4 問１ あ ＿＿ い ＿＿ う ＿＿ え ＿＿

問２ ＿＿ 問３ ＿＿ 条約 問４ ＿＿ 問５ ＿＿

問６ ＿＿ 問７ 1 ＿＿ 2 ＿＿

問８

5 問１ (1) ＿＿ (2) ＿＿

(3)

問２ (1)

(2)

6 問１ ＿＿

問２ 順番 → →

理由

（注）この解答用紙は原本未入手のため、縮小率を掲載していません。

〔社　会〕80点（推定配点）

1 各２点×４ 2 問１～問４ 各２点×10 問５ ３点 問６，問７ 各１点×２ 3 問１～問４ 各２点×４ 問５ ３点 4 問１ 各２点×４ 問２～問５ 各１点×４ 問６，問７ 各２点×３ 問８ ３点 5 問１ 各２点×３ 問２ (1) ２点 (2) ３点 6 問１ １点 問２ ３点

２０２１年度　早稲田大学高等学院中学部

理科解答用紙

番号		氏名		評点	／80

1

問1	問2	問3

問4			問5
①	②	③	

問6			
①	②	③	④

2

問1
細胞名
細胞の図

問2	問3

問4	問5

問6	問7	問8

3

問1					
(1)	経路1	経路2	(2)	経路1	経路2
	秒後	秒後		秒後	秒後

問2

問3	問4	問5

4

問1	問2	問3

問4			問5	問6
(1)	(2)	(3)		

問7	問8	
	B	D

（注）この解答用紙は原本未入手のため、縮小率を掲載していません。

〔理　科〕80点(推定配点)

1　問1～問3　各2点×3＜問2は完答＞　問4，問5　各3点×2＜問4は完答＞　問6　各2点×4　2　問1　3点＜完答＞　問2，問3　各2点×2　問4～問8　各3点×5＜問8は完答＞　3　各3点×6＜問1は各々完答＞　4　各2点×10＜問8は完答＞

二〇二二年度　早稲田大学高等学院中学部

国語解答用紙

番号　　氏名　　評点　／100

一

問一　a　b　c　d

問二　A　B　C

問三

問四　問五

問六　～　問七

問八

問九　こと

問十

二

問一　a　b　c　d

問二　問三

問四　問五

問六

問七　問八

問九

問十

（注）この解答用紙は原本未入手のため、縮小率を掲載していません。

〔国　語〕100点（推定配点）

一　問1，問2　各2点×7　問3　各3点×2　問4～問7　各4点×4　問8　6点　問9　4点　問10　各3点×2　二　問1　各2点×4　問2～問5　各4点×4　問6　各3点×2　問7，問8　各4点×2　問9　6点　問10　4点

２０２０年度　早稲田大学高等学院中学部

算数解答用紙

番号		氏名		評点	／100

1

(1) ＿＿＿＿＿＿

(2) ＿＿＿＿＿＿

(3) ＿＿＿＿＿＿ 通り

(4) ① ＿＿＿ : ＿＿＿

(4) ② ＿＿＿＿＿＿ cm^2

2

(1) $x=$ ＿＿＿＿＿＿

(2) $x=$ ＿＿＿＿＿＿

(3) ＿＿＿＿＿＿ cm

(4) ＿＿＿＿＿＿ cm

3

(1) ① 最小の値 ＿＿＿ km　最大の値 ＿＿＿ km

(1) ② 最小の値 ＿＿＿ km　最大の値 ＿＿＿ km

(1) ③ 最小の値 ＿＿＿ km　最大の値 ＿＿＿ km

(2) 式や考え方

(2) 答え　最小の値 ＿＿＿ km　最大の値 ＿＿＿ km

(3) 最小の値 ＿＿＿ km　最大の値 ＿＿＿ km

4

(1) ＿＿＿＿＿＿ cm

(2) ＿＿＿＿＿＿ cm

(3) 式や考え方

(3) 答え ＿＿＿＿＿＿ 秒

(4) (左側) ＿＿＿ : (右側) ＿＿＿

（注）この解答用紙は原本未入手のため、縮小率を掲載していません。

〔算　数〕100点(推定配点)

1, 2　各５点×９　3　各６点×５＜各々完答＞　4　(1), (2)　各６点×２　(3)　７点　(4)　６点

2020年度　早稲田大学高等学院中学部

社会解答用紙

番号		氏名		評点	／80

1　問1　問2　問3

2　問1　問2　問3　問4

問5　問6 (1)　川 (2)　湾

問7 (1)

(2)

(3)

問8　問9　問10

問11　問12　問13

問14　湾 問15　島

3　問1　問2　問3　問4

問5　問6

問7　問8　城

問9 ボカシの地域とは、

4　問1 あ　い　う

え　問2　城

問3　問4　問5　銀山 問6

問7　問8　問9

5　問1 (1)　(2)　(3)　問2

問3　問4　問5　問6

問7　問8

(注) この解答用紙は原本未入手のため、縮小率を掲載していません。

〔社　会〕80点(推定配点)

1　各2点×3　2　問1～問4　各1点×4　問5～問8　各2点×7　問9～問11　各1点×3　問12～問15　各2点×4　3　問1～問5　各1点×6　問6～問8　各2点×3　問9　4点　4　問1　各1点×4　問2　2点　問3～問6　各1点×4　問7～問9　各2点×3　5　問1　各2点×3　問2～問8　各1点×7

２０２０年度　早稲田大学高等学院中学部

理科解答用紙

番号		氏名		評点	／80

1

問1		問2		問3	
(1)	(2)			気体	色

問4			問5		問6	
電流	磁石	かたさ			(1)	(2)
流れやすい	つく	もろくなる				
流れにくい	つかない	変わらない			cm³	cm³

問7	問8
cm³	

2

問1	問2	問3

問4

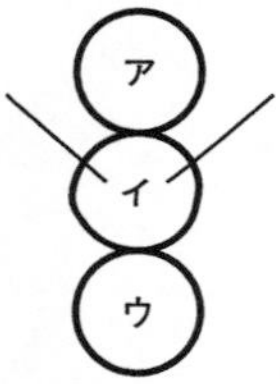

問5

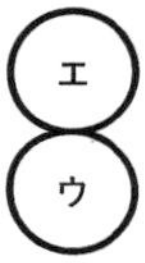

問6

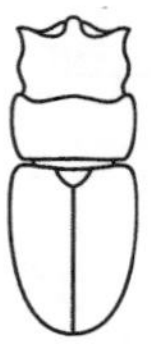

問7	

3

問1	
(1)	(2)

問2

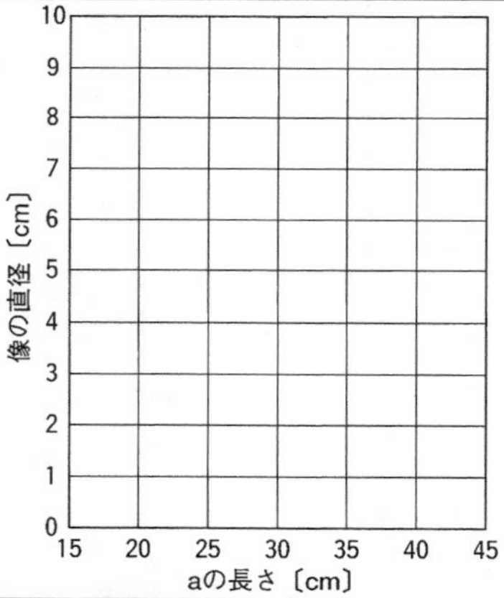

問3	問4	
	(1) 像が	映る
	(2)	cm

問5

①

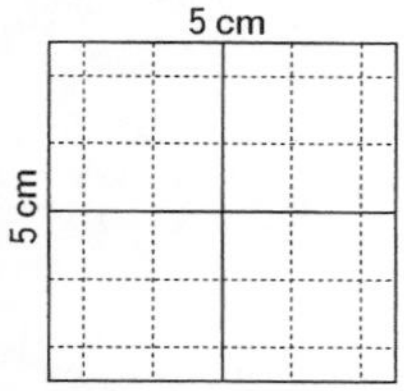

③

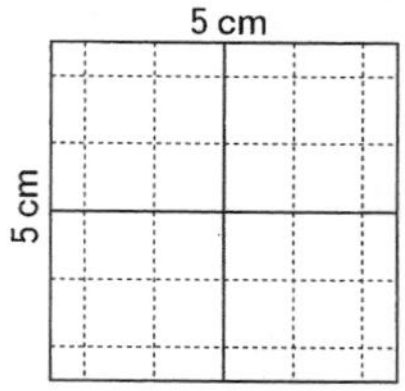

4

問1		問2	
金星	火星	時間帯	方角

問3	問4	問5

問6	
(1)　　日分	(2)　　日分

（注）この解答用紙は原本未入手のため、縮小率を掲載していません。

〔理　科〕80点（推定配点）

1～4　各２点×40＜2の問３は完答＞

二〇二〇年度　早稲田大学高等学院中学部

国語解答用紙

番号　　氏名　　評点　/100

一

問一　a　b　c　d

問二　A　B　C

問三

問四

問五　国

問六

問七

問八　35　45

問九

問十

二

問一　a　b　c　d

問二

問三

問四

問五　から。

問六

問七

問八

問九　35　45

問十

（注）この解答用紙は原本未入手のため、縮小率を掲載していません。

〔国　語〕100点(推定配点)

一　問1～問3　各2点×9　問4～問7　各4点×4　問8　6点　問9，問10　各5点×2　二　問1，問2　各2点×6　問3～問5　各4点×3　問6～問8　各5点×3　問9　6点　問10　5点

2019年度　早稲田大学高等学院中学部

算数解答用紙

番号		氏名		評点	／100

1

(1)① ＿＿＿＿＿＿

(1)② ＿＿＿＿＿＿

(2)① ＿＿＿＿＿＿ cm^2

(2)② ＿＿＿＿＿＿ cm^2

2

(1)① ＿＿＿＿＿＿ cm^2

(1)② ＿＿＿＿＿＿ cm

(2) ＿＿＿＿＿＿ cm

(3) ＿＿＿＿＿＿ cm

(4) ＿＿＿＿＿＿ cm

3

(1) 式や考え方

(1)答え ＿＿＿＿＿＿

(2) ＿＿＿＿＿＿ 円

4

(1) ＿＿＿＿＿＿ 回

(2) 式や考え方

(2)答え ＿＿＿＿＿＿ 本

(3) ＿＿＿＿＿＿ cm^2

（注）この解答用紙は小社で作成いたしました。

〔算　数〕100点（推定配点）

1, 2 各7点×9　3 各8点×2＜(1)は完答＞　4 各7点×3

２０１９年度　早稲田大学高等学院中学部

社会解答用紙

番号		氏名	

評点　／80

1

問１

問２ 地点

理由

2

問１ １　２　３

４　５

問２ 石炭　原油

問３

問４

問５ (1)

(2)

問６ (1)　(2)　問７

問８ 新潟県　岡山県　鹿児島県

3

問１　問２　島

問３　問４　問５　問６

問７

問８　問９　氏

問10

4

問１ あ　い　う　え

お　か　き

問２　問３　神社　問４

問５　問６　問７　問８　問９

5

問１　問２　問３　問４

問５　問６　問７　問８

問９　問10

（注）この解答用紙は小社で作成いたしました。

〔社　会〕80点（推定配点）

1　各２点×４　2　問１，問２　各１点×７　問３　２点　問４～問８　各１点×10　3　問１～問３　各２点×３　問４～問６　各１点×３　問７～問10　各２点×４　4　問１　各１点×７　問２～問９　各２点×８　5　問１～問６　各１点×６　問７　２点　問８　１点　問９，問10　各２点×２

２０１９年度　早稲田大学高等学院中学部

理科解答用紙

番号		氏名	

評点	／80

1

問１	問２	問３	問６

問４		問５
トウモロコシ	ヘチマ	

問７	

問８	問９		問10	
	A	B		

2

問１

問２	問３

問４		問５

問６	問７

問８	問９	問10

問11

（蒸発・冷却）　の方が、□□□□□□□□□□から

3

問１	問２

問３

問４	問５		問６		
	R	S	６番目	８番目	10番目

問７		
あ	い	う

4

問１	問２	問３
cm	g	g

問５	問６	問７	

問８

問４

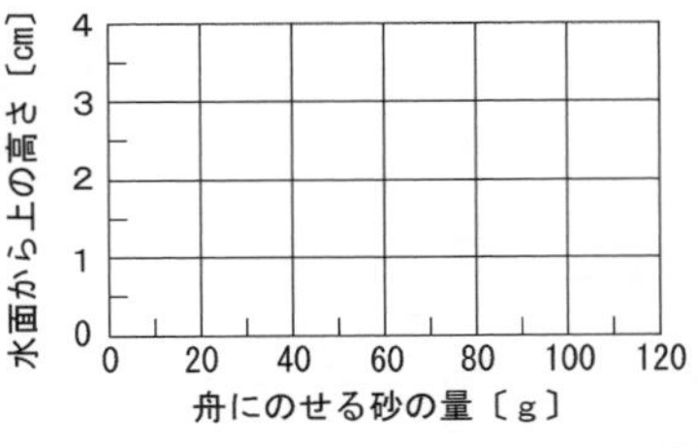

（注）この解答用紙は小社で作成いたしました。

〔理　科〕80点（推定配点）

1～4　各２点×40<1の問２，問３，問７，問９，2の問４，問５，問６，問11，3の問５，問６，4の問５，問７は完答>

二〇一九年度　早稲田大学高等学院中学部

国語解答用紙

番号　　氏名　　評点　／100

一

問一　a　b　c　d

問二　A　B　C

問三　問四

問五　問六

問七　（30）（40）

問八

問九

問十　2　4

二

問一　a　b　c　d

問二　A　C　B

問三　問四

問五　問六

問七　問八

問九　（30）（40）

問十

（注）この解答用紙は小社で作成いたしました。

〔国　語〕100点(推定配点)

一　問1，問2　各2点×7　問3～問6　各4点×4　問7　6点　問8～問10　各4点×4　二　問1，問2　各2点×7　問3～問8　各4点×6　問9　6点　問10　4点

２０１８年度　早稲田大学高等学院中学部

算数解答用紙

番号		氏名	

評点	／100

1 (1)

(2) あ　　い　　う　　え　　お

(3) ① 式や考え方

答　　個

(3) ②　　通り

2 (1)　　m

(2) 式や考え方

答　　分後

(3)　　m

3 (1)　　cm

(2)　　cm

(3)　　cm^2

4 (1) あ　　い

(2) う

(3) え

(4) お

（注）この解答用紙は小社で作成いたしました。

〔算　数〕100点(推定配点)

1 (1), (2) 各７点×２＜(2)は完答＞ (3) ① ８点 ② ７点 2 (1) ７点 (2) ８点 (3) ７点 3, 4 各７点×７＜4の(1)は完答＞

２０１８年度　早稲田大学高等学院中学部

社会解答用紙

番号		氏名		評点	／80

1 問１　問２

2 問１　問２

問３ ①　②

問４ ①　②　③

問５ (1)　(2)　(3)

問６ (1) X　平野　Y　川

(2)　(3)

(4)

問７ (1) ①　②

(2)

3 問１　問２　問３

問４　問５　問６

問７　上皇　問８　問９

問10　問11

問12

4 問１ あ　い　う

え　お

問２　問３　問４

問５　問６　問７

問８

問９

5 問１　問２　問３　問４

問５

6 問１　問２　問３

問４　問５

（注）この解答用紙は小社で作成いたしました。

〔社　会〕80点（推定配点）

1 問1，問2　各2点×2　2 問1　2点　問2　1点　問3～問5　各2点×8　問6　(1)　各2点×2　(2)　1点　(3)，(4)　各2点×2　問7　(1)　各1点×2　(2)　2点　3 問1　1点　問2　2点　問3　1点　問4～問7　各2点×4　問8～問11　各1点×4　問12　2点　4 問1，問2　各1点×6　問3　2点　問4～問7　各1点×4　問8　2点　問9　1点　5 問1～問4　各1点×4　問5　2点　6 各1点×5<問4は完答>

２０１８年度　早稲田大学高等学院中学部

理科解答用紙

番号		氏名	

評点	／80

1

Ⅰ

問１	問２	問３
		組織

問４	問５

Ⅱ

問６

問７	問８	問９	問10
%	℃		g

2

Ⅰ

問１	問２	問３
m		

問４		
①	②	③

問６
cm

問７	
A　cm	B　cm

問８	
cm	g

問９
：

Ⅱ 問５

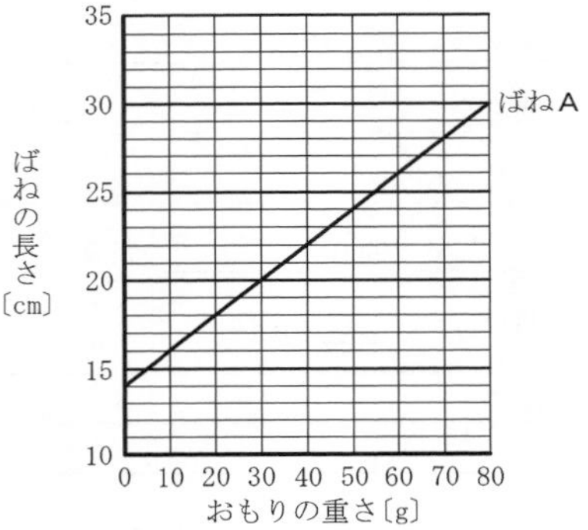

3

問１	問２	

問３			
C	D	E	F

問４		問５
G	H	

4

問１	問２	問３	
cm³	水素　：　酸素	気体	cm³

問４	
水素　cm³	酸素　cm³

問６		問７

問８		問９	

問10	

問５

（注）この解答用紙は小社で作成いたしました。

〔理　科〕80点(推定配点)

1〜4　各２点×40＜2の問２，問４，問７，4の問３，問４，問６，問８，問９，問10は完答＞

二〇一八年度　早稲田大学高等学院中学部

国語解答用紙

番号　　氏名　　評点　/100

一

問一　a　b　c　d

問二　A　B

問三　（はじめ）　（おわり）

問四

問五　1　2　3

問六

問七

問八　こと

問九

問十

問十一

二

問一　a　b　c　d

問二　A　B

問三

問四

問五

問六

問七

問八　30　40

問九

問十

（注）この解答用紙は小社で作成いたしました。

〔国　語〕100点(推定配点)

一　問1，問2　各2点×6　問3，問4　各4点×2　問5　各2点×3　問6～問10　各4点×5　問11　各2点×2　二　問1，問2　各2点×6　問3～問7　各4点×6　問8　6点　問9，問10　各4点×2

平成29年度　　早稲田大学高等学院中学部

算数解答用紙

番号		氏名	

評点	／100

1

(1) ①　　　(1) ②

(2)　　　cm²　　　(3)　　　cm²

2

(1)　　　円　　　(2)　　　円

(3) 式や考え方

A　　　個　　　B　　　個

3

(1)

(2) 式や考え方

(3)　　　(4)

4

(1)　　　個　　　(2) ①　　　(2) ②　　　組

(3) ①　　　(3) ②　　　組　　　(4)

〔算　数〕100点(推定配点)

1　(1)　各５点×２　(2)，(3)　各６点×２　2〜4　各６点×13＜2の(3)，3の(4)は完答＞

（注）この解答用紙は原本未入手のため、縮小率を掲載していません。

平成29年度　　早稲田大学高等学院中学部

社会解答用紙

番号		氏名	

評点	／80

1　問1　　問2　　問3

2　問1 (A)　　(B)　　(C)

(D)

問2 あ　　い　　う

え　　お

問3

問4 (1)　　(2)　　(3)　　(4)　　問5

3　問1　　問2　　問3

問4 (1)　　(2)

問5

問6　　問7　　問8

問9

4　問1　　問2　　問3

問4

問5　　問6

問7

問8　　問9　　問10

5　問1 (1)　　と　　と

(2)

問2　　問3　　問4　　年

6　問1　　問2　　問3

問4

問5

（注）この解答用紙は原本未入手のため、縮小率を掲載していません。

〔社　会〕80点(推定配点)

1　各1点×4　2　問1, 問2　各1点×9　問3　3点　問4, 問5　各1点×5　3　問1　2点　問2　1点　問3　2点　問4　各1点×2　問5　3点　問6〜問8　各2点×3　問9　3点　4　問1, 問2　各2点×2　問3　1点　問4〜問6　各2点×3　問7　3点　問8, 問9　各1点×2　問10　2点　5, 6　各2点×11＜5の問1の(1)は各々完答, 問3は完答＞

平成29年度　早稲田大学高等学院中学部

理科解答用紙

番号		氏名		評点	／80

1

問1	問2	問3	問4

問5	問6	問7
		脈

問8	問9	問10

2

Ⅰ

問1	問2	問3
倍		秒

問4	問5	問6
秒	㋐　　:㋑	

Ⅱ

問7						問8	問9
太さ		張り具合		長さ			
太い	細い	強い	弱い	長い	短い		

3

Ⅰ

問1	問2	問3	
		図	名前
g	g		

問4	問5
g	cm³

Ⅱ

問6

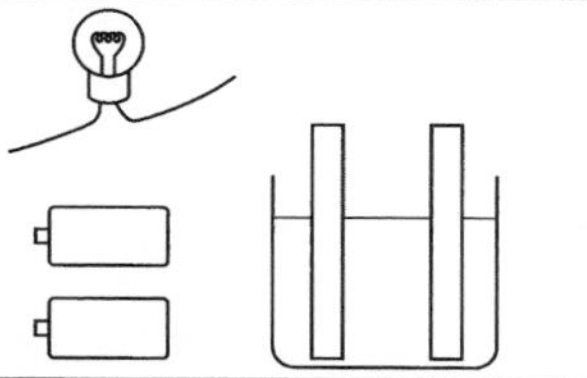

問7	問8
性	

問9		
片栗粉	さとう	食塩
重そう	チョークの粉	

問10	問11			問12
			置換法	

4

Ⅰ

問1

問2		
(a)	(b)	(c)

問3	問4

Ⅱ

問5	問6	問7	問8

（注）この解答用紙は原本未入手のため、縮小率を掲載していません。

〔理　科〕80点(推定配点)

1 問1　1点　問2　2点＜完答＞　問3　1点　問4，問5　各2点×2＜問5は完答＞　問6　1点　問7，問8　各2点×2　問9，問10　各1点×2　2 問1～問5　各2点×5　問6～問9　各1点×6　3 問1～問8　各2点×9　問9　各1点×5　問10～問12　各2点×3　4 各2点×10＜問4，問5は完答＞

平成二十九年度　　早稲田大学高等学院中学部

国語解答用紙

番号　　氏名　　評点 /100

一

問一 a　b　c

問二 A　B

問三

問四

問五

問六

問七

問八

問九

問十 (はじめ)　(おわり)　があること。

二

問一 a　b　c

問二 A　B

問三

問四

問五

問六

問七

問八　48　60

問九

問十

(注) この解答用紙は原本未入手のため、縮小率を掲載していません。

〔国　語〕100点(推定配点)

一　問1, 問2　各2点×5　問3～問10　各5点×8　二　問1, 問2　各2点×5　問3～問10　各5点×8

平成28年度　早稲田大学高等学院中学部

算数解答用紙

番号		氏名	

評点	／100

1

(1)①ア　イ　(1)②エ

(2)① x 度　(2)① y 度　(2)② 倍

2

(1) 倍　(2) 倍

3

(1)　(2)

(3) 式や考え方

cm^3

(4)　(5)

(6) 式や考え方

cm^3

4

(1)　(2)

(3)① mm　(3)② mm

(注) この解答用紙は小社で作成いたしました。

〔算　数〕100点(推定配点)

1　(1)　各6点×2　(2)　①　各5点×2　②　6点　2〜4　各6点×12＜3の(2)，(5)，4の(2)は完答＞

平成28年度　早稲田大学高等学院中学部

社会解答用紙

番号　　　氏名　　　評点　／80

1 問1　問2

2 問1 a　b　c　d

問2 あ　い　う

え　お　か

き　く　け

問3

問4

3 問1　問2　問3

問4

問5

問6

問7

問8

4 問1　問2　問3

問4　問5　問6

問7　問8

問9

5 問1

問2

問3　問4　問5

6 問1　問2

問3

問4　問5

〔社　会〕80点(推定配点)

1　各2点×2　2　問1，問2　各1点×13　問3，問4　各2点×2　3　問1～問5　各2点×5　問6 3点　問7，問8　各2点×2　4　各2点×9　5　問1　2点　問2　6点　問3～問5　各2点×3＜問5は完答＞　6　各2点×5

平成28年度　早稲田大学高等学院中学部

理科解答用紙

番号　　　氏名　　　評点　／80

1 Ⅰ 問1　問2　問3　問4

問5　Ⅱ 問6　問7

問8 B　C　問9　問10

2 Ⅰ 問1 ℃　問2　問3

問4　問5 A　B　C　D

Ⅱ 問6　問7 (1)　(2)　(3)　問8

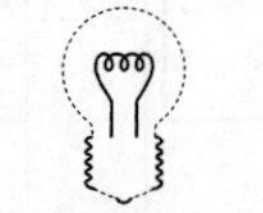

3 Ⅰ 問1　問2　問3　問4

問5 g　問6　Ⅱ 問7 A　B　問8 A　B

問9　問10

4 Ⅰ 問1 前線　問2　問3 (1) ℃ (2)

問4　Ⅱ 問5　問6

問7　問8　問9

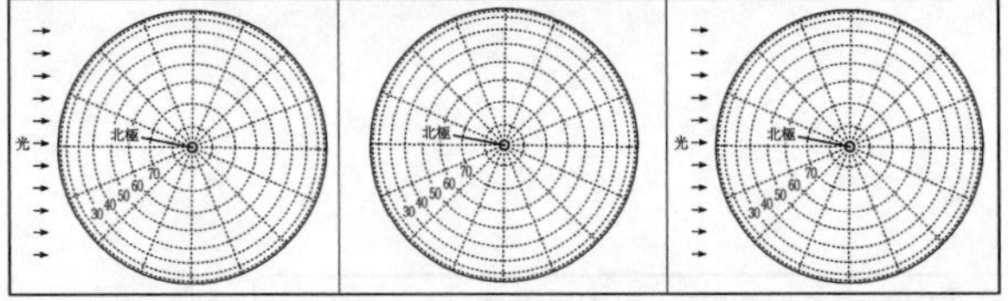

〔理　科〕80点(推定配点)

1～4　各2点×40＜1の問2，問3，問6，問8，問10　2の問5，3の問7，問8は完答＞

平成二十八年度　早稲田大学高等学院中学部

国語解答用紙

番号　　氏名　　評点　/100

一

問一　a　b　c　d

問二　問三

問四

問五　・

問六　問七

問八

問九　⇒　⇒

問十

二

問一　a　b　c

問二　問三

問四　問五

問六　問七

問八

問九

問十　40　50

問十一　問十二

（注）この解答用紙は小社で作成いたしました。

〔国　語〕100点（推定配点）

一　問1　各2点×4　問2～問10　各4点×10<問5，問9は完答>　二　問1　各2点×3　問2～問9　各4点×8　問10　6点　問11，問12　各4点×2

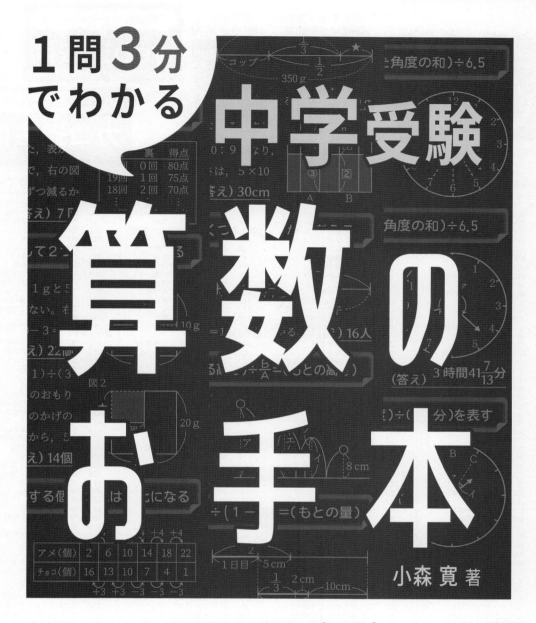

声の教育社　〒162-0814 東京都新宿区新小川町8-15
https://www.koenokyoikusha.co.jp
TEL 03（5261）5061㈹　FAX 03（5261）5062